S.Pellegrino -
Das Acqua
Internazionale
Acqua Panna -
Das stille Wasser
der Toskana
...die Begleiter
feiner Speisen und
edler Weine

Der kleine Johnson 2005

Informationen zu über 15 000 Weinen der Welt, zu Produzenten, Jahrgängen und Trinkreife

Hallwag

Die englische Originalausgabe ist unter dem Titel »Hugh Johnson's Pocket Wine Book 2005« beim Verlag Mitchell Beazley, einem Imprint von Octopus Publishing Group Ltd., London, erschienen.

26., neu überarbeitete, ergänzte und aktualisierte Ausgabe, 2004, auf der Grundlage der 28. Originalausgabe, 2004

Übersetzung aus dem Englischen:
Martin Waller, Britta Nord
Programmleitung: Dorothee Seeliger
Projektleitung: Margarethe Brunner, Marc Strittmatter
Herstellung: Maike Harmeier

Redaktion: Werkstatt München
Satz: Anja Dengler, Werkstatt München

Umschlaggestaltung: KMS Team, München

Printed and bound by Toppan Printing Company, China

Anzeigenmarketing: Mediacenter, München
Helmut Kramer
Tel.: 089/928096-44

HALLWAG ist ein Unternehmen des GRÄFE UND UNZER VERLAGS, München, GANSKE VERLAGSGRUPPE
hallwag-leserservice@graefe-und-unzer.de

ISBN 3-7742-6583-6

GRÄFE UND UNZER

Hallwag

Ein Unternehmen der
GANSKE VERLAGSGRUPPE

Inhalt

Dank

Die hier vorliegende Sammlung ausführlicher Empfehlungen stammt teilweise von mir, hauptsächlich aber von vielen guten Freunden. Ohne die großzügige Hilfe und Unterstützung so vieler Weinbaufachleute und Weinkenner hätte ich sie nicht zusammenstellen können. Ganz besonders danken möchte ich den nachstehend namentlich Genannten:

Geoff Adams
Helena Baker
Charles Bordon
Dr. Ernö Péter Botos
Gregory Bowden
Stephen Brook
Bruce Cass
Michael Cooper
Rupert Dean
Michael Edwards
Jacqueline Friedrich
Rosemary George MW
Robert Gorjak
James Halliday
Darrel Joseph
Dr. Annie Kay
Chandra Kurt
Gareth Lawrence
James Lawther MW
John Livingstone-Learmonth
Nico Manessis
Richard Mayson
Adam Montefiore
Jasper Morris MW
Vladimir Moskvan
Shirley Nelson
John und Erica Platter
Carlos Read
Jan und Maite Read
Daniel Rogov
Lisa Shara Hall
Stephen Skelton MW
Paul Strang
Bostjan Tadel
Marguerite Thomas
Daniel Thomases
Larry Walker
Simon Woods

und nicht zu vergessen Margaret Rand

Zur Ausgabe 2005

Jede Ausgabe dieses Büchleins (wir stehen bei der 28. Originalausgabe) hat im Frühjahr Redaktionsschluss. Zu dieser Zeit sind die Angaben über den letzten Jahrgang eingegangen und berücksichtigt worden; zum Probieren bleibt allerdings keine Zeit. Im Herbst kommt es auf den Markt – es ist immerhin ein Buch und keine Zeitschrift – und soll dann für die kommenden zwölf Monate gelten. Das heißt, dass die Empfehlungen in dieser Ausgabe auf den Zeitraum von September 2004 bis September 2005 zugeschnitten sind. Wir müssen also zum Teil Vermutungen anstellen, glücklicherweise aber nicht in einem Maße, dass es mir schlaflose Nächte bereiten würde. Die Feinabstimmung der Einträge ist ein konstanter Prozess.

Wie viel ändert sich von einer Ausgabe auf die nächste? Praktisch komplett neu sind jedesmal die Informationen zu den Jahrgängen; beim Rest macht der Unterschied vielleicht 15 % aus. Leser, die sich dieses Buch nur jedes zweite Jahr kaufen, werden also aus Jahrgangsangaben kaum noch Gewinn ziehen und haben ansonsten eine Chance von eins zu drei, auf veraltete Informationen zu stoßen. Damit sind, abgesehen von den feineren Unterschieden im Setzen der Schwerpunkte, die Empfehlungen zu den Weinen und Produzenten gemeint, aber auch die Gedanken zu Wein und Essen und die allgemeinen Überlegungen zum jeweiligen Jahr.

Ändert sich denn in der Welt des Weins wirklich so viel? Weinbau scheint doch einer der stabilsten Geschäftszweige überhaupt zu sein: Burgund und Bordeaux gibt es schon seit der Römerzeit, das Elsass seit dem Mittelalter, und selbst in Neuseeland hat die Weinbereitung mittlerweile eine zwanzigjährige Tradition. Es gibt Winzerfamilien, die noch immer auf denselben Parzellen arbeiten, die schon ihre Vorfahren im 15. Jahrhundert beackerten.

Und dennoch, selbst sie leben in einer anderen Welt heutzutage. Ein Geschmack ist ebenso wenig mehr auf eine bestimmte Region beschränkt wie das Wissen der Eingeweihten. Auf der ganzen Welt werden inzwischen die gleichen Techniken angewandt. Die Neue Welt übernimmt Ideen von der Alten, die sich postwendend revanchiert. Man könnte meinen, bei so viel Austausch sei es inzwischen völlig egal, woher der Wein im Glas nun stammt: überall dieselben Rebsorten, dieselben Hefen, dieselben Fässer – was soll's also?

Es ist ein machtvolles Argument, das regelmäßig von mächtigen Großeinkäufern gebraucht wird, die auf ein paar Cent Einsparung schielen. Einkäufer, insbesondere von Supermärkten, werden dafür bezahlt, rücksichtslos zu sein. Das Auftauchen eines neuen Konkurrenten, sagen wir, einer Region mit annehmbarem Chardonnay, gibt dem Einkäufer ein Druckmittel in die Hand, das er gegenüber einem eingeführten Lieferanten einsetzen kann. Gesunde Konkurrenz heißt das im Jargon. Aber führt sie immer zum Besseren? Gut, Erzeuger werden dazu gebracht, ihre Preise »realistisch« zu gestalten. (Ganz besonders realistisch sind allerdings auch jene Weingüter mit quasi göttlichem Status, die Wartelisten führen: Sie können jeden beliebigen Preis verlangen). Nicht ganz so vorteilhaft für den Weinliebhaber aber ist der Druck auf die Erzeuger, Kosten zu senken, denn das kann bedeuten, das er stromlinienförmiger werden muss.

Diese Frage geht an Sie. Hätten Sie – zum gleichen Preis – lieber zwei Gläser eines Weins, der so gut ist, wie Ihr Winzer es eben fertig bringt, oder lieber drei einer rationalisierten, gleichförmigen Version? Wenn Sie einkaufen gehen, sehen Sie sich dann nach einem echten Hühnchen um, oder nehmen Sie das in Plastik eingeschweißte Produkt?

Von all den Lebensmitteln, die wir kaufen, hat Wein mit die direktesten, am leichtesten nachvollziehbaren Verbindungen zu seiner Quelle. Er ist eben immer noch das Wasser vom Grund eines echten, aus Erde und Steinen bestehenden und von Pfützen und Unkraut bedeckten Feldes, am Hang oder in der Ebene, das vom Rebstock in süßen Saft und von der Hefe in ein starkes Getränk verwandelt wird. Nichts ist reiner oder lebendiger – lebendig bis zu dem Moment, da es von Ihrem Magen verdaut wird. Diese unmittelbare Verbindung, von der Rebe bis zu Ihrem Gaumen, ist einer der Hauptgründe, warum wir so penibel auf der Frage beharren, welcher Wein welcher ist.

Was sind die neuen Themen in diesem Jahr? In früheren Ausgaben habe ich mich über Weine ausgelassen, die zu mächtig daherkommen, um ein gutes Getränk zu sein. Wenn Sie ein Fan der Tex-Mex-Küche sind, werden Sie mir wahrscheinlich nicht zustimmen. Mit »zu mächtig« meine ich zu alkoholstark und/oder zu stark mit Eiche bereitet. Es gibt eine Reihe von Gründen, warum weltweit der Alkoholgehalt der Weine steigt, von 12–13% auf 14–15% oder sogar darüber. Der offensichtlichste ist die höhere Reife der Trauben. Es ist Mode geworden, sie so spät wie möglich zu lesen und so weichere, aber stärkere Tropfen zu gewinnen. Dann gibt es neue Hefesorten, die den Zucker zu Alkoholgraden umsetzen können, bei denen die alten Sorten bereits abgestorben sind. Im richtigen Klima ist es ein Leichtes geworden, massive, das Gehirn benebelnde Weine zu erzeugen. Alles was man braucht, ist Sonnenschein. Ob man diese Tropfen aber mit Genuss trinken – und womöglich danach noch nach Hause fahren kann – ist die große Frage.

In der Frage der Unart, jedem Wein einen angeblich vornehmen Geschmack von Eiche mit auf den Weg zu geben, gibt es bessere Neuigkeiten. Hier beginnt sich der gesunde Menschenverstand durchzusetzen. Wenn ein neues französisches Fass 500 Dollar das Stück kostet, umgelegt auf den Inhalt also pro Flasche zwei Dollar, kommt der natürliche Traubengeschmack ganz von selbst wieder zum Vorschein.

Als ich dieses Buch begann, führte ich das Kürzel BV (baldiger Verbrauch) für Weine ein, von denen man ausnahmsweise nicht erwarten konnte, dass sie auch nur ein paar Jahre in der Flasche überdauern würden. Inzwischen geht, vor allem in Restaurants, der Trend dahin, immer nur die frischesten Exemplare zu bestellen (als ob man mit Fisch zu tun hätte), ungeachtet des Gewinns, den nahezu jeder gute Wein aus einer richtigen Lagerzeit in der Flasche zieht.

An der ziemlich »verkorksten« Einstellung, dass Frische alles ist, haben schlechte Korken ihren Anteil. Der Großhandel in Australien und Neuseeland führt auf breiter Front Schraubverschlüsse ein, mit dem offensichtlichen Wunsch nach maximaler Frische. (In den USA, wo die Versand- und Lagerbedingungen oft viel zu wünschen übrig lassen, wäre das Argument eher am Platz). Mit Rieslingen begann es, ohne Rücksicht darauf, dass die besseren dieser Weine mit zunehmender Flaschenreife die herrlichsten Noten annehmen können. Jetzt haben einige gute Erzeuger angekündigt, mit Roten nachziehen zu wollen. Aber seit wann ist Frische je eine wünschenswerte Eigenschaft feiner Rotweine gewesen?

Sicher, aus Sicht der Erzeuger und Händler ist ein schnellerer Umsatz ein Gewinn. Aber Sie als Konsument müssen sich diese Denkweise noch lange nicht zu Eigen machen. Die einzige Zeit, in der Weinliebhaber fix sein sollten, ist, wenn ein guter Jahrgang im folgenden Frühjahr *en primeur* angeboten wird. Es kann die einzige Möglichkeit sein, zu Eröffnungspreisen aus einer breiten Palette guter Weine eine Auswahl zu treffen. Aber Preise können natürlich ebenso fallen wie steigen.

Dieses Buch versteht sich als praktischer Ratgeber, für Theorie ist wenig Platz. Im Wesentlichen sind hier die nützlichen Informationen zusammengefasst, die man nicht im Kopf behalten kann – weder der Leser noch ich. Wenn Sie im Restaurant mit einer entmutigenden Weinliste oder an den Regalen der Geschäfte mit einem verwirrenden Angebot konfrontiert werden, schlagen Sie es ruhig auf. Überlegen Sie zuerst, was Sie essen wollen und sehen Sie unter der Rubrik »Wein und Essen« nach. Oder stellen Sie fest, aus welchen Land ein Wein kommt. Dann lesen Sie im jeweiligen Länderkapitel den Eintrag zu dem betreffenden Wein oder seinem Erzeuger. Sie werden ausreichend Hinweise finden, um eine Wahl treffen zu können – und oft noch ein gut Teil mehr. Sogar ich kann nach 28 Ausgaben noch immer stundenlang darin schmökern …

Zum richtigen Gebrauch

Bei den meisten Stichwörtern besteht die erste Zeile aus folgenden Kurzinformationen:

① ③

Aglianico del Vulture Bas; r; tr (lbl); (sch) ☆☆☆ **88 90′ 93′ 94′ 95** 97′ 98 99 00

② ④

① **Weinname** und Gegend des betreffenden Landes, aus der der Wein stammt (Hinweise auf Landkarten im Buch).

② Welche Farbe der Wein hat; ob er trocken, lieblich oder süß ist; schäumend, in verschiedenen Formen vorkommt (und welcher die größte Bedeutung zukommt).

r	rot	**tr**	trocken*
rs	rosé	**lbl**	lieblich
w	weiß	**s**	süß
br	braun/bernsteingelb	**sch**	schäumend

( ) in Klammern gesetzte Angaben bedeuten relativ bescheidene Produktionsmengen

* steht hier keine Angabe, wird von einem trockenen Wein ausgegangen

③ Allgemeiner Qualitätsstand; eine freilich nur grobe Einstufung aufgrund des derzeitigen Ansehens, wie es sich aus dem Preis ergibt.

☆	einfache Qualität für jeden Tag
☆☆	überdurchschnittlich
☆☆☆	bekannt, berühmt
☆☆☆☆	erstklassig, anspruchsvoll, teuer
★ usw.	in der betreffenden Klasse besonders gut und preiswert

④ Der Jahrgang: Angegeben sind die empfehlenswerten neueren Jahrgänge, zusammen mit einer Einschätzung, ob sie bereits trinkreif sind (Ziffer in **fetter** Schrift) oder ob sie sich bei weiterer Lagerung noch entfalten (normale Schrift). Bitte beachten Sie aber, dass die Entwicklung eines Weins vielen Faktoren unterliegt und auch anders verlaufen kann als erwartet. Sind sowohl rote als auch weiße Weine angegeben, so ist der Rotwein gemeint, wenn nicht ausdrücklich anders erwähnt.

95	usw.	allgemein erhältliche, empfohlene Jahrgänge, die sich für weitere Lagerung eignen
93′	usw.	nach Angaben der jeweiligen Erzeuger besonders gut ausgefallener Jahrgang
91	usw.	genussreifer Jahrgang
88	usw.	2005 bevorzugt zu genießender Jahrgang; vgl. auch Einleitung zu den Châteaux von Bordeaux (Seite 112/113 und 114)
(97)	usw.	vorläufige Bewertung

Deutsche Weinjahrgänge werden nach einem anderen System geführt. Näheres siehe Seite 191.

Sonstige Abkürzungen:

BV	baldiger Verbrauch, d. h. möglichst jung zu trinken
oJ	ohne Jahrgangsangabe auf dem Etikett. Bei Champagner eine einheitlichen Geschmack garantierende Mischung mehrerer Jahrgänge
Ch.	Château (Weingut) bei französischen Weinen

Weitere, länderspezifische Abkürzungen befinden sich am Anfang des jeweiligen Kapitels.

Eine Übersichtstabelle über Weinjahrgänge finden Sie auf den Seiten 43 bis 45.

Der Jahrgang 2003

Für den normalen sonnenhungrigen Nordeuropäer kam der Sommer 2003 wie ein Schock. Tag für Tag, Woche für Woche, selbst Monat für Monat schien die Sonne. Das Thermometer stieg auf Höhen, in denen es den Reben nicht mehr gut erging, und verharrte dort fast unverändert bis Mitte September. In Bordeaux brachte die extreme Hitze Weine hervor, die in zwei Hauptspielarten fallen: Frühe Lese ergab alkoholstarke, tanninreiche Tropfen mit eher schwach entwickelten Geschmacksnoten, geduldige Winzer wurden mit reiferen und weit ausgewogeneren Ergebnissen belohnt. Trockene Weißweine sind voll und eher weich, die süßen außerordentlich konzentriert und mit erstklassiger Edelfäule. Für manche ein großes Jahr, für viele Durchschnitt.

Die besten Weine Burgunds sind reichhaltig, ja sogar fleischig, wenn auch nicht so fleischig wie die von der Rhône. Alte Reben, deren Wurzeln tiefer reichen, zeitigten generell bessere Ergebnisse; so auch im Elsass, wo der Erzeuger Olivier Humbrecht MW von drei Prozent Differenz im Alkoholpotenzial zwischen zwei angrenzenden Parzellen mit Riesling berichtet, von denen eine mit jungen und die andere mit alten Reben bestockt ist. Hier gab es kaum Edelfäule, ebenso wenig wie an der Loire, wo sehr wohl süße Weine erzeugt wurden, aber von Trauben, die in der Hitze verschrumpelt waren. Die Roten dort sind auf einem Niveau, das man in den letzten 50 Jahren nicht erlebt hat.

Wenn die Götter sich der Loire gnädig erwiesen, so kehrten sie der Champagne den Rücken zu. Erst wurde der Ertrag von Frost beeinträchtigt, dann von der Trockenheit, und an einigen Orten gab Hagel der Ernte den Rest. Um die Versorgung mit jahrgangslosem Champagner in den Geschäften aufrecht zu erhalten, wird es nur wenig Reserve-Weine geben, und kaum ein Erzeuger dürfte ausreichende Mengen haben, um einen 2003er Jahrgangswein auf den Markt zu bringen.

Generell war man in diesem Jahr gut beraten, spät zu lesen. Die Temperaturen gingen runter, es gab noch ein paar Tropfen Regen, und die Phenole konnten besser ausreifen. Das gilt für Österreich, wo es ab Ende August kühler wurde und sich ein Altweibersommer einstellte; es gilt ebenso für Italien, wo die Abkühlung im September einem großen Teil der Sangiovese- und Cabernet-Ernte zu guter Reife verhalf. In Deutschland begeistert man sich an einem exzellenten Jahrgang; anscheinend war es das heißeste Jahr seit 1540.

In Spanien wurden die Gebete um Regen Mitte August erhört, dennoch reifte die Frucht unregelmäßig. Nach alter Art in Buschform erzogene Reben hielten sich noch am besten – genau für einen solchen Fall vor allem werden sie ja in dieser Weise erzogen. Die Portugiesen, womöglich mit anderen Regenheiligen in Kontakt, fuhren am Douro überdurchschnittliche Erträge ein.

Von Kalifornien kann man derlei nicht berichten. Übermäßige Hitze war hier kein Problem, der Jahrgang war sogar später dran als gewöhnlich. Australien, das an irgendeiner Stelle immer für außergewöhnliche Klimabedingungen gut ist, hatte in Teilen von Victoria und New South Wales mit Buschbränden zu kämpfen, dann gab es in den meisten Teilen des Landes die schlimmste Trockenheit seit Jahrzehnten, und in einigen Gebieten folgten dann auch noch verheerende Regenmassen.

Die sonst übliche Begeisterung über die Qualität ist dieses Jahr ein wenig getrübt, nur in den westlichen Regionen ging es ruhiger zu; von Rutherglen berichtet man sogar von einem hervorragenden Jahrgang.

In Neuseeland wurde der Ertrag von Frost beschnitten; Regen zur Erntezeit machte zusätzlich Notmaßnahmen bei der Lese erforderlich. Die Qualität scheint daher durchwachsen zu sein. Argentinien erlebte ein El-Niño-Jahr, doch ein kühles, trockenes. In Chile freut man sich über den Jahrgang, und so auch in Südafrika. »Einer der besten Jahrgänge der jüngsten Zeit«, heißt es dort.

2002 unter der Lupe

Für einen großen Teil Europas war 2002 das Jahr des großen Regens. Angesichts des unmittelbar zurückliegenden Sommers 2003 fällt es schwer, sich all die Berichte von Überschwemmungen ins Gedächtnis zu rufen, von ganzen Weinbergen, die buchstäblich weggespült wurden – obwohl sich die Besitzer dieser Weinberge mit Sicherheit nur zu gut daran erinnern werden. Es war ein Jahr, in dem Nieselregen, Kälte und grauer Himmel offenbar die gesamte Weinernte Europas an der Reifung hindern wollten, ein Jahr, das bestimmt schien, einen Tiefpunkt im Weinbau seit Menschengedenken darzustellen.

An einigen Orten trat das auch ein. Für einen piemontesischen Winzer, der seinen Lebensunterhalt vor allem mit Dolcetto oder Barbera verdient, sah es böse aus, aber schon der Nebbiolo konnte von einem Spätsommer profitieren und geriet bemerkenswert gut, wenn auch etwas säurebetonter und weniger kräftig als 2000 und 2001. Die Rotweine der Toskana litten mehr unter Kälte und Regen; das Äußerste, was man hier erwarten kann, sind reife Tannine in ziemlich leichten Weinen. Die besten Weißen in Norditalien sind dagegen tatsächlich sehr gut geworden, mit einer Frische und Ausgewogenheit, die Jahrgängen wie 2000 eindeutig fehlen. Die Erträge waren gering, aber gerade in schlechten Jahren ist das ja eher von Vorteil: Eine kleine Ernte tut sich leichter damit zu reifen, als eine große.

Auch in Bordeaux war geringer Ertrag der Schlüssel zum Erfolg. Nach einem verfrorenen August an den Stränden von Arcachon kehrten die Weinbauern auf ihre Güter zurück, auf denen es ebenso trostlos aussah. Erst am 10. September wechselte das Wetter, und ein Altweibersommer kehrte ein, um noch ein wenige Reife in die Trauben zu bringen. Aber es war beinahe schon zu spät, daher kam der Frage der Ertragsmenge so große Bedeutung zu. Tannine reifen langsam, und da die Sonne erst so spät zurückgekehrt war, konnten sie nur noch zur Reife kommen, wenn der Ertrag bei strikter Auslese gering gehalten wurde. Ansonsten blieben die Tannine grün und wurden bei zu sorgloser Weinbereitung zudem teils zu stark extrahiert. Der Jahrgang entpuppte sich als eher dem Cabernet Sauvignon gewogen, mit einigen klassischen, eleganten, ausgewogenen Weinen aus den besten Médoc-Appellationen; er ist aber nichts für Leute, die Wert auf seidig-sanfte Tannine legen, die auf der Zunge zergehen.

Die trockenen Weißweine immerhin hielten sich gut, sie sind frisch und spritzig geraten, mit einem guten Schuss Säure, aber auch mit nicht wenig Frucht. Sauternes ist vielversprechend, wenn auch von gemischter Qualität: Die Botrytis breitete sich nur sehr ungleichmäßig in den Weinbergen aus.

Burgund hatte ein ausgezeichnetes Jahr. Erste Verkostungen Anfang 2004 enthüllten perfekte Balance und Eleganz der Weine; sie sind wunderbar stimmig, aromenreich und weisen eine verführerische Frucht und Textur auf. Ein Erzeuger beschreibt 2002 als »Terroir-Jahr« für Pinot noir: Die Unterschiede der einzelnen Weinberge sind am Gaumen deutlich zu erkennen. Chardonnay ist voll, mit guter Säure und jung außerordentlich verführerisch, wird aber mittelfristig auch sehr gut altern.

An der Rhône, im Norden wie im Süden, kann man 2002 nur als »schwierig« bezeichnen, einige Erzeuger würden sogar sagen »unmöglich«. Die einzige Chance, etwas Anständiges zustande zu bringen, lag einmal mehr in rigoroser Auslese. In Einzelfällen sind hierbei erstaunlich attraktive Tropfen herausgekommen. Sie sind ziemlich leicht und trinken sich jung am besten, aber die Frucht ist da und ebenso die Balance. Wählen Sie sorgfältig, dann muss das Jahr keineswegs völlig abgeschrieben werden.

Die anderen guten Nachrichten Frankreichs kommen von der Loire und aus der Champagne. An der Loire ging es überall gut, geographisch gesehen von Muscadet bis Sancerre und vom Weinstil her von den Rotweinen bis zu den süßen Weißen. Ein außergewöhnliches Ergebnis für eine Region, die normalerweise für jeden ihrer Weinstile einen anderen Typ Jahr benötigt. In der Champagne wird es wohl ein klassischer Jahrgang mit schon jetzt vollen und an Geschmacksnoten reichen Stillweinen werden; Erzeuger vergleichen ihn mit Jahren wie 1989, 1976 und 1959.

Auch in Deutschland wurden Vergleiche mit 1976 gezogen, bis Oktoberregen einen bis dahin hervorragenden Jahrgang in einen immer noch überraschend guten verwandelte. Ein Jahr für Kabinette und Spätlesen und wenig darüber hinaus, ausgenommen Eiswein, der in allen Regionen gelang.

»Besser als erwartet«, heißt es auch in Österreich. Irgendwie, üblicherweise mittels strikter Auslese und guter Arbeit im Weinberg, sind einige sehr schöne Weine aus dem strömenden Regen hervorgegangen; Süßweine mit Edelfäule sind besonders gut.

In Kalifornien, um auf die Neue Welt zu sprechen zu kommen, ging es weniger dramatisch zu. Die Entstehung von reifen, intensiven Geschmacksnoten wurde von einer Verringerung des Ertrags begünstigt, die wiederum von der Furcht vor einem drohenden Überangebot angespornt wurde.

Australien erlebte einen außergewöhnlich kühlen Jahrgang; die Gewinner waren Riesling und Rotweine von warmen Bewässerungsgebieten wie Riverland. Südaustralien hatte den kältesten Sommer seit 100 Jahren. Im Herbst wurde es glücklicherweise noch einmal wärmer, aber die Gebiete, in denen es normalerweise heiß ist, profitierten von der Kühle. Hier gerieten die Weine weniger alkoholstark als üblich und sind mit besserer Säure ausgestattet. Spitzenregionen wie Adelaide Hills glänzen mit hoher Qualität, allerdings – bedingt durch einen schlechten Blütenansatz – bei geringen Mengen. Auch für Barossa waren die niedrigen Temperaturen förderlich, da sie mehr Finesse in die Weine brachten als sonst, und auch das Clare Valley, Yarra Valley und McLaren Vale produzierten gute Geschmacksnoten. Gleichermaßen wartete Westaustralien mit guter Säure und viel Aroma auf, vor allem am Margaret River. Schlechtes ist indes aus dem Hunter Valley zu berichten, wo sich anscheinend nur der Semillon der sengenden Sommerhitze, der eine triefnasse Lese folgte, gewachsen zeigte. Die Mornington Peninsula wurde mit dem kleinsten aller möglichen Jahrgänge geschlagen: Kälte während der Blütezeit bewirkte, dass einige Güter überhaupt keinen Wein produzieren konnten.

Neuseeland hatte Grund zu feiern. Die Erträge waren nach zwei mageren Jahren wieder auf normalem Niveau, und ein schöner Spätsommer verlieh Rot- wie Weißweinen üppige Reife.

Für Südafrika gab es Freud und Leid. Einige Gebiete profitierten von einer kühlen Wachstumsperiode, was sich in einem geringeren Alkoholgrad als üblich auswirkte, doch dann machte eine Hitzewelle die Weißen zu fett, und das darauf folgende kühle Wetter ließ wiederum einige späte Sorten nicht so ausreifen, wie es zu wünschen gewesen wäre. Ein kühler Sommer ist eben nicht alles, meinte ein Winzer vor Ort. Für Sauvignon blanc ist es aber ein gutes Jahr geworden.

Chilenische Rotweine, besonders solche aus südlicheren Regionen wie Curicó und Maule, können wegen des Regens zur Erntezeit etwas dünn ausfallen, die Weißen aber kamen durch, und in jedem Fall betraf der Regen nur einige Teile des Landes. Argentinien hatte ein sehr gutes Jahr, was einer von den Wirtschaftsproblemen des Landes schwer gebeutelten Branche einen Hoffnungsschimmer gab.

Rebsorten

In den vergangenen zwei Jahrzehnten vollzog sich allenthalben ein grundlegender Wandel, von dem nur die Weinländer mit der längsten Tradition ausgenommen waren. Mit einem Schlag wurden die Namen einer Hand voll Rebsorten zur geläufigen Bezeichnung für die verschiedenen Weine. In den alten Weinländern dagegen, insbesondere in Frankreich und Italien, bezeichnet man alle seit langem renommierten Weine weiterhin mehr oder weniger genau nach ihrem Herkunftsgebiet, weniger nach der Traube, aus der sie gekeltert wurden.

Gegenwärtig liegen die beiden Bezeichnungsmöglichkeiten im Wettstreit miteinander. Am Ende dürfte sich die Herkunftsbezeichnung gegenüber der Rebsorte wieder durchsetzen, zumindest für Qualitätsweine. Im Augenblick allerdings ist die Traubensorte und ihr Geschmack für viele Weinfreunde der einfachste und wichtigste Bezugspunkt – ungeachtet der Tatsache, dass der Geschmack oft durch die Eichenholzkomponente nicht unerheblich verändert wird. Käme es nur auf das Traubenaroma an, dann wäre dieses Buch um einiges schmäler.

Gleichwohl spielt die Traubensorte eine wichtige Rolle, und darüber Bescheid zu wissen, kann helfen, neue Geschmacksnuancen zu entdecken und Vergleiche zwischen den Regionen anzustellen. Daher ist auch der zuerst in Kalifornien entstandene Begriff »sortenreiner Wein« sinnvoll, unter dem man Wein versteht, der grundsätzlich aus nur einer Traubensorte bereitet wurde.

Bei mindestens sieben Sorten – Cabernet Sauvignon, Pinot noir, Riesling, Sauvignon blanc, Chardonnay, Gewürztraminer und Muskat – sind Geschmack und Duft so eindeutig, dass sie zu internationalen Unterscheidungskategorien geworden sind. Dasselbe gilt für Merlot, Malbec, Syrah, Sémillon, Chenin blanc, Pinot blanc, Pinot gris, Silvaner, Viognier, Nebbiolo, Sangiovese, Tempranillo …

Hier folgen die besten bzw. beliebtesten Rebsorten:

Trauben für Rotwein

Aghiorghitiko Vielseitige griechische (v. a. in der Nemea-Region) Sorte mit fruchtiger Schlehennote, samtigen Tanninen und genügend Struktur, um ansprechend zu altern.

Baga Die rote Standardtraube von Barraida in Zentralportugal. Dunkel, tanninreich – großes Potenzial, aber schwierig im Weinberg.

Barbera Weit verbreitete Rebsorte in Italien, am besten im Piemont. Liefert dunklen, fruchtigen, häufig scharfen Wein. Auch in Kalifornien und Australien in Mode; vielversprechend in Argentinien.

Blaufränkisch Meist in Österreich angebaute Sorte, kann leichte und süffige, im besten Fall (im Burgenland) aber auch beachtliche Rotweine ergeben. Heißt in Deutschland Lemberger, in Ungarn Kékfrankos.

Brunello Anderer Name des Sangiovese, großartig in Montalcino.

Cabernet franc (auch **Bouchet**) Die geringere der beiden in Bordeaux angebauten Cabernet-Sorten; herrscht jedoch in St-Emilion (als Bouchet) vor. Die Traube der Loire für Chinon, Saumur, Champigny und Roséwein. Wird verschnitten, in Kalifornien und Australien aber auch zunehmend sortenrein gekeltert.

Cabernet Sauvignon Traube mit großem Charakter, würzig, kräuterduftig, gerbstoffreich, typisches Aroma von Schwarzen Johannisbeeren. Die erste Sorte im Médoc; liefert meist auch die besten kalifornischen, südamerikanischen und osteuropäischen Rotweine. Cabernet Sauvignon braucht immer Zeit zum Reifen und gewinnt in Verschnitten z. B. mit Merlot, Cabernet franc, Syrah, Tempranillo, Sangiovese usw. Erbringt auch aromatischen Rosé.

Cannonau Sardische Form der Grenache: meist sehr gut und stark.

Carignan In Frankreich auf dem Rückzug; benötigt niedrige Erträge und alte Reben, am besten in Corbières. Sonst liefert sie flachen und harmlosen Wein. In Nordafrika, Spanien und Kalifornien verbreitet.

Carmenère Eine alte Rebsorte aus Bordeaux, die inzwischen aus Frankreich praktisch verschwunden ist. In Chile, wo sie bis vor kurzem für Merlot gehalten wurde, sehr verbreitet.

Cinsaut (oder **Cinsault**) Südfranzösische Rebe, in der Regel für Massenwein. In Südafrika mit Pinot noir zu Pinotage gekreuzt. Blasser Wein, aber qualitätsträchtig.

Dolcetto Liefert im Piemont süffige, milde, trockene Rotweine. Heute groß in Mode.

Gamay Die Beaujolais-Traube: leichter, sehr duftiger Wein, jung am besten. An der Loire, in der Schweiz und in Savoyen liefert sie noch leichteren Wein. In Kalifornien unter dem Namen Napa Gamay bekannt.

Grenache (auch **Garnacha, Cannonau**) Brauchbare Sorte, liefert kräftigen, fruchtigen, aber blassen Wein: gut für Rosé und Vin doux naturel. Wird in Südfrankreich, Spanien und Kalifornien angebaut und bildet die Hauptingredienz zum mächtigen Priorato. Weine von alten Reben erfreuen sich in Südaustralien höchster Anerkennung. Meist in Verschnitten mit verarbeitet (v. a. im Châteauneuf-du-Pape).

Grignolino Liefert im Piemont guten Alltagswein.

Kadarka (auch **Gamza**) Erbringt in Ungarn, Bulgarien usw. kräftigen, robusten Rotwein.

Kékfrankos Ungarischer Blaufränkisch, für ähnlich leichte Rotweine.

Lambrusco Ertragreiche Sorte in der unteren Po-Ebene, erbringt lebendigen, lieblichen, perlenden, ausgesprochen italienischen Rotwein.

Lemberger Württemberger Rotwein. Siehe Blaufränkisch.

Malbec (auch **Cot**) In Bordeaux in geringem Maß angebaut, in Cahors (als Auxerrois) und besonders in Argentinien verbreitet. Dunkler, dichter, gerbstoffreicher Wein mit echtem Qualitätspotenzial.

Merlot Vielseitige Rebe, liefert die großen, duftigen, pflaumenwürzigen Weine von Pomerol und (zusammen mit Cabernet franc) von St-Emilion; wichtiges Element im roten Médoc. Merlot ergibt in Kalifornien, Washington, Chile und Australien weiche und starke (Mode-) Weine; leichtere, aber häufig gute Tropfen kommen aus Norditalien, der italienischen Schweiz, Slowenien, Argentinien, Südafrika, Neuseeland usw. Grasig, wenn nicht voll ausgereift.

Montepulciano Name einer in Ost- und Mittelitalien verbreiteten, beliebten Traubensorte von hoher Qualität; nicht zu verwechseln mit der gleichnamigen Stadt in der Toskana.

Morellino Ein Synonym für Sangiovese im südtoskanischen Scansano.

Mourvèdre (auch **Mataro**) Die ausgezeichnete dunkle, würzige und gerbstoffreiche Traube wird in der Provence (jedoch nur in Bandol) und im Midi v. a. für Verschnitte verwendet. Erfreut sich auch in Südaustralien und Kalifornien wachsender Beliebtheit.

Nebbiolo (auch **Spanna** und **Chiavennasca**) Eine der besten roten Trauben Italiens für Barolo, Barbaresco, Gattinara und Valtellina. Edle Frucht, volles Bukett, aber viel Tannin – gewinnt durch jahrelanges Altern.
Periquita In Portugal verbreitet für feste, aromatische Rotweine. Häufig Verschnitt mit Cabernet Sauvignon, auch bekannt als Castelão.
Petit Verdot Ausgezeichnete, aber schwierige Traube im Médoc, weltweit in Cabernet-Gebieten angepflanzt, um Duftigkeit beizusteuern.
Pinot noir Die große Burgundertraube der Côte d'Or hat in Bukett, Geschmack und Fülle nicht ihresgleichen. Gedeiht anderswo nicht so gut; bringt in Deutschland, der Schweiz und Österreich als Spät- oder Blauburgunder, aber auch in Ungarn leichte, selten anspruchsvollere Weine. Jüngst ausgezeichnete Ergebnisse in Sonoma, Carneros und an der Central Coast (Kalifornien), in Oregon, in Ontario, im Yarra Valley und in den Adelaide Hills (Australien), in Tasmanien und Neuseeland (Südinsel).
Pinotage Südafrikanische Traubenzüchtung (Pinot noir x Cinsaut). Manchmal sehr fruchtig und schön entwicklungsfähig, oft aber dicklich.
Primitivo Süditalienische Traube für ausladende, rustikale Weine; jetzt in Mode, da sie genetisch identisch mit Zinfandel ist.
Refosco Eventuell nur norditalienischer Name für die Mondeuse aus Savoyen. Ergibt tiefe, aromareiche, lagerfähige Weine, v. a. in wärmerem Klima.
Sagrantino Italienische Sorte mit Hauptvorkommen in Umbrien; ergibt kräftige Weine mit Kirschnote.
Sangiovese (oder **Sangioveto**) Die wichtigste rote Chianti-Traube, im größten Teil Mittelitaliens anzutreffen. Heißt auch Brunello oder Morellino. Auch in Australien interessant.
St. Laurent Dunkle, geschmeidige und hocharomatische österreichische Spezialität. Auch in der Pfalz anzutreffen.
Saperavi Liefert in Georgien, der Ukraine usw. guten, scharfen, langlebigen Wein; v. a. in Moldova mit Cabernet Sauvignon verschnitten.
Spätburgunder Name für Pinot noir in Deutschland.
Syrah (oder **Shiraz**) Die große Traube der Rhône bringt herben, pfeffrigen, purpurroten Wein, der sich superb entwickeln kann. In Australien als Shiraz von großer Bedeutung. Unter beiden Namen in Kalifornien, Washington State, Südafrika, Chile und anderswo verwendet.
Tannat Tanninreiche Traube mit Himbeerduft, die fest strukturierten Rotweinen aus Südwestfrankreich wie Madiran oder Tursan Kraft verleiht. In Uruguay jetzt ein Star. Auch für Rosé.
Tempranillo Die aromatische, feine, früh reifende Rioja-Traube heißt in Katalonien Ull de Lebre, in La Mancha Cencibel, in Ribera del Duero Tinto fino, am Douro Tinta Roriz und in Südportugal Aragonez. Wird jetzt auch in Australien angebaut. Groß in Mode; erbringt elegante Weine in kühlem, mächtige in heißem Klima.
Touriga nacional Traube für erstklassigen Portwein; im Süden Portugals gut für körperreiche Rotweine.
Zinfandel Vielseitige, fruchtige Sorte mit (manchmal metallischem) Brombeeraroma aus Kalifornien, identisch mit Primitivo. Kann strukturiert und überaus üppig geraten; wird auch weiß gekeltert.

Trauben für Weißwein

Albariño Spanischer Name der Alvarinho-Rebe aus Nordportugal; ergibt in Galicien wunderbar frische, duftige Weine. In Spanien gleichermaßen in Mode wie teuer.

Aligoté Die zweitwichtigste weiße Traube in Burgund. Frischer (oft scharfer) Wein, muss innerhalb von 1 bis 3 Jahren getrunken werden. Mit Cassis (Schwarzer Johannisbeerlikör) zum »Kir« gemischt, ist er hervorragend. Die Sorte ist auch in Osteuropa, v. a. in Russland, verbreitet.
Arinto Portugiesische Traube für frische, duftige, trockene Weißweine.
Arneis Aromatische Traube, die hohe Preise erzielt. Im piemontesischen Roero wurde eine DOC für sie eingerichtet.
Blanc Fumé In der Neuen Welt gelegentlich als Synonym für Sauvignon blanc verwendet, so benannt nach dem »rauchigen« Duft, besonders an der Loire (Sancerre und Pouilly). In Kalifornien für eichenfassgereiften Sauvignon blanc gebräuchlich und zu Fumé blanc umgedreht (der »Rauch« besteht aus Eichenholzwürze).
Bourboulenc Ergibt, ebenso wie die rare Rolle-Rebe, einige der besten Weine des Midi.
Bual Liefert hochwertigen süßen Madeira, weniger voll als Malmsey.
Chardonnay Die Traube für weißen Burgunder, die weiße Champagner-Traube und die Weißweintraube der Neuen Welt – z. T. auch weil sie so leicht anzubauen und zu verarbeiten ist. Sie wird inzwischen in allen Regionen erprobt, meist auch in Eichenfässern vergoren, um das Aroma des Burgunders heraufzubeschwören. In Australien und Kalifornien entstehen die klassischen Tropfen, aber auch viel Ausschuss. Chardonnay-Weine aus Italien, Spanien, Neuseeland, Südafrika, dem Staat New York, Chile, Argentinien, Ungarn und Südfrankreich finden ebenfalls immer mehr Freunde. In Österreich heißt die Traube Morillon.
Chasselas Ertragreiche, früh reifende Sorte mit wenig Aroma; vorwiegend als Tafeltraube angebaut. Am bekanntesten als Fendant in der Schweiz (eine Köstlichkeit) und Gutedel in Deutschland.
Chenin blanc Die große weiße Traube an der mittleren Loire (Vouvray, Layon usw.). Ergibt trockenen bis lieblichen (sogar süßen) Wein, doch stets mit reichlich Säure. Massenware in Kalifornien, in Südafrika aber mehr und mehr ernst zu nehmen. Siehe auch Steen.
Clairette Schwach säurehaltige Sorte; in Südfrankreich in vielen Verschnitten zu finden.
Colombard Leicht fruchtige, angenehm säuerliche Traube, aus der man in Südafrika, Kalifornien und Südwestfrankreich Alltagsweine bereitet.
Fendant Siehe Chasselas.
Fiano Qualitätstraube, ergibt in Kampanien würzige Weine mit Pfirsichnote.
Folle blanche Viel Säure, wenig Aroma, ideal für Branntwein. Heißt in der Bretagne Gros Plant, in Armagnac Picpoul. In Kalifornien brauchbar.
Furmint Eine Rebe von großem Charakter: das Gütezeichen Ungarns als Haupttraube, sowohl im Tokajer als auch in lebendigem, kräftigem Tafelwein. Mit apfelähnlichem Geschmack. In Slowenien unter der Bezeichnung Sipon. Auch in Österreich in kleinen Mengen angebaut.
Garganega Die beste Traube im Soave-Verschnitt. Spitzenweine, v. a. süße, altern vorzüglich.
Gewürztraminer (auch **Traminer**) Eine der ausdrucksvollsten Trauben, ausgesprochen würzig, erinnert an Rosen und Grapefruit. Die Weine sind oft voll und weich, selbst wenn sie trocken sind. Am besten im Elsass; auch gut in Deutschland, Osteuropa, Australien, Kalifornien, im pazifischen Nordwesten und in Neuseeland.
Grauburgunder Siehe Pinot gris.

Grechetto (auch **Greco)** Alte Rebsorte aus Mittel- und Süditalien mit gutem Ruf für lebendige, stilvolle Weine.
Grüner Veltliner Die Lieblingstraube Österreichs (belegt fast die Hälfte der Rebflächen); um Wien, in der Wachau und im Weinviertel (auch in Mähren); ihr Wein kann köstlich ausfallen: leicht, trocken, pfeffrig und lebendig. Als junger Wein exzellent, aber die besten Tropfen halten sich auch etwa 5 Jahre.
Hárslevelű Zweite wichtige Traubensorte im Tokajer (zusammen mit Furmint). Verleiht Weinen Weichheit und Körper.
Kéknyelű Wenig ergiebige, aromareiche Traube für einen der besten ungarischen Weißweine. Hohes Potenzial für feurigen, würzigen Wein.
Kerner Die erfolgreichste aus einer Reihe deutscher Neuzüchtungen, Kreuzung von Riesling x (roter) Trollinger. Früh reifender, blumiger Wein mit dem richtigen Säuregrad. Populär in der Pfalz, Rheinhessen usw.
Laski Riesling In Norditalien und Osteuropa angebaut. Dem echten (Weißen) Riesling weit unterlegen, hat weniger Säuregehalt; lieblich am besten. Auch Welschriesling, Riesling italico, Olaszrizling genannt (Weine dürfen nicht mehr einfach als »Riesling« etikettiert werden).
Loureiro Die beste und duftigste Vinho-verde-Sorte in Portugal.
Macabeo Die häufigste weiße Traube Nordspaniens, heißt in Rioja Viura; wichtige Sorte für Cava in Katalonien. Gutes Qualitätspotenzial.
Malvasia Mehr eine ganze Familie von Traubensorten denn eine einzelne Varietät, in ganz Italien und der iberischen Halbinsel vertreten. Kann rote, weiße und rosé Weine ergeben, die aber oft plump und weich sind. Die französische Malvoisie hat damit nichts zu tun.
Marsanne Neben Roussanne die Hauptweißweintraube an der nördlichen Rhône. Auch in Australien, Kalifornien und (als Ermitage blanc) im Wallis mit Erfolg angebaut. Milde, volle Weine, die sehr schön altern.
Moschofilero Gute, aromatische, hellrote Traube aus Griechenland, ergibt Weißwein oder Rosé.
Müller-Thurgau Am stärksten in Rheinhessen und der Pfalz vertreten, auch an der Mosel stark verbreitet. Wird für eine Kreuzung aus Riesling x Chasselas de Courtillier gehalten, neuere Forschungen stellen dies aber in Frage. Liefert weiche, aromatische, jung zu trinkende Weine. Die lieblichen Varianten sind gut, die trockenen dagegen oft nichtssagende, derbe Wässerchen. Nichts für Spitzenlagen.
Muscadelle Verleiht manchem weißen Bordeaux (v. a. Sauternes) besondere Würze. Wird im australischen Victoria »Tokay« genannt und (zusammen mit Muskat, mit dem keine Verwandtschaft besteht) für Rutherglen Muscat verwendet.
Muscadet (auch **Melon de Bourgogne**) Erbringt leichte, sehr trockene, erfrischende Weine mit einem Hauch von Meer in der Gegend um Nantes (Bretagne).
Muskat (**Muskateller**) In vielen Varianten. Weit verbreitete, leicht erkennbare, ausdrucksvolle Traubensorte (am besten Muscat blanc à petits grains), meist zu bukettreichen, süßen Weinen verarbeitet, oft auch gespritet (z. B. Vin doux naturel in Frankreich). In Australien superb. Der dritte Bestandteil in Tokaji Aszú. Selten trocken ausgebaut, z. B. im Elsass.
Palomino (auch **Listan**) Liefert den besten Sherry, doch ausdruckslosen Tafelwein.
Pedro Ximénez (**PX**) Liefert sehr starken Wein in Montilla und Malaga. Wird in süßen Sherry-Mischungen verwendet. Auch in Argentinien, Australien, Kalifornien, Südafrika und auf den Kanaren angebaut.

Petit (und **Gros**) **Manseng** Die Geheimwaffe des französischen Baskenlands. Im Jurançon unentbehrlich und auch anderswo in Südwestfrankreich immer häufiger in Verschnitten verwendet.

Pinot blanc Cousin des Pinot noir. Mit Chardonnay nicht verwandt, jedoch ähnlich, aber milder im Charakter; leicht, frisch, fruchtig, aromaschwach, jung am besten. Wird im Elsass, in Norditalien (guter Schaumwein), Süddeutschland und Osteuropa angebaut. Heißt in Deutschland Weißburgunder.

Pinot gris Erbringt bestenfalls gehaltvolle, oft »dicke«, körperreiche Weißweine mit spezieller Würze. Heißt in Deutschland Ruländer (lieblich) oder Grauburgunder (trocken), in Italien Pinot grigio; findet sich auch in Ungarn, Slowenien, Kanada, Oregon und Neuseeland.

Pinot noir Hervorragende dunkle Traube (siehe unter Trauben für Rotweine), in der Champagne und auch andernorts (z. B. in Kalifornien und Australien) weiß oder als zartrosa »Vin gris« gekeltert sowie zu Schaumwein verarbeitet.

Riesling Es ist eine Ironie des Schicksals, dass sich die Rückkehr des Rieslings auf die große Bühne – wie schon einmal – durch die Hintertür vollzieht. Kein ernsthafter Kommentator wird bestreiten, dass es der Riesling mit dem Chardonnay aufnehmen kann. Diese beiden sind die besten Weißweinsorten der Welt, vertreten aber zwei völlig unterschiedliche Stile. Während Chardonnay körperreiche, im Aroma eher zurückhaltende Weine liefert, bietet Riesling eine Fülle von Duft- und Geschmacksnoten – die Bandbreite reicht von stahlig bis lasziv, doch immer mit positivem Grundton. Zudem hat Riesling ein vielfach größeres Alterungspotenzial als Chardonnay.

Mit Abstand der bedeutendste Riesling-Erzeuger der Welt ist Deutschland, hier werden die großartigsten Weine in allen Stilrichtungen bereitet. Doch auch anderswo nimmt die Popularität zu. In Südaustralien gibt diese (an sich im kühlen Klima beheimatete) Sorte ihr Bestes, dem Chardonnay an Körperreichtum zumindest gleichzukommen. Die mittelschwere Lage wird von Österreich vertreten; hier entstehen kraftvolle Weine, die aber immer noch einen stahligen Grundton besitzen. Liebhaber von leichten und duftigen, manchmal beinahe durchdringend erfrischenden Weinen haben sich inzwischen die Mosel als alleinige Spielwiese ausgesucht. Sehr gut auch im Elsass (aber seltsamerweise sonst nirgendwo in Frankreich), in Australien, im pazifischen Nordwesten, in Ontario, in Kalifornien und in Südafrika.

Roussanne Rhône-Traube von großer Finesse, die man jetzt auch in Kalifornien und Australien antrifft. Gute Alterungsfähigkeit.

Ruländer Siehe Pinot gris.

Sauvignon blanc Erbringt sehr ausdrucksvolle, aromatische, grasige Weine – pikant in Neuseeland, oft mineralisch in Sancerre, reifer in Australien; gut auch in Rueda, Österreich, Norditalien, dem chilenischen Casablanca-Tal und Südafrika. Wird in Bordeaux mit Sémillon verschnitten. Kann herb ausfallen oder auch herzhaft und darf auch Blanc Fumé genannt werden.

Savagnin Die Traube des Vin jaune aus Savoyen. Vermutlich eine Verwandte des Gewürztraminers.

Scheurebe Wahrscheinlich eine Kreuzung aus Riesling x Silvaner. In der Pfalz sehr beliebt, besonders für Auslesen. Als trockener Wein manchmal grasig, nur voll ausgereift gut.

Sémillon Verleiht dem Sauternes seine Fülle und ist zunehmend von Bedeutung für Graves und andere trockene weiße Bordeaux-Weine. Grasig, wenn nicht voll ausgereift, kann aber weichen, trockenen Wein mit großem Alterungspotenzial liefern. In Australien (wo man sie ohne Akzent schreibt) hervorragend: alter Hunter Valley Semillon, obzwar leicht, hat das Zeug zu echter Größe. Auch in Neuseeland vielversprechend.
Sercial Liefert den trockensten Madeira. Dort wird übrigens behauptet, es handle sich um Riesling.
Seyval blanc In Frankreich gezüchtete Hybride zwischen französischen und amerikanischen Reben. Sehr widerstandsfähig, angenehm fruchtig. Im Osten der USA und in England recht erfolgreich, von den dogmatischen Richtlinien der Europäischen Union jedoch nicht für »Qualitätswein« zugelassen.
Silvaner (Sylvaner) Der Schwerarbeiter unter den deutschen Reben; der Wein gerät nur selten fein, außer in Franken, wo er viel Würze und Haltbarkeit erreicht, sowie in Rheinhessen und der Pfalz, wo die Traube eine Renaissance erlebt. Gut in Südtirol, neuerdings weniger gefragt im Elsass. Liefert im Wallis als »Johannisberg« sehr guten, kraftvollen Wein.
Steen Südafrikanischer Name für Chenin blanc, bei besseren Weinen allerdings nicht verwendet.
Tocai friulano Norditalienische Traube für leichte Weine, deren Duft man gern als »subtil« bezeichnet. Hat weder mit Tokajer noch mit Tokay etwas zu tun, könnte aber mit der chilenischen Sauvignonasse (siehe Sauvignon blanc) identisch sein.
Tokay Siehe Pinot gris. In Kalifornien auch als Tafeltraube und in Australien als angeblich ungarische Traube angebaut. Echter Tokajer wird dagegen von Furmint, Hárslevelű und Muskat gewonnen.
Torrontés Äußerst aromatische, Muskat-ähnliche Spezialität aus Argentinien, die meist trocken ausgebaut wird.
Trebbiano Verbreitete, aber mittelmäßige Traube in Mittelitalien, vor allem in Orvieto, Soave usw. Auch in Südfrankreich als Ugni blanc und im Cognac als St-Emilion angebaut. Liefert meist dünnen, neutralen Wein, gut für Verschnitte geeignet. Bräuchte mehr Sorgfalt beim Anbau.
Ugni blanc Siehe Trebbiano.
Verdejo Die Traube von Rueda in Kastilien kann feinen, langlebigen Wein erbringen.
Verdelho Rebensorte auf Madeira, liefert dort hervorragenden mittelsüßen und in Australien frischen, charaktervollen trockenen Wein.
Verdicchio Name für potenziell guten trockenen Wein im östlichen Mittelitalien.
Vermentino Ähnlich wie Malvasia, ergibt jedoch spritzigere Weine, u. a. in Ligurien und der Toskana; dabei immer noch mit zufriedenstellender Struktur und Alterungsfähigkeit.
Vernaccia Steht für viele Trauben in Italien, die nicht miteinander verwandt sind. Vernaccia di San Gimignano ist frisch und lebhaft, Vernaccia di Oristano eher Sherry-ähnlich.
Viognier Die Rhône-Traube ist gerade groß in Mode. Die besten Exemplare stammen aus Condrieu, danach kommen die immer noch aromatischen Weine aus dem Midi. Auch in Kalifornien und Australien bereitet man gute (und weniger gute) Versionen.
Viura Siehe Macabeo.
Weißburgunder Siehe Pinot blanc.
Welschriesling Siehe Laski Riesling.

Wein und Essen

Das Dilemma ist in Restaurants am schlimmsten. Vier Gäste haben verschiedene Speisen gewählt. Der Gastgeber rechnet. Je eine Flasche Weiß- und Rotwein ist üblich, unabhängig vom Essen. Bis zu einem bestimmten Punkt geht die Rechnung auf. Aber man kann sie verfeinern oder durch etwas anderes ersetzen und so vielleicht beiden gerecht werden, sowohl dem Essen als auch dem Wein.

30 Jahre Experimentierfreude und die Ideen von vielen Freunden sind in diese Liste praktischer Vorschläge eingegangen. Vielleicht sind sie am sinnvollsten für das Menü zu Hause, aber zusammen mit den anderen Teilen des Buches können sie auch den Stress bei der Auswahl im Restaurant reduzieren. Auf jeden Fall erweitern sie den Horizont.

Vor dem Essen – einen Aperitif

Herkömmliche Aperitifs sind entweder Schaumweine (am besten: Champagner) oder gespritete Weine (z. B. Sherry in Großbritannien, Port in Frankreich, Wermut in Italien usw.). Heute ist es Mode, vor dem Essen ein Glas Weißwein oder Rosé zu trinken (in Frankreich auch Rotwein). Zu empfehlen ist ein leichter, appetitanregender, ziemlich trockener, aber nicht saurer Tropfen mit einem gewissen Charakter, eher ein Riesling oder Chenin blanc als ein Chardonnay.

Meiden Sie Erdnüsse, denn sie zerstören das Aroma des Weins. Auch Oliven sind für viele Weine zu pikant; sie verlangen nach Sherry oder einem Martini. Essen Sie stattdessen Mandeln, Pistazien oder Walnüsse, Kartoffelchips oder Käsegebäck.

Vorspeisen

Aïoli Zu so viel Knoblauch braucht man einen Durstlöscher. Weißer Rhône- oder trockener weißer Schaumwein; Provence-Rosé oder Verdicchio.

Antipasti Trockener Weißwein aus Italien (Arneis, Soave, Pinot grigio, Prosecco, Vermentino) oder leichter Rotwein (z. B. Dolcetto, Franciacorta oder junger Chianti). Auch Fino Sherry.

Artischocken *Mit Sauce vinaigrette:* ein ausdrucksvoller, trockener Weißwein, z. B. ein neuseeländischer Sauvignon blanc, ein Côtes de Gascogne oder ein moderner griechischer Wein. Oder ein junger roter Bordeaux bzw. Côtes du Rhône.

Mit Sauce hollandaise: Ein voller, etwas frischer, trockener Weißwein, z. B. Pouilly-Fuissé, Pfälzer Spätlese oder ein Carneros- oder Yarra-Valley-Chardonnay.

Auberginen (Melitzanosalata) Frischer Sauvignon blanc aus der Neuen Welt, z. B. aus Südafrika oder Neuseeland, oder trockener griechischer bzw. sizilianischer Weißer. Alternativ roter Bardolino oder Chiaretto.

Austern *Roh:* Champagner oJ, außerdem Chablis Premier cru, Muscadet, weißer Graves, Sancerre – oder Guinness.

Gegart: Puligny-Montrachet oder guter Chardonnay aus der Neuen Welt. Champagner passt zu allen Austern.

Avocado *Mit Meeresfrüchten:* Trockener bis halbtrockener oder etwas säuerlicher Weißwein, z. B. Pfälzer oder Rheingauer Kabinett, Grüner Veltliner, Riesling aus der Wachau, Sancerre, Pinot grigio, australischer oder Sonoma-Chardonnay bzw. Sauvignon blanc oder ein trockener Rosé. Oder Chablis Premier cru.
Mit Sauce vinaigrette: Manzanilla Sherry.

Bouillabaisse und Fischsuppen Anregender, trockener Weißwein, Marsanne aus dem Midi oder von der Rhône, auch Rosé von Korsika oder aus Spanien, oder Cassis, Verdicchio, südafrikanischer Sauvignon blanc.

Caesar-Salat Spanischer oder südfranzösischer Rosé. Sollten Sie gerade in Rom sein, bestellen Sie nach Gusto.

Carpaccio von Rindfleisch Hierzu passt fast jeder Wein, auch Rotwein, etwa ein Spitzen-Toskaner. Gut eignet sich auch ein feiner Chardonnay sowie ein Jahrgangs- oder Rosé-Champagner.

Ceviche Australischer Riesling oder Verdelho; Sauvignon blanc aus Südafrika oder Neuseeland.

Consommé Halbtrockener Amontillado Sherry oder Sercial Madeira.

Crostini Morellino di Scansano, Montepulciano d'Abruzzo, Valpolicella oder ein trockener Weißer aus Italien, z. B. Verdicchio oder Orvieto.

Dim-Sum Klassischerweise chinesischer Tee. Ausprobieren kann man aber auch Pinot grigio bzw. Riesling oder leichten Rotwein (Bardolino bzw. roter Sancerre). Auch Champagner oJ oder guten Schaumwein aus der Neuen Welt.

Eierspeisen Siehe auch Soufflé. Mit den meisten Weinen vertragen sie sich nicht gut. Zu regionalen Gerichten einen regionalen Wein, damit liegt man nie verkehrt. Vielleicht Pinot blanc oder einfachen Chardonnay mit wenig Eichenaroma. Zu Rührei allenfalls Champagner.

Fischterrine Trockener Pfälzer Riesling Spätlese, Grüner Veltliner, Chablis Premier cru, Clare Valley Riesling oder Manzanilla.

Forelle, geräuchert Sancerre, kalifornischer oder südafrikanischer Sauvignon blanc, Rully oder Bourgogne Aligoté. Chablis oder Champagner. Am besten ist aber Spätlese von der Mosel.

Gänseleberpastete Weißwein. In Bordeaux trinkt man dazu Sauternes. Anderswo wird Pinot gris Spätlese, Riesling (auch aus der Neuen Welt), Vouvray, Montlouis, Jurançon moelleux oder Gewürztraminer bevorzugt. Für Feinschmecker: Tokaji Aszú 5 Puttonyos. Trockener Amontillado kann vorzüglich sein. Vielleicht auch alten Jahrgangs-Champagner. Aber auf keinen Fall Chardonnay oder Sauvignon blanc.

Garnelen, Krabben oder Scampi Feiner, trockener Weißwein: Burgunder, Graves, Chardonnay, Pfälzer Riesling – auch feiner, reifer Champagner.
Auf chinesische, indische oder Thai-Art: Gehaltvoller australischer Hunter Valley Chardonnay («Cocktailsauce» verträgt sich nicht mit Wein).

Gazpacho Ein Glas Fino vorher und nachher. Oder Sauvignon blanc.

Gemüseterrine Nicht gerade ein großartiger Partner für feinen Wein, aber kalifornischer, chilenischer oder südafrikanischer Chardonnay gilt als modische Begleitung; Chenin blanc oder Vouvray sind dagegen eine solide Sache.

Graved Lachs Aquavit oder Sake, eisgekühlt, oder Chablis Grand cru, kalifornischer, Washington- oder Margaret-River-Chardonnay; auch Mosel Spätlese (nicht trocken).

Guacamole Kalifornischer Chardonnay, Sauvignon blanc, trockener Muskat oder Champagner oJ. Auch mexikanisches Bier.

Haifischflossensuppe Einen Teelöffel Cognac hineingeben; als Getränk Amontillado.
Hering, grün oder Matjes Wacholder (jung), Aquavit aus Skandinavien oder kühles Bier. Wenn es unbedingt Wein sein soll: 2003er Muscadet.
Hommos Pikanter, würziger, trockener Weißwein, z. B. Furmint, oder ein moderner griechischer Weißer.
Hors-d'œuvres Siehe auch Antipasti. Sauberer, fruchtiger, herber Weißwein: Sancerre oder irgendein Sauvignon blanc, Grüner Veltliner, ungarischer Leányka, englischer Weißwein oder junger, leichter roter Bordeaux, Corbières bzw. Fino Sherry.
Käsefondue Trockener Weißwein: Walliser Fendant oder ein anderer Schweizer Chasselas, Roussette de Savoie; Grüner Veltliner, Elsässer Riesling oder Pinot gris. Auch ein Beaujolais Cru.
Kaviar Eisgekühlter Wodka; Champagner, aber ein körperreicher (z. B. Bollinger, Krug).
Krabben (Konserve) Fino-Sherry, Chablis, weißer Rioja oder Long-Island-Chardonnay.
Lachs, geräuchert Trockener, aber ausdrucksvoller Weißwein, z. B. Fino Sherry, Jahrgangs-Champagner, Elsässer Pinot gris, Chablis Grand cru, Pouilly-Fumé, Pfälzer Riesling Spätlese. Wodka, Klarer, Aquavit.
Makrelen, geräuchert Zu ölig für Wein. Manzanilla Sherry, trockener Vinho verde oder Schnaps, Wodka, Bier.
Mayonnaise-Vorspeisen Verlangen nach kräftigem Kontrast. Côte-Chalonnaise-Weißwein (z. B. Rully) eignet sich gut. Neuseeländer Sauvignon blanc, Verdicchio oder eine trockene Spätlese aus der Pfalz.
Meeresfrüchte-Salat Frischer Chardonnay oder Pinot grigio aus Norditalien; australischer Verdelho oder Clare Riesling.
Melonen Wenn überhaupt, dann ein starker süßer Wein: Port, Bual-Madeira, Muscat de Frontignan, Vin doux naturel; auch trockener, bukettreicher Viognier, Fiano di Avellino oder australischer Marsanne.
Minestrone Rotwein: Chianti, Zinfandel, Barbera, Côtes du Rhône usw. Oder Fino Sherry.
Möweneier Reifer weißer Burgunder oder Jahrgangs-Champagner.
Omelette Siehe Eierspeisen.
Pasta Rot- oder Weißwein, je nach Sauce oder Beilage.
Mit Fischsauce (z. B. Muscheln): Verdicchio, Soave, weißer Spitzen-Rioja, Ciró, Sauvignon blanc.
Mit Fleischsauce: Montepulciano d'Abruzzo, Salice Salentino, Merlot.
Mit Pesto: Barbera, Vermentino aus Ligurien, Neuseeländer Sauvignon blanc, ungarischer Hárslevelű oder Furmint.
Mit Rahmsauce: Orvieto, Frascati oder Südtiroler Chardonnay.
Mit Tomatensauce: Barbera, süditalienischer Rotwein, Zinfandel, südaustralischer Grenache.
Pastrami Elsässer Riesling, junger Sangiovese oder Cabernet franc
Pastete *Pâté de campagne:* Trockener Weißwein, z. B. guter Vin de pays, Graves, Pfälzer Riesling.
Hühnerleber: Ein pikanter Weißwein (Elsässer Pinot gris oder Marsanne) oder ein milder Rotwein (leichter Pomerol oder Volnay) oder auch Amontillado Sherry.
Ente: Châteauneuf-du-Pape, Cornas, Chianti Classico, Pomerol.
Fisch: Muscadet, Mâcon-Villages, australischer Chardonnay ohne Eichenholzwürze.

Peperonata Trockener australischer Riesling, Semillon aus Westaustralien oder Sauvignon blanc aus Neuseeland. Tempranillo oder Grenache.
Pimientos, geröstete Benötigen einen gut fruchtigen, womöglich sogar leicht lieblichen Tropfen: neuseeländischer Sauvignon blanc, spanischer Chardonnay oder Valdepeñas.
Pipérade Rosado aus Navarra, Rosé aus der Provence oder Südfrankreich. Auch trockener australischer Riesling.
Pizza Beliebiger trockener italienischer Rotwein oder Rioja, australischer Shiraz, südfranzösischer oder Douro-Rotwein.
Prosciutto (auch mit Melonen, Birnen oder Feigen) Kräftiger trockener bis halbtrockener Weißwein: Orvieto, Lugana, Chenin blanc, Grüner Veltliner, Furmint-Tokajer, weißer Rioja, australischer Semillon, Jurançon Sec.
Quiche Trockener, körperreicher Weißwein (Elsässer, Graves, Sauvignon blanc, trockener Rheingauer) oder junger Rotwein, z. B. Tempranillo oder Periquita, je nach der Füllung.
Ravioli Siehe Pasta.
Mit Pilzen: Dolcetto oder Nebbiolo d'Alba, Oregon-Pinot-noir, roter Rioja Crianza.
Risotto Friaulischer Pinot gris, Gavi, junger Sémillon, Dolcetto oder Barbera d'Alba.
Mit Champignons: Cahors, Madiran, Barbera oder ein Pinot noir aus der Neuen Welt.
Mit Steinpilzen: Feinster reifer Barolo oder Barbaresco.
Rohkost Leichter Rot- oder Roséwein: Côtes du Rhône, Minervois, Chianti, Pinot noir, Fino Sherry. Oder ein elsässer Sylvaner bzw. Pinot blanc.
Salade niçoise Sehr trockener, nicht zu leichter oder blumiger Weißwein oder Rosé, z. B. aus der Provence, von der Rhône oder aus Korsika; katalanischer Weißwein, Ferñao Pires, Sauvignon blanc.
Salami Barbera, erstklassiger Valpolicella, echter Lambrusco, junger Zinfandel, Tavel oder auch Ajaccio rosé, Vacqueyras, junger Bordeaux, chilenischer Cabernet Sauvignon.
Salate Als Vorspeise, insbesondere mit einer Sauce aus Schimmelkäse, mit jedem trockenen und appetitanregenden Weißwein. Hinweis: Essig in Salatsaucen tötet das Aroma des Weins. Will man guten Wein zu einem Essen trinken, sollte man den Salat mit Wein oder etwas Zitronensaft anmachen.
Schellfisch, geräuchert, Mousse oder Brandade Hierzu passt gut ein körperreicher, ausdrucksvoller trockener Weißwein, u. a. Chablis Grand cru oder Chardonnay aus Sonoma/Kalifornien oder Neuseeland.
Schinken roh oder gebeizt Siehe auch Prosciutto. Elsässer Pinot gris Grand cru oder guter, frischer, weißer italienischer Collio. Probieren Sie zu spanischem Pata Negra oder Jamon Fino Sherry oder Tawny Port.
Schnecken Rotweine von der Rhône wie z. B. Gigondas, Vacqueyras, St-Véran oder Aligoté. Im Midi Weiß-, Rosé- oder Rotwein der Gegend zu Petits gris. Im Elsass Pinot blanc oder Muskat.
Schüsselpastete Wie bei Pasteten, oder auch ähnlicher Rotwein: z. B. Mercurey, St-Amour, jüngerer St-Emilion, Tempranillo, Sangiovese oder chilenischer Cabernet Sauvignon.
Soufflé Hierzu gehört ein ☆☆☆ Wein.
Fischsoufflé: Trockener Weißwein, z. B. Burgunder, Bordeaux, Elsässer, Chardonnay usw.
Käsesoufflé: Roter Burgunder oder Bordeaux, aber auch reifer Cabernet Sauvignon.

Spinatsoufflé: Schwierig zum Wein – Mâcon-Villages, St-Véran oder Valpolicella. Zu vielen Soufflé-Arten passt auch Champagner.
Spargel Schwierig zum Wein, wegen des leicht bitteren Geschmacks; am besten ein ausdrucksstarker Tropfen. Sauvignon blanc verstärkt den Geschmack, muss dazu aber reif sein wie in Chile. Australischer Semillon ist besser als Chardonnay, der wiederum besser zu zerlassener Butter oder Sauce hollandaise passt; ansonsten Elsässer Pinot gris, trockener Muskat oder Jurançon Sec.
Spinat Eine Herausforderung. Kann Roten einen rostigen Geschmack verleihen. Guter Cabernet Sauvignon sollte das aber verkraften, ebenso ein neutraler Weißer wie Chardonnay ohne Eichenholzwürze.
Sprotten (gebraten) Lebhafte trockene Weißweine: Chablis, griechischer Weißer, Sauvignon blanc aus der Touraine, Verdicchio, Fino Sherry.
Tapenade Manzanilla oder Fino Sherry oder jeder leicht scharfe, trockene Weißwein oder Rosé.
Taramasalata Rustikaler, sehr markanter Weißwein aus dem Süden – es muss nicht unbedingt Retsina sein. Fino Sherry ist auch gut. Ebenso weißer Rioja oder ein Marsanne von der Rhône. Die einfache Supermarktversion passt gut zu feinen, delikaten Weißweinen oder Champagner.
Tomaten (in allen Gerichten) Tomaten sind wegen ihrer Säuerlichkeit keinem Wein freundlich gesonnen. Köche sollten das beherzigen und sie nicht einfach nur der Farbe wegen verwenden. An Weißweinen ist noch Sauvignon blanc am besten. Als Rotwein eventuell Chianti.
Tortilla Rioja Crianza, Fino Sherry oder weißer Mâcon-Villages.
Wachteleier Blanc-de-Blancs-Champagner.
Wurstwaren Junger Beaujolais-Villages, Rotweine von der Loire (z. B. Saumur), Pinot noir aus der Schweiz oder aus Oregon. Junge argentinische oder italienische Rote. Auch Sauvignon blanc kann passen.
Ziegenkäse, gegrillt oder gebacken (in warmen Salaten) Sancerre, Pouilly-Fumé oder Sauvignon blanc aus der Neuen Welt. Chinon oder Saumur Champigny bzw. Rosé aus der Provence; kräftiger türkischer Rotwein oder Château Musar. Australischer Shiraz Schaumwein.

Meeresfrüchte und Fischgerichte

Aal *In Aspik:* Champagner oJ oder eine gute Tasse (Ceylon-)Tee. *Geräuchert:* Starker oder säuerlicher Wein, z. B. Fino Sherry oder Bourgogne Aligoté; Kornschnaps.
Anchovis Robuster Wein – ob rot, weiß oder rosé – z. B. Rioja oder Fino Sherry.
Barbe Sehr anpassungsfähig; Weiß- oder Rotwein, v. a. Pinot noir.
Barsch (Fluss-, See-) Weißburgunder aus Baden oder der Pfalz, aber auch anderer delikater Weißwein eignet sich gut, z. B. trockener Clare-Riesling und Chablis, weißer Châteauneuf-du-Pape.
Beurre blanc, Fisch in Bester Muscadet sur lie, ein Sémillon/Sauvignon-blanc-Verschnitt, Chablis Premier cru, Vouvray, Rheingauer Riesling.
Brandade Chablis oder roter Sancerre.
Brasse (v. a. in Salzkruste gebacken) Körperreicher Weißwein oder Rosé; Meursault, Rioja, Albariño, Wein aus Sizilien, Côtes du Luberon oder Minervois.
Carpaccio von Lachs oder Thunfisch Puligny-Montrachet, Condrieu, kalifornischer Chardonnay oder neuseeländischer Sauvignon blanc.

Fish and Chips, Fritto misto (oder Tempura) Chablis, weißer Bordeaux, Sauvignon blanc, Pinot blanc, Gavi, Fino, Montilla, Koshu, Tee oder Champagner oJ bzw. Cava.

Fischpastete (mit Rahmsauce) Albariño, Soave Classico, Pinot gris aus dem Elsass.

Forellen Delikate Weißweine, z. B. Mosel-Saar-Ruwer, Elsässer Pinot blanc.

Glattbutt Sehr delikater Fisch, geeignet z. B. für feinen alten Puligny.

Heilbutt Siehe Steinbutt.

Heringe Ein Weißwein mit etwas Säure, der dem ausgeprägten Geschmack des Herings entgegenwirkt: Aligoté aus Rully oder Burgund, griechischer Weißwein, trockener Sauvignon blanc – oder Apfelwein.

Hummer *Salat:* Champagner oJ, Elsässer Riesling, Condrieu, Mosel Spätlese, Penedès Chardonnay oder Cava.

Mit Mayonnaise: Jahrgangs-Champagner, feiner weißer Burgunder oder Graves Cru classé, kalifornischer Chardonnay oder australischer Riesling, auch Pfälzer Spätlese.

Jakobsmuscheln Dazu am besten feinsten Weißwein.

In Rahmsauce: Deutsche Spätlese, Montrachet, erstklassigen australischen Chardonnay oder trockenen Vouvray.

Gegrillt oder sautiert: Hermitage blanc, Grüner Veltliner, Entre-Deux-Mers, Jahrgangs-Champagner oder Pinot noir.

Mit asiatischem Dressing: Sauvignon blanc aus Neuseeland oder Südafrika, Verdelho, australischer Riesling, Gewürztraminer.

Kabeljau Gebraten eine gute, neutrale Grundlage für feine trockene bis halbtrockene Weißweine, z. B. Chablis, Meursault, Corton-Charlemagne, Graves Cru classé, Grüner Veltliner; deutsche Kabinettweine, trockene Spätlesen oder gute, leichte Rotweine, z. B. Beaune.

Kedgeree (Reisgericht mit Fisch, Eiern und Zwiebeln) Volle Weißweine, auch Schaumweine: Mâcon-Villages, südafrikanischer Chardonnay oder (zum Frühstück) Champagner.

Kliesche Dieser exquisite Fisch verträgt Ihren vollmundigsten Chardonnay (aber ohne Eichenholzwürze).

Krebs *Kalt mit Salat:* Riesling aus dem Elsass, aus Österreich oder vom Rhein, trockener Riesling aus Australien, Condrieu. Nehmen Sie Ihren Lieblingsweißwein.

Cioppino: Sauvignon blanc. An der amerikanischen Westküste schwört man auf Zinfandel. Auch kalifornischer Schaumwein.

Auf chinesische Art, mit Ingwer und Zwiebeln: Deutscher Riesling Kabinett oder Spätlese halbtrocken. Furmint-Tokajer, Gewürztraminer.

Mit schwarzen Bohnen: Kräftiger Barossa-Shiraz.

Lachs, sautiert oder gegrillt Feiner weißer Burgunder: Puligny- oder Chassagne-Montrachet, Meursault, Corton-Charlemagne, Chablis Grand cru; Grüner Veltliner, Condrieu, Chardonnay aus Kalifornien, Idaho oder Neuseeland, Rheingauer Kabinett oder Spätlese, australischer Riesling. Auch junger Pinot noir ist oft sehr gut. Lachsklößchen verlangen nach ähnlichen aber weniger großen Weinen.

Lamproie à la Bordelaise (Neunauge) 5-jähriger St-Emilion oder Fronsac. In Portugal auch Douro-Rotweine.

Makrelen Säuerlicher Weißwein: Sauvignon blanc aus der Touraine, Gaillac, Vinho verde, weißer Rioja, englischer Weißwein. Oder Guiness.

Meeräsche Verdicchio, Rully, Chardonnay ohne Eichenwürze.

Muscheln Muscadet sur lie, Chablis Premier cru, Chardonnay.

Rochen in brauner Butter Würziger Weißwein, z. B. Elsässer Pinot gris, oder sauberer, einfacher Wein wie Muscadet oder Verdicchio.

Sardinen, frisch gegrillt Sehr trockener Weißwein, z. B. Vinho verde, Soave, Muscadet, moderner griechischer Wein.

Sashimi Wenn Sie den Wasabi weglassen, sind Schaumwein, Washingtoner oder tasmanischer Chardonnay, Chablis Grand cru, Rheingau-Riesling oder englischer Seyval blanc einen Versuch wert. Ansonsten eiskalter Sake, Fino Sherry oder Bier. Ein Versuch mit 5-Puttonyos-Tokajer zu fettem Thunfisch, Seeigel und Aal war erfolgreich.

Schalentiere Trockener Weißwein zu gekochten Schalentieren, vollere Weine zu gehaltvollen Saucen. Krebs und Riesling gehören einfach zusammen. Als Meeresfrüchteteller: Muscadet, Chablis, ohne Eiche ausgebauter Chardonnay, trockener Riesling.

Schellfisch Trockene, etwas vollere Weißweine, z. B. Meursault, kalifornischer oder neuseeländischer Chardonnay, Marsanne oder Albariño.

Schnappbarsch Sauvignon blanc. Werden orientalische Gewürze verwendet: Weißweine von der Rhône mit mediterranem Aroma.

Seehecht Sauvignon blanc oder sonst ein frisch-fruchtiger Weißwein, z. B. Pacherenc, Tursan, weißer Navarra.

Seeschnecken Trockener bis halbtrockener Weißwein, z. B. Côte de Beaune blanc, Sauvignon blanc, Pinot grigio, Grüner Veltliner. *Chinesisch:* Jahrgangs-Champagner.

Seeteufel Oft gebraten, was eher volle als zu magere Weine nahe legt. Versuchen Sie neuseeländischen Chardonnay, Pinot noir aus Oregon oder Neuseeland oder Merlot aus Chile.

Seezunge, Scholle u. Ä. *Gekocht, gegrillt oder gebacken:* Ideal zu feinen Weinen: weißer Burgunder und Gleichrangige.
In Sauce: Säuerlich-trockene Weine bei Tomatensauce; ansonsten ziemlich reichhaltige Tropfen.

Schwertfisch Körperreicher, trockener Weißwein aus dem Heimatland des Gerichts, nichts Besonderes.

Steinbutt Bester reicher, trockener Weißwein, z. B. Meursault, Chassagne-Montrachet, reifer Chablis oder sein kalifornisches, australisches bzw. Neuseeländer Äquivalent; reife Rheingauer, Mosel- oder Nahe-Spätlese oder -Auslese (nicht trocken); Condrieu.

Sushi Scharfer Wasabi ist meist dabei. Trockener deutscher QbA oder einfacher Chablis passt gut, oder Champagne Brut oJ; sonst Sake und Bier.

Thunfisch, gegrillt oder sautiert Weiß- oder Rotwein (auch Rosé) in recht fruchtiger Art; erstklassiger St-Véran, weißer Hermitage oder Côtes du Rhône machen sich gut. Bei den Rotweinen am besten Pinot noir oder einen leichten Merlot probieren.

Zander Exquisiter Fisch, verlangt feinsten Wein: weißer Spitzen-Burgunder, Elsässer Riesling Grand cru oder edler Mosel; erstklassiger Fendant oder Johannisberg aus der Schweiz.

Fleischgerichte

Bœuf Stroganoff Ausdrucksvoller Rotwein: Barolo, Valpolicella Amarone, Cahors, Hermitage, Zinfandel Spätlese, sogar Negru de Purkar aus Moldova.

Bries Zu einem besonderen Gericht gehört ein besonderer Wein, aber nicht zu trocken: Riesling oder fränkische Silvaner-Spätlese, Elsässer Spitzen-Pinot-gris oder Condrieu, je nach der Sauce.

Boudin Blanc Chenin blanc von der Loire. Falls mit Äpfeln: trockener Vouvray, Saumur oder Savennières, ohne Äpfel: reifer roter Côtes de Beaune.

Cassoulet Rotwein aus dem Südwesten Frankreichs (z. B. Gaillac, Minervois, Corbières, St. Chinian, Fitou) oder Shiraz. Am besten ist jedoch Beaujolais Cru oder junger Tempranillo.

Chili con Carne Junger Rotwein, z. B. Beaujolais, Zinfandel, argentinischer Malbec.

Chinesische Speisen *Kanton oder Peking:* Trockener bis halbtrockener Weißwein – Riesling Kabinett von der Mosel oder trockene Spätlese – ist oft für chinesische Menüs geeignet. Gewürztraminer wird häufig vorgeschlagen, passt aber selten (zu Ingwer ist er allerdings großartig). Bessere Alternativen: Chasselas und Pinot gris. Trockener oder halbtrockener Schaumwein (v. a. Cava) passt gut zu öligen Speisen und gleicht die Süße aus. Süß-saure Gerichte meiden; zu Ente ☆☆ St-Emilion (oder Le Pin?), St-Estèphe Cru bourgeois, Pinot noir aus der Neuen Welt oder Châteauneuf-du-Pape. Zu chinesischer Küche biete ich oft Weiß- und Rotwein gleichzeitig an. Auch Champagner ist beliebt

Szetschuan: Verdicchio, Elsässer Pinot blanc oder gekühltes Bier.

Choucroute garni Elsässer Pinot gris, Pinot blanc, Riesling oder Bier.

Confit d'oie/de canard Junger, herber roter Bordeaux Cru bourgeois, kalifornischer Cabernet Sauvignon und Merlot sowie Priorato nehmen diesem Gericht die Schwere, Elsässer Pinot gris oder Gewürztraminer passt ebenso.

Coq au vin Roter Burgunder. Der Idealfall ist eine Flasche Chambertin im Gericht und zwei auf dem Tisch.

Currys Siehe Indische Küche.

Eintopfgerichte Roter Burgunder kommt gut zur Geltung; andernfalls kräftigen, geschmacksintensiven Rotwein, z. B. jungen Côtes du Rhône, Toro, Corbières, Barbera, Shiraz, Zinfandel o. Ä.

Ente oder Gans Gehaltvoller Weißwein: Pfälzer Spätlese oder halbtrockener Elsässer Grand cru; gut reife Rotweine mit Wildaroma wie Morey-St-Denis, Côte Rôtie oder Bordeaux bzw. Burgunder. Mit Orangen oder Pfirsichen ist Sauternes zu empfehlen, aber auch Monbazillac bzw. Riesling Auslese.

Peking-Ente: Siehe Chinesische Speisen.

Wildente: Gehaltvoller Rotwein, z. B. Hermitage, Châteauneuf-du-Pape, Bandol, kalifornischer oder südafrikanischer Cabernet Sauvignon, Barossa-Shiraz – am besten Grange.

Mit Oliven: Spitzen-Chianti oder ein anderer Toskaner.

Feldhase Vollduftiger Rotwein; nicht zu alter Burgunder (z. B. Vosne-Romanée), Bordeaux, Rhônewein (z. B. Gigondas), Bandol, Barbaresco, Ribera del Duero oder feiner Rioja Reserva. Dasselbe gilt für Hasenrücken. Australischer Grange könnte interessant sein.

Fleischklopse Saftige, mittelschwere Rotweine, z. B. Mercurey, Crozes-Hermitage, Madiran, Morellino di Scansano, Langhe Nebbiolo, Zinfandel, Cabernet Sauvignon.

In der Art des Mittleren Ostens (scharf): Einfacher, frischer, trockener Weißwein oder bodenständiger Roter.

Frankfurter Würstchen Deutscher Riesling, Beaujolais oder leichter Pinot noir. Ansonsten Budweiser.

Grillgerichte Meistens empfiehlt sich ein Australier. Ansonsten ein Süditaliener, Tempranillo, Zinfandel oder argentinischer Malbec. Wer als Gastgeber glänzen will, nehme Bandol.

Gulasch Aromatischer junger Rotwein, z. B. ungarischer Zinfandel, Tannat aus Uruguay, Morellino di Scansano, junger australischer Shiraz.

Hamburger Junger roter Beaujolais oder australischer Cabernet Sauvignon; Chianti, Zinfandel. Oder Cola (aber nicht «light», sondern die echte – und viel davon).

Huhn oder Pute, gebraten So gut wie jeder Wein, auch bester herber bis mittlerer Weißwein und feiner alter Rotwein (v. a. Burgunder). Welcher Wein am besten passt, entscheidet die Sauce. Versuchen Sie Shiraz-Schaumwein zu starken, süßen oder würzigen Füllungen und Beilagen.

Hühnchen nach Kiewer Art Elsässer oder Pfälzer Riesling, ungarischer Furmint, junger Pinot noir.

Indische Küche Lieblicher Weißwein, gut gekühlt: z. B. Orvieto abboccato, südafrikanischer Chenin blanc, Elsässer Pinot blanc, indischer Schaumwein, Cava oder Champagner oJ. Oder zur Betonung der Schärfe tanninreicher Barolo, Barbaresco bzw. andere kräftige Rotweine wie Châteauneuf-du-Pape, Cornas, australischer Grenache bzw. Mourvèdre oder Valpolicella Amarone.

Kalbfleisch, gebraten Ein gutes Gericht für feine alte Rotweine, die vielleicht im Lauf der Zeit ein wenig Aroma verloren haben, z. B. Rioja Reserva. Oder ein deutscher bzw. österreichischer Riesling; auch Vouvray oder Pinot gris aus dem Elsass.

Kalte Fleischgerichte Zu ihnen passt vollmundiger Weißwein meist besser als Rotwein. Mosel-Spätlese, Hochheimer und Côte Chalonnaise sind sehr gut, aber auch Beaujolais. Reste von kaltem Braten mit dem Rest aus der Champagnerflasche hinunterzuspülen ist einfach herrlich.

Kaninchen Lebendiger, mittelschwerer, junger italienischer Rotwein oder Aglianico del Vulture; Chiroubles, Chinon, Saumur Champigny oder Rosé von der Rhône. In Frankreich Le Pin.

Kebab Kräftiger Rotwein, z. B. ein moderner Grieche, Corbières, chilenischer Cabernet Sauvignon, Zinfandel oder Barossa-Shiraz. Viel Knoblauch wird von Sauvignon blanc aufgefangen.

Kohl, gefüllt Ungarischer Cabernet franc oder Kadarka, Côtes du Rhône-Villages; Salice Salentino, Primitivo und andere würzige Rotweine aus Süditalien. Oder argentinischer Malbec.

Kutteln (Kaldaunen) Rotwein: Corbières, Roussillon oder ein eher lieblicher Weißer, z. B. eine deutsche Spätlese. Noch besser: westaustralischer Semillon/Chardonnay oder spritziger trockener Weißwein, wie z. B. Pouilly-Fumé oder frischer roter Saumur-Champigny.

Lammfleisch, gebraten Traditionell eine der besten Grundlagen für sehr guten Bordeaux, entsprechenden Cabernet Sauvignon aus der Neuen Welt, v. a. Napa und Coonawarra, sowie Rioja und Ribera del Duero Reservas. Für würzige Lammgerichte neuseeländischen Pinot noir.

Leber Junger Rotwein: Beaujolais-Villages, St-Joseph, Médoc, italienischer Merlot, Breganze Cabernet, Zinfandel, portugiesischer Bairrada. *Kalbsleber:* Roter Rioja Crianza, Salice Salentino Riserva, Fleurie.

Moussaka Rot- oder Roséwein, z. B. griechischer Naoussa, Sangiovese, Corbières, Côtes de Provence, Ajaccio, neuseeländischer Pinot noir.

Nieren Rotwein. St-Emilion oder Fronsac; Nuits-St-Georges, Cornas, Barbaresco, Rioja, spanischer oder australischer Cabernet Sauvignon, Spitzen-Alentejo.

Ochsenschwanz Gehaltvoller Rotwein, z. B. St-Emilion, Pomerol, Pommard, Nuits-St-Georges, Barolo, Rioja Reserva, Ribera del Duero, kalifornischer oder Coonawarra-Cabernet-Sauvignon, Châteauneuf-du-Pape.

Osso buco Volle Rotweine mit wenig Tannin, z. B. Dolcetto d'Alba oder Pinot noir; trockener italienischer Weißwein wie Soave oder Lugana.

Paella Junger spanischer Roter, trockener Weiß- oder Roséwein, z. B. Penedès, Somontano, Navarra oder Rioja.

Pot au feu, Bollito misto, Cocido Rustikale Rotweine aus dem Heimatland des Gerichts; Sangiovese di Romagna, Chusclan, Lirac, Rasteau, portugiesischer Alentejo oder spanischer Yecla bzw. Jumilla.

Rindfleisch, gebraten Dazu passt jede Art von feinem Rotwein.

Rindfleisch, gekocht Rotwein, z. B. Bordeaux (Bourg oder Fronsac), Roussillon, Côte Rôtie. Gut ist auch weißer Burgunder von mittlerem Rang, z. B. Auxey-Duresses. Oder besonders gutes Bier. Senf lässt tanninreiche Rote sanfter erscheinen, Meerrettich überdeckt jeden anderen Geschmack. Aber manchmal möchte man es ja auch so haben.

Rindfleisch, geschmort Sehr kräftiger Rotwein wie z. B. Pomerol oder St-Emilion, Hermitage, Cornas, Barbera, Shiraz, Napa-Cabernet-Sauvignon, Ribera del Duero, roter Douro.

Satay Australischer McLaren-Vale-Shiraz oder Elsässer bzw. neuseeländischer Gewürztraminer.

Schinken Weichere rote Burgunder, z. B. Volnay, Savigny, Beaune, Chinon, Bourgueil; lieblicher deutscher Weißwein, z. B. eine Spätlese vom Rhein; tschechischer Frankovka; ein leichter Cabernet Sauvignon (z. B. aus Chile) oder kalifornischer Pinot noir. Spanischer *jamón* und Sherry sind eine göttliche Kombination.

Schweinefleisch, gebraten Schweinefleisch ist eine kräftige, neutrale Grundlage für leichte Rote oder reichhaltige Weiße. Ein ☆☆ Wein sollte es schon sein, z. B. ein Médoc. Portugiesisches Spanferkel isst man mit Bairrada-Garrafeira. Zu chinesischen Gerichten: Pinot noir.

Steak *Pfeffersteak:* Ein ziemlich junger roter von der Rhône oder Cabernet Sauvignon.

Tartar: Wodka oder leichter junger Rotwein (Beaujolais, Bergerac, Valpolicella).

Filet oder Tournedos: Jeder Rotwein (doch zu Sauce béarnaise keinen alten Wein, dann eher kalifornischen Spitzen-Chardonnay). Ich würde Château Haut-Brion nehmen.

T-Bone: Strukturreicher Rotwein (Barolo, Hermitage, australischer Cabernet Sauvignon oder Shiraz).

Fiorentina (Bistecca): Chianti Classico Riserva oder Brunello.

Yuk Whe (feinstes koreanisches Steak Tartar): Sake.

Tagin (nordafrikanisches Schmorgericht) Hier gibt es enorme Unterschiede, doch mit einem fruchtigen jungen Roten fährt man meist gut: Beaujolais, Tempranillo, Sangiovese, Merlot, Shiraz.

Taube Lebendiger, roter Burgunder: Savigny Chambolle-Musigny; Crozes-Hermitage, Chianti Classico oder kalifornischer Pinot noir, Silvaner Spätlese aus Franken. Kleine Täubchen wie Wachtel.

Thai-Spezialitäten *Mit Ingwer und Zitronengras:* Pikanter Sauvignon blanc (Loire, Australien, Neuseeland, Südafrika) oder Riesling (Spätlese oder aus Australien).

Mit Kokosmilch: Hunter-Valley-Chardonnay und anderer reifer Chardonnay mit Eichenton, Elsässer Pinot blanc als Erfrischung; Gewürztraminer oder Verdelho. Natürlich auch Cava bzw. Champagner oJ.
Vitello tonnato Körperreicher Weißwein, v. a. Chardonnay oder leichter Rotwein (junger Bordeaux oder Valpolicella), kühl serviert.
Wachtel Carmignano, Rioja Reserva, reifer Bordeaux, Pinot noir. Feiner weißer oder roter Burgunder, Elsässer Riesling Grand cru.
Wild Sehr voller, kräftiger Rotwein, u. a. Mourvèdre reinsortig wie aus Bandol oder in Verschnitten; Rhônewein, Bordeaux oder kalifornischer Cabernet Sauvignon eines reifen Jahrgangs; auch voller Weißwein, z. B. Pfälzer Spätlese oder Elsässer Pinot gris.
Wildgeflügel *Jung, gebraten:* Der beste Rotwein, den man auftreiben kann.
Ältere Exemplare in der Kasserolle: Rotwein, z. B. Gevrey-Chambertin, Pommard, Santenay, St-Emilion Grand cru, Cabernet Sauvignon aus Napa oder auch von der Rhône.
Gut abgehangen: Vega Sicilia, ein großer Roter von der Rhône, Château Musar
Zu kaltem Geflügel: Reifer Jahrgangs-Champagner.
Wildpastete *Warm:* Rotwein: Pinot noir aus Oregon.
Kalt: Guter weißer Burgunder, Cru Beaujolais oder Champagner.
Zunge Fülliger Rot- oder Weißwein, besonders italienischer. Auch Beaujolais, Rotweine von der Loire und voller, trockener Rosé.

Vegetarische Gerichte

Blumenkohl, mit Käse überbacken Frischer, aromatischer Weißwein: Sancerre, Riesling Spätlese, englischer Seyval blanc oder Schönburger.
Fenchelgerichte Sauvignon blanc: Pouilly-Fumé oder einer aus Neuseeland; Schönburger oder Seyval blanc aus England; Beaujolais.
Gemüse vom Mittelmeer, gegrillt Brouilly, Barbera, Greco di Tufo oder auch Shiraz.
Kohlgemüse Bier oder Beaujolais nouveau.
Kürbis in Ravioli/Risotto Körperreicher, fruchtiger, trockener oder halbtrockener Weißwein von der Rhône (Viognier oder Marsanne), halbtrockener Vouvray, Gavi oder südafrikanischer Chenin blanc.
Kuskus mit Gemüse Junger, frischer Rotwein: Shiraz, Corbières, Minervois oder gut gekühlter Rosé aus Navarra oder Somontano. Auch ein robuster Roter aus Marokko.
Mezze (warme und kalte Gemüsegerichte) Schaumwein eignet sich in jedem Fall, ebenso Rosé aus dem Languedoc oder der Provence. (Fast) ein Heimspiel für Fino Sherry.
Nudeln und Pasta, überbacken Vegetarisch gefüllte Pasticcio, Lasagne oder Cannelloni geben großen Weinen Raum zur Entfaltung, etwa einem sehr feinen roten Toskaner oder einem Bordeaux oder Burgunder.
Paprika oder Auberginen, gefüllt Kräftiger Rotwein: Nemea, Chianti, Dolcetto, Zinfandel, Bandol, Vacqueyras.
Pilze Fülliger Rotwein, z. B. Pomerol, kalifornischer Merlot, Rioja Reserva, Spitzen-Burgunder oder Vega Sicilia.
Auf Toast: Ihr bester Bordeaux. Womöglich sogar Portwein.

Waldpilzrisotto: Steinpilze schmecken zu Wein am besten. Ribera del Duero, Barolo oder Chianti Rufina oder erstklassiger leichter roter Bordeaux: Pauillac, St-Estèphe.
Ratatouille Kräftiger, junger Rotwein, z. B. Chianti; Cabernet oder Merlot aus Neuseeland; Bordeaux, Gigondas oder Coteaux du Languedoc.
Spinat-, Ricotta- und Nudelauflauf (Spanacópita) Valpolicella (sein Bittergeschmack ist vorteilhaft), Greco di Molise bzw. Weißwein aus Sizilien oder Sardinien.
Vegetarische Gerichte (scharf) Siehe Indische Küche bzw. Thai-Spezialitäten (Fleischgerichte).
Zwiebel/Lauchkuchen Fruchtiger, trockener bis halbtrockener Weißwein: Elsässer Pinot gris oder Gewürztraminer, kanadischer bzw. neuseeländischer Riesling, Weißweine aus England, Jurançon, australischer Riesling. Oder Beaujolais bzw. Loire-Rotwein.

Desserts

Äpfel, gefüllte Jahrgangs-Port (55 60 63 66 70 75 82).
Apfelkuchen, -strudel oder -torte Süßer Weißwein aus Deutschland, Österreich oder von der Loire, Tokaji Aszú oder kanadischer Eiswein.
Birnen in Rotwein Portwein oder andere gespritete Rote (wie Rivesaltes, Banyuls) oder Riesling Beerenauslese – davor aber eine Pause.
Biskuitauflauf Sollte reichlich mit Sherry getränkt werden.
Crème brûlée Sauternes oder Rheinwein-Beerenauslese bzw. bester Madeira oder Tokajer. (Mit Früchten einfacherer Süßwein.)
Crèmes und Puddings Sauternes, Loupiac, Ste-Croix-du-Mont oder Monbazillac. Siehe auch Schokoladen-, Kaffee-, Ingwer-, Rumdesserts.
Crêpe Suzette Süßer Champagner, Orange Muscat oder Asti Spumante.
Eis und Sorbet Gespriteter Wein (z. B. australischer Liqueur Muscat oder Banyuls), süßer Asti Spumante oder Moscato-Schaumwein. Amaretto-Likör zu Vanille; Rum zu Schokolade.
Erdbeeren mit Schlagsahne Sauternes oder ähnlicher süßer Bordeaux, Vouvray Moelleux (1990er) oder Jurançon Vendange tardive.
Walderdbeeren (ohne Sahne): Mit rotem Bordeaux übergießen.
Früchte, frische Süßer Coteaux du Layon, leicht süßer Muskateller.
Himbeeren (ohne Sahne, wenig Zucker) Sehr gut zu feinen Rotweinen, die selbst eine Himbeernuance besitzen: junger Juliénas, Regnié, vielleicht Pomerol.
Ingwerdesserts Süßer Muskat, edelfauler Riesling und Sémillon.
Kaffeedesserts Süßer Muskat einschließlich australischem Liqueur Muscat oder Tokaji Aszù.
Käsekuchen (Quarkkuchen) Süßer Weißwein: Vouvray, Anjou oder Schaumwein, einfach, aber erfrischend.
Kompott Süßer Muskateller: Muscat de Beaumes-de-Venise, Moscato di Pantelleria oder Tarragona-Dessertwein.
Kuchen und Gebäck Bual- oder Malmsey-Madeira, Oloroso oder Cream Sherry. Siehe auch Schokoladen-, Kaffee-, Ingwer-, Rumdesserts.
Meringen Recioto di Soave, Asti oder süßer Champagner.
Mille Feuille Delikater süßer Schaumwein, z. B. Moscato d'Asti oder halbtrockener Champagner.
Nüsse Oloroso Sherry, Madeira, Jahrgangsport oder Tawny (ideal für Walnüsse), Vinsanto, Muskateller aus Setúbal.

Obstsalat Feiner, süßer Sherry; alle Weine aus Muskattrauben.
Obsttorten Sauternes, Monbazillac oder süßer Vouvray bzw. Anjou.
Orangengeschmack, Desserts mit Versuchsweise alter Sauternes, Tokaji Aszú oder kalifornischer Orange Muscat.
Panettone Jurançon moelleux, Riesling Spätlese, Barsac, Tokaji Aszú.
Rumdesserts (Baba, Mousse, Eis) Muskat – vom Asti bis zu australischem Likör, je nach Schwere des Desserts.
Schokoladendesserts Bual-Madeira, kalifornischer Orange Muscat, Tokaji Aszú, australischer Liqueur Muscat, 10-Year-Old Tawny, Asti für leichte, luftige Mousse. Experimentieren Sie mit vollen, reifen Rotweinen: Syrah, Zinfandel und vielleicht sogar Shiraz Schaumwein. Banyuls, wenn man es etwas schwerer mag. Médoc nimmt es auch mit schwarzer Bitterschokolade auf. Oder guter Rum.
Soufflés Süßer Sauternes oder Vouvray moelleux; süßer (oder reichhaltiger) Champagner.
Tiramisú Vinsanto, junger Tawny Port, Muscat de Beaumes-de-Venise oder Sauternes bzw. australischer Liqueur Muscat.
Trockenfrüchte Banyuls, Rivesaltes, Maury.
Zabaglione (Weinschaumcreme) Leichter, goldener Marsala oder edelfauler, australischer Semillon oder Asti.
Zitronengeschmack, Desserts mit Für Nachspeisen wie Tarte au Citron bietet sich süßer deutscher oder österreichischer Riesling an, aber auch Tokaji Aszú – je saurer, desto süßer.

Wein und Käse

Der Glaube, dass die Kombination von Wein und Käse eine göttliche Fügung sei, hält einer objektiven Prüfung nicht stand. Feine Rotweine werden von starken Käsesorten geradezu erschlagen: nur herbe oder süße Weißweine behaupten sich.

Trotz gewisser Ausnahmen sollte man sich an folgende Prinzipien halten: Je härter der Käse ist, desto gerbstoffreicher darf der Wein sein. Und je cremiger der Käse ist, desto mehr Säure benötigt der Wein. Die wichtigste Ausnahme davon bildet das dritte Prinzip: Weine und Käse aus derselben Region harmonieren in der Regel.

Käse wird durch seine Struktur und die Beschaffenheit seiner Rinde klassifiziert. Sein Aussehen gibt daher schon einen Hinweis darauf, welcher Wein zu ihm passt. Die einzelnen Käsesorten, die im Folgenden aufgeführt werden, sind nur einige wenige Beispiele für die Hunderte von Sorten, die in guten Käsegeschäften angeboten werden.
Frischkäse ohne Rinde: Rahmkäse, Crème fraîche, Mozzarella, Mascarpone (ohne Blauschimmel) Leichter, lebhafter Weißwein – simpler weißer Bordeaux, Bergerac, englische Weißweine ohne Eichenholzaroma; oder Rosé – Anjou, Rhônewein; auch sehr leichter, sehr junger und sehr frischer roter Bordeaux, Bardolino oder Beaujolais.
Hartkäse, gewachst oder geölt, oft mit Spuren von Käseleinen – Gruyère, Manchego und viele andere spanische Käse, Parmesan, Cantal, Comté, alter Gouda, Cheddar und traditioneller englischer Käse. Hier lässt sich kaum eine allgemeine Regel aufstellen. Gouda, Gruyère sowie einige spanische und englische Käsesorten harmonieren gut mit feinem roten Bordeaux oder Cabernet Sauvignon sowie großen Shiraz-Weinen. Starke Käse indessen verlangen nach weniger edlen Weinen, vorzugsweise

lokalen Erzeugnissen. Der rote holländische Mimolette oder der Beaufort passen zu einem feinen, reifen Bordeaux. Oder zu Tokaji Aszù.

Blauschimmelkäse Zu Roquefort kann ein Sauternes wunderbar passen; seine Süße, insbesondere wenn er gereift ist, verträgt sich gut mit dem Salzgehalt des Käses. Eine klassische Kombination ist auch Stilton mit Port, vorzugsweise Tawny. Gehaltvoller alter Oloroso, Amontillado, Madeira, Marsala und andere gespritete Weine passen zu den meisten übrigen Blauschimmel-Käsesorten. Auch die Säure eines Tokaji Aszú macht sich gut.

Käse mit natürlicher Rinde (insbesondere Ziegenkäse) und blaugrauem Schimmel. Die Rinde schrumpft im Reifungsprozess und ist manchmal mit Asche bestreut: St-Marcellin Sancerre, Valençay, leichter, frischer Sauvignon blanc, Jurançon, Savoy, Soave, italienischer Chardonnay, englische Weißweine mit leichtem Eichenholzton.

Weichkäse mit flaumiger Rinde, reiner weißer Rinde, pasteurisiert oder rot gesprenkelt: Brie, Camembert, Chaource, Bougon (Ziegenmilch-»Camembert«) Voller trockener Burgunder oder Rhônewein zu weißem, noch nicht reifem Käse; zu reifem, kräftigem, fruchtigem Käse passt St-Emilion, aber auch junger Shiraz/Syrah oder Grenache aus Australien bzw. von der Rhône.

Würziger Weichkäse mit gewaschener oder klebriger orangeroter Rinde: Langres, reifer Epoisses, Maroilles, Carré de l'Est, Milleens, Münsterkäse Lokale Rotweine, besonders zu Burgunder-Käse; lebhafter Languedoc, Cahors, Côtes du Frontonnais, Bairrada sowie Wein aus Korsika, Süditalien oder Sizilien. Auch starke Weißweine, v. a. elsässischer Gewürztraminer oder Muskateller.

Halbweicher Käse mit graurosa, dicker Rinde: Livarot, Pont l'Evêque, Reblochon, Tomme de Savoie, St-Nectaire Kräftiger weißer Bordeaux, Chardonnay, Elsässer Pinot gris, trockener Riesling, süditalienischer Wein, alter weißer Rioja, trockener Oloroso Sherry. Doch die stärksten Vertreter dieser Käsesorten sind tödlich für die meisten Weine.

Feinste Genüsse zu edelsten Tropfen

Bei ganz besonderen Gewächsen geht es oft eher darum, das passende Gericht zum Wein zu finden, und nicht – wie sonst üblich – umgekehrt. Die folgenden Anregungen sind weitgehend an die gastronomischen Gepflogenheiten der jeweiligen Weinbauregionen angelehnt und beruhen im Übrigen auf eigenen Studien. Die empfohlenen Gerichte dürften besonders edlen Tropfen zu gebührender Geltung verhelfen.

Rotweine

Roter Bordeaux und andere von Cabernet Sauvignon beherrschte Weine (sehr alt, leicht und zart: z. B. Jahrgänge vor 1960) Lammkeule oder -rippe, gebraten, mit einer Spur Kräuter (jedoch nicht mit Knoblauch) gewürzt; Entrecôte; gebratenes Rebhuhn; Kalbsbries; Käsesoufflé nach Fleischgerichten.

Vollreife große Jahrgänge (z. B. 70er, 61er oder 59er Bordeaux) Lammschulter oder -rücken, gebraten, mit einer Spur Knoblauch; Rippenstück, gebraten, oder Rumpsteak, gegrillt.

Reife, aber noch lebhafte Jahrgänge (z. B. 89er, 86er, 85er, 82er) Lamm- oder Hammelschulter oder -rücken mit Nieren, dazu gehaltvolle Sauce. Rinderfilet Marchand de Vin (mit Wein und Mark). Beef Wellington ist nicht zu empfehlen: Blätterteig stumpft den Gaumen ab.
Von Merlot beherrschter Bordeaux (Pomerol, St-Emilion) Rindfleisch wie oben (v. a. reichhaltiges Filet) oder Wild.
Roter Burgunder von der Côte d'Or (je nach Schwere und Gefüge, d. h. mit zunehmendem Alter leichter und samtiger, sowie nach dem Charakter: Nuits erdig, Musigny blumig, großer Romanée exotisch, Pommard stämmig usw). Mit Brathähnchen ist man immer auf der sicheren Seite; Perlhuhn ist etwas kräftiger, Reb- oder Waldhuhn und Schnepfe sind zunehmend gehaltvoller/pikanter. Alternativen: Hase und Reh.
Große, alte rote Burgunder Der klassische Begleiter ist ein Käse: ungereifter burgundischer Epoisses. Ein wundervoller Käse – aber eine schreckliche Vergeudung feiner, alter Weine.
Lebhafter jüngerer Burgunder Ente oder Gans, möglichst fettarm.
Große Syrah-Weine: Hermitage, Côte Rôtie, Grange Vega Sicilia Rindfleisch, Wildbret; gut abgehangenes Wild, Mark auf Toast; englischer Käse (v. a. Farm-Cheddar der besten Art), aber auch neuere englische Hartkäsesorten aus Ziegen- und Schafsmilch wie Berkswell und Ticklemore.
Rioja Gran Reserva, Pesquera Kräftige Braten: Wildschwein, Hammel, Hasenrücken, Spanferkel.
Barolo, Barbaresco Risotto mit weißen Trüffeln; Pasta mit Wildsauce (z. B. Pappardelle alle lepre); Steinpilze; Parmesan.

Weißweine

Sehr guter Chablis/weißer Burgunder/Chardonnay Fisch mit weißem Fleisch, gegrillt oder Müllerin-Art. Am besten Dover-Seezunge, Steinbutt oder Heilbutt, in Butter gewendeter Glattbutt kann vorzüglich sein. Seebarsch ist zu zart; Lachs geht, gibt den feinsten Weinen aber nicht viel.
Feinster weißer Burgunder (Le Montrachet, Corton-Charlemagne) oder gleichwertiger Graves Kalbsbraten; Hähnchen aus artgerechter Haltung, das unter der Haut mit Trüffeln oder Kräutern gefüllt ist; Kalbsbries; Felchen mit gehaltvoller Sauce oder Kammmuscheln wie oben. Auch Hummer oder Wildlachs.
Condrieu, Château Grillet oder Hermitage blanc Sehr leichte Nudelgerichte mit Kräutern und jungen Erbsen oder Saubohnen.
Elsässer Riesling Grand cru Forelle blau, Räucherlachs, Choucroute garni.
Pinot gris Kalbfleisch, gebraten oder gegrillt.
Gewürztraminer Käsesoufflé (Münsterkäse).
Vendange tardive Gänseleber oder Tarte Tatin.
Sauternes Einfaches, mürbes Buttergebäck, weiße Pfirsiche, Nektarinen, Erdbeeren (ohne Sahne). Keine tropischen Früchte. Sautierte Gänseleber. Versuch mit (Blauschimmel-)Käse ist zu empfehlen.
Feinster Vouvray moelleux usw. Buttergebäck, Äpfel, Apfelkuchen.
Beeren- und Trockenbeerenauslese Gebäck, Pfirsiche, Renekloden. Rhabarber-, Stachelbeer-, Quitten- oder Apfeldesserts.
Tokaji Aszù (4–6 Puttonyos) Gänseleberpastete, Desserts mit Früchten, Cremespeisen und sogar Schokolade können wundervoll dazu sein.
Alter Jahrgangs-Champagner (kein Blanc de Blancs) Als Aperitif oder zu kaltem Reb- oder Waldhuhn bzw. Schnepfe.

Neue Weinsprache

Der Jargon technischer Laboranalysen taucht zunehmend auf den Rückenetiketten vor allem von Weinen aus der Neuen Welt auf und macht sich auch in Zeitungen und Zeitschriften geradezu bedrohlich breit. Auf einige Begriffe dieser doch recht trockenen Weinsprache soll hier näher eingegangen werden.

Die wichtigsten Kriterien sind dabei der Reifegrad der Trauben bei der Lese, das Alkoholpotenzial und der Zuckergehalt des Weins, die Säuremenge, das als Konservierungsmittel beigemischte Schwefeldioxid und gegebenenfalls all jene Faktoren, die dem Wein seinen unverkennbaren Charakter verleihen. Auch das Fass ist von Bedeutung.

Der im Wein enthaltene Zucker ist hauptsächlich Glukose und Fruktose, mit Spuren von Arabinose, Xylose und anderen Zuckerarten, die durch Hefe nicht fermentierbar, durch Bakterien aber umwandelbar sind. Jedes Land hat sein eigenes System zum Messen des Reifegrads (oder Mostgewichts). Die nachfolgende Übersicht setzt die drei wichtigsten Systeme (das deutsche, das französische und das amerikanische) in Beziehung zueinander, zum spezifischen Gewicht und zum Alkoholpotenzial des Weins, wenn der gesamte Zuckergehalt vergoren wird.

Potenzieller Alkoholgehalt
(Vergleich internationaler Maßsysteme)

Spezifisches Gewicht	Grad Öchsle	Baumé	Brix	Alkohol-potenzial
1.065	65	8.8	15.8	8.1
1.070	70	9.4	17.0	8.8
1.075	75	10.1	18.1	9.4
1.080	80	10.7	19.3	10.0
1.085	85	11.3	20.4	10.6
1.090	90	11.9	21.5	12.1
1.095	95	12.5	22.5	13.0
1.100	100	13.1	23.7	13.6
1.105	105	13.7	24.8	14.3
1.110	110	14.3	25.8	15.1
1.115	115	14.9	26.9	15.7
1.120	120	15.5	28.0	16.4

Restzucker ist der nach vollendeter oder abgestoppter Gärung im Wein verbliebene Zucker, gemessen in Gramm pro Liter. In trockenem Wein befindet sich praktisch kein Restzucker.

Der **Alkoholgehalt** (vorwiegend Äthylalkohol) wird in Prozenten des Gesamtflüssigkeitsvolumens angegeben (manchmal auch in Grad). Tafelweine enthalten in der Regel zwischen 11,5 und 13,5 Prozent Alkohol, mehr und mehr findet man aber auch Tropfen mit bis zu 15 Prozent.

Säuren kommen im Wein frei, gebunden und in geringem Maß auch in flüchtiger Form vor. Weinsäure, Apfelsäure sowie Spuren von Zitronensäure können an Kali, Kalzium und Magnesium gebunden sein oder in freier Form vorliegen. Diese Säuren sind schon in den Beeren enthalten. Die Milchsäure dagegen entsteht erst beim biologischen Abbau durch Bakterien aus der Apfelsäure. Bei flüchtiger Säure handelt es sich vorwiegend um Essigsäure, die im Wein in größerer Konzentration unerwünscht ist; kleine Mengen flüchtiger Säure sind jedoch unvermeidlich,

ja sogar ansprechend. Wenn, z. B. in warmen Regionen, der natürliche Säuregehalt der Trauben nicht ausreichend hoch ist, kann der Kellermeister dem Wein auch Säure künstlich hinzufügen.
Die titrierbare **Gesamtsäure** erfasst nur die freie Wein-, Apfel-, Milch- und Zitronensäure und entspricht ungefähr zwei Dritteln der im Wein tatsächlich enthaltenen Säuren. Der Rest liegt in gebundener Form vor. Als Faustregel gilt, dass ausgewogener Wein etwa 0,1 Prozent Säure auf je zehn Grad Öchsle haben soll.

Ökologisch und biologisch-dynamisch erzeugte Weine
Die EU-Bestimmungen kennen keinen »Ökowein« – nur Wein aus ökologisch angebauten Trauben (die US-Gesetze sind anders). Das bedeutet, dass im Weinberg keine Chemikalien verwendet werden dürfen mit Ausnahme der »Bordelaiser Brühe« (eine Mischung aus Kalk, Kupfersulfat und Wasser), die den Falschen Mehltau bekämpft. Biologisch-dynamische Prinzipien gehen weiter. Aufbauend auf der Lehre von Rudolf Steiner betrachtet diese Art der Landwirtschaft Boden und Rebe als Teile eines größeren Ganzen, das den Planet und das ganze Universum mit einschließt. Chemische Mittel sind verboten (ausgenommen ebenfalls die »Bordelaiser Brühe«); stattdessen werden Stöcke und Boden in Handarbeit mit homöopathischen Dosen dynamisierter, das heißt mit Wasser verquirlter Präparate behandelt, die die Verbindung zu den kosmischen Kräften herstellen sollen. Betriebe, die auf biologisch-dynamische Weinerzeugung umgestellt haben – und es sind nicht wenige burgundische Spitzenerzeuger darunter – berichten von gesünderen Reben und besserer Reifung. Konventionelle Erzeuger mögen es für Quacksalberei halten. Was not täte, wäre eine rationale Erforschung der Gründe, warum es funktioniert – denn das tut es anscheinend.

Eichenholzwürze ist ein Geschmacksbestandteil im Wein, der nicht aus der Traube stammt, sondern beim Ausbau oder der Gärung in kleinen Eichenfässern, den Barriques, entsteht. Je neuer das Fass, umso stärker ist der Einfluss des Holzes auf den Wein. Häufig genug kommen aber auch lediglich Eichenspäne oder – im schlimmsten Fall – Eichenextrakt zum Einsatz. Neulingen soll mit dem typischen Vanillearoma eine vornehme Kreszenz vorgegaukelt werden, auch wenn es sich nur um einen künstlich aufpolierten Tropfen handelt. Denn echte Eichenfässer sind teuer. Sinnvoll setzt man sie nur für Weine ein, die selbst gut genug sind, um langfristig vom Eichenaroma zu profitieren. Der Klassiker unter den Hölzern (und das mit dem höchsten Preis) ist französische Eiche, vor allem aus dem Departement Allier, dem berühmten Wald von Tronçais, aus Burgund, den Vogesen, Nevers und Limoges. Jedes Holz hat angeblich ein jeweils leicht unterschiedliches Aroma und wirkt auf andere Weise auf den Wein ein. Wenn die Dauben beim Fassbau über dem offenen Feuer »geröstet« werden, ändert und verstärkt sich der Einfluss des Holzes auf den Wein noch einmal erheblich. Amerikanische Eiche duftet stark nach Vanille, Holz aus dem Baltikum ist neutraler.
Der **biologische Säureabbau,** oft auch als Zweitgärung bezeichnet, kann natürlich einsetzen oder bewusst in Gang gebracht werden. In diesem Prozess wandelt sich die scharfe Apfelsäure in die mildere Milchsäure um. Diese Säureumwandlung, die nichts mit der alkoholischen Gärung zu tun hat, kann sowohl Rot- als auch Weißweine komplexer und run-

der machen. In heißeren Gegenden, wo der Säuregehalt von Natur aus gering ist, suchen fähige Kellermeister diesen Vorgang zu vermeiden.

Mikrooxidation heißt eine weit verbreitete Methode, bei der der Wein während der Reifezeit kontrolliert mit Sauerstoff in Kontakt tritt. Der erzielte Effekt stabilisiert den Wein und ähnelt dem Ausbau im Fass, ohne den für ein Fasslager nötigen Platz zu brauchen.

Der **pH-Wert** ist ein Maß für die Intensität der Säure. Je niedriger die Zahl, desto stärker die Säure. Der pH-Wert für Wein beträgt 2,8 bis 3,8. In heißen Ländern kann ein hoher pH-Wert zum Problem werden. Niedrige pH-Werte ergeben eine bessere Farbe, helfen den Verderb durch Bakterien vermeiden, erlauben mehr freies, konservierendes SO_2.

Schwefeldioxid (SO_2) gibt man dem Wein bei, um eine Oxidation oder andere Fehlentwicklungen bei der Weinherstellung zu verhüten. Ein Teil desselben verbindet sich mit dem Zucker usw., ist also »gebunden«. Nur freies SO_2 wirkt konservierend. Der zulässige SO_2-Gehalt ist im Verhältnis zum Restzucker gesetzlich festgelegt: je mehr Zucker, desto mehr SO_2.

Um **Tannine** (Gerbstoffe) dreht sich alles, wenn ein Rotwein weicher und zugänglicher bereitet werden soll. Reifere, seidige Tannine werden durch spätere Traubenlese und eine erhöhte Aufmerksamkeit für die Tanninreife statt für den Zuckergehalt gefördert.

Toastwürze rührt vom Anrösten der Dauben beim Fassbau her. Starke Röstung verleiht dem Wein Karamell-ähnliche Noten.

Die richtige Temperatur

Nichts tut einem Wein beim Servieren so wohl oder so weh wie die Temperatur. Weißwein schmeckt unweigerlich flach und langweilig, wenn er zu warm ins Glas kommt, und Rotwein zeigt enttäuschend wenig Duft und Geschmacksfülle, wenn er zu kalt ist. Nachstehend sollen einige Hinweise auf die richtige Serviertemperatur für verschiedene Weine gegeben werden.

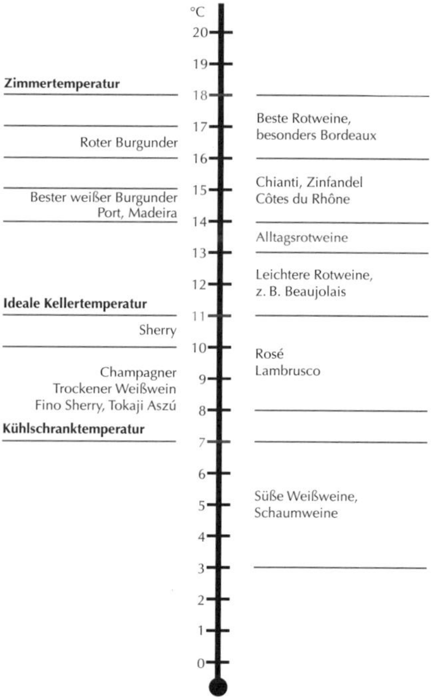

Was Worte sagen sollen

In der für ein so kleines Buch (und manchmal auch für größere Bücher) unumgänglichen Kurzform werden Weine oftmals durch Wörter beschrieben, die gelegentlich nichtssagend, ja sogar dümmlich oder auch schlichtweg albern klingen. Was soll zum Beispiel »fett«, »rund«, »voll«, »mager«, »fest« eigentlich besagen? Einige unscharfe und ein paar eher allgemein »technische« Begriffe sollen hier ein wenig erläutert werden:

Abgang Siehe Nachhaltigkeit.
Adstringierend Ein Merkmal bestimmter Gerbstoffe, ergibt ein trockenes Gefühl im Mund. Kann sehr appetitanregend wirken.
Alkoholisch Bezeichnet das Gefühl, dass der Wein überproportional viel Alkohol enthält.
Ansprechend Bedeutet: »Mir schmeckt der Wein so, wie er ist«; bei teuren Weinen eine gewisse Einschränkung, bei einfacheren ein Lob. In jedem Fall ein erfrischendes Getränk.
Ausgewogenheit Der Wein enthält alle wünschenswerten Elemente (Säure, Alkohol, Geschmacksstoffe usw.) in gut abgestimmtem und erfreulichem Verhältnis.
Biss Der erste Eindruck, den der Wein auf der Zunge macht. Er sollte positiv sein, braucht aber nicht unbedingt übermäßig kräftig auszufallen. Fehlt der Biss ganz, dann ist ein Wein schwächlich oder flach.
Bitterkeit Eine Geschmacksnuance der Gerbstoffe, meist bei noch nicht voll ausgereiften Trauben. In Norditalien hoch geschätzt, in den meisten anderen Weinbauregionen eher abgelehnt.
Blumig Wird oft als gleichbedeutend mit »fruchtig« gebraucht, soll aber eigentlich auf Anklänge von Blumendüften hinweisen. Gelegentlich ist von Rosen, Veilchen usw. die Rede.
Charmant Ein etwas herablassender Ausdruck, wenn es sich um Wein handelt, der eindrucksvollere Qualitäten haben sollte. Er beinhaltet Leichtigkeit, gelegentlich auch Lieblichkeit und wird für Loire-Weine oft gebraucht.
Eichenholz Duft oder Geschmack nach frisch gesägtem Eichenholz, z. B. einem neuen Fass. Angebracht bei einem feinen, für lange Flaschenreife bestimmten Wein, heutzutage aber oft stark übertrieben, weil manche Weinerzeuger wohl einem gutgläubigen Publikum ein feineres Gewächs vortäuschen wollen, als wirklich dahintersteckt. Weine mit allzu viel Eichenholz wirken auf die Dauer langweilig und ermüdend.
Elegant Der Lieblingsausdruck eines professionellen Weinkosters, wenn ihm die Worte fehlen, um einen Wein zu beschreiben, dessen Proportionen (Gehalt, Geschmack, Aroma), dessen erster Eindruck und dessen Nachhaltigkeit, Konsistenz und alle sonstigen Qualitäten den Vergleich mit natürlicher Schönheit anderer Art nahe legen, z. B. mit dem Gang eines Pferdes oder der Gestalt und Haltung einer Frau.
Erdig Bedeutet, dass die Erde des Weinbergs sich im Aroma niedergeschlagen hat. Häufig positiv, wie etwa im Aroma des roten Graves.
Extraktstoffe Jene Bestandteile des Weins (außer Wasser, Alkohol, Zucker, Säure usw.), die sein Aroma ausmachen. Üblicherweise gilt: je mehr, desto besser. Weine mit zu viel Extraktstoffen werden allerdings hart; den Traubenschalen wurden die Extraktstoffe zu lange entzogen.

Fest Eine Geschmacksvielfalt, die Gaumen und Zunge stark durch kräftige Säure oder Herbheit beeindruckt und ein Gefühl von jugendlicher Kraft vermittelt, sodass man sicher ist, dass dieser Wein im Alter sanftere Nuancen annehmen wird. Ausgezeichnet zu stark gewürzten Speisen und auf jeden Fall immer ein positiver Eindruck.

Fett Ein Wein, dessen Geschmack und Konsistenz den Mund ganz ausfüllen. Für einen leichten Mosel offenbar nicht die rechte Qualität, bei einem Sauternes dagegen dürfte sie nicht fehlen.

Finesse Siehe Elegant.

Fleisch Bezieht sich auf Substanz und Gefüge. Ein »fleischiger« Wein ist mehr »fett« als »saftig«, eher ölig, nicht unbedingt kraftvoll. Der Ausdruck wird oft auf gute Pomerols mit ihrem sanften Gefüge angewandt.

Frisch Beinhaltet ein gewisses Maß an fruchtiger Säure, ja sogar ein wenig Säuerlichkeit sowie jugendliche Lebendigkeit und Spritzigkeit. Junge Weißweine sollten immer frisch sein, andernfalls wären sie flach oder fade.

Fruchtig Ein viel gebrauchter Ausdruck; eigentlich bezeichnet er den Körper und die Reichhaltigkeit eines aus guten, reifen Trauben gewonnenen Weins. Ein fruchtiges Aroma ist nicht dasselbe wie ein blumiges. Zur Fruchtigkeit gehört im Allgemeinen eine Spur Süße. Hilfreich sind Versuche, herauszuspüren, welche Frucht (außer Trauben) sich im Duft oder Geschmack eines Weins befindet, z. B. Grapefruit, Zitronen, Pflaumen, Aprikosen. Man darf allerdings nicht ganze Aromawolken dieser Früchte, sondern nur zarte Anklänge erwarten.

Gefällig Ein Wein, an dem man Gefallen findet, ohne dass er Gemüt und Geist zu sehr in Anspruch nimmt. Er trinkt sich angenehm, braucht keine lange Reifezeit und bleibt als erfreuliches Getränk und nichts weiter sonst in Erinnerung.

Gefüge Der »Plan« oder die Struktur, wonach ein Wein aufgebaut ist. Ohne Gefüge ist er langweilig und ausdrucksarm, und er wird nicht lange halten.

Gehaltvoll Bezieht sich auf den Geschmack insgesamt und auf den Alkoholgehalt. Manchmal verbirgt sich hinter diesem Wort das Gegenteil von Eleganz, nämlich Überfülle. Meist wird es positiv gebraucht, doch geht es in Kalifornien leichter von der Zunge als in Bordeaux. Auf den Zusammenhang kommt es also an.

Geschmeidig Wird oft auf junge Rotweine angewandt, von denen man mehr Aggressivität erwartet hätte. Eher lebhafter als nur »gefälliger« Wein, wobei sich gute Qualität eigentlich von selbst versteht.

Gleichgewicht Siehe Ausgewogenheit.

Hohl Es fehlt an befriedigendem Geschmack »in der Mitte«, d. h. zwischen dem ersten Eindruck und dem letzten Nachgeschmack. Typisch für Weine habgieriger Winzer, die ihre Reben zu viele Trauben tragen lassen. Ein extrem hohler Wein ist »leer«.

Honigartig Duft und Aroma, die vor allem bei edelfaulen Weinen auftreten, oft aber in geringem Maße und in ansprechender Weise auch bei anderen reifen Weinen eines guten Jahrgangs.

Körper Das »Gewicht«; der Geschmacks- und Alkoholreichtum eines Weins. Siehe auch »gehaltvoll« und »voll«.

Korkgeschmack Ein muffiger Beigeschmack, der leider viel zu häufig vorkommt und von einem kranken Korken stammt. Kann schwach oder aufdringlich sein, ist aber stets inakzeptabel.

Leicht Mit relativ wenig Alkohol und Körper, wie die meisten deutschen Weine. Eine sehr willkommene Qualität in Weinen, zu denen sie passt – nicht aber in Rotweinen, die mehr Intensität und Schwere verlangen.
Maderisiert Wenn ein Wein so stark oxidiert ist, dass er ähnlich wie ein Madeira schmeckt und riecht. Ein schwerer Fehler, falls nicht beabsichtigt.
Mager Etwas mehr Konsistenz wäre besser: Es fehlt am vollmundigen Geschmack, und meist kommt noch übertriebene Herbheit hinzu. Gelegentlich kann der Ausdruck aber auch als Anerkennung für einen ausgeprägten, erfreulichen Stil gemeint sein.
Nachhaltigkeit Die anhaltende Empfindung der Geschmacks- und Aromastoffe nach dem Hinunterschlucken. Im Prinzip ist ein Wein umso besser, je länger sein Wohlgeschmack im Mund bleibt. Das Maß für eine Sekunde Nachhaltigkeit ist 1 »Caudalie«. 20 Caudalies sind gut, 50 sind grandios.
Rau Weder der Geschmack noch die Konsistenz sind angenehm. Säure oder Herbheit treten scharf in den Vordergrund.
Reichhaltig Nicht unbedingt süß, jedoch einen Eindruck von opulenter Fülle vermittelnd.
Robust Herzhaft, kräftig und recht gehaltvoll.
Rund Harmonisch und voll.
Saftig Im Sinne von Saft und Kraft, mit einer Substanz so recht zum Kauen; etwas »magerer« als »fleischig«.
Säure Für Laien oft ein negativ besetzter Begriff, wird meist als »zu scharf« verstanden. Doch verschiedene Säuren sind für die Qualität und die Haltbarkeit eines Weins (insbesondere eines weißen) unentbehrlich; sie geben ihm auch seine erfrischende Kraft. Fortgeschrittene Weinkenner wissen, dass bei der malolaktischen oder sekundären Gärung die scharfe Apfelsäure in Milchsäure umgewandelt wird und dadurch der unmittelbare Biss des Weins einen milderen, komplexeren Geschmack bekommt. Unerwünscht ist die Essigsäure, die man als »flüchtige« Säure bezeichnet. Enthält ein Wein zu viel davon, beginnt bald sein Abstieg.
Schlicht Ein einfacher Wein, aber nicht ohne Charme.
Spritzig Leicht und meist angenehm säuerlich frisch, oft durch einen gewissen Gehalt an Kohlensäure unterstützt.
Stilvoll Ausdrucksvoll und eigenständig, ja selbstbewusst.
Tief/Tiefe Ein so beschriebener Wein will aufmerksam genossen sein. An ihm ist mehr, als der erste Eindruck verrät; sein Geschmack entfaltet sich auf der Zunge zu ungeahnten Dimensionen. (Tiefe Farbe bedeutet dagegen nur dunkle Farbe.) Alle wirklich feinen Weine haben Tiefe.
Voll Manchmal auch durch »körperreich« wiederzugeben: Ein Wein mit »weiniger« Fülle, d. h. Alkohol und Extrakt (alle Geschmacksstoffe) in vollmundigem Zusammenwirken.

Punkt für Punkt

Amerikaner und der Rest der Welt werden sich wohl niemals auf ein gemeinsames Weinbewertungssystem einigen können. Man schwört in Amerika auf Robert Parkers 100-Punkte-Skala, die auf dem sonderbaren amerikanischen Notensystem beruht, bei dem 50 = 0 bedeutet. Das Argument, dass der Geschmack eine allzu wundervolle Einrichtung ist, um sich auf ein pseudowissenschaftliches Punktesystem reduzieren zu lassen, stößt auf taube Ohren. Auch mit dem Hinweis, dass die Bewertung eines Weines mit 87 und eines anderen mit 88 Punkten Haarspalterei sei, kommt man nicht viel weiter. Zahlen sind für Investoren einfach zu verlockend.

Auch europäische Fachleute arbeiten mit einer Punktbewertung, allerdings mit kleineren, weniger dramatischen Zahlen. Viele Profis verwenden ein 20-Punkte-System, andere eine siebenstufige Skala, und die Zeitschrift »Decanter« hat ein für ihre Leser sehr brauchbares Schema von fünf Sternen enwickelt. Amateure – auf Weinfreunde passt die ursprüngliche französische Bedeutung dieses Wortes ganz besonders gut – werden angeblicher Präzision in diesem Zusammenhang wohl immer skeptisch gegenüberstehen. Für sie zählt vor allem der Faktor Genuss.

Das Johnson-System

Daher möchte ich Ihnen ein erprobtes Alternativsystem vorschlagen, mit dem Sie herausfinden können, wie gut Ihnen ein Wein wirklich schmeckt. Das Johnson-System gibt mit schonungsloser Ehrlichkeit wieder, mit wie viel Genuss Sie einen Wein trinken. Und so funktioniert es:

Geringste Wertung:	einmaliges Schnuppern
Nächste Stufe:	einmaliges Nippen
Zweimal nippen:	schwaches Interesse (oder Ungläubigkeit)
Ein halbes Glas:	leichte Zweifel
Ein ganzes Glas:	beifällige Zustimmung

Manch einer geht in der Beurteilung noch weiter. Voraussetzung ist dabei übrigens, dass man keiner Beeinflussung untersteht, d. h. keinem drängenden Gastgeber und keinem erwartungsvoll blickenden Winzer.

Zwei Gläser:	Sie mögen den Wein (oder es gibt nichts anderes zu trinken)
Drei Gläser:	Sie finden ihn mehr als annehmbar
Vier Gläser:	er macht sie echt an
Eine Flasche:	er ist voll und ganz nach Ihrem Geschmack
Zwei Flaschen:	eindeutig die Daumen nach oben

Die Schritte werden jetzt größer ...

Eine ganze Kiste:	von diesem Wein wollen Sie sich keinen Tropfen entgehen lassen

... und so weiter

Die Höchstwertung im Johnson-System ist logischerweise der Kauf des ganzen Weinbergs.

Übersichtstabelle der Weinjahrgänge

Die Tabellen vermitteln ein allgemeines Bild der in den Hauptanbaugebieten erzeugten Qualitäten (da es in jedem Jahr auch relativen Erfolg und Misserfolg gibt) und sollen als Anleitung dazu dienen, ob ein Wein getrunken oder noch aufbewahrt werden soll. *Jetzt trinken* bezieht sich auf Weine, deren Lebenskurve sich allmählich dem Ende zuneigt, oder aber auf solche, die mit Genuss jung zu trinken sind.

- (jetzt trinken) jetzt trinken
- (trinkbar) kann jetzt mit Genuss getrunken werden, bessere Weine lohnen jedoch weitere Aufbewahrung
- (lagern) muss noch länger lagern
- (meiden) weitere Aufbewahrung meiden
- 0 nicht gut, 10 am besten
- 99 unterstrichene Jahreszahlen weisen auf einen deklarierten Jahrgang hin

	Deutschland		Italien		Spanien
	Rhein	Mosel	Piemontesischer Rotwein	Toskanischer Rotwein	Rioja
03	6–9 lagern	6–9 lagern	6–8 lagern	6–8 lagern	6–7 lagern
02	7-8 lagern	7–8 lagern	5–6 lagern	5–7 lagern	6–7 lagern
01	7–9 lagern	8–10 lagern	8–9 lagern	6–7 trinkbar	7–9 lagern
00	5–8 trinkbar	5–8 lagern	7–8 lagern	6–7 trinkbar	7–8 lagern
99	7–10 trinkbar	7–10 trinkbar	8–10 lagern	8–10 trinkbar	6-7 trinkbar
98	6–9 trinkbar	6–9 trinkbar	7–8 trinkbar	6–7 trinkbar	7–8 trinkbar
97	7–9 trinkbar	7–10 trinkbar	7–8 trinkbar	7–9 trinkbar	5–7 trinkbar
96	7–9 trinkbar	6–8 trinkbar	8–10 trinkbar	5–7 trinkbar	7-9 trinkbar
95	7–10 jetzt trinken	8–10 trinkbar	6–8 trinkbar	6–8 trinkbar	8-10 jetzt trinken
94	5–7 jetzt trinken	6–10 trinkbar	4–5 jetzt trinken	4–5 trinkbar	8–10 jetzt trinken
93	5–8 jetzt trinken	6–9 jetzt trinken	6–8 jetzt trinken	6–8 jetzt trinken	4-5 jetzt trinken
92	5–9 jetzt trinken	5–9 jetzt trinken	2–4 meiden	2–4 meiden	6–8 jetzt trinken
91	5–7 jetzt trinken	5–7 jetzt trinken	4–5 meiden	4–6 jetzt trinken	7–9 jetzt trinken

	Australien		Champagner		Port	
	Shiraz	Chardonnay				
03	5–7 lagern	5–7 lagern	03	7–8 lagern	03	N/A lagern
02	5–8 trinkbar	5–8 trinkbar	02	7–9 lagern	02	4–5 lagern
01	6–8 trinkbar	5–7 trinkbar	01	1–3	01	6–7 lagern
00	6–8 trinkbar	7–9 jetzt trinken	00	7–9 lagern	00	8–10 lagern
99	7–9 jetzt trinken	5–7 jetzt trinken	99	6–8 lagern	99	4–6 lagern
98	7–9 trinkbar	7–9 jetzt trinken	98	5–7 lagern	98	4–6 lagern
97	6–8 trinkbar	8–10 jetzt trinken	97	5–7 trinkbar	97	8–10 lagern
96	8–10 trinkbar	4–7 jetzt trinken	96	8–10 trinkbar	96	4–6 trinkbar
95	8–10 jetzt trinken	3–5 meiden	95	7–9 trinkbar	95	4–6 trinkbar
94	6–8 jetzt trinken	7–9 jetzt trinken	94	2–4	94	8–9 lagern
93	5–7 jetzt trinken	5–7 jetzt trinken	93	5–6 trinkbar	93	2–5 trinkbar
92	6–8 jetzt trinken	6–8 jetzt trinken	92	5–7 trinkbar	92	8–9 lagern

	Kalifornien		Neuseeland		Südafrika
	Cabernet	Chardonnay	Rotwein	Weißwein	Rotwein
03	6–7	6–7	6–8	6–8	7–9
02	6–8	6–8	6–8	6–8	6–8
01	6–8	5–7	5–7	6–8	6–8
00	6–7	5–8	6–8	7–9	4–6
99	7–9	5–8	6–8	7–9	6–8

	Frankreich				
	Roter Bordeaux		Weißer Bordeaux		Elsass
	Médoc/Graves	Pom/St-Em	Sauternes & SW	Graves & tr	
03	5–9	5–8	7–8	6–7	6–7
02	6–8	5–8	7–8	7–8	7–8
01	6–8	7–8	8–10	7–9	6–8
00	8–10	7–9	6–8	6–8	8–10
99	5–7	5–8	6–9	7–10	6–8
98	5–8	6–9	5–8	5–9	7–9
97	5–7	4–7	7–9	4–7	7–9
96	6–8	5–7	7–9	7–10	8–10
95	7–9	6–9	6–8	5–9	6–9
94	5–8	5–8	4–6	5–8	6–9
93	4–6	5–7	2–5	5–7	6–8
92	3–5	3–5	3–5	4–8	5–7
91	3–6	2–4	2–5	6–8	3–5
90	8–10	8–10	8–10	7–8	7–9
89	6–9	7–9	8–10	6–8	7–10
88	6–8	7–9	7–10	7–9	8–10
87	5–7	5–7	2–5	7–10	7–8
86	6–9	5–8	7–10	7–9	7–8
85	7–9	7–9	6–8	5–8	7–10

Frankreich Fortsetzung

	Burgund			Rhône	
	Côte d'Or rot	Côte d'Or weiß	Chablis	Rhône (N)	Rhône (S)
03	6–8	6–7	6–7	5–7	6–8
02	7–8	7–8	7–8	4–6	5–5
01	6–8	7–9	6–8	7–8	7–9
00	7–8	6–9	7–9	6–8	7–9
99	7–10	5–7	5–8	7–9	6–9
98	5–8	5–7	7–8	6–8	7–9
97	5–8	5–8	7–9	7–9	5–8
96	6–8	7–9	5–10	5–7	4–6
95	7–9	7–9	6–9	6–8	6–8
94	5–8	5–7	4–7	6–7	5–7
93	6–8	5–6	5–8	3–6	4–9
92	3–6	5–8	4–6	4–6	3–6
91	3–6	4–6	6–9	6–9	4–5
90	7–10	8–10	6–9	6–9	7–9

Beaujolais Crus von 02, 00, 99 haltbar. **Mâcon-Villages** (weiß) 02, 01, 00 jetzt oder später. **Loire** (süße Weine aus Anjou und der Touraine) beste neue Jahrgänge: 02, 97, 96, 93, 90, 89, 88, 85; Bourgueil, Chinon und Saumur-Champigny: 02, 00, 99, 97. **Obere Loire** (Sancerre und Pouilly-Fumé): 02, 00, 99, 98, 97. **Muscadet** 02, 01, 00, 99 BV.

Frankreich

Die folgenden Abkürzungen werden im Text verwendet:

Beauj	Beaujolais
Bg	Burgund
Bx	Bordeaux
Champ	Champagne
Dor	Dordogne
El	Elsass
Lo	Loire
OF	Ostfrankreich
Prov	Provence
Pyr	Pyrenäen
Rh	Rhône
N-Rh	Nördliche Rhône
S-Rh	Südliche Rhône
Sav	Savoyen
SWF	Südwestfrankreich
ZF	Zentralfrankreich
AC	Appellation Contrôlée
Ch.	Château
Dom.	Domaine

Die dunklen Flächen bezeichnen die Weinbaugebiete

Frankreich kann sich nicht länger auf seinen Lorbeeren ausruhen. Nicht nur Australien sitzt ihm im Nacken, auch Chile, Argentinien, Neuseeland, die USA und Südafrika sind ernst zu nehmende Konkurrenten geworden. Der Konsument des 21. Jahrhunderts interessiert sich vor allem für Qualität und günstige Preise, auf alte Bindungen kann sich niemand mehr verlassen.

Die Neue Welt will sich auf allen Ebenen mit dem Besten messen, was Frankreich zu bieten hat, und das ist ein wahrlich hoch gestecktes Ziel. Doch so überragend Frankreichs große Weine auch sein mögen – wenn die für die Appellations Contrôlées zuständigen *fonctionnaires* ihre Aufgaben weiterhin so kleinlich und restriktiv wahrnehmen, anstatt auf Qualität zu achten, drohen Verknöcherung und Kommerzialisierung – eine schreckliche Vorstellung. Frankreichs einzigartiger Sinn für Geschmack und Stil ist einer ernsten Belastungsprobe ausgesetzt.

Dennoch bleiben die Appellationen ein bestimmender Faktor. Eine Appellation Contrôlée, die sich manchmal auf einen einzigen kleinen Weinberg beschränkt, sich aber auch über einen ganzen Bereich erstrecken kann, definiert den Charakter eines Weins. Burgund beispielsweise hat die kleinsten, am genauesten bestimmten Appellationen, Bordeaux dagegen weist die weitestgefassten und allgemeinsten auf. Das Wichtigste aber ist der Name des Erzeugers. Deshalb wurde den Namen empfehlenswerter Winzer und Handelsfirmen auf diesen Seiten viel Raum zugestanden.

Bereiche, die den Erfordernissen der AC nicht genügen, dürfen die Bezeichnung Vins Délimités de Qualité Supérieure (VDQS) führen; diese Gruppe ist im Schwinden, da ihre Mitglieder zunehmend den AC-Rang erlangen. An ihre Stelle treten die überaus erfolgreichen und interessanten Vins de pays. Unter ihnen finden sich brillante, originelle Leistungen, dazu oft die preis- und empfehlenswertesten Weine Frankreichs – und damit der Welt.

Neuere Jahrgänge klassischer französischer Weine

Roter Bordeaux

Médoc/roter Graves Bei manchen Weinen ist Flaschenalterung wünschenswert, bei diesen aber unerlässlich. Kleinere Gewächse aus leichteren Jahrgängen brauchen nur zwei bis drei Jahre, aber selbst einfache Weine aus großen Jahrgängen können über 15 Jahre hinweg noch gewinnen; die großen Kreszenzen solcher Jahrgänge brauchen doppelt so lange.

2003 Der heißeste Sommer, seitdem über das Wetter Buch geführt wird. Etwas Stress im Weinberg, doch der Cabernet Sauvignon sieht grandios aus. Reichhaltige, kraftvolle Weine zum Aufbewahren. Erneut geringe Erträge.

2002 Der trockene, sonnige September brachte die Rettung; vor allem die später reifenden Cabernet-Sauvignon-Trauben konnten davon noch profitieren. Geringe Erträge. Bei sorgfältiger Auslese einige sehr gute Weine.

2001 Der kühle September und Regen zur Lese ließen die Cabernet-Sauvignon-Trauben oft nicht voll ausreifen. Einige gute Weine, die 2005 bis 2012 trinkreif sein werden.

2000 Späte Blüte und ein etwas feuchter Start in den Sommer gaben zunächst Anlass zur Sorge; im Endeffekt wurde es aber ein hervorragendes Jahr mit allgemein exzellenten Weinen. Lagern.

1999 Regen verdünnte die reife Frucht einmal mehr. Brauchbare Weine, jetzt bis 2015 trinken.

1998 Schon wieder Regen bei der Ernte. Aber die Hitze im August ließ die Trauben reifen, röstete sie sogar gewissermaßen. Gut bis sehr gut, viele Weine mit genug Tannin für ein hohes Alter. 2006 bis 2015.

1997 Eine ungleichmäßige Blüte und der verregnete Sommer bedeuteten eine doppelte Herausforderung. Am besten konnte Cabernet Sauvignon reifen. Einige gute Weine für schlaue Füchse. Jetzt bis 2010.

1996 Kühler Sommer, gute Ernte, besonders bei Cabernet Sauvignon. Gut bis ausgezeichnet. 2006 bis 2020.

1995 Hitzewelle und Dürre; vom Regen gerettet. Gut bis ausgezeichnet. Jetzt bis 2020 und länger.

1994 Hoffnung auf einen überragenden Jahrgang, dann heftige Regenfälle bei der Lese. Die Besten gut, doch Vorsicht ist geboten. Jetzt bis 2010.

1993 Reife Frucht, aber nasse Ernte. Angenehm zu trinken jetzt bis 2008.

1992 Regen zur Blütezeit, im August und zur Lese. Sehr großer Ertrag. Leichte Weine, einige süffig. Austrinken.

1991 Katastrophaler Frost im April halbierte den Ertrag; Regen unterbrach die Lese. Im nördlichen Médoc am besten. Bald trinken. Jetzt bis 2010?

1990 Paradoxe Situation: ein Dürrejahr und trotzdem Überertrag. Selbstbeschränkung war notwendig und ergab prachtvolle Resultate. Bis 2020+.

1989 Früher Frühling und herrlicher Sommer. Die Spitzenweine sind reife, dunkle Klassiker mit Eleganz und Nachhaltigkeit. Kleinere Châteaux ungleichmäßig. Bis 2020.

1988 Durchweg sehr gut; tanninreich, ausgewogen. Jetzt allmählich aufmachen, Spitzenweine aber noch aufbewahren. Bis 2010.

1987 Ein weit größerer Genuss, als zu vermuten war. Austrinken.

1986 Wieder ein herrlicher, ertragreicher, warmer Herbst. In Pauillac und St-Julien besser als 1985. Eine langfristige Anlage. Jetzt bis 2020.

1985 Dank Hitzewelle ein sehr guter Jahrgang. Sehr feine Weine, jetzt ansprechend. Jetzt bis 2010.

1984 Mindere Qualität. Anfangs überteuert. Meiden.

1983 Klassischer Jahrgang, v. a. in Margaux; reichlich Gerbstoff, ausgeglichen durch schöne Frucht. Viele Weine sollte man jetzt trinken; die Besten halten bis 2010.

1982 In einer Hitzewelle entstanden. Große, gehaltvolle Weine mit langer Lebenserwartung, jedoch ungleichmäßiger Entwicklung. Die Spitzen-Châteaux halten bis 2015.
1981 Trotz Regen ganz wunderbar; nicht voll, jetzt ein wenig spröd. Jetzt bis 2005.
1980 Kleine, späte Lese, reif, aber verregnet. Austrinken.

Ältere gute Jahrgänge: 1975, 1970, 1966, 1962, 1961, 1959, 1955, 1953, 1949, 1948, 1947, 1945, 1929, 1928.

St-Emilion/Pomerol

2003 Der Merlot litt unter der Hitze, aber der Cabernet franc ist hervorragend. Gemischter Jahrgang: von bescheiden bis ausgezeichnet.
2002 Ein sonniger September, aber es gab Probleme mit der Reife und mit Fäulnis. Mittelprächtig bis gut.
2001 Nicht so regnerisch zur Ernte wie im Médoc. Einige kraftvolle Merlot-Weine, ansonsten wechselhafte Qualität.
2000 Ähnliche Bedingungen wie im Médoc, die Auswirkungen auf die Merlot-Ernte waren allerdings etwas ungünstiger. Dennoch ein guter Jahrgang.
1999 Mit Glück und Geschick konnten einige Winzer exzellente Weine erzeugen, doch der Regen war erneut ein ernstes Problem.
1998 Die Merlot-Traube reift früher als Cabernet Sauvignon und ist dem Regen zumeist entgangen. Einige exzellente Weine.
1997 Der Merlot hat unter dem Regen gelitten, aber die Winzer haben die Probleme inzwischen besser im Griff. Geschmeidige Weine. Jetzt bis 2010.
1996 Kühler, schöner Sommer. Ernteregen beim Merlot. Weniger glücklich als Médoc. Jetzt bis 2015.
1995 Vielleicht sogar noch besser als Médoc/Graves. Jetzt bis 2015.
1994 Weniger vom Regen mitgenommen als im Médoc. Sehr gut, besonders in Pomerol. Jetzt bis 2015.
1993 Wie im Médoc, aber im Allgemeinen besser, besonders in Pomerol; gut trotz schlechten Lesewetters.
1992 Sehr verwässert, jedoch einige rasch zu trinkende charmante Weine. Austrinken.
1991 Eine traurige Lage. Viele Weine werden nicht herausgegeben.
1990 Wieder eine Chance, großartigen bzw. viel Wein zu produzieren. Jetzt bis 2020.
1989 Große, reife, frühe Ernte; allgemein ein Triumph. Bis 2020.
1988 Durchweg ausgezeichnet; ideale Verhältnisse. Überertrag bei einigen Châteaux. Pomerol am besten. Jetzt bis 2005.
1987 Einige sehr anständige Weine (v. a. in Pomerol). Austrinken.
1986 Sehr reichlicher Jahrgang. Spitzenweine aus St-Emilion langlebig.
1985 Einer von den großen Jahrgängen mit schöner Zukunft. Bis 2010 und länger.
1984 Ein schlimmes Jahr. Fast der ganze Ertrag ging im Frühjahr zugrunde. Nicht zu empfehlen.
1983 Weniger eindrucksvoll als zuerst vermutet. Bald trinken.
1982 Enorm volle, konzentrierte Weine, die meisten ausgezeichnet. Bald trinken.
1981 Sehr guter Jahrgang, aber nicht so groß, wie er zuerst schien. Jetzt oder bald.
1979 Rivale für den 78er, doch entwickelt er sich nicht wie erhofft. Jetzt trinken.
1978 Feiner Wein, zum Teil etwas zu wenig Körper. Bald trinken.

Ältere gute Jahrgänge: 1971, 1970, 1967, 1966, 1964, 1961, 1959, 1953, 1952, 1949, 1947, 1945.

Roter Burgunder

Côte d'Or Die Rotweine von der Côte de Beaune sind meist früher ausgereift als die größeren Kreszenzen von der Côte de Nuits. Die leichteren Weine, z. B. Volnay, Beaune usw., sind am frühesten trinkreif, am längsten brauchen die ganz großen Weine von Chambertin, Romanée usw. Aber auch der beste Burgunder ist jung ansprechender als gleichwertiger roter Bordeaux.

2003 Außergewöhnliche Bedingungen – doch werden daraus außergewöhnliche Weine? Die Rotweine kamen mit der Hitze besser klar als die Weißweine.
2002 Burgund blieb der Regen, der das südlichere Frankreich traf, erspart. Verspricht, ein aufregender, stilvoller Jahrgang zu werden, den man gleich trinken oder aufbewahren kann.
2001 Der kühle, feuchte September verhinderte ein Spitzenergebnis, alles in allem wahrscheinlich aber dennoch ein guter Jahrgang.
2000 Ein schwieriges Jahr. Empfindliche Trauben an der Côte de Beaune, erheblich besser an der Côte de Nuits.
1999 Große, gut ausgereifte Ernte; die Weine haben eine schöne Farbe, seidige Tannine und strotzen vor Fruchtaromen. Lagern.
1998 Reife Frucht, aber herbe Tannine. Die ausgewogenen Tropfen brauchen weitere Lagerung.
1997 Die Götter meinten es erneut gut. Überaus reife Trauben; geringe Säure könnte zum Hauptproblem werden. Vorzügliche Weine, die meisten jetzt trinkreif.
1996 Schöner Sommer und Herbst. Prachtvolle reife Weine für langes Altern. Jetzt bis 2020.
1995 Kleine, ausgezeichnete Ernte trotz Regen während der Lese. Die Trauben waren sehr reif.
1994 Regen beeinträchtigte die Ernte. Im Allgemeinen schlanke Weine; Ausnahmen an der Côte de Nuits. Austrinken.
1993 Ein ausgezeichneter Jahrgang – konzentrierte Weine. Jetzt bis 2010. Côte de Beaune austrinken.
1992 Reif, füllig, gefällig. Nicht besonders konzentriert. Austrinken.
1991 Sehr geringer Ertrag; einige Weine sehr tanninreich. Côte de Nuits am besten. Bald trinken.
1990 Ein großer Jahrgang: bestes Wetter; störend wirkten sich lediglich Trockenheit in manchen Lagen und Übererträge an anderer Stelle aus. Ein langes Leben liegt vor ihm, doch ab jetzt genießbar. Bis 2020.
1989 Jahrgang mit viel Charme, wenn auch nicht sehr lange haltbar. Alle austrinken mit Ausnahme der Besten.
1988 Sehr gut, doch tanninreich. Jetzt bis 2015 (doch nur die Besten).

Ältere gute Jahrgänge: 1985, 1978, 1971, 1969, 1966, 1964, 1962, 1961, 1959 (alle reif).

Beaujolais

2003 Zu große Hitze für die Trauben.
2002 Zu viel Regen für Spitzenqualität.
2001 Sehr gut, sofern vor dem Regen gelesen wurde.
2000 Hervorragend.
1999 Prächtig, voll und tief.
1998 Sehr gut, aber uneinheitlich. Die besten Crus werden sich halten.
1997 Sehr gut.
1995 Ausgezeichneter Jahrgang.

Ältere Weine sollten ausgetrunken sein.

Weißer Burgunder

Côte de Beaune Gepflegte Weine aus guten Jahrgängen mit viel Säure und Frucht bauen bis zu zehn Jahren noch aus und gewinnen an Tiefe und Fülle. Geringere Weine aus leichteren Jahrgängen sind nach zwei bis drei Jahren genussreif.

2003 Die Hitze könnte zu viel des Guten gewesen sein. Üppige, jung zu trinkende Weine.
2002 Reifes, gesundes Traubengut; vielversprechend bei mittleren Erträgen. Stilvolle Weine.
2001 Trotz niedrigen Zuckergehalts der Trauben insgesamt gute Ergebnisse.
2000 Reiche Ernte reifer, gesunder Trauben. Könnte aufregend gut werden.
1999 Ein weiterer großzügiger Jahrgang mit guten, frischen, ausbalancierten Weinen.
1998 Ein schwieriges Jahr für Weißwein, aber gute Erfolge in Chassagne. Bald trinken.
1997 Allgemein exzellent: charmante, früh trinkreife Weine.
1996 Großartiger Jahrgang, um Spitzenweine einzukellern. Jetzt zum Teil recht eigenartig. 2007 bis 2015.
1995 Möglicherweise ein großer Jahrgang, manchmal verwässert. Jetzt bis 2010.
1994 Uneinheitlich; sehr feine, potente Weine von Spitzenerzeugern – doch nicht für langes Altern. Austrinken.
1993 Schlechter Ruf, aber die besten Weine haben sich ganz gut gemacht.
1992 Reif, aromatisch, charmant. Die meisten trinkreif. Austrinken.
1991 Meist mangelnde Substanz; Frostprobleme. Austrinken.
1990 Die Ausgewogenheit geht langsam verloren. Einige Weine hervorragend. Austrinken.

Mit Weißweinen aus dem Mâconnais (Pouilly-Fuissé, St-Véran, Mâcon-Villages) verhält es sich ähnlich, sie sind aber nicht so lange haltbar. Sie zeichnen sich mehr durch Frische als durch Fülle aus.

Chablis Grands crus aus Jahrgängen mit Kraft und gutem Säuregehalt entwickeln sich bis zu zehn Jahre superb; Premiers crus entsprechend kürzer.

2003 Geringe Mengen reifer Weine, doch werden sie ausgewogen sein?
2002 Hervorragend; vielleicht so gut wie der 2000er.
2001 Zu viel Regen; relativ schwacher Jahrgang.
2000 Schönes Wetter, um reife Trauben zu ernten. Hervorragend.
1999 Wieder ein reifer Jahrgang; z. T. vom Regen in Mitleidenschaft gezogen.
1998 Kühles Wetter, gelegentlich Hagel. Ordentliche bis gute Weine. Nichts für lange Lagerung.
1997 Ein weiterer feiner Jahrgang. Vielleicht vor dem 96er trinken.
1996 Ideale Ernte, doch Hagel auf die Spitzenlagen. Klassischer, haltbarer Chablis. Jetzt bis 2010.
1995 Sehr gut bis sehr sehr gut. Jetzt bis 2006.
1994 Regengüsse während der Lesezeit. Unkomplizierte Weine. Austrinken.
1993 Recht gut, aber nicht großartig. Austrinken.
1992 Reife, charmante Weine. Grands crus großartig. Bald trinken.
1991 Allgemein besser als an der Côte d'Or. Brauchbare Weine. Jetzt trinken.
1990 Grands crus meist hervorragend; anderen fehlt es an Intensität und Säure. Jetzt bis 2005.

Südwestfrankreich

2003 Wenig oder gar kein Regen zwischen März und September führte zusammen mit der extremsten Hitze in Frankreich zu kleinen Erträgen, einem hohen Alkoholgehalt und wenig Säure. In Gaillac ruinierte Hagel die Ernte. Ein Jahrgang, der viel versprach und wenig brachte.
2002 Gebiete, in denen spät gelesen wird (Madiran, Cahors, Jurançon), konnte der Altweibersommer noch retten; andernorts enttäuschend.
2001 Der heiße Sommer brachte ideale Bedingungen für die Weinberge. Womöglich allzu hoher Zucker- und daher auch Alkoholgehalt.
2000 Trotz des vielen Regens im September nicht so schlecht wie vorhergesagt. Die besseren Rotweine werden sich halten, womöglich länger als die 2001er.
1999 Einigen Erzeugern verdarb das durchwachsene Wetter den Jahrgang; insgesamt aber alles andere als katastrophal.
1998 Überall hervorragend. Die Roten sind jetzt wahrscheinlich auf dem Höhepunkt.
1997 Schrecklich nass; der herrliche Herbst ließ immerhin noch ausgezeichnete Süßweine zu. Ansonsten durchwachsene Qualität. Guter, lagerfähiger Madiran.
1996 Ein gutes »Geschäftsjahr« in den meisten Gebieten. Madiran-Weine dürften lange haltbar sein.
1995 und
1990 Fabelhaft für langlebige Rotweine wie Cahors, Pécharmant und Madiran.

Midi

2003 Das Jahr der Hitzewelle erbrachte im ausgesprochenen Gegensatz zu 2002 äußerst geringe Erträge, aber auch viele feine Weine von talentierten Erzeugern.
2002 Kein einfaches Jahr; der heftige Regen Anfang September verursachte Probleme. Große Unterschiede zwischen den einzelnen Appellationen und den einzelnen Erzeugern.
2001 Unterdurchschnittliche Ernte von generell sehr guter Qualität. Der heiße Sommer brachte reife, konzentrierte Weine hervor.
2000 Der warme Sommer bescherte dem Roussillon und der Provence reife, fruchtige Weine. Im Languedoc entstanden ausgewogene Tropfen aus gesunden Trauben.
1999 Im Roussillon konnte das schlechte Wetter dem Jahrgang nicht ernsthaft schaden; im Languedoc war es durchwachsen – gut in La Clape, weniger gut in Pic St-Loup. Schöner Wein in der Provence.
1998 Die Trockenheit im Roussillon führte zu geringen Erträgen konzentrierter Weine. Ein herrlicher Jahrgang im Languedoc: reife, fruchtige Tropfen mit großem Potenzial. Gut ausgewogen und fruchtig die Ergebnisse in der Provence.

Nördliche Rhône

2003 Ein auf die Hälfte reduzierter Ertrag, der es in sich hat. Die intensive Sonneneinstrahlung sorgte für gekochte, »südliche« Aromen, einen hohen Alkoholgehalt, wenig Säure. Die besten (nicht alle) Rotweine warten mit echter Fülle auf.
2002 Schreckliches Wetter im September. Cornas und Hermitage schlugen sich einigermaßen, aber probieren Sie, bevor Sie kaufen. Die besten Winzer sortierten die Hälfte ihrer Ente aus. Nicht schlecht für Weiße, v. a. Condrieu.
2001 Sehr guter, lebhafter Jahrgang – vorausgesetzt, es wurde vor dem Septemberregen gelesen. Weine mit frischer Frucht und guter Säure, die sich gut halten. Ein Spitzenjahr für die Côte Rôtie; auch viele sehr gute Weiße.

2000 Warme, reichhaltige Weine mit ordentlicher Dichte. Teilweise brandiger Geschmack. Hermitage z.T. gut, Cornas ganz gut, Côte Rôtie wechselhaft. Guter, üppiger Condrieu. Einfachere Rote als 1999 und 2001.

1999 Sehr erfolgreich mit köstlicher, vollreifer Frucht, wahrscheinlich ausgesprochen langlebig. Ausgewogener als der 98er – Harmonie heißt das Zauberwort. Côte Rotie Spitzenklasse. Saubere Weiße.

1998 Sehr guter, ertragreicher, robuster Jahrgang. Mehr vordergründige Tannine als 1999, die aber jetzt gut verschmelzen, mit reichhaltigem, öligem Gefüge. Kräftiger, unverhüllter Geschmack. Gute Weiße auf Marsanne-Basis.

1997 Guter bis sehr guter Jahrgang mit fetten, fleischigen Weinen, die sich schnell entwickeln. Der niedrige Säuregehalt bringt die vollen, weichen Geschmacksnoten in den Vordergrund; jetzt gut zu trinken.

1996 Mineralisches, ledriges, körniges Gefüge im Alter. Säure immer noch deutlich spürbar. Kann komplex wirken, wenn man den rechten Zeitpunkt abpasst. Spitzenweine 2006 bis 2008 trinken.

1995 Eine Fülle von kräftigen, üppigen Geschmacksnoten. Zweitrangige Appellationen wie Crozes-Hermitage sind jetzt köstlich; die großen Namen brauchen noch etwas Zeit, vielleicht 2004 bis 2006. Feste Tannine bei einigen.

1994 Generell gut, sehr gut an der Côte Rôtie. Gut gefügte, saubere Weine; mineralischer als 1995. Die Spitzengewächse sind jetzt in einem guten Zustand.

1991 Sehr gut an der Côte Rotie, gut in Hermitage. Unterbewertet. Sehr gute Weiße, sehr lebhaft.

Südliche Rhône

2003 Ein klassischer, robuster, kraftvoller und warmer Jahrgang bei den Besten. Unterschiedlich schnelle Reifung, deshalb alles andere als ausgewogen. Halten Sie sich an die besten Erzeuger und die besten Bereiche.

2002 Die Rache der Natur. Überschwemmungen um Châteauneuf. Einfach fruchtige Rote (jung trinken) und akzeptable Weiße. Keine Super-Cuvées dieses Jahr!

2001 Ausgezeichneter klassischer Jahrgang, in dem die Tannine aus den Trauben, nicht die aus dem Eichenholz, überwiegen. Komplexe Rotweine mit langer Lebenserwartung; bei den Spitzenbereichen muss man Geduld haben.

2000 Schmackhafte, saftige, fruchtige, fette, aber nicht besonders langlebige Weine. An die Spitzenerzeuger halten. Gigondas könnte Châteauneuf-du-Pape in diesem Jahr qualitativ überholen.

1999 Überall sehr gut. Die besten Weine reif, sehr fruchtig und gut strukturiert. Schöner, harmonischer Châteauneuf-du-Pape: 2007+; sehr guter Vacqueyras; topfit der Lirac.

1998 Hervorragender Jahrgang; ein Triumph für die Grenache-Traube. Vollmundige Weine, jetzt schwungvoll, mineralisch, mit gekochten Fruchtnoten. Einige mit übergroßer Potenz und Feurigkeit, andere entwickeln sich bereits.

1997 Anspruchsloses Jahr; die Fruchtnoten können einen gekochten, marmeladigen Geschmack annehmen. Mit Ausnahme großer Namen und niedriger Erträge am besten bis 2007 trinken. Einige interessante Weiße.

1996 Uneinheitlicher Jahrgang mit schroffen Tanninen. Die Besten werden gut zehn Jahre halten.

1995 Gut. Weine mit großer Geschmackstiefe, die sich in Windeseile entwickeln, v.a. wenn die Erzeuger auf extreme Reife der Trauben setzten. Die besten werden sich bis 2012/2017 halten.

1994 Gute, extraktreiche Weine mit bemerkenswerten Tanninen, die sich jetzt meist schon abgesetzt haben, in Châteauneuf-du-Pape und Lirac. Gigondas macht sich.

Champagne

2003 Sehr geringe Erträge, v. a. bei Chardonnay, aber einige reife, reichhaltige Pinot-Weine in einem untypischen Jahrgang.

2002 Eine Weinlese unter Idealbedingungen resultierte in reichhaltigen, komplexen Weinen, v. a. von Pinot-Sorten. Möglicherweise ein großer Jahrgang.

2000 Sonnenschein während der Lese ergab kräftige, aber stämmige Weine. Bei vielen Erzeugern eher guter denn großartiger Jahrgangs-Champagner.

1999 Gelegentlicher Regen machte aus einem möglichen großen Jahrgang einen guten. Einige reife, ausdrucksstarke Chardonnay-Weine.

1998 Saubere Weine in gutem Zustand sowohl von Pinot noir als auch von Chardonnay. Ein Jahrgang wohl eher für Winzer als für Handelshäuser.

1997 Das herrliche Septemberwetter rettete den Jahrgang. Reife, säurearme, unkomplizierte Weine, jung zu trinken. Könnte noch vor dem 96er deklariert werden.

1996 Alkohol- und säurereiche Champagner von monumentaler Struktur, die immer noch Zeit zum Reifen brauchen. Winzer vergleichen diesen Jahrgang mit 1928.

1995 Klassische, schön ausgewogene Weine, ein Bilderbuchjahr für Chardonnay. Einige hervorragende Prestige-Cuvées, z. B. Jacquesson Signature, Clicquot Grande Dame.

1993 Der beste Jahrgang in der mageren Zeit von 1991 bis 1995. Aromatische, feine, saubere Geschmacksnoten. Ausgezeichnete Weine von Pol Roger und Jacquesson.

Ältere gute Jahrgänge: 1990, 1989, 1988, 1985, 1982, 1971.

Loire

2003 Ein untypischer Jahrgang. Einige Gebiete waren von Spätfrost betroffen. Die Weine sind üppig und geschmeidig, aber nicht weich. Jung trinken. Guter Jahrgang für Süßweine.

2002 Das beste Jahr seit 1997. Die trockenen Weißen prunken mit frischer Frucht und lebhafter Säure; auch einige feine Süßweine von Chenin blanc. Wer seine Erträge niedrig hielt, konnte saftige, tieffarbige Rotweine bereiten – viele Tropfen auf Gamay-Basis weisen jedoch einen Hauch von Fäulnis auf.

2001 Der warme, nasse Winter ließ mit Wasser voll gesogene Böden zurück. Die besten Weine kommen von Erzeugern, die spät ernteten oder sorgfältig Auslese betrieben. Vor dem Kauf probieren!

2000 Warm und regnerisch mit wenig Sonne. Muscadet, Sancerre und Touraine sind zufriedenstellend bis gut. Cabernet franc von tiefer Farbe, aber nicht voll im Geschmack; innerhalb von sechs Jahren trinken. Gut für trockenen und halbtrockenen Vouvray.

1999 Bis der Regen kam, sah es danach aus, als sollte der herrliche 89er Konkurrenz bekommen. Cabernet franc zeichnet sich duch ein »animalisches« Moschusaroma aus. Gut für trockenen und halbtrockenen Vouvray.

1998 Das Ende der Herrlichkeit an der Loire. Während der Lese gab es alles: Frost, Hagel, Trockenheit und Regengüsse. Leichte Weine; einige mit Hauptanteil Cabernet franc haben zu viel Tannin.

1997 Warm und sonnig mit wunderbarer »Nachsaison«. Der dritte ausgezeichnete Jahrgang in Folge. Süffige Rote, trockene Weiße und umwerfende Süßweine.

1996 Exzellent, wenn auch nicht ganz so »überschwänglich« wie 1997. Rotweine auf Cabernet-franc-Basis brauchen Zeit, werden aber ausgezeichnet altern – im Endeffekt wohl sogar besser als die 97er.

1995 Allgemein ein hervorragender Jahrgang. Langlebige, gut strukturierte, köstliche Weine in allen Appellationen.

Elsass

2003 Hagel, Hitze und Dürre. Die früheste Lese seit 1893. Geringere Erträge wechselhafter Weine. Die Besten sind reif, aber mit niedrigem Säuregehalt (und daher war zum ersten Mal überhaupt die Säuerung erlaubt). Sehr gut für Pinot noir.

2002 Besser als fast überall sonst in Frankreich. Spät gelesene Weine gut bis sehr gut, v.a. Vendange tardive und Séléction des grains nobles.

2001 Der Altweibersommer nach einem sehr unbeständigen September rettete den Jahrgang. Insgesamt ausgewogene Weine, nicht überragend, aber gut.

2000 Exzellent – wahrscheinlich der beste Jahrgang seit 1990. Sehr gut für Vendange tardive und Sélection des grains nobles.

1999 Die schwierige Wachstumsperiode wurde von einem warmen und trockenen Spätsommer von Mitte August bis Mitte September ausgeglichen. Erzeuger, die ihre Erträge niedrig hielten, konnten gute, ausgewogene Weine bereiten.

1998 Der vierte gute Jahrgang in Folge, was selten vorkommt. Gute Weine trotz der Hitzewelle Mitte August bis Mitte September und Ernteregen. Mehr Gewürztraminer als in den Vorjahren.

1997 Eine fast perfekte Wachstumsperiode, die sonnig zu Ende ging, ergab konzentrierte trockene und überragende süße Weine.

1996 Harter Winter und später Frühling, aber heiß im Juli und August. Reife Trauben zur Lese dank idealer Bedingungen im Oktober. Feine trockene Weine, wenig Gewürztraminer.

1995 Der Altweibersommer meinte es gut mit den spät reifenden Sorten Pinot gris, Gewürztraminer und v.a. Riesling. Auch gute Süßweine.

Abelé Kleiner Champagnererzeuger in Reims mit sehr gutem Champagner oJ.

Abel-Lepitre Champagnerhaus der mittleren Klasse; sehr guter Brut Millésime (**96**).

Abymes Sav; w ☆ BV – Hügeliger Bereich bei Chambéry; leichter, milder AC Vin de Savoie von der Jacquère-Traube mit alpinem Charme. Savoyen hat eine ganze Reihe solcher lokaler Crus für den lokalen Genuss vorzuweisen.

Agenais SWF; r rs (w) ★ BV – Vin de pays aus dem Departement Lot-et-Garonne, zumeist von den Genossenschaften in Goulens, Donzac, Monflanquin und Mézin. Auch von Genossenschaften im Marmandais.

Ajaccio Korsika; r rs w ★→★★ **95 96 97 98 99** 00 01 – Hauptstadt von Korsika. AC für oft sehr guten Sciacarello-Rotwein. Spitzenerzeuger: Peraldi (probierenswert: Vermentino). Auch Clos Capitoro, Jean Courrèges (Dom. de Pratavone).

Aligoté Zweitrangige weiße Burgunder-Traube und ein in der Jugend oft angenehm herb-fruchtiger Wein mit ortstypischem Charakter. Die Gemeinde Bouzeron hat die einzige AC für Aligoté. Ein glänzendes Beispiel ist de Villaine, aber auch Weine von anderen guten Erzeugern sind probierenswert (v.a. aus Pernand-Vergelesses).

Alliet, Philippe Lo; r ☆☆☆ **85 86 87 88 89 90 93 95 96 97 98 99 00 01** 02 **03** – Spitzenerzeuger von langlebigen, im Fass ausgebauten Chinon-Weinen, v.a. Coteau de Noirée Cuvée.

Aloxe-Corton Bg; r w ☆☆→☆☆☆ **90' 91 93' 95** 96' **97 98** 99' 01 02 03 – Weinort am Nordende der Côte de Beaune; Grand-cru-Lagen: Corton (r) und Corton-Charlemagne (w); Village-Weine sind leichter, aber probierenswert.

Alsace (r) w; (sch) ★★→☆☆☆ **95 96 97 98 99 00 01** 02 – Region an den Ostausläufern der Vogesen, v.a. der Bereich zwischen Straßburg und

Mühlhausen; bringt einzigartige Weine hervor: aromatische, fruchtige, starke, normalerweise trockene Weine, die der jeweiligen Rebsorte Rechnung tragen, aber inzwischen allzu oft süße Weine (siehe Vendange tardive, Sélection des grains nobles). Werden meist nach der Rebsorte verkauft (Pinot blanc, Riesling, Gewürztraminer usw.). Altern gut (ausgenommen Pinot blanc und Muscat) 5 bis 10 Jahre, Grand cru noch länger. Auch guter, preiswerter Crémant. Der Rotwein (Pinot noir) hat manchmal guten Sortencharakter; wird außerhalb der Region kaum verkauft.

Alsace Grand cru w ★★★→★★★★ **88 89′ 90 93 95 96 97** 98 99 00 01 02 – AC nur für die 51 (neu hinzugekommen: Kaefferkopf) besten Lagen (ca. 1600 ha, 820 in Produktion) und vier »edle« Trauben: Riesling, Pinot gris, Gewürztraminer und Muscat, überwiegend trocken, einige aber auch süß. Nicht unumstritten, aber meist sehr gut, die Weine bringen das Terroir schön zum Ausdruck.

Ampeau, Robert Bg ☆☆☆Ausgezeichneter Erzeuger; Spezialist für Meursault und Volnay; auch Pommard usw. Gibt ungewöhnlicherweise nur lang gereifte Flaschen heraus.

André, Pierre Bg ☆ Négociant im Ch. Corton-André, Aloxe-Corton, mit 38 ha guten Lagen am Corton (Grands crus Corton-Charlemagne und Corton Blanc), in Savigny, Gevrey-Chambertin usw. Auch Besitzer von Reine Pedauque.

Angerville, Marquis d′ Bg ☆☆☆ Untadeliges Spitzenweingut (14 ha) in Volnay. Topweine: Champans und intensiver, starker Clos des Ducs. 2003 verstarb Jacques d'Angerville, der das Gut über 50 Jahre geleitet hatte.

Anjou Lo; r rs w; tr s; sch ★→★★★★ Region, aber auch Appellation an der Loire mit weitem Spektrum an Stilen – leichte Rotweine, z. B. AC Anjou Gamay, besser werdende trockene Weißweine; bes. gut roter Anjou-Villages, starker, normalerweise trockener Savennières und üppiger Coteaux du Layon von Chenin blanc.

Anjou-Coteaux de la Loire Lo; w; lbl s ☆☆→☆☆☆ **89′ 90′ 93 94 95′** 96 **97 98 99 00 01 02 03** – Winzige AC für kräftige Chenin-blanc-Weiße. Halbtrocken oder lieblich, nicht so voll wie Coteaux du Layon; v. a. Musset-Roulliez, Dom. du Fresche, Ch. de Putille und Dom. du Putille.

Anjou-Villages Lo; r ★→★★★ 89 90 93 **95 96 97 98 99 00 01** 02 **03** – Erlesene AC für Rotweine (vorwiegend Cabernet franc, etwas Cabernet Sauvignon) aus dem Zentrum von Anjou. Potenziell saftige, ziemlich tanninherbe junge, aber preiswerte Weine, v. a. von Bablut, Richou, Rochelles, Pierre-Bise, Ch. de Coulaine, Ogereau, Montigilet und Ch. de Tigné (gehört Gérard Dépardieu). Neuer beachtenswerter Unterbereich der Appellation: Anjou-Villages-Brissac.

Appellation Contrôlée (AC oder **AOC)** Staatliche Herkunfts- und Produktionskontrolle (nicht für Qualität!) für die besten französischen Weine (siehe Einleitung).

Apremont Sav; w ★★ BV – Einer der besten Weinorte in Savoyen; helle, zarte Weißweine, v. a. von der Jacquère-Traube, seit kurzem aber auch Chardonnay.

Arbin Sav; r ☆☆ Dunkelrot, lebendig; aus Mondeuse-Trauben, etwa wie ein guter Cabernet Sauvignon von der Loire. Trinkreif mit 1 bis 2 Jahren. Ideal für Après-Ski.

Arbois Jura; r rs w; (sch) ☆☆→☆☆☆ meist BV – Verschiedene gute und originelle leichte, wohlschmeckende Weine; Spezialität: exzellenter Vin jaune (der alt werden kann).

Ariège SWF; r ★ **00 01** (02) – Neue Vins de pays von 1998 gepflanzten Reben (Cabernet-Sorten, Merlot, Côt und Tannat) unter der Führung der Dom. de Ribonnet. Werden sich gut halten.
Arlay, Château d' ☆→☆☆ Großes Weingut im Jura; 64 ha in tüchtigen Händen. Weine u. a. Vin jaune, Vin de paille, Pinot noir und Macvin.
Arlot, Domaine de l' ☆☆☆ Erzeuger von exzellentem Nuits-St-Georges, v. a. Clos de l'Arlot, rot und weiß. Im Besitz der AXA-Versicherung.
Armagnac SWF Eine ausgezeichnete Alternative für Branntwein; rustikaler und pfeffriger als Cognac. Tafelweine: Côtes de Gascogne, Gers und Terroirs Landais.
Armand, Comte Bg ★★★ Exzellenter Pommard, v. a. Clos des Epeneaux.
Aube Südlicher Ausläufer der Champagne; heißt jetzt Côte de Bar.
Aujoux, J.-M. Beauj Bedeutendes Weingut und Handelshaus im Beaujolais; in Schweizer Besitz.
Auxey-Duresses Bg; r w ★★→★★★ **90' 93 95 96' 97 98** 99' 02' 03 – Zweitrangiger, aber sehr schöner Ort der Côte de Beaune; Ähnlichkeit mit Volnay und Meursault. Beste Güter: Diconne, Hospices de Beaune (Cuvée Boillot), Leroy, M. Prunier. Weißwein in 3 bis 4 Jahren trinken. Spitzenweißwein: Les Boutonniers von Leroy.
Avize Champ – Einer der besten Orte der Côte des Blancs; nur Chardonnay-Anbau.
Aÿ Champ – Einer der besten Champagne-Orte für Pinot noir.
Ayala Früher berühmtes Champagnerhaus alten Stils in Aÿ, das jetzt seine Qualität verbessert. Sehr gute Jahrgangsweine (v. a. Brut 98) von eigenen Reben.
Bandol Prov; r rs (w) ★★★ **85' 86 88 89 90 91 92 93 94 95'** 96 97 98' 99' 00 01 02 03 – Kleine Küstenregion bei Toulon mit den besten Weinen der Provence: großartige, kräftige, gerbstoffreiche Rote, vorwiegend von Mourvèdre-Trauben, v. a. Domaine Tempier, Mas de la Rouvière, Dom. de Pibarnon, Ch. Pradeaux.
Banyuls Pyr; br; s ☆☆→☆☆☆ Einer der besten Vins doux naturels, Haupttraube Grenache. Banyuls Grand cru besteht zu mindestens 75% aus Grenache und wird 2 Jahre und länger gelagert. Tatsächlich entfernt mit Port verwandt. Spitzenweine: Rancios, z. B. von Dom. la Rectorie, Dom. du Mas Blanc (☆☆☆), Dom. Vial Magnères, 10 bis 15 Jahre alt. Billige Weine oJ enden in Bars.
Barancourt Eine der vielen Champagnermarken, die vom kauflustigen Erzeuger Vranken erworben wurden. Champagnersorten mit hohem Pinot-noir-Anteil, v. a. Cuvée des Fondateurs. Auch guter Bouzy Rouge.
Barrique In Bordeaux (und Cognac) gebräuchliche Bezeichnung für ein Eichenfass mit 225 l (300 Normflaschen). Ausbau in Barriques zur Anreicherung des Weins mit Eichenholzaroma war Ende der 1980er-Jahre große Mode, endete aber manchmal mit bedauerlichen Resultaten. Der aktuelle Eichenholzpreis sollte zu mehr Besonnenheit führen.
Barsac Bx; w; s ☆☆→★★★★ **70 71' 75 76' 79' 81 83' 86' 88' 89' 90' 95 96 97** 98 99 01' 02 03' – Nachbar von Sauternes mit ähnlich feinen, goldfarbenen Weinen, doch von anderen Böden; nicht so füllig, dafür rassiger. Lange Reifezeit lohnt sich sehr. Spitzenweine: Climens, Coutet, Doisy-Daëne, Doisy-Védrines.
Barthod, Ghislaine Bg ★★★ Domaine mit eindrucksvollem Angebot an Chambolle-Musigny.
Barton & Guestier Aus dem 18. Jahrhundert stammendes Handelshaus in Bordeaux, heute im Besitz von Seagram.

Bâtard-Montrachet Bg; w ☆☆☆☆ **79 85 86' 89' 90' 92 93** 95 96' 97' **98** 99 00 02' 03 – Größere Nachbarlage (22 ha) von Montrachet. Potenziell äußerst langlebiger, geschmacksintensiver und strukturreicher Wein. Bienvenues-Bâtard-M. ist eine eigene 3,6-ha-Grand-cru-Lage, aufgeteilt auf 15 Besitzer; daher keine großen Abfüllungen; sehr selten. Criots-Bâtard-Montrachet mit nur 1,6 ha ist sogar noch seltener. Spitzenerzeuger: u. a. J.-M. Boillot, Bouchard-Père, Carillon, Drouhin, Gagnard, Louis Latour, Leflaive, Morey, Pernot, Ramonet, Sauzet.

Baudry, Domaine Bernard Lo; r rs w ☆☆→☆☆☆ **89 90 93 95 96 97 98 99 00 01 02 03** – Tadellose Chinon-Weine in einer Reihe von Stilen, von Weißen auf Chenin-blanc-Basis über Rosés bis zu einigen exzellenten roten Cuvées, u. a. Les Grezeaux, Clos Guillot und Les Croix Boissées.

Baumard, Domaine des Lo ☆☆→☆☆☆☆ **75 76 78 81 85 86 88 89 90 93 94 95 96 97 98 99 00 01 02 03** – Führender Erzeuger in Anjou, v. a. mit Savennières, Coteaux du Layon (Clos Ste-Cathérine) und Quarts de Chaume. Außerdem leckerer Vin de table von Verdelho.

Béarn SWF; r rs w ☆→☆☆ w rs BV r **00 01 02** – Unbedeutende Appellation im Baskenland, deren Zentrum die Genossenschaft in Bellocq ist. Außerdem Dom. de Guilhémas (★★). Roter Jurançon (v. a. Dom. Nigri) sowie weißer und rosé Madiran müssen als Béarn oder Vin de pays Pyrenées-Atlantiques verkauft werden.

Beaucastel, Château de S-Rh; r w ★★★ **78' 79 81' 83 85 86' 88 90' 93' 94'** 95' 96' 97 98' 99' 00' 01' 03 – Eines der größten und bestgeführten Châteauneuf-Güter. Tiefdunkle, komplexe Weine aus einem ungewöhnlichen Verschnitt mit ein Drittel Mourvèdre. Kleine Mengen an wundervollem, 5 bis 14 Jahre haltbarem Roussanne. Erstklassig der rote und weiße Côtes du Rhône Coudoulet de Beaucastel, sehr gut der Öko-Wein Côtes du Rhône Perrin Nature. Ist in Rasteau und Vacqueyras auch als Négociant tätig und betreibt Tablas Creek in Paso Robles, Kalifornien.

Beaujolais r (rs) (w) ☆ BV – Einfache Appellation für die ganze Region Beaujolais; leichter, kurzlebiger, fruchtiger Rotwein von Gamay-Trauben. Beaujolais Supérieur bedeutet kaum einen Unterschied.

Beaujolais de l'année Der Beaujolais des letzten Jahrgangs; eigentlich dasselbe wie B. primeur oder B. nouveau.

Beaujolais primeur (oder **nouveau**) Im Schnellverfahren (nur 4 bis 5 Tage Gärung) bereiteter Beaujolais, wird am 3. Mittwoch im November um Mitternacht freigegeben. Meist mild, pikant, fruchtig und süffig, zu oft aber auch zu einfach und zu alkoholstark. Beaujolais-Villages ist meist mehr zu empfehlen.

Beaujolais-Villages r ★★ **99 00 01** – Wein aus der besseren (nördlichen) Hälfte des Beaujolais; sollte viel geschmackvoller sein als normaler Beaujolais. Die 10 wirklich besten »Villages« führen die Bezeichnung »Cru«: Brouilly, Chénas, Chiroubles, Côte de Brouilly, Fleurie, Juliénas, Morgon, Moulin-à-Vent, Régnié, St-Amour. Von den übrigen 30 liegen die besten um Beaujeu; Crus dürfen nicht vor dem 15. Dezember »en primeur« verkauft werden. Es lohnt sich aber, sie auch noch bis zum Frühjahr – oder erheblich länger – aufzubewahren.

Beaumes-de-Venise S-Rh; (r) (rs) (w) br ★★→★★★ BV – Wird in weiten Kreisen als der beste französische Dessert-Muscat von den südlichen Côtes du Rhône angesehen; hocharomatisch, fein, nachhaltig (z. B. Ch. Saint-Sauveur, Dom. de Coyeux, Dom. Durban, Jaboulet, Pigeade, Vidal-Fleury). Die mittelschweren Rotweine von Ch. Redortier, Dom. du Fenouillet, Durban und der Genossenschaft sind ebenfalls gut.

Beaumont des Crayères Champ – Schöne Genossenschaft an der Côte d'Epernay mit ausgezeichneter Grande Réserve oJ auf Pinot-Meunier-Basis und sehr feinem Fleur de Prestige (**95' 96**). Inzwischen ein fest etablierter selbstständiger Erzeuger auf dem britischen und amerikanischen Markt.

Beaune Bg; r (w) ★★★ **90' 91 93' 95** 96' **97 98** 99' 01 02' 03 – Die historische Weinhauptstadt des Burgund, eine mit Mauern umgebene und von Kellern unterhöhlte Stadt. Klassischer Burgunder – aber kein Grand cru; viele gute Erzeuger. »Clos«-Weine von Négociants (meist Premier cru) sind oft die besten, z. B. der superbe Clos des Mouches (v. a. der weiße) von Drouhin und der Clos des Ursules von Jadot. Beaune du Château ist eine (gute) Marke von Bouchard Père. Beste Lagen: Grèves, Bressandes, Teurons, Marconnets und Fèves.

Becker, Caves J. ☆→☆☆ Schönes, altes Familienweingut in Zellenberg im Elsass, jetzt mit womöglich noch feineren Weinen. Klassischer Riesling Hagenschlauf sowie Muscat Grand cru Froehn. Zweitetikett: Gaston Beck.

Bellet Prov; r rs w ☆☆☆ Modischer, überdurchschnittlicher Wein von der lokalen Rolle-Traube aus der Nähe von Nizza. Seriöse Erzeuger: Ch. de Bellet, Dom. de la Source. Ziemlich teuer.

Bergerac Dor; r rs w; tr s ★→☆☆☆ **00 01 02** – Zwar nicht im politischen Sinn, aber de facto eine östliche Erweiterung von Bordeaux. Es gibt keinen deutlichen Unterschied in Stil oder Qualität. Spitzengüter (☆☆☆): u. a. La Tour des Gendres, Clos des Verdots, Ch. de Masburel. Weitere gute Erzeuger (☆☆): Dom. l'Ancienne Cure, Dom. du Haut Montlong, Les Marnières, Ch. Belingard-Chayne, Ch. Grinou, Ch. de la Jaubertie, Ch. du Constant, Ch. les Eyssards, Ch. Jonc Blanc, Ch. de la Mallevieille, Ch. les Marais, Les Miaudoux, Ch. le Paradis, Ch. le Raz, Ch. Thénac. Siehe auch Monbazillac, Montravel, Pécharmant, Rosette und Saussignac.

Besserat de Bellefon Champ – Grande Tradition oJ; Cuvée des Moines Brut und Rosé oJ; Grande Cuvée oJ; Brut und Rosé **90 95 96** – Für ziemlich leichte, nicht lagerfähige Weine bekanntes Champagnerhaus, jetzt in Epernay. Gehört zu Marne et Champagne.

Beyer, Léon ★★→★★★ Alteingesessenes Familienunternehmen in Eguisheim im Elsass. Produziert kräftige trockene Weine für mindestens 5 bis 10 Jahre. Sehr bekannt der Gewürztraminer Comtes d'Eguisheim, besonders fein der Riesling gleichen Namens aus der Grand-cru-Lage Pfersigberg. Beyer ist ein erklärter Gegner des Grand cru.

Bichot, Maison Albert Bg – Einer der größten Erzeuger und Weinhändler in Beaune. 13 ha Weinberge (Dom. du Clos Frantin ☆☆ ist vorzüglich) in Chambertin, Clos de Vougeot, Richebourg usw.; Domaine Long-Depaquit (☆☆) in Chablis. Weitere Markenweine.

Billecart-Salmon oJ; Rosé oJ; Nicolas François Billecart **90' 95 96 97** 98; Blanc de Blancs **95 96 97'** 98; Elizabeth Salmon Rosé **97**; Grande Cuvée (**90' 95**) – Eines der besten Champagnerhäuser, gegründet 1818, noch immer in Familienbesitz. Die exquisiten, frisch-aromatischen Weine altern wundervoll. Ab 2000 z. T. in Eiche vergorene Jahrgänge. Ein neuer Einzellagenwein mit Namen Clos St-Hilaire (Blanc de Noirs **95** 96).

Bize, Simon Bg ☆☆☆ Bewundernswerter Erzeuger von rotem Burgunder mit 14 ha in Savigny-lès-Beaune. Meist mustergültige Weine im rassigen und eleganten Savigny-Stil sowie einige erstaunlich gute Weißweine.

Blagny Bg; r w ☆☆→☆☆☆ w **92 95 96′ 97 99′ 00′** 01 02′ 03 – Dörfchen zwischen Meursault und Puligny-Montrachet. Die Weißweine tragen deshalb beide AC-Namen; die Roten ähneln Volnays und laufen unter der AC Blagny. Alle besseren Weine brauchen Reifezeit. Erzeuger: u. a. Jobard, Latour, Ampeau, Matrot, Leflaive, G. Thomas.
Blanc de Blancs Ein Weißwein nur aus weißen Trauben, insbesondere aus der Champagne. Keine Qualitätsbezeichnung, eher eine des Stils.
Blanc de Noirs Weißwein aus roten Trauben (oft mit rosigem Schimmer).
Blanck, Paul et Fils ☆☆→☆☆☆ Vielseitiger Elsässer Erzeuger in Kientzheim, guter Pinot blanc sowie Grand cru Furstentum (Gewürztraminer, Pinot gris, v. a. Riesling) und Grand cru Schlossberg (Riesling).
Blanquette de Limoux Midi; w; sch ★★ Günstiger Schaumwein aus der Nähe von Carcassonne; sehr trocken, sauber und immer schmackhafter: v. a. in der AC Crémant de Limoux wird die Mauzac-Traube auch mit Chardonnay und Chenin blanc verschnitten.
Blaye Bx; r w ☆→☆☆☆ BV – Einfache trockene Weißweine aus der Gegend östlich der Gironde; seit 2000 auch für Spitzen-Rotweine vorgesehen (bei Ertragsreduzierung usw.).
Boillot, J.-M. ☆☆☆ Domaine in Pommard, bekannt vor allem aber für sehr feine eichenholzwürzige Weißweine aus Puligny-Montrachet und Bâtard-Montrachet; auch bemerkenswerter Montagny.
Boisset, Jean-Claude Bei weitem der größte Händler von Burgunder in Nuits-St-Georges. Eigentümer der Häuser Bouchard-Aîné, F. Chauvenet, Delaunay, Jaffelin, Morin Père et Fils, de Marcilly, Viénot, Thomas Bassot, Lionel Bruck, Pierre Ponnelle, Cellier des Samsons (Beaujolais), Moreau (Chablis) und einem Anteil an Mommessin. Jetzt auch an Projekten in Kanada, Kalifornien, Chile, Uruguay und im Languedoc beteiligt. Zuverlässige kommerzielle Qualität. Seit 1999 werden die Weine von eigenen Rebflächen unter dem Namen Dom. de la Vougeraie (☆☆☆) verkauft; potenziell sehr gut.
Boizel Qualitätsbewusstes Champagnerfamilienunternehmen in Epernay mit grandiosem gealtertem Blanc de Blancs oJ und dem Vorzeigeprodukt Joyau de France (**95** 96) sowie Grand Vintage Brut (**96** 98) und Cuvée Sous Bois. Teil der Gruppe Boizel Chanoine.
Bollinger Special Cuvée oJ; Grande Année **95 96′** 97; Rosé **96** – Champagnerspitzenhaus in Aÿ mit ausgeprägtem, weinigem Stil. Luxusmarken: RD (**85′ 88 90** 95), Vieilles Vignes Françaises (**96′**) von ungepfropften Pinot-noir-Reben, Côte aux Enfants, Aÿ.
Bonneau du Martray, Domaine Bg; r ☆☆ w ☆☆☆☆ Der bedeutendste Erzeuger (9 ha) von Corton-Charlemagne feinster Qualität; auch roter Grand cru Corton, seit 1990 auf hohem Niveau. Kellerei in Pernand-Vergelesses. Die Weißweine leben meist länger als die Roten.
Bonnes-Mares Bg; r ★★★→★★★★ **78′ 85′ 88′ 89 90′ 91 93 95** 96′ 97 98 99′ 00 01 02′ 03 – 15 ha Grand-cru-Lage zwischen Chambolle-Musigny und Morey-Saint-Denis. Robuster, langlebiger Wein, nicht so duftig wie Musigny, oft Chambertin ebenbürtig. Spitzenerzeuger: Dujac, Groffier, Jadot, Roumier, Dom. des Varoilles, de Vogüé, Vougeraie.
Bonnezeaux Lo; w; s ★★★→★★★★ **76′ 78 85′ 86 88′ 89′ 90′ 93′ 94 95′ 96 97 98 99 00 01 03** – Samtiger, strukturierter und komplexer süßer Wein aus Chenin-blanc-Trauben. Der potenziell Beste von Coteaux du Layon, v. a. Angeli, Ch. de Fesles, Domaine du Petit Val. Haltbar – aber auch jung schon verlockend.

Bordeaux Bx; r (rs) w ★→★★ **90 94 95 96 98 00'** (Châteaux von Bordeaux siehe Seiten 112 bis 143). Grundlegende, umfassende Appellation für weniger gehaltvolle, aber auch nicht zu verachtende Bordeaux-Weine: eher leicht und herb, jedoch immer noch unnachahmlich im Geschmack. Der ideale, einfache Alltagswein nach meinem Dafürhalten.
Bordeaux Supérieur ★→★★ Wie oben, mit etwas mehr Alkoholgehalt und Lagerfähigkeit.
Borie-Manoux Erstklassiges Weinhandelshaus mit Gütern in Bordeaux, im Besitz der Familie Castéja. Güter: Batailley, Beau-Site, Domaine de l'Eglise, Haut-Bages Monpelou, Trotte Vieille.
Bouchard Père et Fils Bedeutendes Handels- und Erzeugerhaus in Burgund (gegründet 1731) mit 94 ha besten Lagen, vor allem an der Côte de Beaune; die Keller befinden sich im Château de Beaune. Seit 1996 gute Qualität, bis dahin oft schwach.

Als »Bourgogne« bezeichnete Tropfen gehören ans einfachere (und billigere) Ende der burgundischen Qualitätsskala. Neben einer Reihe von konturlosen Massenweinen gehören hierzu auch Erzeugnisse aus Gebieten, die eigene Unterbereiche innerhalb der AC Bourgogne darstellen. Im Departement Yonne sind dies Coulanges-la-Vineuse, Epineuil und Vézélay, an der Côte d'Or Chatillonais, die Hautes-Côtes de Beaune und die Hautes-Côtes de Nuits und schließlich im Departement Sâone et Loire die Côte Chalonnaise sowie Couchois. Am besten ist es wahrscheinlich, simplen Bourgogne Rouge oder Blanc von guten Erzeugern in den berühmten Orten der Côte d'Or zu kaufen – die Chancen, hier einfachen, aber köstlichen Wein zu bekommen, stehen ausgezeichnet.

Bouches-du-Rhône Prov; r rs w ☆ Vin de pays aus der Gegend um Marseille. Herzerwärmende Rotweine von Lokalrebsorten sowie Cabernet Sauvignon, Syrah und Merlot.
Bourg Bx; r (w) ☆☆ **86' 88' 89' 90' 94 95 96 98 99 00' 01** 02 – Einfache, aber verlässliche Weine aus der Gegend östlich der Gironde; Erzeuger: siehe den Eintrag zu Côtes de Bourg.
Bourgeois, Henri Lo ☆☆→☆☆☆ **89 90 93 95 96 97 98 99 00 01 02 03** – Führender Winzer und Händler für Sancerre in Chavignol; auch Pouilly-Fumé, Menetou-Salon und Quincy; Eigentümer von Laporte (Sancerre). Spitzenweine u. a.: Etienne Henri, MD de Bourgeois, La Bourgeoise, d'Antan Sancerrois, Le Chêne Etienne, Sancerre Jadis. Hat vor kurzem einen Weinberg in Neuseeland gekauft.
Bourgogne Bg; r (rs) w ★★ **00 01** 02' – Umfassende Appellation für Burgund, aber mit höherem Qualitätsstandard als etwa einfacher Bordeaux. Leicht, aber oft voll im Geschmack, nach 2 bis 4 Jahren am besten. Gute Erzeuger haben schöne, preiswerte, nicht zu verachtende Weine aus Randlagen von Orten der Côte d'Or zu bieten. Beaujolais Cru (außer Regnié) kann auch als Bourgogne etikettiert werden.
Bourgogne Grand Ordinaire Bg; r (w) ☆ BV – Die einfachste Burgunder-Appellation, auch für Gamay-Weine. Nicht sehr verbreitet. Weißweine dürfen aus Aligoté, Pinot blanc und Melon de Bourgogne bestehen.
Bourgogne Passetoutgrain Bg; r (rs) ★ – 1 bis 2 Jahre lagern. Einfacher Burgunder; Mischung aus mindestens 33 % Pinot noir, der Rest Gamay. Oft erfreulich. Nicht so verführerisch wie Beaujolais.

Bourgueil Lo; r (rs) ☆☆→☆☆☆(☆) **76' 89' 90' 95' 96 97 98 99 01 02** – Meist recht muskulöser, fruchtiger roter Touraine (v.a. Cabernet franc). In Spitzenjahren tief und langlebig, reift in Spitzenjahren wie ein Bordeaux. St-Nicolas de Bourgueil ist oft leichter. Erzeuger: u.a. Amirault, Audebert, Billet, Jacky Blot, Breton, Caslot, Cognard, Delaunay, Druet, Gambier, Lamé-Delisle-Boucard, Mailloches.
Bouvet-Ladubay Lo ☆→☆☆☆ Großproduzent von Saumur-Schaumwein, in der Hand von Taittinger. Weine: Jahrgangs-Brut Saphir, Rubis und Rosé Excellence, die in Eiche vergorene Luxussorte Trésor (w rs) und Instinct. Auch eine Reihe von Stillweinen (Les Nonpareils) und guter süßer Grand Vin de Dessert. Cuvées: Brut Zero, Trésor Rouge.
Bouzeron Bg; w ☆ Weinort und AC an der Côte Chalonnaise, nur für Aligoté. Altern 1 bis 2 Jahre. Spitzenerzeuger: de Villaine; gut auch von Bouchard Père et Fils.
Bouzy Rouge Champ; r ☆☆☆ **89 90 95 96 97** 98 **99** – Roter Stillwein aus dem für Pinot noir berühmten Champagne-Ort; ähnlich einem sehr leichten Burgunder, kann in Jahrgängen mit viel Sonne langlebig sein.
Brocard, J.-M. Bg ☆☆ Chablis-Erzeuger, den man sich wegen seiner frischen, typischen Weine merken sollte, die fein und günstig sind: u.a. Montmains, Montée de Tonnerre. Erweitert sich auf neue Gebiete.
Brouilly Beauj; r ★★ **99 00 01 02** 03 – Der größte der 10 Beaujolais-Crus: fruchtiger, runder, erfrischender Wein. 3 bis 4 Jahre haltbar. Größtes Gut: Ch. de la Chaize. Spitzenerzeuger: Michaud, Dom. de Combillaty, Dom. de Grandes Vignes.
Brumont, Alain SWF ☆☆☆ Bekanntester, aber teurer Erzeuger in Madiran. Einer der ersten, der sich mit Eichenholzausbau und reinsortigen Tannat-Weinen befasste. Hat die Genossenschaft in Castelnau-Rivière-Basse wieder belebt. Spitzenweine: Ch. Montus, Dom. Bouscassé und der günstige Madiran Tonus.
Brut Bezeichnung für trockenen klassischen Schaumwein.
Brut Ultra/Zéro Bezeichnung für knochentrockene Weine in der Champagne.

Spitzenerzeuger in Cahors
☆☆☆ Clos de Gamot (und Clos St Jean), Ch. du Cèdre, Ch. Lamartine. ☆☆ Clos la Coutale, Reysséguier, die Chateaux du Cayrou, La Coustarelle, La Caminade, Garinet, Gaudou, Les Hauts d'Aglan, La Reyne, Les Ifs, Les Jacquets, Latuc, De Lauze, Les Rigalets und die Domaines de la Bérangeraie, de Cause, Paillas, Pineraie, Savarines, Eugénie. Ch. Lagrézette ist im Besitz des Geschäftsführers von Cartier und entsprechend teuer.

Buisse, Paul ☆→☆☆ Handelshaus in Montrichard für Qualitätsweine von der Loire, v.a. Touraine-Weine.
Bugey Sav; r rs w; sch ☆→★★ BV – VDQS-Bereich für leichte Schaum-, Perl- und Stillweine von Roussette (bzw. Altesse) und Chardonnay. Spitzenerzeuger: Montagnieu; auch Rosé de Cerdon, vorwiegend Gamay.
Burguet, Alain Bg ☆☆→☆☆☆ Überragender Gevrey-Chambertin, v.a. der Villages-Wein Vieilles Vignes.
Buxy Bg; w Ort in der AC Montagny mit guter Genossenschaft für Chardonnay und Pinot noir.
Buzet SWF; r (rs) (w) ★★ **99 00 01** 02 – Region unmittelbar südöstlich von Bordeaux; ähnliche Weine wie dort, manchmal mit etwas Pflaumen-

aroma. Eine dynamische Genossenschaft produziert die größte Menge, daneben einige Einzelbetriebe (z. B. Ch. de Gueyze, Ch. de Mazelières). Weine mit typisch regionalem Charakter von den unabhängigen Dom. de Pech, Ch. du Frandat, Ch. Sauvagnères und Ch. Tournelles.

Cabardès Midi; r (rs) (w) ★→★★ **95 96 97 98' 99** 00' 01 02 03 – Neue AC nordwestlich von Carcassonne. Midi- und Bordeaux-Trauben zeitigen z. B. bei Ch. Pennautier, Ch. Ventenac und Dom. de Cabrol sowie bei der Genossenschaftskellerei Conques sur Orbiel gute Ergebnisse.

Cabernet Siehe Trauben für Rotwein (Seite 13).

Cabernet d'Anjou Lo; rs; lbl ☆ BV – Delikater, lieblicher, fruchtiger Rosé. Herkömmlicherweise ein süßer, haltbarer Wein; einige bewundernswerte Exemplare überleben lange, v. a. von Bablut.

Cabrières Midi; (r) rs ★★ BV – Ort in den Coteaux du Languedoc.

Cahors SWF; r ☆→☆☆☆ **88 89 90' 95 98** 00' (01') (02) – In Wiederauferstehung begriffene Region; Weine vorwiegend von Auxerrois (Malbec). Die Palette reicht von konzentriertem, tanninreichem Wein bis zu ungewöhnlich früh genussreifen Sorten.

Cairanne S-Rh; r rs w ★★ **90' 95' 96' 97 98' 99' 00'** 01' 03 – Einer der besten Côtes-du-Rhône-Villages-Weine, solide und robust, v. a. von den Domaines Aéria, Alary, Ameillaud, Brusset, l'Oratoire St-Martin, Rabasse-Charavin und Richaud. Einige Weißweine im Aufwind.

Canard-Duchêne Champagnerhaus, jetzt im Besitz von Alain Thiénot. Kräftiger Pinot-noir-Geschmack; vernünftige Preise. Qualität in letzter Zeit besser. Die sehr gute Prestige-Cuvée Charles VII. wird in den Stilen Brut und Rosé bereitet.

Canon-Fronsac Bx; r ★★→★★★ **85' 86 88 89' 90' 94 95 96 98** 00' 01 – Volle, tanninreiche, zunehmend bessere Rote aus einem kleinen Bereich westlich von Pomerol; brauchen heute weniger Reifezeit als früher. Châteaux: Barrabaque, Canon-de-Brem, Cassagne Haut-Canon, La Fleur Caillou, Gaby, Grand-Renouil, Lamarche Canon Candelaire, Mazeris, Moulin-Pey-Labrie, Pavillon, Vraye-Canon-Boyer. Siehe auch Fronsac.

Cantenac Bx; r ☆☆☆ Ort im Haut-Médoc, hat Anspruch auf die Appellation Margaux. Spitzen-Châteaux: u. a. Brane-Cantenac, Palmer.

Cap Corse Korsika; w br ★★→★★★ Das Nordkap der Insel. Hier wächst herrlicher Muscat (Clos Nicrosi in Rogliano) und ein seltener, milder und trockener Vermentino-Weißwein. Lohnt einen Umweg.

Caramany Pyr; r (w) ★ **95 96 97 98' 99 00'** 01 02 03 – Gehobene Appellation für Côtes du Roussillon-Villages aus einem einzigen Ort.

Carillon, Louis Bg ★★★ Führendes Gut von Puligny-Montrachet, jetzt Spitzenklasse; v. a. Premier cru Referts, Perrières und eine kleine Menge Grand cru Bienvenues-Bâtard.

Cassis Prov; (r) (rs) w ☆☆ BV – Küstenort östlich von Marseille, bekannt für trockenen Weißwein mit eigenem Charakter, der zur Bouillabaisse getrunken wird (z. B. Dom. de la Ferme Blanche, Clos Ste-Magdelaine, Clos d'Albizzi). Nicht zu verwechseln mit dem in Dijon hergestellten Cassis, einem Likör aus Schwarzen Johannisbeeren.

Cave Kellerei; auch jede beliebige Weinfirma.

Cave coopérative Genossenschaftskellerei. Auf Betriebe dieser Art entfallen über 50 % der französischen Weinerzeugung. Fast alle Genossenschaften sind gut geführt und ausgestattet, die Weine sehr preiswert.

Cèdre, Château du SWF; r ☆☆☆ **96 98'** 00' (01') (02) – Ausgezeichnetes modisches Cahors-Weingut; außerdem leckerer weißer Vin de pays (Viognier).

Cellier des Samsons ☆ Genossenschaft mit 2000 Mitgliedern im Beaujolais/Mâconnais. Sitz in Quincié. Verbreitet im Handel. Jetzt im Besitz von Boisset.
Cépage Rebsorte, z. B. Chardonnay, Merlot.
Cérons Bx; w; tr s ★★ **83′ 85′ 86′ 88′ 89′ 90 95 96 97 98 99** 01 02 (03) – Nachbar von Sauternes mit einigen guten Süßweinerzeugern, z. B. Ch. de Cérons et de Calvimont, Ch. Chantegrive und Ch. Grand Enclos. Ch. Archambeau erzeugt sehr guten trockenen Graves.

Chablis

Nirgendwo ergibt die Chardonnay-Traube auf ihrem Siegeszug durch die Weingärten der Welt so volle und saubere, gleichzeitig aber auch so nervige und steinige Weine wie auf den schweren Kalksteinböden des Chablis. Das Chablis-Gebiet unterteilt sich in drei Qualitätsstufen (mit Petit Chablis vier), die eine bemerkenswerte Beständigkeit aufweisen. Die besten Erzeuger lassen sich nur vereinzelt auf die Verwendung neuer Eichenfässer ein, um den unverwechselbaren Ausdruck von Traube und Terroir nicht zu verschleiern. Zu diesen Spitzenproduzenten gehören: Barat, Bessin, Billaud-Simon, Bouchard Père et Fils, Boudin*, J.-M. Brocard, J. Collet*, D. Dampt, R. & V. Dauvissat*, J. Dauvissat*, B., D., E. und J. Defaix, Droin, Drouhin*, Duplessis, Durup, Fèvre*, Geoffroy, J.-P. Grossot*, Laroche, Long-Depaquit, Dom. des Malandes, L. Michel*, Picq*, Pupillon, Raveneau*, G. Robin*, Servin, Tribut, Vocoret. Einfacher Chablis ist manchmal dünn. Die besten Chablis-Lagen sind die Premiers crus und die Grands crus (siehe dort). Die Genossenschaft La Chablisienne hat einen hohen Qualitätsstand (v. a. Grenouille*) unter verschiedenen Etiketten; von ihr stammt jede dritte Flasche. (* = überragend)*

Chablis Bg; w ★★→★★★ **95 96′ 97 99 00′** 02′ 03 – Vollaromatischer, trockener, mineralischer Wein von eigener Art, im nördlichen Burgund rein von Chardonnay gekeltert. Anbaufläche insgesamt 4000 ha für alle Qualitätsstufen.
Chablis Grand cru Bg; w ★★★→★★★★ **83 88 89 90′ 92 93 95′** 96′ **97** 98 99 00′ 02′ 03 – Ausgereift den größten weißen Burgundern ebenbürtig. In der Jugend oftmals etwas stumpf, am besten im Alter, wo sich ein mineralischer Ton mit einem leichten Hauch von Sauternes verbindet. 7 Einzellagen: Blanchots, Bougros, Clos, Grenouilles, Preuses, Valmur, Vaudésir. Siehe auch Moutonne.
Chablis Premier cru Bg; w ★★★ **90′ 92 95′ 96′ 97** 98 99 00′ 02′ 03 – Formell zweite Klasse, oft aber ausgezeichnet und typischer für Chablis als die Grands crus. Übertrifft oft den teureren Meursault und andere Côte-de-Beaune-Gewächse. Beste Lagen: Côte de Léchet, Fourchaume, Mont de Milieu, Montée de Tonnerre, Montmains, Vaillons. Erzeuger siehe Kasten oben.
Chai Gebäude, in dem der Wein zum Reifen gelagert wird, insbesondere in Bordeaux.
Chaize, Château de la Beauj; r ☆☆☆ Bekanntestes Gut von Brouilly.
Chambertin Bg; r ☆☆☆☆ **78′ 85′ 88 89 90′ 91 93** 95 96′ 98 99′ 00 01 02′ 03 – 13 ha Grand-cru-Lage, bringt mit die gehaltvollsten, dauerhaftesten und besten roten Burgunder. 20 Erzeuger, u. a. Bouchard, Charlopin, Damoy, Drouhin, Leroy, Mortet, Ponsot, Rebourseau, Rossignol-Trapet, Rousseau, Trapet.

Chambertin-Clos de Bèze Bg; r ☆☆☆☆ **78′ 85 88 89 90′ 91 93** 95 96′ 98 99′ 00 01 02′ 03 – 15 ha Nachbarlage von Chambertin, ähnlich vorzüglicher Wein; darf als Chambertin bezeichnet werden. 15 Erzeuger: u.a. Clair, Damoy, Drouhin, Drouhin-Laroze, Faiveley, Groffier, Jadot, Rousseau.

Chambolle-Musigny Bg; r ★★★→★★★★ **88 89 90′ 91 93 95 96′ 97** 98 99′ 00 01 02 – Ort an der Côte de Nuits mit 168 ha Anbaufläche. Fabelhaft duftige, niemals schwere Weine. Beste Lagen: Les Amoureuses, Teil von Bonnes-Mares, Les Charmes, Musigny. Beachtenswerte Erzeuger: Barthod, Drouhin, Faiveley, Groffier, Hudelot-Noëllat, Jadot, Mugneret, Mugnier, Rion, Roumier, Serveau, de Vogüé.

Champagnererzeuger für 2005

Alain Robert Großartiger Anbauer und Erzeuger in Le Mesnil mit herrlichen älteren Cuvées: Mesnil Tête de Cuvée (**82′ 85**).

Richard Cheurlin Einer der besten Winzer und Kellermeister der Aube. Voller, aber ausgewogener Carte d'Or, und Jahrgangs-Champagner Cuvée Jeanne.

Egly-Ouriet Erstklassiger Winzer und Kellermeister in Ambonnay mit herrlich ausdrucksstarken Pinot-noir-Weinen, v.a. Blanc de Noirs Vieilles Vignes

Claude Cazals Das erstklassige Gut in Oger/Le Mesnil wird inzwischen von Tochter Delphine geführt. Das Ass ist der Clos de Cazals (**95′** 96).

Franck Bonville Einer der großen, aber zu wenig bekannten Erzeuger der Côte des Blancs. Wunderschöner Blancs de Blancs aus Grand-cru-Lagen, z.T. eichenfassvergoren (**98**), aber eine etwas vorsichtigere Dosierung wäre willkommen.

José Michel Der Doyen der Côte d'Epernay bereitet einen gleichermaßen frischen wie reifen Carte Blanche oJ. Auch exzellenter Blanc de Blancs (**98 99**) und Jahrgangs-Champagner (**96′ 98** 99).

Pierre Gimonnet Führender Erzeuger an der Côte des Blancs in Cuis. Die großartige knochentrockene Cuvée Oenophile (**95′ 96**) passt ideal zu Austern.

Henri Mandois Pierry. Klasseweine im eher leichten Stil von Pinot Meunier und Chardonnay.

Larmandier-Bernier Winzer mit eigener Kellerei in Vertus; Spitzen-Blanc-de-Blancs, v.a. Cramant Grand Cru.

Edmond Barnaut Bouzy. Die komplexen, feinen Champagner, v.a. von Pinot noir, gipfeln in der erstklassigen Sélection Ultra Brut.

Pierre Cheval-Gatinois Aÿ. 1-A-Erzeuger von Einzellagen-Champagner und ausgezeichnetem stillen Aÿ Coteaux Champenois (**97′**).

Serge Mathieu Avirey-Lingey. Hervorragendes Öko-Gut in Aube. Sehr preiswerter Blanc de Noirs.

Champagner Schaumwein von Pinot noir, Pinot Meunier und/oder Chardonnay aus der 28000 ha großen Champagne, 140 km östlich von Paris, hergestellt nach der Méthode traditionelle. Schaumwein anderer Herkunft – so gut er auch sein mag – darf sich nicht Champagner nennen.

Champy Père et Cie. Bg ☆☆→☆☆☆ In das älteste Weinhandelshaus in Beaune kam durch die Familie Meurgey (auch Eigner der Maklerfirma DIVA) frischer Wind. Sehr gutes Sortiment an ausgewählten Weinen.

Chandon de Briailles, Domaine Bg ★★★ Kleines Weingut in Savigny (Burgund) mit vorzüglichem Corton (und Corton Blanc) und sehr gutem Pernand-Vergelesses, v. a. Premier cru Les Vergelesses.

Chanson Père et Fils Bg ☆→☆☆☆ Alter Weinbau- und Handelsbetrieb in Beaune mit 45 ha Rebfläche, jetzt im Besitz von Bollinger. Lagen v. a. Beaune Clos des Fèves, Savigny, Pernand-Vergelesses und Corton. Jetzt bessere Qualität zu erwarten.

Chapelle-Chambertin Bg; r ☆☆☆ **85 88 89' 90' 91 93 95** 96' **97** 98 99' 00 01 02' 03 – 5 ha Anbaufläche, Chambertin benachbart; der Wein nicht so gehaltvoll, eher »nervig«. Spitzenerzeuger: Damoy, Jadot, Rossignol-Trapet, Trapet.

Chapoutier Rh ☆☆→☆☆☆☆ Alteingesessenes Erzeuger- und Weinhandelshaus mit körperreichen Rhône-Weinen, die nach biologisch-dynamischen Methoden erzeugt werden. Am besten die Spezial-Cuvées Châteauneuf Barbe Rac (ein reinsortiger Grenache), die roten Hermitage-Weine L'Ermite und Le Pavillon, der weiße Hermitage, L'Ermite und Cuvée d'Orée sowie der rote Crozes Les Varonniers und ein sauberer Crozes Meysonniers. Die neuen Besitzungen in Banyuls, Collioure, Coteaux du Tricastin und Coteaux d'Aix-en-Provence sind vielversprechend.

Château

Bezeichnung für Weingut, unabhängig von Größe oder Qualität, vor allem in Bordeaux gebräuchlich (siehe Seiten 112–143). In anderen Teilen Frankreichs wird Château im wörtlicheren Sinn als Schloss oder großes Haus verstanden. In Burgund herrscht der Ausdruck »Domaine« vor.

Chardonnay Siehe Trauben für Weißwein (Seite 16). Auch Name eines Mâcon-Villages-Weinorts; daher Mâcon-Chardonnay.

Charlopin, Philippe Bg ☆☆☆ Modern geführtes Gut in Gevrey-Chambertin.

Charmes-Chambertin Bg; r ☆☆☆ **85' 88 89' 90' 91 93 95** 96' **97** 98 99' 00 01 02' 03 – Nachbarlage von Chambertin, umfasst die AC Mazoyères-Chambertin; geschmeidigerer, runderer Wein. Erzeuger: u. a. Bachelet, Drouhin, Dugat, Dujac, Leroy, Perrot-Minot, Roty, Roumier, Rousseau, Vougeraie.

Chassagne-Montrachet Bg; r w ☆☆☆→☆☆☆☆ r (★★★) **90' 93 95 96' 97 98** 99' 01 02' 03; w **89' 90 92 95** 96 **97 98** 99 00' 01 02' 03 – Ort an der Côte de Beaune, 300 ha, mit exzellenten reichhaltigen trockenen Weißen und feinsten, kräftigen Roten. Die Weißweine erreichen nur selten die Finesse des Nachbarn Puligny, sind aber oft preiswerter. Beste Lagen: Teil von Montrachet, Bâtard-Montrachet, Criots-Bâtard-Montrachet, Ruchottes, Cailleret, Boudriottes (r) (w), Morgeot (r) (w), Clos St-Jean (r). Erzeuger: u. a. Amiot, Blain-Gagnard, Colin-Deléger, Drouhin, Fontaine-Gagnard, J.-N. Gagnard, Gagnard-Delagrange, Jouard, Lamy-Pillot, Ch. de la Maltroye, Morey, Morey-Coffinet, Niellon, Pillot, Ramonet.

Château-Chalon Jura; w ☆☆☆ Kein Weingut, sondern eine Appellation und eine Ortschaft mit einzigartigem trockenem, gelbem, Sherry-ähnlichem Wein von der Savagnin-Traube. Entwickelt Flor bei der mindestens 6 Jahre dauernden Reifung im Fass. Nach der Abfüllung (in 62 cl fassende »Clavelin«-Flaschen) genussreif, hält sich aber ewig. Eine Kuriosität.

Château-Grillet N-Rh; w ☆☆ **91' 93' 95' 98'** 00 – 3,5 ha terrassierte Viognier-Rebfläche, eine der kleinsten Einzelappellationen Frankreichs.

Überteuert, aber neuerdings Anzeichen einer Besserung. Ausbau stets im großen Holzfass. Weniger ausgeprägtes blumiges Aroma als Condrieu; nach etwa 6 Jahren trinken. Vorher dekantieren.

Châteaumeillant Lo; r rs ☆→☆☆ BV – Kleines VDQS-Gebiet bei Sancerre. Gamay und Pinot noir für leichte Rotweine und Rosé. Spitzenerzeuger: Lanoix, Cave des Vins de Châteaumeillant.

Châteauneuf-du-Pape S-Rh; r (w) ☆☆☆ **78′ 80 81′ 83 85 86 88 89′ 90′ 94** 95′ **96** 98′ 99′ 00′ 01 03 – 3310 ha bei Avignon mit einem harten Kern von rund 30 Weingütern, die sehr feine Weine erzeugen (und weiteren 90 mit gemischter Qualität). Mischungen von bis zu 13 Rebsorten, überwiegend Grenache, Syrah und Mourvèdre. Die besten Gutsweine sind dunkel, kraftvoll und ausnehmend langlebig. Die Weißweine sind fruchtig und schwungvoll oder ziemlich schwer, viele werden heute für baldigen Verbrauch bereitet. Spitzenerzeuger: u. a. Chx. de Beaucastel, Fortia, Gardine, Mont-Redon, La Nerthe, Doms. de Beaurenard, Bosquet des Papes, les Cailloux, Font-de-Michelle, Pegaü, Vieux Télégraphe, Vieille Julienne, Villeneuve, Henri Bonneau, Clos du Mont-Olivet, Clos des Papes, Clos St-Jean, Jean Versino, Vieux Donjon usw.

Châtillon-en-Diois Rh; r rs w ☆ BV – Kleine Appellation östlich der Rhône. Guter Rotwein, vorwiegend von Gamay; weiße Trauben (auch Aligoté) werden meist zu Clairette de Die verarbeitet.

Chaume Der erste Premier cru der Coteaux du Layon. 80 ha auf Südhängen am Südufer der Loire. Wurde 2003 eingeführt und gilt ab dem Jahrgang 2002. Die Liquoreux-Weine werden sortenrein von Chenin blanc erzeugt.

Chave, Gérard Rh ☆☆☆ Mit seinem Sohn Jean-Louis der Superstar unter den Erzeugern von Hermitage. 9 verschiedene Hanglagen mit 10 ha für Rotwein, 5 ha für Weißwein. Vollmundige, sehr langlebige Weine (u. a. guter roter St-Joseph), ferner Vin de paille. Sehr fruchtige neue Marke St-Joseph.

Chavignol Sehenswertes Dorf in Sancerre mit dem berühmten Weinberg Les Monts Damnés. Der kalkhaltige Boden bringt lebendige Weine für mindestens 4 bis 5 Jahre Reifezeit hervor; v. a. von Bourgeois und Cotat. Auch ein bekannter Ziegenkäse, Crottin de Chavignol, stammt von hier.

Chénas Beauj; r ★★★ **99 00 01 02** 03 – Der kleinste, aber einer der gewichtigsten Beaujolais-Crus; Nachbar von Moulin-à-Vent und Juliénas. Beachtenswerte Erzeuger: u. a. Benon, Champagnon, Charvet, Ch. Chèvres, Dubœuf, Lapierre, Robin, Trichard und die Genossenschaft.

Chenin blanc Siehe Trauben für Weißwein (Seite 16).

Chenonceau, Château de Lo ☆→☆☆ BV – Architektonisches Juwel an der Loire; produziert guten bis sehr guten AC Touraine Sauvignon blanc, Cabernet Sauvignon und Chenin blanc, Stillwein und Schaumwein. Siehe Jahrgänge im Eintrag Cheverny.

Chéreau-Carré ☆→☆☆ **95 96 97 98 99 00 01 02** 03 – Erzeuger von einigen der besten Muscadet-Gutsweinen, v. a. Ch. du Chasseloir, Ch. du Coing, Comte Leloup de Chasseloir. Im Auge behalten.

Chevalier-Montrachet Bg; w ☆☆☆☆ **89′ 90 92 95 96′ 97 98** 99′ 00′ 01 02′ 03 – 7 ha. Nachbar von Montrachet, ähnlich üppiger Wein, vielleicht nicht so kraftvoll. Dazu gehört 1 ha Les Demoiselles. Erzeuger: u. a. Latour, Jadot, Bouchard Père, Colin-Deléger, Leflaive, Niellon, Prieur.

Cheverny Lo; r rs w ★→★★ **95 96 97 98 99 00 01 02** – AC an der Loire bei Chambord. Trockene, frische Weißweine von Sauvignon blanc und Chardonnay; auch Gamay, Pinot-noir- oder Cabernet-Sauvignon-Rotweine; meist leicht und geschmackvoll. Cour Cheverny von der Lokaltraube Romorantin. Für Schaumweine AC Crémant de Loire und AC Touraine. Besonders von Cazin, Clos Tue-Bœuf, Huards, Oisly et Thésée, Dom. de la Desoucherie, Dom. du Moulin (Hervé Villemade).

Chevillon, R. ★★★ 13-ha-Besitz in Nuits-St-Georges; weiche, saftige Weine.

Chidaine, François Lo; w; tr s; sch ☆☆ Der ambitionierte junge Winzer in Montlouis hat vor kurzem erst die Weinberge von Clos Baudoin (ehemals Prinz Poniatowski) in Vouvray übernommen. Auf beiden Gütern wird nach biologisch-dynamischen Grundsätzen gewirtschaftet.

Chignin Sav; w ★ BV – Leichter, weicher Weißwein aus Jacquère-Trauben. Für Sommertage in den Alpen. Am besten und lebendigsten Chignin-Bergeron (mit Roussanne-Trauben).

Chinon Lo; r (rs) (w) ☆☆→★★★ **89' 90' 93' 95' 96 97 98 99 00 01 02 03** – Saftiger, unterschiedlich gehaltvoller Cabernet-franc-Rotwein aus der Touraine. Kühl und jung trinken, besonders gute Jahrgänge jedoch wie Bordeaux behandeln. Kleine Menge frischer, trockener Weißweine von Chenin-blanc-Trauben. Spitzenerzeuger: Alliet, Bernard Baudry, Ch. de Coulaine, Couly-Dutheil (Clos de l'Echo), Crespin, Druet, Ch. de la Grille, Joguet, Lambert, Loup, Raffault.

Chiroubles Beauj; r ★★★ **00 01** 02 03 – Guter, sehr kleiner Beaujolais-Cru, neben Fleurie; frischer, fruchtiger, seidiger Wein für baldigen Verbrauch (1 bis 3 Jahre). Erzeuger: u. a. Bouillard, Cheysson, Raousset, Passot, Dubœuf, Fourneau und die Genossenschaft.

Chorey-lès-Beaune Bg; r (w) ★★ **95** 96' **97 98** 99' 01 02 – Kleinere Appellation auf ebenem Land nördlich von Beaune, bemerkenswert durch drei gute Erzeuger: Arnoux, Germain (Ch. de la Chorey) und v. a. Tollot-Beaut.

Chusclan S-Rh; r rs w ★→★★ **98' 99' 00' 01** 03 – Eine der Côtes du Rhône-Villages mit einer tüchtigen Genossenschaft. Weiche Rotweine. Marken u.a.: Cuvée de Marcoule, Les Genets, Seigneurie de Gicon. Ferner Ch. Signac und spezielle Cuvées von André Roux. Jung zu trinken.

Cissac Dorf im Haut-Médoc, westlich von Pauillac.

Clair, Bruno Bg ☆☆→☆☆☆ Führendes Gut in Marsannay; sehr gute Weine aus Fixin, Morey-St-Denis, Savigny, Gevrey-Chambertin (v. a. Clos de Bèze).

Clairet Sehr heller Rotwein, fast Rosé. Bordeaux Clairet ist eine AC.

Clairette Traditionelle weiße Traube im Midi. Der säurearme Wein diente als Wermut-Basis. Der neue Clairette von Terrasses de Landoc ist vollmundig und schwungvoll.

Clairette de Bellegarde Midi; w ☆ BV – Kleine AC bei Nîmes. Frischer, neutraler Weißwein.

Clairette de Die Rh; w; tr lbl; sch ★★ oJ Traditioneller und populärer trockener oder (besser) lieblicher, ziemlich stark nach Muscat schmeckender Schaumwein aus dem Voralpenland der östlichen Rhône. Auch einfacher trockener Clairette-Weißwein, 3 bis 4 Jahre haltbar und durchaus probierenswert. Erzeuger: Achard-Vincent, die Genossenschaft.

Clairette du Languedoc Midi; w ☆ BV – Voller weißer AC-Wein, der mit Spätlese und Fassausbau interessanter wird; Ch. La Condamine Bertrand, Ch. St-André und Cave d'Adissan machen einen guten Eindruck.

Clape, La Midi; r rs w ★★→★★★ Cru in der AC Coteaux du Languedoc. Beachtenswerter Name. Körperreiche Weine aus den Kalksteinhügeln zwischen Narbonne und dem Meer. Der Rote gewinnt über 2 bis 3 Jahre an Charakter, der Weiße kann sogar noch länger brauchen. Spitzenerzeuger: Ch. Rouquette-sur-Mer, Ch. Mire l'Etang, Ch. Pech-Céléyran, Ch. Pech-Redon, Ch. de l'Hospitalet.

Climat Burgundischer Ausdruck für Einzellage, z. B. Beaune Grèves.

Clos Ein prestigeträchtiger Ausdruck, einzelnen, meist umfriedeten Weinbergen vorbehalten, die sich oft in einer einzigen Hand befinden. In Burgund und im Elsass häufig anzutreffen. Der Spitzen-Grand-cru von Chablis heißt Les Clos.

Clos de Bèze Siehe Chambertin-Clos de Bèze.

Clos de Gamot SWF ★★★ **82 83' 85 89 90' 95 96 98** 00 (01) (02) Berühmtes Gut in Cahors. Überaus traditionelle, langlebige Weine, die ihresgleichen suchen. Die Spitzen-Cuvée Clos St-Jean ist überragend.

Clos de la Roche Bg; r ★★★ **78' 85' 88 89' 90' 91 93'** 95 96' **97** 98 99' 00 01 02' 03 – 15 ha Grand cru in Morey-St-Denis. Kraftvoller, komplexer Wein, ähnlich Chambertin. Erzeuger: u. a. Amiot, Bouchard Père et Fils, Dujac, Leroy, H. Lignier, Ponsot, Rousseau.

Clos des Lambrays Bg; r ☆☆☆ **90' 93 95 97** 99' 00 02' 03 Grand cru mit 6 ha in Morey-St-Denis. Das lange schlummernde große Potenzial wird jetzt endlich umgesetzt.

Clos des Mouches Bg; r w ★★★ Premier cru in Beaune; sehr gute Lage; größtenteils im Besitz von Drouhin; würzige, denkwürdige und beständig gute Weiß- und Rotweine.

Clos des Papes S-Rh; r w ☆☆☆ Guter Châteauneuf-du-Pape-Erzeuger mit 32 ha in 18 Parzellen. Meist langlebige, stilvolle Rot- (v. a. Grenache und Mourvèdre) und Weißweine; Letztere halten 5 bis 12 Jahre.

Clos de Tart Bg; r ☆☆☆ **85' 88' 89' 90' 93** 95 96' **97** 98 99' 00 01 02 – 7 ha Grand cru mit 7 ha in Morey-St-Denis; Besitz von Mommessin. Ein wunderbar bukettreicher Wein – in der Jugend wie im Alter.

Clos de Vougeot Bg; r ☆☆☆ **78' 85' 88 89' 90' 91 93'** 95 96' **97** 98 99' 00 01 02' 03 – 50 ha Grand cru von der Côte de Nuits, unter viele Besitzer aufgeteilt. Unterschiedlich, manchmal von höchster Feinheit. Die Qualität hängt von den Ideen und Techniken des Erzeugers sowie der Lage am Hang ab. Spitzenerzeuger: Chantal Lescure, Drouhin, Engel, Faiveley, Grivot, Hudelot-Noëllat, Gros, Jadot, Leroy, Méo-Camuzet, Mugneret, Ch. de la Tour, Vougeraie.

Clos du Roi Bg; r ☆☆☆ Teil des Grand cru Corton; auch ein Premier cru in Beaune.

Clos Rougeard Lo; r; (s) ☆☆☆ **85 86 87 88 89 90 93 94** 95 96 **97 98 99** 00 01 02 **03** – Umstrittener Saumur-Champigny, der zum Kultwein werden dürfte. Intensive Weine, die in neuen (oder fast neuen) Bordeaux-Fässern reifen. Auch kleinste Mengen an köstlichem süßem Coteaux de Saumur.

Clos St-Denis Bg; r ★★★ **78 85' 88 89' 90' 91 93'** 95 96' **97** 98 99' 00 01 02' 03 – 6,5 ha Grand cru in Morey-St-Denis. Hervorragender, fester Wein, im Alter seidig. Erzeuger: u. a. Bertagna, Dujac, Ponsot.

Clos Ste-Hune El; w ☆☆☆☆ Sehr feiner, karger Riesling von Trimbach, vielleicht der beste Elsässer. Braucht mindestens 5 Jahre Reifezeit und kommt aus der Grand-cru-Lage Rosacker, hat die Grand-cru-Bezeichnung aber nicht nötig.

Clos St-Jacques Bg; r ☆☆☆ **78' 85' 88 89' 90' 91** 95 96' **97** 98 99' 00 01 02' 03 – 7 ha Premier cru in Gevrey-Chambertin. Ausgezeichneter, wuchtiger, samtiger Wein, lange haltbar, oft besser (und teurer) als mancher Chambertin-Grand-cru. Haupterzeuger: Clair, Esmonin, Fourrier, Jadot, Rousseau.

Clos St-Jean Bg; r (w) ★★ **89' 90' 91 95** 96' **97** 98 99' 01 02' 03 – 14,5 ha Premier cru in Chassagne-Montrachet. Sehr guter Rotwein, eher fest als subtil, z. B. von Ch. de la Maltroye oder der Domaine Ramonet.

Coche-Dury Bg ☆☆☆☆ 8,5-ha-Domaine in Meursault mit 0,5 ha Anteil an Corton-Charlemagne, überragende Reputation für eichenholzduftige Weine. Auch sehr guter Aligoté und Rotweine.

Cognac Stadt und Region an der Charente (Westfrankreich) und der dortige Weinbrand.

Colin-Deléger Bg ☆☆☆ Führendes Chassagne-Montrachet-Gut. Überragender, aber seltener Puligny-Montrachet Les Caillerets.

Collines Rhodaniennes N-Rh; r rs w ★ Populärer, lebhafter Vin de pays von der Rhône; auch Côte Rôtie von jungen Reben. Vorwiegend Rotweine: Merlot, Syrah, Gamay. Ferner etwas Viognier und Chardonnay.

Collioure Pyr; r ★★ **95 96 97 98' 99 00** 01 02 03 – Starker trockener Rancio-Rotwein aus der Gegend von Banyuls. Sehr kleine Produktion. Spitzenerzeuger: u. a. Le Clos de Paulilles, Dom. du Mas Blanc, Dom. de la Rectorie, La Tour Vieille, Vial-Magnères.

Comté Tolosan SWF; r rs w ☆ BV – Vin de pays, der den gesamten Südwesten umfasst. Viele Schwachpunkte. Vorwiegend Genossenschaftsweine. Vorreiter für eine Auswahl an reinsortigen Weinen: Dom. de Ribonnet ☆☆ (Christian Gerber, südlich von Toulouse), einige sind lange haltbar.

Condrieu N-Rh; w ☆☆☆ **99 00' 01' 02** (03) Milder, duftiger Weißer mit großem Charakter (und Preis) aus der Viognier-Traube. Kann hervorragend sein, aber aufgrund kräftiger Ausweitung der Rebfläche (jetzt 100 ha, 90 Winzer) ist die Qualität uneinheitlicher geworden. Verstärkter Einsatz junger Eiche ist fragwürdig. Führende Erzeuger: Y. Cuilleron, Delas, Dumazet, Gangloff, Guigal, Jaboulet Aîné, André Perret, Niéro, C. Pichon, Vernay (v. a. der haltbare Coteau de Vernon), Verzier. Ebenfalls fragwürdig ist die Tendenz einiger Erzeuger zu Vendange tardive.

Confuron, Jean-Jacques Bg; r ☆☆☆ Winziges Gut in Nuits-St-Georges mit modernen, sehr fruchtigen Weinen. Dranbleiben.

Corbières Midi; r (rs) (w) ★★→★★★ **95 96 97 98' 99 00'** 01 02 03 – Kräftiger, preiswerter Rotwein. Spitzenerzeuger: u. a. Ch. Aiguilloux, Ch. la Baronne, Dom. de Fontsainte, Ch. Lastours, Ch. des Ollieux, Dom. de Villemajou, Dom. du Vieux Parc, St-Laurent-Cabrerisse, Ch. Les Palais, Ch. de la Voulte Gasparet sowie die Genossenschaften von Embrès et Castelmaure, Camplong und Tuchan.

Cordier, Ets. D. Bedeutende und leistungsstarke Weinhandelsfirma in Bordeaux, Besitzerin einiger Châteaux, jetzt in den Besitz der Groupe Val d'Orbieu-Listel übergegangen. Über 240 ha Rebfläche. Mit dabei: Cantemerle, Lafaurie-Peyraguey, Meyney u. a.

Cornas N-Rh; r ★★→★★★ **83' 85' 86 88' 89' 90' 91' 93 94'** 95' 96 **97'** 98' 99' 00' 01' 02 03 – Robuster, sehr dunkler, mineralisch schroffer Syrah von 87 ha Granitsteilhängen südlich von Hermitage am Westufer der Rhône. Braucht 5 bis 15 Jahre Reifezeit, behält aber immer seinen rustikalen Charakter. Spitzenerzeuger: u. a. Allemand, Clape, J.-L. Colombo (aber hüten Sie sich vor den Versionen mit neuer Eiche), Courbis, Delas, Dumien-Serrette, Jaboulet (exzellente Cuvée St-Pierre), Juge, Lionnet, Tardieu-Laurent (modern und teuer), Noël Verset, Voge.

Corrèze Dor; r ★ BV – Vin de pays von der Genossenschaft de Branceilles; zwischen Brive und Beaulieu. Auch Domaine de la Mégénie.

Corton Bg; r ☆☆☆ **78' 85' 88 89' 90' 91 93** 95 96' **97** 98 99' 00 01 02' 03 – Einziger Grand-cru-Rotwein an der Côte de Beaune. 80 ha in Aloxe-Corton, einschließlich Les Bressandes und Clos du Roi. Volle, wuchtige, zumeist langlebige Weine. Viele gute Erzeuger.
Corton-Charlemagne Bg; w ★★★★ **85' 86 88 89' 90' 92'** 95 96' 97 98 99' 00' 01.02 – Der Weißwein von Corton (ein Drittel der Gesamtfläche). Voll, würzig, nachhaltig, der Chablis Grand cru der Côte d'Or. Altert wie ein Roter. Spitzenerzeuger: Bonneau du Martray, Chapuis, Coche-Dury, Delarche, Dubreuil-Fontaine, Faiveley, Hospices de Beaune, Latour, Jadot, Javillier, Rapet, Rollin, Roumier, Vougeraie.
Costières de Nîmes S-Rh; r rs w ★→★★ **96 98' 99' 00' 01** 03 – AC im Rhône-Delta; früher Costières du Gard. Schnell steigende Qualität bei den Spitzenweinen (die besten Roten reifen 6 bis 8 Jahre): Chx. de Campuget, Grande Cassagne, Mas Neuf, Mourgues-du-Grès, de la Tuilerie, de Nages (v. a. Joseph Torres), Mas des Bressades, Tardieu-Laurent, Dom. du Vieux Relais. Die Weißen verdienen ebenfalls Beachtung.
Coteaux Champenois Champ; r (rs) w ☆☆☆ BV (Weißwein) – Die Appellation für nicht schäumenden Champagner. Jahrgänge (soweit angegeben) wie bei Champagner. Die hohen Preise sind nicht gerechtfertigt.
Coteaux d'Aix-en-Provence Prov; r rs w ★→★★★ Aufstrebende Appellation. Spitzenweingüter sind: u. a. Ch. Calissanne, Ch. Revelette, Dom. des Béates (im Besitz von Chapoutier), Dom. du Ch. Bas; siehe auch Coteaux des Baux-en-Provence.
Coteaux d'Ancenis Lo; r rs w; (s) ☆ BV – VDQS-Gebiet, das östlich von Nantes liegt; leichte Gamay-Rotweine und Rosés; eher scharfe, trockene Weiße von Chenin blanc und liebliche von Malvoisie (lange haltbar); v. a. Guindon (Malvoisie).
Coteaux de Chalosse SWF; r rs w ☆ BV – Gute Landweine von einer Genossenschaft in Mugron (Landes).
Coteaux de Glanes SWF; r ★ BV – Lebhafter Vin de pays aus der Nähe von Bretenoux (Lothringen). Einziger Erzeuger ist die Genossenschaft. Wird vorwiegend in den Restaurants vor Ort getrunken. Äußerst preiswert.
Coteaux de la Loire Siehe Anjou-Coteaux de la Loire.
Coteaux de l'Ardèche ZF; r rs (w) ★→★★ Hügeliges Gebiet westlich der Rhône, das mit neuen Erzeugern und frischen, eichenholzwürzigen Roten sowie Viognier (z. B. Mas de Libian) und Marsanne so richtig brummt. Die besten Rotweine sind sortenrein von Syrah, Gamay und Cabernet Sauvignon (v. a. Serret). Empfehlenswert der kräftige, fast Burgunder-ähnliche Chardonnay Ardèche von Louis Latour (1 bis 2 Jahre lagern); Grand Ardèche ist die sehr eichenholzwürzige Version. Ebenso Dom. du Colombier, Flacher, Mazel und Vigier.
Coteaux de l'Aubance Lo; w; s ☆☆→☆☆☆☆ **88' 89' 90' 93' 94' 95'** 96 **97 98 99 00 01** 02 03 – Ähnlich wie Coteaux du Layon, nervige süße Chenin-blanc-Weine. Geringe Mengen Sélection des grains nobles; v. a. von Bablut, Haute-Perche, Montgilet, Richou, Rochelles.
Coteaux de Peyriac Midi; r rs ☆ BV – Einer der meistbenutzten Vin-de-pays-Namen im Departement Aude. Massenproduktion.
Coteaux de Pierrevert S-Rh; r rs w; sch ★ Gute, jung zu trinkende Genossenschaftsweine in Rot und Rosé sowie frische Weißweine (u. a. guter Viognier) aus der Gegend um Manosque. Vollere Rotweine von Dom. la Blaque, Ch. Régusse, Ch. Rousset. Erhielt 1998 AC-Status.
Coteaux de Saumur Lo; w; s ★★→★★★ **89 90 93 95' 96 97 98 99** 02 03 – Seltener, Vouvray-ähnlicher lieblicher Chenin blanc; süß (moelleux) am besten. V. a. Clos Rougeard, Lavigne, Legrand.

Coteaux des Baronnies S-Rh; r rs w ☆ BV – Vin de pays von der Rhône bei Nyons. Syrah, Merlot, Cabernet Sauvignon und Chardonnay sowie traditionelle Rebsorten. Frisches Gefüge, vielversprechend. Dom. du Rieu-Frais (auch guter Viognier) und Dom. Rosière (auch guter Syrah) beachtenswert.
Coteaux des Baux-en-Provence Prov; r rs ☆→★★★ 95' 97' **98 99** 00 01 03 – Früher verbunden mit dem Nachbarbereich Coteaux d'Aix, jetzt eigene Appellation für Rot- und Rosé-, nicht aber für Weißweine. Am besten: Domaine de Trévallon (Cabernet Sauvignon/Syrah); ist aber nur Vin de pays, da ohne Grenache im Weinberg die AC-Anforderungen nicht erfüllt sind! Auch Mas de Gourgonnier, Romanin, Mas Sainte Berthe, Dom. Hauvette.
Coteaux du Giennois Lo; r rs w ☆ BV – Kleines Gebiet im Norden von Pouilly, seit 1998 AC-Status. Leichter roter Verschnittwein von Gamay und Pinot noir; Sauvignon blanc à la Sancerre. Spitzenerzeuger: Paulat.
Coteaux du Languedoc Midi; r rs w ★★→★★★ 95' 96 97 98' **99 00'** 01 02 03 – Verstreut gelegene Weinbaugebiete im Midi mit AC-Status, weit besser als dort sonst üblich. Die besten Rotweine (z. B. Faugères, La Clape, Montpeyroux, Pic St-Loup, St-Chinian, Quatourze, St-Georges-d'Orques) lohnen 2 bis 4 Jahre Lagerung. Jetzt auch gute Weißweine. Das Niveau steigt rasant.
Coteaux du Layon Lo; w; lbl s ★★→☆☆☆☆ 75 76 **85'** 86 88' **89' 90' 93'** 94 95 96 **97 98 99** 00 01 02 03 – Das Kernstück von Anjou, südlich von Angers, mit süßem, fast unendlich haltbarem Chenin blanc, der eine wundervolle Säure hat. Neu: Sélection des grains nobles. 7 Orte können ihren Namen vor die AC setzen. Spitzenappellationen: Bonnezeaux, Chaume (der erste Grand cru der Coteaux du Layon), Quarts de Chaume. Erzeuger v. a.: Patrick Baudouin, Baumard, Ch. du Breuil, Cady, Delhumeau (Dom. de Brizé), Delesvaux, des Forges, Dom. de Juchepie, Richard Leroy, Ogereau, Papin (Ch. Pierre-Bise), Jo Pithon, P.-Y. Tijou (Soucherie).
Coteaux du Loir Lo; r rs w; tr s ☆→☆☆☆ **95 96** 97 98 99 **00 01 02 03** – Kleineres Gebiet nördlich von Tours, umfasst auch Jasnières. Manchmal feine Weine von Chenin blanc, Gamay, Pineau d'Aunis, Cabernet Sauvignon. Spitzenerzeuger: Aubert de Rycke, Chaussard, Fresneau, Gigou, Nicolas, Robinot. Der Loir ist ein nördlicher Nebenfluss der Loire.
Coteaux du Lyonnais Beauj; r rs (w) ★ BV – Kleinere AC des Beaujolais. Als Primeur-Weine am besten.
Coteaux du Quercy SWF; r ★→★★ 98' **99** 00' **01** 02 – Gegend südlich von Cahors; VDQS-Status, auf dem Weg zur AC. Sehr gute Genossenschaft und private Erzeuger in Monpezat; v. a. Domaines de la Combarade, la Garde, d'Aries, de Guyot, de Lafage und de Merchien.
Coteaux du Tricastin S-Rh; r rs w ★★ 95' 98' 99' **00' 01'** 03 – Appellation an der mittleren Rhône mit geringer Bedeutung, aber stetig steigender Qualität. Attraktiver würziger Rotwein, der 8 Jahre haltbar ist. Dom. de Grangeneuve, Dom. de Montine, Dom. St-Luc und Ch. la Décelle zählen zu den Besten.
Coteaux du Vendômois Lo; r rs w ☆→☆☆ BV – Appellation nahe der Loire westlich von Vendôme; wichtigste Rebsorte ist Pineau d'Aunis für sortenreine oder verschnittene Rot- und Roséweine, auch Verschnitt mit Chenin blanc in Weißweinen. Wurde 2000 vom VDQS- zum AC-Status aufgewertet. Erzeuger: u. a. Dom. du Four à Chaux, Cave du Vendôme-Villiers, Patrice Colin, Emile Heredia.

Coteaux et Terrasses de Montauban SWF; r rs ★→★★ BV – Die Genossenschaft in Lavilledieu-le-Temple ist dominierend, besser sind Dom. de Biarnès und Dom. de Montels.
Coteaux Varois Prov; r rs w ★→★★ **98′ 99′ 00′ 01** 02 03 – Großer AC-Bereich mit einem Gut im kalifornischen Stil: Dom. de St-Jean-de-Villecroze mit sehr gutem Rotwein. Außerdem Ch. Routas, Ch. la Calisse, Dom. les Alysses, Dom. du Deffends.
Côte Chalonnaise Bg; r w; sch ★★ Weinbaugebiet zwischen Beaune und Mâcon. Manchmal auch als Région de Mercurey bezeichnet. Siehe auch Bouzeron, Givry, Mercurey, Montagny, Rully.
Côte de Beaune Bg; r w ☆☆→☆☆☆☆ Geographisch: die südliche Hälfte der Côte d'Or. Als Appellation nur auf Teile von Beaune angewandt.

Côte(s) *bedeutet Hang; meist bessere Lagen als in der Ebene. Viele Appellationen beginnen entweder mit Côte oder Coteaux, was dasselbe bedeutet. In St-Emilion zur Unterscheidung der Talhanglagen von den Plateaulagen.*

Côte de Beaune-Villages Bg; r ☆☆ **96′ 98 99′** 01 02′ 03 – Regionale Appellation für geringere Weine dieses klassischen Bereichs. Sie müssen den Zusatz »Villages« oder den Ortsnamen tragen.
Côte de Brouilly Beauj; r ★★ **99 00 01 02** 03 – Fruchtig, voll, kräftig, einer der besten Beaujolais-Crus; führende Weingüter: Ch. Thivin, Domaine de Chavanne, Ch. Delachanel, G. Cotton, J.-C. Nesme.
Côte de Nuits Bg; r (w) ☆☆→☆☆☆☆ Die nördliche Hälfte der Côte d'Or. Fast nur Rotwein.
Côte de Nuits-Villages Bg; r (w) ★★ **96′ 97 98 99′** 00 01 02′ 03 – Eine neuere Appellation für das äußerste Nord- und Südende der Côte; oft sehr preiswert.
Côte d'Or Departementname, gilt für den mittleren und Hauptteil der burgundischen Weinberghänge, bestehend aus der Côte de Beaune und der Côte de Nuits. Der Name wird auf Etiketten nicht verwendet.
Côte Roannaise ZF; r rs ☆→☆☆ **95 96 97 98 99 00 01 02** 03 – AC westlich von Lyon. Seidiger, konzentrierter Gamay: Dom. Demon, Dom. Lapandéry, Dom. du Pavillon, Dom. des Millets, Dom. Serol.
Côte Rôtie N-Rh; r ★★★→☆☆☆☆ **78′ 83′ 85′ 88′ 89′ 90′ 91′ 94′ 95′ 96 97 98′** 99′ 00 01′ 03 – Der feinste Rhône-Rotwein, südlich von Vienne, v. a. Syrah; erlangt durch Alterung komplexe, volle Weichheit und Finesse (ist am ausdrucksvollsten nach 5 bis 10 oder mehr Jahren). Beste Erzeuger: u. a. Barge, Bernard, Burgaud, Champet, Chapoutier, Clusel-Roch, Delas, Gaillard, J.-M. Gerin, Guigal (langer Ausbau im Eichenfass, deshalb im Stil voller), Jaboulet, Jamet, Jasmin, Ogier (Eiche), Rostaing (ebenfalls mit Eiche), Vidal-Fleury.
Côtes d'Auvergne ZF; r rs (w) ☆→☆☆ BV – Aufblühender, kleiner VDQS-Bereich. Überwiegend Gamay, aber auch Pinot noir und Chardonnay. Erzeuger: u. a. Boulin-Constant, Bellard, Cave St-Verny, Dom. de Peyra.
Côtes de Blaye Bx; w ☆ BV – Mittelmäßiger, weißer Bordeaux aus Blaye, v. a. von der Colombard-Traube.
Côtes de Bordeaux Saint-Macaire Bx; w; tr s ☆ BV – Einfacher, weißer Bordeaux aus der Gegend östlich von Sauternes.
Côtes de Bourg Bx; r ★→★★ **89′ 90′ 94 95 96 98 99 00′** 01 02 – Appellation für viele der besseren Roten von Bourg. Châteaux: Barbe, du Bousquet, Brulesécaille, Bujan, Falfas, Fougas, Garreau, Grand-Jour, Guerry,

Haut-Guiraud, Haut-Maco, Haut-Mondésir, Mercier, Nodoz, Peychaud, Roc de Cambes, Rousset, Sociondo, Tayac, Tour de Guiet.

Côtes de Castillon Bx; r ★→★★ **89 90′ 94 95′ 96′ 98 99 00′** 01 02 – Blühendes Gebiet östlich von St-Emilion. Ähnlicher, oft etwas leichterer Wein. Die besten Châteaux: u. a. de l'A, d'Aiguilhe, de Belcier, Cap de Faugères, La Clarière-Laithwaite, Clos l'Eglise, Clos Puy Arnaud, Pitray, Poupille, Robin, Veyry, Vieux Château Champs de Mars.

Côtes de Duras Dor; r rs w ★→★★ **00′ 01** 02 – Satellit von Bordeaux; vorwiegend leichtere Weine. Dom. de Laulan (guter Sauvignon blanc), Dom. de Durand (Biowinzer), Dom. de la Solle, Dom. du Vieux Bourg, Dom. Amblard, Dom. Petit Malrome und Ch. La Grave Béchade. Außerdem eine gute Genossenschaft.

Côtes de Forez Lo; r rs; (sch) ★ BV – Ehemaliger VDQS-Bereich (Gamay) um Boën am Oberlauf der Loire, nördlich von St-Etienne. Hat 2000 AC-Status erlangt; kaum der Rede wert.

Côtes de Francs Bx; r w ★★ **89′ 90′ 94 95 96 97 98 00′** 01 – Bordeaux-Randlage östlich von St-Emilion. Immer ansprechendere und schmackhaftere Weine, v. a. von den Châteaux Charmes-Godard, Laclaverie, de Francs, Marsau, Puygueraud, La Prade.

Côtes de Gascogne SWF; (r) (rs) w ★ BV – Vin-de-pays-Zweig von Armagnac, führend die Genossenschaft Plaimont und die Familie Grassa (Ch. de Tariquet u. a.). Sehr beliebt. Bekannt v. a. für frisch-fruchtige Weiße auf Colombard-Basis, oft mit etwas Gros Manseng. Die besten Erzeuger: Dom. de Joy, Dom. de Papolle, Dom. Bergerayre, Dom. Maubet, Dom. Sancet und Ch. Monluc. Auch von Madiran-Erzeugern.

Spitzenerzeuger der Côtes du Rhône
Châteaux Courac, La Courançonne, L'Estagnol, Fonsalette, Grand Moules, Hugues, Montfaucon, St-Estève, Trignon (u. a. weißer Viognier); Clos Simian; Winzergenossenschaften Chantecotes (Ste-Cécile-les-Vignes), Villedieu (v. a. Weißwein); Domaines La Bouvade, Charvin, Coudoulet de Beaucastel (rot und weiß), Cros de la Mûre, Espigouette, Fond-Croze, Gourget, Gramenon (Grenache, Viognier), Janasse, Jaume, Perrin, Réméjeanne, St-Georges, Vieille Julienne, Vieux Chêne; Guigal, Jaboulet.

Côtes de la Malepère Midi; r ★ BV – Rasch an Renommee gewinnender VDQS-Bereich an der Grenze zwischen Midi und Südwesten in der Nähe von Limoux. Verwendung von Rebsorten aus beiden Regionen. Frische, lebhafte Rotweine beachtenswert.

Côtes de Montravel Dor; w; tr s ★★ tr BV s **97′ 98 99 01** (02) – Teil von Bergerac; traditionell lieblicher Weißwein, heute auch oft trockener. Gute Erzeuger: Ch. de Montaigne, Ch. Pique-Sègue, Ch. La Raye, Ch. La Ressaudie, Dom. de Golse, Dom. de Perreau. Montravel Sec ist trocken, Haut Montravel lieblich.

Côtes de Provence Prov; r rs w ☆→☆☆☆ rs w BV r **95′ 96 97 98′ 99 00 01** 02 03 – Weine aus der Provence, dank neuer Ideen und Investitionen stark verbessert. Führend sind hier Castel Roubine, Commanderie de Peyrassol, Dom. Bernarde, Dom. Ott, Dom. Rabiéga, Dom. des Planes, Dom. de la Courtade, Dom. Richeaume und Ch. Ste-Rosaline. Siehe auch Coteaux d'Aix, Bandol usw.

Côtes de Saint-Mont SWF; r rs w ★★ **98** 99 **00′ 01′** – Höchst erfolgreicher VDQS-Wein, der immer noch AC-Status anstrebt und Madiran und

Pacherenc nachahmt. Mächtige Genossenschaft Plaimont (mit den Reihen Vignes Retrouvées und Hauts de Bergelle sowie Ch. de Sabazan) mit überragender Cuvée Saint-Albert (☆☆☆). Private Erzeuger: u. a. Ch. de Bergalasse, Dom. de Bartat und Dom. Maouries.

Côtes de Thongue Midi; r w ★ BV – Populärer Vin de pays aus dem Hérault, einem Gebiet im Aufbruch. Gute Weine v. a. von den Domaines Arjolle, les Chemins de Bassac, Coussergues, Croix Belle, Magellan und Montmarin.

Côtes de Toul OF; r rs w ☆ BV – Sehr leichte Weine aus Lothringen, meist Vin gris (Rosé).

Côtes du Brulhois SWF; r rs (w) ☆→☆☆ **98 99 00** 01 – Bei Agen. Stützt sich auf die Genossenschaften Goulens und Donzac. Auch Dom. de Coujétou-Peyret.

Côtes du Jura Jura; r rs w; (sch) ☆ BV – Verschiedene leichte und helle Weine. Arbois ist gehaltvoller.

Côtes du Luberon S-Rh; r rs w ★→★★ **97 98' 99' 00' 01'** 03 – Stark verbesserte Landweine von der südlichen Rhône. Unter den Besitzern der Weingüter haben sich Schauspieler und Medienunternehmer stark vermehrt. Spitzenerzeuger ist Ch. de la Canorgue mit sehr gutem Syrah-Rotwein, aber auch Weißen (v. a. Viognier). Außerdem: Dom. de la Citadelle, Ch. Val-Joanis, Ch. de l'Isolette, La Verrerie, Verget, Vieille Ferme (Weißwein) sowie die zuverlässigen Genossenschaften Cellier de Marrenon und Cave de Bonnieux.

Côtes du Marmandais Dor; r rs w ★→☆☆☆ Immer mehr ernst zu nehmende AC. Die Genossenschaft in Cocumont ist besser als die in Beaupuy. Ausgezeichneter Eliane da Ros (Clos Bacqueys). Sehr gut: Dom. des Geais (die besten Gewächse sind schwer und müssen länger reifen). Auch gut: La Verrerie, Ch. de Beaulieu.

Côtes du Rhône S-Rh; r rs w ☆ **98' 99 00' 01'** 03 – Die grundlegende Appellation des Rhône-Tals. Am besten jung zu trinken, besonders als Primeur. Große Qualitätsunterschiede durch teilweise maßlose Überproduktion. Am besten Erzeugerabfüllungen kaufen. Siehe auch Côtes du Rhône-Villages.

Côtes du Rhône-Villages S-Rh; r rs w ★→★★ **89' 90' 95' 96' 97' 98' 99' 00' 01'** 03 – Der Wein aus den 16 besten Dörfern der südlichen Rhône. Gehaltvoll und insgesamt zuverlässig, manchmal köstlich. Die Grundlage der Rotweine ist Grenache, neuerdings aber auch Syrah und Mourvèdre; Qualitätsweißweine werden meist unter Verwendung von Viognier und Roussanne bereitet. Siehe auch Beaumes-de-Venise, Cairanne, Chusclan, Laudun, Rasteau, Sablet, Séguret, St-Gervais. Unterkategorie ohne Angabe des Ortsnamens: günstig z. B. Ch. Signac und die Domaines Cabotte, Grand Veneur, Montbayon, Rabasse-Charavin, Renjarde, Romarins, Ste-Anne, St-Siffrein sowie Cave Estézargues.

Côtes du Roussillon Pyr; r rs w ★→★★ **95 96 97 98 99 00** 01 02 03 – AC-Wein aus den östlichen Pyrenäen. Am besten sind die deftigen, geschmackvollen Carignan-Rotweine (z. B. Gauby). Auch einige Weiße.

Côtes du Roussillon-Villages Pyr; r ★★ **95 96 97 98 99 00** 01 02 03 – Die besten Rotweine der Region aus 28 Orten, darunter Caramany, Latour de France, Lesquerde und Tautavel. Beachtenswert: Cazes Frères, Dom. des Chênes, Dom. la Cazenove, Gauby (u. a. voller, exotischer Weißwein), Ch. de Jau, Dom. Piquemal und die Genossenschaften Baixas, Lesquerde und Les Vignerons Catalans. Manche Erzeuger verzichten inzwischen auf den AC-Status und produzieren reinsortigen Vin de pays.

Côtes du Tarn SWF; r rs w ★ BV – Vin-de-pays-Bereich; überschneidet sich mit Gaillac. Gleiche Erzeuger, v. a. die Genossenschaften, Ch. Vigné-Lourac, Dom. de Labarthe und Dom. d'Escausses.

Côtes du Ventoux S-Rh; r rs (w) ★★ **95' 98' 99' 00' 01'** 03 – Stark wachsende Appellation (6072 ha) zwischen der Rhône und der Provence mit schmackhaften Rotweinen (Caféstil bis zu tieferen, aromatischen Varianten), unkomplizierten Rosés und ordentlichen Weißen. Am besten von La Vieille Ferme (rot; gehört J.-P. Perrin vom Ch. de Beaucastel), den Genossenschaften Bedoin, Goult und St-Didier, den Domaines Anges, Brusset, Cascavel, Fondrèche, Font-Sane, Paul Jaboulet-Aîné, Murmurium, Verrière und den Châteaux La Croix des Pins, Pesquié, Pigeade, Valcombe.

Côtes du Vivarais S-Rh; r rs w ★ **98' 99' 00' 01'** 03 BV – Rund 1000 ha in verschiedenen Ortschaften westlich von Montélimar; 1999 zur AC aufgestiegen. Verbesserte einfache Cuvées, gehaltvollere eichenfassgereifte Rotweine. Beste Erzeuger: Boulle, Gallety, Domaine de Belvezet.

Coulée de Serrant Lo; w; tr s ☆☆☆☆ **76' 78 79' 81 82 83' 85' 86 88 89' 90' 91 92 93 95' 96 97 98 99** 00 01 02 03 – 6,5 ha Chenin blanc am Nordufer der Loire bei Savennières, die nach rigorosen biologischen Grundsätzen bewirtschaftet werden. Intensiv kräftiger, fruchtig-säuerlicher Wein, auch als Aperitif und zu Fischgerichten geeignet; hält sich fast unendlich. Am Vortag dekantieren.

Couly-Dutheil Lo; r rs w ☆☆→☆☆☆ **85 86 87 88 89 90 93 95 96 97 98 99** 00 01 02 03 – Großer Erzeuger und Händler für Chinon; bietet zuverlässige Weine; am besten: Clos d'Olive und l'Echo. Neue, in Eiche gereifte Cuvée Crescendo.

Courcel, Domaine ☆☆☆ Führendes Gut in Pommard mit Spitzen-Premier-cru Rugiens.

Crémant Bedeutete früher »Perlwein« in der Champagne. Seit 1975 Appellation für Schaumweine hoher Qualität nach der klassischen Methode aus Burgund, dem Elsass und von der Loire, neuerdings auch aus Limoux. Oft sehr preisgünstig. In der Champagne wird der Begriff nicht mehr verwendet.

Crémant de Loire Lo; w; sch ★★→★★★ oJ – Schaumwein hoher Qualität, v. a. aus Saumur und der Touraine; v. a. Baumard, Berger, Delhumeau (Dom. de Brize), Langlois-Château, Nerleux und Passavant.

Crépy Sav; w ☆☆ BV – Leichter, milder Weißwein in Schweizer Art vom Südufer des Genfer Sees. »Crépitant« bedeutet leicht perlend.

Crozes-Hermitage N-Rh; r (w) ★★ **88 89' 90' 91' 94 95' 96 97' 98' 99' 00'** – Nachbarbereich von Hermitage: größere Rebfläche. Syrah: Manche sind fruchtig, jung zu trinken (ab dem 2. Jahr), andere sind fassgereift (4 bis 8 Jahre warten). Gute Erzeuger: Belle, Bernard Chave, Chaputier, Dom. du Colombier, Ch. Curson, Desmeure, Dom. des Entrefaux, Domaine de Thalabert von Jaboulet, Dom. du Pavillon-Mercurol, Fayolle Fils & Fille, Alain Graillot. Weißweine – meist von Marsanne – jung trinken.

Cruse et Fils Frères Historische Weinhandlung in Bordeaux, jetzt im Besitz von Pernod-Ricard. Ch. d'Issan gehört weiterhin der Familie Cruse.

Cunac SWF; r ☆ BV – Gehört zum Weinbaugebiet Gaillac. Leichte, fruchtige, süffige Rotweine für den Sommer.

Cussac Weinort südlich von St-Julien. Appellation Haut-Médoc. Spitzen-Châteaux: Beaumont, Lanessan.

Cuve close Abgekürztes Verfahren der Schaumweinherstellung im Tank. Die Bläschenbildung kommt im Glas schneller zum Stillstand als bei der Méthode traditionnel.

Cuvée In einer »Cuve«, d.h. in einem Bottich enthaltener Wein. Sonst auch Allerweltswort, in der Champagne z.B. Bezeichnung für »Verschnitt« und erstgepresste Weine. In Burgund gleichbedeutend mit »Cru«. Bezeichnet oft einfach einen »Posten« Wein.

Dagueneau, Didier Lo ☆☆☆ **96 97 98 99 00 01 02** – Der Spitzenerzeuger von Pouilly-Fumé. Das Enfant terrible von Pouilly hat für die Appellation und für Sauvignon blanc neue Maßstäbe gesetzt. Spitzen-Cuvée ist der fassgereifte Silex. Didiers Onkel Serge ist ebenfalls ein Spitzenerzeuger.

Daumas Gassac Siehe Mas de Daumas Gassac.

De Castellane Brut oJ; Blanc de Blancs; Brut **95 96** 98; Cuvée Commodore Brut **90 95**; Prestige Florens de Castellane **90 95 96** – Traditionsreiches Champagnerhaus in Epernay, mit Laurent-Perrier verbunden. Am besten sind die Jahrgangsweine, v.a. Commodore.

Degré alcoolique Alkoholgehalt, d.h. Volumenprozent.

Deiss, Domaine Marcel Schönes Elsässer Weingut (20 ha) in Bergheim. Große Auswahl, u.a. ausgezeichneter Riesling aus der Grand-cru-Lage Schoenenbourg und Gewürztraminer vom Altenberg de Bergheim sowie gute Sélection des grains nobles und Vin de paille.

Delamotte Brut; Blanc de Blancs (**95 96** 98); Cuvée Nicolas Delamotte – Kleines Haus mit feinen Champagnern (vorwiegend von Chardonnay) in Le Mesnil im Besitz der Familie Laurent-Perrier.

Delas Frères ☆→☆☆☆ Alter Weinspezialist von der Rhône mit Rebflächen in Condrieu, Côte Rôtie und Hermitage. Spitzengewächse: Condrieu, Hermitage M. de Tourette (rot und weiß), Bessards. Günstig der St-Joseph Challeys. Im Besitz von Roederer; die Qualität steigt.

Delbeck Kleines, feines Champagnerhaus; von Martin und Giraudière wieder auf Vordermann gebracht. Die Marke ist neuerdings im Besitz von Vranken Pommery. Ausschau halten nach den Beständen ausgezeichneter Jahrgangsweine mit hohem Pinot-noir-Anteil (**90 95' 96** 99) sowie Grand cru Aÿ und Cramant.

Delorme, André ☆☆ Führende Weinhandels- und -erzeugerfirma an der Côte Chalonnaise. Spezialitäten: sehr guter Crémant de Bourgogne sowie ausgezeichneter Rully usw.

Demi-sec »Halb-trocken«, eher lieblich (z.B. bei Champagner).

Des Guelasses, Domaine Ursprung vieler »Hausweine« in Restaurants. In den meisten Kneipen und in fast allen Theaterbars zu finden.

Deutz Brut Classic oJ; Rosé oJ; Brut **95 96** 98; Blanc de Blancs **95 96** 98 – Eines der besten unter den kleineren Champagnerhäusern, gehört Roederer. Sehr trockene klassische Weine. Überragende Cuvée William Deutz (**90 95 96**).

Dirler, Jean-Pierre ★★→★★★ Elsässer Erzeuger der Grands crus Kessler, Saering und Spiegel, v.a. Riesling.

Domaine In Burgund und in ländlichen Gegenden gebräuchlich für Weingut.

Dom Pérignon Cuvée **88 90' 92 93 95** 96; Rosé **90' 95 96** – Luxusmarke von Moët & Chandon (erstmals 1936), benannt nach dem legendären Klosterkellermeister, der als erster Champagnerwein verschnitt. Erstaunlich beständige Qualität und cremiger Charakter, v.a. nach 10 bis 15 Jahren Flaschenreife. Auch Weinsammlung mit limitierten Auflagen kürzlich degorgierter Jahrgänge, die bis auf 1962 zurückgehen.

Dopff au Moulin ☆☆ Alte Weinhändlerfamilie der Spitzenklasse in Riquewihr, Elsass. Beste Weine: Gewürztraminer Grands crus Brand und

Sporen, Riesling Schoenenbourg, Silvaner de Riquewihr. Pionier für Elsässer Schaumwein; Cuvées Bartholdi und Julien empfehlenswert.
Dopff & Irion ☆→☆☆ Berühmte Weinhandlung in Riquewihr, Elsass. Beste Weine: u.a. Muscat Les Amandiers, Riesling Les Murailles, Gewürztraminer Les Sorcières und Pinot gris Les Maquisards; alle langlebig. Auch guter Crémant d'Alsace. Gehört jetzt zur Genossenschaft Pfaffenheim.
Dourthe Frères Angesehenes Handelshaus in Bordeaux, bietet große Auswahl an Weinen, v.a. gute Crus bourgeois, z.B. Belgrave, Maucaillou, Tronquoy-Lalande. Die Marke des Hauses heißt Beau-Mayne.
Doux Süß.
Drappier, André Führendes Champagnerhaus in der Region Aube, v.a. Blanc de Noirs. Familienbetrieb. Weinige Sorten oJ, Brut Zéro, Rosé Saignée, Millésime d'Exception (**99**), Signature Blanc de Blancs (**95 96** 98), üppige Prestige-Cuvée Grande Sendrée (**90 95 96**).
DRC Siehe Romanée-Conti, Domaine de la.

Elsässische Weine für 2005
Muscat Im Elsass immer trocken; jung zu trinken. Wunderbar traubiger Les Fleurons von Josmeyer. Herrlich aromatischer Grand cru Pfersigberg von Bruno Sorg.
Pinot blanc Die Elsässer Alternative zu Chardonnay. Die Réserve von Martin Schaetzel hat jede Menge Charakter, Gustave Lorentz erzeugt einen guten trockenen Wein, aber um wahre Finesse zu genießen, muss man den von der Domaine Mittnacht probieren.
Riesling Die großartigste Sorte des Elsass. Der 2000er Grand cru Frohn von Jean Becker hat einen rassigen, kalkigen Charakter. Der 2000er Grand cru Winneck-Schlossbery von Kuehn ist intensiv und konzentriert. Das Höchste der Gefühle ist jedoch die 1998er Cuvée Frédéric Emile von Trimbach.
Pinot gris Der 2000er von Seppi Landmann zeichnet sich durch einen sehr schönen Sortencharakter aus. Ebenfalls empfehlenswert der 2000er Grand Cru Brand von Josmeyer; etwas reichhaltiger im Stil der 1998er Grand Cru Kritterlé von Schlumberger.
Gewürztraminer Der 2000er von Léon Beyer ist ein herrlicher trockener Gewürztraminer. Der 2000er Jubilee von Hugel zeichnet sich durch eine intensiv fruchtige Art aus. Der 1998er Grand Cru Hengst von Zind-Humbrecht ist erstaunlich konzentriert.

Drouhin, J. et Cie. Bg ☆☆☆→☆☆☆☆ Weinhandels- und -erzeugerfirma (60 ha) mit gutem Ruf und hohem Standard in Burgund. Kellerei in Beaune, Weinberge in Beaune, Chablis, Musigny, Clos de Vougeot und in Oregon (USA). Spitzenweine weiß: u.a. Beaune Clos de Mouches, Chablis Les Clos, Corton-Charlemagne, Puligny-Montrachet, Les Folatières; rot: u.a. Griotte-Chambertin, Musigny, Grands-Echézeaux.
Dubœuf, Georges ★★→★★★ Beaujolais-Spitzenhandelshaus in Romanèche-Thorin. Anführer der Region in jeder Hinsicht. Reiche Auswahl an hervorragenden Weinen; u.a. ungewöhnlicher, in neuen Eichenfässern gereifter Moulin-à-Vent und weißer Mâconnais.
Dubos Hoch angesehener Négociant in Bordeaux.
Duclot Négociant in Bordeaux, Spezialist für Spitzengewächse. Mit J.-P. Moueix verbunden.
Ducournau, Patrick Exklusiver Winzer in Madiran, auch als Erfinder der Mikrooxidation bekannt, der nun leider nur noch mit Eichenspänen handelt.

Dugat Bg ☆☆☆ Die Vettern Claude und Bernard erzeugen – jeder in seinem eigenen Betrieb – ausgezeichnete, tieffarbige Gevrey-Chambertin-Weine.

Dujac, Domaine Bg ☆☆☆ Erzeuger (Jacques Seysses) von Burgunder in Morey-St-Denis mit guten Lagen: Echézeaux, Bonnes-Mares, Gevrey-Chambertin usw. Herrlich lebendige Weine, sehr langlebig. Jetzt auch Négociant für Villages-Weine und Dujac Père et Fils. Außerdem Einstieg mit anderen Sorten in den Coteaux Varois.

Dulong Bordeaux-Handelshaus, bricht mit seinen unorthodoxen Verschnitten Marke Rebelle alle Konventionen. Ferner Vin de pays.

Durup, Jean Bg ☆☆ Einer der größten Chablis-Erzeuger, 152 ha, u.a. Dom. de l'Eglantière und bewundernswerter Ch. de Maligny.

Duval-Leroy Fleur de Champagne Brut oJ und sehr guter Rosé de Saignée oJ; Extra Brut; Brut **95** **96** 98; Blanc de Chardonnay **95'** **96** 98; Prestige Cuvée des Rois **95'** **96** – Im Aufstieg begriffene Firma an der Côte des Blancs. Beste Qualität, günstige Preise. Viele weitere Etiketten.

Echézeaux Bg; r ★★★ **78'** **85'** **88** **89'** **90'** **91** **93** 95 96' **97** 98 99' 00 01 02' 03 – Grand cru zwischen Vosne-Romanée und Clos de Vougeot mit 29,5 ha. Hochfeiner, duftiger Burgunder ohne viel Wucht, z.B. von Confuron-Cotetidot, Drouhin, Dujac, Engel, Grivot, A. F. Gros, Mugneret, Dom. de la Romanée-Conti, Rion, Rouget.

Ecu, Domaine de l' Lo; r w; tr ★→★★ **85 86 87 88 89 90 93 95 96 97 98 99 00 01** 02 03 – Hervorragender Erzeuger sowohl von Muscadet de Sèvre et Maine als auch von köstlichem Gros Plant du Pays Nantais. Die Cabernet-Sauvignon-Weine können es mit manchem Saumur-Champigny aufnehmen. Biodynamisch.

Edelzwicker El; w ★ BV – Einfacher, leichter Weißweinverschnitt.

Eguisheim, Cave Vinicole d' ★ Sehr gute Elsässer Winzergenossenschaft mit feinem Grand cru Hatschbourg, Hengst, Ollwiller und Spiegel. Willm gehört auch zum Besitz. Hauptmarke Wolfberger (65% der Produktion); die besten Serien: Grande Réserve, Sigillé und Armorié. Guter Crémant und Pinot noir.

Elsass Siehe Alsace.

Engel, R. ★★★ Erstrangiger Erzeuger von Vosne-Romanée, Clos de Vougeot, Echézeaux, Grands-Echézeaux.

Entraygues SWF; r rs w ☆ BV – Aromatischer VDQS-Landwein; v.a. knochentrockener weißer F. Avallon.

Entre-Deux-Mers Bx; w ★→★★ BV – Trockener weißer Standard-Bordeaux aus der Gegend zwischen Garonne und Dordogne. Bei verbesserter Technik oft preiswert, v.a. Ch. Bonnet, Fontenille, Moulin de Launay, Sainte-Marie, Tour de Mirambeau, Toutigeac, Turcaud.

Esmonin, Sylvie Bg ★★★ Gevrey-Chambertin mit sehr viel Klasse, v.a. Clos St-Jacques.

Estaing SWF; r rs w ★ BV – Nachbar von Entraygues, ähnlicher Stil.

Estandon, L' Markenbezeichnung für Alltagswein aus Nizza (AC Côtes de Provence), in allen Farben.

Etoile, L' Jura; w; tr (s); sch ☆☆ Unterbezirk des Jura, bekannt für stilvolle Weißweine, u.a. Vin jaune, ähnlich wie Château-Chalon, und guten Schaumwein.

Faiveley, J. Bg ☆☆→☆☆☆☆ Erzeugerfamilienbetrieb und Weinhandlung in Nuits-St-Georges, mit Weinbergen (109 ha) in Chambertin-Clos de Bèze, Chambolle-Musigny, Corton, Mercurey und Nuits (30 ha). Beständig hohe Qualität, allerdings nicht aufregend.

Faller, Théo/Domaine Weinbach ☆☆→☆☆☆☆ Spitzenerzeuger am Kaysersberg im Elsass; wird geführt von Colette Faller und ihren beiden Töchtern. Konzentrierte Weine, v.a. aus den Grand-cru-Lagen Schlossberg (Riesling) und Furstentum (Gewürztraminer); die konzentrierten Weine brauchen eine lange Reifezeit (bis zu 10 Jahren).

Faugères Midi; r (rs) (w) ☆☆ **95 96 97 98' 99 00'** 01 02 03 – Abgelegenes Dorf der Coteaux du Languedoc mit überdurchschnittlichem Rotwein und außergewöhnlichem Terroir. Seit 1982 AC; v.a. Dom. Alquier, Dom. Barral, Dom. du Météore, Dom. des Estanilles, Ch. La Liquière.

Fesles, Château de Lo; r rs w; s ☆☆→☆☆☆ **93 94 95 96 97 98 00** 02 – Historisches Gut in Bonnezeaux mit der gesamten Palette der Anjou-Weine im Angebot, darunter etwa Ch. la Guimonière und Ch. la Roulerie, beide von den Coteaux du Layon.

Fessy, Sylvain Beauj ☆☆ Dynamisches Beaujolais-Handelshaus mit großer Auswahl.

Fèvre, William Bg ☆☆☆ Chablis-Erzeuger mit dem größten Grand-cru-Besitz: Dom. de la Maladière (18 ha). Wurde 1998 von Henriot aufgekauft, was prompte Verbesserungen nach sich zog.

Fiefs Vendéens Lo; r rs w ★ BV – Aufstrebender VDQS-Bereich mit leichten Weinen aus der Vendée, südlich der Muscadet-Gegend an der Atlantikküste. Weine von Chardonnay, Chenin blanc, Colombard, Grolleau, Melon (weiß), Cabernet Sauvignon, Pinot noir und Gamay für Rot- und Roséweine. Besonders gut: Coirier, Ferme des Ardillers, Michon.

Filliatreau, Domaine Lo; r ☆☆→☆☆☆ **89 90 93 95 96 97 98 00 01** 02 03 – Paul Filliatreau hat dafür gesorgt, dass Saumur-Champigny auf der Landkarte und in den Pariser Restaurants auftaucht. Geschmeidiger, fruchtiger und süffiger Jeunes Vignes. Weitere Cuvées mit 2 bis 5 Jahren Reifezeit (Vieille Vignes und La Grande Vignolle).

Fitou Midi; r ☆☆ **95 96 97 98' 99 00'** 01 02 03 – Bessere Rotweine im Corbières-Stil; sehr gehaltvoll und haltbar. Am besten von den Genossenschaften in Cascastel, Paziols und Tuchan. Interessante Experimente mit Mourvèdre-Trauben in Leucate. Gute Erzeuger u.a. Ch. Nouvelles, Dom. Lérys, Dom. Rolland.

Fixin Bg; r ★★★ **89' 90' 91 93 95 96' 97** 98 99 01 02 – Würdiger, aber unterbewerteter nördlicher Nachbar von Gevrey-Chambertin. Oft hervorragende Rotweine. Beste Weinberge: Clos du Chapître, Les Hervelets, Clos Napoléon. Erzeuger: u.a. Bertheau, R. Bouvrier, Clair, Faiveley, Gelin, Molin, Guyard.

Fleurie Beauj; r ☆☆☆ **99 00 01 02** 03 – Inbegriff eines Beaujolais-Cru: fruchtig, duftig, seidig, rassig. Spitzenweine von Chapelle des Bois, Chignard, Depardon, Després, Dubœuf, Ch. de Fleurie, Métras und der Cave Coopérative.

Floc de Gascogne SWF; r rs w – Armagnacs Antwort auf Pineau des Charentes. Aperitif aus einem Verschnitt von vergorenen Traubenmost und Armagnac.

Fortant de France Midi; r rs w ★→★★ Marke für sortenreinen Vin de pays d'Oc; verlässliche Qualität aus der Gegend von Sète. Siehe Skalli.

Fortia, Château S-Rh; r (w) ☆☆ **78' 81' 83 85 88 90 95' 96' 97** 98' 99 00' 01' – 29-ha-Gut in Châteauneuf-du-Pape mit traditionellen Methoden. Der Vater des Besitzers, Baron Le Roy, schuf um 1920 das System der Appellations Contrôlées. Seit kurzem wieder in besserer Form, was auch für den Le Baron und die Weißen zutrifft.

Frais Frisch oder kühl.

Frappé Eiskalt.
Froid Kalt.
Fronsac Bx; r ★→★★★ **85′ 86′ 88′ 89′ 90′ 94 95 96 98** 00′ **01** – Malerische Landschaft westlich von St-Emilion mit zunehmend feinen, oft tanninreichen Rotweinen. Châteaux: de Carles, Dalem, La Dauphine, Fontenil, La Grave, Mayne-Vieil, Moulin-Haut-Laroque, La Rivière, La Rousselle, Les Trois Croix, La Vieille Cure, Villars. Siehe auch Canon-Fronsac.

Kleiner Gaillac-Führer
Gute Erzeuger mit breitem Angebot: Mas Pignou, Mas d'Aurel, Dom. de Barreau, Dom. Labarthe, Dom. d'Escausses, Ch. de Mayragues und die Genossenschaft in Técou (v. a. die Serie Passion)
Rotweine (☆☆)**:** Dom. de Cailloutis, Dom. Larroque, Dom. Pialentou, Dom. Salvy, Dom. La Chanade
Lokale Sorten: Robert Plageoles, Dom. de Ramaye, Dom. de Causse-Marines (alle ☆☆☆)
Süßweine: Dom. de Causse-Marines, Dom. Rotier, Dom. Long Pech, Mas de Bicary
Trockene Weiße: Dom. de Causse-Marines, Ch. d'Arlus, Ch. Vigné-Lourac (☆☆→☆☆☆)
Schaumweine: Dom. Réné Rieux, Dom. Canto Perlic
Vin de pays: Dom. Borie-Vieille (Muscadelle)
Perlweine: Dom. de Salmes

Frontignan Midi; goldfarben; s ★★ oJ – Starker, süßer, dickflüssiger Muskateller mit uralter Tradition. Qualität wird beständig besser, v. a. von Ch. Stony und Ch. La Peyrade.
Fronton SWF; r rs ☆☆ **00′ 01** 02 – Der »Beaujolais von Toulouse«. Jung zu trinken; der Cabernet Sauvignon braucht länger. Gute Erzeuger: Domaines de Caze, Joliet und du Roc sowie Chateaux Bellevue-la-Forêt, Boujac, Bouissel, Cahuzac, Coutinel, Plaisance und St-Guilhem.
Fuissé, Château Bg; w ☆☆→☆☆☆ Hat als Spitzenweingut von Pouilly-Fuissé Konkurrenz bekommen. Die verschiedenen Cuvées werden jetzt mehr auf baldigere Trinkreife hin bereitet.
Furstentum Elsässer Grand cru in Kientzheim und Sigolsheim, bekannt für seine hervorragenden Fähigkeiten zur Reifung. Siehe auch Faller/Dom. Weinbach und Paul Blanck.
Gagnard, Jean Noël Bg ☆☆☆ Jean Noëls Tochter, Caroline l'Estimé, hat diese Domaine an die Spitze aller Weingüter des Gagnard-Clans geführt. Herrlich ausdrucksstarke Grand-cru-, Premier-cru- und Villages-Weine aus Chassagne-Montrachet. Weitere Familienmitglieder: Gagnard-Delagrange, Blain-Gagnard, Fontaine-Gagnard.
Gaillac SWF; r rs w; tr s; sch ★→★★★ Meist BV, mit Ausnahme der eichenfassgereiften Rotweine (**98 00 01** 02) und der süßen Weißen (**97′ 98 99 00′ 01′**).
Gamay Siehe Trauben für Rotwein (Seite 14).
Gard, Vin de pays du Languedoc ☆ Aus dem Departement Gard an der Rhône-Mündung kommen viele gute Vins de pays, u. a. Coteaux Flaviens, Pont du Gard, Cévennes, Sables du Golfe du Lion, Salavès, Uzège und Vaunage.
Gers r rs w ☆ BV – Von den nahe gelegenen Côtes de Gascogne nicht zu unterscheiden.

Gevrey-Chambertin Bg; r ☆☆☆ **88 90' 91 93 95** 96' **97** 98 99' 00 01 02' 03 – Weinort mit dem großen Chambertin und anderen Grands crus sowie sonstigen feinen Lagen (z. B. Premiers crus Clos St-Jacques, Combe aux Moines, Cazetiers, Clos des Varoilles), aber auch einfacherem Weinbergland. Erzeuger: u. a. Bachelet, L. Boillot, Burguet, Damoy, Drouhin, Dugat, Esmonin, Faiveley, Geantet-Pansiot, Harmand-Geoffroy, Jadot, R. Leclerc, Leroy, Mortet, Roty, Rousseau, Serafin, Trapet, Varoilles.

Gewürztraminer Rebsorte aus dem Elsass; eine der vier, die für Grand-cru-Weine zugelassen sind und deren aromatischste: im Idealfall nach Rosenblättern duftend, mit einem Anklang von Grapefruit und/oder Lychee im Geschmack.

Gigondas S-Rh; r rs ★★→★★★ **78' 81' 85 88 89' 90' 94 95' 96 97** 98' **99'** 00' 01' 03 – Würdiger Nachbar von Châteauneuf-du-Pape. Gehaltvoller, körperreicher, manchmal pfeffriger Wein, hauptsächlich Grenache. Probieren Sie: Ch. de Montmirail, Redortier, Saint-Cosme, Clos du Joncuas, Dom. Boussière, du Cayron, Font-Sane, Goubert, Gour de Chaulé, Grapillon d'Or, Les Hauts de Montmirail, Pesquier, Dom. les Pallières, Piaugier, Dom. Raspail-Aÿ, Dom. Sta-Duc, Dom. St-Gayan, Dom. des Travers, Ch. du Trignon.

Ginestet Alteingesessenes Bordeaux-Handelshaus, heute im Besitz von Bernard Taillan, angeblich schon der zweite im Reigen neuer Besitzer.

Girardin, Vincent Bg; r w ☆☆→☆☆☆ Der Qualitätserzeuger aus Santenay ist jetzt ein auf Produkte der AC Côte de Beaune spezialisierter dynamischer Weinhändler. Moderner, eichenholzwürziger, fruchtiger Stil.

Givry Bg; r w ★★ **95 96' 97 98 99** 00 02 – Unterbewerteter Weinort der Côte Chalonnaise: leichter, aber dennoch vollmundiger und typischer Burgunder, z. B. von Delorme, Dom. Joblot, L. Latour, T. Lespinasse, Clos Salomon, Sarrazin, Baron Thénard.

Gorges et Côtes de Millau SWF; r rs w ☆ BV – Örtlich beliebte Landweine. Rote am besten. Gute Genossenschaft in Aguessac. Einige private Betriebe für Mutige.

Gosset Sehr altes kleines Champagnerhaus in Aÿ. Exzellente, körperreiche Champagner (v. a. Grand Millésime **96**). Gosset Celebris (**90 95 96**) und Celebris Rosé (**95 96**) sind Prestige-Cuvées, erstmals 1995 von den ehrgeizigen neuen Eigentümern, der Familie Cointreau von Frapin-Cognac, herausgebracht.

Gouges, Henri ☆☆☆ Wieder stärker werdendes Gut für vollen, komplexen Nuits-St-Georges mit großartigem Alterungspotenzial.

Goût Geschmack, z. B. »goût anglais« – wie ihn die Engländer mögen (d. h. trocken bei Champagner oder ausgereift).

Grand cru In Burgund Spitzenlage mit eigener Appellation Contrôlée. Im Elsass eine der 50 Spitzenlagen innerhalb des AC-Bereichs Alsace Grand cru, anderswo ein vagerer Begriff. In St-Emilion der dritte Rang der Châteaux; es gibt davon etwa 200.

Grande Champagne AC für den besten Cognac-Bereich. Hat nichts mit Schaumwein zu tun.

Grande Rue, La Bg; r ☆☆☆ **89' 90' 91 93 95** 96' **97** 98 99' 00 01 02' 03 – Grand cru in Vosne-Romanée, Nachbar von DRC. Im Besitz von Dom. Lamarche.

Grands-Echézeaux Bg; r ★★★★ **78' 85' 88' 89' 90' 91' 93** 95 96' **97** 98 99' 00 01 02' – Sehr feine Grand-cru-Lage (9 ha) neben Clos de Vougeot. Weine nicht wuchtig, aber aromatisch: Drouhin, Engel, DRC, Gros.

Gratien, Alfred und **Gratien & Meyer** ☆☆→☆☆☆ Brut oJ; Brut **95 96'** 98; Prestige Cuvée Paradis Brut und Rosé **96** – Exzellentes kleines Champagnerhaus, ein Familienbetrieb, der zwar in den Besitz einer großen deutschen Gesellschaft übergegangen ist, seinen hohen Qualitätsstandard dabei aber nicht verloren hat. Feine, sehr trockene, langlebige Erzeugnisse; werden immer noch im Fass vergoren. Partnerfirma in Saumur (Loire) ist Gratien & Meyer. Beachtenswert die sehr gute Cuvée Flamme.
Graves Bx; r w ★★→★★★★ Großer Bereich südlich der Stadt Bordeaux mit ausgezeichneten milden und erdigen Rotweinen sowie trockenen Weißweinen (Sauvignon blanc/Sémillon), die sich immer mehr als Stars etablieren. Pessac-Léognan im Zentrum.
Graves de Vayres Bx; r w ☆ **95 96 98 99 00'** – Teil von Entre-Deux-Mers; ohne besonderen Charakter.
Grenache Siehe Trauben für Rotwein (Seite 14).
Griotte-Chambertin Bg; r ☆☆☆☆ **85' 88' 89' 90' 91 93** 95 96' **97** 98 99' 00 01 02' 03 – 6 ha Grand cru neben Chambertin. Ähnlicher Wein, aber nicht so kraftvoll, eher zart. Erzeuger: u. a. Dugat, Drouhin, Ponsot.
Grivot, Jean Bg ☆☆☆→☆☆☆☆ 14-ha-Domaine an der Côte de Nuits mit Anteilen an 5 Appellationen, darunter Nuits Premiers crus, Richebourg, Vosne-Romanée, Clos de Vougeot usw. Spitzenqualität.
Groffier, Robert Bg ☆☆☆ Sauberer, eleganter Gevrey-Chambertin und Chambolle-Mussigny, v. a. Les Amoureuses.
Gros, Domaines Bg ☆☆☆→☆☆☆☆ Eine herausragende Winzerfamilie in Vosne-Romanée; unter ihrem Dach u. a. die Domaines Jean, Michel, Anne, Anne-François Gros und Gros Frère et Sœur.
Gros Plant du Pays Nantais Lo; w ☆ BV – VDQS-Bereich, kleinerer Nachbar von Muscadet; säuerlicherer und leichterer Wein aus der Cognac-Traube, sonst bekannt als Folle blanche, Ugni blanc usw.
Guffens-Heynen Bg ☆☆☆ Belgischer Pouilly-Fuissé-Weinbauer. Geringe Mengen, Spitzenqualität. Alkoholstarker Gamay. Ferner Côte-d'Or-Weine von zugekauften Trauben (siehe Verget).
Guigal, E. Berühmter Erzeuger (22 ha an der Côte Rôtie) von Hermitage und St-Joseph und Handelshaus (Condrieu, Côte Rôtie, Hermitage). Besitzer von Vidal-Fleury, de Vallouit und Dom. J.-L. Grippat. Durch Ausbau von Einzellagen-Côte-Rôtie (La Mouline, La Landonne, La Turque) über 42 Monate in neuen Eichenfässern hat Guigal mit der Lokaltradition gebrochen und sich auf den (vor allem) amerikanischen Geschmack eingestellt. Standardweine: preiswert und verlässlich, besonders die roten Côtes-du-Rhône-Weine. Auch voller, eichiger Condrieu La Doriane und süßer Luminescence.
Haut-Benauge Bx; w ☆ BV – Appellation für einen kleinen Bereich innerhalb Entre-Deux-Mers.
Hautes-Côtes de Beaune Bg; ★★ r **96 98 99' 00** 01 02' **03** w **99' 00'** 01 02' **03** – Appellation für ein Dutzend Dörfer in den Bergen hinter der Côte de Beaune. Leichte, probierenswerte Weine. Spitzenerzeuger: Corny, Devevey, Jacob Mazilly.
Hautes-Côtes de Nuits Bg; ★★ r **96 98 99' 00** 01 02' **03** w **99' 00'** 01 02' **03** – Wie oben, nur an der Côte de Nuits. Ein in Entwicklung begriffenes Gebiet. Spitzenerzeuger: C. Cornu, Duband, Jayer-Gilles, M. Gros. Große Genossenschaft in Beaune.
Haut-Médoc Bx; r ☆☆→☆☆☆ **82' 83' 85' 86' 88' 89' 90' 95 96 98** 00 01' 02 – Große Appellation, umfasst die besten Lagen im Médoc. Der größte Teil des Bereichs wird durch kommunale Appellationen erfasst

(wie Margaux und Pauillac). Manche vorzügliche Châteaux (z. B. La Lagune) fallen nur unter die AC Haut-Médoc.

Haut-Montravel Dor; w; s ☆☆ **90′ 95′ 97′ 98 99 01** 02 – Seltener süßer weißer Montravel, ähnlich wie Monbazillac. Zu empfehlen: Ch. Le Bondieu, Ch. Moulin Caresse, Ch. Puy-Servain-Terrement und Ch. Roque-Peyre, auch Dom. de Gouyat und Dom. de Libarde.

Haut-Poitou Lo; r w ★→★★ BV – Aufstrebender VDQS-Bereich südl. von Anjou. Sehr gute Weißweine (Chardonnay, Sauvignon blanc, Chenin blanc) von der mit Dubœuf verbundenen Cave du Haut-Poitou. Rotweine von Gamay und Cabernet Sauvignon; die besten können 4 bis 5 Jahre altern. Hat sich den Einschränkungen durch den AC-Status verweigert, um Freiheiten bei der Sortenauswahl zu behalten.

Heidsieck, Charles Brut Réserve oJ; Brut **90′ 95 96** ; Rosé **95 96**; Blanc des Millénaires **90′ 95 96** – Bedeutende Champagnerfirma in Reims, wird heute von Rémy Martin kontrolliert. Neuerdings feine Qualität, v. a. die innovative Reihe Mis en Cave: Cuvées oJ, bei denen das Abfülljahr auf dem Etikett angegeben ist. Jahrgangslose Champagner sind besonders preiswert. Siehe auch Piper-Heidsieck.

Heidsieck, Monopole Brut oJ Blue Top; Red Top; Gold Top **96 97** 98 – Ehemals illustres Champagnerhaus, jetzt im Besitz der Vranken-Gruppe. Die Cuvée Red Top ist fast reiner Blanc de Noirs.

Hengst Wintzenheim Grand cru im Elsass. Herausragend durch Spitzen-Gewürztraminer von Albert Mann; auch Pinot Auxerrois, Chasselas (v. a. Josmeyer) und Pinot noir (v. a. A. Mann) ohne Grand-cru-Status.

Henriot Brut Souverain oJ; Blanc de Blancs de Chardonnay oJ; Brut **90 95** 98; Brut Rosé **96 98**; Luxus-Cuvée: Cuvée des Enchanteleurs **88 90** 95 – Alteingesessener Champagnerfamilienbetrieb, der 1994 wieder unabhängig wurde. Sehr feine, frische Art. Joseph Henriot besitzt außerdem Bouchard Père et Fils (seit 1995) und Fèvre.

Hérault Midi Mit 107 000 ha das größte Weinbaudepartement Frankreichs. Einige gute AC Coteaux-du-Languedoc-Weine und bahnbrechender Vin de pays de l'Hérault. Außerdem Vin de table.

Hermitage N-Rh; r w ★★★→★★★★ **61′ 66 72** 78′ **82 83′ 85′ 88 89′ 90′ 91′ 94** 95′ 96′ **97′** 98′ 99′ 00 01′ (02) 03 – Dunkel, wuchtig und tief. Das gelungenste Beispiel eines Syrah-Weins von 125 ha Berglagen am Ostufer der Rhône. Muss lange reifen. Der Weißwein (Marsanne, etwas Roussanne) ist goldfarben und kräftig; die Spitzenweine halten sich bis zu 25 Jahre und können besser als Rote sein. Spitzenerzeuger: Belle, Chapoutier, Chave, Dom. du Colombier, Delas, Desmeure, Faurie, Guigal, Jaboulet, M. Sorrel, Tardieu-Laurent. Immer bessere Weine auch von der Genossenschaft Tain.

Hospices de Beaune Bg – Historisches Hospital und soziale Einrichtung in Beaune, mit hervorragendem Weinbergbesitz (durch Cuvée-Namen bekannt) in Meursault, Pommard, Volnay, Beaune, Corton. Die Weine werden jeweils am dritten Sonntag im November versteigert.

Hudelot-Noëllat, Alain ☆☆☆ Unterbewertetes Gut in Vougeot; exzellente Weine in einem leichten aber feinen Stil.

Huët-L'Echansonne Lo ☆☆→☆☆☆☆ **47′ 59′ 76′ 85′ 88′ 89′ 90′ 93** 95′ 96 97 98 99 00 01 03 (trocken und halbtrocken) 02 03 – Führendes Spitzenweingut in Vouvray mit biologisch-dynamischem Anbau; jetzt unter der Leitung von Huëts Schwiegersohn Noël Pinguet. Weine, die langer Alterung bedürfen. Am besten die Einzellagenweine: Le Haut Lieu, Le Mont, Clos du Bourg.

Hugel et Fils ☆☆→☆☆☆ Bekannteste elsässische Firma; gegründet 1639 in Riquewihr und noch heute in Familienbesitz. Großartig die Serien Tradition und (noch mehr) Jubilee. Ferner Sélections des grains nobles – bei diesem Stil leistete Hugel Pionierarbeit und produziert noch immer einige der besten Exemplare. Gelegentlich auch Vin de paille. »Johnny« Hugel (seit 1997 im Ruhestand) ist der allseits beliebte Sprecher für die Region; Jean-Philippe und Etienne Hugel haben nun das Gut übernommen, Marc fungiert als Kellermeister. Das elsässische Grand-cru-System stößt bei ihnen auf erbitterten Widerstand.

Ile de Beauté, L' Vin de pays aus Korsika, größtenteils Rotwein.

Impériale Bordeauxflasche, die dem Inhalt von 8 Normalflaschen entspricht (6 l).

Irancy (»Bourgogne Irancy«) Bg; r (rs) ★★ **96' 98 99' 00** 02' 03 – Guter leichter Rotwein aus der Nähe von Chablis, von Pinot noir und der Lokaltraube César. Die besten Jahrgänge entwickeln sich gut bei der Lagerung. Beobachtenswert. Erzeuger: Colinot u. a.

Irouléguy SWF; r rs (w) ☆☆ **98' 00 01** 02 – Baskische Rotweine mit rustikalem Einschlag: dunkle, dichte Tropfen von Tannat/Cabernet Sauvignon, die 5 Jahre und mehr lagern können. Gute Erzeuger sind die Domaines Ilarria, Brana, Arretxea, Etchegaraya, Abotia und die Genossenschaft. Macht Madiran Konkurrenz.

Jaboulet-Aîné, Paul Alte Familienfirma, führender Erzeuger von Hermitage (v. a. La Chapelle ★★★★), Cornas St-Pierre, Crozes Thalabert (sehr preiswert) und Roure; handelt außerdem mit anderen Rhône-Weinen – v. a. Côtes du Rhône Parallèle 45, Côtes du Ventoux. Weißweine jung trinken.

Jacquart Brut oJ; Brut Rosé oJ (Carte Blanche und Cuvée Spéciale); Brut **90 95 96** – Champagnermarke auf Genossenschaftsbasis, mengenmäßig die sechstgrößte. Ordentliche Qualität. Luxussorten: Cuvée Nominée Blanc (**95 96**) und Rosé (**95 96**); sehr gut: Mosaïque Blanc de Blancs (**96'** 98) und Rosé (**96**).

Jacquesson Hervorragendes kleines Champagnerhaus in Dizy. Sehr guter Avize Grand cru (**95 96**), exquisite fassgereifte Signature Grand Vin (weiß **88' 90 95'** und rosé 95), Aÿ Grand cru Vauzelle Terme (**96**) und hervorragende Cuvée 728 oJ.

Jadot, Louis Bg ☆☆→☆☆☆☆ Erstklassiges Handelshaus in Burgund mit 63 ha Weinbergbesitz in Beaune, Corton, Ch. des Jacques (Moulin-à-Vent), Magenta usw. Zuverlässige Weine.

Jardin de la France Lo; r rs w; BV – Einer der vier regionalen Vins de pays Frankreichs; umfasst das Loiretal. Meist sortenrein (v. a. Chardonnay, Gamay, Sauvignon blanc).

Jasnières Lo; w; tr (s) ☆☆☆ **76 78 79 83 85 86 88' 89' 90' 93' 95' 96 97 98 99 00 01** 02 03 – Seltener, fast unbegrenzt haltbarer, Vouvray-ähnlicher trockener Wein (Chenin blanc) aus der nördlichen Touraine. Empfehlenswert: Aubert la Chapelle, Chaussard, Gigou, Nicolas, Robinot.

Jayer, Henri Schon fast eine Legende in Burgund. Siehe Rouget.

Jeroboam 6fach-Flasche (4,5 l) bzw. 3fache Magnum-Flasche in Bordeaux; 2fache Magnum-Flasche in der Champagne.

Jobard, François Bg ☆☆☆ Kleines Meursault-Weingut; klassische Weine, die gemächlich reifen. Beachtenswert auch die in modernerem Stil bereiteten Weine des Neffen Remi Jobard.

Jolivet, Pascal Lo ☆☆→☆☆☆ Beachtlicher Erzeuger von gutem Sancerre und Pouilly-Fumé in verschiedenen Güteklassen.

Josmeyer ☆☆→☆☆☆ Familienweingut in Wintzenheim, Elsass; sehr gute, langlebige Weine, v. a. Gewürztraminer und Pinot blanc. Feiner Riesling aus der Grand-cru-Lage Hengst. Große Auswahl.
Juliénas Beauj; r ★★★ **99 00 01** 02 03 – Führendes Gewächs aus dem Beaujolais; gehaltvoller, fruchtiger Wein, 2 bis 3 Jahre haltbar. Erzeuger: Ch. de Juliénas, Ch. du Bois de la Salle, Ch. des Capitans, Dom. Bottière, Dom. R. Monnet, Ch. des Vignes, Michel Tête und die Cave Coopérative.
Jura Siehe Côtes du Jura.
Jurançon SWF; w; tr s ★→★★★ s **90 95 97′ 98 00** 01 (02) tr **98 00 01′ 02** – Rassige, langlebige Spezialität aus Pau in den Ausläufern der Pyrenäen, höchst probierenswert; die süße Version ist am besten, v. a. als Aperitif. Spitzenerzeuger: Barrère, Bellevue (v. a. trockene Weine), Bordenave, Bousquet, Cabarrouy, Capdevielle, Castéra, de Souch, du Cinquau, Gaillot, Jolys, Dom. de Cauhapé, Dom. du Bellegarde, Dom. Cauhapé, Lamouroux, Lapeyre, Larredya, Nigri, de Rousse, Uroulat. Außerdem Genossenschaften mit trockenem Grain Sauvage, Brut d'Ocean und Peyre d'Or.
Kaefferkopf El; w; tr s ☆☆☆ Lage in Ammerschwihr, eher berühmt für Verschnitte als für sortenreine Weine; daher kein Grand-cru-Status.
Kientzheim-Kaysersberg, Cave Vinicole de ★→★★ Bedeutende Winzergenossenschaft im Elsass, jetzt wieder mit Spitzenqualität. Erzeugt v. a. Gewürztraminer, Grand-cru-Riesling Schlossberg und Crémant d'Alsace.
Kientzler, André ☆☆→☆☆☆ Elsässer Riesling-Spezialist mit feinem Geisberg-Grand-cru, v. a. Vendange tardive und Sélection des grains nobles. Ebenso gut aus den Grand-cru-Lagen Kirchberg de Ribeauvillé (Gewürztraminer) und Osterberg (gelegentlich Vin de glace – Eiswein). Auch sehr guter Auxerrois und Chasselas.
Korsika (Vin de Corse) Die Insel bietet starke Weine aller Farben. Appellationen sind Ajaccio und Patrimonio, bessere Crus Cap Corse und Calvi. Vin de pays: Ile de Beauté.
Kreydenweiss, Marc ☆☆→☆☆☆ Guter Elsässer Erzeuger mit 12 ha in Andlau, v. a. Pinot gris (sehr gut aus der Grand-cru-Lage Moenchberg), Pinot blanc und Riesling. Spitzenwein: Grand cru Kastelberg (Riesling 20 Jahre haltbar). Auch feiner Auxerrois Kritt Klevner und gute Vendange tardive; ebenfalls guter Riesling/Pinot gris Clos du Val d'Eléon. Arbeitete als einer der ersten im Elsass mit neuen Eichenfässern. Überzeugter Anhänger des *terroir*-Gedankens und des biodynamischen Weinbaus.
Kriter Beliebter preiswerter Qualitätssekt aus Burgund, verarbeitet durch Patriarche.
Krug Grande Cuvée; Vintage **85′ 88 90** 95; Rosé; Clos du Mesnil (Blanc de Blancs) **85 88 90**; Krug Collection **62 64 66 69 71 73 76 79 81** – Kleines Champagnerhaus mit größtem Prestige. Dichte, körperreiche, sehr trockene Champagner von allerfeinster Qualität für lange Lagerung. Seit 1999 im Besitz von Moët-Hennessy.
Kuentz-Bas ☆→☆☆☆ Elsässische Erzeuger- und Handelsfirma der Spitzenklasse in Husseren-les-Châteaux, besonders für Gewürztraminer und Pinot gris. Auch gut: Vendange tardive. Jetzt im Besitz von Caves B. Adam.
Labouré-Roi Bg ☆☆→☆☆☆ Zuverlässiges, dynamisches Weinhandelshaus in Nuits-St-Georges; meist Weißweine. Besitzt jetzt auch das moderne Handelshaus Nicolas Potel mit Spitzenrotweinen.
Ladoix-Serrigny Bg; r (w) ☆☆ **95 96′ 97 98** 99′ 01 02′ 03 – Nördlichster Ort der Côte de Beaune, am Fuß des Corton. Günstige Preise; beachtenswert.

Ladoucette, de ☆☆→☆☆☆ **89 90 95 96 97 98 99 00 01** – Führender Erzeuger von Pouilly-Fumé auf Ch. de Nozet. Die Luxusmarke Baron de L. kann wunderbar sein, hat aber ihren Preis. Ferner Sancerre Comte Lafond, La Poussie, Marc Brédif (außerdem Chablis von Pic).

Lafarge, Michel ★★★★ 10,5-ha-Gut an der Côte de Beaune mit hervorragendem Volnay.

Lafon, Domaine des Comtes ☆☆☆☆ Spitzenweingut (14 ha) mit feinsten Burgunderlagen: Volnay, Meursault und Le Montrachet. Grandiose, intensive Weine, v. a. überaus dunkle Rotweine. Hat mittlerweile auch eine Domaine im Mâconnais.

Laguiche, Marquis de Bg ☆☆☆☆ Größter Grundbesitzer in Le Montrachet. Herrliche Weine, von Drouhin hergestellt.

Lalande de Pomerol Bx; r ★★→★★★ **88' 89' 90' 94 95 96 98 99** 00' 01' – Nachbar von Pomerol. Ähnliche, aber nicht so weiche Weine. Generell ist die Qualität seit 1999 gestiegen. Eine neue Generation mit neuen Investoren übernimmt das Kommando. Spitzen-Châteaux: des Annereaux, de Bel-Air, Belles-Graves, Bertineau-St-Vincent, La Croix-St-André, La Fleur de Boüard, Garraud, Perron, La Sergue, Siaurac, Tournefeuille. Empfehlenswert.

Lamartine, Château SWF; r ☆☆☆ **95 98 00** 01 02 – Einer der neuen Spitzenerzeuger in Cahors mit kraftvollen Rotweinen, denen dennoch einige Eleganz und Finesse zu eigen ist.

Landron, Dom. Lo; w; tr – Ausgezeichneter ökologisch wirtschaftender Erzeuger von Muscadet de Sèvre-et-Maine mit verschiedenen Cuvées, die je nach Terroir abgefüllt werden; u.a. Fief du Breuil und Amphibolite. Besitzt auch die Dom. de la Louvetrie.

Langlois-Château Lo ☆→☆☆☆ Einer der Spitzenerzeuger von Saumur-Schaumwein (v. a. Crémant), in der Hand von Bollinger. Außerdem eine Reihe von Loire-Stillweinen, v. a. Saumur Blanc Vieilles Vignes.

Lanson Père et Fils Black Label oJ; Rosé oJ; Brut **95 96' 97** 98 – Bedeutendes Champagnerhaus im Aufwärtstrend. Kellereien in Reims. Langlebige Luxusmarke: Noble Cuvée Blanc de Blancs (**95'** 96). Black Label verbessert sich mit zunehmendem Alter.

Laroche ☆☆→☆☆☆ Großer Chablis-Erzeuger (76 ha) und dynamisches Handelshaus; liefert auch Dom. La Jouchère und Dom. Laroche. Spitzenweine: Blanchots (v. a. Réserve de l'Obédiencerie ☆☆☆) und Clos Vieilles Vignes. Erzeugt ferner gute überregionale Chardonnay-Verschnitte. Jetzt auch Auswahl an Weinen aus dem Midi von Dom. La Chevalière.

Latour, Louis Bg ☆☆→☆☆☆☆ Berühmtes Erzeuger- und Handelshaus in Burgund mit Weinbergen (48 ha) in Corton, Beaune usw. Sehr gute Weißweine, v. a. Chevalier-Montrachet Les Demoiselles, Corton-Charlemagne, Montrachet. Guter, preiswerter Montagny, Chardonnay von der Ardèche usw. Eigentümer von Ch. Corton Grancey. Auch Pinot noir Valmoissine aus dem Departement Var.

Latour de France r (w) ☆→☆☆ **95 96 97 98 99** 00 01 02 – Angeblich hochklassiger Ort in der AC Côtes du Roussillon-Villages.

Latricières-Chambertin Bg; r ☆☆☆ **85' 88' 89' 90' 93 95** 96' **97** 98 99' 00 01 02' 03 – 7 ha Grand cru neben Chambertin. Ähnlicher Wein, aber leichter und »gefälliger«, z. B. von Faiveley, Leroy, Ponsot, Trapet.

Laudun S-Rh; r rs w ★ **99 00 01 03** – Einer der Côtes-du-Rhône-Villages-Orte am Westufer. Weiche Rotweine. Gefällige Weine von der Genossenschaft Serre de Bernon, auch frische Weiße. Dom. Pelaquié ist am besten, besonders der Weißwein; daneben Ch. Courac, Ch. Duseigneur und Ch. Prieuré Saint-Pierre.

Laurent-Perrier Brut oJ; Rosé oJ; Brut **95** 96 98 99 – Dynamische und erfolgreiche Champagnerfamilienfirma in Tours-sur-Marne. Sehr guter, mineralischer oJ sowie exzellente Luxusmarken: Grand Siècle Lumière du Millénaire (**90**); CGS Alexandra Brut Rosé (**90'** **95** 96). Auch Ultra Brut. Zum Besitz gehören ferner Salon, Delamotte, De Castellane.
Lavilledieu-du-Temple SWF; r rs w ☆ BV – Fruchtige Weißweine meist von der Genossenschaft bei Montauban; experimentiert auch mit regionalen Rebsorten. Außerdem Domaines de Gazanias und de Rouch.
Leflaive, Domaine Bg ☆☆☆☆ Unter den besten Erzeugern von weißem Burgunder. Spitzenlagen in Puligny-Montrachet: Clavillons, Pucelles, Bienvenue- und Chevalier-Montrachet und (seit 1991) Le Montrachet. Die feinsten Weine entstehen nach biodynamischen Richtlinien.
Leflaive, Olivier Bg ☆☆☆ Ausgezeichnetes Handelshaus in Puligny-Montrachet, Cousin des zuvor Genannten. Sehr verlässliche Weine, meist weiß, die jung getrunken werden sollten.
Léognan Bx; r w ☆☆☆→☆☆☆☆ Führender Ort der Appellation Graves mit eigener AC: Pessac-Léognan. Beste Châteaux: Domaine de Chevalier und Haut-Bailly.
Leroy, Domaine Bg ☆☆☆☆ Aus der 1988 gekauften Dom. Noëllat in Vosne-Romanée und Besitzungen der Familie Leroy (Dom. d'Auvenay) ist dieser Erzeugerbetrieb entstanden. Winzige Erträge aus biodynamischem Anbau sichern außergewöhnliche Qualität.
Leroy, Maison Bg ☆☆☆☆ Der bedeutendste Négociant-éleveur in Auxey-Duresses mit den schönsten Beständen an teuren alten Weinen in ganz Burgund.
Lesquerde ☆☆ **95 96 97** **98 99** 00 01 02 – Neue bedeutende AC-Village der Côtes du Roussillon-Villages.
Lichine, Alexis et Cie. Erfolgreiches Handelshaus in Bordeaux (gehörte dem verstorbenen Alexis Lichine). Keine Verbindung mit Prieuré-Lichine.
Limoux Pyr; r w ★★ AC mit dem Schaumwein Blanquette de Limoux oder dem besseren Crémant de Limoux, außerdem in Eiche ausgebauter Chardonnay für Limoux AC. Für Vin de pays ist neben traditionellen Trauben auch Pinot noir zugelassen, in Verschnitten inzwischen auch im Crémant. Erzeuger: u. a. Dom. de Fourn und Dom. des Martinolles; gute Genossenschaft. Seit 2003 gibt es auch eine AC für Rotwein (Merlot-Basis mit Cabernet Sauvignon, aber nicht Pinot noir).
Liquoreux Bezeichnung für sehr süßen Wein; z. B. Sauternes, Spitzen-Vouvray, Jurançon etc.
Lirac S-Rh; r rs w ★★ **90' 95' 96** **98'** **99' 00'** **01'** 03 – Nachbarort von Tavel. Ansprechender, preiswerter Rotwein (kann bis zu 5 Jahre und länger reifen), oft weich, mit einem erhöhten Anteil an Mourvèdre jedoch fester. Rotwein überflügelt den Rosé, v. a. Dom. Cantegril, Dom. Devoy-Martine, Joncier, Lafond Roc-Epine, Ch. de Ségriès, Dom. de la Mordorée, Dom. Maby (Fermade), André Méjan, Dom. Sabon, Ch. de Bouchassy und Ch. d'Aquéria.
Listel Midi; r rs w ★→★★ BV – Großes historisches Gut (1600 ha) auf den Sandstränden des Golfe du Lion. Im Besitz der Val-d'Orbieu-Gruppe; angenehme, leichte »Vins des sables«, auch Schaumwein. Dom. du Bosquet-Canet ist ein fruchtiger Cabernet Sauvignon; die Dom. de Villeroy produziert frischen Blanc de Blancs sur lie, rosé Gris de Gris und Chardonnay. Ferner fruchtiger, fast alkoholfreier Pétillant, Ch. de Mailjay von den Côtes du Rhône, Abbaye de Ste-Hilaire von den Coteaux Varois sowie Ch. La Gordonne von den Côtes de Provence.

Listrac-Médoc Bx; r ☆☆→★★★ **90′** **95** **96** **98** 00′ 01 02 – Ort im Haut-Médoc, neben Moulis. Beste Châteaux: Clarke, Fonréaud, Fourcas-Hosten, Fourcas-Dupré, Mayne-Lalande.

Livinière, La Siehe Minervois-La Livinière.

Long-Depaquit Bg ☆☆☆ Sehr gute Chablis-Domaine (v.a. Moutonne) von Bichot.

Lorentz, Gustave ☆☆ Elsässischer Erzeuger und Händler in Bergheim; v.a. Gewürztraminer und Riesling aus den Grand-cru-Lagen Altenberg de Bergheim und Kanzlerberg. Ist auch Eigentümer von Jerome Lorentz. Sowohl die Spitzen-Gutsweine als auch die allgemein erschwinglichen Tropfen sind gut.

Loron et Fils ☆→☆☆ Großes Erzeuger- und Handelshaus in Pontanevaux. Ein Spezialist für Beaujolais und sauberen Vin de table.

Loupiac Bx; w; s ★★ **86′** **88′** **89** **90** **95** **96** **97** **98** **99** 01′ 02 (03) – Nachbar von Sauternes auf dem anderen Garonneufer und keineswegs zu verachten. Spitzen-Châteaux: Clos-Jean, Loupiac-Gaudiet, Mémoires, Noble, Ch. de Ricaud, Les Roques.

Das Mâconnais

Das Hügelland nördlich des Beaujolais weist Kalksteinflächen auf, wo die Chardonnay-Traube volle, oft sogar feine Weine ergibt. Der hiesige Ort Chardonnay ist möglicherweise die Heimat dieser Rebsorte. Granitböden ergeben leichte Gamay-Rotweine. Die Spitzenappellation ist Pouilly-Fuissé, gefolgt von Pouilly-Vinzelles, St-Véran und Vité-Clersé, danach kommen die Mâcon-Villages-Weine mit den jeweiligen Ortsnamen. Die Region besitzt das Potenzial für preiswerten, sehr typischen Chardonnay, der die Erzeugnisse aus der Neuen Welt (und auch aus dem Süden Frankreichs) ausstechen könnte. Gegenwärtig aber präsentieren sich die meisten Weine nicht auf Spitzenniveau.

Lugny Siehe Mâcon-Lugny.

Lussac St-Emilion Bx; r ★★ **85** **86′** **88′** **89′** **90′** **94** **95** **96** **98** **00′** **01** – Nordöstlicher Nachbar von St-Emilion. Spitzen-Châteaux: Barbe-Blanche, Bel-Air, Bellevue, de la Grenière, Mayne-Blanc, du Lyonnat. Roc de Lussac heißt der gefällige Wein der Genossenschaft in Puisseguin.

Macération carbonique Traditionelle Beaujolais-Methode der Gärung von ganzen, unzerquetschten Trauben in einem geschlossenen Tank. Die in den einzelnen Trauben vor sich gehende Gärung bringt diese zum Aufplatzen. Das Ergebnis ist ein spritziger, sehr fruchtiger milder Wein, der sich nicht lange lagern lässt. Die Methode wird heute auch in vielen anderen Gegenden, z.B. im Midi, angewandt, sogar bei Châteauneuf-du-Pape.

Mâcon Bg; r (rs) w; BV – Saubere, meist wenig bemerkenswerte Rote (Gamay am besten) und schmackhafte trockene Weißweine (Chardonnay). Mâcon Supérieur ist ähnlich.

Mâcon-Lugny Bg; (r) w; sch ★★ **99** **00′** 01 – Dorf unweit von Viré mit sehr großer und sehr guter Genossenschaft (4-M-Flaschen). Les Genevrières wird von Louis Latour verkauft.

Mâcon-Villages Bg; w ★★→★★★ **00′** **01** **02′** 03 – Typischer weißer Burgunder von hoher Qualität, wenn Übererträge vermieden werden. Bekannt für Villages-Weine, v.a. Mâcon-Lugny, -Prissé und -Uchizy. Die besten Genossenschaften sind in Prissé und in Lugny. Beste Erzeuger: Vincent (Fuissé), Thévenet, Bonhomme, Guillemot-Michel, Merlin (La Roche Vineuse). Siehe auch Viré-Clessé.

Macvin Jura; w; s ☆☆ AC für einen »traditionellen« Aperitif aus Marc und Traubensaft.

Madiran SWF; r ☆☆→★★★ **89' 90'** 94 **95' 96 97 98'** 99 (00) (01) – Dunkler, kräftiger, charaktervoller Rotwein aus der Gascogne vor allem von der Tannat-Traube. Muss gelagert werden. Probierenswert: Montus, Bertheumieu, Bouscassé, Chapelle Lenclos, Labranche-Laffont, Laffont, Laplace, Laffitte-Teston, Capmartin, Barréjat, du Crampilh und Clos Fardet. Gut auch die Genossenschaften Crouseilles, Plaimont und Castelnau-Rivière-Basse. Der Weißwein trägt das AC-Siegel Pacherenc du Vic-Bilh.

Magnum Doppelflasche (1,5 Liter).

Mähler-Besse Erstklassige holländische Handelsfirma in Bordeaux mit Mehrheitsbeteiligung an Ch. Palmer und Besitzer von Ch. Michel de Montaigne. Marke: Cheval Noir und andere. Insgesamt rund 100 ha.

Mailly-Champagne Erstklassige Genossenschaft in der Champagne. Luxusmarke: Cuvée des Echansons.

Maire, Henri ☆→☆☆ Größter Erzeuger und Händler für Jura-Weine mit der Hälfte der gesamten AC. Einige Spitzenweine, viele ansprechende Handelsmarken. Ein Besuch macht Spaß.

Mann, Albert El ☆→☆☆☆ In Wettolsheim ansässige Winzerfamilie mit sehr gutem Ruf für ihre vollen, eleganten Weine. Hervorragender Pinot blanc, Auxerrois und Pinot noir sowie feiner Riesling und Gewürztraminer von den Grand-cru-Lagen Schlossberg und Hengst.

Maranges Bg; r (w) ☆☆ **96 97 98 99'** 01 02 – AC für gut 240 ha an der südlichen Côte de Beaune. Ein Drittel Premier cru. Bedeutendste Négociants: Drouhin, Girardin.

Marc Trester; auch der daraus bereitete, streng riechende Branntwein (das Gegenstück zu Grappa in Italien).

Marcillac SWF; r rs ★→★★ BV (Prestige-Cuvées halten sich) – AC-Status seit 1990. Violett getönter Rotwein mit grasigem Beerencharakter. Gut die Genossenschaft in Valady und die Domaines du Cros, Costes, Laurens, Jean-Luc Matha.

Margaux Bx; r ☆☆→☆☆☆☆ **78 81 82' 83' 85 86' 87 88' 89 90' 95 96** 98 99 00' 01 02 – Ort im Haut-Médoc mit den elegantesten und aromatischsten Bordeaux-Rotweinen. Die AC schließt Cantenac und einige andere Orte mit ein. Spitzen-Châteaux: u. a. Margaux, Palmer, Rauzan-Ségla.

Marionnet, Henry Lo ☆→☆☆☆ **95 96 97 98 99 00 01 02** – Führendes Gut in der Touraine, spezialisiert auf Gamay und Sauvignon blanc. Spitzen-Cuvée ist Le M. de Marionnet, außerdem die Cuvées Première Vendange und Cépages Oubliés sowie Vinifera und Provignage, die letzten beiden von ungepfropften Reben.

Marne et Champagne Großes Champagnerhaus, dem Lanson (seit 1991) und viele kleinere Marken, u. a. Besserat de Bellefon gehören. Unter der Marke Alfred Rothschild sehr gute Weine auf Chardonnay-Basis.

Marque déposée Schutzmarke.

Marsannay Bg; r rs (w) ★★ **96' 97 99' 00 01** 02' 03 (Rosé BV) – Ort bei Dijon mit feinem, leichtem Rotwein und delikatem Pinot-noir-Rosé. Die Orte Chenôve und Couchey gehören dazu. Erzeuger: u. a. Charlopin, Clair, Jadot, Méo-Camuzet, Roty, Trapet.

Mas de Daumas Gassac Midi; r rs w ☆☆☆ **93 94' 95 96 97 98** 99 00 01 02 03 – Das erste »Grand-cru-Gut« des Languedoc mit kraftvollen Weinen – meist Cabernet Sauvignon – von besonderem Boden. Außergewöhnliche Qualität. Produziert außerdem die neue Super-Cuvée Emile

Peynaud, den Rosé Frisant und einen vollen, duftigen weißen Verschnitt von Chardonnay, Viognier, Petit Manseng usw., der mit 2–3 Jahren getrunken werden sollte. Auch ein früh trinkreifer Rotwein namens Les Terrasses de Guilhem von einer nahe gelegenen Winzergenossenschaft sowie traditionelle Languedoc-Marken (Clairette, Cinsaut, Aramon u. a.) von sehr alten Rebstöcken unter der Bezeichnung Terrasses de Landoc. Status: Vin de pays. Faszinierender süßer Weißwein: Vin de Laurence (Sémillon, Muscat-Sorten und Sercial).

Maury Pyr; r; s ☆☆ oJ – Roter Vin doux naturel von Grenache-Trauben aus dem Roussillon. Das schieferige Terroir ist zu schmecken. Neuerdings stark verbessert, v. a. bei Mas Amiel.

Mazis- (oder **Mazy-**) **Chambertin** Bg; r ☆☆☆ **78' 85' 88' 89' 90' 91 93** 95 96' **97** 98 99' 00 01 02' 03 – 12-ha-Grand-cru, Nachbar von Chambertin; oft ebenso kräftiger Wein. Beste Erzeuger: Leroy, Faiveley, Maume, Roty, Hospices de Beaune.

Mazoyères-Chambertin Siehe Charmes-Chambertin.

Médoc Bx; r ☆☆ **85 86' 88' 89' 90' 95 96 98 00'** 02 – Appellation für Rotwein aus dem weniger guten (nördlichen) Teil des größten und besten Distrikts von Bordeaux; der Geschmack ist erdig. Haut-Médoc ist wesentlich besser. Spitzen-Châteaux: u. a. La Cardonne, Greysac, Loudenne, Les Ormes-Sorbet, La Tour de By, Potensac.

Meffre, Gabriel ☆☆ Größtes Weingut an der südlichen Rhône, in Gigondas. Unterschiedliche Qualität, seit kurzem Fortschritte. Übernimmt auch Abfüllung und Vermarktung für kleine Châteauneuf-du-Pape-Weingüter, v. a. Guy Jullian und Dom. de Baban.

Mellot, Alphonse ZF ☆☆→☆☆☆ **94 95 96 97 98 99 00 01 02** 03 – Führender Weinerzeuger für Sancerre. Empfehlenswert: La Moussière und die im Holzfass gereiften Cuvées Edmond sowie Génération XIX.

Menetou-Salon Lo; r rs w ★★ BV – Höchst ansprechende Weine aus dem Westen von Sancerre: weißer Sauvignon blanc voller Charme, leichter roter Pinot noir. Spitzenerzeuger: Henri Pellé, Jean-Max Roger. Lagerfähige Rote von Clément.

Méo-Camuzet ☆☆☆☆ Sehr gute Domaine in Nuits und Vosne-Romanée mit Anteil an den Lagen Clos de Vougeot und Richebourg. Inspiriert von Henry Jayer. Spitzengewächs: Vosne-Romanée Cros Parantoux. Jetzt auch einige weniger teure Négociant-Cuvées.

Mercier et Cie., Champagne Brut oJ; Brut Rosé oJ; Brut **98 99** – Eine der größten Champagnerfirmen in Epernay. In der Hand von Moët & Chandon. Tadellose Qualität. Absatz vorwiegend in Frankreich. Gute, kraftvolle Cuvée Eugène Mercier auf Pinot-noir-Basis.

Mercurey Bg; r w ★★→★★★ r **90' 93 95 96' 97 98 99' 01** 02' 03 – Führender Rotweinort der Côte Chalonnaise. Guter Mittelklasse-Burgunder sowie zunehmend mehr und bessere Weißweine. Erzeuger: u. a. Ch. de Chamirey, Faiveley, M. Juillot, Lorenzon, Raquillet, Dom. de Suremain.

Mercurey, Région de Alternativbezeichnung für die Côte Chalonnaise.

Mérode, Domaine Prince de ☆☆☆ Einmal mehr eine Spitzen-Domaine für Corton und Pommard.

Mesnil-sur-Oger, Le Champ ☆☆☆☆ Einer der besten Côte des Blancs-Villages; strukturierter Chardonnay für sehr langes Altern.

Métaireau, Louis Lo; w ☆☆→☆☆☆ **89 90' 91 92 93 94 95 96 97 98 99 00 01 02 03** – Eine Schlüsselfigur in der »Qualitätsrevolution« bei Muscadet. Tochter Marie-Luce führt jetzt das Gut. Teurer, schön ausgebauter Wein: Number One und die Cuvées Grand Mouton und MLM.

Méthode champenoise Traditionelle aufwendige Methode der Champagnerbereitung durch Zweitgärung in der Flasche. Außerhalb der Champagne ist nur die Bezeichnung »Méthode traditionnelle« oder »klassische Methode« zulässig. Auf Etiketten nicht erwähnt.
Méthode traditionnelle Siehe Méthode champenoise.
Meursault Bg; (r) w ★★★→★★★★ **89'** **90** **91** **92** **95** 96' **97** 99' 00' 01 02' 03 – Ort an der Côte de Beaune mit einigen der größten Weißweinen der Welt: geschmackvoll, trocken, aber nusswürzig und mild. Beste Lagen: Perrières, Genevrières, Charmes. Ebenfalls gut: Goutte d'Or, Meursault-Blagny, Narvaux, Poruzots, Tesson, Tillets. Erzeuger: u. a. Ampeau, J.-M. Boillot, M. Bouzereau, Boyer-Martenot, Coche-Dury, Ente, Fichet, Grivault, Jobard, P. Javillier, Lafon, Latour, O. Leflaive, Leroy, Manuel, Matrot, Mikulski, Ch. de Meursault, P. Morey, G. Roulot. Siehe auch Blagny.
Meursault, Château de Bg; r w ☆☆☆ Weingut mit 60 ha im Besitz von Patriarche; gute Lagen in Meursault, Volnay, Pommard, Beaune und entsprechende Weine. Hervorragende Kellerei, für Publikumsbesuch geöffnet.
Meursault-Blagny Siehe Blagny.
Michel, Louis ☆☆☆ Domaine in Chablis mit vorbildlichen, nicht im Eichenfass gereiften, sehr langlebigen Weinen, u. a. superbem Les Clos, sehr gutem Montmains und Montée de Tonnerre.
Mikrooxidation Von Patrick Ducournau entwickelte Technik: Reifender Wein wird mit Sauerstoff versetzt, um den Abstich zu umgehen, die Lüftung zu fördern und die Reifung zu beschleunigen.
Midi Allgemeine Bezeichnung für den Süden Frankreichs, westlich des Rhône-Deltas. Zunehmend besserer Ruf, brillante Aussichten. Einige Spitzenweine beruhen auf der Traubensorte und weniger auf einer Appellation, die besten sind aber eher Verschnitte. Ein Schmelztiegel.
Minervois Midi; r (rs) (w) br; s ★→★★ **95** **96** **97** **98'** **99** **00'** 00 01 02' 03 – Bergiger AC-Bereich; seine lebendigen Weine gehören zu den besseren aus dem Midi, v. a. von Ch. Bonhomme, Coupe-Roses, la Grave, Oupia, Villerembert-Julien, den Genossenschaften La Livinière, de Peyriac und Pouzols; La Tour Boisée, Clos Centeilles. Ein süßer Minervois Noble ist derzeit in der Entwicklung. Siehe auch St-Jean de Minervois.
Minervois-La Livinière Midi; r (rs) (w) ★→★★ Ort im Minervois (vgl. Eintrag zuvor) mit hoher Qualität und dessen einzige Unterregion bzw. Cru. Beste Erzeuger: Abbaye de Tholomies, Borie de Maurel, Combe Blanche, Ch. de Gourgazaud, Clos Centeilles, Laville-Bertrou, Dom. Maris, Dom. Ste-Eulalie, Genossenschaft La Livinière, Vipur.
Mise en bouteilles au Château, au Domaine Erzeugerabfüllung. Häufig, auch von guten Erzeugern, gebrauchte Angaben wie: *dans nos caves* (in eigener Kellerei abgefüllt) oder *dans la région de production* (im Erzeugungsgebiet abgefüllt) haben dagegen nicht viel zu besagen.
Mittnacht Freres, Domaine El ☆☆ Stark im Aufwind befindlicher Erzeuger mit Rebflächen in Riquewihr und Hunawihr. Hübscher Pinot blanc, feiner Riesling (v. a. Grand cru Rosacker) und hervorragender Pinot gris.
Moelleux Mild und cremig-süß; Qualifizierung für die Süßweine von Vouvray, Coteaux du Layon usw.
Moët & Chandon Brut oJ; Rosé **96** **98** 99; Brut Impérial **96** **98** 99 – Das größte Champagnererzeuger- und -handelshaus mit Kellereien in Epernay und Zweigbetrieben in Argentinien, Brasilien, Spanien, Deutschland, Australien und Kalifornien. Gleichmäßig hohe Qualität, v. a. bei Jahrgangs-Champagner. Coteaux Champenois Saran enttäuscht manch-

mal. Prestige-Cuvée: Dom Pérignon. Eindrucksvoller Esprit du Siècle mit Lesegut aus verschiedenen Jahrgängen. Beeindruckend auch die Grands crus Aÿ und Sillery.

Moillard Bg ☆☆→☆☆☆ Großes Familienunternehmen (Dom. Thomas-Moillard) in Nuits-St-Georges mit reicher Auswahl an sehr vollen, dunklen Weinen.

Mommessin, J. ☆→☆☆ Bedeutendes Beaujolais-Handelshaus, fusionierte mit Thorin und ist jetzt im Besitz von Boisset. Eigentümer des Clos de Tart. Rotweine erfolgreicher als die Weißen.

Monbazillac Dor; w; s ★★→☆☆☆☆ **90' 95' 97 98** 99 01 (02) – Goldfarbener Wein nach Sauternes-Art aus Bergerac. Die Besten, wie vom Ch. Tirecul la Gravière, können sich mit Sauternes messen. Spitzenerzeuger: u. a. L'Ancienne Cure, die Châteaux de Belingard-Chayne, Bellevue, La Borderie, Le Fagé, Petit Paris, Poulvère, Theulet sowie Dom. de la Haute-Brie et du Caillou und La Grande Maison. Ebenfalls gut: die Genossenschaft von Monbazillac (Ch. de Monbazillac und Ch. Septy).

Mondeuse Sav; r ★★ BV – Rote Traube aus Savoyen, identisch mit Refosco in Nordostitalien. Hat das Potenzial für guten, kräftigen dunklen Wein. Zugreifen!

Monopole Lage in der Hand eines einzigen Besitzers.

Montagne St-Emilion Bx; r ★★ **85 86' 88' 89' 90' 94 95 96 98 00' 01** – Nordöstlicher Nachbar und größter »Satellit« von St-Emilion mit ähnlichen Weinen und AC-Bestimmungen. Gewinnt ständig an Bedeutung. Hiesige Spitzen-Châteaux: Calon, Faizeau, Maison Blanche, Montaiguillon, Roudier, Teyssier, des Tours, Vieux-Ch.-St-André.

Montagny Bg; w ★★ **99' 00 01 02'** 03 – Ort an der Côte Chalonnaise, geographisch wie gastronomisch zwischen Mâcon und Meursault gelegen. Spitzenerzeuger: Aladame, J.-M. Boillot, Cave de Buxy, Michel, Ch. de la Saule.

Montaigne, Château de Dor; w; (s) ☆☆ Heimat des großen Philosophen Michel de Montaigne. Hier wird der süße Côtes de Montravel erzeugt; teilweise im Besitz von Ch. Palmer (Margaux).

Montée de Tonnerre Bg; w ★★★ **90 93 95** 96' **97 98 99** 00' 02 – Berühmter, exzellenter Premier cru in Chablis. Erzeuger: u. a. Brocard, Duplessis, L. Michel, Raveneau, Robin.

Monthelie Bg; r (w) ★★→★★★ **93 95 96' 97 98** 99' **00** 01 02' 03 – Wenig bekannter Nachbar von Volnay, manchmal fast gleichwertig. Hervorragende, duftige Rotweine. Erzeuger: u. a. Coche-Dury, Comte Lafon, Ch. de Monthelie (Suremain), Drouhin, Bouchard Père et Fils, Garaudet.

Montille, Hubert de Bg ☆☆☆ Beachtenswert mit Volnay und Pommard. Etienne de Montille ist jetzt auch für das Ch. du Puligny verantwortlich.

Montlouis Lo; w; tr s; (sch) ☆☆→☆☆☆ trocken **85' 88' 89 90' 93' 95' 96 97 98 99 00** 01 02 03 – Nachbar von Vouvray mit ähnlichen lieblichen oder trockenen, langlebigen Weinen, auch Schaumweine. Spitzenerzeuger: Berger, Chidaine, Deletang, Moyer, Frantz Saumon, Taille aux Loups.

Montrachet Bg; w ☆☆☆☆ **78 79 82 85' 86 88 89' 90 91 92' 93 94** 95 96' 97 98 99 00' 01 02' 03 – 8 ha Grand-cru-Lage in Puligny und Chassagne-Montrachet. Der potenziell größte weiße Burgunder: stark, bukettreich, intensiv, trocken und doch von üppiger Fülle. Spitzenerzeuger: Ramonet, Romanée-Conti, Lafon, Laguiche (Drouhin), Leflaive und Thénard.

Montravel Dor; r rs w; tr ★★ r **00' 01 02** (03) w rs BV – Jetzt AC, ähnlich wie Bergerac. Gute Exemplare z. B. von den Domaines de Krevel, Gouyat und Perreau sowie den Châteaux du Fouga, Laulerie, Masburel, Péchaurieux und Pique-Sègue. Eigene Appellationen für lieblichen Côtes de Montravel und süßen Haut-Montravel.

Mont-Redon, Château de S-Rh; r w ☆☆☆ **78 85 88 89 90' 94'** 95' **97'** 98' 99 01' – Guter Erzeuger in Châteauneuf-du-Pape. Feine, komplexe Rote und sehr gute, aromatische, manchmal gehaltvolle Weiße (96 00). Auch gute Weine von der Lage Cantegril in Lirac.

Montus, Château SWF ☆☆☆ **90 95' 96 97' 98** (00) (01) (02) – Spitzenerzeuger in Madiran. Sortenreine Weine von Tannat mit langer Fermentierung und langsamer Reifung. Im Besitz von A. Brumont.

Morey, Domaines Bg ☆☆☆ 20 ha in Chassagne-Montrachet; sehr gute, von der Familie selbst (besonders von Bernard) ausgebaute Weine, u. a. Bâtard-Montrachet. Auch Pierre Morey in Meursault.

Morey-Saint-Denis Bg; r ★★★ **85' 88 89' 90' 93 95** 96' **97** 98 99' 00 01 02' 03 – Kleiner Ort mit 4 Grands crus zwischen Gevrey-Chambertin und Chambolle-Musigny. Häufig übersehener, ganz hervorragender Wein. Erzeuger: u. a. Amiot, Dujac, H. Lignier, Moillard-Grivot, Perrot-Minot, Ponsot, Roumier, Rousseau, Serveau.

Morgon Beauj; r ★★★ **95 96 97 98 99** 00 01 02 – Der »festeste« der Beaujolais-Crus; braucht Zeit zur Entwicklung seines reichen, anregenden Buketts. Erzeuger: u. a. Aucœur, Ch. de Bellevue, Desvignes, J. Foillard, Lapierre, Ch. de Pizay. Exzellent von Dubœuf.

Mortet, Denis ☆☆☆☆ Perfektionistisch geführte Domaine in Gevrey. Seit 1993 erstklassige Weine, darunter eine Reihe von Gevrey-Villages sowie exzellenter Premier cru Lavaux St-Jacques.

Moueix, J.-P. et Cie Bx – Legendäres Erzeuger- und Handelshaus der Spitzenklasse in St-Emilion und Pomerol. Châteaux: u. a. Lafleur-Pétrus, Magdelaine und Pétrus. Neuerdings auch in Kalifornien, siehe Dominus. Der Leiter des Unternehmens, Christian Moueix, ist der Cousin von Alain Moueix, dem Besitzer des Ch. Saint-André-Corbin in St-Georges St-Emilion.

Moulin-à-Vent Beauj; r ★★★ **93 95 96' 98 99 00 01** 02 03 – Der potenziell beste und »größte« Wein des Beaujolais; kann kräftig, extraktreich und langlebig sein, kommt im Geschmack einem feinen Rhône-Wein oder Burgunder nahe. Viele gute Erzeuger, v. a. Ch. du Moulin-à-Vent, Ch. des Jacques, Dom. des Hospices, Jadot, Janodet, Merlin.

Moulis Bx; r ★★→★★★ **90 94 95 96** 98 00' 02 Ort im Haut-Médoc mit einigen führenden Crus bourgeois: Chasse-Spleen, Poujeaux (Theil), Maucaillou. Lohnendes Feld für önologische Schatzsucher.

Mourvèdre Siehe Trauben für Rotwein (Seite 14).

Mousseux Schäumend.

Mouton Cadet Populäre Marke für rote und weiße Bordeaux-Verschnitte. Keine Spitzenqualität.

Moutonne ☆☆☆ Chablis Grand cru »honoris causa« (zwischen Vaudésir und Preuses); im Besitz von Bichot.

Mugneret/Mugneret-Gibourg Bg ☆☆☆ Überragende Rotweine von Spitzenlagen der Côte de Nuits.

Mugnier, J.-F. Bg ☆☆☆→☆☆☆☆ 4-ha-Weingut in Chambolle mit erstklassigem, delikatem Chambolle-Musigny Les Amoureuses und Musigny. Auch Bonnes-Mares.

Mumm, G. H. & Cie Cordon Rouge oJ; Mumm de Cramant oJ; Cordon Rouge **95 96** 98; Rosé oJ – Bedeutendes Champagnererzeuger- und -handelshaus. Der neue Kellermeister hat den Champagner oJ erheblich verbessert; für 2005 ist eine besondere Cuvée geplant. Zweigbetriebe in Kalifornien, Chile, Argentinien und Südafrika (Cape Mumm).

Muré, Clos St-Landelin ☆☆→☆☆☆ Sehr gutes Elsässer Erzeuger- und Handelshaus in Rouffach mit Weinbergen im Grand cru Vorbourg. Körperreiche Weine: ungewöhnlich reifer Pinot noir, kräftiger Riesling und Muskateller Vendange tardive.
Muscadet Lo; w ★→★★★ BV (vgl. aber unten) – Beliebter, preiswerter, oft köstlicher trockener Wein aus der Gegend von Nantes. Er soll keinesfalls scharf sein, aber einen schwachen Hauch Jodsalz aufweisen. Besonders gut zu Fisch und Meeresfrüchten. Die besten stammen aus AC-Zonen: Coteaux de la Loire, Côtes de Grand Lieu, Sèvre-et-Maine; wählen Sie Sur-lie-Tropfen.
Muscadet Coteaux de la Loire Lo; w ☆→☆☆ **01 02** 03 – Kleine Muscadet-Zone östlich von Nantes, am besten »sur lie«; v. a. Guindon, Luneau-Papin, Les Vignerons de la Noëlle.
Muscadet Côtes de Grand Lieu ☆→☆☆ **01 02** 03 – Junge (1995) AC-Zone für Muscadet rund um den gleichnamigen See. Am besten »sur lie«, z. B. von Bâtard, Luc Choblet, Malidain.
Muscadet de Sèvre-et-Maine ☆→☆☆☆ **88 89 90 93 95 96 97 98 99 00 01** 02 03 – Wein aus dem mittleren (besten) Teil des Gebiets. Spitzenerzeuger: Guy Bossard (Ecu), Chéreau-Carré, Bruno Cormerai, Michel Delhomeau, Dom. de la Haute Fevrie, Douillard, Landron, Luneau-Papin, Metaireau. Der 2001er erreicht Vollkommenheit.
Muscat Meist süßer Wein mit charakteristischem Aroma; oft gespritet als Vin doux naturel bereitet. Wird im Elsass als Aperitifwein trocken ausgebaut und nicht angereichert.
Muscat de Beaumes-de-Venise Siehe Beaumes-de-Venise.
Muscat de Frontignan Siehe Frontignan.
Muscat de Lunel Midi; goldfarben; s ☆☆ oJ – Süßer Muscat aus dem Midi. Kleiner Bereich, aber gut. In jüngster Zeit deutliche Fortschritte. Empfehlenswert: Dom. Clos Bellevue, Lacoste.
Muscat de Mireval Midi; goldfarben; s ☆☆ oJ – Wie voriger, aus der Gegend von Montpellier. Dom. La Capelle.
Muscat de Rivesaltes Midi; goldfarben; s ★★ oJ – Süßer Muscat aus einem großen Gebiet bei Perpignan. Besonders gut von Cazes Frères und Ch. de Jau.
Musigny Bg; r (w) ☆☆☆☆ **85' 88' 89'** 90' **91 93** 95 96' **97** 98 **99'** 00 01 02' 03 – 10 ha Grand cru in Chambolle-Musigny. Oft der schönste, wenn auch nicht wuchtigste aller roten Burgunder (und ein wenig Weißwein). Beste Erzeuger: Drouhin, Jadot, Leroy, Mugnier, Prieur, Roumier, de Vogüé, Vougeraie.
Napoléon Der Markenname eines Prieur-Champagnerhauses in Vertus. Familienbetrieb mit exzellentem Carte d'Or oJ und erstklassigen Jahrgangsweinen: v. a. **95 96**.
Nature Natürlich bzw. unbehandelt, v. a. bei stillem Champagner.
Négociant-éleveur Händler, der den Ausbau des Weins übernimmt.
Nerthe, Château La S-Rh; r (w) ☆☆☆ **78' 81' 86 88 89' 90' 94** 95' **96'** 97 98' 99' 00 01' 03 – Für hohe Qualität bekanntes Châteauneuf-du-Pape-Gut (90 ha). Solide Weine im modernen Stil, v. a. spezielle Cuvées: Cadettes (rot) und eichenholzwürziger Beauvenir (weiß); brauchen 5 Jahre, um sich zu entwickeln.
Nicolas, Ets. In Paris ansässiger Groß- und Einzelhändler (weitgehend im Besitz von Castel Frères); einer der größten und besten Frankreichs.
Nuits-St-Georges Bg; r ☆☆→☆☆☆☆ **88' 89' 90' 91 93 95** 96' **97** 98 99' 00 01 02' 03 – Bedeutende Weinstadt; Weine aller Qualitätsklassen, im-

mer kräftig und relativ tanninbetont; brauchen Zeit. Der Name lautet oft kurz »Nuits«. Beste Lagen: u. a. Les St-Georges, Vaucrains, Les Pruliers, Clos des Corvées, Les Cailles. Viele Erzeuger und Händler, v. a. Ambroise, Dom. de l'Arlot, R. Chevillon, Chauvenet, Confuron, Faiveley, Gouges, Grivot, Lechéneaut, Leroy, Machard de Gramont, Michelot, Rion, Thomas-Moillard.

d'Oc Midi; r rs w ★→★★ Vin de pays im Languedoc und Roussillon; v. a. sortenreine Weine und Primeurs. In jüngster Zeit gewaltige technische Fortschritte. Spitzenerzeuger: Val d'Orbieu, Skalli und Jeanjean; außerdem eine ganze Reihe von kleineren Weingütern.

Oisly et Thesée, Vignerons de ★★ **89 90 93 95 96 97 98 99 00 01 02** 03 – Rührige Genossenschaft in der östlichen Touraine (Loire); guter Sauvignon blanc (v. a. Cuvée Excellence), Cabernet Sauvignon, Gamay, Côt und Chardonnay. Verschnitte unter dem Etikett Baronnie d'Aignan und empfehlenswerte Gutsweine.

Orléanais, Vin de l' Lo; r rs w ☆ BV – Kleiner VDQS-Bereich mit leichten, fruchtigen Weinen auf Basis von Pinot Meunier und Pinot noir, Cabernet Sauvignon und Chardonnay. Empfehlenswert: Clos St-Fiacre.

Ostertag ☆☆ Kleines Weingut in Epfig (Elsass). Guter, in neuer Eiche gereifter Pinot noir sowie der beste Riesling und Pinot gris vom Grand cru Muenchberg. Gut haltbarer Gewürztraminer aus der Lage Fronholtz.

Ott, Domaines Produzent von Provence-Weinen, u. a. Ch. de Selle (rosé und rot), Clos Mireille (weiß), Bandol Ch. de Romassan.

Pacherenc du Vic-Bilh SWF; w; tr s ★★ Der Weißwein von Madiran, in trockenem (BV) und dem besseren süßen (5 Jahre reifen lassen bei in Eiche ausgebauten Versionen) Stil erhältlich. Erzeuger siehe Madiran.

Paillard, Bruno Brut Première Cuvée oJ; Rosé Première Cuvée; Chardonnay Réserve Privée; Brut **90 95'** 96; neuer Jahrgangs-Blanc-de-Blancs **95'**; Nec Plus Ultra Prestige Cuvée **90'** 95 (hervorragend) – Erstrangiges junges Champagnerhaus. Zum Besitz gehört auch Ch. Sarrin in der Provence.

Palette Prov; r rs w ★★ Winzige AC nahe Aix-en-Provence mit körperreichen Roten, duftigen Rosés und verlockenden Weißen von Château Simone.

Pasquier-Desvignes ☆→☆☆ Sehr altes Beaujolais-Handelshaus bei Brouilly.

Patriarche Bg ☆→☆☆ Eines der größeren Handelshäuser für Burgunder. Kellereien in Beaune; besitzt auch Ch. de Meursault (61 ha); Schaumwein Kriter usw.

Patrimonio Korsika; r rs w ★★→★★★ **95 96 97 98 99 00** 01 02 03 – Verschiedene Weine aus einer wilden Kalkstein-Berglandschaft im Norden der Insel. Vollduftige Rotweine von Nielluccio, individuelle Weißweine. Spitzenerzeuger: Gentile, Leccia, Arena.

Pauillac Bx; r ☆☆☆→☆☆☆☆ **66' 70' 75 78' 79 81' 82' 83' 85' 86' 88' 89' 90', 93 94 95'** 96' 98 99 00' 01 02 – Der einzige Ort in Bordeaux (Haut-Médoc) mit drei Premier-cru-Gütern (Ch. Lafite, Latour, Mouton-Rothschild) neben vielen anderen guten; berühmt durch großes Bukett, jedoch unterschiedlich im Stil.

Pécharmant Dor; r ★★→★★★ **95' 98' 99 00** 01 (02) – Kleiner AC-Bereich für rote Bergerac-Spitzenweine, die reifen müssen. Am besten: La Métairie, Dom. du Haut-Pécharmant, Dom. des Costes, Dom. des Bertranoux, Ch. Champarel, Ch. Terre Vieille, Ch. Les Grangettes und Ch. de Tiregand. Von der Bergerac-Genossenschaft in Le Fleix auch Dom. Brisseau-Belloc, Dom. du Vieux Sapin und Ch. le Charmeil.

Pelure d'oignon »Zwiebelhaut«; bräunliche Färbung bestimmter Rosés.
Perlant oder **perlé** Perlend; leichte Bläschenbildung.
Pernand-Vergelesses Bg; r (w) ★★★ **90 93 95 96' 97** 98 99' 00 01 02' 03 – Ort bei Aloxe-Corton, in dessen Gemarkung sich Teile der großen Lagen Corton und Corton-Charlemagne sowie die Spitzenlage Ile des Vergelesses befinden. Erzeuger: u.a. Chandon de Briailles, Chanson, Delarche, Dubreuil-Fontaine, Jadot, Latour, Rapet, Rollin.
Perrier, Joseph Cuvée Royale Brut oJ; Cuvée Royale Blanc de Blancs oJ; Cuvée Royale Rosé oJ; Brut **95 96'** 98 – Exzellentes kleineres Champagnerhaus in Châlons mit hochwertigem Weinbergbesitz im Grande Vallée de la Marne. Süffiger, fruchtiger Stil; am besten die sehr gute Prestige-Cuvée Joséphine (**89 90**). Alain Thiénot ist seit 1998 Teilhaber.
Perrier-Jouët Brut oJ; Blason de France oJ; Blason de France Rosé oJ; Brut **95 96 97** – Exzellenter Champagnererzeuger in Epernay, der erste, der trockenen Champagner produzierte; jetzt am besten für Jahrgangsweine. Luxusmarken: Belle Epoque (**95 96 97**) in einer bemalten Flasche. Ferner Belle Epoque Rosé (**97**).
Pessac-Léognan Bx; r w ☆☆☆→☆☆☆☆ **90' 95 96** 98 00' 01 02 – AC für den besten Teil des nördlichen Graves mit den Weinbergen der meisten Grands crus wie Haut-Brion, Pape-Clément usw.
Pétillant Normalerweise leicht perlend; auch perlende Spezialität in der Touraine, v.a. Vouvray und Montlouis.
Petit Chablis Bg; w ☆ BV – Wein aus Chablis-Lagen der vierten Klasse. Wenig Charakter, aber oft angenehm frisch.
Pfaffenheim ☆☆ Erstklassige Elsässer Winzergenossenschaft mit 235 ha. Höchst individuelle Weine, u.a. guter Silvaner und sehr guter Pinot noir, gris und blanc. Grand-cru-Lagen: Goldert, Steinert und Hatschbourg. Hartenberger Crémant d'Alsace ist sehr zu empfehlen. Auch Eigentümer von Dopff & Irion.
Pfersigberg Eguisheim (Elsass) Grand cru mit zwei Parzellen; sehr aromatische Weine. Gewürztraminer gedeiht prächtig. Guter Riesling von Paul Ginglinger, Bruno Sorg und Leon Beyer (Comtes d'Eguisheim). Spitzenerzeuger: Kuentz-Bas.
Philipponnat oJ; Rosé oJ; Réserve Spéciale **95 96** 98; Clos des Goisses **88 90 91' 95** 96 – Kleine Champagnerfamilienfirma mit gut strukturierten Weinen, v.a. aus der beachtlichen Einzellage Clos des Goisses, auch charmanter Rosé. Außerdem Le Reflet Brut oJ.
Piat Père et Fils ☆ Großes Handelshaus von Beaujolais- und Mâcon-Weinen. Sitz in Mâcon, in der Hand von Diageo.
Pic St-Loup Midi; r (rs) ☆→☆☆ Bemerkenswerter Cru der Coteaux du Languedoc. Beste Erzeuger: Ch. de Cazeneuve, Ch. de Lancyre, Ch. Lascaux, Clos Marie, Mas Bruguière, Dom. de l'Hortus.
Picpoul de Pinet Midi; w ☆→☆☆ AC exklusiv für die alte Rebsorte Picpoul. Beste Erzeuger: Ch. St-Martin de la Garrigue, Genossenschaft Pomérols, Félines-Jourdan.
Pierre-Bise, Château Lo; r w ☆☆→☆☆☆☆ **85 86 88 89 90 93 95 96 97 98** 99 00 01 02 **03** – Fantastischer Erzeuger von Anjou- und v.a. Coteaux-du-Layon-Weinen, darunter auch Quarts de Chaume, die streng nach Terroir vinifiziert und abgefüllt werden. Unter dem Namen Clos de Coulaine auch Savennières und Anjou-Villages.
Pineau des Charentes Starker, süßer Aperitif aus Traubenmost und Cognac.
Pinot Siehe Trauben für Rot- und Weißwein (Seite 15 und 18).

Piper-Heidsieck Brut oJ; Brut Rosé oJ; Brut **90 95** – Altrenommierte Champagnerfirma in Reims. Rare (**90 95** 96) und Brut Sauvage (**90 96**) sind am besten, aber die Cuvées oJ sind auch erheblich besser geworden. Siehe auch Piper Sonoma in Kalifornien.

Plageoles, Robert Der Hohepriester des Gaillac-Weins und Retter der verlorenen Rebsorten der Region Tarn. Seine erstaunlich exzentrischen Weine umfassen einen Vin jaune, den er wie Sherry oxidieren lässt, und einen extrem süßen Wein von in der Sonne getrockneten Ondenc-Trauben. Hervorragende Palette an Weinen aus Mauzac, auch Schaumwein.

Pol Roger Brut White Foil oJ; Brut **88′ 90 93 95 96′**; Rosé **95 96′**; Blanc de Chardonnay **93′ 95 96′** – Erstklassiges Champagnerhaus in Familienbesitz in Epernay, v. a. in England sehr beliebt. Besonders gut der seidige White Foil oJ, Rosé und Chardonnay. Prächtige Cuvée Sir Winston Churchill (**90′ 95**).

Pomerol Bx; r ★★★→☆☆☆☆ **70 75′ 81′ 82′ 83 85 86 88 89′ 90′ 94 95 96 98′** 00′ – Nachbarort von St-Emilion. Ähnliche, aber pflaumigere und cremigere Weine, oft früher reif, insgesamt zuverlässig und köstlich. Spitzen-Châteaux: Pétrus, La Fleur-Pétrus, Vieux Ch. Certan, Latour-à-Pomerol, Le Pin, Certan-de-May, L'Evangile, La Fleur, Trotanoy usw.

Pommard Bg; r ☆☆☆ **85′ 88′ 89′ 90 91 93** 95 96′ **97** 98 99′ 01 02′ 03 – Größter Weinort an der Côte d'Or. Wenige überragende Weine, aber viele kräftige und oft tanninreiche mit mindenstens 10 Jahren Lebensdauer. Beste Lagen: Rugiens, Epenots und Hospices de Beaune Cuvées. Erzeuger: u. a. Ch. de Pommard, Billard-Gonnet, Dom. de Courcel, Gaunoux, Leroy, Comte Armand, Pothier-Rieusset, de Montille, Machard de Gramont, J.-M. Boillot.

Pommery Brut oJ; Rosé oJ; Brut **90 91 95 96** 98 – Historisches Champagnerhaus; die Marke gehört jetzt Vranken. Hervorragende Luxus-Cuvée Louise (**90 95′** 96) und Rosé (**88 90 95**).

Ponsot ☆☆☆☆ 10-ha-Weingut in Morey-St-Denis, an dem sich die Geister scheiden. Unverwechselbare, qualitativ hochwertige Grands crus, u. a. Chambertin, Chapelle-Chambertin, Clos de la Roche, Clos St-Denis.

Portes de la Mediterranée Neuer Vin de pays aus der Gegend südliche Rhône/Provence. Leicht zugängliche Rote und interessante Weiße.

Potel, Nicolas Bg ☆☆→☆☆☆ Nach dem Verkauf der Dom. de la Pousse d'Or gründete Potel diese kleine Handelsfirma. Eindrucksvolle Rote, v. a. Bourgogne Rouge, Volnay, Nuits-St-Georges. Jetzt im Besitz von Labouré-Roi.

Pouilly-Fuissé Bg; w ☆☆→☆☆☆ **92′ 95 96 97 98** 99 00 01 02′ 03 – Der beste Weißwein der Region Mâcon, stark und kompakt. Kann hervorragend sein (z. B. Ch. Fuissé Vieilles Vignes), ist aber im Vergleich zu Chablis meist zu teuer. Spitzenerzeuger: Ferret, Forest, Verget, Luquet, Merlin, Ch. des Rontets, Valette und Vincent.

Pouilly-Fumé Lo; w ★★→★★★★ **90′ 91′ 92′ 93′ 94 95′ 96 97 98 99 00 01 02 03** – Fruchtiger, oft säuerlicher Weißwein mit Feuersteinaroma von der oberen Loire bei Sancerre, nur Sauvignon blanc. Die besten Cuvées können sich 5 bis 6 Jahre entwickeln. Spitzenerzeuger: u. a. Cailbourin, Chatelain, Dagueneau, Ch. de Favray, Edmond und André Figeat, Ladoucette, Masson-Blondelet, Redde, Ch. de Tracy, Tinel-Blondelet, Cave de Pouilly-sur-Loire. Sancerre ist zurzeit verlässlicher.

Pouilly-Loché Bg; w ★★ **99 00′ 01** 02′ 03 – Nachbarort von Pouilly-Fuissé; ähnlicher, preisgünstigerer Wein (nur sehr wenig). Kann auch als Pouilly-Vinzelles etikettiert werden.

Pouilly-sur-Loire Lo; w ☆ BV – Neutraler Wein aus den gleichen Lagen wie Pouilly-Fumé, aber von anderen Trauben (Chasselas). Wird immer weniger; heute recht selten.

Pouilly-Vinzelles Bg; w ★★ **99 00′ 01** 02′ 03 – Nachbar von Pouilly-Fuissé; ähnlicher Wein; preis- und empfehlenswert. Bester Erzeuger: Soufrandière.

Pousse d'Or, Domaine de la Bg ☆☆☆ Weingut mit 13 ha Rebfläche in Pommard, Santenay und v.a. Volnay; seine Monopole-Weine Pousse d'Or und Clos des 60 Ouvrées sind gehaltvoll, gerbstoffreich und genossen zu Gérard Potels Zeiten (der das Gut von 1964 bis 1996 leitete) zu Recht höchsten Ruf. Anzeichen für gute Weine unter dem neuen Besitzer.

Premier cru In Bordeaux 1. Klasse, in Burgund (einschließlich Chablis) jedoch Lagen 2. Klasse, hinter Grand cru.

Premières Côtes de Blaye Bx; r w ★→★★ **88′ 89′ 90′ 93 94 95 96 98 00′ 01** – Beschränkte Appellation für die besseren Weine von Blaye mit besonderem Nachdruck auf Rotwein. Châteaux: u.a. Bel Air la Royère, Bertinerie, Les Graves, Haut-Grelot, Haut-Sociando, Jonqueyres, Loumède, Mondésir-Gazin, Segonzac, des Tourtes.

Premières Côtes de Bordeaux Bx; r (rs) w; tr s ★→★★ **94 95 96 98 00′ 01** – Großer bergiger Bereich östlich von Graves, auf der anderen Seite der Garonne, zuverlässig in Qualität und Preis, verbessert sich kräftig. Vorwiegend Merlot. Châteaux: Carignan, Carsin, Chelivette, Fayau, Grand-Mouëys, du Juge, Lagarette, Lamothe de Haux, Lezongars, Plaisance, Puy Bardens, Reynon, Suau. Beachtenswert, v.a. in guten Jahrgängen.

Prieur, Domaine Jacques Bg ☆☆☆ Herrliches Weingut mit 16 ha bester Burgunderlagen, u.a. Premier cru Meursault, Volnay sowie Puligny-Montrachet und Montrachet. 50% Beteiligung von Rodet. Qualität immer noch steigerungsfähig.

Primeur Frischer, belebender junger Wein, besonders Beaujolais, auch Vin de pays. »En-primeur«-Verkauf bezieht sich dagegen auf Wein, der noch im Fass liegt und erst nach der Flaschenabfüllung ausgeliefert wird.

Prissé Siehe Mâcon-Villages.

Propriétaire-récoltant Besitzer und Betriebsleiter.

Provence Siehe Côtes de Provence, Cassis, Bandol, Palette, Coteaux des Baux-en-Provence, Bouches-du-Rhône, Coteaux d'Aix-en-Provence, Coteaux Varois, Portes de la Mediterranée.

Puisseguin St-Emilion Bx; r ★★ **88′ 89′ 90′ 94 95 96 98 00′ 01** – Östlicher »Satelliten«-Nachbar von St-Emilion; ähnlicher Wein – nicht so fein bzw. schwer, oftmals aber preiswert. Châteaux: u.a. Bel Air, Durand-Laplague, Fongaban, Laurets, Soleil, Vieux-Ch.-Guibeau. Ferner der Genossenschaftswein Roc de Puisseguin.

Puligny-Montrachet Bg; (r) w ☆☆☆→☆☆☆☆ **89′ 92 95 96′ 97 99′** 00 01 02′ 03 – Kleinerer Nachbar von Chassagne-Montrachet mit potenziell noch feineren, vitaleren, komplexeren Weinen; scheinbare Finesse kann aber auf Überertrag beruhen. Spitzenlagen: u.a. Bâtard-Montrachet, Bienvenues-Bâtard-Montrachet, Caillerets, Chevalier-Montrachet, Clavoillon, Les Combettes, Montrachet, Pucelles. Spitzenerzeuger: u.a. Ampeau, J.-M. Boillot, Bouchard Père et Fils, L. Carillon, Chartron, Chavy, Drouhin, Folatières, Jadot, Latour, Dom. Leflaive, O. Leflaive, Pernot, Sauzet.

Pyrénées-Atlantiques SWF; BV – Vin de pays, der die AC-Qualitätsanforderungen der Bereiche von Madiran, Pacherenc du Vic-Bilh oder Jurançon nicht erfüllt.

Quarts de Chaume Lo; w; s ☆☆☆→☆☆☆☆ **75 76 78' 79' 82 85' 86 88' 89' 90' 91 92 93' 94 95 96 97 98 99 00 01** 02 **03** – Berühmte, mit Chenin blanc bestockte Lage in den Coteaux du Layon. Immens langlebiger, intensiver, voller, goldener Wein, v. a. von Baumard, Bellerive, Claude Papin (Ch. Pierre-Bise).

Quatourze Midi; r (rs) w ☆ **95 96 97 98 99 00 01** 02 03 – Minderwertigere Lage der Coteaux du Languedoc; Dom. Notre Dame du Quatourze ist praktisch der einzige (und beste) Erzeuger.

Quincy Lo; w ☆→☆☆ BV – Kleiner Bereich mit sehr trockenem Wein in Sancerre-Art von Sauvignon blanc. Probierenswert. Erzeuger: Dom. Mardon, Sorbe, Dom. de Silice (lagerfähige Weine).

Ramonet, Domaine Bg ☆☆→☆☆☆☆ Führendes (und legendäres) Gut in Chassagne-Montrachet mit 17 ha, auch Anteile in Montrachet.

Rancio Bezeichnung für den begehrten nussigen Beigeschmack von in Holz gelagertem gespritetem braunem Wein, z. B. Banyuls und andere Vins doux naturels. Hinweis auf Sauerstoff- und/oder Hitzeeinwirkung. Bei Tafelweinen ist das ein Fehler.

Rangen Alsace Grand cru der Spitzenklasse in Thann und Vieux Thann. Verdankt seinen Ruf größtenteils Zind-Humbrecht. Empfehlenswert Pinot gris, Gewürztraminer und Riesling.

Rasteau S-Rh; r (rs) (w) br; (tr) s ★★ **90' 95' 96 98' 99' 00' 01'** 03 – Dorf im südlichen Rhône-Tal. Sehr anständige, robuste Rote, v. a. Beaurenard, Cave des Vignerons, Ch. du Trignon, ferner von den Domaines Didier Charavin, Rabasse-Charavin, Girasols, Gourt de Mautens, Perrin, St-Gayan und Soumade. Spezialität: Grenache-Dessertwein (im Aussterben).

Ratafia de Champagne Süßer Aperitif aus der Champagne: zwei Drittel Traubensaft, ein Drittel Branntwein. Ähnlich dem Pineau des Charentes.

Rayas, Château S-Rh; r (w) ★★★ **78' 79 81' 83 85 86 88' 89 90' 93** 94' 95' 96' 98' 99 00 01 – Berühmter, traditioneller 15-ha-Besitz in Châteauneuf-du-Pape. Konzentrierter Grenache, altert herrlich. Traditioneller weißer Rayas kann sehr gut sein. Zweitetikett: Pignan (günstig). Auch sehr guter Côtes du Rhône Ch. Fonsalette (Cuvée Syrah) und Weißweine. Alle gewinnen durch Dekantieren.

Récolte Ernte oder Jahrgang.

Régnié Beauj; r ★★ **99 00 01 02** 03 – Beaujolais-Ort zwischen Morgon und Brouilly mit ca. 720 ha Rebfläche. 1988 mit Cru-Status versehen. Probierenswert: Aucœur, Dubœuf, Rampon.

Reine Pédauque, La Bg ☆ Alteingesessene Erzeuger- und Handelsfirma in Aloxe-Corton. Weinberge in Aloxe-Corton, Savigny usw. sowie in den Côtes du Rhône. Im Besitz von Pierre André.

Remoissenet Père et Fils Bg ☆☆ Handelshaus, besonders für Weiße sowie Weine der Dom. Thénard. Eigener kleiner Weinbergbesitz in Beaune (2 ha). Die Rotweine brauchen Reifezeit.

Rémy Pannier Wichtige Loire-Weinhandlung in Saumur.

Reuilly Lo; (r) (rs) w ☆☆ Nachbar von Quincy; ähnlicher, zunehmend hoch geschätzter Weißer. Auch Rosé- (Pinot gris, Pinot noir) und Rotweine (Pinot noir). Erzeuger: Claude Lafond, Beurdin, Sorbe und Vincent.

Ribonnet, Domaine de SWF ☆☆ Christian Gerber erzeugt in den Departements Ariège und Haute-Garonne eine wegweisende Auswahl sortenreiner Weine (r rs w), ohne sich auf eine Appellation zu stützen.

Riceys, Rosé des Champ; rs ★★★ BV – Winzige Appellation in Aube, sie gilt für einen beachtenswerten Pinot-noir-Rosé. Haupterzeuger: A. Bonnet, Jacques Defrance.

Richeaume, Domaine Prov ☆☆ Beachtlicher Cabernet Sauvignon/Syrah, ökologischer Anbau, mustergültig.

Richebourg Bg; r ☆☆☆☆ **78' 85' 88' 89' 90' 91 93'** 95 96' **97** 98 99' 00 01 02' 03 – 8 ha Grand cru in Vosne-Romanée. Wuchtiger, bukettreicher, fabelhaft teurer Wein, zählt zu den allerbesten Burgundern. Spitzenerzeuger: DRC, Grivot, A. Gros, J. Gros, Leroy, Méo-Camuzet.

Richou, Domaine Lo ☆→☆☆ **95 96 97 98 99 00 01 02 03** – Alteingesessenes Weingut in Anjou, Qualitätsweine, große Auswahl; u. a. Anjou-Villages Vieilles Vignes, Coteaux de l'Aubance Les Trois Demoiselles.

Riesling Siehe Trauben für Weißwein (Seite 18).

Rion, Domaine Daniel et Fils Bg ☆☆☆ Gute Quelle für Vosne-Romanée (v. a. Les Chaumes, Les Beaumonts), Nuits-Premier-cru Les Vignes Rondes und Echézeaux. Patrice Rion, ehemals hier Kellermeister, hat inzwischen ein eigenes Gut (außergewöhnlicher Chambolle-Musigny Cras und Charmes-Chambertin) und eine eigene Handelsmarke.

Rivesaltes Midi; r w br; tr s ☆☆ oJ – Gespriteter Wein aus den östlichen Pyrenäen. Eine alte, noch lebendige, heutzutage aber hart bedrängte Tradition. Spitzenerzeuger: Dom. Cazes, Dom. Sarda-Malet, Dom. Vaquer, Dom. des Schistes, Ch. de Jau. Siehe auch Muscat de Rivesaltes.

Roche-aux-Moines, La Lo; w; s ☆☆☆ **76' 78 79 82 85 86 88' 89' 90' 93' 94** 95' 96 **97 98 99** 00 01 02 03 – Gut 24 ha Weinberge in Savennières, Anjou. Intensiver, starker, fruchtig-säuerlicher Wein; haltbar, aber auch frisch zu trinken.

Rodet, Antonin Bg ☆☆→☆☆☆ Bedeutendes Handelshaus mit großem Weinbergbesitz (135 ha), v. a. in Mercurey (Ch. de Chamirey) und nahe Limoux (Dom. de l'Aigle); hohe Qualität. Siehe auch Prieur.

Roederer, Louis Brut Premier oJ; Rich oJ; Brut **90 93 95 96' 97**; Blanc de Blancs **95 96' 97 98**; Brut Rosé **96 97' 98** – Champagnererzeuger und -händler der Spitzenklasse in Reims. Familienbetrieb. Voller Champagner oJ mit Vanillearoma. Der üppige Cristal ist vielleicht die großartigste aller Prestige-Cuvées; ebenfalls gut: Cristal Rosé (**90' 95 96' 97**). Eigentümer von Deutz, Delas an der Rhône und Ch. de Pez in Bordeaux. Siehe auch Roederer Estate, Kalifornien.

Rolland, Michel Allgegenwärtiger, angesagter Berater und Merlot-Spezialist, der in Bordeaux und überall auf der Welt tätig ist und Wert auf sehr reife Geschmacksnoten legt.

Rolly Gassmann ☆☆ Vornehmer Erzeuger im elsässischen Rorschwihr, v. a. Auxerrois und Muscat von der Lage Moenchreben. Der Stil des Hauses ist meist halbtrocken.

Romanée, La Bg; r ☆☆☆☆ **78' 85' 88' 89' 90' 91 93 95** 96' **97** 98 99' 00 01 02' 03 – Knapp 1-ha-Grand-cru in Vosne-Romanée oberhalb von Romanée-Conti. Monopole von Liger-Belair, lange Zeit an Bouchard Père et Fils verpachtet; seit 2002 produziert Liger-Belair wieder selbst.

Romanée-Conti Bg; r ☆☆☆☆ **66' 76 78' 80' 82 83 85' 88' 89' 90' 91** 93' 95 96' 97 98 99' 00 01 02 03 – Etwa 2-ha-Grand-cru-monopole in Vosne-Romanée, erbringt jährlich 450 Kisten des gefeiertsten und teuersten Rotweins der Welt mit allmählich sich entfaltenden ungeahnten Geschmacksnuancen. Siehe nächsten Eintrag.

Romanée-Conti, Domaine de la (DRC) Bg ☆☆☆☆ Das großartigste Weingut in Burgund. Dazu gehört ganz Romanée-Conti und La Tâche sowie größere Teile von Richebourg, Grands-Echézeaux, Echézeaux und Romanée-St-Vivant, ferner ein sehr kleiner Teil von Le Montrachet. Majestätische Preise; fast unbezahlbar. Beste DRC-Jahrgänge brauchen jahrzehntelange Reife.

Romanée-St-Vivant Bg; r ☆☆☆☆ **85′ 88′ 89′ 90′ 91 93′** 95 96′ **97** 98 99′ 00 01 02′ 03 – 9-ha-Grand-cru in Vosne-Romanée. Ähnlich wie Romanée-Conti, jedoch leichter und nicht so üppig. Spitzenerzeuger: Cathiard, DRC, Drouhin, Hudelot-Noëllat, Leroy.
Rosacker El – Grand cru (26 ha) in Hunwihr. Von hier kommt der beste Riesling des Elsass. Siehe auch Clos Ste-Hune, Sipp-Mack und Mittnacht.
Rosé d'Anjou Lo; rs ☆ BV – Blasser, lieblicher Rosé. Cabernet d'Anjou gilt als besser.
Rosé de Loire Lo; rs ☆→☆☆ BV – Umfangreiche Appellation für trockenen Loire-Rosé (Anjou ist süß).
Rosette Dor; w; lbl ★★ BV – Winzige AC für hübsche Aperitifweine, z. B. Clos Romain, Ch. Puypezat-Rosette und Dom. de la Cardinolle.
Rostaing, René N-Rh ☆☆☆ Wachsendes Côte-Rôtie-Weingut mit erstklassigen Anbauflächen; bemerkenswert La Blonde (geschmeidige, elegante Weine) und die volleren, festeren La Viaillière und La Landonne (15 bis 20 Jahre). Ausgefeilter, vollendeter Stil, ein wenig neue Eiche. Auch eleganter Condrieu und Languedoc.
Roty, Joseph Bg ☆☆☆ Kleiner Erzeuger von klassischem Gevrey-Chambertin, v. a. Charmes- und Mazis-Chambertin. Langlebige Weine.
Rouget, Emmanuel Bg ☆☆☆☆ Erbe des legendären 5-ha-Besitzes von Henri Jayer in Vosne-Romanée, Nuits und Echézeaux. Spitzenwein: Vosne-Romanée Cros Parantoux.
Roulot, Domaine G. Bg ☆☆☆ Exzellente Auswahl von 7 verschiedenen Meursault-Weinen (2 davon Premier cru).
Roumier, Georges Bg ☆☆☆☆ Christophe Roumier bereitet außerordentlich langlebige Weine von Bonnes Mares, Musigny, Chambolle-Musigny-Amoureuses usw. Exzellenter Qualitätsstandard.
Rousseau, Domaine A. Bg ☆☆☆☆ Bedeutender Erzeuger, berühmt für intensiven (wenn auch nicht besonders tieffarbigen), langlebigen Chambertin in feinster Qualität und größtenteils Grand cru.
Roussette de Savoie Sav; w ★★ BV – Der schmackhafteste unter den frischen Weißweinen aus der Gegend südlich vom Genfer See.
Roussillon Midi – Wichtigste Region für Vin doux naturel (z. B. Maury, Rivesaltes, Banyuls); inzwischen werden die dunklen und schweren Weine durch jüngere Jahrgänge und leichtere Muscats abgelöst. Siehe auch Côtes du Roussillon (und Villages) für Tafelweine.
Routas, Château Prov; r rs w ★★ Dynamisches Weingut in den Coteaux Varois; u. a. Syrah, Cabernet Sauvignon, Chardonnay/Viognier, als AC-Wein und Vin de pays.
Ruchottes-Chambertin Bg; r ☆☆☆☆ **88′ 89′ 90′ 91 93′** 95 96′ **97** 98 99′ 00 01 02′ 03 – 3 ha Grand cru, Nachbar von Chambertin; ähnlicher, hervorragender, langlebiger Wein von großer Finesse. Spitzenerzeuger: Leroy, Mugneret, Roumier, Rousseau.
Ruinart »R« de Ruinart Brut oJ; Ruinart Rosé oJ; »R« de Ruinart Brut **90 93 95 96′** – Zu Moët-Hennessy gehörende, älteste Champagnerfirma mit ausgesprochen eleganten Weinen. Luxusmarken: Dom Ruinart (**88 90 93** 95), Dom Ruinart Rosé (**88′ 90 93 95′ 96**). Mineralischer Blanc de Blancs oJ; daneben L'Exclusive de Ruinart von Weinen verschiedener Jahrgänge.
Rully Bg; r w; (sch) ★★ r **99′ 01 02** 03 w **99 00 01 02′** 03 – Ort an der Côte Chalonnaise. Stille Rot- und Weißweine, leicht, aber schmackhaft und preiswert, v. a. der Weißwein. Erzeuger: u. a. Delorme, Faiveley, Dom. de la Folie, Jacquesson, A. Rodet.

Sables du Golfe du Lion Midi; r rs w ☆ BV – Vin de pays von Sanddünen am Mittelmeer; v. a. Gris de Gris von Carignan, Grenache und Cinsaut. Haupterzeuger: Listel.

Sablet S-Rh; r (rs) w ★★ **90′ 95′ 96 98′ 99′ 00′** 03 – Erstklassiger Côtes-du-Rhône-Villages-Ort mit Tendenz nach oben, v. a. Ch. du Trignon, Dom. de Boissan, Cabasse, Espiers, Les Goubert, Piaugier, Dom. de Verquière. Auch angenehm vollmundige Weißweine.

Saget, Guy Lo ☆☆ Das Familienunternehmen mit Rebflächen in den Appellationen Pouilly-Fumé und Pouilly-sur-Loire (Domaine Saget) kauft nach und nach Erzeugerbetriebe in der gesamten Region auf, um eine der größten Weinfirmen an der Loire zu werden. Die Geschäftstätigkeit als Handelshaus macht inzwischen die Hälfte der Jahresproduktion (5 Millionen Flaschen) der Firma Saget aus.

St-Amour Beauj; r ★★ **99 00 01 02** 03 – Nördlichster Cru im Beaujolais; leichter, fruchtiger, unwiderstehlicher Wein. Empfehlenswerte Erzeuger: Janin, Patissier, Revillon.

St-Aubin Bg; r w ★★★ r **96′ 98 99′ 01** 02 03; w **96′ 99 00 01** 02′ 03 – Unterbewerteter Nachbar von Chassagne-Montrachet in einem Seitental. Mehrere Premiers crus mit leichten, festen, durchaus stilvollen Weinen; angemessene Preise. Auch als Côte de Beaune-Villages im Handel. Spitzenerzeuger: Jadot, H. & O. Lamy, Lamy-Pillot, H. Prudhon, Ramonet, Roux, Thomas.

St-Bris Bg; w ★ BV – Vor kurzem anerkannte Appellation für Sauvignon blanc bei Chablis.

St-Chinian Midi; r ★→★★ **95 96 97 98′ 99 00′** 01 02 03 – Hügeliges Gebiet mit wachsendem Ansehen in den Coteaux du Languedoc. Seit 1982 AC. Schmackhafte Rotweine aus dem Süden, v. a. von den Genossenschaften Berlou und Roquebrun, Ch. de Viranel und Dom. Canet Valette.

Ste-Croix-du-Mont Bx; w; s ★★ **83 86′ 88′ 89 90 95′ 96 97 98 99** 01 02 (03) – Nachbar von Sauternes mit ähnlich goldenem Wein. Nichts Herausragendes, aber probierenswert, v. a. Ch. Loubens, Ch. du Mont, Ch. Lousteau-Vieil. Oft sehr preiswert, v. a. ältere Exemplare.

St-Emilion Bx; r ★★→☆☆☆☆ **70′ 75 79′ 81 82′ 83′ 85′ 86′ 88 89′ 90′ 94 95 96 98′** 00′ 01 – Der größte Bereich (knapp 5400 ha) von Bordeaux mit Spitzenqualität; solide, bukettreiche, schmackhafte Weine aus vielen Châteaux, u. a. Cheval Blanc, Ausone, Canon, Magdelaine und Figeac. Auch gute Winzergenossenschaft.

St-Estèphe Bx; r ★★→☆☆☆☆ **78′ 81 82′ 83′ 85′ 86 88′ 89′ 90′ 94 95′** 96 98 00′ 01 02 – Ort im nördlichen Haut-Médoc. Solider, strukturierter, manchmal überragender Wein. Spitzen-Châteaux: Cos d'Estournel, Montrose, Calon-Ségur u. a. Mehr gute Crus bourgeois als in anderen Haut-Médoc-Gemeinden.

St-Gall Brut oJ; Extra Brut oJ; Brut Blanc de Blancs oJ; Brut Rosé oJ; Brut Blanc de Blancs **90 95** 96; Cuvée Orpale Blanc de Blancs **88 90 95** 96 – Markenname der Union Champagne, der Spitzengenossenschaftskellerei in Avize. Cuvée Orpale ist außergewöhnlich günstig.

St-Georges St-Emilion Bx; r ★★ **82 83′ 85′ 86′ 88′ 89′ 90′ 94 95 96 98 00′** 01 – Teil von Montagne St-Emilion; hoher Qualitätsstand. Spitzen-Châteaux: Belair-Montaiguillon, Maquin-St-Georges, St-Georges, Tour du Pas-St-Georges, Griffe de Cap d'Or.

St-Gervais S-Rh; r (w) ★ **98 99 00 01′** 03 – Ort am Westufer der Rhône. Tüchtige Genossenschaft und exzellente Rote der Dom. Ste-Anne (ausgeprägtes Mourvèdre-Aroma); bei den Weißweinen auch ein Viognier.

St-Jean de Minervois Minervois; w; s ★★ Vielleicht der beste französische Muskateller: lieblich und fein, besonders von Dom. de Barroubio, Michel Sigé und der Genossenschaft St-Jean de Minervois. Neuerdings stark verbessert.

St-Joseph N-Rh; r w ★★ **90′ 91 95′ 96 97′ 98′ 99′ 00′ 01′** 03 – Appellation, die sich über die gesamte nördliche Rhône erstreckt (65 km). Köstliche, fruchtbetonte Weine im Zentrum um Tournon, ansonsten unterschiedliche Qualität. Oft deutlicher strukturiert als Crozes-Hermitage, v.a. von Chapoutier (Les Granits), B. Gripa und Grippat (zu Guigal gehörend); auch: Chave, Chèze, Courbis, Coursodon, Cuilleron, Delas, B. Faurie, P. Faury, Gaillard, Jaboulet, Marsanne, Paret, Perret (v.a. Grisières) und Trollat. Gute aromatische Weißweine (v.a. von Marsanne).

St-Julien Bx; r ★★★→★★★★ **70′ 75 78′ 81′ 82′ 83′ 85′ 86′ 88′ 89′ 90′ 93 94 95′** 96 98 99 00′ 01 02 – Ort im mittleren Médoc mit einem Dutzend der besten Châteaux von Bordeaux, u.a. 3 verschiedene Léoville, Beychevelle, Ducru-Beaucaillou, Gruaud-Larose. Inbegriff eines harmonischen, duftigen und würzigen Rotweins.

St-Nicolas-de-Bourgueil Lo; r rs ☆☆ **89′ 90′ 95′ 96 97 98 00 01** 02 **03** – Nachbarort von Bourgueil; ähnlich lebendiger, fruchtiger Cabernet franc. Probierenswert: Amirault, Cognard, Mabileau, Taluau.

St-Péray N-Rh; w; sch ☆☆ **99′ 00 01′** 03 – Weißwein, v.a. aus der Marsanne-Traube, von der nördlichen Rhône, z.T. als Schaumwein bereitet. Eine probierenswerte Kuriosität. Spitzenerzeuger: S. Chaboud, B. Gripa, Lionnet, J.-L. Thiers, du Tunnel und Voge sowie die Genossenschaft in Tain. Jaboulet-Aîné pflanzt hier derzeit neue Reben.

St-Pourçain-sur-Sioule ZF; r rs w ☆→☆☆ BV – Wein aus einer Nische in Allier. Leichte Rot- und Roséweine von Gamay und/oder Pinot noir; Weißweine von Tressalier und/oder Chardonnay (wird immer beliebter) oder Sauvignon blanc. Neuere Jahrgänge verbessert. Erzeuger u.a.: Dom. de Bellevue, Barbara, Pétillat, Ray und eine gute Genossenschaft.

St-Romain Bg; r w ★★ w **99 00′** 02′ 03 – Lang übersehener Ort hinter der Côte de Beaune. Empfehlenswert v.a. die festen, frischen Weißweine. Die Rotweine haben einen sauberen »Biss«. Spitzenerzeuger: de Chassorney, Fèvre, Jean Germain, Gras, Latour, Leroy.

St-Véran Bg; w ★★ **99 00′ 01 02′** 03 – Eine Nachbarappellation von Pouilly-Fuissé. Die besten Weine sind ähnlich gut, andere wachsen auf ungeeigneten Böden. Probierenswert: Dom. Corsin, Demessey, Dom. des Deux Roches, Dubœuf, Ch. Fuissé und Dom. des Valanges.

Salon Champ **82′ 83 85 88 90** 95 – Champagnerhaus mit dem Original-Blanc-de-Blancs aus Le Mesnil an der Côte de Blancs; intensiv, sehr trocken und haltbar. 1988 von Laurent-Perrier übernommen.

Sancerre Lo; (r) (rs) w ☆☆→☆☆☆ **96 97 98 99 00 01 02 03** – Weltweit das Musterbeispiel eines duftigen weißen Sauvignon blanc. Von Pouilly-Fumé (dem Nachbarwein von der anderen Loire-Seite) kaum zu unterscheiden. Spitzenweine halten sich 5 Jahre und länger. Auch in der Regel leichter Pinot noir, mit 2 bis 3 Jahren am besten, und Rosé (nicht zu kühl servieren). Gelegentlich sehr gute Vendange tardive. Spitzenerzeuger: Bourgeois, Cotat Frères, Lucien Crochet, André Dezat, Jolivet, Mellot, Vincent Pinard, Roger und Vacheron.

Santenay Bg; r (w) ★★★ **88′ 90′ 93 95** 96′ **97 98 99′** 01 02′ 03 – Kräftiger Rotwein aus dem Ort südlich von Chassagne. Die besten Lagen sind: La Comme, Les Gravières, Clos de Tavannes. Spitzenerzeuger: Girardin, Lequin-Roussot, Muzard, Dom. de la Pousse d'Or.

Saumur Lo; r rs w; sch ☆→☆☆☆ **00 01 02 03** – Frische, fruchtige Weißweine, zusätzlich einige edlere Tropfen; sehr guter Crémant und Saumur Mousseux (Erzeuger: u. a. Bouvet-Ladubay, Cave des Vignerons de Saumur, Gratien & Meyer, Langlois-Château, Dom. St-Just), helle Rosés und immer bessere Cabernet-franc-Rotweine. Siehe Saumur-Champigny.

Saumur-Champigny Lo; r ★★→★★★ **89' 90' 93' 95' 96 97 98 00 01** 02 **03** – Blühende Appellation für frische Cabernet-franc-Rotweine; sonnige Jahrgänge halten sich bemerkenswert gut. Der Bereich umfasst 9 Gemeinden. Beachtenswerte Erzeuger: Ch. du Hureau, Ch. de Villeneuve, die Domaines Filliatreau, Legrand, Nerleux, Roches Neuves, St-Just, Val Brun sowie Clos Rougeard.

Saussignac Dor; w; s ★★→★★★ **97' 98 99 01** (02) – Alterungswürdige Weine im Monbazillac-Stil. Erzeuger neuer, extrem süßer Weine sind u. a. Dom. de Richard, Ch. les Miaudoux, Ch. Tourmentine, Ch. le Payral und Ch. le Chabrier sowie Clos d'Yvigne.

Sauternes Bx; w; s ☆☆→☆☆☆☆ **67' 71' 75 76' 79' 81 83' 85 86' 88' 89' 90' 95' 96 97** 98 99 01' 02 03 – Bereich mit 5 Orten (einschließlich Barsac), aus denen Frankreichs beste Süßweine kommen: stark (14 % Alkohol und mehr), üppig und goldfarben, brauchen 10 Jahre Alterung. Spitzen-Châteaux: d'Yquem, Guiraud, Lafaurie-Peyraguey, Rieussec, Suduiraut u. a. Trockene Weine dürfen nicht als Sauternes verkauft werden.

Sauvignon blanc Siehe Trauben für Weißwein (Seite 18).

Sauvignon de St-Bris Bg; w ★★ BV – Junger AC-Bereich nahe Chablis, mit Sancerre verwandt. Probierenswert. Dom. Saint Prix von der Dom. Bersan ist gut, der Beste aber ist Goisot.

Sauzet, Etienne Bg ☆☆☆ Weingut und -handelshaus mit weißem Burgunder in Puligny-Montrachet. Klare, gut ausgebaute Weine, jung am besten.

Savennières Lo; w; tr s ★★★→☆☆☆☆ **75 76' 78' 85 86' 88 89' 90' 93 95' 96 97 98 99 00 01** 02 **03** – Kleiner Bereich in Anjou mit eindringlichen, langlebigen Weißweinen. Erzeuger: u. a. Baumard, Ch. de Chamboureau, Ch. de Coulaine, Ch. d'Epiré, Dom. du Closel und Dom. Laureau du Clos Frémur. Spitzenlagen: Coulée de Serrant, La Roche aux Moines und Clos du Papillon.

Savigny-lès-Beaune Bg; r (w) ★★★ **90' 95 96' 97 98** 99' **00 01** 02' 03 – Bedeutender Ort bei Beaune mit ähnlichen ausgeglichenen mittelschweren Weinen, oft vorzüglich, lebendig und fruchtig. Beste Lagen: Dominode, Les Guettes, Lavières, Marconnets, Vergelesses. Spitzenerzeuger: Bize, Camus, Chandon de Briailles, Clair, Ecard, Girard, Leroy, Pavelot, Tollot-Beaut.

Savoyen (Savoie) OF; r w; sch ☆☆ BV – Alpiner Bereich mit leichten, trockenen Weinen, ähnlich den Schweizer oder einfacheren Loire-Weinen. Bekannteste Weißweine: Apremont, Crépy und Seyssel; interessanter ist der Roussette. Auch guter roter Mondeuse.

Schlossberg Sehr erfolgreicher Elsässer Grand cru für Riesling. Gehört zu 2 Gemeinden: Kientzheim und ein kleiner Abschnitt zu Kaysersberg. Spitzenerzeuger: Faller/Dom. Weinbach und Paul Blanck.

Schlumberger, Domaines ☆→☆☆☆ Elsässer Handelshaus in Guebwiller mit dem größten Weinbergbesitz der Region; u. a. üppiger Gewürztraminer aus den Grand-cru-Lagen Kessler und Kitterlé (auch Sélections des grains nobles und Vendages tardives). Feiner Riesling von den Grands crus Kitterlé und Saering. Ebenso guter Pinot gris.

Schlumberger, Robert de Lo – Saumur-Schaumwein nach österreichischer Art; fruchtig und zart.

Schoenenbourg Sehr voller, erfolgreicher Riquewihr-Grand-cru (Elsass): Riesling, Tokay-Pinot gris, sehr feine Vendage tardive und Sélection des grains nobles. Erzeuger u. a.: Marcel Deiss und Dopff au Moulin. Auch sehr guter Muscat.

Schoffit, Domaine ☆☆→☆☆☆ Elsässer Betrieb in Colmar mit Grand cru Rangen Pinot gris und Gewürztraminer in Spitzenqualität. Der Chasselas ist ein außergewöhnlich köstlicher Alltagswein.

Schröder & Schÿler Altes Handelshaus in Bordeaux, Miteigentümer von Ch. Kirwan.

Sciacarello Einheimische Rebsorte auf Korsika für Rotweine und Rosés, z. B. Ajaccio, Sartène.

Sec Wörtlich: trocken; so bezeichneter Champagner ist allerdings eher lieblich (für Sektfrühstück und Hochzeiten besser geeignet als Brut).

Séguret S-Rh; r w ★★ **98' 99' 00 01'** 03 – Ort bei Gigondas an der südlichen Rhône mit guter Qualität. Pfeffriger, recht voller Rotwein und runder, sauberer Weißwein. Beste Erzeuger: Ch. La Courançonne, Dom. de Cabasse, Garancière, Mourchon, Pourra.

Sélection des grains nobles Von Hugel geprägter Ausdruck für das elsässische Gegenstück zur deutschen Beerenauslese; seit 1984 strengsten Bestimmungen unterworfen. »Grains nobles« sind Trauben mit Edelfäule.

Selle, Château de Prov; r rs w ★★→★★★ 40-ha-Gut im Besitz der Familie Ott bei Cotignac, Coteaux Varois. Der ursprüngliche Schrittmacher für die Provence. Die Cuvée Spéciale ist v. a. von Cabernet Sauvignon.

Serafin Bg ☆☆☆ Christian Serafins intensive Weine, der Gevrey-Chambertin Vieilles Vignes und der Charmes-Chambertin Grand cru, haben bei ihren Anhängern bereits Kultstatus erreicht.

Sèvre-et-Maine Diese genau festgelegte Anbauzone verfügt über die besten Muscadet-Lagen.

Seyssel Sav; w; sch ★★ oJ – Delikater blasser Weißwein, sehr angenehmer Schaumwein. Erzeuger v. a. Mollex-Corbonod.

Sichel & Co. Eines der renommiertesten Handelshäuser in Bordeaux. Peter A. Sichel verstarb 1998; seine Geschäfte in Bordeaux und Corbières sowie die Beteiligungen an Ch. d'Angludet und Ch. Palmer werden jetzt von seinen fünf Söhnen weitergeführt.

Silvaner Siehe Trauben für Weißwein (Seite 19).

Simone, Château Prov; r rs w ★★→★★★ Berühmter alter Besitz in Palette, ein Synonym für die gesamte AC bei Aix-en-Provence. Am besten ist der Rote: geschmeidig und kräuterwürzig. Mindestens 2 bis 6 Jahre lagern. Auch beim ebenfalls guten Weißwein zahlen sich einige Jahre Lagerung aus.

Sipp, Jean und Louis ☆☆ Elsässer Erzeuger in Ribeauvillé (Louis ist auch Négociant). Beide erzeugen sehr guten Riesling vom Grand cru Kirchberg: Jean bietet jugendfrische Eleganz (kleinerer Weinberg, nur eigener Ertrag), Louis mehr Festigkeit bei reifen Weinen. Louis produziert auch sehr guten Gewürztraminer, v. a. von der Grand-cru-Lage Osterberg.

Sipp-Mack El ☆☆→☆☆☆ Großartiger Riesling-Spezialist in Hunawihr, gegründet 1698. Überragend von den Grands crus Rosacker und Osterberg; von Letzterem auch sehr guter Pinot gris.

Sirius In Eiche ausgebauter Bordeaux-Verschnitt der Maison Sichel.

Skalli ☆→☆☆ Dynamischer Erzeuger mit erstklassigem Vin de pays d'Oc von Cabernet Sauvignon, Merlot, Chardonnay usw. in Sète (Languedoc); von Mondavi (Kalifornien) inspiriert. Standardmarke: Fortant de France (stilvoll und preiswert). Jetzt auch AC-Weine aus dem Midi.

Sorg, Bruno ★★→★★★ Erstklassiger kleiner Winzer in Eguisheim im Elsass mit den Grands crus Florimont (Riesling) und Pfersigberg (Muscat). Auch sehr guter Auxerrois.
Sur lie »Auf der Hefe.« Muscadet wird oft direkt vom Fass abgefüllt, um Schwung und Charakter zu bewahren.
Syrah Siehe Trauben für Rotwein (Seite 15).
Tâche, La Bg; r ★★★★ **78' 85' 88' 89' 90'** 93' 95 96' 97 98 99' 00 **01** 02' 03 – 6-ha-Grand-cru in Vosne-Romanée, eine der besten Lagen der Welt; großer, bukettreicher, luxuriöser Wein. Siehe Romanée-Conti.
Tain, Cave Coopérative de 390 Mitglieder in den Appellationen der nördlichen Rhône mit 25 % der Rebfläche in Hermitage. Der rote Hermitage wird seit 1991 besser; Crozes in modernem Stil. Preiswert.
Taittinger Brut oJ; Rosé oJ; Brut **88 90 95 96 98**; Collection Brut **82 85 88 90** 95 – Bekanntes (und ausgezeichnetes) Champagnererzeuger- und -handelshaus in Reims mit seidigem, blumigem Stil. Luxusmarke: Comtes de Champagne Blanc de Blancs (**82 85' 88 90 95** 96). Auch sehr guter reichhaltiger Pinot Prestige Rosé oJ. Siehe auch Domaine Carneros, Kalifornien.
Tastevin, Confrérie des Chevaliers du Rührige, fröhliche Gesellschaft zur Förderung des Weinbaus in Burgund. Mit dem Tastevinage-Etikett versehener Wein ist von der Gesellschaft geprüft und gewöhnlich auch gut. Ein »Tastevin« ist die traditionelle flache silberne Weinprobierschale von Burgund.
Tavel Rh; rs ☆☆ BV – Der berühmteste, wenn auch nicht beste französische Rosé, alkoholstark, sehr gehaltvoll und trocken. Spitzenerzeuger: Ch. d'Aquéria, Dom. Corne-Loup, Guigal, Lafond, Maby, Dom. de la Mordorée, Prieuré de Montézargues, Ch. de Trinquevedel.
Tempier, Domaine r w rs ☆☆☆☆ Der Spitzenerzeuger in Bandol.
Terroirs Landais Gascogne; r rs w ☆ Der Vin de pays im Departement Landes ist die Fortsetzung der Côtes de Gascogne. Am häufigsten zu finden: Domaine de Laballe.
Thénard, Domaine Bg – Großer Erzeuger in Givry, am bekanntesten jedoch durch seinen bedeutenden Anteil (rund 1,8 ha) an Le Montrachet. Könnte aus diesem Juwel noch erheblich Besseres herausholen.
Thevenet, Jean Bg ★★★ Dom. de la Bongran in Clésse steht für vollen, konzentrierten (sogar süßen!) weißen Mâcon. Teuer.
Thézac-Perricard SWF; r rs ☆ **98' 00' 01** 02 – Vin-de-pays-Gegend westlich von Cahors; dieselben Trauben, aber leichterer Stil. Alle Weine von der Genossenschaft in Thézac.
Thiénot, Alain Grande Cuvée **85' 90 95' 96** – Früher Makler, jetzt Weinhändler und eine dynamische Kraft im Champagnerhandel. Neuer Blanc-de-Blancs-Jahrgangswein Stanislas (**99**). Auch Eigentümer von Marie Stuart und Canard-Duchêne in der Champagne sowie Ch. Ricaud in Loupiac.
Thomas-Moillard Bg ☆☆☆ Unterbewertetes Nuits-St-Georges-Gut mit langsam reifenden Weinen. Schwesterfirma ist der Négociant Moillard-Grivot.
Thorin, J. Beauj ☆ Erzeuger und bedeutender Händler im Beaujolais.
Thouarsais, Vins du Lo; r rs w ★ BV – Kleiner VDQS-Bereich für leichten Chenin blanc (20% Chardonnay zulässig), Gamay und Cabernet Sauvignon aus der Gegend südlich von Saumur. Empfehlenswert: Gigon.
Tokay d'Alsace Alter Name für Pinot gris im Elsass, in Anlehnung an den ungarischen Tokajer. Wird jetzt Tokay-Pinot gris genannt, ab 2007 ist nur noch der Name Pinot gris zulässig.

Tollot-Beaut ★★★ Stilvoller, beständiger Burgunder-Erzeuger; besitzt 20 ha in der Côte de Beaune einschließlich Corton, Beaune-Grèves, Savigny-lès-Beaune (Les Champs Chevrey) und in seinem Heimatort Chorey-lès-Beaune.

Touraine Lo; r rs w; tr s; sch ★→★★★ **95 97 98 99 00 01 02 03** – Große Region an der mittleren Loire mit einer Vielfalt von Weinen, u. a. trockener weißer Sauvignon blanc, trockener und lieblicher Chenin blanc (z. B. Vouvray), roter Chinon und Bourgueil. Auch große AC mit leichtem rotem Cabernet franc, Gamay, rassigem Côt oder, immer häufiger, einem Verschnitt aus diesen drei Sorten; dazu grasiger Sauvignon blanc und Mousseux. Oft preiswert. Erzeuger: Marionnet, Dehelly (Clos Neuf des Archambaults), Puzelat (Clos de Tue-Bœf), Courtois, Oisly-Thesée, Ch. de Petit Thouars, Jacky Marteau (Dom. de Bergerie), Dom. des Corbillières, Clos Roche Blanche, Dom. de la Presle.

Vielversprechende Erzeuger der Touraine-Appellationen
Bourgeuil: Dom. des Ouches
Cheverny: Hervé Villemade, Clos de Tue-Bœuf, Daridan (Cellier de la Marigonnerie)
Chinon: Jean-Pierre Crespin, Coulaine, Dom. de Bel Air
Jasnières: Eric Nicolas (Dom. de Bellivière), Jean-Pierre Robinot, Christian Chaussard
Touraine: Dom. de la Garrelière, Dom. des Cailloux du Paradis
Vin de pays de la Vienne: Ampelidae

Touraine Amboise Lo; r rs w ☆→☆☆ Subappellation der AC Touraine. Eine verlockende Spezialität von hier ist die Cuvée François 1er (Gamay/Côt/Cabernet franc). Erzeuger: Dutertre, Xavier Frissant.

Touraine Azay-le-Rideau Lo; r rs w ☆→☆☆ Trockene und halbtrockene Weißweine auf Chenin-blanc-Basis; Rosés v. a. von der Grolleau-Traube. Erzeuger: James Paget, Pibaleau Père et Fils, Ch. de la Roche.

Touraine Mesland Lo; r rs w ☆→☆☆ Die besten Vertreter dieser Subappellation sind die leicht zugänglichen roten Verschnitte (Gamay/Côt/Cabernet franc). Erzeuger: Ch. Gaillard, Clos de la Briderie.

Touraine Noble-Joué Lo; rs ☆→☆☆ BV – Alter, aber vor kurzem zu neuen Ehren gekommener Rosé von drei Pinot-Sorten (noir, gris, Meunier) aus dem Süden von Tours. Empfehlenswert von Rousseau und Sard. Seit 2000 als eigenständige AC Touraine Noble-Joué anerkannt.

Trévallon, Domaine de Prov; r w ☆☆☆ **88' 90' 91 92 93 94 95 96'** 97 98 99 00 01 – Sehr modisches Weingut in Les Baux. Voller, intensiver und lagerungsfähiger Cabernet Sauvignon/Syrah.

Trimbach, F. E. ★★★→★★★★ Distinguiertes Elsässer Erzeuger- und Handelshaus in Ribeauvillé mit überaus elegantem, wenn auch etwas herbem Stil. Spitzenweine: u. a. Riesling Clos Ste-Hune, Cuvée Frédéric Emile (vorwiegend von der Grand-cru-Lage Osterberg). Auch guter Gewürztraminer. Bekämpft ebenso wie Hugel das Grand-cru-System.

Turckheim, Cave Vinicole de ★★ Bedeutende Elsässer Winzergenossenschaft mit umfassendem Angebot an Weinen, u. a. Grands crus von knapp 320 ha. In jüngster Zeit nicht mehr so prickelnd.

Tursan SWF; r rs w ★★→☆☆☆ (meist BV) – Aufstrebender VDQS-Bereich auf dem Weg zur AC. Süffige Weine für Festtage. Größtenteils von der Genossenschaft in Geaune, aber Ch. de Bachen (☆☆☆) befindet sich im Besitz des überragenden Michel Guérard. Der superreife, in Eiche ausgebaute Sauvignon blanc ist ausgezeichnet. Auch die Domaine de Perchade-Pourrouchet (★★) ist besser als die meisten anderen.

Vacqueyras S-Rh; r (w) ★★ **89' 90' 94 95' 96' 97 98' 99' 00'** 01' 03 – Volle, pfeffrige Weine auf Grenache-Basis; Nachbar von Gigondas; feiner strukturiert, oft preiswerter. Probierenswert: die Weine von Jaboulet, Armouriers, Ch. de Montmirail, Ch. des Tours, Dom. Archimbaud-Vache, Charbonnière, Couroulu, Font de Papier, Fourmone, Garrigue, Grapillon d'Or, Monardière, Montirius, Montvac, Pascal Frères und Sang des Cailloux.

Val d'Orbieu, Vignerons du Zusammenschluss von etwa 200 Spitzenerzeugern und Genossenschaften in Corbières, Coteaux du Languedoc, Minervois, Roussillon usw. als Vertriebsorganisation für eine erstklassige Auswahl an AC-Weinen und Vins de pays.

Valençay Lo; r rs w ☆ BV – VDQS-Bereich in der östlichen Touraine, südlich von Cher; leichte süffige, manchmal etwas säuerliche Weine von ähnlichen Rebsorten wie in der Touraine, v. a. Sauvignon blanc.

Vallée du Paradis Midi; r rs w ★ Populärer Vin de pays von roten Lokalrebsorten in Corbières.

Valmagne, Abbaye de Berühmte Zisterzienserabtei bei Sète (Herault); jetzt Weinkellerei.

Valréas S-Rh; r (rs w) ★★ **98' 99 00' 01** 03 – Côtes-du-Rhône-Villages Ort mit großer Genossenschaft. Gute, mittelschwere Rotweine (weicher als Cairanne und Rasteau) und besser werdende Weiße. Erzeuger: Emmanuel Bouchard, Dom. des Grands Devers, Ch. la Décelle.

Varichon & Clerc Bedeutendste Erzeuger- und Händlerfirma für Schaumweine aus Savoyen.

Vaudésir Bg; w ★★★★ **85' 88 89' 90 92 93 95** 96' **97 98** 99 00' 02 03 – Wohl der beste unter den 7 Grands crus von Chablis.

VDQS Vin Délimité de Qualité Supérieure (siehe Seite 47).

Vendange Lese.

Vendange tardive Spätlese. Im Elsass gleichwertig mit deutscher Auslese, aber meist alkoholstärker.

Verget Bg ☆☆→☆☆☆ Das Négociant-Geschäft von J.-M. Guffens mit einer gemischten Auswahl von Mâcon bis Montrachet. Intensive, oft beispielhafte Weine, die aus zugekauften Trauben bereitet werden. Chablis meist zu eichenholzwürzig. Neues Unternehmen im Luberon: Verget du Sud. Genau beobachten.

Veuve Clicquot Yellow Label oJ; Demi-Sec (White Label) oJ; Vintage Réserve **89' 90 93 95 96'** 98); Rosé Réserve **85 90 95 96** – Ein historisches Champagnerhaus mit höchstem Ansehen. Jetzt im Besitz von LVMH. Vollmundiger, fast reichhaltiger Champagner der verlässlichen Art. Kellereien in Reims. Luxusmarken: La Grande Dame (**85' 90 95' 96**) und Rich Réserve (**96 98**), die erstmals 1995 in den Handel kam, sowie der Rosé La Grande Dame (**95' 96**), erstmals 1997.

Veuve Devaux Der Spitzenchampagner der mächtigen Genossenschaft Union Auboise in Bar-sur-Seine. Sehr gute, schön gealterte Grande Réserve oJ, Rosé Œil de Perdrix und die Prestige-Cuvée D.

Vidal-Fleury, J. Rh ☆→☆☆ Alteingesessenes Handelshaus für Rhône-Spitzenweine im Besitz von Guigal; Erzeuger von Côte-Rôtie-Weinen, v. a. La Chatillone. Beständige Qualität.

Vieille Ferme, La S-Rh; r w ☆☆ Sehr gute Marke für roten Côtes du Ventoux und weißen Côtes du Luberon, erzeugt von den Perrins, die auch Ch. de Beaucastel besitzen. Verlässliche Qualität.

Vieilles Vignes »Alte Reben«, deshalb die besten Weine. Von vielen, besonders von Bollinger, Ch. Fuissé und de Vogüé benutzt.
Vieux Télégraphe, Domaine du S-Rh; r w ☆☆☆ **78' 81' 83 85 88 89' 90 94' 95' 96' 97** 98' 99' 00 01 – Führend in kräftigem, modernem rotem Châteauneuf-du-Pape und schmackhaften, seit den 1990ern volleren Weißweinen, die in geringeren Jahrgängen gut altern. Jetzt auch eine zweite (günstige) Marke: Vieux Mas des Papes. Zweite Domaine: de la Roquette mit fruchtigen Tropfen. Besitzt zusammen mit der US-Importfirma Kermit Lynch die Dom. des Pallières in Gigondas.
Vigne Weinberg; Anbaugebiet.
Vigneron Winzer.
Vignoble Siehe Vigne.
Villeneuve, Château de Lo; r w ☆☆→☆☆☆ **89 90 93 94 95 96 97 98 99 00 01** 02 03 – Dynamisches Gut in Saumur. Aufregender Saumur Blanc (v. a. Les Cormiers) und Saumur-Champigny (v. a. Vieilles Vignes, Grand Clos).
Vin de garde Wein, der bei Lagerung besser wird. Meist seriöse Spitzenweine.
Vin de l'année Diesjähriger Wein. Siehe Beaujolais, Beaujolais-Villages.
Vin de paille »Strohwein«, aus auf Strohmatten getrockneten Trauben, daher sehr süß, etwa wie italienischer Passito. Besonders im Jura zu finden. Siehe auch Chave.
Vin de pays Die über 140 Landweine sind die dynamischste Kategorie im französischen Weinsystem. Am besten sind die Vins de pays de zone, u. a. Coteaux de l'Uzège, Côtes de Gascogne oder Côtes de Thongue.
Vin de table Alltagswein, der keinen besonderen Bestimmungen über Trauben und Herkunft unterliegt. Meist ist der Vin de pays besser.
Vin doux naturel Süßer, mit Weingeist gespriteter Wein; die Süße ist also »natürlich«, nicht aber der Alkoholgehalt. Eine Spezialität des Roussillon; basiert auf Grenache oder Muscat. In französischen Bars erhält man Durchschnitt, Spitzenweine sind jedoch bemerkenswert.
Vin gris »Grauer Wein«; er ist blassrötlich und wird aus roten Trauben hergestellt, die vor Einsetzen der Gärung gepresst werden – anders als beim Rosé, der nach kurzer Gärung abgepresst wird. Œil de Perdrix ist ungefähr dasselbe.
Vin jaune Jura; w ☆☆☆ Spezialität von Arbois: von eigentümlich gelber Farbe wie Fino Sherry; nach dem Abfüllen (frühestens nach 6 Jahren) genussreif. Am besten ist der Château-Chalon.
Vin nouveau Siehe Beaujolais primeur oder nouveau.
Vinsobres S-Rh; r (rs) (w) ★ **95' 98' 99' 00 01'** 03 – Widersprüchlicher Name (sobre = nüchtern) eines guten Weinortes an der südlichen Rhône. Am besten sind die gehaltvollen, runden, fruchtigen Rotweine. Beachtenswert: Dom. Les Aussellons, Bicarelle, Charme-Arnaud, Coriançon, Deurre, Jaume und Ch. Rouanne.
Viré-Clessé Bg; w ☆☆ **99 00' 01** 02 – Neue AC um zwei der besten Weißweinorte in der Gegend von Mâcon. Extrovertierter, exotischer Stil, v. a. von A. Bonhomme, Bret Bros, Clos du Chapitre, Jadot, Merlin, Ch. de Viré und der Genossenschaft.
Visan S-Rh; r rs w ☆ **98' 99 00 01** 03 – Gemeinde der Côtes du Rhône-Villages mit guten mittelschweren Roten. Beachtenswert: Dom. des Grands Devers, Roche-Audran.
Viticulteur Winzer.
Vogüé, Comte Georges de (**Domaine les Musigny**) Bg ☆☆☆☆ Erstklassiges Weingut in Chambolle-Musigny mit 12 ha Spitzenlagen in Musi-

gny und in Bonnes-Mares. Die besten Weine, v. a. seit dem 1990er Jahrgang, sind unübertroffen. Die meisten 1980er eher meiden.

Volnay Bg; r ★★★→★★★★ **85' 88' 89' 90' 91 93 95** 96' **97** 98 99' 00 01 – Ort zwischen Pommard und Meursault; oftmals die besten Rotweine von der Côte de Beaune, nicht dunkel oder schwer, sondern strukturiert und seidig. Beste Lagen: Caillerets, Champans, Clos des Chênes, Santenots, Taillepieds usw. Spitzenerzeuger: d'Angerville, J.-M. Boillot, Hospices de Beaune, Lafarge, Lafon, de Montille, La Pousse d'Or.

Volnay-Santenots Bg; r ☆☆☆ Hervorragender Rotwein aus Meursault, wird unter dieser Bezeichnung verkauft. Von anderen Volnay-Premiers-crus nicht zu unterscheiden. Beste Erzeuger: Ampeau, Hospices de Beaune, Lafon, Leroy.

Vosne-Romanée Bg; r ☆☆☆→☆☆☆☆ **85' 88' 89' 90' 91 93 95** 96' **97** 98 99' 00 01 02' 03 – Der Ort mit den grandiosesten Crus von Burgund (Romanée-Conti, La Tâche u. a.). Gewöhnlichen Wein gibt es in Vosne kaum (sollte es zumindest nicht geben). Erzeuger: u. a. Arnoux, Cathiard, DRC, Engel, Grivot, Gros, Jayer, Latour, Leroy, Liger-Belair, Méo-Camuzet, Mongeard-Mugneret, Mugneret, Rion.

Vougeot Bg; r w ☆☆☆ **90' 91 93 95'** 96' **97** 98 99' 00 01 02' 03 – Einige rote (und weiße) Villages- und Premier-cru-Weine tragen diesen Namen. Siehe Clos de Vougeot. Der außergewöhnliche weiße Clos Blanc de Vougeot wird schon seit dem 12. Jh. bereitet. Die besten Erzeuger sind Bertagna und Vougeraie.

Vougeraie, Domaine de la Bg; r ☆☆→☆☆☆ In dieser Domaine sind alle Weinberge der Firma Jean-Claude Boisset vereinigt. Die Bandbreite reicht vom preisgünstigen Bourgogne Rouge bis zum feinen Musigny Grand cru.

Vouvray Lo; w; tr s; sch ☆☆→☆☆☆☆ **76' 82 83 85' 86 88' 89' 90' 93 95' 96 97** 98 99 00 01 02 03 (trocken und halbtrocken) – 1700 ha großes AC-Gebiet östlich von Tours mit sehr unterschiedlichen, zunehmend besser und verlässlicher werdenden Weinen. Demi-sec ist im klassischen Stil, aber in sehr guten Jahren kann Moelleux intensiv süß und fast ewig haltbar sein. Guter trockener Schaumwein; empfehlenswert: Pétillant. Spitzenerzeuger: Allias, Champalou, Dhoye-Deruet, Foreau, Fouquet, Ch. Gaudrelle, Huët, Lemaire & Renard, Pinon, Clos Baudoin und Vigneau-Chevreau.

Vranken, Champagne Immer mächtiger werdendes Champagnerhaus mit beeindruckender Zentrale in Epernay, das 1976 von einem belgischen Marketing-Experten gegründet wurde. Überwiegend auf Chardonnay basierende Weine, gute Qualität. Spitzenmarke heißt Demoiselle. Zum Besitz gehören inzwischen auch Heidsieck Monopole, Pommery und Bricout.

Wolfberger ★★ Hauptmarke der Genossenschaft von Eguisheim (Elsass). Außergewöhnliche Qualität für einen solchen Massenerzeuger; sehr bedeutend für Crémant.

Y (Aussprache: igrek) Bx **78' 79' 80' 85 86 88 94 96 00** – Im Château d'Yquem gelegentlich produzierter, intensiv-trockener Weißwein, im Alter am interessantesten.

Zind-Humbrecht, Domaine ☆☆☆☆ Überragendes Weingut mit 40 ha in Wintzenheim, Turckheim und Thann im Elsass. Erstklassige Einzellagenweine, v. a. Clos St-Urbain, sowie sehr feine Weine aus den Grand-cru-Lagen Brand, Goldert, Hengst und Rangen. Sehr reichhaltiger, äußerst konzentrierter Stil, manchmal auf Kosten der Eleganz.

Die Châteaux von Bordeaux

Die dunklen Flächen bezeichnen die Weinbaugebiete

Die folgenden Abkürzungen werden im Text verwendet:

Bx	Bordeaux	**St-Em**	St-Emilion
Can-F	Canon-Fronsac	**St-Est**	St-Estèphe
EDM	Entre-Deux-Mers	**St-Jul**	St-Julien
H-Méd	Haut-Médoc	**Pau**	Pauillac
L de Pom	Lalande de Pomerol	**Pes-L**	Pessac-Léognan
		Pom	Pomerol
Mar	Margaux	**Saut**	Sauternes

Welche Bordeaux-Jahrgänge sollte man jetzt trinken und welche noch liegen lassen? Zurzeit besteht wenig Veranlassung, neuere Jahrgänge einzulagern, weder zum Eigenkonsum noch als Geldanlage – ausgenommen vielleicht den 2000er der bescheideneren Châteaux, die immer wieder reife, erfreuliche Tropfen zu vernünftigen Preisen liefern. Ansonsten gibt es auch anderswo reichlich gute Weine jeder Altersklasse zum gleichen oder niedrigeren Preis.

Über den Zustand der Jahrgänge vor 1982 kann nur spekuliert werden. Hier hängt alles von den Bedingungen ab, unter denen die Weine gelagert wurden. Der 1982er allerdings, ein großer Jahrgang in jeder Hinsicht, macht heute auf mich keinen überteuerten Eindruck. Dasselbe gilt für den 1985er und den für Cabernet Sauvignon klassischen 1986er. Gute Médoc-Tropfen dieses Jahres sind immer noch lagerfähig. Der 1988er ist eher unterbewertet, für den 1989er allerdings muss man gutes Geld hinlegen – doch zu Recht, denn er ist sowohl zum Trinken als auch zum weiteren Lagern hervorragend geeignet. Der 1990er ist eine Geldanlage; eine leichte Wahl. Zwischen 1991 und 1994 gibt es wenig Aufregendes, der 1995er wiederum ist ein Allroundtalent, das gerade herrlich trinkfertig wird. Vom 1996er sollte man sich an Erzeugnisse aus dem nördlichen Médoc halten, der 1997er ist in manchen Gegenden jetzt genussreif, der 1998er hat am rechten Gironde-Ufer seine stärksten Vertreter, den 2000er können Sie nach Gutdünken wählen, und der 2001er wird in zwei bis drei Jahren viel Freude bereiten. Die »Garagenweine« sollten wir den Seifenkistenfahrern überlassen.

Wie immer sind in diesem Kapitel die Jahrgänge rot hervorgehoben, die von den Winzern in diesem Jahr wohl als erste Wahl serviert werden: ihre eigenen Weine in dem Reifestadium, in dem sie sie selbst am liebsten trinken. Ihre Auswahl macht uns klar, dass es in Sachen Wein keine Patentrezepte gibt – und am allerwenigsten für den so wunderbar vielseitigen Bordeaux.

Übrigens: In der Terminologie des Weinhandels bedeutet »linkes Ufer« die stromabwärts links, also westlich der nach Norden fließenden Garonne und ihrer Verlängerung, der Gironde, gelegenen Gebiete des Bordelais, mithin Médoc und Graves. »Rechtes Ufer« bedeutet die Weinberge auf der anderen Seite wie St-Emilion, Pomerol und Fronsac.

Agassac, d' H-Méd; r ☆☆ **82' 85' 86 88 89' 90' 93 94 95 96 98 99** 00' 02 – Dornröschenschloss aus dem 14. Jahrhundert mit 32 ha Weinbergen, ganz nahe bei Bordeaux. Seit 1996 neue Besitzer und steigende Qualität.

Andron Blanquet St-Est; r ☆☆ **82 85' 86** 88 89' **90 91 93 94 95 96** 98' 00' – Schwester-Château von Cos Labory. 16 ha. Die recht harten Weine entwickeln seit neuestem mehr Charme.

Angélus, L' St-Em; r ★★★★ **85' 86 87 88 89' 90' 92' 93 94 95** 96 **97** 98' 99 00' 01 02 (03) – 24 ha Cru classé in den Côtes westlich der Stadt St-Emilion. Zurzeit ein Star mit einigen prächtigen Weinen; wurde 1996 zum Premier grand cru classé aufgewertet.

Angludet, d' Cantenac-Mar; r ★★★ **82 83' 85 86 88' 89' 90 94 95 96' 97'** 98' 00 02 – 30 ha. Wird von Benjamin Sichel geführt. Cru bourgeois mit Cru-classé-Qualität. Lebendiger, langlebiger Margaux mit großem Stil, beliebt in Großbritannien. Preisgünstig.

Archambeau, d' Graves; r w; tr (s) ★★ r **85 86 88 89 90 93 94 95 96** 98 00 w **95 96 97 98 99 00 01** 02 – Modernes 22-ha-Gut in Illats. Sehr guter, fruchtiger Weißwein und duftiger, fassgereifter Rotwein.

Arche, d' Saut; w; s ☆☆ **83' 85 86' 88' 89' 90 95 96** 97 **98** 99 01' 02 (03) – 35-ha-Gut, Cru classé, seit 1980 verjüngt. Moderne Methoden. Sehr erfreuliche, volle, saftige Weine. Im Auge behalten.

Arcins, d' H-Méd; r ☆☆ **90 94 95 96 98 00** 01 – 74-ha-Besitz der Familie Castel (Castelvin ist ein bekannter Vin de table). Schwester-Château des Nachbarguts Barreyres (64 ha).
Armailhac, d' Pau; r ★★★ **82' 85 86' 88' 89 90' 93 94 95' 96'** 98 99 00 01 02 – Ehemals Ch. Mouton-Baronne-Philippe. Bedeutender 5. Cru. Vom verstorbenen Baron Philippe de Rothschild in die Höhe gebracht. 50 ha liefern einen sanfteren, bei weitem nicht so üppigen Wein wie Mouton Rothschild; dennoch Spitze in seiner Klasse.

Jahrgänge in Magerdruck sollten jetzt nur geöffnet werden, wenn ein Interesse daran besteht, ihre künftige Entwicklung zu beurteilen. Jahrgänge in Fettdruck gelten (v. a. nach Einschätzung der Erzeuger) als genussreif. Es ist jedoch zu bedenken, dass die Franzosen relativ jungen, kräftigen Wein bevorzugen und vielen 88ern, 89ern und 90ern daher noch mindestens ein Jahrzehnt der Entfaltung bevorsteht. Mit einem Apostroph gekennzeichnete Jahrgänge hält der jeweilige Erzeuger selbst für besonders gut gelungen. Farbig hervorgehobene Jahrgänge sind 2005 bevorzugt zu genießen.

Arrosée, L' St-Em; r ★★★ **82 83 85' 86' 88 89' 90' 92 93 94' 95 96 97** 98' 00 02 – Weingut mit 9,5 ha in den Côtes. Ein erstklassiger, üppiger, strukturierter Wein, der es trotz des Namens (»verwässert«) in sich hat.
Ausone St-Em; r ★★★★ **75 76 78' 79 82' 83' 85 86' 88 89 90 93 94 95'** 96' 97' 98' 99 00' 01 02 (03) – 7 ha in allerbester Lage in den Côtes, legendärer Premier cru (rund 2500 Kisten); berühmte Keller, die unter dem Weinberg in den Felsen gehauen wurden. Der teuerste St-Emilion, der lange Zeit hinter dem Cheval Blanc oder dem Figeac stand, inzwischen aber aufgeholt hat. Zweitetikett: La Chapelle d'Ausone. Jetzt hervorragend.
Bahans Haut-Brion Pes-L; r ★★★ oJ und **82 85 86' 88 89' 90 93 94 95** 96' **97** 98 99 00 01 02 – Zweitetikett von Ch. Haut-Brion, das seiner noblen Herkunft alle Ehre macht; leicht erdig und doch intensiv.
Balestard La Tonnelle St-Em; r ★★ **85 86' 88' 89 90' 93 94 95 96** 98' 00' – Historisches Gut, 12 ha Cru classé auf dem Plateau nahe der Stadt. Volles Aroma und Finesse.
Barbe, de Côtes de Bourg; r (w) ★★ **90 94 95 96 98 99 00 01** 02 – Größtes (60 ha) und bekanntestes Ch. von Bourg. Leichter, fruchtiger Merlot.
Barde-Haut St-Em; r ☆☆ 98 99 00 01 02 – Schwestergut von Clos L'Eglise und Haut-Bergey mit 17 ha. Großen Einfluss übt Valandraud aus.
Baret Pes-L; r w ☆☆ **85 86 88 89' 90' 95 96** 98 00 02 – Ein berühmter Name hat sich von einer Flaute erholt. Heute von Borie-Manoux geführt; auch guter Weißwein.
Bastor-Lamontagne Saut; w; s ★★ **85 86 88' 89' 90' 95 96'** 97 98' 99 01 02 (03) – Großes Gut mit Cru-classé-Qualität in Preignac. Schwestergut von Ch. Beauregard. Ausgezeichneter, voller Wein. Zweitetikett: Remparts de Bastor. Beachtenswert auch Ch. St-Robert in Pujols für roten und weißen Graves. 10 000 Kisten.
Batailley Pau; r ★★★ **82' 83' 85' 86 88' 89' 90' 93 94 95 96** 98 00 02 – Das größere der zwei berühmten 5.-Cru-Güter (das andere ist Haut-Batailley) zwischen Pauillac und St-Julien. 44 ha. Fester, geschmacksintensiver und preiswerter Pauillac, haltbar; Heim der Familie Castéja von Borie-Manoux.

Beaumont Cussac, H-Méd; r ★★ **82 85 86′ 88 89′ 90′ 93′ 94 95 96** 98′ 00 02 – Cru bourgeois supérieur mit über 80 ha, in Frankreich bekannt für leicht genießbare Weine von heranreifenden Weinstöcken. Gleiche Besitzer wie Ch. Beychevelle. Zweitetikett: Ch. Moulin d'Arvigny. 35 000 Kisten.

Beauregard Pom; r ★★★ **85 86 88 89′ 90′ 94′ 95′ 96′ 97** 98′ 00′ 01 02 – 17 ha Weinberge mit schönem Château aus dem 17. Jahrhundert, nahe La Conseillante. Gehaltvolle Spitzenweine. Beratung durch Michel Rolland. Zweitetikett: Benjamin de Beauregard.

Beau-Séjour-Bécot St-Em; r ★★★ **82′ 85 86′ 88′ 89′ 90′ 94 95′** 96 **97** 98′ 99 00′ 01 02 – Andere Hälfte von Beauséjour-Duffau-Lagarosse (18 ha). Die Herabstufung von 1985 ist umstritten; 1996 ordnungsgemäß wieder zum Premier grand cru classé aufgewertet. Den Bécots gehört auch Ch. Grand-Pontet. Jetzt auch La Gomerie: 1000 Kisten, reinsortiger »Garagen«-Merlot.

Beauséjour-Duffau-Lagarosse St-Em; r ★★★ **82 83 85 86 88 89′ 90′ 93′ 94 95** 96 **97′** 98 99 00 01 02 – Teil des alten Premier-grand-cru-Guts Beau-Séjour am Westhang der Côtes. 7 ha seit langem in Familienbesitz. Fest strukturierter, konzentrierter Wein für Genießer, aber nur etwas mehr als 2000 Kisten.

Beau-Site St-Est; r ☆☆ **82 85 86′ 88 89′ 90 94 95 96 98** 00 – 22 ha Cru bourgeois. In gleichem Besitz wie Château Batailley usw. Weine seit neuestem recht »gefällig« für St-Estèphe.

Belair St-Em; r ★★★ **82′ 83′ 85′ 86′ 87 88′ 89′ 90′ 94 95′ 96 97** 98 99 00′ 01 02 – Nachbar von Ausone. Feine Weine, aber einfacher, weniger dicht strukturiert. Marke Roc-Blanquant oJ, nur in Magnumflaschen. Seit 1994 biologisch-dynamischer Anbau.

Bel-Air, de L de Pom; r ★★ **82′ 85 86 88′ 89′ 90 94′ 95 96 98** 00 – Bekannteste Besitzung in dem Dorf nördlich von Pomerol. Ähnlicher Wein. Umfasst 10 ha.

Bel-Air-Marquis d'Aligre Soussans-Mar; r ☆☆ **82′ 85 86 88 89 90 95 96 97** 98′ 00 02 – 17 ha großes Gut (ökologischer Anbau) in Margaux mit altem Rebbestand; ergibt nur 3500 Kisten. Konzentriert, aber geschmeidig; muss altern.

Belgrave St-Laurent; r ★★ **82 85 86′ 88 89 90′ 94 95 96′** 98′ 00′ 01 02 – Etwa 43 ha, 5. Cru. Château im Hinterland von St-Julien, das von der Firma Dourthe gut geführt wird. Zweitetikett: Diane de Belgrave.

Belles-Graves L de Pom; r ☆☆ **82 85 86 88 93 94 95 96 99** 00 01 – Verwirrender Name, aber ein Grund, Lalande de Pomerol nicht aus den Augen zu verlieren.

Bel-Orme-Tronquoy-de-Lalande St-Seurin-de-Cadourne, H-Méd; r ☆☆ **85 86 88 89 90 94 95 96 97′** 98′ 00 02 – 24 ha Cru bourgeois, nördlich von St-Estèphe. Alter Weinberg, bisher bekannt für tanninreiche Weine; jetzt verführerischer unter dem neuen Management (seit 1997).

Berliquet St-Em; r ★★ **86 88 89′ 90 91 93** 94 **95 96 97** 98′ 99 00′ 01 – Grand cru classé (9 ha), jetzt sehr gut geführt.

Bernadotte H-Méd; r ☆☆ **98** 99 00′ 01 02 – Kleines Weingut, das von Pichon-Lalande betrieben wird. Im Auge behalten.

Bertineau St-Vincent L de Pom; r ★★ **98 99** 00′ 01 – 4 ha im Besitz des hochrangigen Önologen Michel Rolland (siehe auch Le Bon Pasteur).

Beychevelle St-Jul; r ★★★ **82′ 85 86′ 88 89′ 90′ 93 94′ 95 96 97** 98 99 00 01 02 – 68 ha, 4. Cru, mit historischem Landsitz im Médoc, im Besitz einer Versicherungsgesellschaft, jetzt auch Suntory aus Japan. Wein dürfte Eleganz und Kraft haben, knapp unter der Spitzenklasse von St-Julien. Zweitwein: Amiral de Beychevelle.

Biston-Brillette Moulis; r ★★ **95 97** 98 00 01 02 – Attraktiver Moulis-Wein. Produktion: 7000 Kisten.

Bonalgue Pom; r ☆☆ **89 90 93 94 95 96′ 97** 98′ 99 00 – Beachtenswertes ehrgeiziges kleines Gut, derzeit etwas außer Form. Les Hautes Tuileries ist ein Schwestergut. Betreibt auch Clos du Clocher in Pomerol.

Bonnet EDM; r w ★★ r **90 94 95 96 97 98′ 00** w BV – Im Besitz von André Lurton. Großproduzent (240 ha); gehört mit zum Besten, was Entre-Deux-Mers zu bieten hat. Auf die neue Cuvée Prestige Dominus (2000) achten!

Bon Pasteur, Le Pom; r ★★★ **82′ 85 86′ 88 89′ 90′ 93′ 94′ 95 96′ 97** 98′ 99 00 01 – Ein ausgezeichnetes kleines Weingut an der Grenze von St-Emilion; im Besitz des Önologen Michel Rolland. Konzentrierte, ja sahnige Weine kann man hier praktisch garantieren.

Boscq, Le St-Est; r ★★ **85 86 88 89′ 90 93 95′ 96′ 97′** 98 00 01 – Führendes Cru-bourgeois-Gut mit schmackhaftem, höchst empfehlenswertem St-Estèphe.

Weshalb wird den Châteaux von Bordeaux in diesem Buch so viel Gewicht beigemessen? Weinfreunde lästern gerne über sie und beklagen sich wegen der hohen Preise. Trotzdem liefern sie zusammengenommen die größte Menge an hochwertigem Wein in der Welt. Ein durchschnittliches Château des Médoc mit 60 ha Rebfläche (manche haben weit mehr) erzeugt im Jahr über 300 000 Flaschen landestypischen Wein – dies kommt der Produktion von zwei bis drei kalifornischen »Boutique«-Weinbaubetrieben gleich. Darüber hinaus bieten die Châteaux eine Geschmacksvielfalt wie keine andere einheitliche Region auf der Welt. Vom Pomerol mit seinem leichten Pflaumenaroma bis hin zu dem kernigen Graves oder dem festen, zurückhaltenden Médoc; ganz zu schweigen von den frischen trockenen oder den ölig-goldenen Weißweinen: Hier ist alles zu haben. Die bekannteren Châteaux haben in den letzten 20 Jahren beständig Land zugekauft. Viele Cru-classé-Güter sind seit der Klassifizierung 1855 beträchtlich gewachsen und haben die kräftigen Gewinne des letzten Jahrzehnts in eine bessere Technik investiert.

Bourdieu-Vertheuil, Le H-Méd; r ☆☆ **82 85 86 88 89 90′ 94 95 96 98** 00 – Gut in Vertheuil mit Schwester-Château Victoria (zusammen 54 ha), Weine im Stil von St-Estèphe.

Bourgneuf-Vayron Pom; r ☆☆ **85′ 86 88 89′ 90 94 95′ 96′ 97** 98′ 99 00 01 – 9 ha große Lage auf sandigem Kiesboden, die besten Weine zeichnen sich durch das typische Pomerol-Pflaumenbukett aus. 5000 Kisten.

Bouscaut Pes-L; r w ☆☆ r **82′ 85 86′ 88 89 90 94 95 96** 98 00 01 02 w **96 97 98 99 00** 01 02 – Cru classé bei Cadaujac, das seine Möglichkeiten nicht voll ausschöpft. 1980 von Lucien Lurton (Besitzer von Château Brane-Cantenac usw.) gekauft. 30 ha Rotwein (meist Merlot); 6 ha Weißwein. Sophie Lurton wird stetig besser.

Bousquet, du Côtes de Bourg; r ☆☆ **85 86 88 89 90′ 95 96 98 99 00 01** 02 – Zuverlässiges Gut (59 ha) mit ansprechendem, solidem Wein.

Boyd-Cantenac Mar; r ★★★ **82′ 85 86′ 88 89 90 94′ 95** 96′ 98′ 00 02 – 18 ha, 3. Cru, oft gefällige Weine; volles Aroma; jedoch nicht ganz auf der Höhe. Zweitetikett: Jacques Boyd. Siehe auch Pouget.

Branaire St-Jul; r ★★★ **82′ 85 86 88 89′ 90′ 93′ 94 95** 96 98 99 00 01 02 – 50 ha, 4. Cru, mit verlässlichem weichem, typischem St-Julien. Zweitetikett: Duluc.

Brane-Cantenac Cantenac-Mar; r ★★★ **82′ 85 86′ 88 89 90 95 96** 98 99 00 01′ 02 – 84 ha, 2. Cru. Die besten Weine sind reich, mit Wildgeschmack und starkem Charakter. Auch im Besitz der Familie Lurton. Zweitetikett: Baron de Brane. Hat sich seit den späten 1990er-Jahren erheblich verbessert.

Breuil, du Cissac, H-Méd; r ☆☆ **89 90 93 94 95 96 98** 99 00 01 02 – Historisches Château, wurde von den Besitzern von Ch. Cissac restauriert.

Brillette Moulis; r ★★ **85′ 86 88 89′ 90 95 96 97 98** 99 00 02 – 28 ha Cru bourgeois supérieur. Zuverlässiger, ansprechender Wein. Zweitetikett: Berthault Brillette.

Cabanne, La Pom; r ☆☆ **82′ 88′ 89′ 90′ 94′ 95 96** 98′ 00 – Angesehenes, 10 ha großes Gut. Kürzlich modernisiert. Zweitwein: Dom. de Compostelle. Siehe auch Ch. Haut-Maillet.

Cadet-Piola St-Em; r ★★ **82 85′ 86 88 89′ 90 93′ 94′ 95 97** 98 00 01 – Gediegener kleiner Betrieb (7 ha) nördlich von St-Emilion. 3000 Kisten tanninherber Wein. Gehört dem Eigentümer von Château Faurie de Souchard; der Wein ist nicht so robust wie dort.

Caillou Saut; w; s ★★ **75 76 79 81 83 85 86 87 88′ 89′ 90′ 95 96 97** 98 99 01 02 (03) – Gut geführtes Weingut in Barsac, 15 ha, 2. Cru; fester, fruchtiger Wein. Spitzenauslese ist die Private Cuvée (86 88 89′ 97).

Calon-Ségur St-Est; r ★★★ **82′ 85 86′ 88′ 89′ 90′ 93 94 95** 96′ 98 99 00′ 01 02 – 49 ha, 3. Cru, mit großem historischem Renommee. Seit 1995 beständigere Qualität. Zweitetikett: Marquis de Ségur.

Cambon-la-Pelouse H-Méd; r ★★ **94 95 96′ 97 98′ 99** 00 01 02 – Großer, leicht zugänglicher Cru bourgeois supérieur. Zuverlässige Quelle für reichen, typischen Médoc.

Camensac St-Laurent, H-Méd; r ★★ **82′ 85 86′ 88 89 90 95** 96′ **97′** 98′ 00 01 – 5. Cru, 60 ha. Ziemlich lebendige, wenn auch nicht unbedingt klassische Weine. Zweitetikett: La Closerie de Camensac.

Canon St-Em; r ★★★ **82′ 85′ 86 88′ 89′ 90′ 93′ 94 95 97** 98′ 99 00 01 02 – Etwa 18 ha, berühmter Premier cru auf dem Plateau westlich der Stadt. 1996 von den Eigentümern von Rauzan-Segla (Chanel) aufgekauft. Konservative Methoden; Neustrukturierung der Rebflächen. Kontinuierliche Fortschritte. Zweitetikett: Clos J. Kanon.

Canon de Brem Can-F; r ★★ **82′ 85 86 88 89′ 90 94 95 96 98** 99 00 01 – Spitzengut in Fronsac mit kräftigem Wein. Ehemals im Besitz von Moueix, ist es jetzt (wie das Ch. de la Dauphine) unter neuer Führung. Es wurden größere Investitionen gemacht; im Auge behalten.

Canon-la-Gaffelière St-Em; r ★★★ **82 85 86′ 88′ 89′ 90′ 93′ 94′ 95** 96 **97** 98′ 99 00 01 **02** – 19 ha Grand cru classé am Fuß der Côtes, gleiche Besitzer wie Clos de L'Oratoire und La Mondotte. Direkte Weine mit Stil und Überzeugungskraft.

Cantegril Graves; r ★★ **94 95 96 97 98 99 00** – Guter erdiger Rotwein aus dem Ch. Doisy-Daëne.

Cantemerle Macau, H-Méd; r ★★★ **82 85 88 89′ 90 95 96′ 97 98′** 00 01 02 – Romantisches Gut im südl. Médoc mit Château in einem (vom Orkan 1999 schwer geschädigten) Wald und 60 ha Weinbergen. 5. Cru, zu Großartigem fähig. Zweitetikett: Les Allées de Cantemerle.

Cantenac-Brown Cantenac-Mar; r ☆☆→☆☆☆ **82 85 86′ 88 89 90′ 94 95** 96 **97** 98 99 00 01 02 – 31 ha, 3. Cru, früher veraltete Methoden.

Nun im Besitz von AXA Millésimes (wie Pichon Longueville). Die Investitionen machen sich langsam bezahlt. Tanninherbe Weine. Zweitetikett: Canuet.

Capbern-Gasqueton St-Est; r ☆☆ **86 88 89 90 94 95 96** 98 00 02 – 34 ha Cru bourgeois, gleicher Eigentümer wie Ch. Calon-Ségur. Gute Qualität.

Cap de Mourlin St-Em; r ★★ **82' 85 86 88 89 90 93 94 95 96 97** 98' 99 00 01 – Bekanntes Weingut, 15 ha, im Besitz der Familie Cap de Mourlin (Eigentümer von Ch. Balestard und Ch. Roudier, Montagne St-Em); sollte gehaltvollen, schmackhaften St-Emilion erzeugen.

Carbonnieux Pes-L; r w ☆☆☆ **82 85 86' 88 89' 90' 93 94 95 96 98** 99 00 02 – Historisches Gut in Léognan mit bewährten Rot- und Weißweinen. Die Weißen (65 % Sauvignon blanc) **92' 94' 95 96 97 98** 00 01 02 können bis zu 10 Jahre altern. Ch. Le Pape und Ch. Le Sartre gehören ebenfalls zum Familienbesitz. Zweitetikett: La Tour-Léognan.

Cardaillan, de Graves; r ★★ **94 95 96 98 99 00** – Der sehr zuverlässige Rotwein des vornehmen Sauternes-Château de Malle.

Cardonne, La Blaignan, Médoc; r ☆☆→☆☆☆ **94 95 96 97 98 99** 00 02 – Cru bourgeois supérieur, ziemlich großes Weingut (50 ha) im nördlichen Médoc.

Carles, de Fronsac; r ★★ **86 88 89 90 94 95 96 97' 98** 99 00 01 02 – Altes, nach Karl dem Großen benanntes Château. Durchgehend gut gemachte, ziemlich saftige Fronsac-Weine. Spitzenauslese: Haut-Carles.

Carmes-Haut-Brion, Les Pes-L; r ★★★ **85 86 88' 89 90' 93' 94 95 96 97** 98 99 00 01 02 – Kleiner (4 ha) Nachbar von Haut-Brion; Cru-classé-Standard. Alte Jahrgänge beweisen sein Potenzial. Nur 2000 Kisten.

Caronne-Ste-Gemme St-Laurent, H-Méd; r ★★→★★★ **83 85 86 89' 90 94' 95** 96' 98 99 00 02 – 40 ha Cru bourgeois supérieur. Stetige stilvolle Qualität ist der Lohn für Geduld. Dem Niveau nach könnte es ein Cru classé sein, v. a. der 96er.

Carsin Premières Côtes; r w ★★ r **94 95 96 97 98' 99 00 01** w **95 96 97 98 99 00** 01 02 – Ehrgeiziges Unternehmen in finnischem Besitz mit einer Kellerei, wie man sie in Australien findet. Sehr ansprechende Weine, v. a. Cuvée Prestige und der weiße Etiquette Grise. Im Auge behalten.

Carteau Côtes Daugay St-Em; r ★★ **85 88 89 90 94 95 96' 97 98'** 99 00 01 02 – Aufstrebendes Grand-cru-Gut mit 5000 Kisten. Vollmundige, früh genussreife Weine.

Certan-Guiraud Pom; r ☆☆ **82 83' 85 86 88 89' 90' 93' 94 95 96** 98 99 00 01 – Kleines Gut (7 ha); war nicht auf der Höhe, wurde aber 1999 von J.-P. Moueix übernommen. Im Jahr 2000 in Ch. Hosanna umbenannt.

Certan-de-May Pom; r ★★★ **82' 83' 85' 86 87 88' 89' 90' 94 95 96'** 98 00' 01 – Winziger Besitz (1800 Kisten) mit körper- und gerbstoffreichem, vollem Wein.

Chambert-Marbuzet St-Est; r ★★→★★★ **82 85 86 88 89' 90' 93 94' 95 96 97'** 98 99 00 01 02 – Kleines Schwestergut (8 ha) von Haut-Marbuzet. Sehr guter, schmackhafter Wein (überwiegend Cabernet Sauvignon), der in neuen Eichenfässern ausgebaut wird. Michel Duboscq liebt seine Weine gut ausgereift.

Chantegrive Graves; r w ★★→★★★ **88 89 90 94 95 96** 98' 99' 00 01 02 – 87-ha-Gut; je zur Hälfte Weiß- und Rotwein; sehr anständiger, moderner Graves. Cuvée Caroline heißt die weiße Spitzenauslese (**93 94 95 96 97 98' 99 00** 01 02); Jahrgänge der Spitzenrotweine: **85 88 89 90 94 95 96 98** 99 00 01 02. Weitere Etiketten: u. a. Mayne-Lévêque, Mayne-d'Anice, Bon-Dieu-des-Vignes.

Chasse-Spleen Moulis; r ★★★ **78′ 82′ 83′ 85 86 88 89′ 90′ 93 94 95 96** 98 99 00 01 02 – 72 ha Cru bourgeois exceptionnel auf Cru-classé-Niveau. Stets guter, oft ausgezeichneter (z. B. **90′**), lang reifender Wein. Zweitetikett: Ermitage de C-S. Siehe auch La Gurgue und Haut-Bages Libéral.

Chauvin St-Em; r ☆☆ **88 89 90 93 94 95 96** 98′ 99 00 01 – Zuverlässiger Erzeuger; mehr und mehr ernst zu nehmen. Hat 1998 neue Rebflächen erworben.

Cheval Blanc St-Em; r ★★★★ **75′ 76 78 79 82′ 83′ 85′ 86 88 89 90′ 93 94 95** 96′ 97 98′ 99 00′ 01 02 – Neben Ausone der Spitzen-Cru von St-Emilion. 40 ha. Bis vor kurzem war der Wein durchweg vollblütiger sowie sehr kräftig und duftig, schmeckte jung schon köstlich und lebte doch eine Generation lang. Für viele die erste Wahl bei Bordeaux. Zweitetikett: Le Petit Cheval.

Chevalier, Domaine de Pes-L; r w ★★★ **79′ 83′ 85 86′ 88′ 89′ 90′ 93 94′ 95′** 96′ **97** 98′ 99 00′ 01 02 – Herrliches Gut in Léognan, 38 ha. Der Rotwein ist zuerst streng, gewinnt bei Alterung eine weiche Erdigkeit. Der Weißwein reift langsam zu vollem Geschmack (**83′ 85′ 87′ 88 89 90′ 92 93 94 95** 96′ **97 98′** 99 00). Zweitmarke: Esprit de Chevalier. Beachtenswert auch die Domaine de la Solitude, Pessac-Léognan.

Cissac Cissac-Médoc; r ★★ **82′ 83′ 86′ 88 89 90 93 94′ 95** 96′ 98 00 02 – Ein Pfeiler der Crus bourgeois. 32 ha Cru bourgeois supérieur mit beständig gutem, langlebigem Wein. Seit 1987 auch Ch. du Breuil. Neue Kellerei 2000. Zweitetikett: Les Reflets du Ch. Cissac.

Citran Avensan, H-Méd; r ☆☆ **82 85 86 88 89′ 90′ 94′ 95 96 97** 98 99 00 02 – 72 ha Cru bourgeois supérieur. Seit 1996 nach einem japanischen Zwischenspiel mit dunklen, tanninreichen Weinen wieder im Besitz der Familie Villars-Merlaut. 1999 große Neuanpflanzungen. Zweitetikett: Moulins de Citran. Beobachtenswert.

Clarke Listrac; r (rs) (w) ☆☆ **82 85′ 86′ 88 89′ 90′ 95 96′ 97 98′ 99** 00 01 02 – 140 ha Cru bourgeois supérieur; Rothschild-Unternehmung mit gut ausgestatteten Räumen für Besucher. Die Nachbar-Châteaux Malmaison und Peyre-Lebade gehören dazu. Auch ein trockener Weißwein: Le Merle Blanc du Ch. Clarke.

Clerc-Milon Pau; r ★★★ **82′ 85 86′ 88 89′ 90′ 93 94 95** 96′ **97** 98′ 99 00 01 02 – 5. Cru, bis 1970 vergessen, dann von dem mittlerweile verstorbenen Baron Philippe de Rothschild erworben. Jetzt 29 ha. Ein Spitzenerzeuger, bedeutender als Armailhac.

Climens Saut; w; s ★★★★ **71′ 75′ 76 78 79 80′ 83′ 85′ 86′ 88′ 89 90′ 95** 96 **97′** 98 99 01′ 02 03 – Gut mit 30 ha Cru classé in Barsac; produziert mit den stilvollsten (jedoch nicht den süßesten) Wein der Welt, der gut 10 Jahre Reifezeit braucht. Gelegentliches Zweitetikett: Les Cyprès. Im Besitz von Bérénice Lurton.

Clinet Pom; r ★★★★ **82 83 85 86 88′ 89′ 90′ 93′ 94 95 96 97′** 98′ 99 00 01 02 – 7-ha-Besitz im mittleren Pomerol mit intensivem, prächtigem Wein von alten Reben. Seit 1988 ein Musterbeispiel für Pomerol. Gehört seit 1998 der Jean-Louis-Laborde-Gruppe. Zweitetikett: Fleur de Clinet.

Clos de L'Oratoire St-Em; r ★★ **90 94 95 96 97 98** 99 00 01 – Ernst zu nehmender Erzeuger auf den nordöstlichen Hängen von St-Emilion. Im gleichen Besitz wie Canon-la-Gaffelière und La Mondotte.

Clos des Jacobins St-Em; r ★★ **82′ 83′ 85 86 88′ 89′ 90′ 94 95 96 98** 00 01 02 – Bekanntes, gut geführtes kleines Cru-classé-Gut, 7 ha. Neuer Besitzer seit 2001, neuer cremiger Stil. Zu beobachten.

Clos du Marquis St-Jul; r ★★→★★★ **82 85 86′ 88 89′ 90 94 95** 96 **97** 98 99 00 01 02 – Zweitetikett von Léoville-Las Cases mit gleichem Zuschnitt; ist immer wieder vielen hoch klassifizierten Erzeugnissen ebenbürtig.

Closerie Grand-Poujeaux, La Moulis; r ☆☆ **85 86 88 89 90 94′ 95 96** 98′ 00 – Kleines, aber hoch geachtetes Gut im mittleren Médoc, eindringliche Weine. Die Nachbar-Châteaux Bel-Air Lagrave und Haut-Franquet gehören zum Besitz.

Clos Floridène Graves; r w ★★ r **95 96 97 98′** 99 00 01 02 w **93 94 95 96′ 97 98′ 99 00** 01 02 – Von einem der besten Weißweinerzeuger in Bordeaux, Denis Dubourdieu, geleitet. Eichenfassvergorener Sauvignon blanc/Sémillon für 5 Jahre Reifezeit und fruchtiger Rotwein. Neue Kellerei 2000. Siehe auch Ch. Reynon.

Clos Fourtet St-Em; r ★★★ **82′ 83 85 86 88 89 90 94 95** 96 **97** 98 99 00 01 02 – 17 ha Premier cru auf dem Plateau mit Kellern fast in der Stadt. Nach Flaute jetzt wieder in Form. Im Jahr 2001 von Philippe Cuvelier gekauft. Zweitetikett: Dom. de Martialis.

Clos Haut-Peyraguey Saut; w; s ★★ **75 76 79 82 83′ 85 86′ 88′ 89 90′ 95′** 96 97 98 99 00 01′ 02 (03) – Sehr kleine Produktion, exzellenter Wein mittlerer Fülle. Zweitetikett: Haut-Bommes.

Clos L'Eglise Pom; r ★★★ **85 86 88 89 90′ 93 94 95 96 97** 98 99 00′ 01 02 – 6-ha-Gut in einer der besten Lagen von Pomerol. Feiner Wein; seit 1998 auch mit mehr Tiefe. Beratung durch Michel Rolland. Ch. Haut-Bergey gehört derselben Familie.

Clos René Pom; r ★★ **82′ 85 86 88 89 90 94 95 96** 98 00 – Führendes Château im Westen von Pomerol; 15 ha; zunehmend konzentriertere Weine. Auch unter dem Etikett Ch. Moulinet-Lasserre bekannt.

Clos Toumilon Graves; r w ★★ **96 97 98 99 00** 01 02 – Bemerkenswertes kleines Château in St-Pierre-de-Mons. Frische Rot- und Weißweine mit viel Charme.

Clotte, La St-Em; r ★★ **82 83′ 85 86 88 89 90′ 93′ 94 95′ 96′ 97 98′** 99 00′ 01 02 – Kleines Grand-cru-classé-Gut in den Côtes mit pikantem, geschmeidigem Wein. Zu bekommen im Restaurant des Besitzers, »Logis de la Cadène«, in St-Emilion. Zweitetikett: Clos Bergat Bosson.

Colombier-Monpelou Pau; r ☆☆ **86′ 88 89 90′ 94 95 96 97 98** 99 00 – Zuverlässiger, kleiner Cru bourgeois supérieur mit ordentlichem Qualitätsniveau.

Conseillante, La Pom; r ★★★★ **70′ 75′ 81′ 82′ 83 85 86 87 88 89 90′ 93 94 95′ 96′ 97** 98′ 99 00 01 02 – 12 ha großer historischer Besitz auf dem Plateau zwischen Pétrus und Cheval Blanc. Eines der nobelsten und duftigsten Pomerol-Gewächse, seiner herrlichen Lage würdig: ob jung oder alt.

Corbin St-Em; r ☆☆ **82′ 83 85 86 88 89 90′ 95 96 98 99** 00 – 11 ha Cru classé mit mehreren Châteaux gleichen Namens am Rande des Plateaus. Bringt in Spitzenjahrgängen sehr fülligen Wein hervor.

Corbin Michotte St-Em; r ★★ **82 85 88 89′ 90 93 94′ 95 96 97 98′** 99 00 01 – Gut geführtes 8-ha-Gut mit gehaltvollem, Pomerol-ähnlichem Wein. Im gleichen Besitz wie Ch. Calon und Ch. Cantelauze.

Cordeillan-Bages Pau; r ☆☆ Knapp 1000 Kisten ziemlich schlanker Pauillac. Als luxuriöses Heilbad für reiche Weinpublizisten berüchtigt.

Cos d'Estournel St-Est; r ★★★★ **82′ 85′ 86′ 87 88′ 89′ 90′ 93′ 94 95** 96′ **97′** 98′ 00 01 02 (03) – 56 ha, 2. Cru, mit einem pagodenähnlichen *chai* (Fasslager) oberhalb von Ch. Lafite. Der raffinierteste St-Estèphe; regelmäßig einer der besten Weine des Médoc. Zweitetikett: Les Pagodes de Cos. Geführt von Jean-Guillaume, dem Sohn von Bruno Prats.

Cos Labory St-Est; r ★★ **82 85 86 87 88 89′ 90′ 93 94 95** 96′ 98′ 99 00 02 – 5. Cru, wenig bekannter Nachbar von Cos d'Estournel; 15 ha. Große Anstrengungen seit 1985 haben den Wein stetig auf Cru-classé-Niveau gebracht (v. a. seit 1990). Andron Blanquet ist das Schwestergut.

Coufran St-Seurin-de-Cadourne, H-Méd; r ★★ **82′ 85 86′ 88 89 90 94 95 96′ 98** 99 00 01 – Coufran und Ch. Verdignan im hohen Norden des Haut-Médoc sind in derselben Hand. Coufran hat hauptsächlich geschmeidige Merlot-Weine. 60 ha. Ein weiteres kleines Schwestergut ist Soudars.

Couhins-Lurton Graves; w ★★→☆☆☆ **93 94 95 96 97′ 98′ 99** 00 01 02 – Cru classé mit feinem, eichenholzwürzigem Sauvignon blanc in winzigen Mengen.

Couspaude, La St-Em; r ☆☆☆ **89 90 93 94 95 96 97** 98 99 00 01 02 – Auch dieses Gut sollte man sich einmal näher ansehen. Moderne Methoden und vollaromatische Weine.

Coutet Saut; w; s ★★★ **71′ 75′ 76 79 81′ 83′ 85 86′ 88′ 89′ 90′** (kein 93er und 94er) **95 96** 97 98′ 99 01′ 02 (03) – Traditioneller Rivale von Château Climens mit 36 ha in Barsac. Meist etwas weniger voll, zuweilen aber genauso fein. In den besten Jahrgängen ist Cuvée Madame eine sehr volle Auslese. Unter demselben Namen wird auch ein trockener Graves angeboten.

Couvent des Jacobins St-Em; r ★★ **82′ 85 86 87 88 89 90 94 95 96′ 97 98′ 99** 00 – Bekanntes 9-ha-Gut am Ostrand der Stadt; schöne Keller. Gehört zur Spitzengruppe unter seinesgleichen. Zweitetikett: Ch. Beau-Mayne.

Crock, Le St-Est; r ★★ **82 85 86 88 89 90′ 93 95** 96 **97** 98 99 00 01 02 – 30 ha Cru bourgeois supérieur in guter Lage. Im Besitz derselben Familie wie Château Léoville-Poyferré. Einer der vielen guten Crus bourgeois der Gemeinde.

Croix, La Pom; r ☆☆ **83 85′ 86 88 89 90 93 94 95 96 97** 98 99 00 01 – 13-ha-Besitz mit gutem Ruf. Ansprechender, pflaumenduftiger Pomerol. Auch La Croix-St-Georges, La Croix-Toulifaut, Castelot, Haut-Sarpe (St-Emilion) und Clos des Litanies.

Croix de Gay, La Pom; r ☆☆☆ **85 86 88′ 89 90 93 94′ 95 96 98 99** 00 01 02 – 12 ha im besten Teil der Gemarkung. Neuerdings gut in Form. Die unterirdischen Keller sind in Pomerol eine Seltenheit. Spitzenauslese: La Fleur de Gay.

Croix du Casse, La Pom; r ★★ **89 90 93 94 95 96 97 98** 99 00 01 – Aufstrebendes Weingut, beobachtenswert. Gleicher Besitzer wie Clinet.

Croizet-Bages Pau; r ☆☆ **82′ 85 86 88 89 90′ 95 96′** 98′ 00 01 02 – 21 ha, 5. Cru; derselbe Besitzer wie Château Rauzan-Gassies. Der 98er könnte einen Aufschwung andeuten.

Croque-Michotte St-Em; r ★★ **82′ 83 85 86 88 89′ 90′ 94 95 96 98** 00 01 – 12 ha Grand cru am Rand von Pomerol. Gute, beständige Weine, aber nicht großartig genug, um classé zu sein.

Cruzeau, de Pes-L; r w ★★ **86 88 89 90 94 95 96** 99 00 01 02 – 40-ha-Besitz in Pessac-Léognan, der von André Lurton vom Ch. La Louvière erschlossen wurde; probierenswert. Eichenfassvergorener Weißwein braucht 2 bis 5 Jahre Reifezeit.

Dalem Fronsac; r ★★ **85 86 88 89 90 94 95 96′ 97** 98′ 99 00 01 02 – Vollblütiger Fronsac der Spitzengruppe; 14 ha, davon 85 % Merlot.

Dassault St-Em; r ★★ **82 85 86 88 89 90 94 95 96 97 98'** 99 00 01 02 – Grand cru classé (23 ha). Mittelschwerer Wein in beständiger Qualität, früh genussreif. Nicht unbedingt aufregend.

Dauphine, de la Fronsac; r ★★ **85 86 88 89' 90' 94 95 96 98' 99 00** 01 – Alter Star von Fronsac, verjüngt durch J.-P. Moueix und 2000 an die Besitzer von Canon de Brem verkauft. 2002 neue Kellerei und Lager – im Auge behalten.

Dauzac Labarde-Mar; r ☆☆→☆☆☆ **82' 85 86 88' 89' 90' 93' 94 95** 96 98' 99 00 01 02 – 5.-Cru-Gut (48 ha) am Fluss südlich von Margaux. Jahrelang schwache Leistungen; seit 1989 neue Besitzer (eine Versicherungsgesellschaft); Aufschwung seit den 1990er-Jahren. Zweitetikett: La Bastide Dauzac.

Desmirail Mar; r ☆☆→☆☆☆ **82 85 86 88 89 90 94 95' 96' 97** 98 00 01 02 – 3. Cru mit 18 ha. Früh trinkreife Weine, aber größerer Ehrgeiz.

Doisy-Daëne Barsac; (r) w; tr s ★★★ **76' 80 82 83** 85 **86 88' 89' 90' 95 96 97** 98' 99 01 02 (03) – Zukunftsorientiertes, stets experimentierfreudiges Gut (14 ha), das frischen, eichenfassgereiften trockenen Weißwein und roten Ch. Cantegril erzeugt, vor allem aber einen bemerkenswert feinen (langlebigen) süßen Barsac. L'Extravagance (**90** 96 97 01 02) ist eine Super-Cuvée.

Doisy-Dubroca Barsac; w; s ★★ **75' 76 78 79 83 85 86 88' 89 90' 95 96 97** 99 01 (03) – Sehr klein (3,5 ha), Cru classé, gehört zu Ch. Climens.

Doisy-Védrines Saut; w; s ★★★ **75' 76' 79 80 83' 85 86 88' 89' 90 95 96 97** 98' 99 01 (03) – 20 ha Cru classé in Barsac nahe bei Climens und Coutet. Köstliche, robuste, volle Weine für lange Lebensdauer. Eine sichere Sache für viele Jahre.

Dominique, La St-Em; r ★★★ **79 81 82' 83 86' 87 88' 89' 90' 93 94 95 96 97** 98 99 00 01 – 18 ha Cru classé mit fruchtigen Weinen. Zweitetikett: St-Paul de Dominique.

Ducluzeau Listrac; r ☆☆ **82 85 86 88 89 90 94 95 96'** 00 01 – Kleines Schwestergut von Ducru-Beaucaillou. 4 ha, ungewöhnlicherweise zu 90 % Merlot.

Ducru-Beaucaillou St-Jul; r ★★★★ **61 66' 70' 75' 78' 81 82' 83' 85' 86' 89 90 93 94** 95 96' **97** 98 99 00' 01 02 (03) – Hervorragendes 2.-Cru-Château in exzellenter Verfassung, 48 ha am Fluss. Klassischer, zedernholzduftiger, langlebiger Bordeaux. Siehe auch Grand-Puy-Lacoste, Haut-Batailley, Lalande-Borie.

Duhart-Milon-Rothschild Pau; r ★★★ **82' 85 86 88 89 90 93 94 95** 96' 98 00' 01 02 – 4. Cru, Nachbargut (44 ha) von Lafite unter gleicher Leitung. Die Rebstöcke haben ein gutes Alter erreicht und liefern immer feinere Qualität. Der 2000er Jahrgang ist bislang der beste. Zweitetikett: Moulin de Duhart.

Duplessis Moulis; r ☆☆ **82 85 86 88' 89 90 93 95 96** 98 00 02 – Cru bourgeois, geführt von Marie-Laure Lurton-Roux. Typische Moulis-Weine. Siehe auch Villegeorge.

Durfort-Vivens Mar; r ★★★ **82' 85' 86 88' 89' 90 94 95 96** 98 99 00 01 02 – Relativ kleines (20 ha) Château, 2. Cru; Besitzer ist Gonzague Lurton. Die neueren Weine zeigen Struktur (hoher Cabernet-Sauvignon-Anteil) und Klasse.

Dutruch Grand-Poujeaux Moulis; r ★★ **82' 85 86 88 89 90 93 94 95 96' 98'** 99 00 01 02 – Einer der Spitzenreiter in Moulis; körper- und gerbstoffreiche Weine.

Eglise, Domaine de l' Pom; r ★★ **82' 85 86 88 89 90 95 96 98** 99 00 02 – Kleines Gut; stil- und ausdrucksvoller Wein, wird von Borie-Manoux vertrieben.

Eglise-Clinet, L' Pom; r ★★★★ **82' 83' 84 85' 86 88' 89 90' 93' 94** 95 96 97' 98' 99 00 01 02 – Hoch eingestuftes Gut (4,4 ha); der Wein ist voll, konzentriert und üppig. Im Auge behalten, trotz der hohen Preise. 1700 Kisten. Zweitetikett: La Petite Eglise.

Enclos, L' Pom; r ★★★ **82' 85 86 88 89' 90' 93 94 95 96** 98' 99 00 01 – Ausgezeichnetes 10-ha-Gut im Westen von Pomerol. In der Regel kräftiger, gut bereiteter Wein mit nachhaltigem Geschmack.

Evangile, L' Pom; r ★★★★ **75' 82' 83' 85' 86 87 88' 89' 90' 93 95'** 96' **97** 98' 99 00 01 02 – 13 ha zwischen Pétrus und Cheval Blanc. Tiefgründiger, aber eleganter Stil in klassischem Pomerol. 1990 von Domaines (Lafite) Rothschild übernommen. 2000 neue Ausstattung.

Fargues, de Saut; w; s ★★★ **70' 71' 75' 76' 78 79 81 83 85' 86 88 89 90 95 96** 97 98 99' – 10-ha-Gut mit Château-Ruine im Besitz des vom Ch. d'Yquem bekannten Lur-Saluces. Fruchtige, höchst elegante Weine, früher reif als bei d'Yquem.

Faurie de Souchard St-Em; r ☆☆ **85 86 88 89 90 93 94 95 96 98'** 00 01 – Kleines Grand-cru-classé-Gut in den Côtes. Siehe auch Ch. Cadet-Piola.

Ferrand, de St-Em; r ☆☆ **85 86 88 89 90'** 93' **94 95 96 98** 00 01 – Großes Gut (30 ha) auf dem Plateau. Volle, eichenholzwürzige Weine mit viel Tannin.

Ferrande Graves; r (w) ☆☆ **95 96 98** 00 – Bedeutendes Gut in Castres, über 40 ha. Angenehmer, gefälliger Rotwein und guter, zwischen 1 und 4 Jahren genussreifer Weißwein.

Ferrière Mar; r ☆☆→☆☆☆ **89 90 93 94 95 96 97'** 98 99 00 01 02 – In gleicher fähiger Hand wie La Gurgue und Haut-Bages Libéral. 2000 neue Ausrüstung.

Feytit-Clinet Pom; r ☆☆ **82' 85' 86 90' 94 95** 96 **97'** 98 99 00 – Kleines Gut; in Bestform bringt es feine, eher leichte Weine hervor. Seit 2000 hat die Besitzerfamilie Chasseuil wieder selbst die Leitung übernommen (bisher J.-P. Moueix).

Fieuzal Pes-L; r (w) ★★★ **82' 85' 86' 88 89 90' 93 94 95 96' 97** 98' 99 00 01 02 – 30 ha Cru classé in Léognan. Feine, denkwürdige Rot- und Weißweine. Klassische Weiße seit 1985 sind 10 Jahre haltbar. Le Bonnat ist das Schwester-Château; die Vinifikation erfolgt aber in Fieuzal.

Figeac St-Em; r ★★★★ **70' 75 82' 83 85' 86' 88 89' 90' 94' 95' 96** 98 99 00 01 02 – Premier cru; 40 ha Weinberge mit Kiesboden bringen höchst stil- und gehaltvollen, dabei eleganten, angenehm zu trinkenden, oft recht früh genussreifen und doch endlos haltbaren Wein. Zweitetikett: Grangeneuve.

Filhot Saut; w; tr s ☆☆ **82' 83' 85 86' 88' 89 90 95 96 97** 98 99 01 02 (03) – 2.-Cru-classé-Gut mit schönem Château, 59 ha Weinberge, gute, eher leichte und recht einfache süße Weine (Sauvignon blanc) für ziemlich baldigen Verbrauch. Daneben auch trockene Versionen und Rote. Sehr gut Crème de Tête (**90** ist überaus reichhaltig).

Fleur, La St-Em; r ☆☆ **82' 85 86 88 89' 90' 94 95 96** 98 00 01 – 6,5-ha-Gut in den Côtes mit köstlich fruchtigen Weinen. Leitung: J.-P. Moueix.

Fleur de Gay, La Pom; r ☆☆☆ Super-Cuvée (1000 Kisten) von Ch. La Croix de Gay.

Fleur Pétrus, La Pom; r ★★★★ **82 83' 85 86 87 88' 89' 90' 93 94 95** 96' **97** 98' 99 00 01 – 13 ha Weinberge, neben Pétrus gelegen und unter gleicher Leitung. Überaus feine, dichte, pflaumenduftige Weine; Pomerol, wie er stilvoller nicht sein könnte (aber man muss dafür bezahlen).

Fombrauge St-Em; r ★★→★★★ **88' 89 90 94' 95 96** 98 00 01 02 – 48-ha-Gut in St-Christophe-des-Bardes östlich von St-Emilion. Typischer St-Emilion, sehr um Qualität bemüht. Zweitetikett: Ch. Maurens. Der »Garagenwein« heißt Magrez-Fombrauge.

Fonbadet Pau; r ★★ **85 86 88 89 90' 94 95** 96' 98' 00 02 – 20 ha großer, renommierter Cru bourgeois supérieur. Alte Reben; der Wein braucht lange Flaschenreife. Preiswert.

Fonplégade St-Em; r ★★ **82' 85 86 88 89 90' 94 95 96** 98 00 – 20 ha Grand cru classé in den Côtes westl. von St-Emilion. Fest, lange haltbar.

Fonréaud Listrac; r ☆☆ **82' 83 85' 86' 88 89 90 94 95** 96 98 00 02 – Einer der größeren (38 ha) und besseren Crus bourgeois der Gegend. Seit 1998 fortlaufend Investitionen. Weißwein von 2 ha: fassvergorener Le Cygne. Siehe auch Ch. Lestage.

Fonroque St-Em; r ★★★ **75' 78 82 83' 85' 86 87 88 89' 90' 94 95 96** 98 00 01 02 – 20 ha auf dem Plateau nördlich von St-Emilion. Ehemals Eigentum von J.-P. Moueix, gehört seit 2000 Alain Moueix. Große Investitionen wurden getätigt; man überlegt, ökologisch zu wirtschaften. Schwerer, tiefdunkler Wein; jetzt trinken oder (besser) lagern.

Fontenil Fronsac; r ★★ **88 89 90 94 95 96 97** 98 99' 00 01 02 – Ein mittlerweile führendes Gut in Fronsac, das 1986 von Michel Rolland gegründet wurde. Neuer dichter, eichenholzwürziger Stil.

Fontmarty Pom; r ☆☆ **82 83 85 86 88' 89 90 94 95' 96 98'** 00 – Kleines Gut im Besitz der Bernard-Moueix-Gruppe (wie auch Taillefer); produziert 1500 Kisten.

Forts de Latour, Les Pau; r ★★★ **70' 78' 82' 83 85 86 88 89' 90' 93 94 95'** 96' **97** 98 99 00 01 02 – Der (würdige) zweite Wein von Ch. Latour; authentischer Geschmack in (etwas) leichterem Format. Bis 1990 einzigartig durch die mindestens dreijährige Flaschenlagerung vor der Freigabe; jetzt »en primeur« erhältlich.

Fourcas Dupré Listrac; r ★★ **82' 83' 85' 86' 88 89' 90 94 95 96'** 98' 99 00 01 02 – Cru bourgeois supérieur der Spitzenklasse: beständiger Wein im festen Listrac-Stil, den man im Auge behalten sollte. 40 ha. Zweitetikett: Ch. Bellevue-Laffont. Generalrenovierung 2000.

Fourcas Hosten Listrac; r ★★→★★★ **82' 83' 85 86' 87 88 89' 90' 94 95' 96'** 98' 00 01 02 – 38 ha Cru bourgeois supérieur. Häufig das beste Gut in der (unterbewerteten) Gemeinde. Fester, langlebiger Wein. 1998 neue Kellerausrüstung.

France, de Pes-L; r w ☆☆ r **89 90' 95' 96' 98** 99 00 02 w **95 96 97 98 99** 01 02 – Bekanntes (der Name allein genügt) Gut in Graves; Beratung durch Michel Rolland. Versuchen Sie es mit einem Spitzenjahrgang.

Franc-Mayne St-Em; r ★★ **85 86 88 89' 90'** 94 **95 96 97** 98' 99 00 01 – 7 ha Grand cru classé. Seit 1996 ehrgeizige neue Eigentümer; Michel Rolland berät. Beobachtenswert. Die 1998 begonnene Renovierung ist noch immer im Gange.

Gaby, du Can-F; r ☆☆ – In Frankreich gibt es kaum eine schönere Lage für ein Gut. Ernst zu nehmende Weine von den neuen Besitzern.

Gaffelière, La St-Em; r ☆☆☆ **82' 83' 85 86' 88' 89' 90' 94** 95 96 98' 99 00 01 – 24 ha Premier cru am Fuß der Côtes. Eleganter, nicht übermäßig voller Wein. Seit 1998 neue Ausstattung und bessere Qualität.

Galius St-Em; r ☆☆ **95 96 98 00** 01 – Eichenholzgereifte Auslese der Genossenschaft St-Emilion mit hohem Qualitätsstandard. Früher Haut Quercus.

Garde, La Pes-L; r w ★★ **90 94 95′ 96′ 97′** 98′ 99 00 01 02 – Beachtliches Gut im Besitz der Négociant-Firma CVBG-Dourthe. 48 ha für zuverlässigen Rotwein von immer besserer Qualität. Neue Merlot-Pflanzungen 2000.

Gay, Le Pom; r ☆☆☆ **75′ 76′ 82′ 83′ 85 86 88 89′ 90′ 95 96 97** 98 99 00 01 – Schönes 7-ha-Gut am nördlichen Rand von Pomerol. Bis 2002 gleicher Besitzer wie Ch. Lafleur. Seitdem beträchtliche Investitionen; Michel Rolland wurde als Berater verpflichtet. Meist eindrucksvolle, tanninreiche Weine.

Gazin Pom; r ★★★ **82 85 86 87′ 88 89′ 90′ 94′ 95 96 97** 98′ 99 00 01 02 – Großes Gut (für Pomerol-Verhältnisse). 23 ha; seit kurzem in neuem Glanz. Zweitetikett: L'Hospitalet de Gazin.

Gilette Saut; w; s ★★★ **49 53 55 59 61 67 70 75 76 78 79 81 82 83** – Ungewöhnliches kleines Gut in Preignac. Der üppige Wein erreicht bei Lagerung in Betonbehältern hohes Alter. Jeweils nur 5000 Flaschen. Ch. Les Justice ist das Schwester-Château (**96** 97 99 01 02).

Giscours Labarde-Mar; r ★★★ **70 75′ 78′ 82 85 88 89′ 90 94 95 96′** 98 99 00 01 02 – Herrliche Lage, 73 ha, 3. Cru, südlich von Cantenac. Produzierte in den 1970er-Jahren hervorragenden, kraftvollen Wein; die 1980er Jahrgänge dagegen sehr unbeständig. Ein gewisser Neubeginn fand in den 1990er-Jahren statt, v. a. seit dem Besitzerwechsel 1995, könnte aber noch besser sein. Zweitetiketten sind Ch. Cantelaude, Ch. Grand Goucsirs (!) und La Sirène de Giscours. Ch. La Houringue ist ein kleines Schwestergut.

Glana, du St-Jul; r ★★ **89 90 94 95 96 97′** 98 99 00 02 – Großes Cru-bourgeois-supérieur-Gut. Anspruchslos, bescheiden, preiswert. Zweitetikett: Ch. Sirène.

Gloria St-Jul; r ★★→★★★ **82 85 86 88 89 90 95′ 96** 98 99 00 01 02 – Das 44-ha-Gut hat sich nicht um die neue Klassifizierung der Crus bourgeois (siehe S. 134) beworben. Gehört demselben Besitzer wie St-Pierre. Wuchtige Weine, die inzwischen wieder für lange Reifezeit ausgelegt sind. Zweitetikett: Peymartin.

Gomerie, La Siehe Beau-Séjour-Bécot.

Grand-Barrail Lamarzelle-Figeac St-Em; r ☆☆ **85 86 88 89 90 94 95 96 98** 00 – Beliebtes 19-ha-Gut südlich von Figeac; guter Ruf, jedoch wenig aufregender Wein.

Grand-Corbin-Despagne St-Em; r ★★→★★★ **82′ 83 85 88 89 90′ 93 94 95 96 97** 98 99 00 01 – Einer der größeren und besseren Grands crus auf dem Corbin-Plateau. Seit 1993 ist eine neue Generation der Gründerfamilie Despagne (seit 1812) am Ruder, die den 1996 verloren gegangenen Grand-cru-classé-Status wiedererlangen will. Jetzt modische »dicke« Weine. Zum Besitz gehört auch Ch. Maison Blanche (Montagne St-Emilion).

Grand-Mayne St-Em; r ★★★ **82 85 86 88 89′ 90′ 94 95** 96 **97** 98 99 00 01 02 – 16 ha Grand cru classé in den westlichen Côtes. Nobles altes Château, neuerdings wunderbare Geschmacksfülle.

Grand-Pontet St-Em; r ☆☆☆ **82′ 86′ 88 89 90′ 93 94 95′ 96 97** 98′ 99 00 01 02 – Seit 1985 wieder belebt. 13 ha. Die Qualität wird besser.

Grand-Puy-Ducasse Pau; r ☆☆☆ **82′ 85 86 88 89′ 90 94 95 96′** 98′ 99 00 01 02 – 5. Cru. Unter erfahrenem Management auf 36 ha erweitert;

reicht aber nicht an die kraftvolle Art von Grand-Puy-Lacoste heran. Zweitetikett: Ch. Artiges-Arnaud.

Grand-Puy-Lacoste Pau; r ★★★ **70′ 75 78′ 79′ 81′ 82′ 83 85′ 86′ 88′ 89′ 90′ 93 94** 95 96′ **97** 98 99 00 01 – Führendes Gut, 5. Cru, berühmt für vorzüglichen, körperreichen, kräftigen Pauillac. Die 44 ha sind im Besitz der Familie Borie (siehe Ducru-Beaucaillou). Zweitetikett: Lacoste-Borie.

Gravas Saut; w; s ☆☆ **96 97** 01 – Kleines Barsac-Gut, eindrucksvoller, fester süßer Wein. Beachtliche Cuvée Spéciale.

Grave à Pomerol, La Pom; r ★★★ **82′ 85 86′ 88 89′ 90 93 94 95 96** 98′ 00 01 – Dornröschenschloss mit kleinem, aber erstklassigem Weinberg im Besitz von Christian Moueix. Schön strukturierter Pomerol von mittlerer Fülle.

Gressier-Grand-Poujeaux Moulis; r ★★→★★★ **82 83′ 85 86 88 89 90 94 95** 96 98 00 01 – Sehr guter Cru bourgeois supérieur; schon lange bewährter, feiner und fester Wein, Aufbewahrung zahlt sich aus. Seit 2003 gleicher Besitzer wie Chasse-Spleen.

Greysac Médoc; r ☆☆ **95 96 00** 02 – Elegantes Gut mit 56 ha. Angenehme, früh genussreife Weine, in den USA populär.

Gruaud-Larose St-Jul; r ★★★★ **61 70 75 78′ 82′ 83′ 85 86′ 88′ 89 90′ 93** 95 96′ 98 99 00 01 02 – Eines der größten und beliebtesten Güter, 2. Cru, 76 ha; Jahr für Jahr stilvoller, reicher roter Bordeaux, der sich über 20 Jahre hält. Seit 1997 im Besitz der Societé Bernard Taillan. Der sehr gute zweite Wein heißt Sarget de Gruaud-Larose.

Guadet St-Julien St-Em ☆☆ **82 85 86 88 89 90′ 94 95 96′** 98 00 01 – Außerordentlich gute Weine aus einem sehr kleinen Cru-classé-Gut.

Guiraud Saut; (r) w; (tr) s ★★★ **79 81 83′ 85 86′ 88′ 89′ 90′ 95 96′ 97′** 98 99 01′ 02 (03) – Restauriertes Cru-classé-Gut mit Spitzenqualität. 100 ha. Ausgezeichneter süßer Wein mit großer Finesse sowie Rotwein und trockener Weißwein in kleinen Mengen.

Gurgue, La Mar; r ★★ **82 83′ 85′ 86 87 88 89′ 90 93 94 95′** 96′ 98 00 01 02 – Kleiner, gut gelegener Besitz (10 ha) mit Margaux der fruchtigsten Art; steht unter derselben Leitung wie Haut-Bages Libéral. Kellerei 2000 renoviert.

Hanteillan Cissac; r ☆☆ **95 96 98** 00 02 – Großer Besitz. Sehr ordentlicher, gut bereiteter Cru-bourgeois-supérieur-Wein. Zweitetikett ist Ch. Laborde.

Haut-Bages Averous Pau; r ★★ **82′ 85′ 86 88 89′ 90 94 95 96** 98 99 00 02 – Zweitetikett von Ch. Lynch-Bages. Im Allgemeinen ein geschmackvoller Tropfen.

Haut-Bages Libéral Pau; r ★★★ **82′ 85 88 89 90′ 93 94′ 95** 96′ **97′** 98 99 00 01 02 – Weniger bekanntes Gut, 5. Cru, 28 ha (neben Latour); gehört zum gleichen Besitz wie La Gurgue. Schöne Erfolge; echte Pauillac-Vitalität.

Haut-Bages Monpelou Pau; r ☆☆ **85 86 88 89′ 90 94 95** 96 98 99 00 – Cru bourgeois supérieur, gehört zu Ch. Batailley. 10 ha ehemaliges Land von Duhart-Milon. Guter, einfacher Pauillac.

Haut-Bailly Graves; r ★★★ **82 83 85′ 86 88′ 89′ 90′ 92 93′ 94 95** 96 **97** 98′ 99′ 00 01 02 – Gut in Léognan, 28 ha. Seit 1998 in amerikanischem Besitz, wird aber immer noch von der gleichen Familie geführt. Erzeugt seit 1979 regelmäßig einen der besten würzigen, runden, intelligent ausgebauten roten Graves. Zweitetikett: La Parde de Haut-Bailly.

Haut-Batailley Pau; r ★★★ **70' 75' 78 82' 83 85 86 88 89' 90' 95** 96' **97** 98 99 00 02 – Der kleinere Teil der getrennten Besitzung Batailley, 5. Cru, 20 ha. Bevorzugt eine sanftere Art als das Schwester-Château Grand-Puy-Lacoste. Zweitetikett: La Tour d'Aspic.
Haut-Beauséjour St-Est; r ☆☆ **95 97** 98 99 00 01 – Cru bourgeois; bringt gute Ergebnisse. Im Besitz des Champagnerhauses Roederer.
Haut-Bergey Pes-L; r ☆☆ 98 99 00 01 02 – 26 ha, meist Cabernet Sauvignon, erbringen duftigen, zarten Graves und etwas trockenen Weißen. In den Neunzigerjahren komplett renoviert. Derselbe Besitzer wie Barde-Haut und Clos L'Eglise.
Haut-Bommes Siehe Clos Haut-Peyraguey.
Haut-Brion Pessac, Graves; r (w) ★★★★ r **59' 61' 66' 70' 71' 75' 76 78' 79' 81 82' 83' 85' 86' 87 88' 89' 90' 91 92 93 94 95** 96' **97** 98' 99 00 01 02 (03) w **82 83 85 87 88 89' 90 91 92 93 94 95** 96 **97** 98 99 00 01 02 – Das älteste große Château von Bordeaux und seit 1855, als einziges nicht im Médoc gelegene Gut, Premier cru (43 ha). Sehr harmonische, nie aggressive Weine mit nicht enden wollender, honigartiger, erdiger Komplexität, beständig hochklassig seit 1975. Voller trockener Weißwein in kleinen Mengen. Siehe auch Bahans Haut-Brion, La Mission Haut-Brion und Laville-Haut-Brion.
Haut-Carles Siehe Ch. de Carles.
Haut-Condissas Médoc; r ☆☆ 99 00 01 02 – Ehrgeiziger neuer Cru in Bégadan; im Auge behalten.
Haut-Maillet Pom; r ☆☆ **98'** 00 – Schwester-Château von Ch. La Cabanne; 5 ha. Gut bereitete, sanfte Weine.
Haut-Marbuzet St-Est; r ★★→★★★ **82' 85' 86' 88 89' 90' 91 93' 94 95** 96' **97** 98 99 00 01 02 – Der beste von vielen guten Crus bourgeois in St-Estèphe, der jetzt zum Exceptionnel aufgestuft wurde. Duboscq hat die alte Dom. de Marbuzet mit 70 ha Rebfläche wieder belebt; zu 60 % Merlot. Besitzt auch Chambert-Marbuzet, MacCarthy und Tour de Marbuzet. Unverwechselbarer, sehr reizvoller Stil durch neue Eichenfässer.
Haut-Pontet St-Em; r ☆☆ **98 00** – Zuverlässiges knapp 5-ha-Gut in den Côtes; sein Grand-cru-Rang ist verdient. 2500 Kisten.
Haut-Sarpe St-Em; r ☆☆ **82 83' 85 86 88 89 90' 93 94 95 96** 98 00 01 – Grand cru classé (6000 Kisten) mit sehr elegantem Château und Park. 70 % Merlot. Gleicher Besitzer wie Ch. La Croix (Pomerol).
Hortevie St-Jul; r ★★ **90 95 96** 98 00 02 – Unter den wenigen nicht klassifizierten Besitzungen von St-Julien sind das kleine Gut und sein größeres Schwester-Château Terrey-Gros-Caillou glänzende Vorbilder. Jetzt nur noch Handlese.
Hosanna Pom; r ☆☆☆☆ 00 01 – Der neue Name des Ch. Certan-Guiraud; im Besitz von J.-P. Moueix. Hochfliegende Pläne.
Houissant St-Est; r ☆☆ **90 95 96** 98 00 02 – Typischer, robuster, ausgewogener St-Estèphe Cru bourgeois; auch unter dem Namen Ch. Leyssac. Sehr bekannt in Dänemark.
Issan, d' Cantenac-Mar; r ☆☆☆ **85 86 88 89 90' 95** 96' 98 99 00 01 02 – Schön restauriertes burgartiges Château nahe der Gironde mit 30 ha Rebfläche, 3. Cru, eher leichte, duftige Weine. Zweitetikett: Ch. de Candale.
Kirwan Cantenac-Mar; r ★★★ **82' 85 86 88 89' 90' 93' 94 95** 96 **97** 98 99 00 01 02 – 3. Cru, 34 ha. Seit 1997 mehrheitlich im Besitz von Schröder & Schyler. Michel Rolland berät. Reife Rebbestände liefern mittlerweile erstklassige Weine.

Labégorce Mar; r ☆☆ **82' 85 86 88 89' 90' 94 95 96** 98 99 00 01 02 – Langlebiger Wein von echter Margaux-Art. 38 ha, nördlich von Margaux gelegen. Vor kurzem neue Investitionen. Gibt sich große Mühe.

Labégorce Zédé Mar; r ★★→★★★ **82' 83' 85 86' 88 89' 90' 93 94 95** 96' **97** 98 99 00 01 02 – Cru bourgeois exceptionnel mit gutem Ruf, an der Straße nördlich von Margaux gelegen. 25 ha. Typisch zarter, duftiger Margaux, klassisch. Gleiche Familie wie Vieux Château Certan. Zweitetikett: Domaine Zédé. Ferner 9 ha AC Bordeaux: Z de Zédé.

Lacoste-Borie Zweitetikett von Ch. Grand-Puy-Lacoste.

Lafaurie-Peyraguey Saut; w; s ★★★ **78 82 83' 85 86' 88' 89' 90' 95 96' 97** 98 99 01 02 (03) – Cru classé mit nur 20 ha in Bommes; gehört Cordier. Jetzt einer der Besten in Sauternes. Zweitetikett: La Chapelle de Lafaurie.

Lafite-Rothschild Pau; r ★★★★ **59 76' 78 79 81' 82' 83 85 86' 87 88' 89' 90' 91 93** 94 95 96' 97 98 99 00' 01 02 (03) – Premier cru mit berühmtem verschwenderischem Duft und Stil in großen Jahrgängen, die jahrzehntelang haltbar sind. Die jüngsten Versionen sind wieder in guter Form. Es wurden phänomenale runde Keller eröffnet; Joint Ventures in Chile (1988), Kalifornien (1989), Portugal (1992). Zweitetikett: Carruades de Lafite. 90 ha. Zum Besitz gehören auch Ch. Duhart-Milon, L'Evangile und Rieussec.

Lafleur Pom; r ★★★★ **70' 75' 79' 82' 83 85' 86' 88' 89' 90' 93 94** 95 96 **97** 98 99 00' 01 02 – Prachtvolles Gut mit 5 ha. Ausdrucksvolle »Turbolader«-Weine der gerbstoffherben, weniger »fleischigen« Art mit langer Reifezeit – eine langfristige Investition. Zweitetikett: Les Pensées de Lafleur.

Lafleur-Gazin Pom; r ☆☆ **82' 83 85' 86 88' 89 90 93 94 95 96** 98 00 – Vornehmes kleines Gut von J.-P. Moueix in der nordöstlichen Ecke von Pomerol.

Lafon-Rochet St-Est; r ★★★ **70' 78 82 83' 85 86 88' 89' 90' 94 95** 96' **97** 98 00 01 02 – 4. Cru, Nachbar von Ch. Cos d'Estournel; 44 ha. Guter, strenger, körperreicher St-Estèphe, erschließt sich langsam. Zweitetikett: Numéro 2. Derselbe Besitzer wie Ch. Pontet-Canet. Neuausstattung 1998, Renovierung 2000.

Lagrange Pom; r ★★ **82' 83 85' 86 88 89' 90' 94 95 96** 98 00 01 – 8-ha-Weingut unter der Leitung des allgegenwärtigen J.-P. Moueix. Wachsendes Ansehen durch guten Geschmack und Preis.

Lagrange St-Jul; r ★★★ **82 85' 86' 88' 89' 90' 93 94 95** 96 **97** 98 99 00 01 – Ehemals vernachlässigtes Gut, 3. Cru, landeinwärts von St-Julien. 1983 von Suntory aus Japan aufgekauft. 112 ha; in bester Verfassung, die Weine (mit viel Eiche) entsprechend. Zweitetikett: Les Fiefs de Lagrange.

Lagune, La Ludon, H-Méd; r ★★★ **82' 83' 85 86' 88' 89' 90' 94 95** 96' 98 00 01 02 – Ultramodernes Gut, 3. Cru, 64 ha, im äußersten Süden des Médoc. Volle, betont eichenholzwürzige Weine, beständig in hoher Qualität. Im Besitz des Champagnerhauses Ayala.

Lalande-Borie St-Jul; r ★★ Kleiner Bruder des großen Ducru-Beaucaillou, ist ein Teil des früheren Besitzes von Ch. Lagrange. Angenehme, leicht trinkbare Weine.

Lamarque, de Lamarque, H-Méd; r ★★ **82 85 86' 88 89 90' 94 95 96 97 98** 99 00 02 – Mittelalterliche Burg im mittleren Médoc, 45 ha; wundervoller Wein mit hohem Bourgeois-Standard. Zweitetikett: Donjon de L.

Lamothe Bergeron H-Méd; r ★★ **88 89 90 93 94 95 96′ 98′** 00 02 – 60 ha in Cussac erbringen 25 000 Kisten zuverlässigen Rotwein. Geleitet von Grand-Puy-Ducasse.

Lanessan Cussac, H-Méd; r ★★ **78′ 81 82 83 85 86′ 88′ 89′ 90′ 93 94 95 96′** 98 00 02 – Vornehmes Cru-bourgeois-supérieur-Gut (43 ha) südlich von St-Julien. Feine, keineswegs stämmige Tropfen, die sich aber gut halten. Im Besitz derselben Familie befinden sich auch Ch. de Ste-Gemme, Lachesnaye, La Providence.

Langoa-Barton St-Jul; r ★★★ **78′ 82′ 83 85 86′ 88′ 89′ 90′ 93 94′ 95** 96 98 99 00 01 02 – 20 ha großes Schwester-Château von Léoville-Barton, 3. Cru. Sehr alter und schöner Besitz der Familie Barton, untadelige Qualität und großzügiger Preis. Zweitetikett: Réserve de Léoville-Barton.

Larcis-Ducasse St-Em; r ★★ **85 86 88′ 89′ 90′ 94 95** 96 98′ 00 02 – Spitzengut von St-Laurent, östlich von St-Emilion in den Côtes. 12 ha in guter Lage; Weine könnten aber besser sein. Seit 2002 unter neuer Leitung (zusammen mit Ch. Pavie Macquin und Ch. Puygueraud).

Larmande St-Em; r ★★★ **82 83′ 85 86 88′ 89′ 90′ 93 94 95′** 96 **97** 98′ 00 01 – Größerer Besitz (24 ha). Neu angepflanzt und ausgestattet; liefert inzwischen vollen Wein mit auffallend schönem Bukett, mitunter seidig. Zweitetikett: Ch. des Templiers.

Laroque St-Em; r ☆☆→☆☆☆ **82′ 85 86 88 89 90 94 95** 96 **97** 98 99 00 01 02 – Bedeutender 43-ha-Besitz in den St-Emilion-Côtes in St-Christophe. Wurde 1996 zum Grand cru classé aufgewertet.

Larose-Trintaudon St-Laurent, H-Méd; r ★★ **89 90′ 94′ 95 96′ 98** 00 01 02 – Größte Rebfläche im Médoc: 170 ha. Moderne Methoden erbringen zuverlässigen, bezaubernd fruchtigen, früh trinkreifen Cru-bourgeois-Wein. Zweitetikett: Larose-St-Laurent; Sonder-Cuvée: Larose-Perganson.

Laroze St-Em; r ☆☆ **90′ 94 95 96′ 98′** 99 00 – Großes Rebenareal (28 ha) in den westlichen Côtes. Recht leichte Weine von Sandboden, früh genussreif; seit 1998 mit mehr Tiefe.

Larrivet-Haut-Brion Pes-L; r (w) ★★ r **82′ 83 85 86 87 88 89 90 94 95** 96′ 98′ 00 01 02 w **93 94 95 96′ 98′ 99 00** 01 02 – Gut in Léognan mit Hang zum Perfektionismus. Wird von Michel Rolland beraten. Auch 500 Kisten fassgereifter feiner Weißwein. 1999 Neuanpflanzungen.

Lascombes Mar; r (rs) ☆☆☆ **70′ 82 83′ 85 86 88′ 89′ 90′ 95 96′** 98′ 99 00 01 02 – 2.-Cru-Gut, 96 ha, seit 2001 im Besitz eines amerikanischen Pensionsfonds. Bisher waren die Weine nicht zufriedenstellend, die neueren Jahrgänge sind aber viel besser. Zweitetikett: Ch. Segonnes.

Latour Pau; r ★★★★ **49′ 59′ 61′ 62 64 66′ 70′ 75 78′ 79 81 82′ 83 85 86′ 87 88′ 89′ 90′ 91 92 93** 94′ 95′ 96′ 97 98 99 00 01 02 (03) – Premier cru mit 60 ha auf einem Hang an der Gironde. Gilt als großartigste Verkörperung des Médoc. Tief, intensiv, in guten Jahren fast ewig haltbar, und sogar schwächere Jahrgänge lassen das charakteristische Terroir erkennen und halten sich jahrelang. Nach wie vor braucht der Latour 10 Jahre, um voll zur Geltung zu kommen. Von 1963 bis 1993 war das Gut in britischer Hand, jetzt gehört es französischen Privatleuten. Im neuen *chai* (2003) kann jetzt eine noch genauere Auswahl getroffen werden. Zweitwein ist Les Forts de Latour, Drittwein ist Pauillac.

Latour à Pomerol Pom; r ★★★ **61′ 70′ 82 83 85′ 86 87 88′ 89′ 90′ 93 94 95** 96 98′ 99 00 01 – Premier cru, rund 8 ha, unter Leitung von J.-P. Moueix. Pomerol voll Wucht, mit herrlichem Bukett und hinreißender Finesse.

Latour-Martillac Pes-L; r w ★★ r **82' 85' 86 88' 89 90 93 94 95 96** 98' 00 01 02 w **94' 95 96 97 98' 99 00** 01 02 – Kleines, aber seriöses Gut in Martillac. 4 ha weiße, 15 ha dunkle Trauben. Der Weißwein hält sich oft wunderbar.

Laurets, des St-Em; r ☆☆ **89' 90' 94 95 96 98 00 01** – Wichtiges Gut in Puisseguin und Montagne St-Emilion (im Osten) mit 64 ha in den Côtes (40 000 Kisten). Die gediegenen Weine werden durch J.-P. Moueix vertrieben.

Lauzette, La Listrac; r ★★ **82 85 86 88 89 90 95 96** 98 99 00 – Cru bourgeois (15 ha), ehemals Ch. Bellegrave, mit geschmacksintensiven Weinen. Der Name wurde geändert, da es in Bordeaux ungefähr ein Dutzend Güter mit dem Namen Bellegrave gibt.

Laville-Haut-Brion Pes-L; w ★★★★ **85' 86 88 89' 90 92 93' 94** 95' 96 **97** 98 99 00 01 02 – Sehr kleine Mengen, aber der beste weiße Graves; entfaltet langsam saftige Reife. Wird im Ch. La Mission Haut-Brion gekeltert. Die 89er, 95er und 96er übertreffen alle Erwartungen.

Léoville-Barton St-Jul; r ★★★★ **78 82' 83 85' 86' 88' 89' 90' 93'** 94' 95 96' **97** 98 99 00 01 02 – Teil des großen Rebenareals Léoville. Ein »Super-Deuxième-cru« von 36 ha, seit über 150 Jahren in anglo-irischem Besitz der Familie Barton. Kraftvoller, klassischer Rotwein; traditionelle Methoden und sehr anständige Preise. Große Investitionen heben den bereits hohen Qualitätsstand weiter an. Siehe auch Langoa-Barton.

Léoville-Las Cases St-Jul; r ★★★★ **66' 75' 78' 79' 81' 82' 83' 84 85'** 86' **87 88 89'** 90' **91 93'** 94 95 96 **97** 98 99 00 01 02 – Das größte Léoville-Gut, 84 ha; sein Ruf eilt ihm weit voraus. Elegante, komplexe, kraftvolle, recht herbe Weine von ungeheurer Langlebigkeit. Auch der Zweitwein, Clos du Marquis, ist hervorragend.

Léoville-Poyferré St-Jul; r ★★★ **82' 83' 85 86' 88 89' 90' 94 95** 96 98 99 00 01 02 – Jahrelang unter den Léoville-Gütern auf dem letzten Rang; das große Potenzial wird selten umgesetzt. Jetzt berät Michel Rolland, Verbesserungen sind zu erwarten. 62 ha. Zweitetikett: Ch. Moulin Riche.

Lestage Listrac; r ☆☆ **86' 88 89' 90' 95 96 98** 00 – 52,5 ha Cru bourgeois supérieur, in gleicher Hand wie Ch. Fonréaud. Leichter, recht stilvoller Wein, seit 1985 eichenfassgereift. Zweitetikett: Ch. Caroline. Auch Weißwein: La Mouette.

Lilian Ladouys St-Est; r ★★ **89 90 94 95** 96 97 98 00 02 – In den 1980er-Jahren gegründeter Cru bourgeois supérieur mit 20 ha und großen Ambitionen; schon jetzt vielversprechend. Es gab Schwierigkeiten, aber die ersten und die jüngsten Weine machen einen guten Eindruck.

Liot Barsac; w; s ★★ **75' 76 82 83 85 86 88 89' 90' 95 96 97** 98 99 01 02 – Durchweg ziemlich leichte, goldene Weine von 20 ha Rebgelände. Aber wie sie sich halten!

Liversan St-Sauveur, H-Méd; r ★★ **82' 85 86' 88' 89' 90' 93 94 95** 96 98 00 02 – 46 ha Cru bourgeois supérieur, landeinwärts von Pauillac. Die Familie Polignac sorgte für einen stets hohen Qualitätsstand. Gleiche Eigentümer wie Patache d'Aux. Zweitetikett: Ch. Fonpiqueyre.

Livran Médoc; r ☆☆ **82' 86 88' 89' 90' 94' 95 96 98** 00 – Großes Gut in St-Germain im nördlichen Médoc. Beständige, runde Weine (zur Hälfte Merlot).

Loudenne St-Yzans, Médoc; r (w) ☆☆ **82' 85 86' 88 89' 90 94 95 96' 98** 00 01 02 – Schönes Château am Flussufer (63 ha), von 1975 bis 2000 im Besitz der Gilbeys. Unter den neuen Besitzern (mit Michel Rolland als Berater) werden die Weine kräftiger, dunkler und dichter. Gut bereiteter roter Cru bourgeois supérieur und Sauvignon blanc; der neue Weiße mit Eichenholznote ist nach 2 bis 4 Jahren am besten (**95 96 97 98 99′ 00 01**).

Loupiac-Gaudiet Loupiac; w; s ★★ **85 86 88 89 90 95 96 97 98′** 99 01 02 – Zuverlässige Quelle für preiswerten »Beinahe-Sauternes«, auf der anderen Seite der Garonne (7500 Kisten).

Louvière, La Pes-L; r w ★★★ r **82′ 85 86′ 88′ 89′ 90′ 94′ 95 96′ 97** 98′ 99 00 01 02 w **93′ 94 95′ 96′ 97′ 98′ 99 00** 01 02 – Gut (54 ha) in Léognan mit klassischem Herrenhaus, wieder instand gesetzt von André Lurton. Ausgezeichneter Weiß- und Rotwein in Cru-classé-Qualität. Siehe auch Bonnet, de Cruzeau, Couhins-Lurton sowie de Rochemorin.

Lussac, de St-Em; r ☆☆ **85 86 88 89′ 90 94 95** 96 **97 98 99 00** – Eines der besten Weingüter in Lussac St-Emilion (im Nordosten). Neue technische Verfahren seit 2000.

Lynch-Bages Pau; r (w) ★★★★ **59 61 70 79 82′ 83′ 84 85′ 86′ 88′ 89′ 90′ 91 94 95** 96 **97** 98 99 00 01 02 – Allseits beliebtes Weingut (80 ha), heute ein regelrechter Star; produziert reichhaltigen, robusten, köstlich dichten und brombeerhaften Wein; darf neuerdings Anspruch auf Größe erheben. Siehe auch Haut-Bages Averous. Seit 1990 ein sehr guter, intensiver, eichenfassgereifter Weißwein: Blanc de Lynch-Bages. Gleicher Besitzer (Familie Cazes) wie Les Ormes de Pez.

Lynch-Moussas Pau; r ☆☆ **89 90′ 94 95′ 96′ 98** 00 01 02 – 5. Cru, 24 ha. Vom Leiter von Ch. Batailley wieder aufgebaut, könnte am Ende doch noch in Form kommen.

Lyonnat, du Lussac St-Em; r ☆☆ **95 96 98 00 01** – 48-ha-Gut mit zuverlässigem, weit verbreitetem Wein.

MacCarthy St-Est; r ★★ Zweitetikett von Chambert-Marbuzet.

Macquin-St-Georges St-Em; r ★★ **89 90′ 94 95 96 97 98 99** 00 01 – Gleichmäßig guter Erzeuger in St-Georges. Köstlicher, nicht zu schwerer St-Emilion-»Satelliten«-Wein.

Magdelaine St-Em; r ☆☆☆ **82′ 83′ 85 86 88 89′ 90′ 93 94 95** 96 **97** 98′ 99 00 01 – Führender Premier cru der Côtes. 11 ha, im Besitz von J.-P. Moueix. Wein der Spitzenklasse, vorwiegend von Merlot; seit neuestem kräftig und fein.

Magence Graves; r w ★★ r **90 94 95 96 98 00** w **96 97 98 00 01** 02 – Aufstrebendes Gut, 37 ha im südlichen Graves, mit trockenem Sauvignon-blanc-Weißwein und fruchtigem Rotwein. Beide halten sich 2 bis 6 Jahre gut.

Malartic-Lagravière Pes-L; r (w) ☆☆☆ r **82′ 85 86′ 88 89 90′ 94 95 96** 98 99 00 01 02 w **93 94 95 96 97 98 99 00** 01 02 – Cru-classé-Château in Léognan, 21 ha. Seit Ende der 1990er-Jahre volle, moderne Rotweine sowie kleine Mengen an langlebigem Sauvignon blanc. Neuer belgischer Besitzer (seit 1996); jetzt Beratung durch Michel Rolland und Denis Dubourdieu. Beobachtenswert.

Malescasse Lamarque, H-Méd; r ☆☆ **82 85 86 88 89 90 93′ 94 95′** 96 98 00 01 02 – Cru bourgeois supérieur, renoviert, mit 40 ha in guter Lage. Weine werden immer besser. Zweitetikett: Le Tana de M.

Malescot St-Exupéry Mar; r ★★★ **61 70 82′ 83′ 86 88 89 90′ 94 95** 96 **97** 98′ 99 00 01 02 – 3. Cru, 24 ha. Seit den 1990ern wieder voll in Form. Kann jung hart sein, entwickelt sich dann aber zu einem duftigen Margaux.

Malle, de Saut; r w; tr s ★★★ w s **75 76 78 79 81′ 82′ 83 85 86′ 88 89′ 90′ 94 95 96′** 97 98′ 99 01 02 (03) – Schönes Château in Preignac (50 ha). Sehr guter Sauternes; auch trockener weißer M. de Malle. Siehe auch Ch. de Cardaillan.

Marbuzet St-Est; r ★★ **85 86 88 89 90 93 94 95′** 96′ 98 99 00 01 02 – Bis 1994 Zweitetikett von Ch. Cos d'Estournel, jetzt Cru bourgeois.
Margaux, Château Mar; r (w) ★★★★ **53 61′ 78′ 79 80 81′ 82′ 83′ 84 85′** 86′ **87 88′ 89′ 90′ 91 93′** 94 95′ 96′ **97′** 98′ 99 00′ 01 02 (03) – Premier cru (84 ha); in den (sehr häufigen) Spitzenjahrgängen der verführerischste und feinduftigste Wein. Zweitetikett: Pavillon Rouge (**86 88 89 90′ 93 94 95 96 97** 98 99 00 01 02); Pavillon Blanc ist der beste (Sauvignon-blanc-) Weißwein des Médoc: 5 Jahre oder länger lagern (**88 89 90 91 93 95 96 98 99** 00 02).
Marojallia Mar; r ☆☆☆ 99 00 01 02 – Neues, sehr kleines Gut mit rund 2 ha. Will mit großen, für Margaux untypischen Weinen hohe Preise erzielen. Zweitetikett: Clos Margalaine.
Marquis d'Alesme-Becker Mar; r ☆☆ **85 86 88′ 89 90 94 95 96** 98 00 01 02 – Kleines (7 ha) Gut, 3. Cru. Ein ehemaliger Cru classé von einst hohem Ansehen. Hat das Potenzial für klassischen Margaux.

Médoc: Die Klassifizierung der Crus bourgeois

Das Médoc verfügt über 60 Crus classés, die 1855 in fünf Klassen (Premier cru bis Cinquième cru) eingeteilt wurden. Seit Juni 2003 besteht nun auch offiziell eine neue Einteilung der Crus bourgeois, deren auf das Jahr 1932 zurückgehende Klassifizierung vonseiten der Behörden nie abgesegnet war.

Von den insgesamt 490 Anwärtern aus den acht Appellationen des Médoc wurden nur 247 Châteaux aufgenommen und in eine von drei Kategorien eingeteilt: Cru bourgeois exceptionnel (9 Châteaux), Cru bourgeois supérieur (87 Châteaux) sowie Cru bourgeois (151 Châteaux). Diese neuen Bezeichnungen dürfen seit dem Jahrgang 2003 auf den Etiketten erscheinen.

Der Einteilung ging eine 18-monatige Prüfung und Bewertung jedes einzelnen Guts durch Weinbaufachleute voraus, in die geschichtliche Zusammenhänge, der Zustand der Weinberge, Kellertechniken, Kapitalaufwand, Bekanntheitsgrad und dergleichen mit einflossen, darüber hinaus wurden bei allen die Weine der Jahrgänge 1994 bis 1999 beurteilt. Es muss kaum betont werden, dass diese Einstufung nach wie vor strittig ist.

Die neun besten Châteaux, die also den Titel Cru bourgeois exceptionnel führen dürfen, sind: Chasse-Spleen, Haut-Marbuzet, Labégorce Zédé, Les Ormes de Pez, de Pez, Phélan Ségur, Potensac, Poujeaux und Siran. Zwei bedeutende Châteaux, nämlich Gloria und Sociando-Mallet, haben sich nicht um die Aufnahme in das neue Klassensystem beworben.

Abgesehen von den Premiers crus herrscht heute in dem Klassensystem von 1855 bei der Qualität ein hoffnungsloses Durcheinander. Mancher Deuxième cru ist auf dem Stand eines Cinquième cru und umgekehrt. Qualitativ überschneiden sie sich auch mit den Crus bourgeois exceptionnels. Nun, der französische Sinn für Logik ist bekannt.

Marquis de St-Estèphe St-Est; r ★ Die Winzergenossenschaft; größer, aber weniger interessant als früher.
Marquis de Terme Mar; r ★★→★★★ **82 83′ 85 86′ 88′ 89′ 90′ 95** 96 **97** 98 99 00 01 02 – Renoviertes 4.-Cru-Gut mit 34 ha. Duftiger, schlanker Stil; durch höheren Cabernet-Sauvignon-Anteil seit 1985 kräftiger.

Martinens Mar; r ★★ **86 88 89 90 95 96 97** 98 99 00 02 – Guter 30-ha-Cru-bourgeois des Bürgermeisters von Cantenac.

Maucaillou Moulis; r ★★ **82 83′ 85′ 86′ 88′ 89′ 90′ 94′ 95 96** 98′ 00 01 02 – 52 ha Cru bourgeois supérieur mit hoher Qualität, im Besitz der Familie Dourthe. Reichfruchtiger Zweitwein: Cap de Haut-M.

Mazeyres Pom; r ★★ **95 96′ 97′** 98′ **99** 00 01 – 20 ha. Beständiger, manchmal sogar aufregender einfacher Pomerol. Seit 1996 besser; die Leitung hat Alain Moueix. Siehe auch Fonroque.

Méaume r ☆☆ **90 96 98** 00 – Domaine eines Engländers, nördlich von Pomerol. Solider Ruf für sehr guten Alltagsrotwein (Bordeaux Supérieur) mit 4 bis 5 Jahren Lebensdauer. 7500 Kisten.

Meyney St-Est; r ★★→★★★ **82′ 85 86′ 88′ 89′ 90′ 94** 95 96 98 00 01 02 – Großer Besitz (50 ha) am Fluss in herrlicher Lage; gehört zu den vielen langlebigen Crus bourgeois in St-Estèphe. Im Besitz von Cordier. Zweitetikett: Prieur de Meyney.

Millet Graves; r (rs) w ☆☆ **98 00** – Ordentlicher Graves. Zweitetikett: Ch. Clos Renon, der jung am besten ist. Cuvée Henri ist ein eichenfassgereifter Weißwein.

Mission Haut-Brion, La Pes-L; r ★★★★ **59′ 61′ 66′ 75′ 78′ 82′ 83 85′ 86 88 89′** 90′ **93′ 94′ 95** 96′ **97** 98′ 99 00 01 02 – Nachbar und alter Rivale von Ch. Haut-Brion, seit 1984 im gleichen Besitz. Beständig hochklassiger, vollblütiger Wein; lange Reifezeit; sogar gehaltvoller als Haut-Brion und manchmal eindrucksvoller. 12 ha. Laville-Haut-Brion ist der Weißwein. Zweitetikett: La Chapelle de La Mission.

Monbousquet St-Em; r (w) ☆☆☆ **82 85′ 86 88′ 89′ 90′ 93 94 95 96 97** 98 99 00 01 02 – Alter Familienbesitz auf Kiesboden, der von dem neuen Eigner gründlich umgekrempelt wurde. Jetzt werden extrem reichhaltige, konzentrierte Weine der üppigsten Sorte erzeugt. Dem Eigentümer gehört seit 1998 auch Ch. Pavie und Ch. Pavie Decesse.

Monbrison Arsac-Mar; r ★★→☆☆☆ **82 83 85 86 88′ 89′ 90 95 96′ 97** 98 99 00 01 02 – Beachtenswerter Name. Hoher Standard macht ihn zum modernsten Cru bourgeois von Margaux. Produktion: 4000 Kisten sowie 2000 Kisten von Zweitetikett Ch. Cordet.

Mondotte, La St-Em; r ★★★→☆☆☆☆ 96′ 97′ 98 99 00 01 02 – Intensive »Garagenweine« von einem winzig kleinen Anwesen im Besitz des Grafen Stephen von Neipperg (Canon-la-Gaffelière, Clos de L'Oratoire)

Montrose St-Est; r ★★★→★★★★ **61 70′ 75′ 82′ 85 86′ 88 89′** 90′ **91 93 94** 95 96′ **97** 98 99 00 01 02 – 63-ha-Familienbesitz, 2. Cru. Bekannt für wuchtigen Rotwein alten Stils mit tiefer Farbe. Die Jahrgänge zwischen 1979 und 1985 (außer 1982) waren leichter, inzwischen aber ist der Montrose die Antwort von St-Estèphe auf Latour. Zweitwein ist La Dame de Montrose.

Moulin-à-Vent Moulis; r ★★ **82′ 85′ 86 88 89 90′ 94 95 96′** 98 00 – Gut mit 24 ha; steht in der aufstrebenden Appellation in vorderster Reihe. Lebendiger, kraftvoller Wein. La Tour Blanche (Médoc) gehört ebenfalls zum Besitz.

Moulin de la Rose St-Jul; r ★★ **95 96** 98 00 01 **02** – Cru bourgeois supérieur; kleines Gut mit hohen Standards. Beobachten.

Moulin du Cadet St-Em; r rs ★★ **89′ 90′ 94 95 96 97 98 00** – Kleiner Besitz in den Côtes; gehört J.-P. Moueix. Duftige, mittelschwere Weine.

Moulinet Pom; r ☆☆ **85 88 89′ 90 95 96 98** 00 01 – In Pomerol eines der größeren Güter; 18 ha auf relativ leichtem Boden. Der Wein fällt dementsprechend aus.

Moulin-Pey-Labrie Can-F; r ★★ **89 90 94 95 96 97** 98' 99 00 01 – Immer besserer, trinkfreundlicher Fronsac. Im Auge behalten.
Moulin-St-Georges St-Em; r ☆☆ **95 96 97** 98 99 00 01 02 – Stilvolle, reichhaltige Weine.
Mouton-Baronne-Philippe Siehe Armailhac.
Mouton Rothschild Pau; r (w) ★★★★ **59 61 62' 66' 70' 75' 76 78 81 82' 83' 85' 86' 88' 89' 90' 91 93' 94 95'** 96 **97** 98' 99 00 01 02 (03) – Seit 1973 offiziell ein Premier cru, in Wirklichkeit schon viel länger. 70 ha (87 % Cabernet Sauvignon). Wein kann von majestätischer Fülle sein, oft der gehaltvollste im Médoc. Seit 1991 gibt es den weißen Aile d'Argent. Auch von Künstlern gestaltete Etiketten und das größte Museum mit Kunstwerken zum Thema Wein in der Welt. Zweitetikett seit 1997: Le Petit Mouton. Siehe auch Opus One (Kalifornien) und Almaviva (Chile).
Nairac Saut; w; s ★★ **76' 82 83' 85 86' 88 89 90' 95' 96** 97 98 99 01 02 (03) – Um Perfektion bemühtes Cru-classé-Gut in Barsac. 2000 Kisten von in Eiche vergorenem Wein mit entsprechendem Duft, ein Jahrzehnt lagerfähig.
Nenin Pom; r ★★★ **82 85' 86 88' 89 90 94' 95 96 97** 98 99 00 01 02 – Bekanntes Gut mit 26 ha; eines der größten in Pomerol; seit 1985 (endlich wieder) im Aufschwung. Ch. Léoville-Las Cases ist seit 1997 beteiligt.
Olivier Graves; r w ☆☆☆ r **82 86 88 89' 90' 95 96** 98 00 01 02 w **93 94 95 96 97 98' 00** 01 – 36 ha Cru classé, um ein befestigtes Schloss in Léognan gelegen. 9000 Kisten eichenholzwürziger Rotwein, 6000 Kisten Weißwein mit Eichenholznote. Neuere Jahrgänge verheißen mehr Charme.
Ormes de Pez, Les St-Est; r ★★→★★★ **82' 85 86' 88 89' 90' 93 94 95 96 97** 98 99 00 01 02 – Hervorragendes Château, 29 ha Cru bourgeois exceptionnel, im Besitz von Ch. Lynch-Bages. Beständig, einer der ansprechendsten St-Estèphe-Weine.
Ormes Sorbet, Les Médoc; r ★★ **82' 85' 86' 88 89 90' 94 95 96 98'** 99 00 01 02 – Im nördlichen Médoc (Couquèques) führender Erzeuger guter, stilvoller, in neuer Eiche gereifter Rotweine (10 000 Kisten). Zweitetikett: Ch. de Conques.
Palmer Cantenac-Mar; r ★★★★ **61' 62 66' 70 71' 75' 76 78' 79' 81 82 83' 85 86' 87 88' 89 90 93 94 95** 96' 98' 99 00 01 02 – Der Star von Cantenac. 3. Cru, der gelegentlich Premier-cru-Qualität übertrifft. Wein mit Wucht, Gehalt und Delikatesse; hoher Merlot-Anteil. Das 44 ha umfassende Rebenareal ist in holländischem, englischem (Familie Sichel) und französischem Besitz. Zweitetikett: Alter Ego de Palmer (ein Schnäppchen; jung trinken).
Pape Clément Pes-L; r (w) ★★★→★★★★ **70 75' 83 85 86' 88' 89' 90' 93' 94' 95** 96 **97** 98 99' 00 02 – Altehrwürdiges Gut in Pessac. Früher durch verführerisch duftige, jedoch nicht schwere Rotweine bekannt. Anfang der 1980er-Jahre nicht so gut. Seit 1985 deutlich bessere Qualität (und mehr Weißwein); steht seit 2000 unter sehr moderner Leitung; die Weine haben an Konzentration gewonnen. Genau beobachten. Besitzt auch Ch. Poumey in Gradignan.
Parenchère, de r (w) ★★ **98 99 00 01** – Beständig ordentlicher AC Ste-Foy Bordeaux und AC Bordeaux Supérieur aus einem hübschen Château mit 50 ha.

Patache d'Aux Bégadan, Médoc; r ★★ **89' 90' 95 96 98 99** 00 02 – 36 ha Cru bourgeois supérieur im nördlichen Médoc. Von Cabernet Sauvignon bestimmter, bukettreicher Wein mit der erdigen Art der Gegend. Siehe auch Ch. Liversan.

Paveil-de-Luze Mar; r ☆☆ **82' 85 86' 88' 89' 90 95 96'** 98 00 – Alter Familienbesitz in Soussans; klein, aber hoch angesehen. 2000 wurde investiert.

Pavie St-Em; r ★★★ **82' 83' 85 86' 88' 89' 90' 94 95 96'** 98 99 00 01 02 – Premier cru in herrlicher Lage in den Côtes, 37 ha am mittleren Hang; großartige Vergangenheit. 1998 zusammen mit den dazugehörigen Ch. Pavie Decesse und Ch. La Clusière vom Besitzer des Ch. Monbousquet aufgekauft. Das ist der neue Stil (und Anlass hitziger Debatten) in St-Emilon: ausladend, intensiv, süß.

Pavie Decesse St-Em; r ★★ **82 86 88 89 90 94 95 96 97** 98 99' 00 01 02 – 10 ha. Kleiner Bruder von Ch. Pavie; seit 1998 wieder in Form.

Pavie Macquin St-Em; r ★★★ **85' 86 88 89' 90' 93 94 95** 96' **97** 98' 99 00' 01 02 – Noch ein Pavie, das Nachbargut auf der anderen Seite des Berges mit 10 ha in den Côtes östlich von St-Emilion. Beständig feine (ökologische) Weinerzeugung durch Nicolas Thienpont vom Ch. Puygueraud. Zweitetikett: Les Chênes.

Pavillon Rouge (Blanc) du Château Margaux Siehe Ch. Margaux.

Pédesclaux Pau; r ★★ **82' 85 86 88 89' 90' 94 95' 96** 98' 99 00 02 – 20 ha, 5. Cru auf dem Niveau eines Cru bourgeois. Weine werden meist nach Belgien exportiert. Zweitetiketten sind Grand-Duroc-Milon und Bellerose.

Petit Village Pom; r ★★★ **75' 82' 83 85' 86 88 89' 90' 91 93 94' 95 96 97** 98' 99 00 01 – Wieder belebtes Spitzengut mit 10,5 ha. Seit 1989 im gleichen Besitz (AXA) wie Ch. Pichon Longueville. Kraftvoller, pflaumenduftiger Wein. Zweitetikett: Le Jardin de Petit-Village.

Pétrus Pom; r ★★★★ **61 62 64 66 67 70' 71' 73 75' 76 78 79' 81 82' 83 84 85' 86 87 88' 89'** 90 **93' 94** 95' 96 97 98' 99 00 01 02 – Das inoffizielle Spitzengewächs von Pomerol: reiner, himmlischer Merlot. Auf 11 ha kiesigem Lehmboden wachsen Weine von unvergleichlicher Fülle und Konzentration (5000 Kisten). Mit jedem Jahrgang erhöht sich der Glanz (allerdings kein 91er). Leider nur für Millionäre erschwinglich.

Peyrabon St-Sauveur, H-Méd; r ★★ **98 99** 00 – Zuverlässiger Cru bourgeois, 53 ha; populär in den Niederlanden. Auch La Fleur Peyrabon (nur 5 ha).

Peyreau St-Em; r ☆☆ **90 94 95 96 98** 99' 00 – Schwester-Château von Clos L'Oratoire.

Peyre-Lebade Listrac; r rs ☆ Zweitetikett von Ch. Clarke. Investitionen 2000.

Pez, de St-Est; r ★★→★★★ **82' 85 86' 88 89 90' 93' 94 95'** 96' **97** 98' 99 00 01 02 – 24 ha herausragender Cru bourgeois exceptionnel, ebenso zuverlässig wie die Crus classés des Orts, wenn auch nicht so fein. 1995 vom Champagnerhaus Roederer erworben.

Phélan Ségur St-Est; r ★★→★★★ **88' 89' 90' 94 95** 96' **97** 98 99 00 01 02 – Großer, bedeutender Cru bourgeois exceptionnel, 50 ha; ringt mit de Pez um eine der Spitzenpositionen in St-Estèphe. Hohe Reputation seit 1986.

Pibran Pau; r ★★ **88 89' 90' 94 95** 96 98 99 00 01 – Kleiner Cru bourgeois supérieur, mit Pichon Longueville verbunden. Normalerweise klassischer Wein mit Pauillac-Elan.

Pichon Longueville, Comtesse de Lalande Pau; r ★★★★ **61 62 66 70' 75' 76 78' 79' 80 81 82' 83 85'** 86' **88' 89' 90' 93 94 95** 96 **97** 98 99 00 01 02 – »Super-Deuxième-cru«, Nachbar von Latour; 59 ha. Stets Spitzenprodukte; langlebige, Merlot-betonte Weine von fabelhafter Rasse und üppiger Art, selbst in ungünstigen Jahren. Zweitetikett: Réserve de la Comtesse. Interessant der Wettstreit mit dem Rivalen auf der anderen Straßenseite (siehe nächsten Eintrag). Weiteres Gut: Ch. Bernadotte.
Pichon Longueville (früher **Baron de Pichon Longueville**) Pau; r ★★★★ **82' 83 85 86' 88' 89' 90' 93 94'** 95 96 **97** 98 99 00 01 02 – 31 ha, 2. Cru; seit 1987 im Besitz der AXA-Versicherungsgruppe. Neubelebung beim Wein und in der Architektur. Zweitetikett: Les Tourelles de Longueville.
Pin, Le Pom; r ☆☆☆☆ **82 83 85 86 88 89 90' 94 95** 96 **97** 98' 99 00 01 02 – Der erste der neuen kleinen Kult-Crus in Bordeaux. Nur knapp 500 Kisten Merlot; gleicher Besitzer wie Vieux Château Certan (wo man erheblich besser kauft). Fast so reich wie die Leute, die ihn trinken, aber die Preise weit über denen von Pétrus sind lächerlich.
Pitray, de Castillon; r ☆☆ **85 86 88 89 90 94 95 96' 98'** 00 – 31 ha großer Rebberg in den Côtes de Castillon östlich von St-Emilion. Vollmundige Weine, einst die bekanntesten der Appellation.
Plince Pom; r ★★ **82 85 86 88 89' 90 93 94 95 96 98'** 99 00 – Zuverlässiges Gut bei Libourne mit 8 ha. Recht leichter Wein von sandigem Boden.
Pointe, La Pom; r ☆☆→☆☆☆ **89' 90' 94 95 96 97** 98 99 00 01 – Prominenter Besitz, 25 ha; Weine neuerdings draller und ansprechender. Ch. La Serre gehört ebenfalls dazu.
Pontac Monplaisir Pes-L; r (w) ★★ **90 94 95 96 98'** 99 00 02 – Brauchbarer Weißwein und duftiger Roter.
Pontet-Canet Pau; r ★★★ **82' 85 86' 88 89' 90 93 94'** 95 96' **97** 98 99 00 01 02' – Nachbargut (73 ha) von Mouton Rothschild. Lange Zeit standen die Dinge nicht gut; das Problem war bisher zu viel Härte. Seit Mitte der 1990er-Jahre gibt es jedoch sehr feine Weine.
Potensac Médoc; r ★★ **82' 85' 86 88 89' 90' 94 95 96 97** 98 99 00 01 02 – Größter und bekanntester Cru bourgeois im nördlichen Médoc; jetzt auf der Stufe eines Exceptionnel. Gehört z. T. der Familie Delon, die die Leitung innehat. Volle, seidige, ausgewogene Weine.
Pouget Mar; r ☆☆ **82' 85 86 88 89 90 94 95 96** 98' 00 02 – Zu Ch. Boyd-Cantenac gehörendes 11-ha-Gut, 4. Cru; ähnlicher Wein. Neues *chai* (Fasslager) 2000.
Poujeaux (Theil) Moulis; r ★★ **82' 85' 86 88' 89' 90' 93' 94' 95'** 96' **97** 98 99 00 01 02 – Cru bourgeois exceptionnel, Familienbetrieb, 48 ha. Zusammen mit Chasse-Spleen und Maucaillou in der Spitzengruppe von Moulis. Rund 20000 Kisten gerbstoffreicher, charaktervoller, konzentrierter Wein für lange Lebensdauer, Jahr für Jahr aufs Neue. Zweitetikett: La Salle de Poujeaux. Ferner Ch. Arnauld.
Prieuré-Lichine Cantenac-Mar; r ★★★ **82' 83' 85 86' 88 89' 90' 94' 95 96 97** 98' 99 00 01 02 – 57 ha großes Gut, 4. Cru; von dem verstorbenen Alexis Lichine hochgebracht. Jetzt von Michel Rolland beraten. Duftiger Margaux in beständig guter Verfassung. Zweitwein: Clairefont. Auch guter Bordeaux Blanc.
Puy-Blanquet St-Em; r ☆☆ **82' 85 86 88 89' 90' 94 95 96 98 00** – Bedeutendes Gut in St-Etienne-de-Lisse, östlich von St-Emilion, mit 20 ha.
Puygueraud Côtes de Francs; r ★★ **88 89' 90 95' 96 97'** 98 99 00 01 02 – Führendes Château in dieser winzigen Appellation. Fassgereifter

Wein von überraschend guter Klasse. Ch. La Claverie und Les Charmes-Godard liegen auf der gleichen Linie. Seit 2000 gibt es eine Cuvée Spéciale namens George. Der Kellermeister wirkt auch im Château Pavie Macquin (St-Emilion).

Rabaud-Promis Saut; w; s ★★→★★★ **83' 85 86' 87 88' 89' 90 94 95 96 97** 98 99 01 02 (03) – 30 ha Cru classé in Bommes. Seit 1986 fast Spitzenklasse. Reiche Weine.

Rahoul Graves; r w ☆☆ r **82 85 86 88 89' 90' 94 95 96 98' 00** 01 02 w **94 95 96 97 98 99 00** 01 02 – 15-ha-Gut in Portets; trotz vieler guter Rotweine (80 % der Produktion) und sehr gutem Weißwein (Sémillon) immer noch im Dornröschenschlaf.

Ramage La Bâtisse H-Méd; r ★★ **89' 90 95 96' 98 99** 00 02 – 48 ha - potenziell hervorragender Cru bourgeois supérieur in St-Sauveur, nördlich von Pauillac. Zweitetikett ist Ch. Tourteran.

Rauzan-Gassies Mar; r ☆☆ **88 89' 90' 95 96 98** 99 00 01 02 – 30 ha, 2. Cru. Nachbar von Rauzan-Ségla, dem er bisher nicht das Wasser reichen kann. Vielleicht wendet sich mit dem 2000er das Blatt?

Rauzan-Ségla Mar; r ★★★★ **70' 82 83' 85 86' 88' 89' 90' 94'** 95 96 **97** 98 99 00 01 02 – 42 ha, 2. Cru, durch sein Bukett berühmt; einer der großen Namen des Médoc wieder ganz oben. Die Übernahme durch Chanel 1994 brachte eine umfassende Renovierung von Château und Fasslager mit sich. Zweitwein: Ségla. Wahrscheinlich der beste 2. Cru.

Raymond-Lafon Saut; w; s ★★★ **75' 76 79 80' 82 83' 85 86' 88 89' 90' 95 96' 97** 98 99 01 02 – Seriöses kleines Sauternes-Gut (18 ha) des Ex-Managers von Ch. d'Yquem. Prachtvolle Weine für lange Lagerung.

Rayne Vigneau, de Saut; w; s ☆☆☆ **76' 83 85 86' 88' 89 90' 95 96 97** 98 99 01 02 – 66 ha Cru classé in Bommes mit sehr gutem Süßwein und trockenem Rayne Sec.

Respide-Médeville Graves; (r) w ☆☆ w **90 92' 93 94 95' 96' 99 00** 01 02 – Gehört zu den besseren nicht klassifizierten Weingütern, zurzeit aber enttäuschende Weiße, die eigentlich geschmacksintensiv und langlebig sein sollten. Beachtenswert ist Cuvée Kauffman. Die Rotweine sind mit 4 bis 6 Jahren genussreif, bessere Jahrgänge eher später.

Reynon Premières Côtes de Bordeaux; r w ★★ 40-ha-Besitz mit duftigem Weißwein Vieilles Vignes von alten Sauvignon-blanc-Reben (**98' 99 00 01** 02) und seriösem Roten (**88' 89 90 94 95 96 97 98 99 00** 01 02). Zweitetikett (rot): Ch. Reynon-Peyrat. Seit 1996 auch sehr guter Ch. Reynon Cadillac liquoreux. Siehe auch Clos Floridène.

Reysson Vertheuil, H-Méd; r ☆☆ **95 96** 00 02 – Neu bestockter Cru bourgeois supérieur mit 48 ha; dieselben Eigentümer wie Grand-Puy-Ducasse.

Ricaud Loupiac; (r) w; (tr) s ★★ **95 96 97 99** 01 02 – Größerer Erzeuger von Sauternes-ähnlichem, lagerfähigem Dessertwein auf dem anderen Flussufer.

Rieussec Saut; w; s ★★★★ **67 71' 75' 79 82 83' 85 86' 88' 89' 90'** 95 96' 97' 98' 99 01 02 (03) – Würdiger Nachbar von Ch. d'Yquem mit 54 ha in Fargues; wurde 1984 von den (Lafite) Rothschilds gekauft. Seit 1996 Weinbereitung in Eiche. Fabelhafter üppiger Wein. Auch eine trockene (R) und eine Superversion (Crème de Tête).

Ripeau St-Em; r ☆☆ **95 98** 00 01 – Beständiger Grand cru classé im Zentrum des Plateaus (16 ha) mit den richtigen Ideen.

Rivière, de la Fronsac; r ★★ **85' 86 88' 89 90 94 95 96' 97 98'** 99 00 01 02 – Das größte und eindrucksvollste Gut in Fronsac mit einem Schloss und Kellern wie aus einer Wagner-Oper. Die ehemals mächtigen, gerbstoffreichen Weine scheinen inzwischen leichter geworden zu sein. Neue Kellerei seit 1999; Michel Rolland berät.

Rochemorin, de Pes-L; r (w) ☆☆→☆☆☆ **89' 90' 93 94 95** 96 **97** 98' 99 00 01 02 – Wieder belebtes großes Weingut in Martillac, gehört der Familie Lurton von Ch. La Louvière. 66 ha Reben im guten Alter. Eichenholzwürzige, 4 bis 5 Jahre lagerfähige Weißweine.

Rol Valentin St-Em; r ☆☆☆ **95 96 97** 98 **99** 00 01 02 – Junges 4-ha-Gut im Besitz eines ehemaligen Fußballspielers; bewegt sich sowohl im Stil als auch im Preis in eine eher massive Richtung.

Rouet Fronsac r ☆☆ **90 95 96** 98 **99 00** – Gut bereiteter Fronsac, lebendig und vollfruchtig.

Das Klassensystem in St-Emilion

St-Emilion verfügt über ein eigenes Klassensystem, das alle zehn Jahre revidiert wird – zuletzt 1996. An der Spitze stehen zwei Premiers grands crus classés »A«: Château Ausone und Château Cheval Blanc. Es schließen sich elf Premiers grands crus classés »B« an. Insgesamt 55 Châteaux wurden als Grands crus classés gewählt. Um in die Auswahl zu gelangen, muss ein Château den Grand-cru-Rang von St-Emilion erreicht haben, der jedes Jahr zu erneuern ist.

Rouget Pom; r ☆☆ **85' 86 88 89' 90 95** 98' **99** 00 01 – Bezaubernder alter Besitz am Rand von Pomerol; fähige neue Eigentümer. Bisher solide, alterungsfähige Weine. Im Auge behalten.

Royal St-Emilion Markenname der bedeutenden, dynamischen Winzergenossenschaft. Siehe auch Galius.

Ruat-Petit-Poujeaux Moulis; r ☆☆ **95 96** 98 00 02 – 18-ha-Gut, das sich mit kräftigem Wein vor Ort einen guten Ruf erworben hat; sollte 5 bis 6 Jahre lagern.

St-André Corbin St-Em; r ★★ **95 96 97** 98' **99 00** 01 – Besitz (22 ha) in Montagne und St-Georges St-Emilion mit überdurchschnittlichen Weinen.

St-Georges St-Georges St-Em; r ☆☆ **88' 89' 90' 94 95' 96' 98'** 00 01 – Vornehmes Château aus dem 18. Jahrhundert, über dem Plateau von St-Emilion auf einem Hügel im Norden gelegen. 50 ha, ein Viertel davon in der AC St-Georges. Guter Wein, wird direkt verkauft.

St-Georges Côte Pavie St-Em; r ★★ **82 85' 86 88' 89' 90' 94 95 96'** 98' 00 – Kleines Weingut in bester Lage in den Côtes. Immer um Besseres bemüht.

St-Pierre St-Jul; r ★★★ **82' 85 86' 88' 89' 90' 93 94 95'** 96' **97** 98 99 00 01 02 – 4.-Cru-Gut (17 ha). Sehr stilvoller, beständiger, klassischer St-Julien. Siehe auch Gloria.

Sales, de Pom; r ☆☆ **82' 85 86 88 89' 90' 94 95 98** 00 – Größtes Rebenareal von Pomerol (46 ha), gehört zum großartigsten Château. Aber ohne Poesie und in letzter Zeit nicht in Form. Zweitetiketten: Ch. Chantalouette und Ch. du Delias.

Sansonnet St-Em; r ☆☆ **99** 00 01 02 – Engagierter Erzeuger seit 1999 mit knapp 7 ha; Weine im ausladenden, üppigen neuen St-Emilion-Stil.

Saransot-Dupré Listrac; r (w) ★★ **86 88 89 90 95 96'** 98' 99 00 01 02 – Kleines Gut mit schönen Leistungen seit 1986. Außerdem auch eines aus der kleinen Schar, das Listrac-Weißweine bietet.

Sénéjac H-Méd; r (w) ★★ **82' 85 86' 88 89' 90' 94 95** 96 98 99 00 01 02 – Cru bourgeois supérieur im südlichen Médoc (24 ha); kürzlich von der Familie erworben, der auch Ch. Talbot gehört. Gerbstoffreiche Rotweine der langlebigen Art. Ungewöhnlicher, reiner Sémillon, ebenfalls lange haltbar (**96 97 98** 99 00 01 02). Zweitetikett: Artigue de Sénéjac.

Serre, La St-Em; r ☆☆ **82 85 86 88' 89 90 94 95** 96 98 **99** 00 – Kleiner Grand cru. Gleicher Besitzer wie Ch. La Pointe. Angenehme, stilvolle Weine.

Sigalas Rabaud Saut; w; s ★★★ **75 76' 80 82 83 85 86 88 89' 90' 95' 96'** 97' 98 99 01 02 (03) – Der kleinere Teil des früheren Besitzes Rabaud; 14 ha in Bommes, von Cordier geführt. In Bestform äußerst duftige und schöne Weine. Gehört jetzt mit zur Spitze. Zweitetikett seit 1995: Le Cadet de Sigalas Rabaud.

Siran Labarde-Mar; r ☆☆→☆☆☆ **82' 83 85 86 88 89' 90' 95** 96 98 99 00 02 – 31-ha-Weingut eines ehrgeizigen Erzeugers, den die fehlende Cru-classé-Einstufung fuchst. Seit 2003 ein Cru bourgeois exceptionnel. Beachtenswerte, vollaromatische Weine zum Lagern. Ständig bemüht.

Smith Haut Lafitte Pes-L; r (rs) (w) ★★★ r **82' 85 86 89' 90' 94 95** 96 98 99 00 01 02 w **93 94 95 96 97 98 99' 00** 01 02 – Cru-classé-Gut in Martillac. 49 ha (davon 6 ha für eichenholzwürzigen Weißwein). Die ehrgeizigen Besitzer (seit 1990) investieren weiterhin gewaltig mit spektakulären Ergebnissen: u. a. in eine luxuriöse Klinik für Weintherapie (äußerliche Anwendung!). Zweitetikett: Les Hauts de Smith. Achten Sie auch auf Ch. Cantelys, Pessac-Léognan.

Sociando-Mallet H-Méd; r ★★★ **82' 85' 86' 88' 89' 90' 94** 95 96' **97** 98 99 00 01 02 – Prachtvolles Gut in St-Seurin (26 ha) mit großer Anhängerschaft, das Spitzengewächse von Cru-classé-Format hervorbringt. Schwere, konservative Weine für jahrelange Reifezeit. Zweitwein: Demoiselles de Sociando. Siehe auch Kasten Seite 132.

Soudars H-Méd; r ★★ **86 89 90 94 95 96' 98** 99 00 01 – Schwester-Château von Coufran; neuerer Cru bourgeois supérieur in recht guter Form.

Soutard St-Em; r ☆☆☆ **82' 85' 86 88' 89' 90' 93 94** 95 **96 97** 98' 99 00 01 02 – Potenziell exzellenter Cru classé, 19 ha; 70 % Merlot. Kraftvoller, langlebiger Wein, jung ganz im französischen Geschmack. Fortschrittliche Weinbaumethoden. Zweitetikett: Clos de la Tonnelle.

Suduiraut Saut; w; s ☆☆☆☆ **67 75 76' 78 79' 81 82 83 85 86 88' 89' 90' 95 96** 97 98 99 01 02 (03) – Einer der besten Sauternes; beste Jahrgänge wundervoll üppig. Über 69 ha, potenziell Spitzenklasse. Siehe auch Pichon Longueville.

Tailhas, du Pom; r ☆☆ **89 90 94 95 96'** 98' **99** 00 – 5000 Kisten Pomerol der leichteren Art; nicht weit von Figeac.

Taillefer Pom; r ☆☆ **82 85 86 88' 89 90 94 95' 96** 98' 00 01 02 – Ein 11-ha-Besitz am Rand von Pomerol, Eigentum der Familie Bernard Moueix (siehe Fontmarty).

Talbot St-Jul; r (w) ★★★ **78' 82' 83' 85' 86' 88' 89' 90 94 95** 96' 98' 99 00 01 02 – Bedeutendes Gut, 4. Cru, 96 ha, viele Jahre lang das Kleine-Schwester-Château von Gruaud-Larose. Ähnlich attraktiver, voller, anmutiger Wein, zuverlässig und seinen Preis wert. Sehr gutes Zweitetikett: Connétable Talbot. Außerdem Weißwein Caillou Blanc. Der Önologe kontrolliert auch bei Tour de Mons die Weinerzeugung.

Tayac Soussans-Mar; r ★★ **95** 96 **98** 00 02 – Größter Cru bourgeois in Margaux. Zuverlässiger, wenn auch nicht sehr bemerkenswerter Wein.

Terrefort-Quancard, de Bx; r w ★ **98 99 00** – Großer Erzeuger in St-André-de-Cubzac an der Straße nach Paris mit preiswerten Weinen. 33 000 Kisten. Erzeugt auch Bordeaux Supérieur: Ch. Canada.

Terrey-Gros-Caillou St-Jul; r ★★ **82' 86' 88 89 90 94 95 96** 98 99 00 02 – Schwester-Château von Hortevie; in Bestform ebenso beachtenswert und stilvoll.

Tertre, du Arsac-Mar; r ★★★ **82' 83' 85 86 88' 89' 90' 94 95 96'** 98' 99 00 01 02 – 5. Cru südlich von Margaux, isoliert gelegen. Duftiger, fruchtiger Wein, schon immer stark unterbewertet. Seit 1997 derselbe Eigentümer wie von Ch. Giscours. Beobachten. Neue Technik und Investitionen im Jahr 2000 haben in schön konzentrierten Weinen Früchte getragen.

Tertre-Daugay St-Em; r ☆☆☆ **82' 83' 85 86 88' 89' 90' 94 95 96 97** 98 **99** 00 01 – Kleiner Grand cru classé in spektakulärer Lage. Wird derzeit wieder in guten Zustand versetzt. Starke, stilvolle Weine. Gleicher Besitzer wie von Ch. La Gaffelière.

Tertre-Rôtebœuf St-Em; r ☆☆☆☆ **85 86 88' 89' 90' 93 94 95** 96 **97** 98' 99 00 01 02 – Spitzenerzeuger mit Kultstatus in St-Emilion; konzentrierter, fast dramatischer Wein (v. a. Merlot) seit 1983; das »Roastbeef« im Namen kommt nicht von ungefähr. Erschreckend hohe Preise. Auch ein Gut an der Côte de Bourg: Roc de Cambes.

Thieuley EDM; r rs w ★★ Das Weingut erzeugt verlässlich guten roten und weißen AC Bordeaux, fruchtigen Clairet sowie die in Eiche ausgebaute Cuvée Francis Courselle (rot und weiß). Besitzt auch Clos Ste-Anne in den Premières Côtes de Bordeaux.

Tour Blanche, La Saut; (r) w; s ★★ **83' 85 86 88' 89' 90' 95 96** 97 98 99 01 02 (03) – Lange Zeit ein führendes Gut in Sauternes, heute staatliche Weinbaufachschule. In den 1970er-Jahren unbeständig; seit 1988 wieder in historischer Form.

Tour Carnet, La St-Laurent, H-Méd; r ★★ **82 85 86 89' 90 94' 95 96** 98 99 00 01 02 – 4. Cru, mit mittelalterlicher Burg; lange vernachlässigt. Seit 2000 neuer Besitzer, der Investitionen vornimmt, seitdem reichhaltigere, ausgefeiltere Weine. Zweitetikett: Sire de Comin.

Tour de By, La Bégadan, Médoc; r ★★ **82' 85' 86 88' 89' 90' 94 95** 96' 98 00 01 02 – Sehr gut geführter Cru-bourgeois-supérieur-Betrieb, 74 ha, im nördlichen Médoc. Bekannt für den ansprechendsten robusten Wein der Gegend.

Tour de Mons, La Soussans-Mar; r ★★ **82' 83 85 86 88 89 90'** 94 **95 96'** 98' 99 00 01 02 – Berühmter Cru bourgeois supérieur, 35 ha, seit drei Jahrhunderten im Besitz der gleichen Familie. Nach längerer Schwäche kehren die Weine durch den Einfluss von Ch. Talbot (seit 1995) wieder zum alten Stil zurück: duftig, kräftig und lange haltbar.

Tour du Haut-Moulin Cussac, H-Méd; r ☆☆ **82' 85' 86' 87 88' 89' 90'** 94 **95 96** 98 00 02 – Konservativer Erzeuger mit intensiven Weinen der Cru-bourgeois-supérieur-Gruppe zum Einlagern.

Tour du Pas St-Georges St-Em; r ☆☆ **86 88 89 90 94 95 96 97** 98 **99** 00 01 – Wein von 16 ha in St-Georges St-Emilion, produziert vom Kellermeister von Ch. Belair.

Tour du Pin Figeac, La St-Em; r ☆☆ **98** 00 – 10 ha Grand cru classé; müsste restauriert werden.

Tour du Pin Figeac-Moueix, La St-Em; r ☆☆ **82 83 85 86 88' 89' 90' 94 95** 96 98 00 – Ein weiteres, 10 ha großes Stück des alten Besitzes, Eigentum der Familie Armand Moueix. Herrliche Lage; die Weine sollten Kraft besitzen.

Tour-Figeac, La St-Em; r ★★ **82' 83 85 86 88 89' 90' 94' 95 96' 97'** 98' **99** 00 01 02 – 14,5 ha Grand cru classé zwischen Ch. Figeac und Pomerol. Kalifornischer Einfluss seit 1994, biodynamischer Anbau. Im Auge behalten.

Tour Haut-Brion, La Graves; r ☆☆☆ **85 88 89 90 94 95 96' 97 98'** 99 00 01 02 – Früher Zweitetikett von La Mission Haut-Brion. Bis 1983 ein einfacher, sehr tanninreicher Wein, heute eine eigene Lage (5 ha) mit stilvollen, lagerfähigen Gewächsen.

Tour Haut-Caussan Médoc; r ★★ 95 **96 98** 00 01 02 – Ehrgeiziges Weingut (16 ha) in Blaignan; volle, feste Weine; beobachtenswert.

Tournefeuille L de Pom; r ★★ **82' 83' 85 86 88 89 90' 94 95'** 98' 99 00 01 02 – Bekanntes Château in Néac; 17 ha. Der Besitzerwechsel 1998 hat einen Aufschwung herbeigeführt.

Tours, des Montagne St-Em; r ☆☆ **98 99 00 01** – Spektakuläres Château mit moderner, 70 ha großer Anbaufläche. Einfacher, ordentlicher Wein.

Tour St-Bonnet, La Médoc; r ★★ **86 89' 90' 95 96 98 99** 00 02 – Gleichmäßig guter, kraftvoller Wein aus St-Christoly im nördlichen Médoc. Umfasst 40 ha.

Tronquoy-Lalande St-Est; r ☆☆ **82' 85 86 88 89 90' 94 95 96** 98 99 00 02 – 16 ha Cru bourgeois supérieur; Wein von kräftiger Farbe, braucht lange Lagerung, ist aber nicht aufregend. Vertrieb durch Dourthe.

Troplong Mondot St-Em; r ★★★ **82'** 83 **85' 86 88' 89' 90' 94'** 95 96' **97** 98' **99** 00' 01 02 – 30 ha in guter Lage in den Côtes oberhalb von Ch. Pavie. Einer der heißesten Tipps in St-Emilion. Zweitetikett: Mondot.

Vins de garage

»Garagenweine« wurden in Bordeaux ursprünglich als Scherz produziert – zumindest was den Namen angeht: Die erzeugten Mengen waren so gering, dass man sie ohne weiteres in einer Garage hätte bereiten können. Da die Weine selten waren, standen die Chancen gut, hohe Preise zu erzielen. Mittlerweile ist es ein bestimmter Weinstil geworden. »Garagenweine« stammen vorzugsweise von alten Reben mit niedrigen Erträgen und besitzen die dunkle Farbe, die mächtige Textur, die Vollmundigkeit und all die Aromen (Kaffee, Vanille, Schokolade), die mit gerösteter neuer Eiche in Verbindung gebracht werden. Die hier genannten Erzeuger sind derzeit die aktuellen Stars. Man findet sie vor allem in St-Emilion, wo dieser Stil den größten Einfluss ausgeübt hat. Nicht alle sind hoffnungslos überteuert. ***St-Emilion*** *Andréas, Barde Haut, Clos Badon-Thunévin, Croix de Labrie, Clos St-Martin, La Fer, Ferrand-Lartigue, Magrez-Fombrauge, Gracia, Péby-Faugères, Quinault-l'Enclos, Rol Valentin;* ***Pomerol*** *Beau Soleil;* ***Graves*** *Branon;* ***Margaux*** *Marojallia;* ***Côtes de Castillon*** *Domaine de l'A;* ***Premières Côtes de Blaye*** *Gigault-Cuvée Viva;* ***Entre-Deux-Mers*** *Balestard.*

Trotanoy Pom; r ★★★★ **61' 70' 71' 75' 81 82' 85' 88 89 90' 93 94** 95 96 **97** 98' 99 00 01 02 – Stallgefährte von Pétrus und hinter diesem meist an zweiter Stelle in Pomerol. Nur 11 ha, aber ein herrlich körperreicher, duftiger Wein (z. B. **82**). 10 ungleichmäßige Jahre, jetzt aber unter Leitung von J.-P. Moueix wieder im Kommen.

Trottevieille St-Em; r ☆☆☆ **82' 85 86 89' 90 94 95 96 98** 99 00 01 02 – Premier grand cru, 11 ha in den Côtes; lange etwas abgefallen. Gleiche Besitzer wie Batailley; haben den Einsatz erhöht.

Tuquet, Le Graves; r w ★★ r **95 96' 98' 99 00** 02 w **93 94 95 96 97 98' 99 00** 02 – Größeres Gut in Beautiran, wo leichte, fruchtige Rote gekeltert werden; der Weißwein ist besser (eichenfassgereifte Cuvée Spéciale).

Valandraud St-Em; r ☆☆☆☆ **92 93 94 95** 96 97 98 99 00 01 02 – Führende der winzigen »Garagenkellereien«, die ihre eigenen hohen Ansprüche erfüllt. Die Preise für dicken Wein voller Vanille-Aroma, der von sonst wo in Kalifornien stammen könnte, sind allerdings unverschämt. Anbauflächen 1998 erweitert. Zweit- und Drittetikett in eher noch kleineren Mengen: Virginie und Axelle.

Valrose St-Est; r ☆☆ Neueinsteiger seit 1999; gehört z. T. dem Besitzer von Clinet. Im Auge behalten.

Verdignan Médoc; r ★★ **86 89' 90 94 95' 96 98 99** 00 01 02 – Großes Cru-bourgeois-Schwestergut von Coufran. Mehr Cabernet Sauvignon als dort. Zweitetikett: Ch. Plantey de la Croix.

Vieille Cure, La Fronsac; r ★★ 94 95 **96 97 98 99** 00 01 02 – 20-ha-Château in amerikanischem Besitz, führend in der Gemeinde.

Vieux Château Certan Pom; r ★★★★ **78 79 81 82' 83' 85 86' 88' 89 90' 93 94** 95' 96' **97** 98' 99 00 01 02 – In der Qualität oft fast mit Pétrus gleichgesetzt, in der Art aber ganz anders, eher im Haut-Brion-Stil. 14 ha. Im Besitz einer belgischen Familie, der auch Labégorce Zédé und das kleine Gut Le Pin gehören.

Vieux Château St-André St-Em; r ★★ **82' 85' 86 88' 89' 90' 93' 94' 95** 98 99 00 01 – Kleines Weingut in Montagne St-Emilion; Besitzer bis zum Jahr 2002 war der Kellermeister von Ch. Pétrus. Im Auge behalten. Produziert werden 2500 Kisten.

Villegeorge Avensan, H-Méd; r ☆☆ **82 85 86 88 89 90 94 95 96'** 98' 99 00 02 – 10 ha Cru bourgeois supérieur nördlich von Margaux. Erfreulicher, ziemlich tanninhaltiger Wein. Schwester-Château von Duplessis.

Villemaurine St-Em; r ☆☆ **82' 85' 86 88 89 90 95 96** 98 99 00 01 02 – Kleines Grand-cru-classé-Gut mit schönen Kellern; in den Côtes nahe der Stadt gelegen. Fester Wein mit hohem Cabernet-Sauvignon-Anteil. Auch Ch. du Cartillon und Ch. Timberlay.

Vray Croix de Gay Pom; r ☆☆ **82' 85 86 88 89 90 95 96** 98 00 – Sehr kleines, in der besten Gegend von Pomerol gelegenes Gut. Könnte viel besser sein.

Yon-Figeac St-Em; r ☆☆ **85 86 88 89 90 95 96** 98 **99** 00 01 – Grand cru mit 24 ha; die besten Weine sind schmackhaft und geschmeidig.

Yquem, d' Saut; w; (tr) s ★★★★ **67' 70 71' 75' 76' 79 80' 81' 83' 85 86' 88' 89'** 90' **93 94** 95' 96 97 98 99 – Das Gut mit dem berühmtesten Süßwein der Welt. Es werden nur 1250 Flaschen pro Hektar produziert. Sehr starke, intensive, üppige Gewächse. 4 Jahre Fassausbau. Anbaufläche 100 ha. Die meisten Jahrgänge sollten mindestens 15 Jahre reifen; einige überdauern auch 100 Jahre und mehr in überirdischer Grandezza. Nachdem das Gut jahrhundertelang im Besitz der Familie Lur-Saluces war, wurde die Leitung 1998 an Bernard Arnault von LVMH abgegeben (siehe Cheval Blanc). Auch trockener »Y« (ausgesprochen: igrec) ist im Angebot.

Empfehlenswerte kleinere Bordeaux-Châteaux

Die Liste der Bordeaux-Châteaux auf den vorhergehenden Seiten beschränkt sich auf die als renommiert eingestuften Bereiche innerhalb der Weinregion Bordeaux. Dieses große Anbaugebiet am Atlantik ist jedoch sehr vielseitig. Die Standardweine der Appellation Bordeaux sind oft sehr einfache Interpretationen des Bordeaux-Stils – verdienen aber dennoch Beachtung. Die unten aufgeführten Regionen mit einigen ihrer führenden Châteaux bieten Variationen über das Thema Bordeaux; alle verdienen nähere Betrachtung und sind auf jeden Fall probierenswert.

Bordeaux Supérieur Châteaux Mouton, Penin, Bouillerot, de Seguin, Trocard
Canon-Fronsac Châteaux Barrabaque, Cassagne-Haut-Canon (La Truffière), Canon-de-Brem, La Fleur Cailleau, Grand Renouil, Moulin-Pey-Labrie, Vray Canon Boyer, du Gaby
Côtes de Bourg Châteaux Bujan, Brûlesécaille, Falfas, Fougas, Guerry, Haut-Maco, Mercier, Nodoz, Roc des Cambes, Rousset, Tayac Cuvée Prestige
Côtes de Castillon Châteaux d'Aiguilhe, de Belcier, Cap de Faugères, Cantegrive, La Clarière-Laithwaite (Le Prieuré), Clos l'Eglise, Clos Puy Arnaud, Côte Montpezat, Peyrou, Poupille, Robin, Roque le Mayne, Vieux Château Champs de Mars
Côtes de Francs Châteaux Les Charmes Godard, de Francs, Laclaverie, Lauriol, Marsau, Pelan, La Prade, Puygueraud
Entre-Deux-Mers Châteaux de Fontenille, Launay, Moulin de Launay, Nardique la Gravière, Sainte-Marie, Tour de Mirambeau, Toutigeac, Turcaud
Fronsac Châteaux Dalem, Fontenil, Mayne-Vieil, Moulin Haut-Laroque, La Rousselle, Tour du Moulin, Les Troix Croix, La Vieille Cure, Villars
Lalande de Pomerol Châteaux des Annereaux, La Croix-St-André, Les Cruzelles, Fleur de Boüard, Garraud, Grand Ormeau, Haut Chaigneau, La Sergue Perron, Sergant, Tournefeuille, de Viaud
Lussac St-Emilion Châteaux Barbe-Blanche, Bellevue, de la Grenière, Mayne-Blanc, des Roches
Montagne St-Emilion Châteaux Calon, Croix Beanséjour, Faizeau, Roudier
Premières Côtes de Blaye Châteaux Bel Air la Royère, Bertinerie, Charron, Haut-Sociando, Jonqueyres, Loumède, Mondésir-Gazin, Prieuré Malesan (vormals Pérenne), Roland-la-Garde, Segonzac, des Tourtes
Premières Côtes de Bordeaux Châteaux Carignan, Chelivette, Clos Ste-Anne, Grand-Mouëys, Haux, du Juge, Jonchet, Lamothe de Haux, Lezongars, Mont-Pérat, Pic, Plaisance, Puy Bardens, Reynon, Suau, Tanesse
Sainte-Croix-du-Mont Châteaux Loubens, Lousteau-Vieil, du Mont, Pavillon, La Rame

Italien

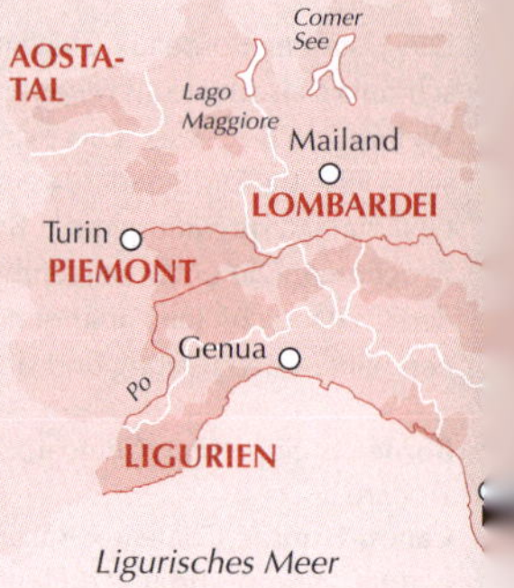

Die folgenden Abkürzungen werden im Text verwendet:

Abr	Abruzzen
Ao	Aostatal
Apu	Apulien
Bas	Basilikata
Em-Ro	Emilia–Romagna
F-JV	Friaul–Julisch Venetien
Kal	Kalabrien
Kamp	Kampanien
Lat	Latium
Lig	Ligurien
Lomb	Lombardei
Mar	Marken
Piem	Piemont
Sar	Sardinien
Siz	Sizilien
Tosk	Toskana
T-S	Trentino–Südtirol
Umb	Umbrien
Ven	Venetien

CS	Cantina Sociale
DOC(G)	Denominazione di Origine Controllata (e Garantita): Kontrollierte (und garantierte) Herkunftsbezeichnung; DOCG ist die höchste Stufe der DOC; siehe auch Seite 159.
IGT	Indicazione Geografica Tipica
VdT	Vino da Tavola (Tafelwein)
fz	frizzante
Pa	Passito

Wein spielt in der italienischen Kultur traditionell eine zentrale Rolle. In allen Regionen und fast in jeder Provinz des Landes werden Reben angebaut, und zwar mit derartig unterschiedlichen Zielsetzungen und Resultaten, wie man sie höchstens noch in Frankreich antrifft. Bis vor kurzem war es auch noch völlig undenkbar, in Italien eine Mahlzeit ohne Wein einzunehmen.

55 Millionen Hektoliter werden jedes Jahr auf dem Stiefel und seinen Inseln produziert, eine enorme Menge, die Italien, zusammen mit Frankreich, zur dominierenden Kraft auf dem Weltmarkt macht. Im Land selbst wird neuerdings nicht mehr so viel Wein getrunken wie früher, dafür ist der Verbrauch höherwertiger Tropfen gestiegen. Die alte, an die italienische Identität rührende Frage, ob der Rebensaft ein Grundnahrungsmittel ist oder nicht eher ein Konsumgut, das vor allem Vergnügen bereiten soll, hat sich zugunsten des Letzteren entschieden. Natürlich gibt es noch offene Unstimmigkeiten. Am deutlichsten treten sie in der Auseinandersetzung über Weine mit zungenbrecherischen Fantasienamen zutage, die kaum noch Hinweise auf ihre Herkunft, ihr Terroir liefern. Oft sind es Gewächse von hervorragender Qualität, die einen starken Ein-

Die dunklen Flächen bezeichnen die Weinbaugebiete

fluss auf die Region ausüben; beständig erheben sich jedoch Klagen, dass sie vor allem Verwirrung stiften.

Die ersten italienischen Appellationen (DOCs) wurden in den 1960er-Jahren eingerichtet. Sie waren nicht wirklich darauf angelegt, Qualität zu sichern – viel zu nachlässig wurden Erträge, Rebsorten, Weinbaumethoden und Ausbaupraktiken gehandhabt. Weingüter mit höheren Zielen sahen sich gezwungen, außerhalb der DOCs zu operieren, und entwickelten das bis heute bestehende parallele Produktionssystem. Konsumenten müssen sich mittlerweile eine riesige Menge einzelner Weinnamen merken, um Schritt zu halten; einzig die Tatsache, dass damit auch eine ebenso große Auswahl fantastischer Weine verbunden ist, mag als versöhnlicher Ausgleich gelten.

Die beiden bedeutendsten Weinregionen Italiens, das Piemont und die Toskana, haben schon immer Weine mit unzweideutigen Verweisen auf exakte, leicht zu identifizierende Anbauzonen hervorgebracht. Von hier griff die »Qualitätsrevolution« auf andere Teile des Landes über. Die ersten Erfolge wurden in Soave und Friaul–Julisch Venetien verbucht, wo ein dezidiert technologischer Ansatz zu einer stumpfen Standardisierung der Weißweine geführt hatte. Das ist nun vorbei. Die nächsten, die den Wind der Erneuerung fühlten, waren die mittelitalienischen Regionen – erst Umbrien und dann die Marken –, gefolgt von der Emilia–Romagna, die man bis dahin nur für Massenerträge gekannt hatte. Und das vielleicht ermutigendste Signal ist die mit EU-Mitteln in Gang gebrachte »Weinrevolution«, die Qualität und Charakter in den Süden und auf die Inseln gebracht hat.

Nach einem kurzen Flirt mit internationalen Rebsorten hat sich Italien nun auch wieder auf seine einheimischen Trauben besonnen. Sie umfassen viele originelle, sehr alte und individuelle Sorten, die erst jetzt, seit der Ära der modernen Weinbereitung, so im Licht der Öffentlichkeit stehen, wie sie es verdienen.

Neuere Jahrgänge

Toskana

2003 Erheblicher Stress für die Reben durch sengende Hitze und drei Monate Dürre. Großer Erfolg mit spät reifenden Sorten (Sangiovese, Cabernet Sauvignon), weniger mit Merlot. Junge Rebflächen litten besonders unter dem heißesten Sommer seit Menschengedenken.

2002 Kühler August; viel Regen im September und Oktober. Verwässerung und Fäulnis weit verbreitet.

2001 Ein glühend heißer August, der September ungewöhnlich kühl, dann wieder warmes, aber feuchtes Wetter. Einige hervorragende Weine, in weiten Teilen aber auch sehr unregelmäßig.

2000 Sehr heiß und trocken im Spätsommer und Frühherbst; eine der frühesten Weinlesen der Geschichte. Volle, alkoholstarke Weine, teils eindrucksvoll, teils unausgewogen.

1999 Exzellenter Jahrgang in allen bedeutenden Bereichen.

1998 Sehr gute Weine entlang der Küste, anderswo uneinheitlich.

1997 Reichhaltige, runde, üppige Weine, ein hervorragender Jahrgang.

Ältere gute Jahrgänge: 1995, 1990.

Piemont

2003 Ein glühend heißer Sommer, aber trotzdem sehr positiv für Barbera, Dolcetto und Moscato. Nebbiolo unregelmäßiger: Wer spät las, hatte mehr Erfolg.

2002 Kühle, feuchte Wachstumsperiode, heftiger Regen im September und Oktober, schwere Hagelschäden im Barolo-Gebiet. Der erste Ausfall nach sieben starken Jahren hintereinander.

2001 Nebbiolo und Barbera hochklassig und fest; den anderen Sorten erging es nicht so gut.
2000 Ausgezeichneter Barolo, Barbaresco und Barbera, der fünfte gute Jahrgang in Folge.
1999 Barbaresco und Barolo ausgewogen und elegant; Barbera wegen des ungünstigen Wetters uneinheitlicher. Schöner Dolcetto.
1998 Sehr gute Weiße und hervorragende Rote. Für Barolo und Barbaresco nach den schwierigen Jahren 1991, 1992 und 1994 der dritte gute Jahrgang in Folge.
1997 Der heiße, trockene Sommer und Frühherbst brachte vollen, runden, alkoholstarken Barbera der Superlative; sehr gut auch Barolo und Barbaresco mit ungewöhnlich sanftem Tannin.

Ältere gute Jahrgänge: 1990, 1989.

Amarone

2003 Der heißeste und trockenste Sommer seit mehr als 50 Jahren. Sehr konzentrierte und zuckerhaltige Trauben. Könnte hervorragend sein.
2002 Heftige Regenfälle während der ganzen Reifephase. Verwässerung und Schimmel in den Weinbergen. Ein Amarone-Jahrgang, den man getrost vergessen kann.
2001 Sehr ausgeglichenes Wetter in der Wachstumsperiode; tagsüber warm, kühl am Abend. Vielversprechend und klassisch.
2000 Sehr heißer Spätsommer; der kühlere Frühherbst rettete die Trauben vor schädlicher Überreife. Zeichnet sich als Jahrgang mit kraftvollen Weinen ab.
1999 Regen im September, der hier und da Verwässerung brachte. Weniger erfolgreich als in anderen Teilen Italiens.
1998 Ausgewogene Trauben, kraftvolle Weine mit schöner Frische.
1997 Die Trauben waren bereits vor dem Trocknen hochkonzentriert. Volle, alkoholstarke Weine.

Rotweine aus den Marken und den Abruzzen

2003 Eines der erfolgreichsten Gebiete in Italien in diesem Jahr. Die Montepulciano-Trauben widerstanden der Hitze und der Dürre und lieferten erstklassige Ergebnisse.
2002 Kühles, feuchtes Jahr, allenfalls ordentliche Ergebnisse.
2001 Ideales Wetter. Schönes Gleichgewicht zwischen Kraft und Eleganz in den Weinen, die duftig sind und viel Komplexität und Tiefe aufweisen.
2000 Nach einer kühlen Phase war es Ende August und Anfang September wieder heiß genug, um reife, ausgewogene Trauben hervorzubringen. Volle Weine mit Klasse.
1999 Regen im September. Die Weine haben Stil, es fehlt ihnen jedoch an der üblichen Tiefe und Fülle.
1998 Warm und trocken Anfang Oktober. Erfolgreich für die, die mit der Lese gewartet hatten.
1997 Sehr reife Trauben; es mangelt ein wenig an Aroma und Finesse.

Kampanien und Basilikata

2003 Sengende Hitze und Dürre während der Wachstumsperiode, aber die hoch gelegenen Weinberge kamen dem Aglianico zugute. Insgesamt ein Erfolg.
2002 Auch hier heftige Regenfälle. Ein Teil der Ernte wurde durch späte Lese gerettet, doch kein Grund zum Jubeln.
2001 Heißes, trockenes und sehr gleichmäßiges Bilderbuchwetter von Juli bis Ende Oktober. Intensive, duftige Weine, die Lagerung lohnen.

2000 Heißer als 1999; hoher Reifegrad der Trauben. Kraftvolle, alkoholstarke Weine, die sich lange halten werden.
1999 Die ganze Wachstumsperiode hindurch warm und trocken, ausgezeichnete Bedingungen.
1998 Wechselhaftes Wetter, recht herbe Weine. Die weitere Entwicklung ist ungewiss.
1997 Jede Menge Wärme für den Aglianico. Große Ernte, recht entwickelte Weine, aber die besten halten sich sicher gut.

Abbazia Sant'Anastasia ☆☆→☆☆☆ Neuer Erzeuger auf Sizilien mit ausgezeichneten Roten.
Abboccato Leicht lieblich.
Aglianico del Vulture Bas; DOC r; tr (lbl); (sch) ☆☆☆ **90' 93' 94' 95 97'** 98 99 00' 01' – Gehört zu den besten süditalienischen Weinen. Entwickelt bei Lagerung große Fülle. Nach 3 Jahren als Vecchio, nach 5 Jahren als Riserva bezeichnet. Spitzenweingüter: Basilium, Cantina del Notaio, Elena Fucci, Di Palma, Paternoster, Le Querce, Sasso, Torre degli Svevi.
Alba Bedeutende Weinstadt im Piemont (am Tanaro, südöstlich von Turin).
Albana di Romagna Em-Ro; DOCG w; tr lbl; (sch) ☆☆→☆☆☆ BV – Erste DOCG für Weißwein – aus unerfindlichen Gründen der (einfachen) Albana-Traube zuerkannt. Amabile ist meist besser als trocken. Besonders gut der süße, edelfaule Passito der Fattoria Zerbina und von Giovanna Madonia.
Albola, Castello di Siehe Zonin.
Alcamo Siz; DOC r w ☆ Weiche Weiß- und Rotweine. Rapitalà und Ceuso sind die besten Marken.
Aleatico Rotweintraube mit Muskatelleraroma für süße, aromatische, häufig gespritete Weine, v.a. aus dem Süden. DOC Aleatico di Puglia (bester Erzeuger: Candido) ist bekannter und besser als DOC Aleatico di Gradoli (Latium). Falesco erzeugt guten, Jacopo Banti im Val di Cornia und Sapereta auf Elba bereiten sehr guten Aleatico.
Alessandria, Gianfranco ☆☆☆ Kleiner Erzeuger von hochkarätigen Alba-Weinen in Monforte d'Alba, v.a. Barolo San Giovanni, Barbera Vittoria und Dolcetto.
Alezio Apu; DOC (r) rs ☆☆ DOC in Salento, v.a. für vollen, aromareichen Roten und delikaten Rosé. Spitzenerzeuger: Guiseppe Calò mit feinem, im Fass ausgebautem Negroamaro Portulan sowie Michele Calò mit dem Negroamaro IGT Spano.
Allegrini ☆☆☆ Erzeuger von Veroneser Qualitätsweinen, u.a. überragende Einzellagen-IGT-Weine (Palazzo della Torre, Grola und Poja), Amarone und Recioto.
Altare, Elio ☆☆☆ Kleiner Erzeuger von gutem, sehr modernem Barolo. Beachtenswert: Barolo Arborina, Barolo Brunate, Langhe DOC Larigi (Barbera), La Villa (Nebbiolo/Barbera), VdT L'Insieme (aus piemontesischen Trauben und Cabernet Sauvignon) sowie Dolcetto d'Alba – immer einer der Besten in der DOC.
Alto Adige (Südtirol) T-S; DOC r rs w; tr s; sch ☆→☆☆☆ Die DOC Alto Adige oder Südtiroler umfasst rund 50 Weinsorten mit verschiedenen Trauben aus verschieden Zonen (darunter reinsortige Weine aus den Bereichen Valle d'Isarco/Eisacktaler, Terlano/Terlaner, Val Venosta/Vinschgau, A. A. Santa Maddalena/St. Magdalener, A. A. Colli di Bolzano/Bozner Leiten, A. A. Meranese di Collina/Meraner Hügel).

Ama, Castello di (oder **Fattoria di Ama**) ☆☆☆ Eines der besten und beständigsten Chianti-Classico-Weingüter (bei Gaiole). Erstklassige Einzellagenweine: La Casuccia und Bellavista; guter Chardonnay, Merlot (L'Apparita), Pinot nero (Il Chiuso), alles IGT.

Amabile Bedeutet lieblich, meist etwas süßer als Abboccato.

Amaro Bitter. Ist auch die Bezeichnung für einen Bitterlikör.

Amarone della Valpolicella (früher **Recioto della Valpolicella Amarone**) Ven; DOC r ☆☆☆ **85' 86 88' 90' 93 94 95'** 97' 98' 00' 01 – Trockene Version des Recioto della Valpolicella; stark, konzentriert, langlebig und eindrucksvoll aus luftgetrockneten Valpolicella-Trauben. Erzeuger: v. a. Stefano Accordini, Serego Alghieri, Allegrini, Begali, Bertani, Bolla, Boscaini, Brunelli, Bussola, Campagnola, Corteforte, Corte Sant'Alda, CS Valpolicella, Dal Forno, Guerrieri Rizzardi, Masi, Mazzi, Novaia, Quintarelli, Le Ragose, Le Salette, Speri, Tedeschi, Trabucchi, Villa Monteleone, Viviani und Zenato.

Ambra, Fattoria di ☆☆ Guter Erzeuger in Carmignano (Toskana) mit zwei sehr guten DOCG-Einzellagenweinen: Elzana und Vigne Alte.

Anselmi, Roberto ☆☆☆ Führende Kellerei mit Einzellagen-Soave Capitel Foscarino und köstlichem süßem Recioto i Capitelli, beide jetzt IGT.

Antinori, Marchesi L. & P. ☆☆→☆☆☆☆ Alteingesessenes, immens einflussreiches Haus in Florenz mit (in der Regel zu Recht) bestem Renommee, heute Alleinbesitz von Piero Antinori, der die Firma zusammen mit dem Önologen Renzo Cotarella leitet. Berühmt für Chianti Classico (v. a. Tenuta Marchese Antinori und Badia a Passignano) sowie Wein aus Umbrien (Castello della Sala) und Piemont (Prunotto). Vorreiter bei neuen IGT-Weinen, z. B. Tignanello, Solaia (Toskana), Cervaro della Sala (Umbrien). Marchese Piero Antinori war in den 1970er- und 1980er-Jahren in Weinfachkreisen der ganzen Welt die Stimme Italiens. Derzeit kräftige Expansion in der Maremma, in Montepulciano (La Braccesca), Montalcino, in Asti (für Barbera), in der Franciacorta (Lombardei) sowie in Apulien (Vigneti del Sud). Antinori erzeugt auch sehr guten DOC Bolgheri Guardo al Tasso (Cabernet Sauvignon/Merlot). Siehe auch Prunotto.

Apulien Italiens Stiefelabsatz; fast ein Sechstel aller italienischen Weine wird hier erzeugt, aber vorwiegend in Norditalien oder Frankreich abgefüllt. Eine Region mit einem zunehmend besseren Verhältnis von Qualität und Preis, auf die man achten sollte. Beste DOCs: Castel del Monte, Primitivo di Manduria, Salice Salentino. Erzeuger: Antinori, Botromagno, Michele Calò, Candido, Casale Bevagna, Castel di Selva, CS Copertino, CS Due Palme, Conte Zecca, La Corte, D'Alfonso del Sordo, De Castris, Fatalone, Felline, I Pastini, Masseria Monaci, Masseria Pepe, Mille Una, Pasquale Petrera, Pervini, Resta, Rivera, Rubino, Rosa del Golfo, Santa Lucia, Sinfarosa, Taurino, Torre Quarto, Valle dell'Asso, Vallone.

Aquileia F-JV; DOC r w ☆→☆☆ **95 96 97** 99' 00 01 – 12 sortenreine Weine aus der Gegend um die Stadt Aquileia. Guter Refosco und Sauvignon blanc. Interessante Erzeuger sind Ca' Bolani und Denis Montanara.

Argiano Brunello-Spitzenerzeuger. Castello di Argiano nebenan ist genauso gut.

Argiolas, Antonio ☆☆→☆☆☆ Bedeutender Erzeuger auf Sardinien mit hochkarätigem Cannonau, Nuragus, Vermentino, Bovale sowie den roten IGTs Turriga (☆☆☆) und Korem.

Arneis Piem; w ☆☆ BV – Recht guter Weißwein aus der Gegend um Alba – die Wiederentdeckung einer alten Rebe, die duftige, leichte Tropfen liefert. DOC: Roero Arneis, nordwestlich von Alba, normalerweise besser als Langhe Arneis. Probierenswert von Almondo, Bric Cencurio, Ca' du Russ, Cascina Chicco, Correggia, Bruno Giacosa, Malvirà, Monchiero Carbone und Prunotto.

Assisi Umb; r (w) ☆→☆☆ BV – Rosso und Bianco di Assisi sind sehr ansprechende IGT-Weine, besonders zu empfehlen von Sportoletti.

Asti Bedeutendes Weinzentrum im Piemont.

Asti (Spumante) Piem; DOCG w; s; sch ☆→☆☆ oJ – Charmanter weißer Muscat-Schaumwein. Leider sind die großen Asti-Häuser nicht im Entferntesten daran interessiert, für ihre 80-Millionen-Flaschen-Produktion mehr als nur Routine aufzuwenden. Trotz seines einzigartigen Potenzials ist Asti billig und das passende Erzeugnis für den Supermarkt. Nur einige wenige Erzeuger geben sich Mühe: Walter Bera, Cascina Fonda, Dogliotti-Caudrina, Vignaioli di Santo Stefano. Siehe auch Moscato d'Asti.

Avignonesi ☆☆☆ Edles Montepulciano-Weingut mit hohen Ambitionen für seine sehr guten Weine: Vino Nobile, ein roter Verschnitt namens Grifi, der in Zusammenarbeit mit Capannelle erzeugte Sangiovese/Merlot namens 50 & 50, ein Verschnitt aus Chardonnay und Sauvignon blanc sowie vorzüglicher Vinsanto (☆☆☆☆).

Azienda agricola (oder **agraria**) Weingut – groß oder klein –, das selbst angebaute Trauben verkeltert.

Azienda vinicola (oder **Casa vinicola**) Eine Art Négociant, der Wein sowohl aus zugekauften wie auch aus eigenen Trauben bereitet.

Azienda vitivinicola Weingut.

Badia a Coltibuono ☆☆☆ Erzeuger feiner Chianti-Weine in der wundervollen alten Abtei von Gaiole mit einem Restaurant und einer ungewöhnlichen Sammlung alter Jahrgänge. Spitzenwein: IGT Sangioveto.

Badia di Morrona Tosk ☆☆→ Guter Chianti, überragender IGT N'Antia (Cabernet Sauvignon/Sangiovese) und IGT Vigna Alta (Sangiovese/Canaiolo).

Banfi (Castello oder **Villa)** ☆☆→☆☆☆ Hightech-Kellerei des größten US-Importeurs italienischer Weine in Montalcino. Ausgedehnte Weinberge bei Montalcino, vorwiegend mit Sangiovese, aber auch Syrah, Pinot nero, Cabernet Sauvignon, Chardonnay und Sauvignon blanc als Experimentierfelder für Qualität und Quantität. Poggio all'Oro und Poggio alle Mura sind hochklassige Brunello-Weine (beide ☆☆☆; Centine ist ein Rosso di Montalcino. Im Piemont produziert Banfi guten Banfi Brut Spumante, Gavi, Brachetto d'Acqui, Pinot grigio.

Barbaresco Piem; DOCG r ☆☆→☆☆☆☆ **89' 90' 93 95'** 96' 97' 98' 99' 00 01' – Nachbar von Barolo, dem anderen großartigen Nebbiolo-Wein, vielleicht nicht ganz so robust. Beste Weine tief, sauber, subtil und fein. Nach 4 Jahren Riserva. Spitzenerzeuger: Antichi Poderi di Gallina, Ca' del Baio, Produttori del Barbaresco, Piero Busso, Ceretto, Pio Cesare, Cigliuti, Cortese, Fontanabianca, Fontanafredda, Gaja, Bruno Giacosa, Marchesi di Gresy, La Contea, Cascina Luisin, Fiorenzo Nada, Moccagatta, Montaribaldi, Morassino, Paitin, Giorgio Pelissero, Prunotto, Prunset, Ressia, Roagna, Albino Rocca, Bruno Rocca, Rivetti, Ronchi, Sottimano, Varaldo.

Barbatella, Cascina La ☆☆☆ Spitzenerzeuger von Barbera d'Asti; ausgezeichnete Einzellagenweine Vigna dell'Angelo und Monferrato Rosso Sonvico (Barbera/Cabernet Sauvignon).

Barbera d'Alba Piem; DOC r ☆☆→☆☆☆ **97' 98'** 99 00' 01' – Süffiger, duftiger Rotwein. Die besten Exemplare können bis zu 7 Jahre lagern. Die Weine sind vielfach exzellent; oft stammen sie von Barolo- oder Barbaresco-Erzeugern. Spitzengüter: Gianfranco Alessandria, Almondo, Boroli, Cascina Chicco, Aldo Conterno, Giovanni Conterno, Cordero di Montezemolo, Corino, Correggia, Ghisolfi, Elio Grasso, Silvio Grasso, Manzone, Massolino, Molino, Paolo Monti, Oberto, Parusso, Pelissero, Gianmatteo Pira, Principiano, Prunotto, Revello, Rivetti, Albino Rocca, Rocche Costamagna, Scavino, Vajra, Vietti, Roberto Voerzio.

Ein ehrenwerter Barolo
Barolo im klassischen Stil
Anselma, Borgogno, Brovia, Cappellano, Cavallotto, Aldo Conterno, Giovanni Conterno, Paolo Conterno, Fontanafredda, Bruno Giacosa, Bartolo Mascarello, Giuseppe Mascarello, Massolino, Monchiero, Prunotto, Renato Ratti, Guiseppe Rinaldi, Schiavenza, Vietti.
Eine vielversprechende neue Barolo-Generation
Gianfranco Alessandria, Altare, Boglietti, Bongiovanni, Boroli, Cabutto, Camerano, Cascina del Monastero, M. Chiarlo, Conterno Fantino, Cordero di Montezemolo, Corino, Clerico, Damilano, Ettore Germano, Ghisolfi, Giacomo Grimaldi, Elio Grasso, Silvio Grasso, Giovanni Manzone, Paolo Manzone, Molino, Oberto, Parusso, Luigi Pira, Principiano, Porro, Revello, Rocche Costamagna, Rocche dei Manzoni, Davide Rosso, Sandrone, Scavino, Fratelli Seghesio, Vajra, Gianni Voerzio, Roberto Voerzio und viele andere.

Barbera d'Asti Piem; DOC r ☆☆→☆☆☆ **97 98'** 99 00' 01' 03 – Für echte Barbera-Liebhaber: reinsortiger Barbera; saftig und ansprechend. Schon jung gut, 7 bis 10 Jahre haltbar. Spitzenerzeuger: L'Arbiola, La Barbatella, Bava, Bera, Berta, Bertelli, Alfiero Boffa, Braida, Brema, CS Vinchio e Vaglio, Cascina Ferro, Castino, Michele Chiarlo, Contratto, Coppo, Ferraris, Garetto, Hastae, Hohler, La Lune del Rospo, Marchesi Alfieri, Martinetti, La Morandina, Pico Maccario, Prunotto, Rivetti, Scagliola, Scrimaglio, La Tenaglia, Tenute dei Vallarino, Vietti.

Barbera del Monferrato Piem; DOC r ★→★★ BV – Unkomplizierter Barbera aus einem großen Bereich in der Provinz Alessandria und aus Asti. Gefällig, leicht spritzig, manchmal süßlich. Die DO ist beinahe identisch mit Barbera d'Asti, im Stil war der Wein aber früher einfacher, weniger ambitioniert. Jetzt gibt es anspruchsvollere Weine von Accornero, Bricco Mondalino, Cave di Moleto, La Tenaglia.

Barco Reale Tosk; DOC r ☆☆ **97 98 99** 00 01 – DOC für eine jünger genussreife Version des Carmignano aus denselben Trauben wie dieser.

Bardolino Ven; DOC r (rs) ☆→☆☆ BV – Heller, sommerlicher, etwas bitterer Rotwein vom Ostufer des Gardasees. Bardolino Chiaretto ist noch heller und leichter. Spitzenerzeuger: Cavalchina, Guerrieri Rizzardi, Montresor, Le Vigne di San Pietro, Zenato, Zeni.

Barolo Piem; DOCG r ☆☆☆→☆☆☆☆ **89' 90' 93'** 95' 96' 97' 98' 99' 00 01' – Kleiner Bereich südlich von Alba mit einem der grandiosesten Rotweine Italiens von der Nebbiolo-Traube: tanninherb, voll, alkoholreich (mind. 13 %), trocken, aber wunderbar tief und duftig und zugleich frisch und sauber; 20 bis 25 Jahre haltbar; nach 5 Jahren Riserva.

Barolo Chinato Ein Dessertwein, der aus DOCG Barolo, Alkohol, Zucker, Kräutern, Gewürzen und Chinarinde hergestellt wird. Erzeuger: Guilio Cocchi, Cappellano, Ceretto.

Basciano ☆☆ Erzeuger von gutem Chianti Rufina sowie IGT-Weinen.

Bava ☆☆→☆☆☆ Sehr guter Barbera d'Asti Piano Alto und Stradivarius, Monferrato Bianco sowie Barolo Chinato. Die Familie Bava leitet die alte Firma Guilio Cocchi in Asti, wo sie guten Metodo-classico-Schaumwein produziert.
Bellavista ☆☆☆ Weingut in der Franciacorta mit frischem Spumante (Gran Cuvée Franciacorta ist hervorragend). Auch Satèn, ein Schaumwein im Crémant-Stil. Daneben DOC Terre di Franciacorta sowie IGT Sebino namens Solesine (beides Verschnitte von Cabernet Sauvignon und Merlot). Der Besitzer Vittorio Moretti ist inzwischen auch in der toskanischen Maremma, im Val di Cornia und in Monteregio aktiv.
Bera, Walter ☆☆→☆☆☆ Kleines Weingut nahe Barbaresco. Sehr guter Moscato d'Asti, Asti, Barbera d'Asti und Langhe Nebbiolo.
Berlucchi, Guido ☆☆☆ Größter Hersteller von Metodo-classico-Schaumwein in Italien.
Bersano Historisches Weinhaus in Nizza Monferrato mit Barbera d'Asti Generala und Barolo Badarina sowie den meisten piemontesischen DOC-Weinen, darunter Barbaresco, Moscato d'Asti und Asti Spumante.
Bertani ☆☆→☆☆☆ Bekannter Erzeuger von Veroneser Qualitätsweinen, v. a. traditionellem Amarone .
Bertelli ☆☆☆ Köstliche Weine von einer Familie nahe Asti, die sich auch in der medizinischen Forschung profiliert hat, v. a. Barbera d'Asti, Chardonnay und Cabernet Sauvignon; außerdem hochinteressante Experimente mit Sauvignon blanc, Sémillon, Nebbiolo, Syrah und Marsanne/Roussanne.
Bianco Weiß.
Bianco di Custoza Ven; DOC w; (sch) ☆→☆☆ BV – Wein aus der Gegend westlich von Verona, dem Soave sehr ähnlich. Gut von Corte Sant'Arcadio, Le Tende, Le Vigne di San Pietro, Montresor.
Bibi Graetz Beachtliche Rotweine von den Hügeln um Fiesole bei Florenz: Sangiovese von alten Reben, Canaiolo und Colorino mit Charakter und Tiefe.
Biondi-Santi ☆☆☆☆ Der ursprüngliche Erzeuger von Brunello di Montalcino vom 18-ha-Gut Il Greppo, mit absurd hohen Preisen; manche alten Jahrgänge sind jedoch sehr gut.
Boca Piem; DOC r ★★ **95 96' 97'** 98' 99' 00 01 – Ein weiterer Nebbiolo aus dem nördlichen Piemont. Beachtenswert: Le Piane und Poderi ai Valloni (Vigneto Cristiana ☆☆☆).
Boccadigabbia ☆☆☆ Spitzenerzeuger in den Marken mit IGT-Weinen von Sangiovese, Cabernet Sauvignon, Pinot noir und Chardonnay. Dem Besitzer Elvidio Alessandri gehört auch das ausgezeichnete Gut Villamagna in der DOC Rosso Piceno.
Bolgheri Tosk; DOC r rs w; (s) ☆☆→☆☆☆☆ Die neueste In-Region, an der Küste südlich von Livorno gelegen. Insgesamt 7 Weintypen: Bianco, Vermentino, Sauvignon blanc, Rosso, Rosato, Vinsanto und Occhio di Pernice; dazu Spitzen-IGTs. Der neue DOC Bolgheri Rosso ist ein Cabernet Sauvignon/Merlot/Sangiovese. Spitzenerzeuger: Giovanni Chiapinni mit DOC Guado de Gemoli, Enrico Santini mit DOC Montepergoli, Le Macchiole mit DOC Paleo, IGT Toskana Scrio (Syrah) und Messorio (Merlot); Micheletti mit DOC Guardione; Ornellaia mit DOC Ornellaia und IGT Toscana Masseto (Merlot); San Guido mit DOC Sassicaia; Antinori mit DOC Guado al Tasso; Meletti-Cavallari mit DOC Grattamacco; Michele Satta mit DOC Piastraia, I Castagni und IGT Toscana Vigna al Cavaliere (Sangiovese). Gaja (Ca' Marcanda) und Am-

brogio Folonari haben erheblich investiert und werden in Kürze neue Weine von hier auf den Markt bringen.

Bolla ☆☆ Veroneser Erzeuger von Valpolicella, Amarone, Soave usw. Auch Recioto. Spitzenweine: Castellaro, Creso (rot und weiß), Jago. Die Weine, v. a. Amarone- und Soave-Auslesen, sind wieder im Aufschwung.

Bonarda Im Piemont, der Emilia–Romagna und der Lombardei verbreitete, oft mit Barbera verschnittene zweitrangige Rotweintraube ungewisser Identität – es kann sich auch um Croatina handeln.

Bonarda Lomb; DOC r ☆☆ **97** 98 00 01 03 – Milder, frischer *frizzante* und Stillweine aus dem Oltrepò Pavese (Croatina-Traube).

Borgo del Tiglio ☆☆☆ Erzeuger in Friaul mit einem der besten Merlot-Weine aus dem Nordosten: Rosso della Centa. Ebenfalls hochklassig sind Collio Chardonnay, Tocai und Bianco.

Boscaini Ven ☆☆ Veroneser Erzeuger von Valpolicella, Amarone und Soave.

Boscarelli, Poderi ☆☆☆ Kleines Weingut mit sehr gutem Vino Nobile di Montepulciano und fassgereiftem IGT Boscarelli.

Brachetto d'Acqui Piem; DOCG r; s; (sch) ☆☆ BV – Süßer roter Schaumwein mit verlockendem Muskataroma. Kann viel besser sein, als er klingt.

Braida ☆☆☆ Weingut des verstorbenen Giacomo Bologna; erzeugt erstklassigen Barbera d'Asti (Bricco dell'Uccellone, Bricco della Bigotta und Ai Suma).

Bramaterra Piem; DOC r ★★ **96 97'** 98' 99' 00 01 – Nachbar des Gattinara; ein Nebbiolo-Verschnitt. Guter Erzeuger: Sella.

Breganze Ven; DOC ☆→☆☆☆ r **97'** 98 99 00 01 – Name für viele Sorten und Arten aus der Gegend von Vicenza. Am besten sind Cabernet-Sauvignon- und Chardonnay-Weine. Spitzenerzeuger: Maculan, Miotti, Zonta.

Bricco Bezeichnung für eine hoch oben am Hang gelegene (und daher hochwertige) Weinberglage im Piemont.

Brunello di Montalcino

Empfehlenswerte Erzeuger sind: Altesino, Argiano, Banfi, Barbi, Biondi-Santi, Brunelli, La Campana, Campogiovanni, Canalicchio di Sopra, Caparzo, Casanova di Neri, Case Basse, Castelgiocondo, Castello di Argiano, Castello di Camigliano, Cerbaiona, Col d'Orcia, Collelceto, Collesorbo, Costanti, Fanti–San Filippo, La Fiorita, La Fuga, Eredi Fuligni, La Gerla, Gorelli, Lambardi, Lisini, Marroneto, Oliveto, Franco Pacenti, Siro Pacenti, Palazzo, Pertimali, Ciacci Piccolomini, Pieve di Santa Restituta, La Poderina, Poggio Antico, Poggione, La Rasina, Salvioni-Cerbaiola, Scopetone, La Serena, Sesta, Talenti, Tiezzi, La Torre, Uccelliera, Valdicava, Verbena.

Brindisi Apu; DOC r ☆☆ **94 95 97** 99 00 01 – Kräftiger Negroamaro-Rotwein; v. a. von Vallone, Due Palme, Rubino und bald auch von Zonin.

Brolio, Castello di ☆☆→☆☆☆ Nach einer unglücklichen Zeit unter fremder Leitung führt die Familie Ricasoli dieses berühmte, 900 Jahre alte Weingut wieder in eigener Regie. Die Ergebnisse sind wahrlich ermutigend: Sehr guter Chianti Classico (erster Jahrgang 1997) und IGT Casalferro (Sangiovese/Cabernet Sauvignon/Merlot).

Brunelli ☆☆→☆☆☆ Amarone und Recioto von sehr guter Qualität.

Brunello di Montalcino Tosk; DOCG r ☆☆☆→☆☆☆☆ **88′ 90′ 93 95′ 97′** – Neben Barolo der gefeiertste Rotwein Italiens: gehaltvoll, körperreich, hocharomatisch, tanninbetont und langlebig. Muss mindestens 4 Jahre reifen, nach 5 Jahren Riserva. Die Qualität nimmt beständig zu. Montalcino liegt 40 km südlich von Siena.

Bussola, Tommaso ☆☆☆ Macht sich in Valpolicella als führender Erzeuger von Amarone und Recioto einen Namen.

Cacchiano, Castello di ☆☆→☆☆☆ Chianti-Classico-Weingut in Gaiole im Besitz von Baron Giovanni Ricasoli-Firidolfi.

Ca' dei Frati ☆☆→☆☆☆ Der beste Erzeuger von DOC Lugana, dazu sehr guter trockener weißer IGT Pratto (Sauvignon blanc/Chardonnay), lieblicher Tre Filer und roter IGT Ronchedone (Cabernet Sauvignon/Merlot).

Ca' del Bosco ☆☆☆☆ Weingut in Franciacorta mit einigen der besten Schaumweine Italiens (überragender DOCG Annamaria Clementi ☆☆☆☆), sehr gutem Chardonnay, ausgezeichnetem Cabernet-Sauvignon-Verschnitt Maurizio Zanella sowie Pinot nero Pinèro.

Cafaggio, Villa ☆☆☆ Sehr verlässliches Chianti-Classico-Weingut mit den hervorragenden IGT-Weinen San Martino (Sangiovese) und Cortaccio (Cabernet Sauvignon).

Calatrasi SI ☆☆→☆☆☆ Erzeuger von guten roten und weißen IGT-Weinen, v. a. die der besseren Reihe D'Istinto (Syrah, Nero d'Avola, Sangiovese/Merlot, roter Verschnitt Magnifico).

Caldaro oder **Lago di Caldaro (Kalterersee)** T-S; DOC r ☆ BV – Leichter, weicher Rotwein mit Bittermandelgeschmack von der Schiava-Traube aus einem großen Bereich südlich von Bozen. Classico aus einem kleineren Bereich ist besser.

Candido, Francesco ☆☆→☆☆☆ Bedeutender Erzeuger im Salento (Apulien); gute Rotweine: Duca d'Aragona, Cappello di Prete, Salice Salentino; auch guter Dessertwein: Aleatico di Puglia.

Cannonau di Sardegna Sard; DOC r (rs); tr lbl ★★ **95 96 97 98** 99 00 01 02 – Cannonau (Grenache) ist die rote Haupttraube Sardiniens. Es gibt sehr starke, aber auch feine und milde Weine. Spitzenerzeuger: Argiolas, Contini, Dettori, Giuseppe Gabbas, CS di Jerzu.

Cantalupo, Antichi Vigneti di ☆☆→☆☆☆ Erstklassige Ghemme-Weine, v. a. Breclemae und Carellae aus Einzellagen.

Cantina Kellerei.

Cantina Sociale (CS) Genossenschaftskellerei.

Capannelle ☆☆☆ Sehr guter Erzeuger bei Gaiole; IGT und Chianti Classico sowie der zusammen mit Avignonesi erzeugte Sangiovese/Merlot 50 & 50.

Capezzana, Tenuta di (oder **Villa**) ★★★ Aus dem Gut der Familie Contini Bonacossi in der Toskana (westlich von Florenz) kommt guter Chianti Montalbano und hervorragender Carmignano (v. a. Villa Capezzagna, Villa Trefiano) sowie ein sehr guter Rotwein im Bordeaux-Stil namens Ghiaie della Furba.

Capichera ☆☆☆ Spitzenerzeuger von Vermentino di Gallura, v. a. Vendemmia tardiva. Jetzt auch exzellenter roter Mante'nghja von Carignano-Trauben.

Caprai ☆☆☆ Oft kopierter, wunderbarer DOCG Sagrantino; sehr guter DOC Rosso di Montefalco. Hoch gehandelt.

Capri Kamp; DOC r rs w ☆→☆☆ Legendäre Insel mit viel missbrauchtem Namen. Interessante Weine nur von La Caprense.

Carema Piem; DOC r ☆☆→☆☆☆ 89′ 90′ 93 **95** 96′ 97′ 98 99′ 00 01 – Spezialität von Nebbiolo-Trauben aus dem nördlichen Piemont. Am besten von Luigi Ferrando oder der Genossenschaft.

Carignano del Sulcis Sard; DOC r rs ☆☆→☆☆☆ 90 91 93 94 **95 96 97** 98 99′ 00 01′ 02 – Ausdrucksvoller, alterungsfähiger Rotwein. Am besten sind Terre Brune und der Rocca Rubia von der CS di Santadi.

Carmignano Tosk; DOCG r ☆☆☆ 90′ 93 **94 95 96** 97′ 98 99′ 00 01′ – Gehört zur Region westlich von Florenz; Chianti-Trauben mit 15 % Cabernet Sauvignon ergeben markante, zuverlässige, sogar außergewöhnliche Rotweine. Spitzenerzeuger: Ambra, Capezzana, Farnete, La Piaggia, Pratesi.

Carpenè Malvolti Führender Erzeuger von klassischem Prosecco und anderen Schaumweinen in Conegliano, Venetien. In Venedig allgegenwärtig.

Carso F-JV; DOC r w ☆☆→☆☆☆ **94 97′** 99′ 00 01 02 03 – DOC bei Triest mit gutem Malvasia. Terrano del Carso heißt ein Refosco-Rotwein. Spitzenerzeuger: Edi Kante, Zidanich.

Cartizze Bekannter, häufig zu teurer und zu süßer DOC Prosecco aus der besten Unterzone von Valdobbiadene.

Casanova di Neri ☆☆☆ Brunello (und sehr guter Rosso) di Montalcino sowie Pietradonice (Sangiovese/Cabernet Sauvignon) von der Familie Neri.

Case Basse ☆☆☆☆ Trendsetter in Montalcino mit wunderbarem Brunello und Einzellagen-Brunello Intistieti.

Castel del Monte Apu; DOC r rs w ★★→★★★ 93′ 94 **95 96** 97′ 98 99 00 01 – Trockene, frische, ausgeglichene Weine aus dem Süden. Rotwein nach 3 Jahren Riserva. Der Rosé ist am bekanntesten. Von Vigneti del Sud (Antinori) stammen der gute Pietrabianca und der ausgezeichnete Bocca di Lupo; sehr gut auch Il Falcone, Puer Apuliae und Cappellaccio Riserva von Rivera.

Castelgiocondo ☆☆☆ Frescobaldi-Weingut in Montalcino: sehr guter Brunello sowie IGT Merlot Lamaione.

Castellare ☆☆→☆☆☆ Kleiner, viel gelobter Chianti-Classico-Erzeuger mit erstklassigem Sangiovese IGT I Sodi di San Niccolò und spritzigem Governo di Castellare, ein zeitgemäßer Chianti alten Stils. Außerdem Poggio ai Merli (Merlot) und Coniale (Cabernet Sauvignon).

Castell' in Villa ☆☆☆ Sehr gutes Chianti-Classico-Weingut.

Castello Burg, Schloss (Siehe unter dem Eigennamen, z. B. Ama, Castello di).

Castelluccio ☆☆→☆☆☆ Pionier der Erzeugung von Qualitäts-Sangiovese in der Romagna: IGT Ronco dei Ciliegi. Der neue Wein heißt Massicone.

Castris, Leone de ☆☆ Großer, zuverlässiger Erzeuger apulischer Gewächse. Weingut in Salice Salentino bei Lecce. Der Five Roses zählt zu Italiens besten Roséweinen.

Caudrina – Romano Dogliotti ☆☆☆ Spitzen-Moscato-d'Asti (La Galeisa und La Caudrina).

Cavalleri ☆☆→☆☆☆ Sehr guter und zuverlässiger Erzeuger von Franciacorta-Weinen, v. a. Schaumweine.

Cavicchioli ☆→☆☆ Erzeuger aus der Emilia–Romagna mit großer Produktion von Lambrusco und anderen Perlweinen: Lambrusco di Sorbara Vigna del Cristo ist am besten. Auch Terre di Franciacorta.

Cavit – Cantina Viticoltori Zusammenschluss mehrerer Genossenschaften bei Trient. Weine: u. a. Marzemino, Cabernet Sauvignon, Pinot nero, bianco und grigio, Nosiola. Spitzensortiment: Brume di Monte (rot und weiß) und Schaumwein Graal.

Cecchi ☆→☆☆ Großer toskanischer Erzeuger und Abfüller, z. B. La Gavina, Spargolo und Chianti Classico Riserva.

Cerasuolo Abr; DOC rs ☆ Die Rosato-Version von Montepulciano d'Abruzzo.

Cerasuolo di Vittoria Siz; DOC rs ☆☆ **97 98** 99 00 01 – Granatroter, körperreicher, aromatischer Wein aus Frappato- und Nero d'Avola-Trauben; interessant v. a. von Valle dell'Acate und COS.

Ceretto ☆☆☆ Sehr guter Erzeuger von Barbaresco (Bricco Asili), Barolo (Bricco Rocche, Brunate, Prapò), Langhe Rosso Monsordo und Arneis. Auch sehr guter Spumante Metodo classico La Bernardina.

Cerro, Fattoria del ☆☆☆ Erzeuger von sehr gutem DOCG Vino Nobile di Montepulciano (v. a. Riserva und Antica Chiusina) sowie den roten IGT-Weinen Manero (Sangiovese) und Poggio Golo (Merlot). Im Besitz der Versicherungsgesellschaft SAI, der auch La Poderina (Brunello di Montalcino) und Colpetrone (Montefalco Sagrantino) gehören.

Chardonnay Für verschiedene norditalienische DOC-Weißweine zugelassene Rebsorte (z. B. in Trentino–Südtirol, Franciacorta, Friaul–Julisch Venetien, Piemont). Manche Spitzenweine dieser Sorte (z. B. von Antinori, Capannelle, Boccadigabbia, Planeta und Regaleali) gelten immer noch lediglich als IGT. Versuche mit Chardonnay werden jetzt fast überall in Italien angestellt.

Wer macht wirklich guten Chianti Classico?
Ama, Antinori, Bossio, Castello di Brolio, Cacchiano, Capaccia, Capannelle, Carobbio, Casa Emma, Casale dello Sparviero, Casaloste, Castel Ruggero, Castellare, Castell'in Villa, Le Cinciole, Collelungo, Colombaio di Cencio, Coltibuono, Le Corti, Felsina, Le Filigare, Fonterutoli, Fontodi, Isole e Olena, Ispoli, Lucignano, Le Macie, La Massa, Le Masse di San Leolino, Monsanto, Giovanna Morganti, Nittardi, Palazzino, Paneretta, Panzanello, Petroio-Lenzi, Poggerino, Poggiolino, Poggio al Sole, Querceto, Querciabella, Rampolla, Riecine, Rocca di Castagnoli, Rocca di Montegrossi, Ruffino, San Felice, San Giusto, Selvole, Vecchie Terre di Montefili, Verrazzano, Villa Cafaggio, Volpaia.

Chianti Tosk; DOCG r ☆→☆☆☆ **95' 97' 99'** 00 01 03 Chianti Annata BV – Lebendiger Wein aus der Gegend von Florenz und Siena. Die Besten sind frisch, fruchtig und süffig. In den Unterbereichen Rufina (☆☆→☆☆☆) und Colli Fiorentini (☆→☆☆☆) kann Riserva im Classico-Stil entstehen; in Montalbano, den Colli Senesi und Aretini sowie in den Colline Pisane wird leichterer Wein produziert. Chianti Montespertoli ist seit 1997 ein neuer Unterbereich mit ähnlichen Weinen wie Colli Fiorentini.

Chianti Classico Tosk; DOCG r ☆☆→☆☆☆☆ **95' 97' 99'** 00 01 Riserva und Einzellagen **88' 90' 93 95 97'** 99 01 – Höherwertiger Chianti aus dem Kerngebiet. Der alte helle Stil wird seltener, da sich die Spitzengüter für dunklere, reichhaltigere, festere Weine entscheiden. Einige davon zählen zu den besten Tropfen Italiens, zu viel Cabernet Sauvignon im Verschnitt tut allerdings dem Stil nicht gut. Der schwarze Hahn ist das

Zeichen für Mitglieder des Consorzio, dem indes viele Spitzengüter nicht angehören.

Chiaretto Rosé, v.a. vom Gardasee. Siehe Bardolino, Riviera del Garda.

Chiarlo, Michele ☆☆→☆☆☆ Guter Erzeuger aus dem Piemont mit den Barolo-Weinen Cerequio und Cannubi sowie Barbera d'Asti, Langhe und Monferrato Rosso. Auch Barbaresco.

Chionetti ☆☆→☆☆☆ Erzeuger von Spitzen-Dolcetto di Dogliani (v.a. Briccolero).

Cigliuti, Renato ☆☆☆ Kleines Spitzengut für Barbaresco und Barbera d'Alba.

Cinciole, Le ☆☆☆ Erzeuger von DOCG Chianti Classico; Spitzenwein ist die Riserva Petresco.

Cinqueterre Lig; DOC w; tr s; Pa ☆☆ Duftiger, fruchtiger Weißwein von der Steilküste bei La Spezia. Der Passito ist als Sciacchetrà bekannt (☆☆→☆☆☆). Erzeuger: u.a. CS Agricola di Cinqueterre, Forlini-Cappellini.

Cirò Kal; DOC r (rs w) ★→★★★ **95 96 97** 98 99 00 01 – Sehr starker Rotwein von Gaglioppo-Trauben; leichter, fruchtiger Weißwein (BV). Spitzenerzeuger: Caparra & Siciliani, Ippolito, Librandi (Duca San Felice ☆☆☆), San Francesco (Donna Madda und Ronco dei Quattro Venti).

Classico Bezeichnung für Wein aus einem begrenzten, innerhalb einer DOC gelegenen Bereich. Dem Namen nach, oft aber auch in der Praxis, der beste Wein der jeweiligen Gegend. »Metodo classico« auf Schaumweinetiketten bedeutet Flaschengärung (wie bei Champagner).

Clerico, Domenico ☆☆☆ Piemonteser Kellerei im Aufwind. Internationale Geschmacksrichtung der Weine als Ziel. Besonders gut: Barolo.

Col d'Orcia ☆☆☆ Spitzenweingut in Montalcino, am besten ist der Brunello.

Colli Hügel; kommt in vielen Weinnamen vor.

Colli Berici Ven; DOC r rs w ☆☆ **97** 99 00 01 – In den Hügeln südlich von Vicenza ist der Cabernet Sauvignon der beste Wein. Spitzenerzeuger: Villa Dal Ferro.

Colli Bolognesi Em-Ro; DOC r w ☆☆ Südwestlich von Bologna. 8 Weintypen von 5 Traubensorten. Terre Rosse war der Vorreiter unter den Erzeugern, jetzt sind auch Bonzara (II-☆☆☆), Santarosa und Vallona hinzugestoßen.

Colli del Trasimeno Umb; DOC r w ☆→☆☆☆ **97 98** 99' 00 01 – Lebhafte Weiße aus der Gegend um Perugia, inzwischen aber auch etliche bedeutendere Rotweine. Spitzenerzeuger: Duca della Corgna, La Fiorita, Pieve del Vescovo, Poggio Bertaio.

Colli Euganei Ven; DOC r w; tr lbl; (sch) ☆→☆☆☆ BV – DOC für 7 Weine südwestlich von Padua. Der Rote ist anständig; der Weiße und der Schaumwein gefällig. Spitzenerzeuger: Vignalta, Ca' Lustra, La Montecchia, Riolite, Speaia.

Colline Novaresi Piem; DOC r w ☆→☆☆ BV – Neue DOC für ein altes Gebiet in der Provinz Novara. 7 verschiedene Weintypen: Bianco, Rosso und Nebbiolo, Bonarda, Vespolina, Croatina und Barbera; einschließlich unklassifizierte Boca, Ghemme, Fara und Sizzano.

Collio F-JV; DOC r w ☆☆→☆☆☆☆ **97** 99' 00 01 – 19 verschiedene Weine, davon 17 nach der Traubensorte benannt, aus einem kleinen Bereich zwischen Udine und Gorizia an der slowenischen Grenze. Sehr gute Weißweine, v.a. Sauvignon blanc, Pinot bianco und grigio; die besten von: Borgo del Tiglio, Il Carpino, La Castellada, Castello di Spessa, Damijan, Marco Felluga, Fiegl, Gravner, Renato Keber, Livon, Aldo Polencic, Primosic, Princic, Ronco dei Tassi, Russiz Superiore, Schiopetto, Tercic, Terpin, Toros, Venica & Venica, Villa Russiz, Zuani.

Colli Orientali del Friuli F-JV; DOC r w; tr s ☆☆→☆☆☆☆ **95 97** 99' 00 01 – DOC für 20 verschiedene Weine aus den Hügeln östlich von Udine, von denen 18 nach den Traubensorten benannt sind. Rot- und Weißweine können gleichermaßen sehr gut sein. Spitzenerzeuger: Bastianich, Rosa Bosco, Castello di Buttrio, Dorigo, Dri, Le Due Terre, Le Viarte, Le Vigne di Zamò, Livio Felluga, Meroi, Miani, Midolini, Moschioni, Perusini, Rocca Bernarda, Ronchi di Cialla, Ronchi di Manzano, Ronco del Gnemiz, Schiopetto, Scubla, Specogna, Vigna Traverso, Volpe Pasini.

Colli Piacentini Em-Ro; DOC r rs w ☆→☆☆ BV – DOC mit 11 Weinen, darunter der traditionsreiche Gutturnio und der Monterosso Val d'Arda aus der Gegend südlich von Piacenza. Guter, perlender Malvasia. Die meisten Weine *frizzante*. Neue französische und einheimische Rote von: La Stoppa, La Tosa, Montesissa, Mossi, Romagnoli, Solenghi.

Colterenzio, Cantina Produttori ☆☆→☆☆☆ Pionier der Qualitätsweinherstellung unter den Kellereigenossenschaften Südtirols. Besonders empfehlenswert: die Auslesen unter dem Etikett Cornell (Chardonnay, Gewürztraminer, Lagrein, Pinot nero), die Lafoa-Weine (Cabernet Sauvignon und Sauvignon blanc) sowie die weißen und roten Verschnitte namens Cornelius.

Consorzio Vom Weingesetz sind in Italien zwei Arten von Vereinigungen anerkannt: Die eine überwacht die Einhaltung von DOC-Vorschriften (wie z. B. Consorzio Tutela del Chianti Classico), die andere hat die Aufgabe, die Weine ihrer Mitglieder zu vermarkten (z. B. Consorzio del Marchio Storico del Chianti Classico, ehemals Gallo Nero).

Conterno, Aldo ☆☆☆☆ Legendärer Erzeuger von Barolo usw. in Monforte d'Alba. Sehr guter Chardonnay Printanier und Langhe Bianco Bussiador, gut auch der Barbera d'Alba Conca Tre Pile. Beste Barolo-Weine: Gran Bussia, Cicala und Colonello. Auch der Langhe Nebbiolo Il Favot und der Langhe Rosso Quartetto sind sehr zu empfehlen.

Conterno, Giacomo ☆☆☆☆ Barolo-Spitzenerzeuger in Monforte d'Alba. Langlebiger, ungewöhnlicher, hervorragender Monfortino Barolo.

Conterno-Fantino ☆☆☆ Zwei junge Familien mit sehr gutem Barolo usw. in Monforte d'Alba.

Contini, Attilio ★→★★★ Berühmter Erzeuger von Vernaccia di Oristano; am besten der Jahrgangsverschnitt Antico Gregori. Auch guter Cannonau.

Contrada Castelletta Der erste Montepulciano/Syrah von den Weinbergen des Leiters von Saladini Pilastri in der DOC Rosso Piceno: saftig und reichhaltig.

Contratto ☆☆ Die Familie Bocchino, die auch Grappa produziert, erzeugt auf diesem Gut in Canelli sehr guten Barbera d'Asti, Barolo, Schaumwein, Asti (De Miranda) und Moscato d'Asti.

Copertino Apu; DOC r (rs) ★★ **97** 99 00 01 – Haltbarer, saftiger Rotwein von Negroamaro-Trauben vom Stiefelabsatz Italiens. Beachtenswert die Riserva der Cantina Sociale sowie Masseria Monaci, v. a. mit dem neuen fassgereiften Le Braci.

Coppo ☆☆→★★★ Ambitionierter Erzeuger von Barbera d'Asti (z. B. Pomorosso) und Chardonnay.

Cordero di Montezemolo-Monfalletto ☆☆→☆☆☆ Historischer Erzeuger von gutem Barolo, jetzt auch mit feinem Barbera d'Alba und Chardonnay.

Corini Neuer Betrieb in einem abgelegenen Teil von Umbrien mit einem faszinierenden, innovativen Verschnitt von Sangiovese, Montepulciano und Merlot.

Cortese di Gavi Siehe Gavi. (Cortese ist der Name der Traube.)

Corzano & Paterno, Fattoria di ☆☆☆ Dynamisches Chianti-Weingut in den Colli Fiorentini. Sehr gute Riserva, roter IGT Corzano und hervorragender Vinsanto.

COS ☆☆ Kleines Gut, auf dem drei Freunde überdurchschnittliche sizilianische Weine produzieren.

Dal Forno, Romano ☆☆☆☆ Valpolicella, Amarone und Recioto in sehr hoher Qualität von einem auf Perfektion bedachten Erzeuger, der nur besten Wein abfüllt: 14 000 Flaschen von 8 ha.

Denominazione di Origine Controllata (DOC) Entspricht der Bezeichnung Appellation d'Origine Contrôlée (siehe Frankreich).

Denominazione di Origine Controllata e Garantita (DOCG) Wie DOC, jedoch befindet sich am Flaschenhals ein nummeriertes Etikett mit offizieller Ursprungsgarantie, welches anzeigt, dass die Produktionsmenge limitiert ist.

Di Majo Norante ★★→★★★ Einziges Spitzengut in Molise südlich der Abruzzen mit sehr gutem DOC Biferno Rosso, Molise Montepulciano, Ramitello Don Luigi und Aglianico Contado. Bei den Weißen sind der Falanghina-Greco-Verschnitt und der Moscato Passito Apianae zu nennen.

Alle DOCG-Weine auf einen Blick
Albana di Romagna, Asti und Moscato d'Asti, Barbaresco, Bardolino Superiore, Barolo, Brachetto d'Acqui, Brunello di Montalcino, Carmignano, Chianti, Chianti Classico, Franciacorta, Gattinara, Gavi, Ghemme, Montepulciano d'Abruzzo Colline Teramane, Montefalco Sagrantino, Sforzato, Soave Recioto, Taurasi, Torgiano Rosso Riserva, Valtellina Superiore, Vermentino di Gallura, Vernacca di San Gimignano und Vino Nobile di Montepulciano.

DOC, DOCG Siehe Denominazione di Origine Controllata (e Garantita).

Dogliotti, Romano Siehe Caudrina – Romano Dogliotti.

Dolce Süß.

Dolceacqua Siehe Rossese di Dolceacqua.

Dolcetto ☆→☆☆☆ Die am frühesten reifende Rotweintraube des Piemonts erbringt sehr ansprechende Alltagsweine: trocken, jung zu trinken, fruchtig, frisch und tief purpurrot. Sie gibt mehreren DOC-Bereichen den Namen: Dolcetto d'Acqui, d'Asti, delle Langhe Monregalesi (v. a. Barone Riccati), di Diano d'Alba (auch DOC Diano; v. a. Alari, Bricco Maiolica, Cascina Flinion und Fontanafredda), di Dogliani (v. a. von M. & E. Abbona, Francesco Boschis, Chionetti, Poderi Luigi Einaudi, Gillardi, Pecchenino, San Fereolo, San Romano,) und di Ovada (v. a. von La Guardia, Rossi Contini). Erzeuger von Dolcetto d'Alba: Alessandria, Altare, Azelia, Baudana, Brovia, Cabutto, Ca' Viola, Clerico, Aldo Conterno, Conterno-Fantino, Corino, Gastaldi, Germano, Gresy, Manzone, Giuseppe Mascarello, Massolino, Mossio, Oberto, Luigi Pira, Gianmatteo Pira, Prunotto, Rocche Costamagna, Sandrone, Scavino, Schiavenza, Fratelli Seghesio, Vajra, Roberto Voerzio.

Donnafugata Siz; r w ☆☆→☆☆☆ Kellerei mit süffigen Weißweinen (v. a. von Chiarandà del Merlo und Vigna di Gabri). Auch ordentliche, immer besser werdende Rotweine, v. a. Mille e Una Notte und Tancredi; feiner Passito di Pantelleria Ben Ryé. Die ehemaligen VdT-Weine fallen jetzt in die DOC Contessa Entellina.

Dorigo, Girolamo ☆☆→☆☆☆ Guter Erzeuger in den Colli Orientali mit weißem Ronc di Juri, Chardonnay, Dessertweinen von Picolit, rotem Pignolo (☆☆☆), Refosco, Schioppettino und Monsclapade (Cabernet Sauvignon/Merlot).

Duca Enrico Siehe Duca di Salaparuta.

Duca di Salaparuta – Vini Corvo ☆☆ Populäre sizilianische Weine: saubere trockene Rote, gefällige milde Weiße. Der exzellente Duca Enrico (☆☆☆) ist einer der besten Roten der Insel. Prämierter eichenfassgereifter Weißer: Valguarnera.

Due Terre, Le Kleiner Erzeuger in den Colli Orientali del Friuli mit Merlot, Pinot nero, Sacrisassi Rosso (Refosco/Schiopettino) und dem weißen Verschnitt Sacrisassi Bianco.

Eisacktal Siehe Valle Isarco.

Elba Tosk; r w; (sch) ☆→☆☆ BV – Der Weißwein der Insel ist gut zu Fisch. Beachtenswert: Acquabona. Napoleon schätzte während seines Exils auf Elba besonders den wirklich empfehlenswerten süßen roten Aleatico. Vielversprechende neue Rot- und Dessertweine von Sapereta.

Enoteca »Vinothek«; das kann ein Weinladen ebenso sein wie ein Restaurant mit umfangreicher Weinkarte. Es gibt viele Enoteche in Italien, das beeindruckende Vorbild ist die Enoteca Italiana in Siena.

Eredi Fuligni ☆☆☆ Sehr guter Erzeuger von Brunello und Rosso di Montalcino.

Est! Est!! Est!!! Lat; DOC w; tr lbl ☆ BV – Wenig bemerkenswerter Weißwein aus Montefiascone nördlich von Rom; profitiert von seinem berühmten Namen. Siehe Falesco.

Etna Siz; DOC r rs w ☆☆ **95 97** 98 99 00 01 – Wein von den vulkanischen Hängen des Ätna. Andrea Franchetti (siehe Trinoro) und der Makler Marc de Grazia haben unlängst in dem Gebiet investiert. Erzeuger: Benanti, Bonaccorsi, Cambria.

Etschtaler Siehe Valdadige.

Falchini ☆☆☆ Erzeuger von gutem DOCG Vernaccia di San Gimignano (v. a. Castel Selva und Vigna a Solatio) sowie einiger der besten Rotweine der Gegend, z. B. IGT Campora (☆☆☆).

Falerno del Massico Kamp; DOC r w ☆☆→☆☆☆ **90 93 94 95 97′** 98 99 00′ 01 – Der Falernum war der bekannteste Wein der Antike. Aber die Zeiten haben sich geändert. Eleganter Rotwein von Aglianico, fruchtiger Weißwein von Falanghina. Sehr guter Erzeuger: Villa Matilde; Masseria Felice ist ein vielversprechender Newcomer.

Falesco ☆☆→☆☆☆ Weingut in Latium mit sehr gutem Merlot Montiano und Cabernet Sauvignon Marciliano (beide ☆☆☆) sowie gutem rotem IGT Vitiano und DOC Est! Est !! Est!!!

Fara Piem; DOC r ★★ **90 95′ 96′ 97** 98 99 00′ 01 – Guter Nebbiolo aus Novara im nördlichen Piemont. Duftig. Lagerung lohnt sich, besonders beim Caramino und dem Lochera, beide von Dessilani.

Farnetella, Castello di ☆☆→☆☆☆ Weingut bei Montepulciano; hier produziert Giuseppe Mazzocolin von Felsina guten Sauvignon blanc und Chianti Colli Senesi. Auch sehr guter Pinot noir Nero di Nubi und der rote Verschnitt Poggio Granoni.

Faro Siz; DOC r ☆☆ **97 98** 99 00 01 – Interessanter körperreicher Rotwein aus Messina. Guter Erzeuger: Palari.

Fattoria Bezeichnung in Mittelitalien für ein – in der Regel Wein erzeugendes – Landwirtschaftsunternehmen gewisser Größe.

Fazi-Battaglia ☆☆ Bekannter Erzeuger von Verdicchio; die besten Auslesen heißen Le Moie, Massaccio und San Sisto. Besitzt auch Fassati (Erzeuger von Vino Nobile di Montepulciano).

Felluga, Livio ☆☆☆ Bedeutendes Weingut mit beständig feinen Colli-Orientali-Weinen, v. a. Pinot grigio, Sauvignon blanc, Tocai, Picolit und einem Merlot-Refosco-Verschnitt.

Felluga, Marco ☆☆→☆☆☆ Der Bruder von Livio Felluga besitzt ein einflussreiches Weinhandelshaus, das neben eigenen Gewächsen auch Russiz Superiore in der DOC Collio und Castello di Buttrio in der DOC Colli Orientali führt. Das Collio-Weingut Zuani gehört inzwischen Tochter Patrizia.

Felsina-Berardenga ☆☆☆ Chianti-Classico-Gut mit berühmter Riserva Vigna Rancia sowie IGT Fontalloro; der einfache Chianti Classico und die Riserva sind weniger modisch, günstiger und traditioneller. Auch guter IGT Chardonnay und Cabernet Sauvignon.

Ferrari ☆☆→☆☆☆ In Trient ansässiger Hersteller von trockenem Schaumwein der DOC Trento. Am besten ist Giulio Ferrari Riserva. Ansehnliche Produktionsmenge, beständig steigende Qualität.

Feudi di San Gregorio ☆☆☆ Spitzenerzeuger in Kampanien mit DOCG Taurasi, DOC Fiano sowie Falanghina und Greco di Tufo. Dazu die roten IGT-Weine Serpico (Aglianico) und Pàtrimo (Merlot) sowie der weiße IGT Campanaro (Fiano).

Fiano di Avellino Kamp; w ☆☆→☆☆☆ (BV) – Gilt als der beste Weißwein Kampaniens. Kann denkwürdig intensiv und mit leichter Honigsüße ausfallen. Spitzenerzeuger: Caggiano, Colli di Lapio, Feudi di San Gregorio, Mastroberardino und Villa Raiano.

Fiorita, La Das Gut der Familie Lamborghini am Trasimenischen See in Umbrien bringt den beachtlichen Sangiovese/Merlot Campoleone hervor.

Florio Mengenmäßig größter Produzent von Marsala; in der Hand von Illva-Saronno.

Folonari Ambrogio Folonari und sein Sohn Giovanni haben sich von Ruffino getrennt und selbstständig gemacht. Sie erzeugen weiterhin Cabreo (Chardonnay bzw. Sangiovese/Cabernet), die Nozzole-Weine (u. a. Cabernet Sauvignon Pareto), Brunello di Montalcino La Fuga sowie Vino Nobile di Montepulciano Gracciano Svetoni. Neu hinzugekommen sind Weine aus Bolgheri und den Colli Orientali del Friuli.

Fonda, Cascina ☆☆☆ Die Brüder Marco und Massimo Barbero sind in der DOC Moscato d'Asti ganz nach vorne gekommen. Halten Sie Ausschau nach Vendemmia tardiva und Asti Spumante Metodo classico.

Fontana Candida ☆☆ Einer der größten Erzeuger von Frascati; besonders gut die Einzellage Santa Teresa. Siehe auch Gruppo Italiano Vini.

Fontanafredda ☆☆→☆☆☆ Großer historischer Erzeuger von Weinen aus dem Piemont auf ehemaligen königlichen Gütern, einschließlich Barolo aus Einzellagen und einer Reihe von Alba-DOC-Weinen; ferner sehr guter Spumante Brut (v. a. ☆☆☆ Gatinera).

Fonterutoli ☆☆☆ Historisches Chianti-Classico-Gut der Familie Mazzei in Castellina. Viel beachtete neue Auslese Castello di Fonterutoli (eichenholzwürziger, dunkler, modischer Chianti) und IGT Siepi (Sangiovese/Merlot). Der Familie Mazzei gehört auch die Tenuta di Belguardo in der Maremma mit gutem Morellino di Scansano.

Fonti, Le ☆☆☆ Sehr guter Chiant-Classico-Erzeuger in Poggibonsi. Besonders empfehlenswert Riserva und IGT Vito Arturo (Sangiovese).
Fontodi ☆☆☆ Erstklassiges Chianti-Classico-Gut in Panzano mit Chianti und Riserva (v. a. Riserva del Sorbo) sowie den sehr guten IGT-Weinen Flaccianello, Case Via Pinot Nero und Case Via Syrah.
Foradori ☆☆☆ Elizabetta Foradori erzeugt besten Teroldego. Außerdem eichenfassgereifter Teroldego Granato, roter IGT Karanar und weißer IGT Myrto. Besitzt jetzt auch ein Gut in der toskanischen Maremma.
Forte, Podere Pasquale Fortes Gut im Val d'Orcia unmittelbar südlich von Montalcino stellt hochmoderne Technik in den Dienst von anspruchsvollem Sangiovese und Sangiovese/Cabernet Sauvignon/Merlot/Petit Verdot.
Forteto della Luja ☆☆☆ Einziger Spitzenerzeuger der DOC Loazzolo; sehr guter Barbera-Pinot-noir-Verschnitt Le Grive.
Fossi, Enrico ☆☆☆ Kleines Weingut auf hohem Niveau in Signa, westlich von Florenz, mit sehr feinem Sangiovese, Cabernet Sauvignon, Syrah, Malbec und Chardonnay.
Franciacorta Lomb; DOCG (rs) w; sch ☆☆→☆☆☆☆ Kleines Zentrum für Schaumwein von wachsender Qualität und Bedeutung. Ausschließlich Flaschengärung. Spitzenerzeuger: Bellavista, Ca' del Bosco, Castellino, Cavalleri, Gatti, Barone Pizzini, Uberti, Villa; ebenfalls sehr gut: Contadi Gastaldi, Cornaleto, Majolini, Monte Rossa, La Montina, Monzio Compagnoni, Il Mosnel, Ricci Curbastri, Ronco Calino, Vezzoli. Für weiße und rote Stillweine siehe Terre di Franciacorta.
Frascati Lat; DOC w; tr lbl s; (sch) ☆→☆☆ BV – Der bekannteste Wein von den Hügeln um Rom: sollte weich, sauber, golden, angenehm fruchtig sein. Heute ist er meistens enttäuschend neutral. Zu empfehlen sind Weine von Conte Zandotti, Villa Simone bzw. Santa Teresa von Fontana Candida. Eine süße Version heißt Cannellino. Am besten trinkt man ihn offen in einer römischen Trattoria.
Freisa Piem; r; tr lbl s; (sch) ★★ BV – Meist sehr trockener (außer bei Turin), oft perlender Rotwein, angeblich nach Erdbeeren und Rosen schmeckend. Bei genügend Säure sehr schmackhaft, besonders zu Salami. Empfehlenswert von Cigliuti, Clerico, Aldo Conterno, Coppo, Parusso, Pecchenino, Pelissero, Sebaste, Trinchero, Vajra, Voerzio.
Frescobaldi ☆☆→☆☆☆☆ Führende Pioniere für Chianti Rufina in Nipozzano östlich von Florenz. Auch weißer Pomino und Cabernet Sauvignon (Mormoreto). Siehe auch Montesodi. Castelgiocondo (☆☆☆) gehört ebenfalls zum Besitz. Produziert seit 1997 zusammen mit Mondavi (Kalifornien) in der Nähe von Montalcino die Weine Luce und Lucente. Neue Weinberge in der DOC Collio und in der Maremma. Bedeutende Weinberganlage südöstlich von Florenz bei Montespertoli.
Friaul–Julisch Venetien Nordöstl. Region an der slowenischen Grenze. Viele Weine, die besten unter DOC Isonzo, Collio und Colli Orientali.
Frizzante Leicht schäumend; ein Ausdruck, mit dem Weine wie Lambrusco bezeichnet werden.
Gaja ☆☆☆☆ Altes Familienunternehmen unter der glänzenden Leitung von Angelo Gaja. Piemontesische Spitzenweine (in Qualität und Preis), v. a. Barbaresco (Einzellagen Sorì Tildin, Sorì San Lorenzo, Costa Russi) und Barolo Sperss; richtungweisend auch mit ausgezeichnetem Chardonnay (Gaia und Rey) und Cabernet Sauvignon Darmagi. Vor kurzem Erwerb der Handelsmarke Gromis, des Weinguts Marengo-Marenda (Barolo) und des Guts Pieve di Santa Restituta (Brunello). Neuanpflanzung

eines Weinbergs – Ca' Marcanda – in Bolgheri (Toskana). Barbaresco- und Barolo-Weine von Einzellagen sind inzwischen auf dem Etikett als DOC Langhe ausgewiesen.

Galardi ☆☆☆ Erzeuger von Terra di Lavoro, einem phänomenalen Verschnitt von Aglianico und Piedirosso im nördlichen Kampanien unweit der DOC Falerno del Massico.

Galestro Tosk; w ☆ Name für einen sehr leichten Weißwein, benannt nach dem Schieferboden im Chianti.

Gambellara Ven; DOC w; tr lbl; (sch) ☆ BV – Nachbar von Soave. Der trockene Wein mit ähnlichem Charakter, der süße Wein (Recioto di Gambellara) fruchtiger. Spitzenerzeuger: La Biancara.

Gancia Berühmte Asti-Firma, erzeugt auch trockenen Schaumwein.

Garganega Wichtigste weiße Traube für Soave und Gambellara.

Garofoli ★★→★★★ Einer der Qualitäts-Spitzenreiter in den Marken (bei Ancona). Beachtlicher Stil bei Verdicchio Podium, Macrina und Serra Fiorese; auch Rosso Conero Piancarda und sehr guter Grosso Agontano.

Gattinara Piem; DOCG r ★★★ **89' 90' 93 95 96'** 97' 98 99' 00 01 – Köstlicher, fülliger Rotwein auf Nebbiolo-Basis, traditionell der feinste aus Nordpiemont. Am besten sind Travaglini (Riserva) und Einzellagenweine von Antoniolo. Weitere gute Erzeuger: Bianchi, Nervi, Sergio Gattinara.

Gavi Piem; DOCG w ☆→☆☆☆ BV Von Cortese-Trauben gekelterter, bestenfalls (aber selten) subtiler, trockener Weißwein. Am bekanntesten von La Scolca; gut sind daneben Banfi (beachtenswert: Vigna Regale), Castellari Bergaglio, Franco Martinetti. Angenehm auch Broglia, Cascina degli Ulivi, Castello di Tassarolo, Chiarlo, La Giustiniana, Podere Saulino und Villa Sparina.

Geografico ☆☆ Genossenschaft mit immer besserem DOCG Chianti Classico; gut die Riserva Montegiachi. IGT-Weine: Pulleraia und Ferraiolo.

Gewürztraminer Siehe Traminer aromatico.

Ghemme Piem; DOCG r ★★ **89 90' 93 95 96** 97' 98 99' 00 01 – Nachbar von Gattinara, aber nicht so gut. Am besten sind Antichi Vigneti di Cantalupo und Rovellotti.

Giacosa, Bruno ☆☆→☆☆☆☆ Begabter Einzelgänger mit hervorragendem Barbaresco, Barolo und anderen piemontesischen Weinen in Neive. Bemerkenswerter Arneis-Weißwein und Pinot-nero-Schaumwein.

Goldmuskateller Aromatische Südtiroler Traube, liefert oft unwiderstehlichen trockenen Weißwein, v.a. von Lageder und der Genossenschaft Kaltern.

Governo Alter Brauch in der Toskana, lebt bei manchen Erzeugern in abgeschwächter Form wieder auf. Getrocknete Trauben oder Most werden dem Jungwein zugegeben, um eine zweite Gärung und dadurch ein leichtes Prickeln hervorzurufen – manchmal anstelle von konzentriertem Most zur Erhöhung des Alkoholgehalts eingesetzt.

Gradi Grad (Alkoholgehalt), d.h. Volumenprozent.

Grappa Alkoholstarker, machmal einzigartiger Tresterbranntwein. Die besten Grappe stammen aus dem Piemont (Ugo Marolo, Paolo Marolo, Distilleria Artigiana, Berta), dem Trentino (Pojer & Sandri, Pilzer, Giovanni Poli), aus Friaul (Nonino), Venetien (Carlo Gobetti, Vittorio Capovilla, Jacopo Poli), der Toskana (Nannoni) und Sizilien (Giovi).

Grasso, Elio ☆☆☆ Sehr guter Barolo (v.a. Gavarini, Casa Maté und Runcot), voller fassgereifter Barbera d'Alba Vigna Martina, Dolcetto d'Alba und Chardonnay Educato usw.

Grattamacco ☆☆→☆☆☆ Wegweisender Erzeuger nahe Bolgheri an der toskanischen Küste. Sehr guter roter DOC Bolgheri.

Grave del Friuli F-JV; DOC r w ☆→☆☆ **95 97 99** 00 01 – Die DOC umfasst 15 Weine (davon 14 nach der Traubensorte benannt) aus dem mittleren Teil der Region Friaul–Julisch Venetien. Guter Refosco, Merlot und Cabernet Sauvignon. Spitzenerzeuger: Borgo Magredo, Di Lenardo, Le Fredis, Le Monde, Plozner, Vicentini-Orgnani, Villa Chiopris.

Gravner, Josko ☆☆☆ Ein Visionär der Weinproduktion im Collio; setzt sich für Ertragsverringerung, Eichenausbau und langlebige Weine ein. Unermüdlicher Kritiker seiner selbst, stets auf der Suche nach Neuem.

Grechetto Weißweintraube mit mehr Charakter als der überall anzutreffende Trebbiano; in Umbrien zunehmend beliebt.

Greco di Bianco Kal; DOC w; s ☆☆ **97** 98 99 00 01 – Origineller, sanfter und duftiger Dessertwein von der Spitze des italienischen Stiefels; lagern lohnt sich. Bester Erzeuger: Ceratti. Siehe auch Mantonico.

Greco di Tufo Kamp; DOC w; (sch) ☆☆→☆☆☆ (BV) – Einer der besten Weißweine aus dem Süden, fruchtig, etwas »wild« im Geschmack. Spitzenerzeuger: Benito Ferrara, Feudi di San Gregorio, Mastroberardino (Nuovaserra und Vignadangelo), Villa Raiano.

Gresy, Marchesi de (Cisa Asinari) ☆☆☆ Sehr beständiger Erzeuger in den Langhe von feinem Barbaresco. Auch sehr guter Langhe Rosso, Sauvignon blanc, Chardonnay und Moscato d'Asti.

Grevepesa Genossenschaft für Chianti Classico, jetzt mit besserer Qualität.

Grignolino d'Asti Piem; DOC r ☆ BV – Lebendiger, leichter Rotwein aus Piemont.

Grignolino del Monferrato Casalese Dem Grignolino d'Asti sehr ähnlich, aber fester. Besonders empfehlenswert von Bricco Mondalino, Colonna, La Tenaglia.

Gruppo Italiano Vini (GIV) Zusammenschluss von Genossenschaften und sonstigen Kellereien, u. a. von Bigi, Conti Serristori, Folonari, Fontana Candida, Lamberti, Macchiavelli, Melini, Negri, Santi. Kontrolliert seit 1997 auch Ca' Bianca (Piemont) und Vignaioli di San Floriano (Friaul). Investitionen in Sizilien und der Basilikata zeigen die neue Orientierung Richtung Süden.

Guerrieri-Gonzaga ☆☆☆ Spitzenerzeuger im Trentino, v. a. der Verschnitt San Leonardo.

Gutturnio dei Colli Piacentini Em-Ro; DOC r; tr ☆→☆☆ BV – Barbera-Bonarda-Verschnitt aus den Bergen von Piacenza; häufig *frizzante*.

Haas, Franz ☆☆☆ Sehr guter Südtiroler Pinot nero und Lagrein sowie rote und weiße IGT-Verschnittweine.

Hastae ☆☆☆ Neuer Super-Barbera von einer Erzeugergruppe aus Asti (Braida, Chiarlo, Coppo, Prunotto, Vietti).

Hofstätter ☆☆☆ Südtiroler Erzeuger von erstklassigem Pinot nero (v. a. Sant'Urbano), Lagrein, Cabernet Sauvignon/Petit Verdot und Gewürztraminer.

IGT – Indicazione Geografica Tipica Neue Kategorie für Qualitätsweine, die sich gegenwärtig nicht in die DOC-Gebiete bzw. deren Vorschriften einordnen lassen. Mit ihnen ist der absurde Zustand der luxuriösen Vini da Tavola beseitigt worden.

Ischia Kamp; DOC (r) w ☆→☆☆ BV – Der Wein der vor Neapel liegenden Insel. Der Spitzenerzeuger D'Ambra produziert guten roten DOC Dedicato a Mario D'Ambra, roten IGT Tenuta Montecorvo sowie die weißen IGT-Weine Tenuta Frassitelli und Piellero. Gute Weine kommen auch von Pietratorcia.

Isole e Olena ★★★→★★★★ Erstklassiges, besonders schönes Chianti-Classico-Weingut mit feinem rotem IGT Cepparello und sehr gutem Vinsanto, Cabernet Sauvignon, Chardonnay sowie Syrah L'Eremo.

Isonzo F-JV; DOC r w ☆☆☆ **95 97'** 98 **99** 00' 01 – DOC mit 19 Weintypen (17 sortenreine) im Nordosten. Die besten Weißweine und der Merlot halten den Vergleich mit den benachbarten Collio-Weinen aus. Spitzenerzeuger: Lis Neris, Masut da Rive, Pierpaolo Pecorari, Ronco del Gelso, Borgo San Daniele, Vie di Romans, Sant'Elena.

Jermann, Silvio ☆☆☆ Familiengut im Collio mit Weinbergen in den DOCs Collio und Isonzo mit hochwertigen Vini da Tavola, u.a. den weißen Verschnitten Vintage Tunina und Capo Martino (in Eiche ausgebaut) sowie einem Chardonnay namens »Were dreams, now is just wine«. Jetzt gibt es mit dem Pignacoluse auch einen bedeutenden Roten.

Kalterersee Deutscher (und einheimischer) Name für Lago di Caldaro.

Kante, Edi ☆☆→☆☆☆ Der wichtigste Erzeuger im Carso mit feinem DOC Chardonnay, Sauvignon blanc, Malvasia und gutem roten Terrano.

Lacryma (oder **Lacrima**) **Christi del Vesuvio** Kamp; r rs w; tr (s); (fz) ☆→☆☆ BV – Berühmte, aber gewöhnliche Weine verschiedenster Art von den Hängen des Vesuvs (DOC Vesuvio). Die Weine von Mastroberardino und Caputo lassen großes Potenzial vermuten.

Lageder, Alois ☆☆→☆☆☆ Spitzenerzeuger in Südtirol mit faszinierenden Weinen, u.a. in Eiche ausgebauter Chardonnay und die Cabernet-Gewächse Löwengang und Römigberg. Einzellagenweine: Lehenhof (Sauvignon blanc), Benefizium Porer (Pinot grigio), Krafuss (Pinot nero), Lindenberg (Lagrein), Tannhammer (Terlaner). Mit zum Besitz gehört das Gut Cason Hirschprunn für sehr gute rote und weiße IGT-Verschnitte.

Lago di Caldaro Siehe Caldaro und Kalterersee.

Lagrein T-S; DOC r rs ☆☆→☆☆☆ **95' 96** 97' 98 99 00' 01 02 – Traubensorte mit bitterem Beigeschmack. Guter, fruchtiger Wein, oft sehr ansprechend. Es gibt ihn als Rosé (Kretzer) und Rotwein (Dunkel). Spitzenerzeuger: die Genossenschaften Gries, St. Magdalener, Schreckbichl und Terlan sowie die Güter Gojer, Haas, Hofstätter, Lageder, Laimburg, Josephus Mayr, Thomas Mayr, Muri-Gries, Niedermayr und Niedrist.

Lamberti ☆☆ Bedeutender Erzeuger von Soave, Valpolicella, Bardolino usw., in Lazise am Ostufer des Gardasees.

Lambrusco Em-Ro; DOC (teilweise) r rs; tr lbl ☆→☆☆ BV – Perlender Rotwein, am bekanntesten in lieblicher Massenversion. Am besten ist er *secco*, traditionell mit Zweitgärung in der Flasche (Hefesatz am Boden). DOC: Lambrusco Grasparossa di Castelvetro, Lambrusco Salamino di Santa Croce und Lambrusco di Sorbara. Spitzenerzeuger: Bellei, Caprari, Casali, Cavicchioli, Graziano, Lini Oreste, Medici Ermete (v.a. Concerto), Rinaldo Rinaldini, Venturini Baldini. Vorurteile über Bord werfen und probieren!

Langhe Die Hügel im mittleren Piemont, Heimat von Barolo, Barbaresco usw. DOC (r w ☆☆→☆☆☆) für 8 Weine: Rosso, Bianco, Nebbiolo, Dolcetto, Freisa, Arneis, Favorita und Chardonnay. Barolo und Barbaresco können jetzt zur DOC Langhe Nebbiolo herabgestuft werden.

Latisana F-JV; DOC r w ☆→☆☆ **99** 00 01 02 – DOC für 13 Sortenweine, etwa 80 km nordöstlich von Venedig. Bester Wein ist der Tocai friulano.

Lessona Piem; DOC r ☆☆ **94 95 96′ 97′** 98 99′ 00 01 – Weicher, trockener, heller Rotwein von Nebbiolo-, Vespolina- und Bonarda-Trauben aus der Provinz Vercelli. Bester Erzeuger: Sella.

Librandi ★★★ Spitzenerzeuger in Kalabrien. Sehr guter roter Cirò (Riserva Duca Sanfelice ☆☆☆), IGT Gravello (Cabernet/Gaglioppo) und Magno Megonio (Magliocco). Besonders eindrucksvoll der neue IGT Efeso, der von der Mantonico-Traube gekeltert wird.

Liquoroso Starker, meist süßer Wein, immer gespritet.

Lisini ☆☆☆ Historisches kleines Weingut mit besonders feinem Brunello di Montalcino.

Lis Neris ☆☆☆ Spitzenweingut im Bereich Isonzo mit einer ganzen Reihe feinster Tropfen: Chardonnay, Pinot grigio, Sauvignon blanc, ein Rotwein auf Merlot-Basis, der aromatische weiße Verschnitt Confini und ein köstlicher Verduzzo-Dessertwein (VdT).

Livon ☆☆→☆☆☆ Bedeutender Erzeuger von Collio- und einigen guten Colli-Orientali-Weinen, z. B. Verduzzo. Ist jetzt auch in die DOCG-Gebiete Chianti Classico und Montefalco vorgestoßen.

Loazzolo Piem; DOC w; s ☆☆☆ **95 96′ 97′** 98′ 99′ 00 01′ – DOC für Moscato-Dessertwein aus luftgetrockneten edelfaulen Trauben: teuer und süß. Spitzenerzeuger: Forteto della Luja.

Locorotondo Apu; DOC w; (sch) ☆ BV – Angenehm frischer Weißwein aus dem Süden.

Luce ☆☆☆ Ehrgeiziges Gemeinschaftsunternehmen von Mondavi (siehe Kalifornien) mit Frescobaldi (startete 1998); dieser Sangiovese-Merlot-Verschnitt könnte Italiens Opus One werden.

Lugana Lomb und Ven; DOC w; (sch) ☆→☆☆ BV – Weißweine vom südlichen Gardasee: können duftig, geschmeidig, voller Körper und Geschmack sein. Gute Erzeuger: Ca′ dei Frati, Zenato.

Lungarotti ☆☆→☆☆☆ Das führende Haus für Torgiano-Weine mit Kellern, Hotel und Weinmuseum in der Nähe von Perugia. Erzeugt auch gute IGT-Weine: Sangiorgio (Sangiovese/Cabernet Sauvignon), Chardonnay Aurente und Giubilante. Siehe auch Torgiano.

Macchiavelli Siehe Gruppo Italiano Vini.

Macchiole, Le ☆☆☆ Überragender roter DOC Bolgheri Paleo; außerdem Macchiole Rosso (Sangiovese/Cabernet franc), Messorio (Merlot) und Scrio (Syrah) aus der IGT Toskana.

Maculan ☆☆☆ Exzellenter Cabernet Sauvignon (Fratta, Ferrata), Chardonnay (Ferrata), Merlot (Marchesante) und Torcolato (v. a. die Reserva Acininobili).

Malvasia Verbreitete Rebsorte mit schillerndem Charakter: für Weiß- und Rotweine, Schaum- und Stillweine, kräftig oder mild, lieblich oder trocken, aromatisch oder eher neutral, oft als IGT, manchmal als DOC.

Manduria (Primitivo di) Apu; DOC r; lbl ☆☆→☆☆☆ **97′** 98 99 00 01 – Dunkelroter, alkoholstarker, manchmal süßer Wein aus der Gegend um Tarent. Gute Erzeuger: Casale Bevagna, Felline, Masseria Pepe, Pervini, Pozzopalo, Sinfarosa.

Mantonico Kal; w; tr s; fz ☆☆ **95 97** 99 00 01 – Fruchtiger, tief goldgelber Dessertwein aus Reggio Calabria. Bemerkenswert gut haltbar. Erzeuger: u. a. Ceratti. Librandi hat jetzt eine beachtliche trockene Version herausgebracht. Siehe auch Greco di Bianco.

Manzone, Giovanni ☆☆☆ Sehr gute, außerordentlich charaktervolle Alba-Weine vom Gut Ciabot del Preve nahe Monforte d′Alba; besonders zu empfehlen sind Barolo, Barbera d′Alba und Dolcetto von Einzellagen.

Marchesi di Barolo ☆☆ Bedeutende Kellerei in Alba: Barolo (v.a. Cannubi und Sarmassa), Barbaresco, Dolcetto d'Alba, Barbera, Freisa d'Asti und Gavi.
Maremma Der südliche Teil der toskanischen Küste, namentlich in den Provinzen Livorno und Grosseto. DOCs sind u.a. Bolgheri und Val di Cornia (Livorno) sowie Monteregio, Morellino di Scansano, Parrina und Sovana (Grosseto). Das hohe Qualitätspotenzial der Weine wurde in letzter Zeit mit großem Interesse verfolgt und hat schon einige Investitionen nach sich gezogen.
Marino Lat; DOC w; tr lbl; (sch) ☆→☆☆ BV – Nachbar von Frascati mit ähnlichem Wein, aber oft preiswerter. Nach Di Mauro Ausschau halten.
Marsala Siz; DOC br; tr lbl s; fz ☆→☆☆☆ oJ – Siziliens dunkler, Sherryartiger Wein, 1773 von den Gebrüdern Woodhouse aus Liverpool »erfunden«. Sehr guter Aperitif oder Dessertwein, der aber meist nur in der Küche verwendet wird (z.B. für Zabaglione). Trockene Versionen (»vergine«) werden manchmal nach der Solera-Methode bereitet und müssen 5 Jahre alt sein. Spitzenerzeuger: De Bartoli, Florio, Pellegrino, Rallo, Vecchio Samperi. Herausragende alte Exmplare sind ☆☆☆☆.
Martini & Rossi Wermut- und Schaumweinfirma, jetzt mehrheitlich im Besitz der Bacardi-Gruppe. Unterhält auch ein schönes Museum über Weingeschichte in Pessione bei Turin.
Marzemino (Trentino) T-S; DOC r ☆→☆☆ **00** 01 03 – Angenehmer lokaler Rotwein aus dem Trentino. Fruchtig, leicht bitter. Erzeuger: u.a. Bossi Fedrigotti, Cavit, De Tarczal, Gaierhof, Letrari, Longariva, Simoncelli, E. Spagnoli, Vallarom.
Mascarello Name zweier führender Erzeuger von Barolo usw.: Bartolo M. sowie Giuseppe M. & Figli mit seinem herrlichen Barolo Monprivato.
Masi ☆☆→☆☆☆ Bekannter, gewissenhafter und zuverlässiger Erzeuger für Valpolicella, Amarone, Recioto, Soave usw., auch feiner roter Campo Fiorin und sehr guter fassgereifter roter IGT Toar.
Massa, La ☆☆☆ Hoch gehandelter Erzeuger von sehr gutem Chianti Classico, v.a. Giorgio Primo.
Mastroberardino ☆☆→☆☆☆ Das geschichtsträchtige Weingut Kampaniens ist jetzt in zwei Teile zerfallen: Mastroberardino und Terredora. Sonst jedoch kaum Änderungen. Weine: Fiano di Avellino, Greco di Tufa, Lacryma Christi, Taurasi (besonders Radici), IGT Avalon vom Vesuv und IGT Naturalis Historia, der neue Spitzenverschnitt von Aglianico und Piedirosso.
Melini ☆☆ Alteingesessener Erzeuger von Chianti Classico in Poggibonsi. Gute Qualität, guter Preis; besonders zu empfehlen der Einzellagen-Chianti-Classico Selvanella sowie die Riserva-Weine La Selvanella und Masovecchio.
Meranese di Collina T-S; DOC r ☆ BV – Leichter Rotwein aus Meran; auch als Meraner Hügel bekannt.
Merlot Anpassungsfähige rote Traube, v.a. in Nord-, aber auch Mittelitalien verbreitet. Viele DOC-Bereiche. Beste Erzeuger in Friaul–Julisch Venetien: Borgo del Tiglio, Le Due Terre, Livio Felluga (Sossò), Renato Keber, Miani, Radikon, Villa Russiz (De la Tour); in der Emilia–Romagna Bonzara (Rocca di Bonacciara); in den Marken Boccadigabbia; in Latium Falesco (Montiano); in Sizilien Planeta; in Kampanien Feudi di San Gregorio (Pàtrimo); in der Toskana die Super-IGTs: Ama (L'Apparita), Frescobaldi (Lampione), La Cappella (Cantico), Cantine Leonardo da Vinci

(Artisi), Macchiole (Messorio), Ornellaia (Masseto), Petrolo (Galatrona), Rodano (Lazzicante), San Giusto a Rentennano (La Ricolma), Tua Rita (Redigaffi).

Metodo classico/tradizionale Die mittlerweile obligatorische Bezeichnung für Schaumwein in Flaschengärung. »Metodo champenois« ist seit 1994 untersagt. Siehe auch Classico.

MezzaCorona ☆☆ Große Trentiner Genossenschaft mit gutem DOC Teroldego und schäumendem Rotari Metodo classico.

Moccagatta ☆☆→☆☆☆ Spezialist für eindrucksvollen Einzellagen-Barbaresco: Basarin, Bric Balin (☆☆☆) und Vigna Cole. Auch Barbera d'Alba und Langhe.

Molino ☆☆☆ Begabter Erzeuger von eleganten Alba-Weinen in La Morra. Empfehlenswert: Barolo Gancia, Barolo Conca, Barbera Gattere und Dolcetto.

Monacesca, La ☆☆→☆☆☆ Guter Erzeuger mit Verdicchio di Matelica; Spitzenwein: Mirus.

Moncaro ☆☆ Genossenschaft in den Marken: guter Verdicchio dei Castelli di Jesi, Rosso Conero und Rosso Piceno.

Monferrato Piem; DOC r rs w; s ☆☆ Der Name des Hügellands zwischen Po und Apennin steht für eine neue DOC mit Rosso, Bianco, Chiaretto, Dolcetto, Casalese, Cortese und Freisa.

Monica di Sardegna Sard; DOC r ☆→☆☆ BV – Von der Monica-Traube kommt leichter trockener Rotwein.

Monsanto ☆☆☆ Hoch angesehenes Chianti-Classico-Weingut mit der Einzellage Il Poggio. Außerdem die IGTs Fabrizio Bianchi (Sangiovese) und Nemo (Cabernet Sauvignon).

Montalcino Kleinstadt in der Provinz Siena (Toskana). Sie ist berühmt für ihren konzentrierten, sehr teuren Brunello und den etwas zugänglicheren, günstigeren Rosso di Montalcino.

Montecarlo Tosk; DOC r w ☆☆ w BV – Weiß- und immer mehr Rotwein aus einem Bereich bei Lucca im Norden der Toskana. Die Weißen sind geschmeidige, neutrale Verschnitte aus Trebbiano und mehreren besseren Traubensorten, die Roten Standardweine im Chianti-Stil. Gute Erzeuger: Buonamico (v. a. rote IGTs Cercatoja Rosso und Fortino), Carmignani (sehr guter IGT For Duke); empfehlenswert auch die roten IGT-Weine von La Torre, Montechiari, Fattoria del Teso und Wandanna.

Montecucco Neuer toskanischer DOC-Bereich zwischen Montalcino und Morellino di Scansano. Empfehlenswert: Fattoria di Montecucco. Folonari, Masi, Pertimali, Riecine und Talenti haben hier beträchtlich investiert.

Montefalco, Rosso di Umb; DOC r ★★→☆☆☆ **93 94 95 96 97'** 98 99' 00' 01 – Verschnitt von Sangiovese, Trebbiano und Sagrantino. Gute Erzeuger: siehe Montefalco Sagrantino.

Montefalco Sagrantino Umb; DOCG r; tr (s) ☆☆☆→☆☆☆☆ **90 91 93 94 95' 96** 97' 98 99' 00' 01 – Starker, sehr interessanter roter Secco oder Passito (süß), sortenrein von der Sagrantino-Traube. Erzeuger: v. a. Benincasa, Caprai, Colpetrone, Perticaia, Scacciadiavoli und Terra di Trinci.

Montellori, Fattoria di ★★→★★★ Der toskanische Erzeuger produziert IGT Sangiovese/Cabernet Sauvignon Castelrapiti, Cabernet/Merlot Salamartano, den weißen IGT-Verschnitt Montecupoli sowie den IGT Sant'Amato (Sauvignon blanc). Auch guter Spumante Metodo classico.

Montepulciano Wichtige Rotweintraube des östlichen Mittelitaliens sowie die berühmte Stadt in der Toskana (siehe Vino Nobile di Montepulciano).

Montepulciano d'Abruzzo Abr; DOC r rs ★→★★★ **90 92 94 95** 97' 98' 00' 01 – In seiner seltenen Spitzenform einer der besten italienischen Rotweine, voll Wohlgeschmack und Wärme, von der Küste bei Pescara. Spitzenerzeuger: Barone Cornacchia, Nestore Bosco, Cataldi-Madonna, Feuduccio, Filomusi-Guelfi, Illuminati, Masciarelli, Monti, Montori, Nicodemi, Orlandi Contucci Ponno, Terre d'Aligi, Torre dei Beati, La Valentina, Valentini, Valle Reale und Valori. Die große preisgünstige Marke heißt Farnese. Siehe auch Cerasuolo.

Monteregio Aufstrebende DOC nahe Massa Marittima in der Maremma. Weine von Sangiovese und Cabernet Sauvignon auf hohem Niveau von den Erzeugern Montebelli, Moris Farms, Massa Vecchia, La Pierotta und Suveraia. Neue Investoren, darunter Antinori, Bellavista, Erik Rothschild und Zonin, stoßen hinzu.

Montescudaio Tosk; DOC r w ☆☆ **95 97** 98 99 00 01 – DOC zwischen Pisa und Livorno; die besten Weine sind von Sangiovese oder Verschnitte von Sangiovese und Cabernet Sauvignon. Halten Sie Ausschau nach Weinen von Aione, Merlini, Poggio Gagliardo, Sorbaiano.

Montesodi Tosk; r ☆☆☆ **90 93 95 97** 99 01' – Erstklassige Chianti Rufina Riserva von Frescobaldi.

Montevertine Weingut in Radda; eine treibende Kraft in der Renaissance der toskanischen Weine in den 1970er- und 1980er-Jahren. Der IGT Le Pergole Torte ist ein Musterbeispiel für in kleinen Fässern ausgebauten Sangiovese.

Montevetrano ☆☆☆ Kleiner Erzeuger in Kampanien; hervorragender IGT Montevetrano (Cabernet Sauvignon/Merlot/Aglianico).

Montresor ☆☆ Veroneser Weinhaus mit gutem Lugana, Bianco di Custoza, Valpolicella.

Morandina, La ☆☆☆ Kleines Familienweingut mit erstklassigem Moscato und Barbera d'Asti.

Morellino di Scansano Tosk; DOC r ★→★★★ **90' 93 94 95 97** 98 99' 00 01 – Lokale Variante von Sangiovese in der Maremma an der Südküste der Toskana, wird im Geschmack zunehmend moderner und liegt zurzeit voll im Trend; sollte kirschrot, lebendig und süffig sein, egal ob jung oder gereift. Empfehlenswerte Erzeuger: Belguardo, La Carletta, Col di Bacche, Colli dell'Uccellina, Fattoria di Magliano, Malfatti, Mantellasi, Moris Farms, Poggio Argentiera, Poggiolungo, Le Pupille, Cantina di Scansano.

Moris Farms ☆☆☆ Guter Erzeuger in den Bereichen Monteregio und Morellino di Scansano nördlich bzw. südlich von Grosseto; Ausschau halten nach der Riserva und dem reichhaltigen Sangiovese/Cabernet Sauvignon/Syrah IGT Avvoltore.

Moscadello di Montalcino Tosk; DOC w; s; (sch) ☆☆ BV – Wiederbelebter traditioneller Wein aus Montalcino, einst viel bedeutender als der Brunello; ein süßer, perlender weißer Moscato, auch in süßer, gehaltvoller Passito-Version. Gute Erzeuger: Col d'Orcia, La Poderina, Poggio Salvi.

Moscato Fruchtig-duftige, stark verbreitete Traube für verschiedene Weine: schäumend oder still, leicht oder körperreich, aber stets süß.

Moscato d'Asti Piem; DOCG w; s; sch ☆☆→☆☆☆ BV – Die Weine sind ähnlich wie die der DOCG Asti, doch gewöhnlich von besserem Rebgut gekeltert, außerdem weniger alkoholstark, süßer und fruchtiger und meist von kleineren Gütern bereitet. Spitzenerzeuger: L. Armangia, Walter Bera, Ca' d'Gal, Cascina Fonda, Caudrina, Il Falcheto, Icardi, Marino, La Morandina, Marco Negri, Perrone, Rivetti, Saracco, Scagliola, Vignaioli di Santo Stefano, Viticoltori Acquese.

Moscato giallo Siehe Goldmuskateller.

Müller-Thurgau Rebsorte, die in Trentino–Südtirol und in Friaul beachtliche Ergebnisse zeitigt. Führende Erzeuger: Lavis, Lageder, Pojer & Sandri, Zeni.

Murana, Salvatore ☆☆☆ Sehr guter Moscato und Passito di Pantelleria.

Muri-Gries ☆☆ Sehr guter Erzeuger von Südtiroler DOC-Weinen; v. a. DOC Lagrein.

Nada, Fiorenzo ☆☆☆ Ausgezeichneter Erzeuger von weichem, elegantem DOCG Barbaresco.

Nebbiolo Die beste Rotweintraube im Piemont und in Valtellina (Lombardei).

Nebbiolo d'Alba Piem; DOC r; tr (lbl); (sch) ★★ **96** **97** **98** 99 00 01 – Aus Alba (Alternative zu Barolo und Barbaresco). Manchmal ähnlich wie leichter Barolo, lässt sich einfacher trinken als der starke klassische Wein. Beste Erzeuger: Alario, Bricco Maiolica, Cascina Chicco, La Contea, Correggia, De Marie, Fontanafredda, Giacosa, Gianmatteo, Hilberg, Mascarello, Prunotto, Sandrone, Val di Prete. Siehe auch Roero.

Negri Siehe Gruppo Italiano Vini.

Negroamaro Wörtlich »schwarzer Bitterer«. Apulische Traubensorte mit großem Qualitätspotenzial. Siehe Alezio, Brindisi, Copertino und Salice Salentino.

Nero d'Avola Für sich oder in Verschnitten verarbeitete sehr vielversprechende dunkelrote Traube aus Sizilien (Avola liegt südlich von Syrakus).

Niedermayr ☆☆☆ Sehr guter Südtiroler DOC, v. a. Lagrein, Pinot nero, Gewürztraminer, Sauvignon blanc und die IGT-Weine Euforius (Lagrein/Cabernet Sauvignon) und Aureus, ein süßer Weißweinverschnitt.

Niedrist, Ignaz ☆☆☆ Begabter kleiner Südtiroler Erzeuger von Weiß- und Rotweinen (v. a. Lagrein, Pinot nero, Pinot bianco und Riesling).

Nipozzano, Castello di ☆☆☆ Das Frescobaldi-Weingut im Rufina östlich von Florenz, aus dem der Montesodi Chianti kommt, ist die bedeutendste Chianti-Kellerei außerhalb der Classico-Zone.

Nittardi ☆☆→☆☆☆ Aufstrebendes Chianti-Classico-Weingut.

Nosiola (Trentino) T-S; DOC w; tr s ☆ BV – Leichter, fruchtiger Weißwein von getrockneten Nosiola-Trauben; auch guter Vinsanto. Spitzenerzeuger: Castel Noarna, Pojer & Sandri, Giovanni Poli, Pravis, Zeni.

Nozzole ☆☆→☆☆☆ Berühmtes Gut im Zentrum des Chianti-Classico-Bereichs, nördlich von Greve; jetzt im Besitz von Ambrogio Folonari. Auch sehr guter Cabernet Sauvignon Pareto.

Nuragus di Cagliari Sard; DOC w ★★ BV – Lebendiger Weißwein aus Sardinien.

Oasi degli Angeli Mustergültige sortenreine Montepulciano-Weine von einem kleinen Erzeuger in den Südmarken: üppig und vollmundig.

Oberto, Andrea ★★→★★★ Fleißiger, kleiner Erzeuger in La Morra mit feinem Barolo und Barbera d'Alba.

Oddero Piem ☆☆→☆☆☆ Für exzellenten Barolo (v. a. Mondocco di Bussia, Rocche di Castiglione, Vigna Rionda) bekanntes Weingut in La Morra.

Oltrepò Pavese Lomb; DOC r w; tr s; sch ☆→☆☆☆ DOC für 14 meist nach der Traubensorte benannte Weine aus der Provinz Pavia. Pinot nero und Spumante können sehr gut sein. Spitzenerzeuger: u. a. Anteo, Barbacarlo, Casa Re, Frecciarossa, Le Fracce, Monsupello, Mazzolino, Ruiz de Cardenas, Travaglino, Vercesi del Castellazzo und die Genossenschaft La Versa.

Ornellaia Tosk ☆☆☆☆ Das von Ludovico Antinori bei Bolgheri an der toskanischen Küste gegründete Weingut gehört jetzt Mondavi-Frescobaldi. Die Liste der berühmten Weine ist lang: Bolgheri DOC Ornellaia, hervorragender IGT Masseto (Merlot), sehr guter Bolgheri DOC Le Serre Nuove und VdT Le Volte.

Orvieto Umb; DOC w; tr lbl ☆→☆☆ BV – Der klassische goldene Weißwein aus Umbrien, geschmeidig und gehaltvoll, früher sehr ausdruckslos, neuerdings interessanter, v. a. in lieblichen Versionen. Classico ist besser. Nur die besten, z. B. von Antinori (Castello della Sala), Barberani, Bigi, La Carraia, Co.Vi.O., Decugnano dei Barbi, Palazzone oder Vi.C.Or. sind länger haltbar. Siehe auch Castello della Sala.

Pacenti, Siro ☆☆☆ Brunello und Rosso di Montalcino im ausgesprochen internationalen Stil.

Pagadebit di Romagna Em-Ro; DOC w; tr lbl ★ BV – Traditionsreicher, gefälliger Wein aus der Gegend von Bertinoro.

Pagani De Marchi Ein neues Gesicht nördlich von Bolgheri. Eindrucksvolle sortenreine IGT-Weine von Cabernet Sauvignon, Sangiovese und v. a. Merlot.

Palazzino, Podere Il ☆☆☆ Kleines Weingut mit bewundernswertem Chianti Classico, u. a. dem Grosso Sanese.

Pancrazi, Marchese ☆☆→☆☆☆ Gut bei Florenz: einer der besten Pinot-nero-Weine Italiens.

Paneretta, Castello della ☆☆→☆☆☆ Im Auge behalten: sehr feiner Chianti Classico, IGT-Weine Quattrocentenario, Terrine.

Panizzi ☆☆→☆☆☆ Erstklassiger Vernaccia di San Gimignano. Auch Chianti Colli Senesi.

Pantelleria Insel vor der Küste Siziliens, bekannt für ihre Moscato-Weine, v. a. Passito. Empfehlenswert: Abraxas, Donnafugata, Nuova Agricoltura.

Parrina Tosk; DOC r w ☆☆ Imposantes Gut in der südlichen Toskana, unweit der vornehmen Erholungseinrichtungen am Monte Argentario. Guter weißer Ansonica und besser werdende Rote (Sangiovese/Cabernet Sauvignon und Merlot) aus der Maremma.

Parusso ☆☆☆ Marco und Tiziana Parusso produzieren schönen Barolo (z. B. aus den Einzellagen Bussia Vigna Rocche und Bussia Vigna Munie) sowie Barbera d'Alba, Dolcetto und weißen Langhe (Sauvignon blanc).

Pasqua, Fratelli ☆☆ Guter Erzeuger und Abfüller veronesischer Weine: Valpolicella, Amarone, Soave. Auch Bardolino und Recioto.

Passito Starker, in der Regel süßer Wein aus am Rebstock oder unter einem Dach getrockneten Trauben.

Paternoster ☆☆☆ Spitzenerzeuger von Aglianico del Vulture, v. a. Don Anselmo und Villa Rotondo.

Patriglione ☆☆☆ Konzentrierter, starker roter IGT von Negroamaro- und Malvasia-nera-Trauben. Siehe Taurino.

Piave Ven; DOC r w ☆→☆☆ r **97 99'** 00 01 w BV – Blühende DOC nordwestlich von Venedig für 8 nach der Traubensorte benannte Weine, 4 rote, 4 weiße. Die Cabernet-Sauvignon-, Merlot- und Raboso-Weine vertragen Reifezeit. Erzeuger: v. a. Molon und Loredan Gasparini.

Picolit (Colli Orientali del Friuli) F-JV; DOC w; lbl s ☆☆→☆☆☆☆ **95 97** 99 00 01 03 – Delikater Süßwein mit überzogenem Renommee. Erinnert im Stil ein wenig an Jurançon in Frankreich. Reifezeit bis zu 6 Jahre; stark überteuert. Beste Erzeuger: Dorigo, Felluga, Meroi, Perusini, Specogna und Villa Russiz.

Piemont Zusammen mit der Toskana das bedeutendste italienische Anbaugebiet für Wein in Spitzenqualität mit Turin als Hauptstadt und Asti und Alba als Weinzentren. Siehe Barbaresco, Barbera, Barolo, Dolcetto, Grignolino, Moscato usw.

Piemonte Piem; DOC r rs w; (sch) ☆→☆☆ Neue Dach-DOC für das ganze Piemont, umfasst P. Barbera, P. Bonarda, P. Brachetto, P. Cortese, P. Grignolino, P. Chardonnay, P. Spumante, P. Moscato.

Pieropan ☆☆☆ Hervorragender und zu Recht berühmter Erzeuger von Soave und Recioto, v. a. Soave La Rocca und Calvarino; auch süßer Passito della Rocca.

Pieve di Santa Restituta ☆☆☆ Weingut im Besitz von Gaja; bewundernswerter Brunello di Montalcino, v. a. Sugarile.

Pigato Lig; DOC w ☆☆ DOC im Bereich Riviera Ligure di Ponente; überflügelt oft den Vermentino als feinsten Weißwein Liguriens mit meist vollem, kräftigem Gefüge. Erzeuger: v. a. Bruna, Colle dei Bardellini, Durin, Feipu, Foresti, Lupi, Terre Rosse, Vio.

Pinot bianco Im Nordosten populäre Traube für viele DOC-Weine, im Allgemeinen ehrlich und trocken. Am besten aus Südtirol ☆☆ (Spitzenerzeuger: Colterenzio, Hofstätter, Lageder, Niedrist, und die Genossenschaften in Terlan und Tramin), dem Collio ☆☆→☆☆☆ (Erzeuger: v. a. Renato Keber, Aldo Polencic, Russiz Superiore, Schiopetto, Villa Russiz), den Colli Orientali ☆☆→☆☆☆ (Erzeuger: v. a. Zamò & Zamò) und dem Bereich Isonzo ☆☆ (Erzeuger: v. a. Masut da Rive).

Pinot grigio Schmackhafte säurearme Weißweintraube, im Nordosten zunehmend populär. Am besten aus den DOC-Bereichen Alto Adige (Lageder und die Genossenschaften Kaltern, St. Michael-Eppan, Terlan und Tramin), Collio (Renato Keber, Livon, Aldo Polencic, Russiz Superiore, Schiopetto, Tercic, Terpin, Venica, Villa Russiz), den Colli Orientali (Livio Felluga) und dem Bereich Isonzo (Borgo San Daniele, Lis Neris, Masut da Rive, Pierpaolo Pecorari, Vie di Romans).

Pinot nero Wird in weiten Teilen Nordostitaliens angebaut. DOC-Status in Südtirol (Haas, Haderburg, Hofstätter, Lageder, Laimburg, Niedermayr, Niedrist, Genossenschaften Kurtatsch, Kaltern, St. Michael-Eppan, Schreckbichl, Tramin) sowie im Oltrepò Pavese (Frecciarossa, Ruiz de Cardenas). Vielversprechende Experimente auch andernorts, z. B. in Friaul (Le Due Terre, Masut da Riva), in der Toskana (Ama, Farnetella, Fontodi, Pancrazi) und am Ätna in Sizilien. Ebenfalls gut aus dem Trentino (Lunelli, Maso Cantanghel, Pojer & Sandri), der Lombardei (Ca' del Bosco, Ronco Calino), Umbrien (Antinori) und den Marken (Boccadigabbia).

Pio Cesare ☆☆→☆☆☆ Alteingesessener Erzeuger in Alba, v. a. für Barolo und Barbaresco.

Planeta ☆☆☆ Einer der sizilianischen Spitzenerzeuger. Besonders gut: Segreta Bianco (Grecanico/Catarratto/Chardonnay) und Segreta Rosso

(Nero d'Avola/Merlot); ebenfalls überragend: Chardonnay, Cabernet Sauvignon, Cometa (Fiano), Merlot und Santa Cecilia (Nero d'Avola).

Podere Toskanische Bezeichnung für einen kleinen Hof, der ehemals zu einem größeren Gut gehörte.

Poggio Antico ☆☆☆ Kellerei in Montalcino mit bewundernswert gleichmäßig zur Spitzenklasse zählendem Brunello.

Poggione, Tenuta Il ☆☆☆ Sehr zuverlässiges Weingut für Brunello und Rosso di Montalcino.

Pojer & Sandri ☆☆→☆☆☆ Spitzenerzeuger im Trentino: Rot-, Weiß- und Schaumweine.

Poliziano ☆☆☆→☆☆☆☆ F. Carletti produziert überragenden Vino Nobile di Montepulciano (v.a. Asinone) und köstlichen IGT Le Stanze (Cabernet/Merlot).

Eine Auswahl italienischer Weine für 2005

Barolo Villero 1999 von Boroli (Piemont)
Langhe Rosso Dialogo 2001 von Tenute dei Vallarino (Piemont)
Franciacorta Cuvée Annamaria Clementi 1996 von Ca' del Bosco (Lombardei)
Alto Adige Pinot Nero Krafuss 2000 von Alois Lageder (Südtirol)
Collio Bianco Studio di Un Bianco 2001 von Borgo del Tiglio (Friaul)
Vito Arturo 2001 von Le Fonti (Toskana)
Brunello di Montalcio 1999 von Pian delle Vigne (Toskana)
Villa Fidelia Rosso 2001 von Sportoletti (Umbrien)
Montefalco Sagrantino 2000 von Perticaia (Umbrien)
Irpinia Rosso Serpico 2001 von Feudi di San Gregorio (Kampanien)
Salento Rosso Re 2001 von La Corte (Apulien)
Contessa Entellina Mille e Una Notte 2000 von Donnafugata (Sizilien)

Pomino Tosk; DOC r w ☆☆☆ r **95 97** 98 99' 01 – Feine weiße Chardonnay-Verschnitte (v.a. Il Benefizio) sowie ein Sangiovese/Cabernet Sauvignon/Merlot/Pinot nero. Erzeuger: Frescobaldi und Selvapiana.

Primitivo Sehr gute Rotweintraube aus dem tiefen Süden, wird jetzt mit Zinfandel gleichgesetzt. Siehe Manduria.

Produttori del Barbaresco ☆☆→☆☆☆ Genossenschaft und einer der zuverlässigsten Erzeuger der DOCG. Oft überragende Einzellagenweine (Asili, Montestefano, Ovello u.v.a.).

Prosecco Vielfach als Kurzformel für alle möglichen Arten von trockenem Perlwein verwendet. Genaueres finden Sie im nächsten Eintrag.

Prosecco di Conegliano-Valdobbiadene Ven; DOC w; (tr) lbl; sch ★★ BV – Die weiße Prosecco-Traube bildet den Grundstoff für leichte, sehr trockene Schaumweine mit fruchtigem Bukett, die Trockenen angenehm bitter, die Süßen fruchtig. Die süßeste (und teuerste) Sorte ist Superiore di Cartizze. Der bekannteste Erzeuger, Carpenè Malvolti, bekommt inzwischen Konkurrenz durch Adami, Bisol, Bortolin, Canevel, Case Bianche, Le Colture, Col Salice, Col Vetoraz, Gregoletto, Nino Franco, Ruggeri, Zardetto.

Prunotto, Alfredo ☆☆☆→☆☆☆☆ Seriöses Haus in Alba mit sehr gutem Barbaresco, Barolo, Nebbiolo, Barbera d'Alba, Dolcetto usw. Seit 1999 erzeugt Prunotto (mehrheitlich im Besitz von Antinori) auch Barbera d'Asti (empfehlenswert: Costamiole).

Puglia Siehe Apulien.
Puiatti ☆☆ Bedeutender, sehr zuverlässiger Erzeuger der DOC Collio; auch Spumante Metodo classico. Puiatti besitzt auch eine Fattoria für Chianti Classico (Casavecchia).
Pupille, Le ☆☆☆ Spitzenerzeuger von Morellino di Scansano (empfehlenswert Poggia Valente) und ausgezeichnetem IGT-Verschnitt Saffredi (Cabernet Sauvignon/Merlot/Alicante).
Querciabella ☆☆☆ Führendes Chianti-Classico-Gut mit feiner Riserva, hervorragendem IGT Camartina (Sangiovese/Cabernet Sauvignon), weißem fassgereiftem Batàr und einem neuen Sangiovese-Merlot-Verschnitt.
Quintarelli, Giuseppe ☆☆☆☆ Valpolicella, Recioto und Amarone in bester handwerklicher Qualität mit entsprechendem Preis.
Raboso (del Piave) Ven; DOC r ☆☆ **95 97** 99′ 00 01 – Gehaltvoller, strenger, interessanter ländlicher Rotwein; braucht Reifezeit. Besonders empfehlenswert: Molon.
Ragose, Le ☆☆→☆☆☆ Familiengut, eines der besten im Valpolicella, mit Amarone und Recioto in höchster Qualität; sehr fein auch Cabernet Sauvignon und Valpolicella.
Rampolla, Castello dei ☆☆☆→☆☆☆☆ Schönes Weingut in Panzano im Chianti-Classico-Gebiet; erzeugt die bemerkenswerten IGT-Weine Sammarco und Aleco auf Cabernet-Sauvignon-Grundlage.
Recioto Aus halbgetrockneten Trauben bereiteter Wein. Eine Spezialität aus Venetien, schon seit der großen Zeit Venedigs; geht auf den klassischen Römerwein »Raeticus« zurück. Immer süß, manchmal schäumend. Der Schaumwein muss jung getrunken werden; der süße, konzentrierte ist lange haltbar.
Recioto della Valpolicella Ven; DOC r; lbl; (sch) ☆☆→☆☆☆ **95 97** 98 00 01 – Reichhaltiger und intensiver Rotwein mit dem Zeug zur Extraklasse. Sehr gute Erzeuger: Stefano Accordini, Allegrini, Baltieri, Bolla, Brunelli, Bussola, Campagnola, Castellani, Dal Forno, Quintarelli, Le Ragose, Le Salette, Serègo Alighieri, Speri, Tedeschi, Trabucchi, CS Valpolicellea, Villa Belini, Villa Monteleone, Viviani.
Recioto della Valpolicella Amarone Siehe Amarone.
Recioto di Gambellara Ven; DOC w; (lbl) s; (sch) ☆ (BV) – Meist perlend und industriell produziert. Am besten stark und süß. Halten Sie Ausschau nach La Biancara.
Recioto di Soave Ven; DOCG w; lbl; (sch) ☆☆☆ **90 91 92 93 94 95** 97 98 99 00 01 03 – Soave aus ausgewählten halbgetrockneten Trauben: süß, fruchtig, leichte Mandelnoten; hoher Alkoholgehalt. Spitzenerzeuger: Anselmi, Gini, Pieropan, Tamellini.
Refosco (dal Peduncolo Rosso) r ☆☆→☆☆☆ **95 96 97′** 99′ 00 01 – Interessanter schwerer, dunkler, tanninreicher Rotwein; braucht Reifezeit. Möglicherweise dieselbe Traube wie Mondeuse in Savoyen. Am besten aus der friaulischen DOC Colli Orientali. Sehr gute Erzeuger: Livio Felluga (Verschnitt mit Merlot) und Miani; gut auch von Ca' Bolani, Dorigo, Moschioni, Ronchi di Manzano und Venica sowie Denis Montanara aus der DOC Aquileia. Oft sehr preisgünstig.
Regaleali Siehe Tasca d'Almerita.
Ribolla (Colli Orientali del Friuli und **Collio)** F-JV; DOC w ☆→☆☆ BV – Sehr säurehaltiger Weißwein aus dem Nordosten. Die besten Exemplare stammen aus dem Collio. Spitzenweingüter: Il Carpino, La Castellada, Damijan, Fiegl, Gravner, Primosic, Radikon, Tercic, Terpin.

Ricasoli Berühmte Familie in der Toskana, »Erfinder« des Chianti, deren Chianti Classico nach dem familieneigenen Gut und Schloss Brolio benannt ist. Castello di Cacchiano und Rocca di Montegrossi sind im Besitz anderer Familienmitglieder.

Riecine Tosk; r ☆☆☆ Erstklassiges Chianti-Classico-Gut in Gaiole, gegründet von seinem mittlerweile verstorbenen englischen Besitzer John Dunkley. Außerdem guter IGT La Gioia Sangiovese.

Riesling Früher war damit italienischer Riesling (Riesling italico oder Welschriesling) gemeint. Deutscher Riesling wird jetzt vermehrt angebaut. Am besten DOC Alto Adige ☆☆ (v.a. von Hofstätter, Kuenhof, Laimburg, Ignaz Niedrist, der Genossenschaft La Vis, Underortl) und DOC Oltrepò Pavese ☆☆ (empfehlenswert Brega, Frecciarossa, Le Fracce). Hervorragend von Ronco del Gelso und Vie di Romans (DOC Isonzo); auch sehr gut von Le Vigne di San Pietro (Venetien), Jermann und Vajra (Piemont).

Ripasso Valpolicella, an Amarone-Trestern nachvergoren, sodass ein komplexerer, längerlebiger und vollerer Wein entsteht. Der Campo Fiorin von Masi ist erstklassig.

Riserva Über eine vorgeschriebene Zeit meist im (großen oder kleinen) Fass gelagerter Wein.

Riunite Eine der größten Genossenschaftskellereien der Welt, bei Reggio Emilia. Sie produziert Lambrusco und andere Weine in großen Mengen.

Rivera ☆☆→☆☆☆ Zuverlässiger Weinproduzent in Andria, in der Nähe von Bari (Apulien), mit den sehr guten Castel-del-Monte-Riservas Il Falcone (☆☆☆) und Cappellaccio. Weitere Etiketten: Vigna al Monte und Puer Apuliae.

Rivetti, Giorgio (La Spinetta) ☆☆☆→☆☆☆☆ Feiner Moscato d'Asti, hervorragender Barbera, interessanter IGT Pin sowie eine Reihe von Barbaresco-Einzellagenweinen, die alle erster Güte sind. Besitzt jetzt auch Weinberge in den DOCGs Barolo und Chianti Colline Pisane.

Riviera del Garda Bresciano Lomb; DOC r rs w; (sch) ☆→☆☆ **97 99** 00 01 – Einfacher, manchmal charmanter kirschroter Chiaretto sowie neutraler Weißwein vom Südwestufer des Gardasees. Erzeuger: v.a. Ca' dei Frati, Comincioli, Costaripa, Monte Cicogna.

Rocca, Bruno ☆☆☆ Junger Erzeuger mit bewundernswertem Barbaresco (Rabajà) und anderen Weinen aus Alba.

Rocca delle Macie ☆☆ Großer Chianti-Classico-Erzeuger bei Castellina.

Rocche dei Manzoni ☆☆☆ Modernes Weingut in Monforte d'Alba. Sehr eichenholzwürziger Barolo (v.a. Vigna Big, Vigna d'la Roul, Cappella di Stefano, Pianpolvere), Bricco Manzoni (wegweisender Nebbiolo-Barbera-Verschnitt) sowie Valentino Brut.

Roero Piem; DOC r ☆☆ **96 97'** 98' 99' 00 01' – Früher schnell trinkbarer Nebbiolo aus den Roero-Hügeln nahe Alba; heute aufstrebender Wein. Kann vorzüglich sein. Gute Erzeuger: Almondo, Ca' Rossa, Cascina Chicco, Correggia, Funtanin, Malvirà, Monchiero-Carbone, Taliano, Val de Prete.

Roero Arneis Siehe Arneis.

Ronco In Norditalien, v.a. in Friaul–Julisch Venetien, Bezeichnung für eine Hanglage.

Ronco del Gnemiz ☆☆☆ Kleines Weingut mit vorzüglichen Colli-Orientali-Weinen.

Rosato Rosé.
Rosato del Salento Apu; rs ★★ BV – Aus der Nähe von Brindisi; kann stark sein, ist oft aber wirklich saftig und gut. Erzeuger siehe Copertino, Salice Salentino.
Rossese di Dolceacqua Lig; DOC r ☆☆ BV Ziemlich seltener duftiger, leichter Rotwein von der Riviera. Erzeuger: v.a. Foresti, Giuncheo, Guglielmi, Lupi, Terre Bianche.
Rosso Rot.
Rosso Conero Mar; DOC r ☆☆→☆☆☆ **94 95** 97′ 98 00′ 01′ – Einige der besten sortenreinen Roten Italiens aus der Montepulciano-Traube, u.a. Grosso Agontano von Garofoli, RC Dorico von Moroder sowie Sassi Neri und Visions of J. von Le Terrazze. Ebenfalls gut: Leopardi Dittajuti, Fazi-Battaglia, Lanari, Malacari, Moncaro, Poggio Morelli, Umani Ronchi.
Rosso di Montalcino Tosk; DOC r ☆☆→☆☆☆ **97′ 99′** 00 01′ – DOC für jüngere Weine von Brunello-Trauben. Erzeuger siehe Brunello di Montalcino.
Rosso di Montepulciano Tosk; DOC r ★★ **97′ 98′ 99′** 00 – Junior-Version des Vino Nobile. Erzeuger siehe Vino Nobile di Montepulciano. Während die Preise für Rosso di Montalcino ständig steigen, ist Rosso di Montepulciano noch vergleichsweise günstig.
Rosso Piceno Mar; DOC r ★★ **95 97′** 98′ 00′ 01′ – Stilvolle Rotweine aus den Marken mit Montepulciano und Sangiovese als Rebsorten. Eine Superiore-Version kommt aus der Classico-Zone bei Ascoli. Spitzenerzeuger: u.a. Boccadigabbia, Bucci, Colli Ripani, Le Caniette, De Angelis, Fonte della Luna, Forano, Laila, Laurentina, Saladini Pilastri, San Savino, Velenosi Ercole, Villamagna, Villa Ragnola.
Rubesco ☆☆ Ausgezeichneter Rotwein von Lungarotti; siehe Torgiano.
Ruchè (auch **Rouchè** oder **Rouchet**) Seltene alte Rebsorte französischen Ursprungs, erbringt fruchtigen, frischen Rotwein mit vollem Duft (lieblich). Ruchè di Castagnole Monferrato heißt die neue DOC. Empfehlenswerte Erzeuger: Borgognone, Dezzani, Garetto. Scarpa produziert den trockenen Rouchet Briccorosa (☆☆☆).
Ruffino ☆→☆☆☆ Herausragendes Chianti-Handelshaus mit Sitz in Pontassieve, östlich von Florenz. Spitzenweine: Riserva Ducale und Santedame. Sehr gut auch die IGT-Weine Solatia (Chardonnay) und Modus (Sangiovese/Cabernet Sauvignon). Besitzt auch die Güter Lodola Nuova in Montepulciano für Vino Nobile di Montepulciano und Greppone Mazzi in Montalcino für Brunello di Montalcino. Hervorragender neuer Verschnitt Romitorio (Sangiovese/Colorino) vom Gut Santedame. Die jüngste Erwerbung ist Borgo Conventi in Friaul–Julisch Venetien.
Rufina ☆☆☆ Großer Unterbezirk von Chianti in den Bergen östlich von Florenz. Erzeuger: v.a. Basciano, Tenuta Bossi, Castello del Trebbio, Castello di Nipozzano (Frescobaldi), Colognole, Frascole, Selvapiana, Travignoli.
Russiz Superiore (Collio) Siehe Felluga.
Sagrantino di Montefalco Siehe Montefalco Sagrantino.
Sala, Castello della ☆☆→☆☆☆ Weingut von Antinori in Orvieto. Der Standardweißwein ist Campogrande. Spitzenerzeugnis: Cervaro della Sala von Chardonnay und Grechetto, in Eiche ausgebaut. Muffato della Sala ist einer der besten Weine mit Edelfäule, die es in Italien zu finden gibt. Auch guter Pinot nero.
Salette, Le ☆☆→☆☆☆ Kleiner Valpolicella-Erzeuger. Beachtenswert: sehr guter Amarone Pergole Vece und Recioto Le Traversagne.

Salice Salentino Apu; DOC r ☆☆→☆☆☆ **93 94′ 95 97′** 99 00 01 – Robuster, aber sauberer und erfrischender Rotwein von Negroamaro-Trauben; nach 2 Jahren Riserva. Spitzenerzeuger: Candido, Leone de Castris, Due Palme, Taurino, Valle dell'Asso.

Sandrone, Luciano ☆☆☆ Ein Vertreter des modernen Barolo mit sehr gutem Cannubi Boschis, Le Vigne, Dolcetto, Barbera d'Alba, Langhe Rosso und Nebbiolo d'Alba.

San Felice ☆☆→☆☆☆ Sehenswertes Gut im Chianti mit touristischem Wert. Feine Chianti Classico Riserva Poggio Rosso; außerdem roter IGT Vigorello und Brunello di Montalcino Campogiovanni.

San Gimignano Berühmte toskanische »Stadt der Türme« mit ebenso bekanntem trockenem Vernaccia-Weißwein. Mittlerweile werden auch gute Rotweine produziert, v. a. von Le Calcinaie, Cesani, Cusona, Falchini, Fontaleoni, Mormoraia, Palagetto, Palagione, Paradiso und La Rampa di Fugnano.

Sangiovese (Sangioveto) Die wichtigste Rotweintraube Mittelitaliens; Spitzenleistungen erbringt sie nur in der Toskana mit Chianti, Vino Nobile, Brunello, Morellino usw. Populär ist Sangiovese di Romagna, San Valentino, Terragens, Trer (Em-Ro; DOC), ein gefälliger Standardrotwein. Sehr gute Erzeuger: La Berta, Berti, Calonga, Castelluccio (v. a. IGT Ronco delle Ginestre und IGT Ronco dei Ciliegi), Drei Donà, Madonia, Poderi dei Nespoli, San Patrignano, Tre Monti, Zerbina. Sehr gut sind die umbrischen Weine Montefalco Rosso und Torgiano; gelegentlich auch Weine aus den Marken.

San Giusto a Rentennano ☆☆☆→☆☆☆☆ Einer der besten Chianti-Classico-Erzeuger (☆☆☆). Köstlicher, aber seltener Vinsanto; umwerfender roter IGT Percarlo von Sangiovese (☆☆☆☆).

San Guido, Tenuta Siehe Sassicaia.

St. Magdalener (Santa Maddalena) T-S; DOC r ☆→☆☆ BV – Typischer Südtiroler Rotwein von Vernatsch (Schiava), manchmal leicht, mit bitterem Nachgeschmack oder warm, geschmeidig und fruchtig. Erzeuger: v. a. Cantina Produttori Santa Maddalena (z. B. Huck am Bach), Gojer, Hans Rottensteiner (Premstallerhof), Heinrich Rottensteiner, Georg Ramoser, Josephus Mayr.

St. Michael-Eppan Spitzengenossenschaft in Südtirol. Besonders beachtenswert die St.-Valentin-Auslesen (☆☆☆): Chardonnay, Pinot grigio, Sauvignon blanc, Cabernet Sauvignon, Pinot nero, Gewürztraminer.

San Leonardo ☆☆☆ Spitzenweingut im Trentino mit herausragendem San Leonardo (Cabernet Sauvignon) und gutem Trentino DOC Merlot.

Santadi ☆☆☆ Sardische Winzergenossenschaft mit beständig guten Weinen, v. a. die DOC-Weine Carignano del Sulcis Grotta Rossa, Terre Brune und Rocca Rubia sowie der von Carignano gekelterte IGT Baie Rosse, Vermentino Villa Solais und Villa di Chiesa von Vermentino und Chardonnay.

Santa Margherita Großes Weinhandelsunternehmen in Venedig (Portogruaro) mit Weinen aus Venetien (Torresella), Südtirol (Kettmeir), der Toskana (Lamole di Lamole, Vistarenni) und der Lombardei (Ca' del Bosco).

Santi Siehe Gruppo Italiano Vini.

Saracco, Paolo ☆☆☆ Kleiner Spitzenerzeuger von Moscato d'Asti.

Sardinien Das große Potenzial der Insel zeigt sich immer wieder in ausgezeichneten Weinen, z. B. Terre Brune von Santadi, Turriga von Argiolas, Arbeskia und Dule von Gabbas, Vermentino von Capichera, die Cannonau-Riserva-Weine von Jerzu sowie die Erzeugnisse von Sella & Mosca.

Sartarelli ☆☆☆ Einer der Spitzenerzeuger von Verdicchio dei Castelli di Jesi (Tralivio); überragender, seltener Verdicchio Vendemmia tardiva (Contrada Balciana).

Sassicaia Tosk; r ☆☆☆☆ **85′ 88′ 90′ 93 95′ 96** 97′ 98 99 01 – Einer der ersten Cabernet-Sauvignon-Weine von der Tenuta San Guido der Familie Incisa della Rocchetta in Bolgheri; ein Wein, der in den 1970er- und 1980er-Jahren ohne Beispiel war und enormen Einfluss hatte. 1994 vom Supertoskaner VdT zu einem speziellen Unterbereich der DOC Bolgheri »hochgelobt«. Heute sehr schwankende Qualität.

Satta, Michele ☆☆☆ Sehr guter DOC Bolgheri und roter IGT-Verschnitt Piastraia.

Sauvignon blanc Weiße Traube, die im Nordosten gut gedeiht, am besten in den DOC-Bereichen Alto Adige, Isonzo, Collio und Colli Orientali.

Savuto Kal; DOC r rs ☆☆ **95 97′** 98 99 00 01 – Kräftiger, saftiger Roter aus den Provinzen Cosenza und Catanzaro. Bester Erzeuger: Odoardi.

Scarpa ☆☆→☆☆☆ Altehrwürdiges Haus mit Barbera d'Asti (La Bogliona), ungewöhnlichem Rouchet (Ruché), sehr gutem Dolcetto, Barolo und Barbaresco.

Scavino, Paolo ☆☆☆ Erfolgreicher Erzeuger von modernem Barolo. Gefragte Einzellagenweine: Bric del Fiasc, Cannubi, Carobric und Rocche dell'Annunziata; auch eichenfassgereifter Barbera und Langhe Corale.

Schiava (Vernatsch) Ertragreiche rote Traube im Trentino und in Südtirol, erbringt leichte Rotweine wie Kalterersee (Lago di Caldaro), St. Magdalener usw.

Schiopetto, Mario ☆☆☆→☆☆☆☆ Inzwischen verstorbener legendärer Pionier des Collio-Weins mit 25 000-Kisten-Kellerei für ausgezeichneten Sauvignon blanc, Pinot bianco, Tocai (alle DOC), weißen Verschnitt (IGT) Blanc de Rosis. Auch in den Colli Orientali del Friuli entstehen Weine in dem für ihn so typischen eleganten Stil.

Schreckbichl Deutscher Name von Colterenzio in Südtirol. Siehe Colterenzio.

Sciacchetrà Siehe Cinqueterre.

Scolca, La ☆☆ Berühmtes Gut in Gavi mit gutem Gavi und Spumante.

Secco Trocken.

Sella & Mosca ☆☆ Bedeutendes Erzeuger- und Handelshaus in Sardinien. Äußerst schmackhafter weißer Torbato sowie leichter, fruchtiger Vermentino Cala Viola (BV). Daneben guter roter DOC Alghero Marchese di Villamarina (Cabernet Sauvignon) und Tanca Farrà (Cannonau/Cabernet Sauvignon) sowie der interessante Anghelu Ruju im Port-Stil. Hier kann man nichts falsch machen.

Selvapiana ☆☆☆ Chianti-Rufina-Weingut mit Spitzenqualität. Am besten: Riserva Bucerchiale und IGT Fornace. Auch feiner roter DOC Pomino.

Sforzato Siehe Valtellina.

Sizilien Eine Insel in kreativer Gärung, sowohl was die einheimischen Trauben (Nero d'Avola, Frappato, Inzolia, Grecanico), als auch internationale Rebsorten angeht. Erzeuger: v. a. Benanti, Bonaccorsi, Ceusi, Colosi, COS, Cottanera, Cusumano, De Bartoli, Donnafugata, Duca di Salaparuta, Fatasci, Firriato, Fondo Antico, Gulfi-Ramada, Morgante, Murana, Planeta, Principe di Butera (Zonin), Rapitalà, Santa Anastasia, SIV, Spadafora, Tasca d'Almerita, Vecchio Samperi, Zemmer.

Sizzano Piem; DOC r ☆☆ **90 93 95 96′ 97′** 98 99′ 00 01 – Körperreicher Rotwein, v. a. von Nebbiolo, aus Sizzano (Novara). Bis zu 10 Jahre haltbar. Erzeuger: v. a. Bianchi, Dessilani.

Soave Ven; DOC w ☆→☆☆ BV – Berühmter Weißwein aus Verona, der wirklich überall zu haben ist; sollte frisch sein mit geschmeidiger, sauberer Struktur. Die Qualität steigt (endlich). Soave Classico kann in seinen besten Versionen mit dichten fruchtigen und mineralischen Noten aufwarten. Spitzenerzeuger Pieropan; auch Bolla, La Cappuccina, Fattori & Graney, Gini, Guerrieri Rizzardi, Inama, Portinari, Pra, Tamellini, Tedeschi, Ca' Rugate.

Solaia Tosk; r ☆☆☆☆ **85 88 90 94 94′ 95 96** 97′ 98 99′ 00 01′ – Sehr feiner VdT im Bordeaux-Stil von Cabernet Sauvignon und ein wenig Sangiovese; von Antinori erstmals 1978 bereitet. Der beste italienische Cabernet Sauvignon der 1990er-Jahre und in jeder Hinsicht ein großer Wein.

Solopaca Kamp; DOC r w ★ **94 95 97** 99 00 01 – Eher strenger Rotwein; weicher, trockener Weißer aus der Gegend von Benevento. Vielversprechend ist v. a. Antica Masseria Venditti.

Sorì Name für hoch gelegene Süd-, Südost- oder Südwestlage im Piemont.

Sovana Neue DOC in der Maremma, im Binnenland nahe Pitigliano gelegen. Empfehlenswert: Tenuta Roccaccia (v. a. Sangiovese und Ciliegiolo), Ripa, Sassotondo. In Kürze wird Antinori hier einen Cabernet Sauvignon herausbringen.

Spanna Lokaler Name für Nebbiolo im nördlichen Piemont (Boca, Bramaterra, Fara, Gattinara, Ghemme, Lessona, Sizzano).

Sportoletti ☆☆☆ Sehr gute Weine aus Spello, unweit Assisi in Umbrien. Besonders empfehlenswert: Villa Fidelia Bianco (Chardonnay/Grechetto) und Rosso (Merlot/Cabernet Sauvignon).

Spumante Schäumend, z. B. süßer Asti Spumante, aber auch viele gute trockene Schaumweine, meist Metodo classico (am besten aus Trentino–Südtirol, Franciacorta, Piemont und dem Oltrepò Pavese; sehr gut auch aus Friaul und Venetien) sowie durch Tankgärung gewonnene Billigprodukte.

Stravecchio Sehr alt.

Südtirol Deutschsprachiger Teil der Region Trentino–Alto Adige.

Superiore Wein mit längerer Fassreife sowie mit 0,5 bis 1 % mehr Alkoholgehalt als normaler DOC-Wein.

Supertoskaner Sammelbezeichnung für innovative Gewächse aus der Toskana, oft Barrique-Weine aus Sangiovese oder internationalen Rebsorten zu gepfefferten Preisen.

Tasca d'Almerita ★★★ Traditionsreicher sizilianischer Weinerzeuger im Besitz einer Adelsfamilie, beheimatet zwischen Palermo und Caltanissetta. Gute IGT Regaleali-Weine (rot, rosé, weiß), sehr guter Rosso sowie eindrucksvoller Chardonnay und Cabernet Sauvignon.

Taurasi Kamp; DOCG r ☆☆☆ **90′ 93′ 94′ 95** 97′ 98 99 00 01 – Der beste Rotwein in Kampanien. Jung tanninherb; nach 4 Jahren Riserva. Sehr gute Weine von Feudi di San Gregorio, Gaggiano, Mastroberardino, Molettieri und Villa Raiano.

Taurino, Cosimo ☆☆☆ Absoluter Spitzenerzeuger von Salento (Apulien), sehr guter Salice Salentino, VdT Notarpanoro und IGT Patriglione Rosso.

Tedeschi, Fratelli ☆☆→☆☆☆ Sehr zuverlässiger und guter Erzeuger von Valpolicella, Amarone und Recioto. Guter roter IGT Capitel San Rocco.

Tenimenti Angelini ☆☆→☆☆☆ Besitzer des Brunello-Weinguts Val di Suga in Montalcino, des Trerose in Montepulciano und des San Leonino im Chianti-Classico-Gebiet.

Terlan T-S; w ☆☆→☆☆☆ BV – Die DOC Terlan/Terlano ist inzwischen ein Teil der DOC Alto Adige/Südtiroler. Die Bezeichnung A. A. Terlano DOC steht für 8 nach der Traubensorte benannte Weißweine, v. a. hervorragender Sauvignon blanc. Auf Deutsch »Terlaner«. Erzeuger: v. a. CS Terlan, Lageder, Niedermayr, Niedrist.

Teroldego Rotaliano T-S; DOC r rs ★★→★★★ **95 97 99** 00 01 02 – Der attraktive lokale Rotwein von Trient mit Heidelbeerduft und leicht bitterem Nachgeschmack. Sehr gut haltbar. Spitzenerzeuger: Foradori. Ebenfalls gut: Cavit, Dorigati, Endrizzi, die Riserva von MezzaCorona sowie Zeni.

Terre Brune Sar; r ☆☆☆ Herrlich erdiger Carignano/Boveladda von Santadi, ein Bannerträger der sardischen Weinwirtschaft.

Terre da Vino ☆→☆☆☆ Vereinigung von 27 Piemonteser Genossenschaften und privaten Kellereien, die nur beste Produkte vertreibt, darunter die meisten örtlichen DOCs. Am besten: Barbaresco La Casa in Collina, Barolo Podere Parussi, Barbera d'Asti La Luna e I Falò.

Terre di Franciacorta Lomb; DOC r w ☆☆ **97** 99 00 01 – Normalerweise angenehme Rotweine (Verschnitte aus Cabernet Sauvignon, Barbera, Nebbiolo, Merlot); ziemlich fruchtige und ausgewogene Weißweine (Chardonnay, Pinot bianco und grigio). Beste Erzeuger: siehe Franciacorta DOCG.

Terre Rosse ☆☆ Fortschrittliches kleines Gut nahe Bologna. Sein Cabernet Sauvignon, Chardonnay, Pinot bianco, Riesling und sogar Viognier haben in der Region wegweisend gewirkt.

Terriccio, Castello di ☆☆☆ Weingut südlich von Livorno mit vorzüglichem IGT Lupicaia und sehr gutem IGT Tassinaia, beides Verschnitte von Cabernet und Merlot. Eindrucksvoller neuer IGT Terriccio, ein ungewöhnlicher Verschnitt aus verschiedenen französischen Trauben.

Tignanello Tosk; r ☆☆☆→☆☆☆☆ **88 90 93 95** 96 97′ 98 99′ 00 01′ – Pionier und noch immer Spitzenvertreter des internationalen Stils toskanischer Rotweine, bereitet von Antinori. Braucht Flaschenreifung.

Tocai Milder, sanfter Weißwein im Nordosten (nicht verwandt mit dem ungarischen Tokajer). DOC in Venetien und in der Lombardei (☆→☆☆) und der besondere Stolz der Winzer in Friaul–Julisch Venetien (v. a. Collio und Colli Orientali; ☆☆→☆☆☆). Spitzenerzeuger: Borgo del Tiglio, Borgo San Daniele, Livio Felluga, Renato Keber, Masut da Rive, Aldo Polencic, Ronco del Gelso, Ronco di Gnemiz, Russiz Superiore, Schiopetto, Venica & Venica, Villa Russiz, Le Vigne di Zamò.

Tommasina Vestini Campagnano Der kleine Erzeuger nördlich von Neapel ist auf in Vergessenheit geratene einheimische Trauben spezialisiert und erzielt mit Casavecchia, Pallagrello Bianco und Pallagrello Rosso hervorragende Ergebnisse .

Torgiano Umb; DOC r rs w; (sch) ☆☆ und **Torgiano Rosso Riserva** Umb; DOCG r ☆☆→☆☆☆ **90 93 94 95 97** 99 00 01 – Guter Rotwein aus Umbrien, im Stil vergleichbar mit Chianti Classico. Die Standardqualität heißt Rubesco. Riserva Vigna Monticchio war in Jahrgängen wie '75, '79 und '85 überragend; kann viele Jahre lagern.

Toskana Italiens zentrale Weinregion, u. a. mit den DOCs Chianti, Montalcino, Montepulciano, der regionalen IGT Toscana und nicht zu vergessen den Supertoskanern.

Traminer aromatico (Gewürztraminer) T-S; DOC w ☆☆→☆☆☆ BV – Delikater, aromatischer, ziemlich weicher Wein. Erzeuger: verschiedene Genossenschaften (Kaltern, Prima & Nuova, St. Michael-Eppan, Schreckbichl, Terlan, Tramin) sowie Haas, Hofstätter, Kloster Neustift, Kuenhof, Lageder, Laimburg, Niedermayr.

Trebbiano Die wichtigste Weißweintraube in der Toskana, kommt aber in ganz Italien vor. Auf Französisch Ugni blanc. Mit wenigen Ausnahmen nur eine Vergeudung von gutem Rebland.

Trebbiano d'Abruzzo Abr; DOC w ☆→☆☆ BV – Sanfter, neutraler, leicht gerbstoffhaltiger Weißwein aus der Region Pescara. Spitzenerzeuger Valentini (auch für Montepulciano d'Abruzzo) bekommt zunehmend Konkurrenz von Masciarelli; sehr gut auch Nicodemi, La Valentina und Valori.

Trentino T-S; DOC r w; tr s ☆→☆☆☆ DOC für 20 meist nach der Traubensorte benannte Weine; am besten Chardonnay, Pinot bianco, Marzemino und Teroldego. Die Hauptstadt der Provinz ist Trient.

Triacca ☆☆→☆☆☆ Erzeuger von sehr gutem Valtellina. Besitzt auch Weingüter in der Toskana (Chianti Classico: La Madonnina; Montepulciano: Santavenere. Alle sind ☆☆).

Trinoro, Tenuta di ☆☆☆ Abseits in der Toskana gelegenes außergewöhnliches Gut für Rotweine aus Bordeaux-Rebsorten in der DOC Val d'Orcia zwischen Montepulciano und Montalcino. Die jungen Jahrgänge des Trinoro (Cabernet Sauvignon/Petit Verdot) sind verblüffend. Andrea Franchetti hat jetzt ein weiteres Projekt in der sizilianischen DOC Etna.

Uberti ☆☆→☆☆☆ Erzeuger für Franciacorta DOCG, auch sehr guter roter und weißer Terre di Franciacorta.

Umani Ronchi ☆☆→☆☆☆ Führender Weinhändler und Erzeuger in den Marken; v. a. Verdicchio (Casal di Serra, Plenio), Rosso Conero Cùmaro, weißer IGT Le Busche, roter IGT Pelago.

Vajra, Giuseppe Domenico ☆☆☆ Sehr guter und gleichmäßiger Erzeuger v. a. von Barbera, Barolo und Dolcetto Langhe. Auch interessanter (nicht spritziger) Freisa.

Valcalepio Lomb; DOC r w ☆→☆☆ In der Nähe von Bergamo. Gefälliger Rotwein, leicht duftiger, frischer Weißwein. Erzeuger: v. a. Brugherata, Castello di Grumello, Monzio Compagnoni.

Valdadige (Etschtaler) T-S; DOC r w; tr lbl ☆ Bezeichnung für einfache Weine aus dem Etschtal.

Val di Cornia Tosk; DOC r rs w ☆☆→☆☆☆ **95** 97 98 99' 00 01' – Neue DOC in der Nähe von Livorno, die sich mehr und mehr mit der nördlich angrenzenden DOC Bolgheri zu messsen beginnt. Viele sehr gute Weine von Sangiovese, Cabernet Sauvignon, Merlot, Montepulciano. Erzeuger: Ambrosini, Jacopo Banti, Botrona, Bulichella, Il Bruscello, Gualdo del Re, Incontri, Montepeloso (v. a. Gabbro, Nardo), Petra, Le Pianacce, Russo, San Giusto, San Luigi, San Michele, Suveraia, Tua Rita (v. a. Redigaffi), Tenuta Vignale, Villa Monte Rico.

Valentini, Edoardo ☆☆☆ Mit Gianni Mascerelli der beste Erzeuger in großer Tradition von Montepulciano und Trebbiano d'Abruzzo.

Valgella Siehe Valtellina.

Vallarono, Tenute dei Neues Projekt der Familie Gancia; erstklassiger Barbera d'Asti und Langhe Rosso aus der Nähe von Canelli im Asti-Spumante-Gebiet.

Valle d'Aosta DOC r rs w ☆☆ DOC für über 20 Weine aus dem Aosta-Tal, wie z. B. Prëmetta, Fumin, Blanc de Morgex et de La Salle, Chambave, Nus Malvoisie, Arnad Montjovet, Torrette, Donnas, Enfer d' Arvier.
Valle Isarco (Eisacktal) T-S; DOC w ☆☆ BV – Die Bezeichnung A. A. Valle Isarco DOC steht für 7 sortenreine Weine aus der Gegend nordöstlich von Bozen; besonders gut Gewürztraminer, Müller-Thurgau, Riesling und Silvaner. Spitzenerzeuger: CS Eisacktaler, Kloster Neustift, Kuenhof.
Vallone ☆☆→☆☆☆ Die DOC-Brindisi- und DOC-Salice-Salentino-Weine werden immer besser; überragend ist der äußerst konzentrierte rote IGT aus getrockneten Negroamaro-Trauben (Graticciaia).
Valpolicella Ven; DOC r ★→★★★ Superiore **95 97 98** 00 01 03 andere BV – Attraktiver Rotwein aus der Gegend um Verona; jung am besten. Häufig sehr leicht, Spitzenexemplare sind aber konzentriert und komplex und verdienen höhere Preise. Zarter Nussduft, leicht bitterer Geschmack. (Für Massen-Valpolicella, der in Liter- oder größeren Flaschen verkauft wird, gilt all das nicht.) Classico aus engerem Bereich; Superiore: 12% Alkohol, 1 Jahr Lagerung. Beachtenswert v. a. von: Stefano Accordini, Bertani, Bolla, Brunelli, Tommaso Bussola, Campagnola, Michele Castellani, Guerrieri Rizzardi, Masi, Mazzi, Pasqua, Le Ragose, Le Salette, Sant' Antonio, Speri, Tedeschi, Tommasi, CS Valpolicella, Villa Monteleone, Zenato. Am besten jedoch von Dal Forno und Quintarelli (☆☆☆). Interessante, den Weg zu einem neuen Valpolicella-Stil weisende IGTs sind Toar und Osar von Masi sowie La Grola, La Poja und Palazzo della Torre (☆☆☆) von Allegrini.
Valtellina Lomb; DOC r ★★→★★★ **90 95 96 97** 98 99'00 01 03 – DOC für in der Hauptsache aus Chiavennasca-Trauben (Nebbiolo) in der alpinen Provinz Sondrio (Nordlombardei) gekelterte tanninreiche Weine. Sehr guter Superiore (seit 1998 DOCG); umfasst Lagen in Grumello, Inferno, Sassella und Valgella. Erzeuger: v. a. Caven Camuna, Conti Sertoli-Salis, Fay, Nera, Nino Negri, Rainoldi, Triacca. Sforzato ist der konzentrierteste Valtellina, er ähnelt dem Recioto Amarone.
Vecchio Alt.
Vecchio Samperi Siz ☆☆☆ Marsala-ähnlicher VdT aus dem hervorragenden Weingut De Bartoli. Die besten Exemplare reifen ähnlich wie Amontillado Sherry 30 Jahre lang im Fass. Marco de Bartoli bereitet außerdem die besten DOC-Marsala-Weine und einen guten trockenen Cattarato.
Vendemmia Lese bzw. Jahrgang.
Verdicchio dei Castelli di Jesi Mar; DOC w; (sch) ☆☆→☆☆☆ BV – Berühmter, sehr gefälliger, frischer, heller Weißwein aus der Gegend um Ancona, der sich bis in die Zeit der Etrusker zurückverfolgen lässt. Wird derzeit modernisiert und liefert fruchtige, gut strukturierte und preisgünstige Tropfen. Auch Classico. Besonders beachtliche Qualität von Bonci-Vallerosa, Brunori, Bucci, Casalfarneto, Cimarelli, Colonnara, Coroncino, Fonte della Luna, Garofoli, Laila, Monte Shiavo, Lucangeli Aymerich di Laconi, Mancinelli, Santa Barbara, Sartarelli, Umani Ronchi; zu nennen auch Fazi-Battaglia.
Verdicchio di Matelica Mar; DOC w; (sch) ☆☆→☆☆☆ BV – Ähnlich wie Jesi, kleiner und nicht so bekannt, aber langlebiger. Erzeuger: v. a. Belisario, Bisci, San Biagio und La Monacesca.
Verduno Piem; DOC r ☆☆ (BV) – Blasser Rotwein von der Pelaverga-Traube mit würzigem Duft. Gute Erzeuger: Alessandria, Castello di Verduno.

Verduzzo (Colli Orientali del Friuli) F-JV; DOC w; tr lbl s ☆☆→☆☆☆ Körperreicher Weißwein aus einer einheimischen Traube. Ramandolo ist der bedeutendste Unterbereich. Spitzenerzeuger: Dario Coos, Dorigo, Giovanni Dri. Lis Neris erzeugt im Bereich Isonzo köstlichen süßen VdT.
Verduzzo (del Piave) Ven; DOC w ☆ BV Ausdrucksloser Weißwein.
Vermentino Lig; w ☆☆ BV – Der beste trockene Weißwein von der Riviera aus Pietra Ligure und San Remo, besonders gut zu Meeresfrüchten. DOC Riviera Ligure di Ponente. Siehe Pigato. Erzeuger: v. a. Colle dei Bardellini, Durin, Lambruschi, Lunae Bosoni, Lupi, La Rocca di San Niccolao, Piedi Benettini. Auch von der toskanischen Küste stammen gute Vertreter, etwa von Antinori, Satta und der Tenuta Vignale.
Vermentino di Gallura Sard; DOCG w ☆☆→☆☆☆ BV – Weicher, trockener, starker Weißwein aus Nordsardinien. Spitzenerzeuger: CS di Gallura, CS del Vermentino, Capichera.
Vernaccia di Oristano Sard; DOC w; tr (s); (fz) ☆→☆☆☆ **71′ 80′ 85′ 86′ 87 88 90′** 91′ 93′ 94′ 95′ 97′ 98 99 00 01 – Sardische Spezialität, ähnlich leichtem Sherry, ein wenig bitter, körperreich und interessant. Superiore mit 15,5% Alkohol und 3 Jahren Alterung. V.a. von Contini.
Vernaccia di San Gimignano Tosk; DOCG w ☆→☆☆ BV – Eine Spezialität in der Renaissance, dann Massenware für Touristen. In neuerer Zeit stark verbessert, erlebt sie eine neue Renaissance und ist jetzt DOCG mit strikteren Regeln. Beste Erzeuger: Le Calcinaie, Cesani, Cusona, Falchini, Fontaleoni, Montenidoli, Palagetto, Palagione, Panizzi, Il Paradiso, Rampa di Fugnano, Teruzzi & Puthod.
Vernatsch Siehe Schiava.
Verona Hauptstadt der Region Venetien (Heimat von Valpolicella, Bardolino, Soave u. a.) und Veranstaltungsort der prächtigen, jedes Jahr im April abgehaltenen Weinmesse Vinitaly.
Verrazzano, Castello di ☆☆→☆☆☆ Sehr gutes Chianti-Classico-Weingut bei Greve.
Vicchiomaggio ☆☆→☆☆☆ Chianti-Classico-Gut bei Greve.
Vie di Romans ☆☆☆ Der begabte junge Winzer Gianfranco Gallo hat in wenigen Jahren das Gut seines Vaters im DOC-Bereich Isonzo in Friaul zu Spitzenstatus gebracht. Exzellenter Chardonnay, Pinot grigio, Sauvignon blanc und Riesling sowie der weiße Verschnitt Flors di Uis.
Vietti ☆☆☆ In Castiglione Falletto im Barolo-Gebiet beheimateter beispielhafter Erzeuger piemontesischer Weine, u. a. Barolo, Barbaresco, Barbera d'Alba und Barbera d'Asti.
Vigna oder **vigneto** Einzellage. Im Gegensatz zu anderen Ländern muss die Qualität lediglich den Standardanforderungen der DOC genügen.
Vignalta ☆☆→ Spitzenerzeuger in den Colli Euganei bei Padua (Venetien); sehr gute Cabernet Riserva Colli Euganei und Merlot/Cabernet Sauvignon Gemola.
Vignamaggio ☆☆→☆☆☆ Ausgezeichnetes, sehr schönes historisches Chianti-Classico-Gut bei Greve.
Vigne di Zamò, Le ☆☆☆ Erstklassiges Weingut in Friaul mit Pinot bianco, Tocai, Pignolo, Cabernet Sauvignon und Merlot von Weingärten aus den Bereichen Buttrio, Manzano und Premariacco, allesamt in der DOC Colli Orientali del Friuli gelegen.
Villa ☆☆→☆☆☆ Spitzenerzeuger von DOCG-Franciacorta-Weinen; auch sehr guter DOC Terre di Franciacorta (Gradoni).
Villa Matilde ☆☆☆ Spitzenweingut in Kampanien mit IGT Vigna Camarato, Eleusi Passito sowie rotem und weißem Falerno (Vigna Caracci).

Villa Russiz ☆☆☆ Hier entstehen beeindruckende weiße DOC-Collio-Weine: sehr guter Sauvignon blanc und Merlot (v.a. die Auslesen De la Tour), außerdem Pinot bianco, Pinot grigio, Tocai und Chardonnay.
Vino da arrosto »Wein für Braten«, d.h. robuster, trockener Rotwein.
Vino da Tavola (VdT) »Tafelwein« – die einfachste Kategorie des italienischen Weins, ohne Anspruch auf geographische oder anderweitig qualifizierende Bezeichnung; gelegentlich jedoch hervorragende Gewächse, die nicht in das offizielle System der italienischen Weingesetzgebung passen. Siehe auch IGT.
Vino Nobile di Montepulciano Tosk; DOCG r ☆☆☆ **90 93 95′ 97′** 98 99′ 00 01 – Eindrucksvoller Sangiovese-Rotwein mit Bukett und feiner Art, aber oft sehr tanninreich, kommt rasch zu Ruhm und Ehren. Riserva nach 3 Jahren Alterung. Beste Erzeuger: u.a. Avignonesi, Le Berne, Bindella, Boscarelli, La Bracesca, La Calonica, Canneto, Le Casalte, Fattoria del Cerro, La Ciarliana, I Cipressi, Contucci, Dei, Fassati, Icario, Macchione, Nottola, Paterno, Poliziano, Romeo, Salcheto, Trerose, Valdipiatta, Vecchia Cantina (besonders empfehlenswert der Briareo), Villa Sant'Anna. Die Preise für Vino Nobile halten sich bislang in vernünftigem Rahmen.
Vino novello Italienisches Gegenstück zum französischen *primeur.*
Vinsanto oder **Vin(o) Santo** Starker, süßer Wein, v.a. in der Toskana; meist Passito. Oft sehr fein; auch aus dem Trentino.
Vinsanto Toscano Tosk; w; lbl ☆→☆☆☆ Aromatisch, voll und geschmeidig. Wird in sehr kleinen Fässern, den *caratelli,* gelagert. Manchmal ebenso erstaunlich wie teuer; gute Exemplare sind jedoch rar und bei Spitzenerzeugern immer knapp. Am besten von Avignonesi, Capezzana, Corzano & Paterno, Fattoria del Cerro, Felsina, Isole e Olena, Rocca di Montegrossi, San Gervasio, San Giusto a Rentennano, Selvapiana.
Vintage Tunina F-JV; w ☆☆☆ Beachtlicher weißer Verschnitt von Jermann.
Vivaldi-Arunda ☆☆→☆☆☆ Der Kellermeister Josef Reiterer erzeugt erstklassigen Südtiroler Schaumwein. Am besten: Extra Brut Riserva, Cuvée Marianna.
Voerzio, Roberto ☆☆☆→☆☆☆☆ Führender junger Barolo-Erzeuger mit ausgezeichneten Einzellagenweinen: Brunate, Cerequio, Sarmassa, La Serra; auch eindrucksvoller Barbera d'Alba.
Volpaia, Castello di ☆☆→☆☆☆ Erstklassiges Chianti-Classico-Gut in Radda mit eleganten, ziemlich leichten Chianti-Weinen. Außerdem die roten IGT-Weine Coltassala (Sangiovese) und Balifico (Sangiovese/Cabernet Sauvignon).
VQPRD Auf Etiketten von DOC-Weinen häufig vorkommende Abkürzung; sie bedeutet »Vini di Qualità Prodotti in Regioni Delimitati« (Qualitätsweine aus bestimmten Anbaugebieten).
Zanella, Maurizio Gründer von Ca' del Bosco. Sein Name steht auf einem der besten Cabernet Sauvignon/Merlot-Weine Italiens.
Zenato Ven ☆☆→☆☆☆ Sehr verlässliches Weingut für Valpolicella, Soave und Amarone.
Zerbina, Fattoria ☆☆☆ Neues führendes Weingut in der Romagna mit dem bisher besten DOCG Albana (einem vollen Passito namens Scacco Matto), gutem Sangiovese und in Barriques ausgebautem IGT Marzieno.
Zibibbo Siz; w ☆☆ Name des Alexandria-Muskatellers auf der Insel Pantelleria. Erzeuger: v.a. Murana.

Zonin ☆→☆☆ Eines der größten italienischen Weingüter in Privatbesitz (in Gambellara) mit DOC- und DOCG-Valpolicella usw. Auch Güter z. B. in Asti, Chianti Classico (Castello di Albola), San Gimignano, Friaul, Apulien und Sizilien. Außerdem in Barboursville, Virginia, USA. Die Qualität steigt, seit Franco Giacosa leitender Kellermeister geworden ist.

Alkoholgehalt des Weins

Das Alkoholpotenzial der Weine variiert stark. Ein schwerer Wein wie etwa Châteauneuf-du-Pape, Château d'Yquem oder Spätlese-Zinfandel enthält meist doppelt so viel Alkohol wie ein leichter deutscher Wein. Es ist der Alkohol, der uns einen Wein als »körperreich« empfinden lässt, wobei er aber durch Geschmackselemente, Zucker, Säuregehalt, Tannin und verschiedenartige Extrakte ausgeglichen sein muss. Ohne begleitendes reiches Bukett würde er zu hitzig und ungefällig schmecken.

Typische Alkoholstärken, im Labor durch Analysen kommerzieller Muster ermittelt (Volumenprozent):

Deutscher Tafelwein 8–11
Deutscher Kabinett 8–9
Deutsche Auslese 10–10,5
Deutsche Beerenauslese 12,8–14
Französischer Tafelwein 9–12
Roter Bordeaux 10,5–13
Bordeaux Cru classé 11–12
Beaujolais-Villages 10–10,5
Muscadet 12
Elsässer Riesling 10,5–11,5
Chablis Premier cru 10,5–12,7
Beaune 11–14
Chambertin 12,4
Châteauneuf-du-Pape 12,6+
Montrachet 12,6
Kalifornischer Zinfandel 12–16
Kalifornischer Chardonnay 10,5–13,5
Kalifornischer Cabernet Sauvignon 11,44
Australischer Cabernet Sauvignon/Shiraz 13,8
Barolo 12–14
Chianti 12–13
Valpolicella 11,7
Rioja Reserva 12,5
Sauternes 12–15
Château d'Yquem 13,5–16
Fino Sherry 18–20
Oloroso Sherry 18–20
Jahrgangsport 19–20
Madeira 17–19

Deutschland

Die folgenden Abkürzungen werden im Text verwendet:

Bad	Baden
Fran	Franken
M-S-R	Mosel-Saar-Ruwer
MM	Mittelmosel
S	Saar
R	Ruwer
Na	Nahe
Rhg	Rheingau
Rhh	Rheinhessen
Pfz	Pfalz
Würt	Württemberg
BA	Beerenauslese
TBA	Trockenbeerenauslese

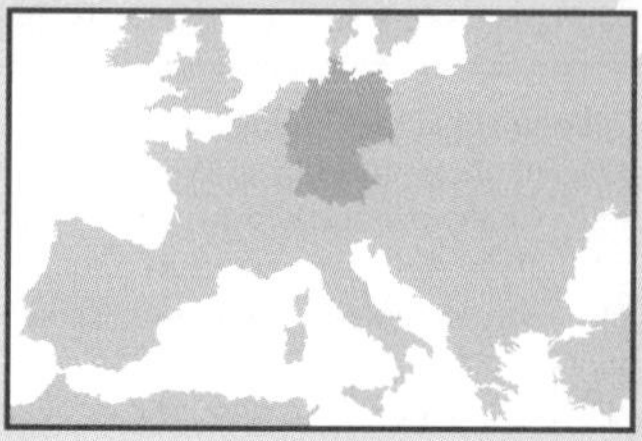

Die dunklen Flächen bezeichnen die Weinbaugebiete

Deutsche Weine müssten heutzutage eigentlich weltweit einen Boom erleben. Neue Ideen, eine vereinfachte Etikettierung bei vielen Weinen, vernünftige Preise und eine bisher nie da gewesene Serie von 16 guten bis großartigen Jahrgängen in Folge – all das spricht für sie. Und trotzdem lassen sie sich in den meisten Ländern außerhalb Deutschlands nur schwer verkaufen. Woran mag das liegen? Das saubere, klare Aroma und der niedrige bis mäßige Alkoholgehalt sollten dem modernen Geschmack eigentlich genau entsprechen. Aber die vielen Variationen und Stilrichtungen, die die deutschen Weinerzeuger anbieten, sorgen für Verwirrung. Kabinett, Spätlese und Auslese können alle süß sein, trocken oder irgendwo dazwischen und die Herkunftsangaben stehen für Einzellagen, ganze Gemeinden oder sogar Regionen. Dies und die Unfähigkeit, Begeisterung für ihre Weine zu wecken, wirkt auf den durchschnittlichen Konsumenten eher abschreckend.

Jetzt stehen wir an einem Wendepunkt in der deutschen Weinpolitik. Mit dem Jahrgang 2000 sind zwei neue Qualitätsbezeichnungen eingeführt worden, zumindest für den inländischen Markt: zum einen »Classic« für sortenreine trockene Alltagsweine auf gehobenem Niveau, zum anderen »Selection«, eine Auszeichnung, die für trockene Spitzenweine gelten soll. Bestimmte Höchsterträge sowie eine Blindverkostung sind bei Letzteren vorgeschrieben. Internationale Resonanz auf diese neuen Bestimmungen ist jedoch ausgeblieben. Dass man in Deutschland jetzt auf trockene deutsche Weine abfährt, hat die Connaisseure anderswo kalt gelassen.

Die meisten amtlichen Qualitätsstufen des deutschen Weins beruhen weiterhin auf dem Reifegrad der Trauben. Wie beim französischen Wein ist auch beim deutschen zum großen Teil eine Anreicherung mit Zucker vor dem Vergären unumgänglich, um das Defizit an Sonnenschein auszugleichen. Anders als in Frankreich werden jedoch Weine von Trauben mit einem so hohen Reifegrad, dass Zuckerzugabe überflüssig ist, als anerkannt höherwertige Produkte erzeugt und angeboten. Sie bilden die Spitzenkategorie, Qualitätswein mit Prädikat (QmP), und innerhalb dieser Gruppe gelten je nach dem natürlichen Zuckergehalt in aufsteigender Reihenfolge die Benennungen: Kabinett, Spätlese, Auslese, Beerenauslese (BA), Trockenbeerenauslese (TBA).

Die zweite Kategorie, Qualitätswein bestimmter Anbaugebiete (QbA), gilt für Wein, dem Zucker zugesetzt werden muss. Die dritte Klasse, der Tafelwein – ähnlich wie der italienische Vino da Tavola –, ist keinen Beschränkungen unterworfen. Offiziell bildet er die niedrigste Stufe. Dennoch könnte der Tafelwein wegen des veralteten Gesetzes zu einer Nische für innovative Erzeuger werden, die ihre eigenen Qualitätsstandards setzen.

Zwar enthält das Gesetz noch weitaus mehr Details, doch damit ist das Wesentliche über die Qualitätseinstufung gesagt. Theoretisch könnte, unabhängig von der Rebsorte, in jedem deutschen Weinberg Spitzenwein wachsen, wenn nur die Trauben den entsprechenden Reifegrad erreichen – in der Praxis ist das natürlich blühender Unsinn.

Das Gesetz differenziert zwar durchaus im Hinblick auf die genaue geographische Lage, aber in einer Weise, die eher zu Verwirrung führt. Bei der Auszeichnung von »Qualitätsweinen« bleibt dem Winzer oder Händler die Freiheit, seine besten Weine mit dem Namen einer Einzellage auf dem Etikett zu belegen (und das geschieht auch meistens noch). Deutschland hat rund 2600 Einzellagennamen. Freilich sind nur relativ wenige so berühmt, dass sie eine Hilfe beim Verkauf des Weins darstellen. Deshalb sieht das Gesetz von 1971 eine zweite Einstufung vor: die Großlage. In ihr ist jeweils eine Gruppe von Einzellagen mit – wie angenommen wird – gleichartigem Charakter zusammengefasst. Da es weit weniger Großlagen gibt und daher jede einzelne viel mehr Wein hervorbringt, besteht eine bessere Chance, dass sie weithin bekannt werden – kaum ein Ersatz für ehrlich verdienten Ruhm. Schließlich muss ein Wein der Großlage »Niersteiner Gutes Domtal« keinen einzigen Tropfen enthalten, der aus Nierstein selbst stammt, und oft genug ist das auch der Fall. Diese Praxis ist vollkommen legal und trotzdem meiner Meinung nach eine böswilige Täuschung der Verbraucher.

Drittens kann der Erzeuger oder Händler seinen Wein auch unter einem Bereichsnamen verkaufen. Dieser Begriff ist nun so weit gefasst, dass er überhaupt keine Bedeutung mehr besitzt. Der Bereich »Johannisberg« etwa deckt das ganze Rheingau mit 3000 ha ab. Auf diese Weise produziert man fast zwangsläufig enttäuschte Kunden; hier muss sich dringend etwas ändern.

2002 führte der VDP, der führende Winzerverband Deutschlands, ein eigenes Klassifizierungssystem von Lagen ein, dem sich auch Nichtmitglieder anschließen können. Dahinter steht der Wille, ein deutsches Äquivalent zum burgundischen Grand cru zu etablieren: das »Große Gewächs«. Mit strengen Qualitätskriterien wie der Vorgabe von Traubensorten, Höchsterträgen und Stilen (in der Regel trocken oder edelsüß) sowie strikten Verkostungskontrollen soll ein hoher Standard gewährleistet werden. Es besteht die Hoffnung, dass dies eine Renaissance in der internationalen Wertschätzung des deutschen Weins einläutet, doch ob sie wirklich so eintritt, werden wir erst in ein paar Jahren wissen. (Ein anderes Klassifizierungssystem existiert im Rheingau, siehe hierzu den Eintrag »Erstes Gewächs« auf Seite 196).

Nehmen Sie sich vor, mindestens einmal im Monat einen wirklich feinen deutschen Wein zu trinken. Das wird Ihren Sinn für Reinheit und Finesse schärfen – und Ihnen die meisten Chardonnay-Tropfen grob erscheinen lassen.

Neuere Jahrgänge

Mosel-Saar-Ruwer

Weine von Mosel, Saar und Ruwer sind jung so ansprechend, dass ihre Haltbarkeit selten auf die Probe gestellt wird. Weine, die älter sind als acht Jahre, kommen darum kaum vor. Aber gut gepflegte Riesling-Weine der Kabinettklasse gewinnen bei mindestens fünf Jahren Flaschenlagerung (und oft viel mehr), Spätlesen bei fünf bis 20 Jahren und Auslesen sowie Beerenauslesen bei über zehn bis 30 Jahren. In der Regel geraten Saar- und Ruwerweine in geringen

Jahren scharf und schlank; in den besten Jahren aber können sie, vor allem mit Edelfäule, an Eleganz und erregender, stahliger Rasse alles andere übertreffen.

2003 Die Hitze brachte hohe Reifegrade bei recht niedrigem Säuregehalt. Es war eine Ironie des Schicksals, dass einige Spitzenlagen unter der Trockenheit litten, während kühler gelegene, weniger angesehene Weinberge vielfach bessere Ergebnisse brachten. Es wird also eine beachtliche Bandbreite in der Qualität geben; die besten Weine werden köstlich sein.

2002 Wie sich der Riesling in einer der nässesten Weinlesen seit langem behaupten konnte, ist schon ein kleines Wunder. Er hat reife, saftige, lebhafte Weine erbracht (v. a. Kabinett und Spätlese), die jung ebenso wie ausgereift mit großem Genuss zu trinken sein werden.

2001 Ein goldener Oktober mündete in den besten Mosel-Riesling seit 1990. An Saar und Ruwer ebenfalls perfekt ausgewogen, wenn auch weniger aufregend. Viele Spät- und Auslesen.

2000 Bis zum Ernteregen ging es dem Riesling hier besser als in den meisten anderen Gebieten. Vorwiegend guter QbA und Kabinett-Weine. Auslesen seltener, aber köstlich.

1999 Exzellent an Saar und Ruwer, viele Auslesen hier. An der Mosel insgesamt ein nur guter Jahrgang, bedingt durch hohe Erträge. Die Besten sind bereits jung genussreif und werden auch gut altern.

1998 Riesling-Trauben haben den verregneten Herbst an der mittleren Mosel überstanden und brachten erstaunlich gute Ergebnisse; an Saar und Ruwer hatte man weniger Glück, hier vornehmlich QbA. Viel Eiswein.

1997 Ein gehaltvoller Jahrgang in der ganzen Region mit beständigen, fruchtig-eleganten Weinen. An Saar und Ruwer wunderbare Auslesen.

1996 Ein sehr »durchwachsener« Jahrgang mit feinen Spätlesen und Auslesen von Spitzenlagen, ansonsten jedoch nur QbA und Tafelwein. Viele exzellente Eisweine.

1995 Ein hervorragender Jahrgang, hauptsächlich Spätlese und Auslese mit fester Struktur, die sich gut zum Altern eignen. Nicht zu früh trinken!

1994 Ein weiterer sehr guter Jahrgang, mit nicht außergewöhnlichem QbA und Kabinett, aber vielen Auslesen, BA und TBA. Voll und fruchtig mit viel Säure. Jetzt gut zu trinken, hält sich aber noch.

1993 Sehr kleiner Ertrag in ausgezeichneter Qualität; viel Auslese mit Edelfäule und nahezu vollkommener Harmonie. Jetzt trinkreif, mit Ausnahme der Spitzenauslesen.

1992 Sehr großer Ertrag. Zumeist guter QbA, aber auch 30 % QmP. Bald trinken.

1991 Ein schwankender Jahrgang. Schwere Frostschäden an Saar und Ruwer, viele allzu herbe QbA-Weine, aber auch feine Spätlesen. Bald trinken.

1990 Superber Jahrgang, kleiner Ertrag. Viele QmP-Weine, die feinsten seit 20 Jahren. Man sollte der Versuchung widerstehen, sie zu früh auszutrinken.

1989 Reichlich und oft überragend, durch Edelfäule viele Auslesen. Saar am besten; an der Mittelmosel Übererträge, dadurch etwas dünn. Mit Ausnahme der Spitzenauslesen jetzt trinkreif.

1988 Ausgezeichneter Jahrgang. Viele reife QmP, v. a. an der Mittelmosel. Kann jetzt gut getrunken werden, man muss aber nichts übereilen.

Ältere gute Jahrgänge: 1976, 1971, 1969, 1964, 1959, 1953, 1949, 1945, 1937, 1934, 1921.

Nahe/Rheingau/Rheinhessen/Pfalz

Auch die besten Weine lassen sich in ihrer Jugend mit Genuss trinken, aber Riesling-Kabinettweine, -Spätlesen und -Auslesen aus guten Jahren gewinnen enorm an Charakter, wenn man sie länger aufhebt. Rheingauweine sind wohl die langlebigsten und verbessern sich oft 15 Jahre lang oder mehr, jedoch können auch die besten Weine von der Nahe oder aus der Pfalz ebenso lang haltbar sein. Rheinhessische Weine sind meist früher ausgereift, trockene Weine aus Franken und Baden im Allgemeinen mit drei bis sechs Jahren am besten.

2003 Das sehr heiße Wetter erbrachte reichhaltige Weine im Rheingau; einigen könnte es an Säure fehlen. Herrliche Rieslinge in der Pfalz, und die Roten gelangen überall gut.

2002 Kaum ein Wein wird es wohl mit den 2001er Spitzentropfen aufnehmen können; nichtsdestowenige dürfte sich dies als ein sehr guter Jahrgang sowohl für Kabinette und Spätlesen im klassischen Stil als auch für trockene Weine erweisen – es herrscht eine sehr gute Ausgewogenheit. Hervorragender Spätburgunder.

2001 Wenn auch nicht so gleichmäßig wie an der Mosel, gab es auch hier einen vielfach hervorragenden, wunderbar ausgewogenen Jahrgang, sowohl für den trockenen als auch für den klassischen Stil.

2000 Nach Süden hin wurde die diesjährige Lese zunehmend schwieriger; in der Pfalz war der Regen am schlimmsten. In allen Bereichen gibt es jedoch Gebiete, in denen exzellente Weine entstanden.

1999 Durchschnittsqualität dort, wo hohe Erträge zustande kamen; für Spitzenerzeuger jedoch ein ausgezeichneter Jahrgang mit sehr ansprechenden, reichhaltigen und aromatischen Weinen.

1998 Ein herausragender Jahrgang mit vollen, ausgewogenen Weinen, viele gute Spätlesen und Auslesen mit hervorragendem Alterungspotenzial. Dieser Jahrgang reift langsam, viele Weine sind immer noch etwas verschlossen.

1997 Sehr saubere, reife Trauben ergaben exzellente QbA, Kabinett und Spätlese in trockenen und klassischen Stilrichtungen. Durch die geringe Edelfäule nur wenig Auslesen und Weine höherer Qualität.

1996 Besonders in der Pfalz und im Rheingau ein exzellenter Jahrgang mit vielen feinen Spätlesen, die sich bei langer Lagerung noch steigern werden. Großartige Eisweine.

1995 Recht ungleichmäßig, aber einige exzellente Spätlesen und Auslesen reifen gut – wie der 90er Jahrgang. In der Pfalz durch die verregnete Ernte kaum ausgeprägt.

1994 Guter Jahrgang, meist QmP, üppig fruchtig mit fester Struktur. Auslese, BA und TBA bisweilen überragend. Letztere können noch warten, den Rest anfangen zu trinken.

1993 Kleiner Ertrag in sehr guter bis ausgezeichneter Qualität. Viele vollreife Spät- und Auslesen, nun allmählich auf dem Höhepunkt.

1992 Reichlicher Ertrag, leider verhinderten Kälte und Regen im Oktober einen großen Jahrgang. Ein Drittel war QmP in gehalt- und stilvoller Qualität. Die meisten bereits gut zu trinken.

1991 Ein guter, mittlerer Ertrag; leichte Böden in der Pfalz litten unter Trockenheit. Es werden sich feine Weine herausschälen. Die meisten sind jetzt gut zu trinken.

1990 Klein und überaus fein. Hoher Anteil an QmP, der noch viele Jahre liegen kann. Widerstehen Sie der Versuchung, ihn zu früh zu trinken.

1989 Sommerunwetter minderten den Ertrag im Rheingau. Ansonsten sehr gute Qualität bis zu Auslese. Die meisten sind jetzt reif, aber Eile tut nicht not.

Ältere gute Jahrgänge: 1983, 1976, 1971, 1969, 1967, 1964, 1959, 1953, 1949, 1945, 1937, 1934, 1921.

Achkarren Bad; (r) w ★★ Weinort am Kaiserstuhl, v. a. bekannt für Grauburgunder. Lage 1. Klasse: Schlossberg. Weine in der Regel in den ersten 5 Jahren am besten. Gute Erzeuger: Dr. Heger, Winzergenossenschaft.

Ahr r ☆→☆☆ **90** 91 *92* **93 94 95** 96 **97** 98 **99** *00* **01 02 03** – Traditionelles, auf Rotwein spezialisiertes Anbaugebiet südlich von Bonn. Leichte, im Idealfall elegante Spätburgunder, v. a. von Adeneuer, Deutzerhof, Kreuzberg, Meyer-Näkel, Nelles und Stodden.

Amtliche Prüfungsnummer Siehe Prüfungsnummer.

Anbaugebiete Die Rebfläche Deutschlands ist in 13 »bestimmte Anbaugebiete« unterteilt. Siehe auch QbA und Weinbaugebiet.

A.P.Nr. Abkürzung für Amtliche Prüfungsnummer.

Assmannshausen Rhg; r ☆→☆☆☆ **76 89 90 93** *94* **95 96 97** 98 **99** 00 **01 02 03** – Bekannt durch helle, leichte Spätburgunder. Lage 1. Klasse: Höllenberg. Erzeuger: u. a. Johanninger, August Kesseler, Robert König, Hotel Krone, Staatsweingüter.

Auslese Wein von ausgelesenen, besonders reifen Trauben, oft durch Edelfäule verfeinert und entsprechend gehaltvoll im Geschmack. Trockene Auslesen fallen meistens sehr alkoholreich und eher plump aus.

Avelsbach M-S-R (R); w ☆☆☆ **71 75 76 83** 85 88 **89 90** *92* **93** 94 **95** 96 **97** *98* **99** 00 01 02 **03** – Ort bei Trier. In Bestform wundervoll delikate Weine. Erzeuger: Bischöfliche Weingüter, Staatliche Weinbaudomäne (siehe Staatsweingut).

Die Jahrgangsangaben bei den Stichworten im Kapitel Deutschland erfolgen nach einem anderen Schema als sonst in diesem Buch üblich, um neben der Qualität auch die Art des Jahrgangs erfassen zu können. Es gibt drei verschiedene Kategorien:

Fettdruck (z. B. **93**) – Klassischer, vollreifer Jahrgang mit einem hohen Anteil von Prädikatsweinen einschließlich Spät- und Auslesen.

Normaldruck (z. B. 92) – Normaler guter Jahrgang ohne besonders großen Anteil an süßen Weinen.

Kursivdruck (z. B. *91*) – Kühler Jahrgang mit im Allgemeinen geringerem Reifegrad, aber einem angemessenen Anteil an ordentlichen Qualitätsweinen, häufig mit einem Übermaß an Säure; also weniger QmP-Weine, dafür entsprechend höhere Vielfalt bei QbA. Solche Weine reifen manchmal besser als erwartet.

Nicht angegebene Jahrgänge sind in der Regel nicht zu empfehlen; die meisten haben ihren Höhepunkt bereits überschritten.

Ayl M-S-R (S); w ★★★ **71 75 76 83** 85 88 **89 90** 91 **93** 94 **95** *96* **97** *98* **99** 00 01 02 **03** – Einer der besten Orte an der Saar. Lage 1. Klasse: Kupp. Erzeuger: u. a. Bischöfliche Weingüter, Lauer, Dr. Wagner.

Bacchus Moderne, oft kitschig »parfümiert« duftende Traube, vor allem in Franken anzutreffen. Besonders gut für Weine der Kabinettklasse.

Bacharach ★→★★★ **83** 88 **89 90** 92 **93** 94 95 96 97 **98** 99 00 **01** 02 **03** – Größte Weinstadt am Mittelrhein, direkt flussabwärts vom Rheingau. Jetzt Teil des neuen Bereichs Loreley; rassige, herbe, z. T. sehr feine Rieslinge. Lagen 1. Klasse: Hahn, Posten, Wolfshöhle. Erzeuger: u. a. Bastian, Jost, Dr. Randolph Kauer, Helmut Mades, Ratzenberger.

Bad Dürkheim Pfz; (r) w ☆☆→☆☆☆ **76** 88 **89 90** 92 **93** 94 95 **96 97 98** 99 00 01 02 **03** – Bedeutendste Stadt der Mittelhaardt mit dem größten Fass der Welt und dem »Würstmarkt«-Weinfest im September. Lagen 1. Klasse: Michelsberg, Spielberg. Beste Erzeuger: Kurt Darting, Fitz-Ritter, Karst, Pflüger, Karl Schäfer.

Bad Kreuznach Na; w ☆☆→☆☆☆ **76** 79 **83 85** 86 88 **89 90** 92 **93** 94 95 96 **97** 98 99 00 01 **02 03** – Netter Kurort mit guten Rebflächen. Lagen 1. Klasse: Brückes, Kahlenberg, Krötenpfuhl. Weingüter: u. a. Anheuser, Anton Finkenauer, Carl Finkenauer, von Plettenberg.

Baden Großes Anbaugebiet im Südwesten mit verstreut liegenden Rebflächen und rasch wachsendem Renommee für gehaltvolle, meist trockene, aber geschmeidige Tropfen, die sich gut als Tischweine eignen. Feine Grau- und Spätburgunder, Rieslinge sowie Gewürztraminer. Beste Bereiche: Kaiserstuhl und Ortenau.

Badische Bergstraße/Kraichgau (Bereich) Ausgedehnter Bereich in Nordbaden. Weiß- und Grauburgunder ergeben hier die besten Weine.

Badischer Winzerkeller Deutschlands (und Europas) größte Winzergenossenschaft in Breisach; mit 25 000 Mitgliedern (insgesamt 4800 ha) produziert sie fast die Hälfte aller badischen Weine. Nicht sehr ambitioniert.

Badisches Frankenland Siehe Tauberfranken.

Barriques Vor etwa 20 Jahren tauchten diese neuen, kleinen Eichenholzfässer zu Experimentierzwecken in Deutschland auf. Die Ergebnisse sind immer noch ziemlich unterschiedlich: Das Eichenaroma kann Weißburgunder, Spätburgunder und Lemberger mehr Substanz verleihen; für Riesling ist es zumeist völlig ungeeignet.

Bassermann-Jordan, Dr. Ludwig von ☆☆☆ **76 79** 83 86 88 **89** 90 **96** 97 **98 99** 00 01 02 **03** – 42-ha-Familienbesitz an der Mittelhaardt mit vielen der besten Lagen in Deidesheim, Forst, Ruppertsberg u. a. Der Kellermeister Ulrich Mell hat dieses historische Gut wieder an die Spitze gebracht. Heute ist es eines der verlässlichsten großen Weingüter.

Bastian, Fritz ★★ 5,5 ha großes Gut in Bacharach. Rassige, herbe Riesling-Weine, ähnlich delikat wie an der Mosel. Am besten vom Posten (Lage 1. Klasse).

Becker, J. B. ☆☆→☆☆☆ Familiengut und Weinhandlung in Walluf. 12 ha in Eltville, Martinsthal und Walluf. Spezialist für trockene Rieslinge.

Beerenauslese (BA) Köstlich süßer Wein aus besonders reifen, einzeln ausgelesenen Beeren, meist durch Edelfäule verfeinert. Selten und teuer.

Bensheim Siehe Hessische Bergstraße.

Bercher ☆☆☆ Weingut mit 16 ha Weiß- und Spätburgunder in Burkheim am Kaiserstuhl. U.a. exzellenter Chardonnay und einige der besten deutschen Spätburgunder.

Der deutsche Wein wird zumeist in hohe schlanke Flaschen abgefüllt, die bei Rhein-, Nahe- und Pfälzer Weinen stets braun und bei Mosel-Saar-Ruwer-Weinen grün sind. Das Glas bringt gewissermaßen die verschiedenen Eigenarten der Weine zum Ausdruck: der Rheinwein voll und golden, der Mosel frisch und grün (oft im buchstäblichen Sinne). Frankenwein wird häufig in flache, breite, kolbenförmige »Bocksbeutel«-Flaschen abgefüllt.

Bereich Teil innerhalb eines Anbaugebiets. Auf einem Etikett ist diese Bezeichnung ein Warnsignal. Besser nicht kaufen. Siehe auch Einleitung und Bereichsnamen, z. B. Bernkastel (Bereich).

Bergstraße Siehe Badische bzw. Hessische Bergstraße.

Bernkastel M-S-R (MM); w ☆→☆☆☆☆ **71 75 76 83 85** 86 **88** 89 **90** 92 **93** *94* **95** *96* **97** 98 **99** 00 **01** 02 **03** – Erstklassige Weinstadt an der Mittelmosel; Inbegriff des Rieslings. Spitzenlage 1. Klasse: Doctor, 3 ha; Lagen 1. Klasse: Graben, Lay. Beste Erzeuger: u. a. Kerpen, Loosen, Markus Molitor, Pauly-Bergweiler, Prüm, Studert-Prüm, Thanisch, Wegeler.

Bernkastel (Bereich) Großer Bereich, meist Müller-Thurgau, mit häufig minderer Qualität und oberflächlich blumigem Charakter. Umfasst die gesamte Mittelmosel. Eher meiden.

Biffar, Josef ☆☆ Bedeutender Erzeuger in Deidesheim; Weingut mit 16 ha (z. T. in Wachenheim). Verlässliche klassische Rieslinge.

Bingen Rhh; w ☆→☆☆☆ **76 83 85** 88 **89 90** 92 **93** 94 95 96 **97** 98 99 *00* 01 02 **03** – Stadt am Zusammenfluss von Rhein und Nahe mit guten Lagen. Lage 1. Klasse: Scharlachberg. Spitzenerzeuger: Villa Sachsen.

Bingen (Bereich) Bereichsname für das nordwestliche Rheinhessen.

Bischöfliche Weingüter ☆☆→☆☆☆ Berühmtes Gut in Trier an der Mosel, vereinigt in sich kirchlichen Besitz mit zwei anderen Stiftungen – Bischöfliches Priesterseminar, Bischöfliches Konvikt und Hohe Domkirche. Knapp 100 ha beste Lagen, v. a. an Saar und Ruwer. Die jüngeren Jahrgänge finden wieder zur bewährten Klasse zurück.

Blauburgunder Blauer Spätburgunder. Synonym für Pinot noir.

Bocksbeutel Bauchig-flache Weinflasche, vor allem in Franken.

Bodensee (Bereich) Idyllischer Bereich in Südbaden. Trockene Weine am besten innerhalb der ersten 5 Jahre trinken. Eine Spezialität ist der einem Riesling ähnliche Müller-Thurgau.

Deutsche Weinregionen für 2005

Mittelrhein Nach einigen schwachen Jahrgängen hat der 2001er bewiesen, dass man hier große klassische Rieslinge produzieren kann.

Rheinhessen Zwischen Mainz und Worms bereitet man eine ganze Reihe sauberer, harmonischer trockener Weißweine im neuen Stil, und das oft erstaunlich günstig.

Saale-Unstrut Die Schatten der kommunistischen Vergangenheit sind endlich abgeschüttelt. Einige überraschend körperreiche, geschmeidige trockene Weißweine entstehen hier.

Sachsen Auch das andere ostdeutsche Weinbaugebiet macht sich. Die trockenen Weißen sind schlanker und aromatischer als die Saale-Unstrut-Gewächse.

Boppard ★→★★★ **76 83 88 90** 92 **93** 94 **95** 96 97 **98** 99 00 **01** 02 **03** – Wichtige Weinstadt am Mittelrhein, rasch steigende Qualität. Die besten Lagen befinden sich alle in dem wie ein Amphitheater geformten Bopparder Hamm. Erzeuger: Heinrich Müller, August Perll, Weingart. Unschlagbares Preis-Leistungs-Verhältnis.

Brauneberg M-S-R (MM); w ☆☆☆☆ **71 75 76 83 85 88** 89 **90** 91 **92 93** 94 **95** 96 **97** 98 99 00 **01** 02 **03** – Erstklassiger Ort bei Bernkastel mit 300 ha Anbaufläche und ungebrochener Tradition in ausgezeichneten, bukettreichen Rieslingen. Vielleicht der »Grand cru« an der Mosel. Unangefochtene Spitzenlage 1. Klasse: Juffer-Sonnenuhr. Lage 1. Klasse: Juffer. Erzeuger: u. a. Bastgen, Fritz Haag, Willi Haag, Paulinshof, Richter.

Breisach Grenzstadt zum Elsass, am Rhein nahe dem Kaiserstuhl gelegen. Sitz des Badischen Winzerkellers.

Breisgau (Bereich) Wenig bekannter Bereich in Baden, nördlich und östlich vom Kaiserstuhl. Gute Rotweine und Weißherbst.

Breuer, Georg ☆☆☆ 14-ha-Familienweingut in Rüdesheim, davon 2,5 ha Anteil an der Lage Berg Schlossberg und 5 ha Rauenthaler Nonnenberg im Alleinbesitz. Von beiden Lagen kamen in den vergangenen Jahren überragende, körperreiche trockene Riesling-Weine. Seit 1995 auch vorzügliche Auslesen, Beeren- und Trockenbeerenauslesen.

Buhl, Reichsrat von ☆☆☆ Historischer Familienbesitz in der Pfalz, seit 1994 Rückkehr zu alter Qualität. 64 ha in Deidesheim, Forst, Ruppertsberg usw. An eine japanische Firma verpachtet.

Bundesweinprämierung Bundesweiter Preiswettbewerb mit Auszeichnung für besonders bemerkenswerte Weine (Großer Preis, Silberner Preis, Bronzener Preis). Veranstalter ist die DLG.

Bürgerspital zum Heiligen Geist ☆☆ Alter Stiftbesitz in Würzburg, 110 ha in Würzburg, Randersacker usw. Volle, trockene Weine, v. a. Silvaner und Riesling. Können sehr gut sein.

Bürklin-Wolf, Dr. ☆☆☆→☆☆☆☆ Berühmtes Familienweingut in der Pfalz. 94 ha in Deidesheim, Forst, Ruppertsberg und Wachenheim, darunter viele Lagen 1. Klasse mit oft Aufsehen erregenden körperreichen trockenen Weinen. Der 1999er ist nicht zu empfehlen.

Chardonnay Ist jetzt in ganz Deutschland zugelassen und wird auf über 730 ha angebaut. Einige gute Weine in den letzten Jahrgängen. Spitzenerzeuger: Karl-Heinz Johner, Rebholz, Wittmann.

Die deutschen Qualitätsstufen

Die amtlichen Qualitätsstufen sind in aufsteigender Reihenfolge:

1. Deutscher Tafelwein: nach amtlicher Definition leichter, lieblicher Wein ohne näher festgelegte Eigenart; von einigen Erzeugern gibt es allerdings auch hochklassige Gewächse mit ausgeprägtem Charakter.
2. Landwein: trocken bis halbtrocken, gebietstypisch.
3. Qualitätswein: trocken bis lieblich, Zuckerzusatz vor der Gärung, um ihm mehr Stärke zu geben; stets auf Qualität geprüft und mit ausgeprägtem Charakter, je nach Landschaft und Traubensorte.
4. Kabinett: trocken bis lieblich (ungezuckert) mit ausgeprägter, gelegentlich vorzüglicher Eigenart und charakteristischer Leichtigkeit.
5. Spätlese: alkoholreicher als Kabinett, meist mit mehr Süße. Körperreich. Viele hochklassige Spätlesen sind heutzutage halb- oder ganz trocken.
6. Auslese: süßer, oft auch alkoholreicher als Spätlese, vielfach mit an Honig erinnerndem Aroma, intensiv und nachhaltig. Gelegentlich trocken und schwer.
7. Beerenauslese: ziemlich süß und gelegentlich alkoholreich, intensiv im Geschmack, kann superb sein.
8. Eiswein (Beeren- oder Trockenbeerenauslese): hochkonzentriert, intensiv süß. Kann sehr fein sein, aber auch extrem einseitig.
9. Trockenbeerenauslese: intensiv süß und aromatisch, oft nicht so alkoholreich. Ein außergewöhnlicher, unendlich haltbarer Wein.

Christmann ☆☆☆ Ein 14-ha-Gut im pfälzischen Gimmeldingen mit vollem, trockenem Riesling von 1.-Klasse-Lagen, v. a. Königsbacher Idig. Beeindruckende Qualität seit 1995.

Christoffel, J. J. ☆☆☆ Kleines Weingut mit Besitz in Erden und Ürzig. Ausgefeilter, eleganter Riesling.

Clevner (oder **Klevner**) In Württemberg Synonym für Blauer Frühburgunder; eine Mutation von Pinot noir oder Chiavenna. In der Ortenau (Baden) irreführenderweise Synonym für Traminer.

Crusius ☆☆→★★★ 13-ha-Familienweingut in Traisen, Nahe. Lebendige, in Bestform sehr haltbare Rieslinge aus den Lagen Bastei und Rotenfels in Traisen sowie aus Schloßböckelheim. Ferner guter Sekt und trockener, frisch-fruchtiger Spätburgunder-Rosé.

Deidesheim Pfz; (r) w ☆☆→☆☆☆☆ **71 76 83 85 88 89 90 92** 93 94 *95* **96** 97 **98** 99 00 01 02 **03** – Größter Weinort (400 ha) mit Spitzenqualität in der Pfalz. Bukettreiche, lebendige Weine. Auch Sekt. Lagen 1. Klasse: Gainhübel, Hohenmorgen, Kalkofen, Kieselberg, Langenmorgen, Leinhöhle. Bedeutende Erzeuger: Bassermann-Jordan, Biffar, Buhl, Bürklin-Wolf, Deinhard, Wolf.

Deinhard Die Familie Wegeler hat 1997 das 200 Jahre alte Handelshaus und die Sektkellerei Deinhard an den Sektriesen Henkell-Söhnlein verkauft. Die herrlichen Deinhard Weingüter sind jedoch in Familienbesitz geblieben (siehe Wegeler).

Deinhard, Dr. ☆☆☆ Familienweingut (30 ha) in Deidesheim mit einigen vorzüglichen Lagen.

Deutscher Tafelwein Die amtliche Bezeichnung für sehr einfache deutsche Weine; mittlerweile dient sie aber auch als Wahrzeichen für nicht ganz billige Neuheiten (z. B. barriquegereifte Weine). Das Gesetz müsste geändert werden, so wie schon in Italien geschehen.

Deutsches Weinsiegel Qualitätssiegel für Weine, deren Qualität in jeder Güteklasse deutlich über den gesetzlichen Mindestanforderungen liegt. Das gelbe Weinsiegel wird für trockene, das grüne für halbtrockene und das rote für liebliche Weine vergeben. Bedeutet wenig; beweist nichts.

Diel, Schlossgut ☆☆☆ Zeitgemäßes Weingut (12 ha) an der Nahe. Bekannt für alterungsfähige Grau- und Weißburgunder, die in französischen Barriques ausgebaut werden, heute zählt aber auch der traditionelle Riesling zu den feinsten Naheweinen. Köstliche Auslesen und Eiswein.

DLG – Deutsche Landwirtschafts-Gesellschaft Veranstalter der Bundesweinprämierung mit Sitz in Frankfurt. Bei weitem zu großzügig bei der Prämienvergabe.

Domäne Weingut. Der Begriff steht manchmal auch allein für »Staatliche Weinbaudomäne«.

Dönnhoff, Hermann ★★★★ 88 **89 90** 92 93 94 **95** 96 97 **98** 99 **00 01** 02 **03** – Führendes 12,5-ha-Gut an der Nahe mit überaus feinen Rieslingen aus Niederhausen, Oberhausen und Schloßböckelheim. Einige der ganz großen deutschen Weine kommen von hier.

Dornfelder Rote Sorte, die gewöhnlich rustikale Weine erbringt, erstaunlicherweise aber schon 6000 ha Rebfläche in Deutschland bedeckt.

Durbach Bad; (r) w ★★→★★★ **90 93 94** 95 **96** 97 **98 99** 00 **01** *02* **03** – Ort mit 310 ha Anbaufläche, darunter ein paar Lagen 1. Klasse. Spitzenerzeuger: A. Laible, H. Männle, Schloss Staufenberg, Wolff-Metternich. Klingelberger (Riesling) und Clevner (Traminer) sind sehr zu empfehlen.

Edelfäule Voraussetzung für die Trockenbeerenauslese (siehe auch Seite 210).

Egon Müller – Scharzhof ☆☆☆☆ **75 76** *78* **79** *80* 81 82 **83** *84* 85 86 *87* 88 **89 90** 91 *92* **93 94 95** 96 **97** 98 **99** 00 **01** 02 **03** – Spitzengut an der Saar, 12 ha in Wiltingen. Der reichhaltige und rassige Scharzhofberger-Riesling gehört in Auslesejahrgängen zu den besten Weinen der Welt; Spitzenweine tragen goldene Kapseln. Die sublimen Jahrgänge 93, 95, 97, 99 und 01 mit ihrer feinen Honignote werden ewig halten. Le Gallais ist ein zweites Gut (Wiltinger Braune Kupp) im gleichen Besitz.

Eiswein Dessertwein aus gefrorenen Trauben mit stark herabgesetztem Wassergehalt, daher sehr konzentriert in Aroma, Säure und Süße mit mindestens dem Reifegrad der Beerenauslese. Sehr teuer. Wird manchmal erst im Januar oder Februar nach der Lese hergestellt. Der Alkoholgehalt ist meist niedrig, bis zu 5,5 %. 2002 könnte der beste Eiswein-Jahrgang seit 1996, vielleicht sogar seit 1983 werden.

Eitelsbach M-S-R (R); w ☆☆→☆☆☆☆ **71 75 76 83 85 88 89 90** 92 **93** 94 **95** *96* **97 98 99** 00 01 02 **03** – Am Rand von Trier gelegener Ort mit Spitzenlage 1. Klasse: Karthäuserhofberg. Großlage: Römerlay.

Elbling An der oberen Mosel verbreitete Traubensorte, die von den Römern eingeführt wurde; oft scharf und geschmacklos, erbringt aber in günstigen Lagen (z. B. in Nittel oder Schloss Thorn, Obermosel) durchaus lebhaften, frischen Wein.

Eltville Rhg; w ★★→★★★ **71 76 83** 88 **89 90** 92 **93** 94 **95** 96 **97** 98 **99** 00 01 02 **03** – Bedeutende Weinstadt mit Kellereien der Staatsweingüter sowie den Gütern Fischer und Langwerth von Simmern. Lage 1. Klasse: Sonnenberg.

Emrich-Schönleber ☆☆☆ Das Weingut liegt in der wenig renommierten Ortschaft Monzingen, doch Werner Schönleber hat seit den späten 1980er-Jahren bewiesen, dass seine Rieslinge es mit jedem der anderen Erzeuger in der Region aufnehmen können. Besonders zu empfehlen ist der üppige Eiswein.

Enkirch M-S-R (MM); w ★★→★★★ **71 76 85 88 89 90 93** 94 95 *96* **97** 98 99 00 **01** 02 **03** – Wenig bekannter Ort mit gefälligem, leichtem, angenehmem Wein. Der beste Erzeuger ist Immich-Batterieberg.

Erbach Rhg; w ☆☆☆ **71 76 83** 85 86 88 **89 90 92 93** 94 **95 96** 97 98 **99** *00* 01 02 **03** – Gebiet im Rheingau mit gehaltvollen, bukettreichen, sehr langlebigen Weinen, u. a. aus den Lagen 1. Klasse: Hohenrain, Marcobrunn, Schlossberg, Siegelsberg, Steinmorgen. Bedeutende Güter: Schloss Rheinhartshausen, Schloss Schönborn sowie Becker, Jakob Jung, Knyphausen, von Simmern u. a.

Erden M-S-R (MM); w ☆☆☆ **71 75 76 83 85 88 89 90** 92 **93** 94 **95** 96 **97 98** 99 *00* **01** 02 **03** – Ort zwischen Ürzig und Kröv mit noblen, bukettreichen, kräftigen Weinen (mineralischer und mit mehr Kräuternoten als die Weine der Nachbarorte Bernkastel und Wehlen, aber genauso langlebig). Spitzenlagen 1. Klasse: Prälat, Treppchen. Weingüter: u. a. Bischöfliche Weingüter, Christoffel, Loosen, Meulenhof, Mönchhof, Peter Nicolay.

Erstes Gewächs Seit dem 1. September 2000 ist im Rheingau die Klassifizierung der Weinberge in Kraft getreten und mit ihr die Bezeichnung »Erstes Gewächs« – dem französischen »Premier cru« nachempfunden. Weine mit dieser Bezeichnung müssen strengen Anforderungen entsprechen; u. a. sind Maximalerträge und eine Blindverkostung vorgeschrieben. Der Haken an der Sache ist, dass diese Klassifizierung auf über 35 % der Weinberge der Region zutrifft, darunter auch einige recht schwache Lagen. An Rebsorten sind Spätburgunder und Riesling zugelassen, sowohl trocken als auch süß.

Erzeugerabfüllung Vom Erzeuger aus eigenem Lesegut gekelterter und selbst abgefüllter Wein. Wird auf Weingütern durch »Gutsabfüllung« verdrängt; die Genossenschaften behalten den Begriff jedoch bei.

Escherndorf Fran; w ★★→★★★ **76** 83 **88** *89* **90 92 93** 94 *95* 96 97 98 **99** 00 **01** 02 **03** – Bedeutende Weinstadt bei Würzburg. Voller, trockener Wein. Lage 1. Klasse: Lump. Großlage: Kirchberg. Weingüter: u. a. Michael Fröhlich, Juliusspital, Egon Schäffer, Horst Sauer, Rainer Sauer.

Eser, August ★★ 8-ha-Gut in Oestrich (Rheingau) mit Lagen auch in Hallgarten, Rauenthal (v. a. Gehrn, Rothenberg), Winkel. Weine unterschiedlicher Qualität.

Filzen M-S-R (S); w ★★→★★★ **76 83** 88 **89 90 93** 94 **95** 96 **97** 98 **99** 00 **01** 02 **03** – Ort bei Wiltingen an der Saar. Lage 1. Klasse: Pulchen. Beachtenswerter Erzeuger: Piedmont.
Fischer Erben, Ökonomierat J. ☆☆☆ Weingut in Eltville (Rheingau), 7,5 ha, mit hohen traditionellen Maßstäben; überaus langlebige, klassische Weine.
Forschungsanstalt Geisenheim Siehe Hessische Forschungsanstalt.
Forst Pfz; w ☆☆→☆☆☆☆ **71 76 83 89 90** 92 **93** 94 95 **96** 97 **98** 99 *00* 01 02 **03** – Ort in der Mittelhaardt mit 200 ha bester Lagen. Reife, vollduftige, fein abgestimmte, körperreiche Weine. Lagen 1. Klasse: Jesuitengarten, Kirchenstück, Freundstück, Pechstein, Ungeheuer. Spitzenerzeuger: u. a. Bassermann-Jordan, Bürklin-Wolf, Deinhard, Mosbacher, Eugen Müller, H. Spindler, Werlé, Wolf.
Franken Anbaugebiet mit eigenständigen, meist trockenen Weinen (v. a. Silvaner) in Bocksbeutel-Flaschen. Mittelpunkt ist Würzburg. Bereiche: Maindreieck, Steigerwald. Spitzenerzeuger: u. a. Bürgerspital, Fürstlich Castell'sches Domänenamt, Fürst, Juliusspital, Löwenstein, Ruck, Horst Sauer, Staatlicher Hofkeller, Wirsching.
Friedrich-Wilhelm-Gymnasium ☆☆ Wichtiges Stiftsweingut (33 ha) in Trier. Lagen in Bernkastel, Graach, Ockfen, Trittenheim, Zeltingen u. a., sämtlich Mosel-Saar-Ruwer. Nach einer Reihe von Misserfolgen seit 1995 erheblich besser.
Fuhrmann-Eymael Siehe Pfeffingen.
Fürst ☆☆☆ Kleines Gut in Bürgstadt, das einige der besten Frankenweine erzeugt, v. a. im burgundischen Stil bereiteten Spätburgunder und in Eiche ausgebauten Weißburgunder.
Fürstlich Castell'sches Domänenamt ☆→☆☆☆ Historischer Gutsbesitz (57 ha) im Steigerwald. Silvaner, Rieslaner. Seit 1999 wieder in Form. Hervorragende 2001er Weine.
Gallais, Le Siehe Egon Müller – Scharzhof.
Geisenheim Rhg; w ☆☆→☆☆☆ **71 76 85** 88 **89 90** 92 **93** 94 95 **96** 97 98 **99** 00 01 02 **03** – Stadt im Rheingau, Sitz der bekanntesten deutschen Weinbaufachschule; feine, würzige Weine. Lagen 1. Klasse: Kläuserweg, Rothenberg. Spitzenerzeuger: Johannishof, Schloss Schönborn, Wegeler, von Zwierlein.
Gewürztraminer Vor allem im Elsass angebaute hocharomatische Traubensorte, die aber auch in Deutschland eindrucksvolle Weine hervorbringt (besonders Pfalz, Baden, Sachsen und Württemberg).
Gimmeldingen Pfz; w ☆☆ **76 85** 88 **89 90 92 93** 94 95 **96** 97 **98** 99 00 **01** 02 **03** – Ort im südlichen Bereich Mittelhaardt; im besten Fall reichhaltige, saftige Weine. Großlage: Meerspinne. Erzeuger: u. a. Christmann, Müller-Catoir.
Graach M-S-R (MM); w ★★★ **71 75 76 83 85 88 89 90** 92 **93** 94 **95** 96 **97 98 99** 00 **01** 02 **03** – Kleiner Ort zwischen Bernkastel und Wehlen. Lagen 1. Klasse: Domprobst, Himmelreich, Josephshöfer. Spitzenweingüter: Kesselstatt, Loosen, Prüm, Schaefer, Selbach-Oster, Weins-Prüm.
Grans-Fassian ☆☆☆ Schönes 10-ha-Gut in Leiwen an der Mosel mit Lagen dort sowie in Trittenheim. Als Spezialität Eiswein. Verlässlich hohe Qualität seit 1995.
Grauburgunder Synonym für Ruländer oder Pinot gris. Die Traube ergibt weiche, körperreiche Wein; am besten in Baden und der südlichen Pfalz.
Großer Ring Gruppe von Spitzenweingütern (VDP) im Gebiet Mosel-Saar-Ruwer, deren jährliche Auktion im September regelmäßig Weltrekordpreise erzielt.

Großes Gewächs Die oberste Stufe des Systems der Lagenklassifizierung, das 2002 vom Winzerverband VDP eingeführt wurde – ausgenommen im Rheingau, wo ein eigenes System besteht, das vom so genannten Ersten Gewächs angeführt wird. Ein Wein, der mit der Bezeichnung »Großes Gewächs« auf den Markt kommt, unterliegt sehr strengen Qualitätsvorgaben.

Großlage Siehe Einleitung, Seite 188.

Gunderloch ☆☆☆→☆☆☆☆ 88 89 **90** 91 92 **93** 94 95 **96 97 98** 99 00 **01** 02 **03** – Ausgezeichnetes Weingut in Nackenheim (12 ha), das einige der feinsten Rieslinge der gesamten Rheinregion hervorbringt, darunter auch phänomenale Beeren- und Trockenbeerenauslesen. Auch Eigentümer des bekannten Guts Balbach in Nierstein.

Guntrum, Louis ☆☆ Großer Familienbesitz (27 ha) in Rheinhessen. Beste Lagen in Nierstein, Oppenheim u. a. Guter Silvaner, Gewürztraminer und Riesling.

Gutedel Deutscher Name für die uralte Chasselas-Traube, verwendet v. a. in Südbaden. Ergibt frische, aber recht neutrale Weißweine.

Gutsabfüllung Auf Weingütern (im Gegensatz zu Genossenschaften) an Stelle von »Erzeugerabfüllung« verwendet.

Haag, Fritz ☆☆☆☆ **69** 70 **71** 73 **75 76** 77 78 **79** 80 81 82 **83** 84 **85** 86 87 **88** 89 **90** 91 92 93 94 **95** 96 97 98 99 00 **01** 02 **03** – 7,5 ha großes Spitzenweingut in Brauneberg unter der Leitung von Wilhelm Haag, Präsident des Großen Rings. Mosel-Riesling mit kristalliner Reinheit und rassiger Brillanz für langes Altern. Haags Sohn Thomas führt das Gut Schloss Lieser.

Haag, Willi ☆☆ Knapp 3 ha großes Gut in Brauneberg. Volle Rieslinge »alten Stils«. Einige feine Auslesen. Seit 1995 stetig steigende Qualität.

Haart, Reinhold ☆☆☆ Das beste Weingut in Piesport mit wachsendem Renommee. Feine, aromatische, langlebige Weine.

Halbtrocken Mit unter 18, jedoch über 9 g/l Restsüße. Eine beliebte Zwischenstufe, hauptsächlich als Wein zu Speisen gedacht; gewöhnlich ausgeglichener als trockener Wein.

Hattenheim Rhg; w ☆☆→☆☆☆☆ **71 76 83 89 90 92 93** 94 **95 96** 97 98 **99** *00* 01 02 **03** – Erstklassige Weinstadt mit 200 ha Rebflächen, wenngleich nicht alle ansässigen Erzeuger das Potenzial voll auszuschöpfen vermögen. Lagen 1. Klasse: Engelmannsberg, Mannberg, Pfaffenberg, Nussbrunnen, Wisselbrunnen und am bekanntesten Steinberg (Ortsteil). Marcobrunn liegt bereits auf Erbacher Gebiet. Erzeuger: Knyphausen, Lang, Ress, Schloss Schönborn, von Simmern, Staatsweingut.

Heger, Dr. ☆☆☆ Führendes Gut am Kaiserstuhl in Baden mit exzellentem trockenem Weißburgunder, Grauburgunder und kraftvollen, eichenholzgereiften Spätburgunder-Rotweinen.

Heilbronn Würt; r w ☆→☆☆ **90 93** 94 **96 97** 98 99 *00* 01 02 **03** – Weinstadt mit vielen kleinen Erzeugerbetrieben und einer guten Genossenschaft. Veranstaltungsort für DLG-Prämierungen. Die besten Weine sind Rieslinge oder stammen von der Lemberger-Traube. Spitzenweingüter: Amalienhof, Drautz-Able, Schäfer-Heinrich.

Henkell Siehe Deinhard.

Hessen, Prinz von ☆☆→☆☆☆ Bekanntes Weingut mit 30-ha-Besitz in Johannisberg, Kiedrich und Winkel. Hat die Qualität seit dem Jahrgang 1995 deutlich gesteigert.

Hessische Bergstraße w ☆☆→☆☆☆ **90 92 93** 94 95 96 **97** 98 **99** 00 01 02 **03** – Mit 400 ha Rebfläche kleinstes Anbaugebiet in Westdeutschland, nördlich von Heidelberg. Gefällige Rieslinge von Simon-Bürkle, von dem

Staatsweingut in Bensheim, dem Weingut der Stadt Bensheim, und der Genossenschaft Bergsträsser Winzer.

Hessische Forschungsanstalt für Wein-, Obst- und Gartenbau Berühmte deutsche Weinbaufachschule und Forschungseinrichtung in Geisenheim, Rheingau. Gute Weine, auch Rote.

Heyl zu Herrnsheim ★★★ Führendes 37-ha-Weingut in Nierstein mit ausgezeichnetem Ruf; 60% Riesling. Seit dem guten 96er Jahrgang im Besitz der Familie Ahr. Trockener Riesling, Silvaner und Weißburgunder von klassischer Eleganz.

Heymann-Löwenstein ☆☆☆ Junges Weingut an der unteren Mosel (der so genannten Terrassenmosel) mit den meisten gleichmäßigen trockenen Riesling-Weinen im M-S-R-Gebiet. Außerdem einige bemerkenswerte Auslesen und Trockenbeerenauslesen. 2001 entstanden umwerfende Weine. Ein schnell aufsteigender Stern am Weinhimmel.

Hochgewächs Bezeichnung für QbA-Wein (Riesling), v. a. gebräuchlich im Gebiet Mosel-Saar-Ruwer.

Hochheim Rhg; w **★★→★★★★ 71 75 76** 79 **83 85** 86 **88 89 90 92 93** 94 *95* **96 97 98** 99 00 01 02 **03** – Weinstadt am Main mit 240 ha Rebfläche im östlichen Rheingau, galt einst als die beste am Rhein. Weine mit einem ganz eigenen Stil von erdiger Intensität, Körper und Duftigkeit. Lagen 1. Klasse: Domdechaney, Hölle, Kirchenstück, Königin-Victoria-Berg (5-ha-Lage von Hupfeld in Oestrich). Großlage: Daubhaus. Erzeuger: u. a. Hupfeld, Franz Künstler, Schloss Schönborn, Staatsweingut, Werner. Hochheimer Wein ist in England so berühmt geworden, dass er dort in der Kurzform »Hock« für Rheinwein überhaupt steht.

Hoensbroech, Reichsgraf zu ☆☆ Erstklassiges Gut (15 ha) im Kraichgau. Trockene Weiß- und Grauburgunder sowie Silvaner (z. B. Michelfelder Himmelberg).

Hohenlohe-Oehringen, Fürst zu ☆☆ Vornehmes 19-ha-Weingut in Oehringen, Württemberg. Gehaltvolle trockene Rieslinge und kräftige Rotweine aus Spätburgunder und Lemberger.

Hövel, von ★★★ Vorzügliches Saar-Weingut in Oberemmel mit der Lage Hütte (5 ha, Alleinbesitz) und Anteil am Scharzhofberg. Erstklassige Weine seit 1993.

Huber, Bernhard ☆☆☆ Winzer im badischen Breisgau, der sich mit kräftigem, in Barriques gereiftem Spätburgunder sowie Weißburgunder und Chardonnay in burgundischem Stil gerade einen Namen macht.

Ihringen Bad; r w **★→★★★ 86** 88 **89 90** 92 **93** 94 95 **96 97 98 99** 00 **01** *02* **03** – Einer der besten Orte am Kaiserstuhl; guter Spätburgunder (Rotwein und Weißherbst) sowie Grauburgunder. Spitzenweingüter: Dr. Heger, Stigler.

Ingelheim Rhh; r w **★★ 90 93** 94 95 96 **97** 98 **99** *00* 01 **02 03** – Historische Stadt gegenüber dem Rheingau, seit alters durch ihren Spätburgunder-Rotwein bekannt. Heutzutage erlangen nur noch wenige Weine Bedeutung. Spitzenlagen: Horn, Pares, Sonnenberg, Steinacker.

Iphofen Fran; w ☆☆→☆☆☆ **76 79 83 85 88** *89* **90** 92 **93** 94 *95 96* **97** 98 **99** 00 **01** 02 – Ort östlich von Würzburg. Superbe Lagen 1. Klasse: Julius-Echter-Berg, Kalb. Großlage: Burgweg. Weingüter: Juliusspital, Ruck, Wirsching.

Johannisberg Rhg; w ☆☆→☆☆☆☆ **71 75 76 83 85** 86 88 **89 90** 92 **93** 94 **95 96 97** 98 **99** 00 **01** 02 – Ort mit 104 ha Weinbergfläche; unübertreffliche Rieslinge von außerordentlicher Anmut. Lagen 1. Klasse: Hölle, Klaus, Schloss Johannisberg. Großlage: Erntebringer. Spitzenerzeuger: Johannishof, Schloss Johannisberg.

Johannisberg (Bereich) Bereichsname für den gesamten Rheingau. Nicht zu empfehlen.

Johannishof ☆☆☆ Familienweingut in Johannisberg, auch als H. H. Eser bekannt. 18 ha Anbaufläche. Die Rieslinge machen dem Namen Johannisberg alle Ehre. Seit 1996 auch feine Rüdesheimer Weine.

Johner, Karl-Heinz ☆☆☆ Kleines Weingut in Bischoffingen (Baden); Vorkämpfer für Spätburgunder im Stil der Neuen Welt und eichenfassgereiften Weißburgunder.

Josephshöfer Lage 1. Klasse in Graach. Alleiniger Besitzer: von Kesselstatt.

Jost, Toni ★★★ Vielleicht das Spitzenweingut am Mittelrhein. 10 ha, vorwiegend Riesling, in Bacharach sowie in Walluf (Rheingau).

Juliusspital ☆☆☆ Alte kirchliche Stiftung in Würzburg mit besten Frankenwein-Lagen (150 ha) und vielen köstlichen Tropfen. Trockener Silvaner und Riesling sind besonders beachtenswert.

Kabinett Siehe Kasten »Die deutschen Qualitätsstufen« Seite 194.

Kaiserstuhl (Bereich) Einer der besten Bereiche in Baden mit ausgesprochen warmem Klima und vulkanischem Boden. Berühmte Weinorte: u. a. Achkarren, Ihringen. Großlage: Vulkanfelsen.

Kallstadt Pfz; (r) w ☆☆→☆☆☆ **83 85 88** 89 **90** 92 **93** 94 **95 96** 97 **98** 99 00 **01** 02 **03** – Ort im nördlichen Bereich Mittelhaardt. Gute, volle, trockene Weine von Riesling und Spätburgunder, oft unterbewertet. Lage 1. Klasse: Saumagen. Großlagen: Feuerberg, Kobnert. Weingüter: u. a. Henninger, Koehler-Ruprecht, Schuster.

Kanzem M-S-R (S); w ★★★ **71 76 88 89 90** 92 **93** 94 **95** 96 **97** *98* **99** 00 **01** *02* **03** – Kleiner Nachbarort von Wiltingen. Lage 1. Klasse: Altenberg. Großlage: Scharzberg. Weingüter: u. a. Othegraven, Reverchon und J. P. Reinert.

Karlsmühle ☆☆☆ Kleines Gut in der Ruwer-Region und alleiniger Besitzer der Lage Lorenzhöfer; erzeugt klassische Ruwer-Rieslinge, aber auch Weine von Anbauflächen der Lage 1. Klasse Kasel, die unter dem Etikett Patheiger vertrieben werden. Beständige Spitzenqualität seit 1994.

Karthäuserhofberg ☆☆☆☆ Spitzenweingut mit 18 ha in Eitelsbach (Ruwer). Leicht zu erkennen an den Flaschen, die nur ein Etikett am Hals tragen. Seit 1993 wieder in Topform. Auch gute trockene Weine.

Kasel M-S-R (R); w ★★→★★★ **71 76 83 85 88 89 90** 92 **93** 94 **95** 96 **97** *98* **99** 00 **01** 02 **03** – Ort mit ausgeprägt blumigen, leichten Riesling-Weinen. Lagen 1. Klasse: Kehrnagel, Nies'chen. Spitzenerzeuger: Karlsmühle, von Kesselstatt.

Keller Auch im Sinne von Kellerei gebraucht.

Kerner Neue, aromatische Traubensorte, reift früher als Riesling; gute Qualität, jedoch ohne die Anmut und Harmonie des Rieslings. Die besten Ergebnisse kommen aus Sachsen.

Kerpen, Heribert ☆☆ Guter kleiner Erzeuger mit Besitz in Bernkastel, Graach und Wehlen.

Kesseler, August ☆☆☆ 14-ha-Gut mit den besten Spätburgunder-Rotweinen in Assmannshausen. Außerdem sehr gute klassische Rieslinge.

Kesselstatt, Reichsgraf von ★★★ Größtes privates Weingut an der Mosel mit 650-jähriger Geschichte. Jetzt im Besitz der Familie Reh. Rund 60 ha u. a. in Graach, Kasel, Piesport, Wiltingen mit aromatischen, reichfruchtigen Weinen. Beständig hohe Qualität, oft großartige Tropfen von den Lagen Scharzhofberg und Josephshöfer, Letzterer im Alleinbesitz des Erzeugers.

Kesten M-S-R (MM); w ★→★★★ **76 83** 88 89 **90 92 93** 94 **95** 96 **97** 98 **99** 00 **01** 02 **03** – Nachbarort von Brauneberg. Die besten Weine (vom Paulinshofberg) sind den Braunebergern ähnlich. Spitzenweingüter: Bastgen, Kees-Kieren, Paulinshof.

Kiedrich Rhg; w ☆☆→☆☆☆☆ **71 76 83** 89 **90 92 93 94** 95 **96** 97 **98 99** 00 01 02 **03** – Nachbarort von Rauenthal; ebenso vorzügliche und bukettreiche Weine. Lagen 1. Klasse: Gräfenberg, Wasseros. Erzeuger: u. a. Fischer, Knyphausen, Speicher-Schuth; Robert Weil jetzt Spitzenweingut.

Klevner Siehe Clevner.

Klingelberger In der Ortenau (Baden), v. a. um Durbach gebräuchlicher Name für Riesling.

Kloster Eberbach Herrliches Zisterzienserkloster aus dem 12. Jh. bei Hattenheim im Rheingau. Seine Mönche legten ursprünglich den berühmten Steinberg an, sozusagen der »Clos de Vougeot« Deutschlands. Gehört heute zum Staatsweingut und besitzt eine Reihe großartiger Weinberge u. a. in Assmannshausen, Rüdesheim und Rauenthal. Der neue Direktor hat die richtigen Ideen.

Klüsserath M-S-R (MM); w ☆→☆☆☆ **76 83 88 90** 92 **93** 94 **95** 96 97 **98** 99 00 **01** 02 **03** – Wenig bekannter Moselort, dessen Erzeuger sich zusammengeschlossen haben, um die Spitzenlage Bruderschaft klassifizieren zu lassen. Weingüter: Bernhard Kirsten, Friedrich-Wilhelm-Gymnasium, Regnery.

Knyphausen, Freiherr zu ☆☆→☆☆☆ Vornehmes Gut mit über 21 ha auf früherem Grund und Boden der Zisterzienser (siehe Kloster Eberbach) in Eltville, Erbach (Marcobrunn), Hattenheim und Kiedrich. Klassische Rheingauer Weine, vielfach trocken.

Koehler-Ruprecht ★★★★ 76 79 80 **81** 82 **83** 84 **85** 86 *87* **88 89 90** 91 92 **93** 94 95 **96 97 98** 99 00 **01** 02 **03** – Hoch angesehenes Weingut in Kallstadt mit traditioneller Weinbereitung. Sehr langlebige, denkwürdige trockene Rieslinge aus der Lage Saumagen, hervorragender Spätburgunder und überzeugende Weine mit Barrique-Ausbau unter dem Etikett Philippi.

Kraichgau Kleiner Bereich in Baden südlich von Heidelberg. Spitzenerzeuger: Hoensbroech.

Kröv M-S-R (MM); w ☆→☆☆☆ **88 90** 92 **93** 94 95 *96* **97 98** 99 *00* 01 **03** – Bekannter Fremdenverkehrsort mit populärem Wein unter dem Großlagennamen Nacktarsch. Vorsicht ist geboten! Bester Erzeuger: Martin Müllen.

Künstler, Franz ☆☆☆☆ Weingut in Hochheim, das 1996 durch den Zukauf des bekannten Guts Aschrott auf 20 ha vergrößert wurde. Überragende trockene Rieslinge, v. a. von den Lagen 1. Klasse Domdechaney, Hölle und Kirchenstück; auch exzellente Auslese.

Kuntz, Sybille ☆☆ Erfolgreiche Vorreiterin eines untypischen trockenen Mosel-Rieslings mit dem Gehalt einer Auslese.

Laible, Andreas ☆☆☆ 4-ha-Weingut in Durbach. Feine süße und trockene Rieslinge, Scheureben und Gewürztraminer vom Plauelrain (Lage 1. Klasse). Der Klingelberger (Riesling) kann pures Vergnügen sein. Hervorragende Qualität seit 1997.

Landespreismünze Auf Landesebene vergebener Qualitätspreis.

Landwein Siehe Kasten »Die deutschen Qualitätsstufen« Seite 194.

Leitz, J. ★★★ Schöner Familienbetrieb in Rüdesheim mit elegantem trockenem Riesling. Ein aufsteigender Stern.

Lemberger Rote Traube, die im 18. Jahrhundert aus Ungarn – wo sie Kékfrankos heißt – nach Deutschland und Österreich importiert wurde. In Österreich ist sie als »Blaufränkisch« bekannt. Ergibt leicht tanninbetonte, dunkelrote oder roséfarbene Weine; können exzellent sein.
Liebfrauenmilch Der viel missbrauchte Name eines Weins, auf den einst zulasten besserer deutscher Weine 50 % des gesamten Exports entfielen. Gesetzlich definiert als QbA »von süßer Art« aus den Herkunftsgebieten Rheinhessen, Pfalz, Nahe oder Rheingau, als Verschnitt mit mindestens 51 % Riesling, Silvaner, Kerner oder Müller-Thurgau. Meist milder, lieblicher Wein aus Rheinhessen und Pfalz. Den Bestimmungen entsprechend muss er über 18 g/l Restzucker enthalten. Spricht dem gesetzlichen Begriff »Qualitätswein« oft Hohn. Da die Verkaufszahlen überall rapide sinken, sind seine Tage wohl gezählt.
Liebfrauenstift Rund 10 ha Weingärten in der Gemarkung Worms; hier liegt der Ursprung des Namens »Liebfrauenmilch«.

Hier seien noch die beiden Begriffe Süßreserve und Restsüße, die im deutschen Weinvokabular eine Rolle spielen, kurz erläutert. Ist der Weingärungsprozess beendet – sei es auf natürliche Weise bei hohem Alkoholgehalt oder auf künstliche Weise bei niedrigerem Alkoholgehalt –, weist der Wein noch ein bestimmtes Maß an Süße – die Restsüße – auf. Zwecks Erhalt eines ausgewogenen Verhältnisses von süß und herb pflegte man früher den Gärungsprozess künstlich zu stoppen. Heute geht man anders vor. Man lässt den Wein ausgären, bis er völlig trocken ist, und mengt ihm dann unvergorenen (süßen) Saft derselben oder einer ähnlichen Traube bei. Dabei spricht man von Süßreserve. Somit hat der Kellermeister die Kontrolle über die Süße des Weins. Er kann trockene, halbtrockene oder süße Versionen desselben Weins hervorbringen. Diese Technik wurde nur dank steriler Filtrierung möglich, bei der jedes Tresterteilchen entfernt wird.

Lieser M-S-R (MM); w ★★ **76 83 88 89 90** 92 **93** 94 **95** 96 **97** 98 99 00 **01** 02 **03** – Wenig bekannter Nachbarort von Bernkastel mit leichteren Weinen. Lage 1. Klasse: Niederberg-Helden. Spitzenerzeuger: Schloss Lieser.
Lingenfelder, Karl & Hermann ☆☆ Kleines, innovatives Weingut in Großkarlbach (Pfalz) mit guten trockenen und süßen Scheureben, körperreichen Rieslingen usw.
Loewen, Carl ☆☆☆ Spitzenerzeuger in Leiwen an der Mosel mit einer hinreißenden Auslese von der Lage 1. Klasse Laurentiuslay sowie von feinem Eiswein.
Loosen, Dr. ☆☆☆☆ **71** 73 **75 76** *77* 79 *80 81 82* 83 *84* 85 *86* 87 **88** 89 **90** 91 92 **93** 94 **95** 96 **97** 98 **99** 00 **01** 02 **03** – Dynamisches Weingut St. Johannishof mit 10 ha in Bernkastel, Erden, Graach, Ürzig, Wehlen. Besitzt seit 1996 auch Wolf in der Pfalz. Tiefe, intensive Rieslinge aus alten Reben in 1.-Klasse-Lagen. Höchste Qualität seit 1990. In Kooperation mit Ch. Ste Michelle wird im US-Bundesstaat Washington der trockene Riesling Eroica erzeugt; erster Jahrgang war 1999. Ein Joint Venture mit Jasper Hill in Australien befindet sich in Planung.
Lorch Rhg; (r) w ☆→☆☆ **76 83 85** 88 **89 90** 92 **93** 94 **95** 96 **97 98** 99 *00* **01** 02 **03** – Im äußersten Westen des Rheingaus. Feine, leichte Rieslinge, den Weinen vom Mittelrhein ähnlich. Bester Erzeuger: von Kanitz.

Loreley (Bereich) Neuer Bereichsname für Rheinburgengau und Bacharach.

Löwenstein, Fürst ☆☆☆ Weingut in Franken; intensive, fruchtige Silvaner vom Homburger Kallmuth, einem der spektakulärsten Hänge Deutschlands. Der 2001er Jahrgang war exzellent. Auch das lange von Schloss Vollrads gepachtete 18-ha-Gut in Hallgarten (Rheingau) ist seit 1997 wieder in eigener Regie.

Maindreieck (Bereich) Bereichsname für den mittleren Teil von Franken mit Würzburg.

Mainviereck (Bereich) Bereichsname für den westlichen Teil Frankens.

Marcobrunn Historische Lage im Rheingau; eine der deutschen Spitzenlagen. Siehe Erbach.

Markgräflerland (Bereich) Das traditionsreiche »Rebland« südlich von Freiburg (Baden), v. a. bekannt durch typischen, in der Jugend köstlich erfrischenden Gutedel; noch empfehlenswerter sind die Grau-, Weiß- und Spätburgunder. Auch Sekt.

Maximin Grünhaus M-S-R (R); w ☆☆☆☆ **71 75 76** 79 **83 85** 86 **88 89 90 92 93** 94 **95** 96 **97** 98 99 00 01 02 **03** – Erstklassiges Ruwer-Weingut, 32 ha in Mertesdorf. Weine von fester Eleganz und großer Feinheit mit mindestens 20 Jahren Lebensdauer.

Meyer-Näkel ☆☆☆ 6-ha-Gut im Ahrgebiet. Die feinen Spätburgunder aus Dernau und Bad Neuenahr sind typische Beispiele für die neuen, in Eichenfässern gereiften deutschen Rotweine.

Mittelhaardt Der beste Teil der Pfalz (nördliche Mitte) mit Deidesheim, Forst, Ruppertsberg, Wachenheim usw.; Haupttraube: Riesling.

Mittelhaardt/Deutsche Weinstraße (Bereich) Bereichsname für die nördlichen und mittleren Teile der Pfalz.

Mittelmosel Der mittlere und beste Teil der Mosel mit Bernkastel, Piesport, Wehlen usw. Die besten Lagen sind ganz mit Riesling bestockt (oder sollten es doch sein).

Mittelrhein Bedeutendes heimisches (und sehr schönes) Anbaugebiet am Rhein mit Bacharach und Boppard. Ansprechende, stahlige Rieslinge.

Morio-Muskat Ausgesprochen aromatische Traubensorte, im Zurückgehen begriffen.

Mosbacher, Georg ★★★ 9 ha großes vorzügliches Gut, das einige der besten trockenen und süßen Rieslinge in Forst erzeugt. Die besten Weine sind trocken und als »Großes Gewächs« qualifiziert.

Mosel Name des Tafelweingebiets. Als Qualitätsweinanbaugebiet heißt es Mosel-Saar-Ruwer.

Moselland, Winzergenossenschaft Große M-S-R-Winzergenossenschaft in Bernkastel, einschließlich Saarwinzerverein, Wiltingen. Zählt rund 5200 Mitglieder und erzeugt 25 % aller Mosel-Saar-Ruwer-Weine; gute Mittelklasse. Auch Sekt in Flaschengärung.

Mosel-Saar-Ruwer Qualitätsweinanbaugebiet von 10 500 ha zwischen Trier und Koblenz; eine Hochburg der Riesling-Traube. Umfasst Mittelmosel, Saar, Ruwer und die Randgebiete.

Müller-Catoir ★★★★ **76** 78 **79** 81 82 **83** 85 86 *87* 88 **89 90** 91 **92 93** 94 *95* **96** 97 **98 99** 00 **01** 02 **03** – Hervorragendes 16-ha-Weingut in Neustadt/Pfalz. Sehr aromatische, kraftvolle Weine aus Riesling, Scheurebe, Rieslaner, Gewürztraminer, Weißburgunder, Grauburgunder und Muskateller. Konstant hohe Qualität und gute Preise; trockene und süße Weine gleichermaßen eindrucksvoll.

Mosel-Saar-Ruwer – Deutschlands dynamischste Weinregion
Nirgendwo in der deutschen Weinlandschaft gibt es heute so viele hochinteressante Erzeuger zu entdecken wie an Mosel, Saar und Ruwer. Gleichviel, ob es an der speziellen Mentalität der Moselaner liegt oder daran, dass das Ausland großes Interesse für die eleganten, fein aromatischen Rieslinge dieser Region mit ihrem archetypisch kühlen Klima zeigt – hier sind vier Namen, auf die Sie besonders achten sollten:
Clemens Busch Das Bio-Weingut von Clemens und Rita Busch liegt in Pünderich, einer der weniger bekannten Ecken des Moseltals. Hier werden ungewöhnlich kraftvolle trockene Rieslinge und großartige Auslesen bereitet.
Herrenberg Das kleine Weingut an der Saar wird von Claudia und Manfred Loch betrieben. Je nach den Bedingungen des jeweiligen Jahrgangs erzeugen sie manchmal vorwiegend süße, in anderen Jahren wieder volle trockene Weine von erstaunlicher Kraft und Vielschichtigkeit.
Daniel Vollenweider Der junge Schweizer kaufte im Jahr 2000 Reben in der vergessenen Mosel-Spitzenlage Wolfer Goldgrube und spezialisierte sich nach dem Vorbild berühmter Namen der Mittelmosel auf Spät- und Auslesen im klassischen Stil.
Van Volxem Das historische Weingut an der Saar wurde von Roman Niewodniczanski und seinem Kellermeister Gernot Kollmann wieder in Topform gebracht. Gute klassische Kabinettweine und Spätlesen, herausragend aber sind die trockenen Einzellagenweine.

Müller-Thurgau Fruchtige, früh reifende Traubensorte, meist säurearm; am verbreitetsten in Rheinhessen, der Pfalz, an der Nahe, in Baden und Franken; wird seit acht Jahren zugunsten von Riesling immer weniger angebaut. Sollte per Gesetz aus allen Spitzenlagen verbannt werden.
Müller – Scharzhof, Egon Siehe Egon Müller – Scharzhof.
Münster Na; w ★→★★★ **71 75 76 83** 88 **89 90** 92 **93** 94 95 **96** 97 **98** 99 00 **01** 02 **03** – Bester Ort an der nördlichen Nahe mit feinen, delikaten Weinen. Lagen 1. Klasse: Dautenpflänzer, Kapellenberg, Pittersberg. Spitzenerzeuer: Krüger-Rumpf, Göttelmann.
Muskateller Alte aromatische weiße Traube mit lebhafter Säure. Eine Seltenheit in der Pfalz, in Baden und Württemberg, wo man sie meist zu trockenen Weinen verarbeitet.
Nackenheim Rhh; w ★→★★★★ **76 83 89 90** 92 **93** 94 95 **96 97 98** 99 00 **01** 02 – Nachbarort von Nierstein; beide mit besten Lagen an der Rheinterrasse. Ähnliche Weine (v. a. aus der Lage 1. Klasse Rothenberg). Spitzenerzeuger: Gunderloch.
Nahe Nebenfluss des Rheins und hochwertiges Anbaugebiet mit ausgewogenen, frischen, sauberen, oft mineralischen Weinen, v. a. Riesling.
Nahetal (Bereich) Name für die zusammengeschlossenen Bereiche Kreuznach und Schloßböckelheim.
Neckar Rechter Nebenfluss des Oberrheins; viele der besten Anbaugebiete Württembergs, v. a. zwischen Stuttgart und Heilbronn.
Neipperg, Graf von ☆☆→☆☆☆ Vornehmes 29-ha-Weingut in Schwaigern, Württemberg. Erzeugt elegante trockene Rieslinge und Traminer sowie gute Rotweine, besonders Lemberger.

Neumagen-Dhron M-S-R (MM); w ☆☆ Guter Nachbarort von Piesport; Spitzenerzeuger: Heinz Schmitt.

Neustadt Bedeutende Stadt in der Pfalz mit berühmter Weinbaufachschule. Spitzenerzeuger: Müller-Catoir, Weegmüller.

Niederhausen Na; w ☆☆→☆☆☆☆ **71 75 76 83 85** 86 88 **89 90 93** 94 **95 96** 97 **98** 99 **00 01** 02 **03** – Nachbarort von Schloßböckelheim. Weine mit Anmut und Fülle. Lagen 1. Klasse: u. a. Hermannsberg, Hermannshöhle. Spitzenerzeuger: Crusius, Dönnhoff, Gutsverwaltung Niederhausen-Schloßböckelheim, Mathern.

Nierstein Rhh; w ☆→☆☆☆☆ **71 75 76 83 85** 86 **88 89 90 92 93** 94 *95* **96** 97 **98** 99 00 **01 02 03** – Berühmter, aber nicht immer zuverlässiger Ortsname. 520 ha mit superben Lagen 1. Klasse: Brudersberg, Glöck, Heiligenbaum, Hipping, Ölberg, Orbel und Pettenthal. Berüchtigte Großlagen: Auflangen, Rehbach, Spiegelberg. Reife, aromatische Weine von großer Eleganz. Die Großlage Gutes Domtal hält selten, was der klangvolle Name verspricht, verschwindet aber auch nach und nach aus den Regalen. Empfehlenswerte Weingüter: u. a. Gunderloch, Guntrum, Heyl zu Herrnsheim, St. Antony, Schneider, Strub.

Nierstein (Bereich) Großer Bereich im östlichen Rheinhessen mit durchschnittlicher Qualität.

Nierstein, Winzergenossenschaft ☆→☆☆ Früherer Handelsname Rheinfront. Überdurchschnittlicher Qualitätsstandard.

Nobling Neue weiße Rebsorte; liefert leichten, frischen Wein in Baden, v. a. im Markgräflerland.

Norheim Na; w ☆☆→☆☆☆ **71 76 83** 88 **89 90 91 92 93** 94 **95** 96 **97 98** 99 00 **01** 02 – Nachbarort von Niederhausen. Lagen 1. Klasse: Dellchen, Kafels, Kirschheck. Großlage: Burgweg. Weingüter: Crusius, Dönnhoff, Mathern.

Oberemmel M-S-R (S); w ☆☆→☆☆☆ **71 75 76 83 85** 88 **89 90** 92 **93** 94 **95** 96 **97** *98* **99** 00 **01** 02 **03** – Nachbarort von Wiltingen. Sehr feine Weine, u. a. aus der Lage 1. Klasse Hütte. Großlage: Scharzberg. Spitzenerzeuger: von Hövel, von Kesselstatt.

Obermosel (Bereich) Bereichsname für die Mosel oberhalb von Trier. Meist einfache Weine aus der Elbling-Traube, sehr jung am besten.

Öchsle Die Maßeinheit für den Zuckergehalt des Traubenmosts (siehe Seite 35).

Ockfen M-S-R (S); w ☆☆→☆☆☆ **71 75 76 83 85** 86 **88 89 90** *91* 92 **93** 94 **95** 96 **97** 98 **99** *00* 01 02 – Weinort mit erstklassigen, duftigen, herben Weinen. Lage 1. Klasse: Bockstein. Großlage: Scharzberg. Weingüter: u. a. Dr. Fischer, Sankt Urbans-Hof, Wagner, Zilliken.

Oestrich Rhg; w ☆☆→☆☆☆ **71 75 76 83 88 89 90 92 93** 94 95 **96** 97 98 **99** 00 01 02 **03** – Bedeutender Weinort; unterschiedliche Qualität bis hin zu herrlichen Riesling-Auslesen. Lagen 1. Klasse: Doosberg, Lenchen. Bedeutende Erzeuger: August Eser, Peter Jakob Kühn, Querbach, Spreitzer, Wegeler.

Oppenheim Rhh; w ☆→☆☆☆ **76 83 88 89 90 92 93** 94 95 96 **97** 98 99 00 01 02 **03** – Stadt südlich von Nierstein mit einer imposanten Kirche aus dem 13. Jahrhundert. Lagen 1. Klasse: Herrenberg, Sackträger. Weingüter: u. a. Guntrum, Carl Koch, Kühling-Gillot; keines schöpft jedoch das Potenzial ihrer Lagen aus.

Ortenau (Bereich) Bereich südlich von Baden-Baden. Guter Klingelberger (Riesling), Spätburgunder und Ruländer. Bester Ort: Durbach.

Pauly-Bergweiler, Dr. ☆☆☆ Schönes Weingut (12,5 ha) mit Sitz in Bernkastel. Gute Lagen u.a. in Wehlen. Vertreibt auch die hervorragenden Peter-Nicolay-Weine aus Ürzig und Erden.
Perlwein Schwach schäumender Wein.
Pfalz Anbaugebiet mit knapp 22 600 ha südlich von Rheinhessen (siehe Mittelhaardt und Südliche Weinstraße). Warmes Klima, die Trauben können voll ausreifen. Klassische Pfälzer Weine sind deshalb meist reichhaltig, wobei der Trend zu trockenen Rieslingen in zunehmend besserer Qualität geht. Größtes Riesling-Erzeugungsgebiet nach Mosel-Saar-Ruwer. Früher bezeichnet als »Rheinpfalz«.
Pfeffingen, Weingut ★★★ Sehr gute Riesling- und Scheurebe-Weine von 10 ha in Ungstein. Besitzer: Fuhrmann-Eymael. Seit 1999 wieder in Topform.
Piesport M-S-R (MM); w ☆→☆☆☆☆ **71 75 76 83 88 89 90 92 93** 94 95 96 **97** 98 99 *00* **01** 02 **03** – Kleiner Ort, umgeben von berühmten Weinbergen, die sehr feinen (zuweilen großartigen), vollaromatischen Riesling liefern. Spitzenlagen 1. Klasse: Goldtröpfchen und Domherr. Treppchen bleibt dagegen deutlich zurück. Großlage: Michelsberg (viel Müller-Thurgau; nicht zu empfehlen). Spitzenweingüter: Grans-Fassian, Reinhold Haart, Kurt Hain, von Kesselstatt, Sankt Urbans-Hof, Weller-Lehnert.
Plettenberg, von ☆☆ 40-ha-Weingut in Bad Kreuznach. Uneinheitliche Qualität.
Portugieser Verbreitete Rotweintraube, wird oft als Weißherbst gekeltert.
Prädikat Besondere Qualitätsbezeichnung. Siehe QmP.
Prinz, Fred ☆☆ Erzeuger im Rheingau; am besten ist der Riesling aus Hallgarten.
Prüfungsnummer Die amtliche Kennnummer eines Qualitätsweins.
Prüm, J. J. ☆☆☆☆ **69** *70* **71** 73 **75 76** *78* **79** *80* 81 82 **83** *84* 85 **86** 87 **88 89 90** 91 *92* 93 94 **95** 96 **97** 98 **99** 00 **01** 02 **03** – Legendäres und hervorragendes Mosel-Weingut mit 14 ha besten Lagen in Bernkastel, Graach, Wehlen und Zeltingen. Delikate, doch langlebige Weine, v.a. aus der Lage Wehlener Sonnenuhr; 81er Kabinett immer noch jugendfrisch. Einfacher Riesling von Prüm ist ein Schnäppchen.
QbA – Qualitätswein bestimmter Anbaugebiete Die mittlere deutsche Weinqualität. Zugabe von Zucker zum Most vor der Gärung ist zulässig, aber Kontrolle der zulässigen Menge nach Rebsorte und Anbaugebiet.
QmP – Qualitätswein mit Prädikat Spitzenkategorie, umfasst alle Weine, die ungezuckert bleiben, vom Kabinett bis zur Trockenbeerenauslese. Siehe auch Seiten 187 und 194.
Randersacker Fran; w ☆☆→☆☆☆ **76 83 88** 89 **90** 92 **93** 94 **95** 96 **97 98 99** 00 **01** 02 – Führender Ort mit ausdrucksvollem, trockenem Wein. Lagen 1. Klasse: Marsberg, Pfülben, Sonnenstuhl. Großlage: Ewig Leben. Weingüter: u.a. Bürgerspital, Staatlicher Hofkeller, Juliusspital, Robert Schmitt, Schmitt's Kinder.
Ratzenberger, Jochen ★★ 8-ha-Gut in Bacharach, das rassige trockene und halbtrockene Rieslinge erzeugt; die besten von den Lagen 1. Klasse Posten und Steeger St. Jost.
Rauenthal Rhg; w ☆☆☆→☆☆☆☆ **71 75 76 83** 88 **89 90 92 93** 94 95 96 **97 98 99** 00 **01** 02 **03** – Erstklassiger Ort mit gehaltvollen, würzigen Weinen. Lagen 1. Klasse: Baiken, Gehrn, Nonnenberg, Rothenberg, Wülfen. Großlage: Steinmächer. Spitzenerzeuger: G. Breuer.

Rebholz ★★★→★★★★ Erstklassiges Weingut im Bereich Südliche Weinstraße seit 50 Jahren. Viele Rebsorten auf gut 13 ha. Hier bekommt man den besten trockenen Muskateller, Gewürztraminer, Chardonnay im burgundischen Stil und Spätburgunder der Pfalz.
Ress, Balthasar ☆☆ Weingut im Rheingau mit 30 ha guten Lagen, Keller in Hattenheim. Betreibt auch Schloss Reichartshausen. Unterschiedliche Qualität; höchst originelle Künstleretiketten.
Restsüße Unvergorener Traubenzucker, der im Wein verbleibt (oder bei billigen Weinen zugeführt wird), um dem Wein Süße zu geben. Trockene Weine enthalten sehr wenig oder gar keine Restsüße (siehe auch Seite 202).
Rheinburgengau (Bereich) Bereichsname für Weinberge am Mittelrhein. Weine mit stahliger Säure; längere Reifezeit erforderlich.
Rheingau Bestes Rhein-Anbaugebiet, westl. von Wiesbaden (2800 ha). Kraftvoller, aber subtiler Riesling, der inzwischen jedoch von anderen hervorragenden Weinen übertroffen wird. Bereichsname: Johannisberg.
Rheinhessen Sehr großes Anbaugebiet (24 600 ha) zwischen Mainz und Worms, begrenzt durch die Nahe; zumeist zweitrangige, aber auch hochklassige Rieslinge aus u. a. Nackenheim, Nierstein, Oppenheim.
Rheinhessen Silvaner (RS) Neues einheitliches Etikett für erdige, trockene Silvaner-Weine, mit dem ein modernes Qualitätsimage für die Region angestrebt wird.
Rheinpfalz Siehe Pfalz.
Richter, Max Ferd. ★★★ Familienweingut der Spitzenklasse (15 ha) an der mittleren Mosel mit Sitz in Mülheim. Feine, fassgereifte Rieslinge von den Lagen 1. Klasse Brauneberger Juffer Sonnenuhr, Graacher Domprobst, Mülheim (Helenenkloster) und Wehlener Sonnenuhr.
Rieslaner Kreuzung zwischen Silvaner und Riesling; bringt in Franken, wo sie am meisten angebaut wird, schon gute Auslesen. Ausgezeichnet auch bei Müller-Catoir.
Riesling Die beste deutsche Traube: fein, duftig, fruchtig, langlebig; gilt neben Chardonnay als die edelste Weißweintraube der Welt.
Rüdesheim Rhg; w ☆☆→☆☆☆☆ **71 75 76** 79 82 **83** 84 **85** 86 87 88 **89 90** 91 **92 93** 94 95 **96 97 98 99** 00 **01** 02 **03** – Fremdenverkehrsort am Rhein mit Lagen 1. Klasse. Die drei besten tragen die Bezeichnung »Berg« vor dem Namen. Körperreiche, fein aromatische Weine, auch in weniger günstigen Jahren durchaus beachtlich. Viele Spitzenweingüter im Rheingau besitzen Rüdesheimer Lagen. Beste Erzeuger: Breuer, Johannishof, August Kesseler, Leitz, Schloss Schönborn, Staatsweingut.
Ruländer Deutscher Name der Pinot-gris-Traube, heutzutage meist Grauburgunder genannt.
Ruppertsberg Pfz; w ☆☆→☆☆☆ 89 **90** 92 **93** 94 *95* **96** 97 **98** 99 00 01 02 **03** – Ort in der südlichen Mittelhaardt. Lagen 1. Klasse: u. a. Linsenbusch, Nussbien, Reiterpfad, Spieß. Weingüter: u. a. Bassermann-Jordan, Biffar, von Buhl, Bürklin-Wolf, Deinhard.
Ruwer 76 83 88 **89 90** *92* 93 94 95 *96* **97** *98* **99** 00 **01** 02 **03** – Nebenfluss der Mosel bei Trier. Sehr feine, delikate, aber würzige und feste Weine. Weinorte: u. a. Eitelsbach, Kasel, Mertesdorf.
Saale-Unstrut 93 94 95 *96* **97** 98 99 **00 01** 02 **03** – Anbaugebiet mit rund 520 ha um Naumburg bei Leipzig. Die u. a. mit Weißburgunder, Silvaner, Riesling, Gewürztraminer und Blauem Portugieser bestockten Weinbergterrassen gehen auf die Zisterzienser zurück. Qualitätsbetriebe: Lützkendorf, Landesweingut Kloster Pforta, Pawis, Thüringer Weingut Bad Sulza.

Saar **75 76** 79 *80* 81 82 **83** *84* 85 86 *87* 88 **89 90** 91 *92* **93** 94 **95** *96* **97** *98* **99** 00 01 02 **03** – In Hügel eingebetteter Nebenfluss der Mosel südlich der Ruwer mit den Orten Ayl, Ockfen, Saarburg, Serrig, Wiltingen (Scharzhofberger) u. a. Erzeugt die brillantesten aller Rieslinge mit herb stahligem Charakter. Großlage: Scharzberg. Viele gute Erzeuger.

Saar-Ruwer (Bereich) Bereichsname innerhalb des Anbaugebiets M-S-R.

Sachsen 94 *95 96* 97 98 99 **00 01** 02 – 360 ha großes Weinbaugebiet im Elbtal um Dresden und Meißen. Überwiegend Müller-Thurgau, aber Weiß- und Grauburgunder, Traminer und Riesling ergeben trockene Weine mit echtem Charakter. Beste Erzeuger: Schloss Proschwitz, Vincenz Richter, Klaus Seifert, Schloss Wackerbarth, Klaus Zimmerling.

Salm-Salm, Michael Prinz zu Besitzer von Schloss Wallhausen (an der Nahe) und Villa Sachsen in Rheinhessen. VDP-Präsident.

Salwey ☆☆☆ Führender Weinbaubetrieb in Oberrotweil (Baden), besonders mit Riesling, Weißburgunder und Ruländer.

Samtrot Württemberger Rebsorte. Ergibt einen deutschen Rotwein, der dem Beaujolais am nächsten kommt.

St. Antony ★★★ Vorzügliches 23-ha-Gut. Volle, intensive trockene und halbtrockene Riesling-Weine aus Lagen 1. Klasse in Nierstein (Rhh).

St. Ursula Bekanntes Handelshaus in Bingen.

Sauer, Horst ☆☆☆ Eine der Spitzenlagen in Franken ist der Escherndorfer Lump, und keiner bereitet besseren Silvaner und Riesling von dort als Horst Sauer. Die Weine sind bemerkenswert trocken, die Trockenbeerenauslesen sensationell.

Schäfer, Willi ★★★ Spitzenweingut in Graach (nur 2 ha).

Scharzhofberg M-S-R (S); w ☆☆☆☆ **71 75 76 83 88 89 90** 91 92 **93** 94 **95** 96 **97** 98 **99** 00 **01** 02 **03** – Hervorragende Saarlage mit 27 ha. Herbe schöne Weine, Riesling in Vollendung, am besten in Auslesen. Spitzenerzeuger: Bischöfliche Weingüter, Egon Müller, von Hövel, von Kesselstatt, Van Volxem. Nicht mit Scharzberg zu verwechseln.

Schaumwein Auch Sekt; nach verschiedenen Verfahren bereitete kohlensäurehaltige Weine.

Scheurebe Aromatische Traubensorte hoher Qualität (ein Elternteil ist Riesling), vor allem in der Pfalz. Exzellent für edelfaule Beeren- und Trockenbeerenauslesen.

Schillerwein Leichter Rot- oder Roséwein QbA, nur aus Württemberg.

Schloßböckelheim Na; w ☆☆→☆☆☆☆ **75 76** 79 **83 85** 86 88 **89 90** 91 92 **93** 94 **95** 96 **97 98** 99 00 **01 02** – Naheort mit besten Lagen, u. a. Felsenberg, In den Felsen, Königsfels, Kupfergrube. Feste, aber delikate Weine. Spitzenweingüter: Crusius, Dönnhoff, Gutsverwaltung Niederhausen-Schloßböckelheim.

Schloss Johannisberg Rhg; w ☆☆☆ **76 83 85** 86 **88 89 90** 91 92 93 94 95 **96** 97 98 **99** 00 **01 03** – Berühmter Besitz mit 34 ha, gehört der Fürstin Metternich und der Familie Oetker. Ausgesprochenes Spitzenweingut mit feinen Spätlesen und trockenen Kabinettweinen. Seit dem 1996er Jahrgang wieder steil auf dem Weg nach oben. Die 2001er sind die besten Weine seit 1975 und 1976.

Schloss Lieser ☆☆☆ Kleines Gut unter der Leitung von Thomas Haag (siehe Fritz Haag). Erzeugt reine, rassige Rieslinge von den unterbewerteten Lieserer Anbauflächen.

Schloss Neuweier ☆☆☆ Führender Erzeuger von trockenem Riesling in Baden.

Schloss Proschwitz ☆☆ Wieder aufgebautes fürstliches Weingut in Meißen. Spitzenklasse in den ostdeutschen Anbaugebieten, besonders mit trockenem Weiß- und Grauburgunder.
Schloss Reichartshausen 4-ha-Gut in Hattenheim, im Besitz von Ress.
Schloss Reinhartshausen ☆☆ 100 ha beste Lagen in Erbach, Hattenheim, Kiedrich usw. Gehörte einst der preußischen Königsfamilie, jetzt in Privatbesitz. Vorbildlicher Rheingau-Riesling. Das Herrenhaus am Rheinufer ist jetzt ein Luxushotel. Die letzten Jahrgänge waren nicht berauschend.
Schloss Schönborn ☆☆☆ Eines der größten Rheingauer Weingüter mit Sitz in Hattenheim. Gehaltvolle Weine von unterschiedlicher, manchmal ausgezeichneter Qualität; auch sehr guter Sekt.
Schloss Thorn Altehrwürdiges Weingut an der Obermosel mit bemerkenswertem Elbling und Riesling.
Schloss Vollrads Rhg; w ☆☆→☆☆☆ **71 76 83 85 88 89** 90 *92* 93 94 95 96 97 **98 99** 00 01 02 – Nach dem plötzlichen Tod des Eigentümers Erwein Graf Matuschka-Greiffenclau 1997 ist das berühmte Gut in den Besitz einer Bank übergegangen. Die Qualität hat sich seit dem 98er Jahrgang beträchtlich gesteigert.
Schloss Wallhausen ★★ Eines der ältesten Weingüter Deutschlands (an der Nahe). Besitzer: Prinz zu Salm-Salm. 65 % Riesling; v. a. sehr gute trockene Weine. Insgesamt unterschiedliche Qualität.
Schneider, Georg Albrecht ★★ Einwandfrei geführtes 13-ha-Gut. Klassische halbtrockene und süße Rieslinge aus Nierstein, die besten von der Lage Hipping.
Schoppenwein Wein im offenen Ausschank.
Schwarzer Adler ☆☆☆ Franz Keller und sein Sohn Fritz produzieren auf diesem Gut mit seinen 14 ha in Oberbergen mit die besten trockenen badischen Grau-, Weiß- und Spätburgunder.
Schweigen Pfz; r w ★★ **89 90 92 93** 94 *95* **96 97 98** 99 00 01 02 **03** – Südlichster Ort der Pfalz. Spitzenerzeuger: Friedrich Becker (v. a. Spätburgunder-Rotwein), Bernhart.
Sekt bA Sekt aus einem der bestimmten deutschen Anbaugebiete. Besonders empfehlenswert von Riesling, Weiß- oder Spätburgunder.
Selbach-Oster ★★★ Weingut in Zeltingen mit gut 10 ha; gehört zur Spitzenklasse der Mittelmosel.
Serrig M-S-R (S); w ☆☆→☆☆☆ **71 75 76** 83 **85 88 89 90 93** 94 **95** 96 **97** *98* 99 00 01 02 **03** – Für stahligen, in sonnigen Jahren ganz ausgezeichneten Wein bekannter Ort. Lagen 1. Klasse: Herrenberg, Serriger Schloss Saarsteiner, Würzberg. Spitzenweingut: Schloss Saarstein.
Silvaner Eine der meistangebauten deutschen Weißweinreben, oft unterbewertet; in Franken am besten, aber auch aus Rheinhessen und vom Kaiserstuhl kommt guter Silvaner. Von allen deutschen Weinen noch am ehesten dem Chablis ähnlich.
Simmern, Langwerth von ☆☆☆ Berühmtes Weingut in Eltville, Familienbesitz. Spitzenlagen: Baiken, Marcobrunn. Nach einiger Enttäuschung in den 1990er-Jahren ist das Gut seit 2001 wieder auf der Höhe.
Sonnenuhr Name mehrerer Lagen, insbesondere der berühmten Lage 1. Klasse in Wehlen.
Spätburgunder Pinot noir; die beste Rotweintraube in Deutschland, v. a. in Baden, Württemberg und zunehmend in der Pfalz. Hat im Allgemeinen an Qualität gewonnen, die Weine sind aber oft noch relativ schwach im Geschmack oder zu stark mit Eichenholzwürze versehen.

Spätlese Güteklasse über Kabinett; aus nach der Hauptlese geernteten, vollreifen Trauben, meist reifer, alkoholstärker, gehaltvoller und in der Regel auch süßer als Kabinett. Gute Exemplare sind mindestens 5 Jahre lagerfähig, oft auch länger. Trockene Spätlesen können vorzüglich zu Mahlzeiten sein.

Staatlicher Hofkeller ☆☆→☆☆☆ Bayerisches Staatsweingut. 148 ha feinste Frankenweinlagen und prachtvolle Keller unter der herrlichen Barockresidenz in Würzburg.

Staatsweingut (auch **Staatliche Weinbaudomäne**) Meist Muster- und Lehrgut, z. B. Kloster Eberbach.

Steigerwald (Bereich) Bereichsname für den östlichen Teil von Franken.

Steinberg Rhg; w ★★★ **71 75 76** 79 **83** 86 88 89 **90** 92 **93** 94 **95** 96 97 98 **99** 00 **01** 02 **03** – Berühmte, von einer Mauer umschlossene Lage, 32 ha bei Hattenheim, vor 700 Jahren von Zisterziensermönchen angelegt. Heute im Besitz des Staatsweinguts Eltville. Viele glorreiche Weine, in der Vergangenheit waren leider auch ein paar erschreckend schwachbrüstige Tröpfchen dabei.

Steinwein Wein aus der besten Lage von Würzburg, dem Stein.

Südliche Weinstraße (Bereich) Bereichsname für die südliche Pfalz. In den letzten 25 Jahren hat sich die Qualität bedeutend verbessert. Siehe Rebholz, Schweigen.

Tafelwein Siehe Kasten »Die deutschen Qualitätsstufen« Seite 194.

Tauberfranken (Bereich) Neuer Name für den Bereich Badisches Frankenland. Weine im fränkischen Stil.

Thanisch, Witwe Dr. H. ☆☆→☆☆☆ Weingut in Bernkastel mit einem Teil der Lage Doctor. Nicht mit dem Weingut Ludwig Thanisch & Sohn zu verwechseln!

Traben-Trarbach M-S-R (MM); w ★★ **76 83 88 89 90 93 95** 96 **97** 98 99 00 **01** 02 **03** – Weinstadt an der Mosel, 320 ha, zu 87 % mit Riesling bestockt. Beste Lagen: Ungsberg, Würzgarten. Spitzenerzeuger: Louis Klein, Martin Müllen, Max Ferd. Richter.

Traisen Na; w ★★★ **71 75 76** 79 **83 85** 86 **88 89 90** *91* 92 **93** 94 **95 96** 97 98 99 00 **01** 02 **03** – Kleiner Ort mit den Lagen 1. Klasse Bastei und Rotenfels. Riesling mit Konzentration und Klasse möglich. Spitzengut: Crusius.

Traminer Siehe Gewürztraminer.

Trier M-S-R; w ☆☆→☆☆☆ Bedeutende Weinstadt an der Mosel; viele eindrucksvolle Bauten erinnern an die römische Vergangenheit. Avelsbach und Eitelsbach gehören heute dazu. Die großen Stiftungsweingüter von der Mosel haben hier ihre Keller.

Trittenheim M-S-R (MM); w ★★ **71 75 76 85 89 90** 92 **93** 94 **95** 96 97 98 99 00 **01** 02 **03** – Attraktive leichte Weine. In die alten Spitzenlagen Altärchen und Apotheke wurde inzwischen auch weniger gutes, flaches Land einbezogen; heute gelten als Lagen 1. Klasse Felsenkopf und Leiterchen. Großlage: Michelsberg (meiden!). Erzeuger: u. a. Ernst Clüsserath, Clüsserath-Weiler, Grans-Fassian, Milz.

Trocken Bezeichnung für einen Wein mit einem Restzuckergehalt von höchstens 9 g/l. Einige trockene Weine können sehr herb sein, andere (die besseren) haben ein höheres Maß an Körper und Alkohol.

Trockenbeerenauslese (TBA) Die süßeste und teuerste Kategorie, von ausgewählten, geschrumpften edelfaulen Trauben bereitet – »Edelbeerenauslese« wäre deshalb klarer verständlich. Ausgesprochene Rarität mit feiner Honigsüße.

Trollinger In Württemberg verbreitete hellrote Traube. Die Erträge liegen zu hoch, der Wein ist vor Ort aber sehr beliebt.

Ungstein Pfz; w ★★→★★★ **76 83 85 88 89 90** 91 92 **93** 94 95 **96** 97 98 **99 00 01** 02 **03** – Ort an der Mittelhaardt mit feinen, harmonischen Weinen. Lagen 1. Klasse: Herrenberg, Weilberg. Spitzenerzeuger: Darting, Fritz-Ritter, Pfeffingen, Pflüger, Karl Schäfer.

Ürzig M-S-R (MM); w ★★★★ **71 75 76 83 88 89 90 92 93** 94 **95** 96 **97** 98 **99** *00* **01** 02 **03** – Ort auf rotem Sandstein und rotem Schiefer, berühmt durch kräftigen, vollen, würzigen Wein, wie es ihn anderswo an der Mosel nicht gibt. Lage 1. Klasse: Würzgarten. Erzeuger: u. a. Christoffel, Loosen, Mönchhof, Peter Nicolay, Weins-Prüm.

VDP – Verband Deutscher Prädikatsweingüter Die richtungweisende Vereinigung von Spitzenwinzern. Achten Sie auf das Wappen mit dem Adler auf dem Etikett! Präsident: Prinz zu Salm-Salm.

Vereinigte Hospitien ☆☆ Alte, karitative Stiftung in Trier mit großen Besitzungen in Piesport, Serrig, Trier, Wiltingen usw. In letzter Zeit wurde das großartige Potenzial wenig ausgeschöpft.

Wachenheim Pfz; w ★★★→★★★★ **71 76 83** 88 **89 90** 92 **93** 94 95 **96** 97 **98** 99 00 **01** 02 **03** – 340 ha mit ausnehmend guten Rieslingen. Lagen 1. Klasse: Belz, Gerümpel, Goldbächel, Rechbächel. Spitzenerzeuger: Biffar, Bürklin-Wolf, Wolf.

Wagner, Dr. ★★★ Weingut in Saarburg mit 8 ha Riesling. Feine, u. a. trockene Weine.

Walluf Rhg; w ★★★ **75 76 83 88 89 90 92** 93 94 95 96 **97** 98 **99** 00 **01** 02 **03** – Nachbarort von Eltville. Früher Nieder- und Ober-Walluf. Oft zu gering bewertete Weine. Lage 1. Klasse: Walkenberg. Weingüter: u. a. Becker, Jost.

Denken Sie daran, dass sich die Jahrgangsangaben bei den deutschen Weinen von den Differenzierungen bei anderen Ländern – genussreif/nicht genussreif – unterscheiden. Lesen Sie dazu die Erklärungen auf Seite 191.

Walporzheim Ahrtal (Bereich) Bereichsname für das gesamte Ahrtal.

Wawern M-S-R (S); w ☆☆→☆☆☆ **71 75 76 83** 85 88 **89 90** 92 **93** 94 **95** 96 **97** 98 **99** *00* 01 02 **03** – Kleiner Ort mit feinen Rieslingen. Lage 1. Klasse: Herrenberg.

Wegeler ☆☆ Bedeutende Weingüter in Familienbesitz in Oestrich, Bernkastel und an der Mittelhaardt . Die Familie Wegeler war bis 1997 im Besitz des Handelshauses Deinhard.

Wehlen M-S-R (MM); w ★★★→★★★★ **71 75 76 83 85** 86 **88 89 90** 92 **93** 94 **95** 96 **97** 98 **99** 00 **01** 02 – Nachbarort von Bernkastel mit ebenso feinen, etwas volleren Weinen. Spitzenlage 1. Klasse: Sonnenuhr. Großlage: Münzlay. Beste Erzeuger: Heribert Kerpen, Loosen, Prüm, S. A. Prüm, Selbach-Oster, Studert-Prüm, Wegeler, Weins-Prüm.

Weil, Robert ☆☆☆☆ *71* 76 83 85 *86 87* 88 89 **90** 91 92 93 **94** 95 **96** 97 98 99 00 01 02 **03** – Hervorragendes Weingut in Kiedrich (58 ha); nun im Besitz des japanischen Konzerns Suntory. Ausgezeichnete QmP, Eisweine, Beerenauslesen und Trockenbeerenauslesen; auch die Standardweine sind seit 1992 sehr gut. Gilt als die Nummer eins im Rheingau.

Weingut Darf als Bezeichnung auf dem Etikett nur dann verwendet werden, wenn ein Erzeuger Wein ausschließlich aus eigenen Trauben bereitet und selbst abfüllt.

Weinkellerei Betriebsräume zur Weinverarbeitung.

Weins-Prüm, Dr. ☆☆→☆☆☆ Klassisches Weingut an der Mittelmosel mit 5 ha in Wehlen. Wehlener Sonnenuhr ist in der Regel ein Spitzenwein.

Weinstraße Landschaftlich schöne Straße durch Weinbaugebiete. In Deutschland gibt es mehrere.

Weißburgunder Pinot blanc. Für trockene Weine gut geeignete Rebsorte mit wenig Säure bei hohem Extraktgehalt. Wird oft zu Sekt verarbeitet.

Weißherbst Meist heller, reinsortiger Roséwein; QbA oder höher, gelegentlich sogar Beerenauslese. Spezialität von Baden, der Pfalz und Württemberg.

Werner, Domdechant ★★★ Familienbesitz mit besten Lagen in Hochheim. Die Spitzenweine sind hervorragend, die anderen nur ordentlich.

Wiltingen M-S-R (S); w ☆☆→☆☆☆☆ **71 75 76 83 85** 86 **88 89 90** 92 **93** 94 **95** 96 **97** 98 **99** 00 **01** 02 **03** – Mittelpunkt des Weinbaus an der Saar mit 320 ha. Schön subtile, herbe Weine. Spitzenlage 1. Klasse: Scharzhofberg (Ortsteil). Lagen 1. Klasse: Braune Kupp, Hölle. Spitzenweingüter: u. a. Egon Müller, von Kesselstatt, Van Volxem.

Winkel Rhg; w ★★★ **71 75 76 83 88 89 90** 92 **93** 94 95 **96** 97 98 **99** 00 01 02 **03** – Für vollen, duftigen Wein berühmter Ort. Lagen 1. Klasse: Hasensprung, Jesuitengarten, Schloss Vollrads, Schlossberg. Erzeuger: u. a. Prinz von Hessen, von Mumm, Balthasar Ress, Schloss Schönborn.

Winningen M-S-R; w ★★ Stadt an der unteren Mosel nahe Koblenz; für die Region ungewöhnlich voller Riesling, dazu exzellente trockene Weine. Lagen 1. Klasse: Röttgen, Uhlen. Spitzenerzeuger: Heymann-Löwenstein, Knebel, Richard Richter.

Wintrich M-S-R (MM); w ☆☆→☆☆☆ **71 76 83 88 89 90 92 93** 94 **95** *96* **97 98** 99 00 **01** 02 **03** – Nachbarort von Piesport mit ähnlichen Weinen. Lage 1. Klasse: Ohligsberg. Spitzenerzeuger: Reinhold Haart.

Winzergenossenschaft Zusammenschluss vor allem kleinerer Weinbaubetriebe; oft Erzeuger von sauberen, preiswerten Weinen.

Winzerverein Dasselbe wie Winzergenossenschaft.

Wirsching, Hans ☆☆☆ Weingut im fränkischen Iphofen mit oft festen, eleganten trockenen Weinen, doch uneinheitlicher Qualität. 68 ha in Lagen 1. Klasse: Julius-Echter-Berg, Kalb usw.

Wolf, J. L. ☆☆☆ Das einst heruntergekommene Gut in Wachenheim wurde von Ernst Loosen (siehe Loosen) aus Bernkastel übernommen. Vom ersten Jahrgang (1996) an kräftige trockene Pfälzer Weine, die dennoch so fein wie von der Mosel anmuten. Seit 1998 hervorragende Qualität.

Wolff-Metternich ☆☆ Vornehmes Weingut in Durbach mit gutem Riesling.

Wonnegau (Bereich) Bereichsname für das südliche Rheinhessen.

Württemberg 83 85 86 *87* 88 **89 90** 92 **93** 94 *95* 96 **97** 98 **99** 00 **01** 02 **03** – Großes Anbaugebiet, im Ausland trotz einiger sehr guter Riesling-Weine (insbesondere aus dem Neckartal) wenig bekannt. Häufig nicht ausgeschöpftes Potenzial für gute Rotweine: Lemberger, Trollinger, Samtrot.

Würzburg Fran; ☆☆→☆☆☆☆ **71 76 81 83 85** 86 **88 89 90** 92 **93** 94 96 **97** 98 99 00 **01** 02 **03** – Schöne alte Barockstadt am Main, Mittelpunkt des Weinbaus in Franken. Feine, körperreiche, trockene Weine. Lagen 1. Klasse: Abtsleite, Innere Leiste, Stein. Siehe auch Maindreieck (Bereich). Weingüter: u. a. Bürgerspital, Juliusspital, Staatlicher Hofkeller.

Zell M-S-R; w ☆→☆☆☆ **83 88** 89 **90 93** 94 **95** 96 **97** 98 99 *00* 01 02 **03** – Der bekannteste Weinort an der unteren Mosel, berühmt insbesondere durch die sehr strapazierte Großlage Schwarze Katz. An steilen Schieferhängen bringt der Riesling hier aromatische Weine. Spitzenweingut: Kallfelz.

Zell (Bereich) Bereichsname für die gesamte untere Mosel von Zell bis Koblenz.

Zeltingen M-S-R (MM); w ★★→★★★★ **71 75 76** 79 **83 85** 86 **88 89 90** 92 **93** 94 **95** 96 **97 98** 99 00 **01** 02 **03** – Bedeutender Moselort bei Wehlen. Spritziger, frischer Riesling. Lage 1. Klasse: Sonnenuhr. Spitzenweingüter: Markus Molitor, Prüm, Selbach-Oster.

Zilliken, Forstmeister Geltz ☆☆☆ Früher Weingut des königlich-preußischen Forstmeisters in Saarburg und Ockfen (10 ha). Rassige, mineralische Rieslinge, u.a. köstliche Auslesen und Eiswein mit exzellenter Lagerfähigkeit.

Zwierlein, Freiherr von ☆☆ 22-ha-Familienweingut in Geisenheim mit 100% Riesling.

Schweiz

Im Text werden die folgenden Abkürzungen verwendet:

AG	Aargau
BE	Bern
BL	Basel-Land
BS	Basel-Stadt
FR	Freiburg (Fribourg)
GE	Genf (Genève)
GR	Graubünden
NE	Neuenburg (Neuchâtel)
SG	St. Gallen
SH	Schaffhausen
TG	Thurgau
TI	Tessin (Ticino)
VD	Waadt (Vaud)
VS	Wallis (Valais)
ZH	Zürich

Die dunklen Flächen bezeichnen die Weinbaugebiete

So vielfältig die Schweiz als Land ist, so vielfältig präsentiert sich auch deren Weinlandschaft. Obwohl nur auf etwa 15 000 ha Weinbau betrieben wird, sind in allen Landesgegenden Reben anzutreffen. Weingeographisch unterscheidet man zwischen der Westschweiz (11 554 ha), der Ostschweiz (2612 ha) und der Südschweiz (1009 ha), wobei die Grenzen der drei Weinbaugebiete weitgehend identisch sind mit jenen der Landessprachen und damit auch jenen der Kulturräume Frankreichs, Deutschlands und Italiens mit ihren jeweils eigenen Ess- und Trinksitten. Die wichtigsten Rebflächen finden sich in der französischsprachigen Westschweiz an den nach Süden ausgerichteten Hängen im oberen Rhône-Tal (Wallis) und am Genfer See (Waadt, Genf). In den deutsch- und italienischsprachigen Gebieten wird der eigene Wein in der Regel als Kostbarkeit gehütet und von den Einheimischen selbst getrunken.

Das allgemein hohe Preisniveau in der Eidgenossenschaft und die hohen Produktionskosten aufgrund des seiner Steilheit wegen oft schwer zu bearbeitenden Terrains machen es dem Schweizer Wein schwer, auf den Weltmärkten zu bestehen, darum ist er außerhalb des Landes nur selten zu finden. Weine im internationalen Stil werden im Tessin (Merlot), im Wallis (Pinot noir, Amigne, Arvigne) und in der Bündner Herrschaft (Pinot noir) produziert.

Schweizer Wein kann nach der geographischen Lage, der Rebsorte oder einem gesetzlich festgelegten Markennamen etikettiert sein und wird meist jung getrunken. 1999 traten ein neues Landwirtschaftsgesetz und eine neue Weinverordnung in Kraft, die mit Vorschriften bezüglich Mindestzuckergehalt und Ertragsbegrenzung die Qualität des Schweizer Weins weiter anzuheben suchen. Die Kantone können außerdem eine kontrollierte Ursprungsbezeichnung (AOC bzw. DOC) einführen, was zuerst Genf (1988), später auch das Wallis (1991), Neuenburg (1993), die Waadt (1995), Bern (1996), Fribourg und das Tessin (1997), Schaffhausen (1998) und der Aargau (2000) taten. In den anderen Weinbaukantonen wird gegenwärtig über eine kontrollierte Ursprungsbezeichnung diskutiert.

Neuere Jahrgänge

2003 Weine in einem Stil, der eher Eleganz als Körper betont.
2002 Für niemanden ein gutes Jahr; nur die besten Erzeuger konnten das Niveau einigermaßen halten.
2001 Niedrige Erträge, aber charakteristische Weine mit viel Körper und Alterungspotenzial.
2000 Von einigen Ausnahmen abgesehen gute bis hervorragende Qualität, v. a. für Rotwein.
1999 Trotz dem unfreundlichen Wetter recht gute Qualität; bemerkenswert fruchtige Rotweine mit schöner Farbe. Weiße mit guter Säure.
1998 Gute Qualität. Sowohl Rot- als auch Weißweine jetzt trinken.

Aargau (AG) **01 02** 03 – Im Westen der Ostschweiz gelegener Weinbaukanton (395 ha). Vor allem bekannt für seinen duftigen Müller-Thurgau und den gehaltvollen Blauburgunder.
Aigle VD; r w ☆☆→☆☆☆ Berühmte Appellation des Chablais. Elegante Weißweine, geschmeidige Rotweine.
Amigne Autochthone weiße Walliser Spezialität aus der Römerzeit; körperreich und schmackhaft, oft mit etwas Restsüße. Hauptanbaugebiet: Vétroz. Bester Erzeuger: André Fontannaz (☆☆ **01 02** 03).
Ardon VS; r w ☆☆→☆☆☆ Weinbaugemeinde zwischen Sion und Martigny.
Arvine Trockene oder süße autochthone weiße Walliser Spezialität mit einem charakteristischen, leicht salzigen Abgang. Hauptanbaugebiet: Fully, Granges, Sierre, Sion. Beste Erzeuger: Benoît Dorsaz, René Favre et Fils, Marie Thérèse Chappaz (alle: r w ☆☆ **01 02** 03).
Aubonne VD; (r) w ☆☆ Appellation der Côte.
Auvernier NE; r rs w ☆☆→☆☆☆ Altes Weinstädtchen am Neuenburgersee, größte Weinbaugemeinde des Kantons.

Basel (BS/BL) Zweitgrößte Schweizer Stadt und die südöstlich davon gelegene Landschaft, die je einen Halbkanton bilden. Weinwirtschaftlich von Bedeutung ist insbesondere Basel-Landschaft. Neben Müller-Thurgau und Blauburgunder findet man hier als Besonderheit noch Gutedel (Chasselas), der sonst nur in der Westschweiz heimisch ist. Auch Basel-Stadt ist stolz auf einen kleinen Rebberg in Riehen (5 ha), der indessen nur lokale Bedeutung hat.

Beerliwein Ursprünglich Bezeichnung für Ostschweizer Blauburgunder, dessen Trauben vor der Kelterung (wie inzwischen allgemein üblich) abgebeert werden. Wird heute gelegentlich auch als Bezeichnung für traditionell gekelterten Landwein verwendet, der im Gegensatz zum Süßdruck an der Maische vergoren wird. Sollte jung getrunken werden.

Begnins VD; r w ☆☆ Appellation der Côte, auch bekannt für ihre fruchtigen Rotweine.

Bern (BE) Hauptstadt der Schweiz und des gleichnamigen Kantons mit Anbaugebieten, die teils zur Westschweiz (Bielersee) und teils zur Ostschweiz (Thunersee) gehören (gesamt 258 ha). Angebaut werden am Bielersee vor allem Chasselas und Pinot noir sowie Spezialitäten, am Thunersee Müller-Thurgau und Blauburgunder. Obwohl der Berner Weinbau nur einen bescheidenen Platz in der Schweiz einnimmt, werden seine Erzeugnisse in der ganzen Deutschschweiz sehr geschätzt.

Béroche, La NE; r rs w ☆→☆☆ Weinbaugebiet am Neuenburgersee, das die Gemeinden Gorgier, St-Aubin, Fresens und Vaumarcus umfasst.

Bevaix NE; r rs w ☆→☆☆ Weinbaugemeinde am Neuenburgersee, Gegenstand der ältesten Weinbauurkunde dieses Gebiets.

Bex VD; r w ☆☆ Appellation des Chablais, insbesondere bekannt für ihre Rotweine.

Bielersee BE; r rs w ☆→☆☆ **01** **02** 03 – Weinbaugebiet am Nordufer des Bielersees (sehr trockener, leichter Chasselas und Pinot noir) und am Fuß des Jolimont (Spezialitäten).

Blauburgunder Siehe Pinot noir.

Bonvillars VD; r rs w ☆→☆☆ Am oberen Ende des Neuenburgersees gelegene Appellation des nördlichen Waadtlandes, insbesondere bekannt für ihre charaktervollen Rotweine.

Boudry NE; r rs w ☆→☆☆ Weinbaugemeinde am Neuenburgersee. Weinmuseum.

Bündner Herrschaft GR; r rs w ☆☆→☆☆☆ Eines der besten Weinbaugebiete der Ostschweiz mit den bekannten Weinorten Malans, Jenins, Maienfeld und Fläsch. Dank des Föhns erreicht der hier vorherrschende Blauburgunder regelmäßig eine außergewöhnliche Reife. Verschiedene Produzenten bauen ihre Weine in Barriques aus und erzielen damit zum Teil sehr gute Resultate. Auch Müller-Thurgau, Chardonnay und andere Spezialitäten werden mit Erfolg angebaut. Beste Erzeuger: Gantenbein (☆☆☆), Davaz (☆☆), Fromm (☆☆☆), Studach (☆☆ 01 02 03').

Bursinel VD; w ☆☆ Appellation der Côte.

Calamin VD; w ☆☆→☆☆☆ Bekannte Lage des Lavaux, direkt an den Dézaley angrenzend; zeichnet sich durch saftige, rassige Weißweine aus.

Chablais VD; r w ☆☆→☆☆☆ **02** 03 – Waadtländer Weinbaugebiet zwischen der Talenge bei St-Maurice, wo die Rhône das Wallis verlässt, und dem oberen Ende des Genfer Sees. Sowohl Weiß- als auch Rotweine zeichnen sich durch ihr kräftiges, vollmundiges Wesen aus. Bekannte Appellationen: u.a. Aigle, Bex, Ollon, Villeneuve, Yvorne.

Chamoson VS; r w ☆☆→☆☆☆ Größte Weinbaugemeinde des Wallis, zwischen Sion und Martigny gelegen, bekannt für Johannisberg.

Chardonne VD; (r) w ☆☆ Appellation des Lavaux.

Chasselas (Gutedel) Wichtigste Weißweinsorte der Westschweiz. Im Geschmack neutral, aber je nach Terroir mit starkem lokalem Charakter, der von süffig-spritzig (Bieler-, Neuenburger- und Murtensee) über zart-elegant (Genf), finessenreich-vollmundig (Waadt) bis zu kräftig-rassig (Wallis) reicht. In der Ostschweiz ist die Sorte nur im Baselbiet anzutreffen. 37 % der Schweizer Weine sind von Chasselas, doch mehr und mehr werden anderen Sorten seinen Platz einnehmen. Siehe auch Fendant.

Colombier NE; r rs w ☆→☆☆ Weinbaugemeinde am Neuenburgersee.

Completer Autochthone, heute nur noch reliktisch vorhandene Weißweinsorte aus der Bündner Herrschaft, die aromatische, großzügige und sehr lagerfähige Weine mit einem hohen Säuregehalt ergibt. Der Name stammt vom Schlummerbecher der Mönche nach der Complet, dem letzten Stundengebet des Tages. Beste Ezeuger: Adolf Boner, Malans (☆☆ **00 01** 02 03').

Conthey VS; r w ☆☆→☆☆☆ Weinbaugemeinde zwischen Sion und Martigny.

Cornalin (Alter Landroter) ☆☆→☆☆☆ **00 01** 02 – Autochthone rote Walliser Spezialität, dunkel, würzig und sehr kräftig. Am besten von Denis und Ann Mercier und aus Sierre (☆☆).

Cortaillod NE; r rs w ☆☆ Weinbaugemeinde am Neuenburgersee, vor allem bekannt für ihren hervorragenden Pinot noir und Œil de Perdrix. Berühmter Pinot-noir-Klon desselben Namens.

Côte, La VD; r rs w ☆→☆☆☆ Größtes Waadtländer Weinbaugebiet am Nordufer des Genfer Sees zwischen Genf und Lausanne. Die Weißweine zeichnen sich durch ihre Eleganz und Finesse, die Rotweine durch ihre Fruchtigkeit und Harmonie aus. Bekannte Appellationen: Nyon, Begnins, Luins, Vinzel, Bursinel, Coteau de Vincy, Tartegnin, Mont-sur-Rolle, Féchy, Perroy, Aubonne, Morges.

Coteau de Vincy VD; (r) w ☆☆ Appellation der Côte.

Côtes de l'Orbe VD; r rs w ☆→☆☆ Zwischen Neuenburger- und Genfer See gelegene Appellation des nördlichen Waadtlandes, insbesondere bekannt für ihre leichten, fruchtigen Rotweine.

Cressier NE; r rs w ☆→☆☆ Weinbaugemeinde zwischen Neuenburger- und Bielersee.

Cru Wein aus einer genau bestimmten Lage. Grand bzw. Premier cru sind Qualitätsbezeichnungen für Weine aus Spitzenlagen, die in den einzelnen Kantonen unterschiedlich gehandhabt werden. Im Wallis, in der Waadt und in Genf dürfen sie nur gebraucht werden, wenn die strengen Produktionsvorschriften eines vom Staat homologierten Reglements innerhalb der AOC-Vorschriften erfüllt werden.

Dézaley VD; (r) w ☆☆→☆☆☆ Berühmte Lage des Lavaux, deren einst von Zisterziensermönchen kultivierte, steil zum Genfer See hin abfallende Südhänge den wohl renommiertesten Wein des Waadtlandes, wenn nicht der ganzen Schweiz hervorbringen. Als ungewöhnlich mächtiger und gut strukturierter Chasselas-Wein entfaltet er seine Qualitäten erst nach einer gewissen Reifung. Eine Rarität stellt der rote Dézaley dar, der neben Gamay und Pinot noir oft auch noch Merlot und Syrah enthält.

Diolinoir Neue, in der Schweiz gezüchtete Rotweinsorte (Rouge de Diolly x Pinot noir), die einen sehr körper- und tanninreichen Wein hervorbringt. Wird oft mit Pinot noir und Gamay verschnitten.

Dôle VS; r ☆☆→☆☆☆ AOC für Walliser Rotwein aus reinem Pinot noir oder einer Assemblage von im Wallis angebauten roten Rebsorten, deren Traubengut die vorgeschriebenen Mindestgradationen von 83,0° Öchsle (Pinot noir und Gamay) bzw. 80,3° Öchsle (andere Sorten) aufweist. Diese Assemblage muss mindestens 85 % Pinot noir und Gamay enthalten, wobei der Pinot noir in den 85 % überwiegen muss. Vollmundig, geschmeidig, oft sehr gut. Bekannte Anbaugebiete: u. a. Martigny, Sierre, Sion (**01** **02** 03'). Als Dôle Blanche wird ein leicht rötlicher Weißwein bezeichnet, der aus sofort nach der Lese gepresstem Traubengut hergestellt wird.

Entre Arve et Lac GE; r rs w ☆→☆☆ Zwischen Arve und See gelegenes Genfer Weinanbaugebiet mit den Weinorten Hermance, Chevrens, Anières, Cologny, Jussy, Choulex.

Entre Arve et Rhône GE; r rs w ☆→☆☆ Zwischen Arve und Rhône gelegenes Genfer Weinbaugebiet mit den Weinorten Bernex, Lully, Sézenove, Confignon.

Epesses VD; (r) w ☆→☆☆☆ **02** 03 – Berühmte Appellation des Lavaux, bekannt für ihre geschmeidigen, vollmundigen Weißweine.

Ermitage Walliser Name für die Marsanne blanche aus den Côtes du Rhône. Konzentrierte und vollmundige weiße Spezialität, meist trocken, manchmal mit etwas Restzucker. Hauptanbaugebiet: Sion/Fully.

Féchy VD; w ☆→☆☆ Berühmte Appellation der Côte, bekannt für ihre eleganten Weißweine.

Federweißer Ostschweizer Bezeichnung für Weißwein aus sofort nach der Lese abgepresstem Blauburgunder – analog zum Weißherbst in Deutschland, wo die Bezeichnung Federweißer für gärenden Traubenmost (Sauser) verwendet wird.

Fendant VS; w ☆→☆☆☆ AOC für Walliser Weißwein aus Chasselas; der Stoff, mit dem in den Skihütten die Kehlen geschmiert werden – nichts für Warmduscher. Viele unterschiedliche Wein. Bessere Produzenten verzichten oft auf die Bezeichnung Fendant und setzen nur noch den Namen der Weinbaugemeinde auf das Etikett, was den entsprechenden Weißwein gemäß den gesetzlichen Bestimmungen zwingend als Chasselas ausweist.

Flétri/mi-flétri Spät gelesenes Traubengut, aus dem süßer bzw. leicht süßer Wein gekeltert wird, vor allem bei Walliser Spezialitäten üblich.

Freiburg (Fribourg FR) Kleinster der Westschweizer Weinbaukantone (116 ha), sofern man vom Kanton Jura absieht. Die Anbaugebiete liegen im Vully-Gebiet am Murtensee und am Südufer des Neuenburgersees. Angepflanzt werden hier hauptsächlich Chasselas sowie etwas Pinot noir, Gamay und Spezialitäten.

Fully VS; r w ☆☆→☆☆☆ Weinbaugemeinde bei Martigny, bekannt für ihren vorzüglichen Ermitage und fruchtigen Gamay. Seit 1996 kontrollierte Qualitätsbezeichnung Grand cru. Beste Erzeugerin: Marie Thérèse Chappaz (☆☆→☆☆☆ **99** **00** **01** 02).

Gamay Ursprünglich aus dem Beaujolais stammende Rotweinsorte, die tieffarbene, fruchtige Rotweine erbringt und zum Teil auch als jung zu trinkender Primeur auf dem Markt erscheint. Mit Ausnahme vom Bielersee und von Neuenburg überall in der Westschweiz verbreitet, wobei die entsprechenden Weine entweder reinsortig (insbesondere Genf) oder im Mischsatz mit Pinot noir als Salvagnin (Waadt) bzw. Dôle (Wallis) ausgebaut werden. Gamay macht 14 % des Schweizer Traubenaufkommens aus.

Genf (Genève GE) Hauptstadt des gleichnamigen, gesamtschweizerisch an dritter Stelle stehenden Westschweizer Weinbaukantons (1370 ha), mit den drei Anbaugebieten Mandement, Entre Arve et Rhône und Entre Arve et Lac. Angebaut werden traditionellerweise vor allem Chasselas und Gamay, doch nehmen neuerdings Sorten wie Aligoté, Chardonnay, Pinot blanc, Pinot gris, Pinot noir, Gamaret und Muscat zusammen mit weiteren Spezialitäten einen immer größeren Platz ein. Spitzenerzeuger: Jean-Michel Novelle (☆☆☆).

Gerle, La Gütesiegel für Neuenburger Chasselas-Weine.

Gewürztraminer Aromatisch-würzige Weißweinsorte aus Südtirol, die vielerorts in der Schweiz als Spezialität angebaut wird. Bester Erzeuger: Jean-Michel Novelle, Satigny (**01 02** 03).

Glacier, Vin du (Gletscherwein) Traditionsreicher, heute fast schon legendärer aus der seltenen Sorte Rèze und anderen Weißweinsorten gekelterter, oxidativer Walliser Weißwein, der in den Höhen des Val d'Anniviers eine lange Reifung in Lärchenholzfässern durchmacht und in Zinnbechern als Ehrentrunk insbesondere für kirchliche Würdenträger ausgeschenkt wird. Nicht zu verwechseln mit dem Heida. Bester Erzeuger: Kellerei St. Jodern (☆ 01 02 03).

Grand cru Siehe Cru.

Graubünden (GR) Ganz im Osten der Schweiz gelegener Bergkanton, dessen Anbaugebiete teils zur Ostschweiz (Bündner Herrschaft, Churer Rheintal) und teils zur Südschweiz (Misox) gehören (gesamt 431 ha). Angebaut werden in der Bündner Herrschaft und im Churer Rheintal in erster Linie Blauburgunder sowie etwas Müller-Thurgau und verschiedene Spezialitäten, im Misox dagegen vor allem Merlot.

Heida (Païen) Walliser Name für den Savagnin blanc, die berühmte Weißweinsorte des französischen Jura. Wurde als Spezialität bis vor kurzem fast nur im Oberwallis angebaut, wo sie bis in Höhen von über 1000 m (Visperterminen) anzutreffen ist; inzwischen auch im Unterwallis zu finden. Bester Erzeuger: Josef-Maria Chanton (☆☆ **00** **01 02** 03').

Humagne blanche Autochthone weiße Walliser Spezialität, die man früher den Wöchnerinnen als Stärkungstrank verabreichte.

Humagne rouge Alte Walliser Rotweinsorte, die indessen nicht verwandt ist mit der weißen Humagne, sondern vermutlich eine Variante der Corniola aus dem Aostatal darstellt. Hauptanbaugebiet: Leytron, Saillon, Chamoson, Sion.

Johannisberg Siehe Sylvaner.

Klettgau SH; r w ☆→☆☆ Größtes zusammenhängendes Weinbaugebiet der Ostschweiz mit den bekannten Weindörfern Hallau, Oberhallau, Wilchingen, Trasadingen, Osterfingen, Gächlingen.

Landwein Umgangssprachliche Bezeichnung für die süffigen, traditionell gekelterten Ostschweizer Blauburgunder-Weine.

Lausanne VD – Hauptstadt des Waadtlandes, zwischen Côte und Lavaux gelegen. Zwar wachsen heute auf Stadtgebiet keine Reben mehr, doch besitzt Lausanne zum Teil schon seit Jahrhunderten Weingüter in bester Lage (Abbaye de Mont, Château Rochefort in der Côte, Clos des Moines, Clos des Abbayes, Domaine de Burignon im Lavaux), deren Weine öffentlich versteigert werden und nicht selten Höchstpreise erzielen.

Lavaux VD; (r) w ☆→☆☆☆ BV – Landschaftlich einmaliges Weinbaugebiet am Nordufer des Genfer Sees zwischen Lausanne und Montreux. Berühmt sind vor allem die delikaten, finessereichen Weißweine, doch gibt es auch beachtliche Rotweine. Bekannte Appellationen bzw. Crus:

Lutry, Villette, Epesses, St-Saphorin, Chardonne, Vevey-Montreux; Calamin, Dézaley.

Leuk VS; r w ☆☆ Aufstrebende Weinbaugemeinde im oberen Wallis.

Leytron VS; r w ☆☆→☆☆☆ Bekannte Weinbaugemeinde zwischen Sion und Martigny, wo auch die Staatsdomäne Le Grand Brûlé ihren Sitz hat.

Luins VD; (r) w ☆☆ Bekannte Appellation der Côte.

Lully GE; r w ☆→☆☆ Weinbaugemeinde im Gebiet Entre Arve et Rhône, die insbesondere für ihre delikaten Weißweine bekannt ist.

Lutry VD; r w ☆→☆☆ Appellation des Lavaux.

Malvoisie Siehe Pinot gris.

Mandement GE; r w ☆→☆☆☆ Größtes der drei Genfer Weinbaugebiete, das mit Satigny und dessen Weilern Choully, Peissy, Peney, Bourdigny zugleich die größte Weinbaugemeinde der Schweiz besitzt. Weitere bekannte Weinbaugemeinden des rechten Rhône-Ufers sind Russin und Dardagny sowie als Kuriosität Céligny, das eine Genfer Exklave in der Waadtländer Côte darstellt.

Martigny VS; r w ☆☆ Weinbaugemeinde (v. a. Humagne rouge und Syrah) im Unterwallis mit dem am Fuße des Großen-St.-Bernhard-Passes gelegenen steilen Rebberg von Martigny-Combe.

Merlot Rotweinsorte aus Bordeaux. Wird seit 1907 im Tessin angebaut, nachdem dort Ende des vergangenen Jahrhunderts die Reblaus alle einheimischen Rebbestände zerstört hatte. Ergibt traditionellerweise einen aromatischen, geschmeidigen Wein, wird aber seit einiger Zeit vermehrt auch strenger gekeltert und manchmal im Mischsatz mit Cabernet Sauvignon ausgebaut.

Mont d'Or, Domaine du VS; w; lbl s ☆☆→☆☆☆ **01 02** 03' – Schön gelegener Besitz in der Nähe von Sion. Reichhaltige, konzentrierte liebliche und süße Weine, v. a. von Sylvaner.

Mont-sur-Rolle VD; (r) w ☆☆ BV – Bekannte Appellation der Côte.

Morges VD; r rs w ☆→☆☆ Größte Appellation der Côte und des ganzen Waadtlandes, insbesondere auch bekannt für fruchtig-harmonische Rotweine und Spezialitäten.

Müller-Thurgau Siehe Riesling x Sylvaner.

Neuenburg (Neuchâtel NE) 01 02 03 – Noch selbst Reben besitzende Hauptstadt des gleichnamigen Westschweizer Weinbaukantons (605 ha), dessen Anbaugebiet sich fast lückenlos vom Neuenburger- bis zum Bielersee erstreckt. Angebaut wird zur Hauptsache Chasselas, der hier rassiger und spritziger als sonst irgendwo in der Schweiz gerät, aber auch Pinot noir, sowohl für Rotwein, als auch für den nur kurze Zeit an der Maische vergorenen Œil de Perdrix. Außerdem Spezialitäten wie Pinot gris, Chardonnay und andere. Bester Erzeuger: Gillette Domaine de Cressier (☆☆).

Nostrano Einfache Rot- und Weißweine aus dem Tessin von einheimischen und italienischen Rebsorten (Bondola, Freisa, Bonarda usw.).

Nyon VD; r rs w ☆→☆☆ Appellation der Côte, insbesondere bekannt für leichte, süffige Rotweine.

Œil de Perdrix Blasser Rosé aus der Pinot-noir-Traube (BV). Berühmt ist vor allem der Œil de Perdrix aus Neuenburg, aber auch im Wallis, Waadtland und in Genf kennt man diese Spezialität.

Ollon VD; r w ☆☆ Appellation des Chablais, die wie das unmittelbar benachbarte Aigle auch für ihre Rotweine bekannt ist.

Perroy VD; r w ☆☆ Appellation der Côte, zu der auch Allaman mit seinen bekannten Rotweinen gehört.

Petite Arvine siehe Arvine.
Pinot blanc (Weißburgunder) Vermutlich durch Mutation aus dem Pinot gris hervorgegangene Weißweinsorte, die in letzter Zeit in einigen Kantonen vermehrt angebaut wird.
Pinot gris (Malvoisie) Fast überall in der Schweiz als Spezialität angebaute Weißweinsorte, aus der teils trockene Weine, teils solche mit Restsüße gekeltert werden. Im Wallis, wo die Sorte Malvoisie genannt wird, teilweise wunderbare Spätlesen. Heißt in Deutschland Ruländer und wurde in der Deutschschweiz früher fälschlicherweise als Tokayer bezeichnet.
Pinot noir (Blauburgunder) Aus Burgund stammende Rebsorte, die als wichtigste Rotweinsorte der Schweiz in allen Kantonen angebaut wird. In der Ostschweiz heißt die Sorte Blauburgunder, wobei insbesondere im Kanton Zürich auch der Name Clevner gebräuchlich ist. Tendenziell unterscheidet man drei verschiedene von Pinot noir gekelterte Weintypen: süffige, harmonische Weine, dichte, füllige Weine mit Lagerungspotenzial und Weine, die in der Barrique ausgebaut werden. Berühmt sind vor allem die Pinot-noir-Weine aus dem Wallis, aus Neuenburg und aus der Bündner Herrschaft. Erzeuger: v. a. Philippe Constantin in Salgesch und Christian Hermann in Fläsch sowie Peter Wegelin in Malans (☆☆ 99 00 **01** 02 03′).
Räuschling Alte, früher maßgebende Weißweinsorte in den Gebieten rings um Zürich, aufgrund ihrer dezenten Frucht und eleganten Säure geschätzt. Erzeuger: v.a. Urs Picher in Eglisau.
Riesling (Petit Rhin) Aus Deutschland stammende, vor allem im Wallis angebaute Weißweinsorte. Bei Edelfäule großartige Spitzenweine.
Riesling x Sylvaner Schweizer Name für Müller-Thurgau, die wichtigste Weißweinsorte der Ostschweiz und Spezialität der Westschweiz, die 1882 aus der züchterischen Arbeit von Hermann Müller an den Forschungsanstalten von Geisenheim (Deutschland) und Wädenswil hervorging und süffige, elegante Weine mit mehr oder weniger ausgeprägtem Muskataroma und gutem Säuregehalt ergibt. Galt lange als Kreuzung von Riesling mit Sylvaner, doch lassen neueste Genanalysen auf eine Kreuzung von Riesling mit Madeleine royale (und nicht mit Chasselas de Courtillier, wie zwischendurch angenommen) schließen. Zurzeit berät eine Fachkommission über die Neubenennung der Sorte in der Schweiz, die in den übrigen Ländern gelegentlich auch Rivaner genannt wird. Beste Erzeuger: Hermann Schwarzenbach, Daniel Marugg, Hans Wiesendanger (alle ☆☆ **02 03**).
Saillon VS; r w ☆☆→☆☆☆ Auf einem Hügel gelegenes Weinstädtchen zwischen Sion und Martigny, bekannt für seinen kleinsten Rebberg der Welt, der ausschließlich von berühmten Künstlern bearbeitet wird.
Salgesch (Salquenen) VS; r w ☆☆→☆☆☆ Weinbaugemeinde bei Sierre an der Sprachgrenze zwischen Ober- und Unterwallis. Erste Gemeinde, welche 1988 die kontrollierte Qualitätsbezeichnung Grand cru einführte.
Salvagnin VD; r ☆→☆☆ **02** – AOC für Waadtländer Rotwein aus Gamay- und/oder Pinot-noir-Trauben.
Satigny GE; r w ☆→☆☆ Berühmte Weinbaugemeinde im Mandement, die mit 488 ha die größte Rebfläche aller Schweizer Gemeinden besitzt.
Savièse VS r w ☆☆→☆☆☆ Weinbaugemeinde oberhalb Sion, bekannt für Fendant, Muscat und Pinot noir.

Schaffhausen (SH) Am Rhein gelegene Hauptstadt des gleichnamigen Ostschweizer Weinbaukantons (500 ha) und selbst eines von dessen Anbaugebieten neben Stein am Rhein, Bibertal, Klettgau, Oberklettgau sowie Buchberg und Rüdlingen. Angebaut werden vor allem Blauburgunder sowie etwas Müller-Thurgau und Spezialitäten. Erzeuger: v. a. Baumann (☆☆).
Schafis BE; r rs w ☆→☆☆ Bekannter Weinbauort am Bielersee.
Schenk Europaweit agierende große Weinfirma mit Hauptsitz in Rolle (Waadt). Besitzt Erzeugerbetriebe in Frankreich (Burgund und Bordeaux), Deutschland, Italien und Spanien.
Schiller Ursprünglich vor allem im Churer Rheintal, neuerdings auch in der übrigen Ostschweiz gebräuchlicher Begriff für Rosé, der aus einem Mischsatz von weißen und roten Trauben gemeinsam gekeltert wird.
Schwyz (SZ) Hauptort des gleichnamigen Weinbaukantons in der Zentralschweiz (30 ha). Angebaut wird vor allem Müller-Thurgau, Räuschling und Blauburgunder. Die bekanntesten Weine stammen aus der in Freienbach am Zürichsee gelegenen Lage Leutschen, die sich zum großen Teil im Besitze des Klosters Einsiedeln befindet.

Der biologische Säureabbau BSA (auch malolaktische Gärung genannt) tritt normalerweise nach dem Abschluss der alkoholischen Gärung ein, wenn er nicht unterbunden wird. Dabei wandeln Milchsäurebakterien die scharfe Apfelsäure auf natürliche Weise in die milde Milchsäure um. Beim Rotwein ist der BSA die Regel, beim Weißwein gibt es dagegen je nach Weinbaugebiet und Rebsorte unterschiedliche Gepflogenheiten. In der Schweiz wird der BSA traditionellerweise auch bei den meisten Weißweinen durchgeführt.

Sierre VS; r w ☆☆→☆☆☆ Sonnenstadt und berühmte Weinbaugemeinde des Wallis, bekannt für Fendant, Pinot noir, Ermitage, Malvoisie. Sehr guter Dôle.
Sion VS; r w ☆☆→☆☆☆ Hauptstadt des Wallis und Mittelpunkt des Weinbaus von hier, berühmt für Fendant.
Spezialitäten Weine von seltenen Rebsorten, seien dies nun alte, schon vor langer Zeit hier angebaute Sorten wie etwa Gwäss, Elbling oder Bondola, die heute fast vollständig verschwunden sind, oder aber neue, ausländische Sorten wie Chenin blanc, Sauvignon blanc und Cabernet Sauvignon oder Neuzüchtungen wie Freisamer, Kerner und Gamaret. Speziell reich an Spezialitäten ist das Wallis, gelten doch von den hier angebauten 47 Rebsorten nicht weniger als 43 als Spezialitäten.
St-Blaise NE; r rs w ☆→☆☆ Weinbaugemeinde am Neuenburgersee.
St. Gallen (SG) In der Nähe des Bodensees gelegene Hauptstadt des gleichnamigen Ostschweizer Weinbaukantons (217 ha). Die wichtigsten Anbaugebiete sind das föhnverwöhnte Rheintal mit den Weinorten Berneck, Thal, Altstätten, Balgach und das Oberland mit Mels, Sargans, Bad Ragaz, Walenstadt. Aber auch die Rebberge von Rapperswil und Jona am Zürichsee gehören zu St. Gallen. Berühmt sind vor allem die gehaltvollen Blauburgunder, die manchmal jenen aus der Bündner Herrschaft kaum nachstehen, doch werden auch Müller-Thurgau und verschiedene Spezialitäten angebaut.
St-Léonard VS; r w ☆☆→☆☆☆ Weinbaugemeinde zwischen Sierre und Sion. Seit 1994 kontrollierte Qualitätsbezeichnung Grand cru.

St-Pierre-de-Clages VS; r w ☆☆→☆☆☆ Weindorf zwischen Sion und Martigny.

St-Saphorin VD; (r) w ☆☆→☆☆☆ **01** – Berühmte Appellation des Lavaux, die sich durch ihre subtilen, finessereichen Weißweine auszeichnet.

Süßdruck Trockener (!), hellroter Wein von Traubengut, das nur kurze Zeit an der Maische gärte und noch süß abgepresst wurde.

Sylvaner (Gros Rhin, Johannisberg) Aus dem Donauraum stammende Weißweinsorte, die vor allem im Wallis, wo sie Johannisberg und gelegentlich auch Gros Rhin genannt wird, verbreitet ist. Nachdem dort die früher zum Teil etwas in Misskredit geratene Sorte heute nur noch in der besten Produktionszone angebaut werden darf, gilt sie immer mehr als große Spezialität. Konzentrierte, würzige Weine, manchmal mit etwas Restsüße, zum Teil großartige edelsüße Spätlesen.

Syrah Aus den Côtes du Rhône stammende Rotweinsorte, die mit großem Erfolg im Wallis angebaut wird und dunkle, überaus kräftige, tanninreiche Weine ergibt.

Tartegnin VD; (r) w ☆☆ Appellation der Côte.

Terravin Gütesiegel für Waadtländer Weine.

Tessin (Ticino TI) Viertgrößter Weinbaukanton der Schweiz (961 ha), der zusammen mit dem bündnerischen Misox das Weinbaugebiet der Südschweiz bildet. Sowohl im gebirgigen Sopraceneri als auch im milderen Sottoceneri dominiert heute der Merlot als Rebsorte, doch finden sich stellenweise auch noch etwas Bondola, Cabernet Sauvignon, Cabernet franc, Pinot noir, Gamaret sowie amerikanische Rebsorten und Hybriden. Seit einiger Zeit gibt es zudem immer mehr Weiß- und Roséweine aus Merlot. Und schließlich wird auch noch Chardonnay, etwas Chasselas, Sauvignon blanc und Sémillon angepflanzt. Beste Erzeuger: Daniel Huber, Adriano Kaufmann, Werner Stucky, Luigi Zanini, Christian Zündel (alle ☆☆ **98 99** 01 02 03′).

Thurgau (TG) Ostschweizer Weinbaukanton (274 ha). Die wichtigsten Anbaugebiete befinden sich im Thurtal mit den Weinorten Weinfelden, Warth (Kartause Ittingen), im Seebachtal mit Nussbaumen, Hüttwilen, am Rhein mit Diessenhofen, Schlattingen sowie am südlichen Ufer des zum Bodensee gehörenden Untersees mit Salenstein (Schloss Arenenberg, Exil von Napoleons Stieftochter Hortense) und Steckborn. Neben dem heute dominierenden Blauburgunder wird vor allem am Untersee fast ausschließlich Riesling x Sylvaner (Müller-Thurgau) angebaut, der sozusagen ein Landeserzeugnis ist – stammt doch Hermann Müller, der mit dieser Neuzüchtung den europäischen Weinbau maßgebend beeinflusste, aus dem thurgauischen Tägerwilen. Als Spezialitäten finden sich u.a. Kerner, Pinot gris und Regent. Bester Erzeuger: Hans Ulrich Kesselring (☆☆☆ 99 **00 01** 02 03′).

Twann BE; r rs w ☆→☆☆ Bekannte Weinbaugemeinde am Bielersee.

Vétroz VS; r w ☆☆→☆☆☆ Walliser Weinbaugemeinde zwischen Sion und Martigny, bekannt für Amigne. Seit 1993 kontrollierte Qualitätsbezeichnung Grand cru.

Vevey-Montreux VD; r w ☆☆ Aufstrebende Appellation des Lavaux. Vevey ist für sein ungefähr alle 30 Jahre stattfindendes Winzerfest berühmt, das letztes Mal 1999 gefeiert wurde.

Villeneuve VD; (r) w ☆☆→☆☆☆ Am oberen Ende des Genfer Sees gelegene Appellation des Chablais, bekannt für ihre kräftigen und doch finessereichen Weißweine.

Villette VD; (r) w ☆☆ Appellation des Lavaux.

Vinatura-Vitiswiss Gütesiegel für Weine aus naturnaher integrierter Produktion (IP).
Vinzel VD; w ☆☆→☆☆☆ Appellation der Côte, bekannt für ihre überaus finessereichen Weißweine.
Vispertal VS; (r) w ☆→☆☆ Weinbaugebiet im Oberwallis, bekannt für zum Teil nur noch reliktisch vorhandene autochthone oder seit langem hier eingeführte Walliser Weißweinsorten wie Gwäss, Himbertscha, Lafnetscha und Heida. Berühmt ist insbesondere Visperterminen mit seinem bis in eine Höhe von mehr als 1000 m reichenden Rebberg.
Viti Gütesiegel für Tessiner Merlot traditioneller Art.
Vully FR; (r) w ☆→☆☆ Am Murtensee gelegenes Weinbaugebiet des Kantons Freiburg, das sich durch frische, spritzige Weißweine auszeichnet.
Vully VD; (r) w ☆→☆☆ Gleichnamige Appellation des nördlichen Waadtlandes, deren Anbaugebiet landschaftlich mit jenem von Freiburg eine Einheit bildet.
Waadt (Vaud VD) Zweitgrößter Schweizer Weinbaukanton mitten im Herzen der Westschweiz (3879 ha) mit den am Genfer See und an der Rhône gelegenen Anbaugebieten La Côte, Lavaux, Chablais und dem nördlichen, bereits im Einzugsbereich des Rheins gelegenen Teil des Kantons mit den Appellationen Côtes de l'Orbe, Bonvillars, Vully. Das Waadtland ist die eigentliche Hochburg des Chasselas, doch werden hier auch aus Gamay, Pinot noir und verschiedenen Spezialitäten vorzügliche Weine gekeltert.
Wallis (Valais VS) Größter und wohl vielfältigster Schweizer Weinbaukanton (5360 ha), dessen Anbaugebiete sich fast ohne Unterbrechung entlang der Rhône vom deutschsprachigen Oberwallis bis ins französischsprachige Unterwallis erstrecken. 22 000 Winzer besitzen hier an klimatisch besten Lagen Rebberge, die mit 47 verschiedenen Sorten bepflanzt sind. Neben Fendant, Johannisberg, Gamay und Pinot noir gewinnen in letzter Zeit vor allem die zum Teil weltweit einmaligen Spezialitäten an Bedeutung. Spitzenerzeuger: Jean-René Germanier, v. a. mit dem reinsortigen Syrah-Wein Cayas (☆☆☆ **99 00** 01 02) und dem süßen Mitis (☆☆☆ **99 00** 01).
Winzerwy Gütesiegel für selbst gekelterte Ostschweizer Weine aus den Kantonen Aargau, Appenzell Innerrhoden, Baselland, Graubünden, Schaffhausen, Thurgau und Zürich.
Yvorne VD; (r) w ☆☆ **02** 03 – Berühmte Appellation des Chablais, die sich durch ihre kräftigen, rassigen Weißweine auszeichnet.
Zürich (ZH) Größte Stadt der Schweiz und gleichzeitig Hauptstadt des gleichnamigen größten Ostschweizer Weinbaukantons (645 ha). Die wichtigsten Anbaugebiete außerhalb der ebenfalls noch etwas Reben besitzenden Stadt sind der Zürichsee mit Meilen, Stäfa (größte Weinbaugemeinde des Kantons), Wädenswil, die Halbinsel Au (Weinmuseum), das Limmattal mit Weiningen, das Unterland mit Regensberg, Freienstein-Teufen, Eglisau, Rafz sowie das Weinland mit Winterthur, Flaach, Andelfingen, Rheinau und Stammheim. Angebaut wird vorwiegend Blauburgunder, Müller-Thurgau und vermehrt wieder Räuschling, Chardonnay, Freisamer, Pinot gris und Gewürztraminer als Spezialitäten.

Österreich

Die dunklen Flächen bezeichnen die Weinbaugebiete

Österreich hat sich in weniger als 20 Jahren als starkes, innovatives Erzeugerland von trockenen Weiß- und Dessertweinen feinster Qualität etabliert, und selbst auf der Einsteigerstufe sind schon sehr gute Tropfen zu haben. Die Rotweine (20 % der Rebfläche) beginnen ebenfalls internationale Anerkennung zu finden. Durch das strenge Weingesetz von 1985, im Jahr 2004 zum letzten Mal novelliert, wurden die Erträge gesenkt und für jede Kategorie Reifegrade vorgeschrieben, die dem österreichischen Klima angemessen sind. Dennoch sind viele gesetzlich vorgeschriebene Regionalbezeichnungen außerhalb Österreichs kein Begriff. Alle Weine sind es wert, probiert zu werden; hier sind ausgesprochen interessante Entdeckungen zu machen.

Neuere Jahrgänge

2003	Frühe Lese nach einem langen heißen Sommer; sehr gut für Grünen Veltliner und burgenländische Rotweine, besonders Blaufränkisch und Zweigelt. Kaum Edelfäule für Dessertweine.
2002	Der Grüne Veltliner litt unter dem Regen während der Lese, aber der Riesling und die weißen Pinot-Varietäten hielten sich gut. Für Rote ein schwieriges Jahr, Desserweine dagegen exzellent.
2001	Schon wieder ein Spitzenjahr für trockene Weißweine; sehr gut auch für Spätlesen. Die Qualität bei den Roten ist dagegen eher durchwachsen.
2000	Sehr guter Jahrgang in Niederösterreich; unterschiedlich in der Steiermark wegen Ernteregen. Das Burgenland konnte wahrscheinlich den besten Jahrgang seit 1945 verbuchen.
1999	Ein großer Jahrgang; der beste für Rote seit langem. Trockene Weißweine verbinden Konzentration und Eleganz.
1998	Ein überragender Jahrgang für Spätlesen, sehr gut auch für trockene Weißweine, enttäuschend jedoch für Rote.
1997	Sehr wenige spät gelesene Weine (schlechte Bedingungen für Edelfäule), aber die roten und weißen Spitzengewächse sind reichhaltig und kraftvoll.

Ausbruch Sehr süßer Prädikatswein, liegt in der Qualität zwischen Beerenauslese und Trockenbeerenauslese. Die Tradition des Ausbruchs wird insbesondere in Rust gepflegt.

Ausg'steckt Heurige sind nicht das ganze Jahr geöffnet. Um potenziellen Gästen den Weinausschank anzuzeigen, wird ein grüner Buschen (Strauß von Zweigen) über das Haustor gesteckt; die Weinschänke ist also »ausg'steckt«.

Bergwein Gesetzlich definierte Bezeichnung für Weine, deren Trauben auf Weinbergen mit über 26 % Hangneigung gelesen wurden.

Blauburger Österreichische Rotweintraubenzüchtung. Kreuzung aus Blauem Portugieser und Blaufränkisch. Ergibt einfache Weine mit tiefdunkler Farbe und leichtem Körper.

Blauer Burgunder (Pinot noir) In Österreich eine Rarität (wenn auch jetzt mehr im Kommen) mit großen Jahrgangsschwankungen. Am besten im Burgenland, im Kamptal und in der Thermenregion. Beste Erzeuger: Achs, Bründlmayer, Johanneshof, Stiegelmar, Umathum und Wieninger.

Blauer Portugieser Milde, fruchtige Weine, die in ihrer Jugend leicht gekühlt getrunken werden. Großteils für den lokalen Konsum bestimmt. Beste Erzeuger: Fischer, Lust.

Blauer Zweigelt Kreuzung aus Blaufränkisch und St. Laurent; kann bei Ertragsbeschränkung und verfeinerten Bereitungsmethoden sehr guten Rotwein ergeben. Die besten Erzeuger sind Heinrich, Nittnaus, Pitnauer, Pöckl und Umathum.

Blaufränkisch (In Deutschland Lemberger, in Ungarn Kékfrankos) Österreichs Rotweinsorte mit dem größten Potenzial, v. a. im Mittelburgenland verbreitet. Guter Körper, pfeffrige Säure, fruchtige Kirscharomen. Oft verschnitten mit Cabernet Sauvignon. Beste Erzeuger: Achs, Gesellmann, Heinrich Iby, Igler, Krutzler, Nittnaus, Ernst Triebaumer.

Bouvier Einheimische Traubensorte, liefert zumeist leichten, aromatischen Wein mit wenig Säure, besonders gut für Beeren- und Trockenbeerenauslesen.

Bründlmayer, Willi r w; sch ☆☆☆→☆☆☆☆ **90 92 93 94 95 97 98 99 00 01** 02 03 – Führendes Weingut in Langenlois/Kamptal. Sehr gute Weine im österreichischen (Riesling, Grüner Veltliner) und internationalen Stil (v. a. Chardonnay); wahrscheinlich der beste Sekt Österreichs.

Burgenland Bundesland und Weinbauregion (etwa 16 000 ha Rebfläche) im Osten Österreichs an der ungarischen Grenze. Warmes Klima; ideale Bedingungen, v. a. für Botrytis-Weine am Neusiedler See. Unterteilt in die Weinbaugebiete Neusiedlersee, Neusiedlersee-Hügelland, Mittelburgenland und Südburgenland. Auch Rote.

Buschenschank Bezeichnung für Heuriger.

Carnuntum r w – Seit 1994 eigenes Weinbaugebiet östlich von Wien, im Norden durch die Donau begrenzt. Beste Erzeuger: Glatzer, G. Markowitsch, Pitnauer.

Chardonnay Vermehrt angebaut und häufig in Eiche ausgebaut. Als »Morillon« eine Traditionsrebe in der Steiermark, mit betonter Frucht und lebendiger Säure (hier in der Regel jedoch ohne Eichenholzwürze). Beste Erzeuger: Bründlmayer, Loimer, Malat, Polz, Sattler, Stiegelmar, Tement, Velich, Wieninger.

Deutschkreutz r (w) – Rotweinort im Mittelburgenland. Wichtigste Sorte ist Blaufränkisch.

Districtus Austriae Controllatus (DAC) Das erste Appellationssystem in Österreich, 2003 in Anlehnung an die französische AC bzw. die italienische DOC eingeführt.

Donauland (r) w – Seit 1994 eigenständiges Weinbaugebiet westlich von Wien. Umfasst die Gebiete Klosterneuburg südlich und Wagram nördlich der Donau. Hauptsächlich Weißwein, v. a. Grüner Veltliner. Beste Erzeuger: u. a. Fritsch, Stift Klosterneuburg, Leth, Bernhard Ott, Wimmer-Czerny, R. Zimmermann.

Dürnstein w – Weinzentrum der Wachau mit berühmter Burgruine. Hauptsächlich Grüner Veltliner und Riesling. Beste Erzeuger: Freie Weingärtner Wachau, Knoll, Pichler, Schmidl.

Eisenstadt r w; tr s – Hauptstadt des Burgenlands und historischer Sitz der Familie Esterházy. Haupterzeuger: Esterházy.

Falkenstein w – Weinzentrum im östlichen Weinviertel nahe der tschechischen Grenze. Guter Grüner Veltliner. Beste Erzeuger: Jauk, Luckner, Heinrich und Josef Salomon.

Federspiel Mittlere Qualitätsstufe der Vinea Wachau (siehe dort); entspricht in etwa dem Kabinett und steht für fruchtige, elegante trockene Weißweine.

Feiler-Artinger r w; s ★★★→★★★★ **91 92 93 94 95 96 97 98 99 00 01** 02 03 – Gilt als der überragende Weinbaubetrieb in Rust seit 1993 mit Spitzendessertweinen (Ausbruch). Auch gute trockene Weißweine; Rote werden immer spannender.

Freie Weingärtner Wachau (r) w ☆☆☆ **92 93 94 95 96 97 98 99 00** 02 03 – Bedeutende und sehr gute Winzergenossenschaft in Dürnstein. Exzellenter Grüner Veltliner und Riesling. Handelsname: Domäne Wachau.

Gamlitz w – Ort in der Südsteiermark. Erzeuger: u. a. Lackner-Tinnacher, Sattler.

Gemischter Satz Ein Verschnitt von (meist weißen) Trauben, die gemeinsam angebaut, gelesen und vinifiziert werden. Traditionell wird der gemischte Satz auch heute noch beim Heurigen serviert.

Gobelsburg, Schloss ☆☆☆ – Renommiertes Weingut mit rund 35 ha im Kamptal; 1996 zu neuem Leben erweckt. Exzellenter trockener Riesling und Grüner Veltliner.

Gols r w; tr s – Größte Weinbaugemeinde des Burgenlands; am Nordufer des Neusiedler Sees gelegen. Beste Erzeuger: Achs, Beck, Heinrich, Leitner, H. u. A. Nittnaus, Renner, Stiegelmar.

Grüner Veltliner Die »nationale« Weißweinsorte Österreichs (nimmt mehr als ein Drittel der gesamten Rebfläche ein). Ergibt fruchtigen, rassigen Wein, kann auch Langlebigkeit und Klasse besitzen. Ein ernst zu nehmender Konkurrent für den Chardonnay! Beste Erzeuger: Bründlmayer, Freie Weingärtner Wachau, Hirtzberger, Högl, Knoll, Loimer, Mantler, Neumayer, Nigl, Nikolaihof, F. X. Pichler, Pfaffl, Prager, Schmelz.

G'spritzter Beliebtes sommerliches Erfrischungsgetränk aus (zumeist) Weißwein, der mit Soda- oder Mineralwasser »aufgespritzt« ist.

Gumpoldskirchen r w; tr s – Ausflugs- und Heurigenort südlich von Wien; das Zentrum des Weinbaugebiets Thermenregion. Einzigartige, schmackhafte Weine, oft süß, aus den Sorten Zierfandler und Rotgipfler. Beste Erzeuger: Biegler, Schellmann.

Heinrich, Gernot r w; tr s ☆☆→☆☆☆ **92 93 94 96 97 98 99 00 01** 02 03 – Junges, modernes Weingut in Gols mit Pannobile und rotem Gabarinza.

Heuriger Steht erstens für den Wein der letzten Ernte, der ein Jahr lang als »Heuriger« bezeichnet wird, dann wird er zum »Alten«; zweitens wird damit die Buschenschank bezeichnet, in welcher der »Heurigenwirt« seine Weine glas- und flaschenweise ausschenkt und einfache einheimische Speisen anbietet. Eine Institution, insbesondere in Wien.

Hirtzberger, Franz w ☆☆☆☆ **93 94 95 96 97 98 99 00 01** 02 03 – Spitzenerzeuger mit 9 ha in Spitz an der Donau; feiner trockener Riesling und Grüner Veltliner.

Horitschon Rotweingemeinde im Mittelburgenland. Beste Erzeuger: Anton Iby, Franz und Martina Weninger.

Illmitz (r) w; tr s – Durch Beeren- und Trockenbeerenauslesen bekannter Weinort im Seewinkel. Beste Erzeuger: Angerhof, Martin Haider, Kracher, Helmut Lang, Willi Opitz.

Jamek, Josef w ☆☆☆ **94 95 97 98 99 00 01** 02 03 – Bekanntes Weingut und Restaurant in Joching in der Wachau. In den 1950er-Jahren Wegbereiter des trockenen Weißweins. Jetzt wieder in Topform.

Juris-Stiegelmar Siehe Stiegelmar.

Jurtschitsch/Sonnhof (r) w; tr (s) ☆→☆☆ **94 95 97 98 99 00 01** 02 03 – Von drei Brüdern geführtes Gut mit guten Weißweinen (Riesling, Grüner Veltliner, Chardonnay).

Kamptal r w – Seit 1994 eigenständiges Weinbaugebiet entlang des Flusses Kamp in der nördlichen Wachau. Wichtigste Orte: Langenlois, Strass, Zöbing. Beste Erzeuger: Bründlmayer, Dolle, Ehn, Schloss Gobelsburg, Hiedler, Hirsch, Jurtschitsch, Loimer, Topf.

Kattus ☆→☆☆ Traditionsreicher Sekterzeugungsbetrieb in Wien.

Klöch w – Insbesondere für Traminer bekannter Weinort in der Südoststeiermark. Bester Erzeuger: Stürgkh.

Klosterneuburg r w – Traditionsreiche Weinstadt im Norden Wiens mit berühmtem Benediktinerstift und bereits 1860 gegründeter Weinbauschule. Beste Erzeuger: Stift Klosterneuburg, Zimmermann.

Kloster Und Weinkolleg und Degustationszentrum in einem restaurierten Kapuzinerkloster bei Krems.

KMW Abkürzung für »Klosterneuburger Mostwaage«, in Österreich gebräuchliche Maßeinheit für den Zuckeranteil im Most. 1° KMW entspricht 1 % Zucker im Most.

Knoll, Emmerich w ★★★★ **95 96 97 98 99 00 01** 02 03 – Sehr traditionsbedachter und hoch angesehener Betrieb in Loiben, mit Paradeweinen von Grünem Veltliner und Riesling.

Kollwentz/Römerhof r w; tr (s) ☆☆→☆☆☆ **90 92 93 94 95 96 97 98 99 00** 01 02 03 – Innovativer Weinerzeuger in Großhöflein bei Eisenstadt. Sauvignon blanc, Eisweine und gute Rote.

Kracher, Alois (r) w; tr (s) ☆☆☆☆ **81 89 91 93 94 95 96 97 98 99 00 01** 02 03 – Kleiner Spitzenbetrieb in Illmitz; Spezialität: Prädikatsweine (Dessertweine) mit (Nouvelle Vague) und ohne Barrique-Ausbau (Zwischen den Seen). Seit 1997 auch guter Rotwein.

Krems (r) w; tr (s) – Bedeutende alte Weinstadt westlich von Wien. Hauptort des Weinbaugebiets Kremstal. Beste Erzeuger: Forstreiter, Nigl, Salomon, Walzer, Weingut Stadt Krems.

Kremstal (r) w – Seit 1994 eigenständiges Weinbaugebiet, v.a. für Grünen Veltliner und Riesling. Beste Erzeuger: Malat, Mantler, S. Moser, Nigl, Salomon, Weingut Stadt Krems.

Langenlois r w – Weinort im Kamptal mit rund 2000 ha Rebfläche. Beste Erzeuger: Bründlmayer, Ehn, Hiedler, Jurtschitsch, Loimer.

Lenz Moser ☆☆→☆☆☆ Erzeuger bei Krems. Lenz Moser III. erfand die Reberziehung in Hochkultur. Zum Betrieb gehören auch das Schlossweingut Malteser Ritterorden in Mailberg/Weinviertel und der Klosterkeller Siegendorf im Burgenland.

Loiben w – Weinort im unteren, breiteren Teil des Donautals in der Wachau mit idealen Voraussetzungen für Riesling und Grünen Veltliner. Beste Erzeuger: Alzinger, Freie Weingärtner, Knoll, F. X. Pichler.

Mantler, Josef w ☆☆→☆☆☆ **90 95 96 97 98 99 00 01** 02 03 – Führendes Weingut in Gedersdorf bei Krems; sehr guter Riesling, Grüner Veltliner, Chardonnay und eine fast ausgestorbene Spezialität, der Rote Veltliner (Synonym für Weißwein aus Malvasia-Trauben).

Messwein Wird im Gottesdienst verwendet; kirchliches Plazet (und naturbelassener Most) sind Bedingung.

Mittelburgenland r (w); tr (s) – Von drei Hügelketten geschütztes Weinbaugebiet an der ungarischen Grenze mit hohem Rotweinanteil, v.a. Blaufränkisch. Beste Erzeuger: Gesellmann, Heinrich, Iby, Igler, P. Kerschbaum, Weninger.

Mörbisch r w; tr s – Weinort am Westufer des Neusiedler Sees, nördlich der ungarischen Grenze. Spitzenerzeuger: Schönberger.

Morillon In der Steiermark gebräuchlicher Name für Chardonnay.

Müller-Thurgau Siehe Riesling x Silvaner.

Muskateller Seltene aromatische Traubensorte für trockene Weißweine. Am besten in der Steiermark und der Wachau. Beste Erzeuger: Gross, Hirtzberger, Lackner-Tinnacher, F. X. Pichler, Polz, Sattler.

Muskat-Ottonel Oft trockener, duftiger Weißwein; auch interessante Prädikatsweine.

Neuburger Einheimische Weißweinsorte mit nussigem Geschmack, ist vor allem in der Wachau (elegante, blumige Weine), in der Thermenregion (körperreich, mild) und in den nördlicheren Teilen des Burgenlandes (kräftig, voll) anzutreffen. Beste Erzeuger: Beck, Freie Weingärtner, Hirtzberger.

Neumayer ☆☆☆ **94 95 96 97 98 99 00 01** 02 03 – Die Gebrüder Neumayer erzeugen auf dem besten Gut des neuen Gebiets Traisental kraftvollen, markigen trockenen Grünen Veltliner und Riesling.

Neusiedler See Sehr flacher, höchstens 1,8 m tiefer Steppensee im Burgenland an der ungarischen Grenze. Begünstigt durch Temperaturausgleich und die entstehenden Herbstnebel das Auftreten der Edelfäule. Namensgeber für die Weinbaugebiete Neusiedlersee-Hügelland und Neusiedlersee.

Neusiedlersee r w; tr s – Weinbaugebiet nördlich und östlich des Neusiedler Sees. Beste Erzeuger: Achs, Beck, Heinrich, Stiegelmar, Kracher, Nittnaus, Opitz, Pöckl, Umathum, Velich.

Neusiedlersee-Hügelland r w; tr s – Weinbaugebiet westlich des Neusiedler Sees mit den Hauptorten Oggau, Rust und Mörbisch am Ufer sowie Eisenstadt an den Ausläufern des Leithagebirges. Beste Erzeuger: Feiler-Artinger, Kollwentz, Prieler, Schandl, Schönberger, Schröck, Ernst Triebaumer, Wenzel.

Niederösterreich Stellt etwa 58% der Rebfläche Österreichs mit den Weinbaugebieten Carnuntum, Donauland, Kamptal, Kremstal, Thermenregion, Traisental, Wachau und Weinviertel.

Nigl w ☆☆☆ **92 93 94 95 96 97 98 99 00 01** 02 03 – Spitzenerzeuger im Kremstal mit komplexem trockenem Riesling und einem Grünen Veltliner, der sehr alt werden kann.

Nikolaihof w ☆☆☆ **90 91 92 94 95 97 98 99 00 01** 02 – Das Gut steht auf einem Fundament aus der Römerzeit. Überragender Riesling von der Lage Steiner Hund, und auch sonst sehr gute, sehr traditionell bereitete Weine.

Nußdorf Stadtteil von Wien mit bekannten Heurigen und der erstklassigen Ried Nußberg.

Opitz, Willi ☆☆☆ Kleines Weingut in Illmitz, spezialisiert auf Spätlesen wie Schilfmandl und Opitz One von Trauben, die auf Schilfgras des Neusiedler Sees getrocknet werden.

Pfaffl ☆☆☆ **90 93 94 95 96 97 98 99 00 01** 02 03 – Ein Gut in Stetten im Weinviertel bei Wien. Am bekanntesten für den roten Verschnittwein Exzellenz, aber die rassigen trockenen Grünen Veltliner sind nicht weniger eindrucksvoll. Bewirtschaftet auch die Anbauflächen des benachbarten Schlossweinguts Bockfliess.

Pichler, Franz Xaver w ☆☆☆☆ **90 92 93 94 95 96 97 98 99 00 01** 02 03 – Spitzenerzeuger in der Wachau mit sehr intensivem, reichhaltigem Riesling und Grünem Veltliner (v. a. Kellerberg). Weithin anerkannt als einer der Besten in Österreich für trockene Weine.

Polz, Erich und Walter w ☆☆☆ **92 93 95 96 97 98 99 00 01** 02 03 – Weinbaubetrieb an der südsteirischen Weinstraße mit der besten Lage Hochgraßnitzberg für Sauvignon blanc, Chardonnay, Grauburgunder, Weißburgunder.

Prädikatswein Wein von der Qualitätsstufe Spätlese aufwärts (Spätlese, Auslese, Eiswein, Strohwein, Beerenauslese, Ausbruch und Trockenbeerenauslese). Siehe auch Deutschland, Seite 194.

Prager, Franz w ★★★★ **90 91 92 93 94 95 96 97 98 99 00 01** 02 03 – Neben Josef Jamek einer der Pioniere des trockenen Spitzenweißweins in der Wachau. Der jetzige Betreiber Anton Bodenstein arbeitet mit neuen Riesling-Klonen; großartige Prädikatsweine.

Renommierte Weingüter Burgenland 1995 von burgenländischen Spitzengütern gegründete Vereinigung, um die besten Weine der Region zu vermarkten. Mitglieder: u. a. Kracher, Triebaumer, Umathum.

Retz r w – Bedeutender Weinort im westlichen Weinviertel. Bester Erzeuger: Weinbauschule Retz.

Ried Österreichischer Ausdruck für »Lage«.
Riesling Bedeutet immer den echten Weißen Riesling aus Deutschland. Der nicht verwandte Welschriesling wird allerdings auch als solcher bezeichnet. Beste Erzeuger: u. a. Alzinger, Bründlmayer, Freie Weingärtner Wachau, Hirtzberger, Högl, Knoll, Nigl, Nikolaihof, Pfaffl, F. X. Pichler, Prager, Salomon.
Riesling x Silvaner Unkorrekte Bezeichnung für den Müller-Thurgau, der etwa 10% der österreichischen Rebfläche bedeckt. In Wirklichkeit ist Müller-Thurgau eine Kreuzung von Riesling mit einer anderen Sorte; dass es sich dabei um Chasselas de Courtillier handelt, haben neueste Forschungen wieder in Frage gestellt. Beste Erzeuger: Hirtzberger, Jurtschitsch.
Rotgipfler Einheimische aromatische weiße Traubensorte der Thermenregion. Siehe auch Zierfandler.
Rust r w; tr s – Bedeutendster Weinort im Burgenland, seit dem 17. Jahrhundert berühmt für seinen Ausbruch. Zunehmend auch Rotwein und trockene Weißweine. Beste Erzeuger: Feiler-Artinger, Schandl, Heidi Schröck, Ernst Triebaumer, Paul Triebaumer, Wenzel. Etwa ein Dutzend Erzeuger, der Cercle Ruster Ausbruch, bemüht sich um eine Renaissance ihres kräftigen, Sauternes-ähnlichen Süßweins, der aus einer Vielzahl von Rebsorten gekeltert wird. Das Niveau ist sehr hoch.
Salomon-Undhof w ★★★ Sehr guter Erzeuger von Riesling, Weißburgunder und Traminer in Krems. Hervorragende Qualität seit 1995.
St. Laurent Traditionelle, potenziell sehr gute Rotweintraube mit Kirscharoma, möglicherweise verwandt mit Pinot noir. Beste Erzeuger: Fischer, Mad, Stiegelmar, Umathum.
Sattler, Willi w ☆☆→☆☆☆ **92 93 94 95 96 97 98 99 00 01** 02 03 – Führender südsteirischer Erzeuger. Berühmt für Sauvignon blanc und Morillon. Die letzten Jahrgänge waren ausgewogener, mit weniger Eichenholzaroma.
Schilcher Trockener Roséwein aus der einheimischen Rebsorte Blauer Wildbacher mit hoher, anregender Säure; Spezialität der Weststeiermark. Probierenswert: Klug, Lukas, Reiterer, Strohmeier.
Schlumberger Größter österreichischer Schaumweinerzeuger mit Sitz in Wien, ausschließlich Flaschengärung nach eigener »Methode Schlumberger«. Zart und fruchtig.
Seewinkel Teil des Weinbaugebiets Neusiedlersee mit den Orten Apetlon, Illmitz und Podersdorf; ideale Voraussetzungen für Botrytis-Weine.
Sepp Moser ☆☆☆ **93 94 95 97 98 99 00 01** 02 03 – Weingut in Rohrendorf im Kremstal. Hocharomatische, elegante trockene Weine: Riesling, Grüner Veltliner, Chardonnay und Sauvignon blanc. Auch gute Rote aus Apetlon am Neusiedler See.
Servus w – Leichter, trockener Alltagsweißer aus dem Burgenland.
Smaragd Höchste Qualitätsstufe der Vinea Wachau (siehe dort), entspricht in etwa der trockenen Spätlese.
Spätrot Siehe Zierfandler.
Spitz an der Donau w – Weinbauort am Westende der Wachau mit kühlem Mikroklima, v. a. die Lage Singerriedel. Spitzenerzeuger: Hirtzberger, Freie Weingärtner, Högl, Lagler.
Steiermark Südlichste Weinbauregion Österreichs, die einige gute trockene Weißweine hervorbringt, v. a. Sauvignon blanc. Umfasst die Gebiete Südsteiermark, Südoststeiermark und Weststeiermark.
Steinfeder Qualitätsstufe der Vinea Wachau (siehe dort) für sehr leichte, duftende, trockene Weine.

Stiegelmar, Georg & Axl (Juris-Stiegelmar) r w; tr s ☆→☆☆☆ **93 95 96 97 98 99 00 01** 02 03 – Erzeuger in Gols mit Chardonnay, Sauvignon blanc und Rotwein sowie ungewöhnlichen Spezialitäten.

Strass (r) w – Weinort im Kamptal mit guten weißen Qualitätsweinen. Beste Erzeuger: Dolle, Topf.

Südburgenland r w – Kleines, südlichstes Weinbaugebiet des Burgenlandes mit guten Rotweinen. Beste Erzeuger: Krutzler, Wachter, Wiesler.

Südoststeiermark (r) w – Weinbaugebiet in der Steiermark mit inselförmig über das Land verstreuten exzellenten Weinbergen. Beste Erzeuger: Neumeister, Winkler-Hermaden.

Südsteiermark w – Bestes Weinbaugebiet der Steiermark mit sehr gefragten Weißweinen der Sorten Morillon, Muskateller, Welschriesling und Sauvignon blanc. Beste Erzeuger: Gross, Lackner-Tinnacher, Polz, Prünte, Sattler, Skoff, Tement, Tscheppe, Wohlmuth.

Tement, Manfred w ★★★ **90 92 93 94 97 98 99 00 01 02** 03 – Renommiertes Weingut an der südsteirischen Weinstraße mit dem wunderbar im traditionellen Stil bereiteten Wein »Steirische Klassik«, dem leicht eichenholzwürzigen Sauvignon blanc sowie Morillon von der Lage Zieregg. Ein Weltklasseerzeuger.

Thermenregion r w; tr s – Niederösterreichisches Weinbaugebiet mit heißen Quellen südlich von Wien; einheimische Sorten (z. B. Zierfandler und Rotgipfler) und gute Rotweine. Hauptorte: Baden, Gumpoldskirchen, Tattendorf, Traiskirchen. Beste Erzeuger: Alphart, Biegler, Fischer, Johanneshof, Schafler, Schellmann, Stadlmann.

Traditionsweingüter Winzervereinigung im Kamptal und Kremstal mit eigenen Qualitätsanforderungen. Mitglieder: u. a. Bründlmayer, Loimer, Malat, Nigl, Salomon-Undhof.

Traisental Neues Gebiet mit etwa 710 ha Anbaufläche unmittelbar südlich von Krems an der Donau. Trockene Weißweine ähnlich jenen der Wachau. Spitzenerzeuger: Huber, Neumayer.

Triebaumer, Ernst r (w); tr s ☆☆☆ **90 92 93 94 95 97 98 99 00 01** 02 03 – Erzeuger in Rust, einer der besten Rotweinproduzenten Österreichs. Spitzenweine: Blaufränkisch (Mariental) und Cabernet Sauvignon/Merlot. Auch sehr guter Ausbruch.

Umathum, Josef r w; tr s ☆☆☆ **90 91 92 94 95 97 98 99 00 01** 02 03 – Spitzenerzeuger aus Frauenkirchen im Weinbaugebiet Neusiedlersee mit sehr guten Roten, u. a. Blauer Burgunder. Auch guter Weißwein.

Velich w; s ☆☆☆ Burgenländischer Erzeuger. Der Tiglat, ein Chardonnay im burgundischen Stil (**99 00** 01), wird 22 Monate im Fass ausgebaut. Seit 1995 bereitet Velich auch einige der besten Prädikatsweine aus Seewinkel/Neusiedlersee.

Vinea Wachau Von Wachauer Winzern 1983 gegründete eigene Appellation mit drei Kategorien: Steinfeder, Federspiel und kraftvoller Smaragd.

Wachau w – Weinbauregion an der Donau westlich von Krems, liefert mit die besten Weine Österreichs, besonders Riesling und Grüner Veltliner. Beste Erzeuger: Alzinger, Freie Weingärtner, Hirtzberger, Högl, Jamek, Knoll, Nikolaihof, F. X. Pichler, Rudolf Pichler, Prager.

Wagram r w – Teil der Weinregion Donauland mit Lössterrassen. Beste Erzeuger: Fritsch, Leth, Bernhard Ott, Wimmer-Czerny.

Weinviertel (r) w – Größte österreichische Weinregion zwischen der Donau und der tschechischen Grenze, die erste mit dem neuen Appellationsstatus DAC. Meist leichte, frische Weißweine. Hauptorte: Falkenstein, Poysdorf, Retz. Beste Erzeuger: Graf Hardegg, Gruber, Malteser Ritterorden, Pfaffl, Schwarzböck, Taubenschuß, Zull.

Weißburgunder (Pinot blanc) Ist in allen österreichischen Weinbaugebieten zu finden, ergibt gute trockene Weiße und Prädikatsweine. Beste Erzeuger: Beck, Heinrich, Hirtzberger, Fischer, Gross, Lackner-Tinnacher, Polz, Tement.

Welschriesling Diese – nicht mit dem Riesling verwandte – Weißweinrebe ist in allen Regionen verbreitet und ergibt sowohl duftige, trockene, jung zu trinkende Tropfen als auch gute Prädikatsweine.

Weststeiermark rs – Kleines österreichisches Weinbaugebiet mit der Spezialität Schilcher. Beste Erzeuger: Klug, Lukas, Reiterer, Strohmeier.

Wien (r) w – Die Hauptstadt ist ein eigenes Weinbaugebiet mit rund 610 ha Weingärten in den Vororten. In der Regel einfache, lebendige Weine für den Heurigen. Beste Erzeuger: Bernreiter, Mayer, Schilling, Wieninger.

Wieninger, Fritz r w ☆☆→☆☆☆ **92 93 94 95 97 98 99 00** 01 02 03 – Sehr guter Erzeuger in Wien-Stammersdorf mit Heurigem, Chardonnay und Blauem Burgunder; besonders zu empfehlen sind der Grüne Veltliner und der Riesling.

Winzer Krems Winzergenossenschaft in Krems mit zuverlässigen, soliden Weißweinen.

Zierfandler Synonym für Spätrot. Fast ausschließlich in der Thermenregion vorkommende Weißweinsorte, ergibt im Verschnitt mit dem Rotgipfler robuste, lebendige und langlebige Weine. Beste Erzeuger: Biegler, Schellmann, Stadlmann.

Luxemburg

Luxemburgs Rebfläche von 1330 ha befindet sich auf Kalksteinböden auf dem linken Ufer der Mosel. Hier herrschen die ertragreichen Rebsorten Elbling und Rivaner (Müller-Thurgau) vor, aber es gibt auch größere Bestände an Riesling, Gewürztraminer und (meist am besten) Auxerrois, Pinot blanc, Pinot gris. Sie erbringen leichte bis mittelschwere (10,5 bis 11,5 %) trockene Weine nach Elsässer Art. 70 % der Gesamterzeugung Luxemburgs werden von der ausgesprochen kompetenten Genossenschaft Vins Moselle produziert und vertrieben, darunter auch gewisse Mengen sehr ordentlichen Schaumweins. Der 1988 gegründete Weingüterverband Domaine et Tradition fördert feine Qualität von edlen Traubensorten. Die Jahrgänge 89, 90, 92 und 95 sind allesamt gut; 97 war sogar hervorragend; 98 eher durchschnittlich; 99 ähnlich, aber weicher; 2000 schwach; 2001 wieder erheblich besser; 2002 und 2003 scheint sich der Pinot noir gut zu machen.

Spitzenerzeuger: Aly Duhr et Fils, M. Bastian, Caves Gales, Bernard Massard (überraschend gute Cuvée de l'Ecusson, ein Schaumwein nach der klassischen Methode), Clos Mon Vieux Moulin, Château de Schengen, Sunnen-Hoffmann.

Spanien und Portugal

Die dunklen Flächen bezeichnen die Weinbaugebiete

Die folgenden Abkürzungen werden im Text verwendet:

Alen	Alentejo	**Rib**	Ribatejo
Amp	Ampurdán-Costa Brava	**Rib del D**	Ribera del Duero
Bair	Bairrada	**Rib del G**	Ribera del Guadiana
Bul	Bullas	**R Alt**	Rioja Alta
Cas L	Castilla y León	**R Ala**	Rioja Alavesa
Cos del S	Costers del Segre	**R B**	Rioja Baja
El B	El Bierzo	**Set**	Setúbal
Est	Estremadura	**Som**	Somontano
La M	La Mancha	**U-R**	Utiel Requeña
Mont-M	Montilla-Moriles	**VV**	Vinhos Verdes
Nav	Navarra		
N(O)-Por	Nord(ost)portugal		
Pen	Penedès	**G**	Generoso
Pri	Priorato	**Res**	Reserva

Spaniens und Portugals Beitritt zur EU (und, was den Großteil ihres Weins betrifft, ihre Ankunft in der Moderne) ist erst 19 Jahre her. Beide Länder sind seitdem gut vorangekommen und verbessern, ermutigt durch Fördermittel der EU, ihren technischen Standard immer weiter. Die positive Entwicklung hält an; sowohl in den wenigen traditionellen Qualitätsweinbaugebieten als auch in den früheren Massenweinregionen entstehen viele Spitzenerzeugnisse. Einige Produzenten verlangen jedoch überzogene Preise – und bekommen sie tatsächlich.

Heute dürften in Spanien (abgesehen von der Sherry-Region) Galicien, Rioja, Navarra, Katalonien, Rueda und Ribera del Duero noch immer das größte Interesse beanspruchen. In Portugal sind es

(neben den Port-Weinbergen und Madeira) das Douro-Tal, Ribatejo, Alentejo und die Küste Zentralportugals sowie der Norden. Neu definierte Anbaugebiete waren vor allem in Portugal für die alten Appellationen eine ernsthafte Herausforderung. Man konzentriert sich hier jetzt auf einheimische Trauben wie Touriga nacional, Tinta Roriz oder Trincadeira, die häufig mit internationalen Rebsorten, v.a. Syrah im Süden, verschnitten werden.

Die nachfolgende Aufstellung erfasst die besten und interessantesten Erzeuger, Typen und Regionen der beiden Länder, unabhängig davon, ob sie gesetzlich festgelegt sind oder nicht. Die geographischen Hinweise (siehe Landkarte) beziehen sich auf spanische Autonomías und Denominaciones de Origen (DO und DOC) respektive auf die portugiesischen Provinzen. Sherry, Port und Madeira, nach wie vor die ruhmreichsten Weine der beiden Nationen, sind in einem eigenen Kapitel berücksichtigt.

Spanien

Neuere Jahrgänge

Rioja

2003	Wechselhaftes Wetter und ein extrem heißer, trockener Sommer sorgten für Probleme bei der Lese und bei der Weinbereitung. Doch Ertrag und Qualität werden offiziell als gut eingestuft.
2002	Kälte und Trockenheit beeinträchtigten die Fruchtentwicklung und führten zu niedrigen Erträgen in Rioja Alta und Rioja Alavesa. Zweifelhafte Qualität; das letzte Wort ist aber noch nicht gesprochen.
2001	Geringere Erträge bei Lesegut von hoher Qualität. Hervorragendes Potenzial.
2000	Insgesamt günstige Bedingungen. Reiche Ernte; nur die außergewöhnlich hohen Temperaturen im Sommer und Herbst erbrachten unterschiedliche Qualität.
1999	Verzögerte Reife, bedingt durch den schlimmsten Aprilfrost seit Menschengedenken, zudem brachte der Sommerregen Mehltau. Durchschnitt.
1998	Rekordernte in der Region. Durch Regen im Herbst verspätete Lese. Sehr gut.
1997	Wenig Sonne und viel Regen; große, aber uneinheitliche Ernte. Durchschnittlich bis schlecht.
1996	Der ungewöhnlich kalte Frühling und der kühle Sommer führten zu gut strukturierten, aber ziemlich früh trinkreifen Weinen. Sehr gut.
1995	Guter Alkohol- und Säuregehalt. Ausgezeichnet.
1994	Bilderbuchwetter sorgte für Farbe, Rückgrat und Intensität, aber die Weine lassen schneller als erwartet nach. Sehr gut.

Ribera del Duero

2003	Ein sehr kalter Winter, ein milder Frühling, ein sengender Sommer und Regen pünktlich im Oktober führten zu einer problematischen Ernte. Die besten Weine haben eine gute Farbe und einen ordentlichen Glyzerin- und Alkoholgehalt, aber wenig Säure.
2002	Hitze, gefolgt von schweren Regenfällen im Spätsommer brachte einen hohen Ertrag bei oft unterdurchschnittlicher Qualität hervor.
2001	Aprilfröste reduzierten die Ernte, ansonsten fast eine Bilderbuchsaison. Überragende Qualität.
2000	Sehr große Ernte, aber uneinheitliche Reifung. Umwerfende Weine in einigen Bodegas; im Allgemeinen gut.
1999	Fast perfektes Wetter und eine Riesenernte, allerdings verursachte der Regen zur Lese eine gewisse Säurearmut. Sehr gut.
1998	Sintflutartiger Regen Anfang Herbst und Rekordpreise für Trauben. Gut.
1997	Kühl und nass mit Frost im Frühling und Sommer. Schwach.
1996	Trockenheit im Sommer und Herbst. Gute Säure; langlebige Reservas. Hervorragend.
1995	Frost im April, doch die darauf folgende Sonne und Wärme führten zu vollen, strukturierten Weinen. Hervorragend.

Navarra

2003 Auf den heißen, trockenen Sommer folgte anhaltender, sintflutartiger Regen, der Schimmel und Mehltau nach sich zog. Wie 2002 erzielten nur die besten, professionellsten Erzeuger akzeptable Ergebnisse.
2002 Sintflutartige Regenfälle im August wirkten sich im Süden der egion negativ aus, die anderen Weine sind ausgezeichnet.
2001 Ausgezeichneter Jahrgang mit reichhaltigen, reifen, gut ausgewogenen Weinen.
2000 Sehr trockenes Jahr mit großen Erträgen, die nach rigoroser Auslese verlangten. Die besten Weine sind mächtig und fleischig mit gutem Alterungspotenzial. Sehr gut.
1999 Das am meisten vom Frost heimgesuchte Jahr der Neunziger; Preisverfall für Trauben. Die Weine sind gut strukturiert und langlebig. Hervorragend.
1998 Frühlingsfröste, aber trockener, heißer Sommer. Gut strukturierte Weine mit ausgezeichneter Farbe und eleganten Aromen. Sehr gut.
1997 Feuchter, wolkenverhangener Sommer. Kurzlebige Weine; schwach.
1996 Nasskalter Sommer. Weine in geringen Mengen, aber bemerkenswert frisch und aromatisch mit ausgewogener Säure und Konzentration. Gut.
1995 Sehr kleine Ernte, bedingt durch strengen Frost im April. Weine ähnlich wie 1994, aber durch den höheren Säureanteil langlebiger. Hervorragend.

Penedès

2003 Ein sehr heißer, langer Sommer mit erfrischenden Regenfällen im August sowie kühlen Nächten und sonnigen Tagen im September sorgte für einen großartigen Jahrgang.
2002 Ein herrlicher September brachte gute Qualität.
2001 Aprilfröste brachten eine Ertragsminderung, aber der trockene warme Sommer schuf die Voraussetzungen für sehr gute Weine.
2000 Trockener Winter, etwas Regen im Frühling und sehr trockener Sommer. Perfekt gereifte Trauben ergaben ausbalancierte Weine. Sehr gut.
1999 Trotz trockenem Sommer enorme Erntemengen. Sehr gut.
1998 Sehr gute Weiße und hervorragende Rote.
1997 Große Ernte. Gute Weiße und sehr gute Rote.
1996 Dem heftigen Regen im August folgte eine reiche Ernte. Sehr gut.
1995 Trockener, milder Winter. Der Sommer war abwechselnd feucht und heiß. Sehr gut.
1994 Erneut ein sehr trockenes Jahr. Kleine, langsam wachsende Trauben. Sehr gut.

Abadía Retuerta Cas L; r ☆☆☆ **96 97 98 99 00** 01 02 – Eine der modernsten Bodegas Spaniens. Kein DO-Prädikat; erzeugt aber mit illustrer Unterstützung aus Bordeaux herausragende und preislich entsprechende Weine von Tempranillo, Cabernet Sauvignon und Merlot, v. a. Pago Valdebellón (**99**).

Agapito Rico Jumilla; r ☆☆☆ **95 98 99** 01 02 – Aus der jungen Bodega kommen, ungewöhnlich für Jumilla, einige der besten Vinos jovenes Spaniens, v. a. die Carchelo-Weine von Syrah oder Merlot bzw. Monastrell/Tempranillo/Merlot-Verschnitt (**98 99**). Auch ausgezeichnete Crianzas.

Agramont Siehe Príncipe de Viana.

Albariño Hochwertige, aromatische, feine weiße Traube in Galicien und Name des von ihr bereiteten Weins. Heute vielleicht der angesehenste Weißwein Spaniens. Siehe auch Rías Baixas, Cervera, Granbazán, Pazo de Barrantes.

Albet y Noya Pen; r rs w; ☆☆→☆☆☆ 97 98 99 – Führender Erzeuger von gutem, aber teurem Bio-Wein. Verlässliche Rote und Weiße unter dem Etikett Collecció. Ausgezeichneter fassvergorener Chardonnay und ein hervorragender roter Verschnitt namens Martí (**97**).

Alella r (rs) w; tr s ☆☆ BV – Kleiner DO-Bereich nördlich von Barcelona. Angenehm fruchtige Weine (siehe Marqués de Alella und Parxet).

Alicante r (w) ☆ **98 99 00 01** DO – Die meisten Weine sind noch »erdig« und zu alkoholreich – mit glänzenden Ausnahmen wie etwa dem Syrah von Enrique Mendoza.

Alión Rib del D; r ☆☆☆ **95 96 99 00** – Nach Einstellung der Produktion des 3-jährigen Valbuena erwarb Vega Sicilia eine zweite Bodega zur Erzeugung von reinsortigem Tempranillo; eindrucksvolle Ergebnisse. Kräftige Weine mit kurzer bis mittlerer Lagerfähigkeit.

Allende, Finca R Ala; r ☆☆☆→☆☆☆☆ **96 97 98' 99 00 01** – Hochgelobte Bodega, die eleganten, eichenfassgereiften Tempranillo erzeugt. Spitzenweine: der überaus teure Aurus (**96 97 98**) und der Einzellagenwein Calvario (**01'**).

Alvaro Palacios Pri; r ☆☆☆☆ **98 99 00 01** – Begnadeter Emigrant aus Rioja, der einige der teuersten, voll im Trend liegenden Rotweine in Spanien produziert, u. a. Finca Dolfi (**98**), L'Ermita (**94**) und Les Terrasses. Eines der wenigen Priorato-Güter, dessen Weine gelagert werden sollten.

Ampurdán/Empordà-Costa Brava r rs w ☆→☆☆ DO-Bereich, angrenzend an die Pyrenäen; v. a. Rosé- und Rotweine aus Genossenschaftsproduktion.

Año 4° año (oder años) bedeutet, dass der Wein nach 4 Jahren Lagerung abgefüllt wurde. Diese früher gebräuchliche Angabe wird inzwischen durch die Jahrgangsbezeichnung bzw. den Begriff »Crianza« weitgehend verdrängt.

Artadi Siehe Cosecheros Alaveses.

Arzuaga, Bodegas Rib del D; r ☆☆☆ **94 95 96 97 98 99** – Auffällig gestaltete neue Bodega. 149 ha für moderne, vollmundige Weine.

Bach, Masía Pen; r w; tr s; Res ★★ **98 99 00** – Einst bewundernswert unabhängige, für ihren sensationellen süßen, eichenholzwürzigen weißen Extrísimo berühmte Kellerei. Jetzt nur noch einer von vielen durchschnittlichen Erzeugern in Penedès, im Besitz des Cava-Giganten Codorníu.

Barbier, René Pen; r w; Res ☆☆ **96 98** 01 – Im Besitz von Freixenet, bekannt für frischen weißen Kraliner und rote Reserva aus Rioja Baja.

Barón de Ley R B; r (w); Res ☆☆☆ **95 99 00** – Neuere, mit El Coto verbundene Rioja-Bodega; feine Gutsweine, v. a. Finca del Monasterio (**00**).

Baso r w ★★ Markenbezeichnung für zuverlässigen Garnacha aus Navarra, der von dem von Remelluri gekommenen jungen Kellermeister Telmo Rodríguez bereitet wird.

Berberana, Bodegas Siehe Bodegas Unidas.

Berceo, Bodegas R Alt; r rs w; Res ☆☆→☆☆☆ **95 98 00** 02 – Kellerei in Haro. Gute Gonzalo de Berceo Gran Reserva.

Beronia, Bodegas R Alt; r w; Res ☆☆→☆☆☆ **94 96 98 99** – Moderne Bodega, erzeugt Rotweine im traditionellen Stil mit Eichenholzaroma sowie frische moderne Weiße. Im Besitz von Gonzáles Byass.

Bilbaínas, Bodegas R Alt; r (rs) w; tr s; sch; Res ☆☆ **94 95 96 97 98** 99 – Historische Bodega in Haro, bekannt für ihren roten Viña Pomal und den leichteren Zaco. Der neue Eigentümer Codorníu hat bei der Einführung modernerer Weine mit weniger Eichenholzwürze noch einiges zu tun. Am besten sind Reserva La Vicalanda (95 99) und gute Cava Royal Carlton.

Binissalem r w ☆☆ **98 99 00 01** Bekanntester DO-Bereich auf Mallorca. Siehe auch Franja Roja.

Blanco Weiß.

Bodega 1. Weinhandlung; 2. eine Firma, die sich mit der Herstellung, dem Verschnitt bzw. dem Versand von Wein befasst, und 3. eine Kellerei.

Bodegas de Crianza Castilla la Vieja Rueda; w; tr; sch ★★→★★★ Die Familie Sanz produziert unter einer Reihe verschiedener Etiketten (u. a. Palacio de Bornos) Weißweine von Verdejo, Viura und Sauvignon blanc, die zu den lebendigsten von Rueda zählen. Unter den Roten sind der konzentrierte, eichenholzwürzige Almirantazgo de Castilla aus Medina del Campo und die Weine von der neuen Bodega in der DO Toro zu nennen.

Bodegas y Bebidas Teil von Allied Domecq, der Kellereien im ganzen Land gehören. Vor allem im mittleren Marktsegment zuhause. Beteiligungen an mehreren renommierten Bodegas, z. B. AGE, Campo Viejo und Marqués del Puerto.

Bodegas Unidas Dachunternehmen, zu dem Marqués de Griñon, Marqués de Monistrol, Bodegas Berberana (wo immer noch Klassiker wie Carta de Oro erzeugt werden) und Vinícola Mediterráneo mit ihren Ferienweinen gehören. Eine Neuheit sind die in den Weinbergen gelegenen Haciendas, Erzeugerbetriebe und Hotels in einem, z. B. Hacienda Duris (Alto Duero) und Hacienda Concordia (Rioja). Teil des Besitzes ist auch die für ihren sortenreinen Petit Verdot (00) bekannte Kellerei des verstorbenen Prinzen Hohenlohe in Ronda.

Bodegas y Viñedos del Jalón Calatayud; r (rs) (w); tr ★★ **99 00 01 02** 03 – Die wichtigsten Marken sind der sehr ordentliche Castillo Maluenda und der Marqués de Aragón.

Bornos, Palacio de Rueda; w; sch ★★★ **99 00 01 02** – Erstklassige Weine von Sauvignon blanc und Verdejo. Siehe Bodegas de Crianza Castilla la Vieja.

Bretón, Bodegas R Alt; r; Res ☆☆☆ **90 91 94 95 96 98** – Angesehene Auswahl an Loriñón und seltenem teurem, konzentriertem Dominio de Conte (**96**) und Alba de Bretón (**98**). Die aktuellen Weine sind enttäuschend hart.

Calatayud ☆→☆☆ **94 97 98 99 00 01 02** – Eine von Aragoniens 4 DOs, besonders für Garnacha. Wird von Bodegas y Viñedos del Jalón beherrscht.

Campillo, Bodegas R Ala; r (rs); Res ☆☆☆ **91 92 94 95 96 97 99** – Junge, mit Faustino Martínez verbundene Bodega; erzeugt gute, wenn auch unspektakuläre Weine.

Campo Viejo, Bodegas R Alt; r (w); Res ★→★★★ **95 97 99** 00 – Produziert sortenreinen Tempranillo Alcorta und einige große, fruchtige rote Reservas, v. a. Marqués de Villamagna. Siehe Bodegas y Bebidas.

Can Rafols dels Caus Pen; r rs w ☆☆ **94 96 97 98 00 01** – Junge kleine Bodega in Penedès mit fruchtigem Cabernet Sauvignon und gefälligem weißem Verschnitt aus Chardonnay, Xarel-lo und Chenin blanc; außerdem Gran Caus und preiswerterer Petit Caus. Der beste Rotwein ist Caus Lubis.

Cariñena r (rs) (w) ★ **91 92 93 96 98 99 00 01 02** – Von Genossenschaften beherrschtes Anbaugebiet; liefert starken Alltagswein in großen Mengen; jetzt durch moderne Techniken neu belebt; die Weine werden leichter.

Casa Castillo Jumilla; r (rs) (w) ☆☆→☆☆☆ **98 99 00 01** – Julia Roch e Hijos erzeugen einige der besten Weine in Jumilla, aber ganz nach dem

Geschmack von Herrn Parker: auf die brombeerartige, sofortige Wirkung des Eichenholzes ausgelegt.
Casa de la Viña Valdepeñas; r (rs) (w) ★★ **98 99 00 01** 02 Weingut im Besitz von Bodegas y Bebidas; erzeugt seit den 1980er-Jahren tadellose, fruchtige Cencibel-, Crianza- und Joven-Weine (**00**).
Casa Gualda La M; r ★★→★★★ **99 00 01** – Cencibel (Tempranillo), Cabernet Sauvignon, Crianza und junger Merlot (**99**) mit unschlagbarem Preis-Leistungs-Verhältnis aus der Genossenschaftskellerei Nuestra Señora de la Cabeza in Cuenca.
Castaño, Bodegas Yecla; r (w); (tr); Res ★★ **98 99 00 01 02** – Wegbereiter im abgelegenen Yecla, erzeugt saubere und gefällige Verschnitte von Monastrell mit Cabernet Sauvignon, Tempranillo und Merlot unter den Markennamen Castaño, Colección, Hecula und Pozuelo.
Castell del Remei Cos del S; r rs w ☆☆→☆☆☆ **99 00 01** – Weingut und Weinberge mit Geschichte, seit 1983 wieder in Betrieb, neu ausgestattet und bepflanzt. Weine v. a. Gotim Bru (Tempranillo/Cabernet Sauvignon/Merlot), der Oda im neuen Designer-Stil und der erstklassige Merlot 1780 (01).
Castellblanch Pen; w; sch ★★ Cava-Firma in Penedès, im Besitz von Freixenet. Empfehlenswert sind Brut Zéro und Gran Castell Gran Reserva.
Castillo de Monjardín Nav; r w ☆☆→☆☆☆ **97 98 99 00** – Recht neue Kellerei, die eichenholzduftige Chardonnay Reserva (**99**) erzeugt; auch sehr gute Rotweine und Rosés (**01**), v. a. Merlot-Verschnitte (**97 98**). Ist neuerdings im Einklang mit dem spanischen Geschmack auf sehr viel eichigere Weine umgeschwenkt.
Castillo de Perelada, Cavas Amp; r rs w; sch; Res ☆☆→☆☆☆ **94 95 98 99** 01 Großes Sortiment an Stillweinen und Cava, u. a. Chardonnay, Sauvignon blanc, Cabernet Sauvignon (v. a. Gran Claustro **94 95 96**) und Schaumwein Gran Claustro Extra Brut.
Castillo de Ygay R Alt; r w ☆☆☆☆ r **25 52 64 68 75 78 82 85 87 89 94** – Eine Legende. Der 64er ist immer noch überragend. Siehe Marqués de Murrieta.
Cataluña 00 01 – Neues DO-Gebiet, das für ganz Katalonien gilt. Die Weine können nach wie vor das Siegel einer der bereits bestehenden DOs erhalten oder das der neuen Regionalappellation, nicht aber beide zusammen.
Cava Offizielle spanische Bezeichnung für in Flaschengärung hergestellten Schaumwein und die DO für solchen Schaumwein in ganz Spanien, wobei Rueda und Galicien außen vor bleiben.
Celler de Capçanes Montsant; r ★★→★★★ **99 00 01** – Große Genossenschaft in Montsant mit einem der besten Weine neuen Stils aus der Region Tarragona. Typisch ist etwa der körperreiche, konzentrierte und etwas tanninherbe 99er.
Centro Españolas, Bodegas La M; r rs w ☆☆ **96 97 99** 01 – Große, moderne Bodega, am bekanntesten für den respektablen roten Allozo aus 100 % Tempranillo.
Cervera, Lagar de Rías Baixas; w ☆☆☆ BV – Erzeuger einer der besten Albariño-Weine: blumig und intensiv fruchtig, sanft spritzig mit langem Abgang.
Chacolí Baskenland; (r) w ☆→☆☆ BV – Auffällig scharfer, oft perlender Wein von der baskischen Küste; nur 9 bis 11 % Alkoholgehalt. Die gesamte Anbaufläche von 285 ha umfasst zwei DO-Bereiche. Erzeuger: v. a. Txomin Etxaniz (Guetaria) und Aretxondo (Vizcaya).

Chivite, Bodegas Julián Nav; r (rs) w; tr s; Res ★★★ **95 96 97 98 99 00** – Größte und beste Bodega in Navarra, die jetzt einige der Spitzenrotweine Spaniens erzeugt, hocharomatisch und äußerst langlebig; außerdem blumiger, ausgewogener Weißwein, v. a. Chivite Colección 125 (**01**), sehr guter Rosado (**02**) und überragender Vendimia tarde Moscatel (**01**), der beste in ganz Spanien. Siehe Gran Feudo.
Cigales r rs ☆→☆☆ **99 00 01** – Neu festgelegter Bereich nördlich von Valladolid, v. a. helle, traditionell als Clarete bezeichnete Rotweine; ein Ausdruck, der inzwischen durch die EU untersagt ist.
Clos Mogador Pri; r ☆☆☆→☆☆☆☆ **99 00 01** – René Barbier (keine Verbindung zu Freixenet) erzeugt erstklassigen modernen Priorato Clos Mogador.
Codorníu Pen; w; sch ★★→★★★ Eine der zwei größten Firmen in San Sadurní de Noya. Produziert gute Cava mit hochmoderner Technik; 10 Mio. Flaschen reifen in den Kellern. Gereifter Non Plus Ultra; viele bevorzugen den frischeren Anna de Codorníu oder die Spitzen-Reserva Jaume de Codorníu. Auch Eigentümer von Raïmat und Bilbaínas.
Compañía Vinícola del Norte de España (CVNE) R Alt; r (rs) w; tr ☆☆→☆☆☆ **94 95 96 97 98 99** 01 – Berühmte Rioja-Bodega. Trotz (oder wegen) der revolutionären neuen Kelleranlage gelingen die jungen Weine nicht mehr so gut wie früher. Einige der älteren Exemplare von Imperial und Viña Real Reserva sind allerdings spektakulär. Siehe auch Contino.
Conca de Barberà (r) (rs) w **98 99 00** – Katalanisches Anbaugebiet für Parellada-Trauben zur Cava-Herstellung. Die besten Weine aber sind der herrliche Chardonnay Milmanda und der rote Grans Muralles, beide von Torres.
Con Class, Bodegas Rueda; w; tr ★★→★★★ BV – Die Familie Sanz erzeugt trotz des unmöglichen Markennamens aufregende Weine von Verdejo/Viura und Sauvignon blanc.
Condado de Haza Rib del D; r ★★★ **94 95 96 97 98 00 01** – Reiner, eichenfassgereifter Tinto fino. Ähnlich wie der Pesquera, aber beständiger und preisgünstiger.
Conde de Caralt, Cava Pen; r w; sch; Res ★★→★★★ Cava-Schaumwein von einer Zweigfirma von Freixenet, besonders gut der kräftige Brut oJ sowie angenehme Stillweine.
Conde de Valdemar Siehe Martínez-Bujanda.
Consejo Regulador Amtliche Organisation für Erhaltung, Kontrolle und Förderung einer Denominación de Origen.
Contino R Ala; r; Res ★★★ **94 95 96' 97 98 99** 00 – Sehr feiner Rotwein aus einer Einzellage, von einem Tochterbetrieb der Compañía Vinícola del Norte de España. Ausschau halten nach dem sortenreinen Graciano (**94' 99**) und dem Premium-Wein Viña del Olivo (**96' 99**).
Cosecha Ernte oder Jahrgang.
Cosecheros Alaveses R Ala; r (rs) (w) ★★★ **94 95 99 97 98 01 02** – Aufstrebendes Gut (eine ehemalige Genossenschaft), v. a. mit gutem jungem Rotwein Artadi ohne Eichenholzwürze und den Reservas Viñas de Gain, Viña El Pisón und Pagos Viejos.
Costers del Segre r rs w; sch ☆☆→☆☆☆ **92 95 96 97 98 99 00 01** – Kleiner DO-Bereich um die Stadt Lleida (Lérida); umfasst den berühmten Besitz des Weinguts Raïmat.
Costers del Siurana Pri; r; (s) ☆☆☆→☆☆☆☆ **99 01'** – Der Star von Priorato, Carles Pastrana, erzeugt die renommierten Weine Clos de l'Obac, Miserere und Usatges von Garnacha/Cabernet Sauvignon, manchmal

auch mit Syrah, Merlot, Tempranillo und Cariñena. Wunderbarer süßer Dolç de l'Obac.

Covides Pen; r rs w; sch; Res ★★ **96 99** 00 01 – Große Winzergenossenschaft mit gutem weißem Duc de Foix und Cabernet Sauvignon sowie Cabernet Sauvignon/Tempranillo; auch erstklassige Duc de Foix Cava.

Criado y embotellado por ... Erzeugt und abgefüllt von ...

Crianza Die »Kinderstube«, in der der Wein sich entwickelt. Neuer oder ungealterter Wein ist »sin crianza« oder jung. Rotwein »Crianza« ist mindestens 2 Jahre alt, davon 1 Jahr im Eichenfass (in einigen Gebieten 6 Monate) gereift, und darf erst im 3. Jahr freigegeben werden.

Denominación de Origen (DO) Anerkannter Weinbaubereich (siehe Seite 235).

Denominación de Origen Calificada (DOCa) Herkunftsbezeichnung für Weine besonders hoher Qualität; bisher darf nur Rioja sie tragen (seit 1991). Seit 2002 gilt das katalanische Äquivalent DOQ (Denominació de Origen Qualificada) für Priorato-Weine.

Domecq R Ala; r (w); Res ★★→★★★ **94 95 97 98 99** – Besitz der Sherry-Firma Domecq in Rioja. Exzellente Reserva Marqués de Arienzo.

Don Darias/Don Hugo Alto Ebro; r w ★ Viel verkaufte, preiswerte, sehr Rioja-ähnliche Weine aus den nicht zu einer DO gehörenden Bodegas Vitorianas am Alto Ebro. Die Rot- und Weißweine sind beide sauber.

Dulce Süß.

Elaborado y añejado por ... Erzeugung und Lagerung durch ...

El Bierzo DO r rs w **91 92 94 96 98 99 00 01** – Nördlich von León. Spitzenwein: Luna Berberida Reserva.

El Coto, Bodegas R Ala; r (w); Res ☆☆☆ **94 95 97 98 99** – Bekannt v. a. für die leichten, milden Rotweine El Coto und die Reservas Coto de Imaz (**94**).

Enate Som DO; r rs w; Res ☆☆☆ **95 96 97 98 99** – Gute Weine aus Somontano im Norden: leicht, sauber und fruchtig; fassvergorener Chardonnay (**02**) und Cabernet-Sauvignon-Verschnitte (die Crianza ist voll und saftig). Herrlicher Merlot (**00**).

Espumoso Schäumend (siehe auch Cava).

Fariña, Bodegas Toro; r w; Res ☆☆→☆☆☆ **95 98 99** 00 – Die bekannteste Bodega in der DO Toro, die jedoch von jüngeren Konkurrenten überholt wird. Gute, würzige Rotweine. Gran Colegiata ist fassgereift, Colegiata nicht. Junger Primero. Die letzten Jahrgänge waren zu teuer und enttäuschend.

Faustino, Bodegas R Ala; r (rs) w; Res ★★→★★★ **93 94 95 97 98 99** 00 – Alteingesessene Bodega mit guten Rotweinen, ehemals Faustino Martínez. Die Gran Reserva heißt Faustino I., der Spitzenwein Faustino de Autor (**95**).

Fillaboa, Granxa Rías Baixas; w ☆☆☆ BV – Kleine Firma mit zartfruchtigen Albariño-Weinen.

Franja Roja Binissalem (Mallorca); r; Res ☆☆ **97** 98 99 00 – Die bekannteste Bodega Mallorcas in Binissalem produziert José-L.-Ferrer-Weine, v. a. Especiál Miró (**99**); die Qualitätskurve zeigt nach oben.

Freixenet, Cavas Pen; w; sch ★★→★★★ Sehr großer Hersteller von guten Cavas, rivalisiert nach Neuerwerbungen mit Codorníu. Das Programm umfasst den preiswerten Cordón Negro in schwarzen Flaschen sowie Brut Barroco, Reserva Real und Premium Cuvée DS. Zum Besitz gehören: Gloria Ferrer in Kalifornien, das Champagnerhaus Henri Abelé in Reims sowie eine Schaumweinkellerei in Mexiko.

Galicien Regenreiche Region in Nordwestspanien mit beachtenswerten frischen, aromatischen, aber teuren Weißweinen, v. a. Albariño.
Generoso Alkoholstarker Aperitif oder Dessertwein.
Gramona Pen; r w; tr s; Res ☆☆→☆☆☆ 00 01 02 Der alteingesessene große Familienbetrieb erzeugt guten Chardonnay, Sauvignon blanc, Gewürztraminer, Pinot noir und Merlot sowie ausgezeichnete Cava.
Granbazán w; tr ☆☆☆ BV – Agro de Bazán erzeugt einen klassischen, duftigen Albariño mit erfrischender Säure.
Gran Feudo Nav; w; Res ★★→★★★ **95 96** 98 99 **00** – Markenname für duftigen Weißwein, erfrischenden Rosado (**02**) und milden, pflaumenwürzigen Rotwein; die bekanntesten Weine von Julián Chivite.
Gran Reserva Siehe Reserva.
Gran Vas Drucktank (franz.: *cuve close*) zur Herstellung billiger Schaumweine; der Ausdruck dient auch als Bezeichnung dieser Schaumweine selbst.
Guelbenzu, Bodegas r (w); Res ☆☆→☆☆☆ **98 99 00 01** – Familienweingut in Navarra, erzeugt körperreiche, volle Rotweine, v. a. Azul, EVO und den Spitzenwein Lautus (**99**) – alle ohne DO.
Guitán Godello Valdeorras; w ☆☆☆→☆☆☆☆ **01 02** – Die von den Bodegas Tapada erzeugten sortenreinen Godello-Weine sind komplex und haben ein unglaublich feines Fruchtaroma. Sie zählen zu den Spitzenweinen Spaniens – durch sie erfahren die ursprünglichen Traubensorten Galiciens eine Renaissance. Die fassgereifte Variante ist noch besser.
Haro Die alte Stadt mit Stil ist das Weinzentrum von Rioja Alta.
Hill, Cavas Pen; r w; sch; Res ☆☆→☆☆☆ **93 96 97 98 99** – Altes Haus in Penedès mit frischem trockenem Blanc Cru, gutem rotem Gran Civet und Gran Toc, erstklassigem jungem Masía Hill Tempranillo und einer delikaten Reserva Oro Brut Cava.
Iljalba, Viña R Alt; r rs w; tr ☆→☆☆☆ **94 95 96 98 99** 00 – Die eher neue Bodega hat einen guten Ruf für ökologisch erzeugte jüngere Weine; außerdem für einen seltenen reinsortigen Graciano.
Josep Anguera Beyme Montsant; r ☆☆→☆☆☆ **98 00** – Kleines Familienunternehmen an der Grenze zu Priorato, das unter dem Namen Finca L'Argata herrlich fruchtige Weine von Syrah, Cabernet Sauvignon und Garnacha erzeugt, außerdem Cariñena-Verschnitte.
Joven (vino) Junger, nicht in Eiche gereifter Wein.
Jumilla r (rs) (w) ☆→☆☆☆ **91 93 96 98 99 00 01** – Anbaugebiet mit DO-Status in den Bergen nördlich von Murcia. Die traditionell alkoholstarken Weine werden jetzt durch frühere Lese und bessere Technik leichter bereitet. In kundigen Händen kann die Monastrell-Traube dunkle, duftige Weine ergeben, die es mit denen aus Ribera del Duero durchaus aufnehmen können. Siehe Agapito Rico und Casa Castillo.
Juvé y Camps Pen; w; sch ☆☆☆ **97 98 99** – Cava-Firma in Familienbesitz, mit Erfolg um Spitzenqualität bemüht; v. a. Reserva de la Familia und Gran Juvé y Camps (**98**) werden nur von Vorlaufmost erzeugt.
Kanarische Inseln r rs w; G ☆→☆☆ Bis vor kurzem fand man hier außer den Malvasía-Dessertweinen der Bodegas El Grifo und Bodegas Mozaga auf Lanzarote kaum einen guten Tropfen. Inzwischen hat man auf den Kanaren nicht weniger als 8 DOs ausgewiesen und modernisierte Bodegas erzeugen bessere und leichtere Weine, v. a. auf Teneriffa. Durch den Tourismus dürften die Preise hoch bleiben, doch die Weine zeichnen sich durch ein interessantes Aroma aus. Im Auge behalten.

LAN, Bodegas R Alt; r (rs) (w); Res ☆☆→☆☆☆ **95 96 97 98 99 01** – Riesige moderne Bodega, vor kurzem umorganisiert, erzeugt verbesserten Lan und Lanciano, die Ediciones Limitadas in neuem Stil sowie den Spitzenwein Culmen de Lan (**94'**).

Lanzarote Kanarische Insel mit sehr ansprechendem trockenem Malvasía, z. B. von El Grifo.

Lar de Lares Rib del G; r; Res ☆☆ **97 98 99 00** – Extraktreiche Gran Reserva der Bodegas INVIOSA in Südwestspanien. Lar de Barros dagegen ist jünger und leichter. Auch gute Cava Bonaval.

León, Jean Pen; r w; Res ☆☆☆ **90 91 93 96 97 99** – Kleiner Betrieb, der 1995 von Torres übernommen wurde. Guter, eichenholzwürziger Chardonnay (**99**). Die früheren Cabernet-Sauvignon-Weine waren wuchtig und lohnten eine lange Lagerung; seit 1990 geraten sie leichter. Auch überragender Merlot (**97**).

López de Heredia R Alt; r (rs) w; tr s; Res ☆☆→☆☆☆ **54 57 61 64 68 70 73 78 81 87 93 94 97** – Alteingesessene bekannte Bodega in Haro mit ausnehmend langlebigen, höchst traditionellen Weinen. Am besten sind die wirklich alten Reservas ab Jahrgang 1954; immer noch überragend die 64er.

Los Llanos Valdepeñas; r (rs) (w); Res ★★ **95 96 98 99** – Eine aus der wachsenden Zahl von Bodegas in Valdepeñas, die ihren Wein in Eichenfässern ausbauen. Das Angebot umfasst eine Reserva, eine Gran Reserva sowie eine sehr teure Pata Negra Gran Reserva, sortenrein von Cencibel (Tempranillo). Ferner ein sauberer, fruchtiger Weißwein Armonioso.

Málaga Die Weinerzeugung ist fast auf dem Nullpunkt angelangt; siehe aber auch Telmo Rodríguez.

Mallorca Endlich geschehen interessante Dinge auf der Ferieninsel; man findet frischen Chardonnay (nehmen Sie lieber den ohne Eichenfassausbau), Merlot, Syrah und Cabernet Sauvignon. Außerdem weiterhin die traditionellen Sorten und Verschnitte. Führende Erzeuger sind Anima Negra, Franja Roja, Herens de Ribas, Miguel Oliver, Pere Seda, Son Bordils und Jaume Mesquida.

Mancha, La r w ☆→☆☆ **92 93 94 96 97 98 99 00** 01 – Großes Anbaugebiet nördlich und nordöstlich von Valdepeñas. Vorwiegend Weißwein; den Rotweinen fehlt die Lebendigkeit vorzüglicher Valdepeñas-Produkte, doch gibt es deutliche Anzeichen für Besserung. Beobachtenswert.

Marqués de Alella Alella; w; (sch) ★★→★★★ (BV) – Leichte und duftige Alella-Weißweine von Parxet; z. T. Chardonnay (auch im Fass ausgebauter Allier), ferner Cava.

Marqués de Cáceres, Bodegas R Alt; r rs w; Res ★★★ **91 92 94 96 98 01** – Guter roter Rioja, nach moderner französischer Methode bereitet, z. B. der preisgekrönte Gaudium (**96**) und MC (**01**); ferner ein leichter, duftiger Weißwein (BV), fassgereifter Antea (**01**) und süßer Satinela.

Marqués de Griñón Dominio de Valdepusa; r w ☆☆☆ **94 95 96 97 98 99** – Ein unternehmungslustiger Aristokrat führte auf seinem Besitz in der Nähe von Toledo, einer früher nicht für Wein bekannten Gegend, feinen Cabernet Sauvignon, vorzüglichen Syrah (**99 01**) und Petit Verdot ein. Fruchtige, ziemlich jung zu trinkende Weine. Ferner guter Rioja und Durius. Siehe Bodegas Unidas.

Marqués de Monistrol, Bodegas Pen; r rs; tr s; sch; Res ☆☆→☆☆☆ **92 94 95' 98 99** – Alte Bodega, heute im Besitz von Bodegas Unidas. Zuverlässige Cava. Frische Verschnitte von Cabernet Sauvignon, Merlot und Tempranillo.

Marqués de Murrieta R Alt; r rs w; Res ☆☆☆→☆☆☆☆ **25 42 50 52 54 60 68 70 75 78 87 89 94 95 96 97 99** – Renommierte historische Bodega bei Logroño. Berühmt sind der rote Castillo de Ygay und der eichenholzwürzige Weiße im alten Stil; außerdem ein hervorragender Spitzenverschnitt Dalmau, ein Tempranillo/Cabernet Sauvignon/Graciano (**99**).

Marqués de Riscal R Ala; r (rs) (w); Res ☆☆☆→☆☆☆☆ **91 92 94 95 96 97 99** – Bekannteste Bodega von Rioja Alavesa. Eher leichte trockene Rotweine. Alte Jahrgänge sehr fein, danach etwas ungleichmäßig; jetzt wieder in Form. Der zu 50 % von Cabernet Sauvignon bereitete Rotwein Barón de Chirel (**94' 95' 99**) ist prachtvoll. Weißweine aus Rueda, u. a. Sauvignon blanc (**02**) und in Eiche ausgebaute Reserva Limousin (**00**).

Marqués de Vargas, Bodegas y Viñedos R Ala ☆☆☆ **92 93 94 95 96 97** – Aufsehen erregender Newcomer mit Reserva und Reserva Privada (**96' 97**), die beide von großartiger Konzentration und Balance sind.

Martínez-Bujanda R Ala; r rs w; Res ☆☆☆ **90 91 92 93 94 95 96 97 98 99** – 1985 neu gegründete Familien-Bodega in Rioja mit beachtlicher Ausstattung. Vorzügliche Weine, u. a. fruchtiger Sin Crianza, unwiderstehlicher Rosado, edle Valdemar Reserva reinsortig von Garnacha (**95**) sowie prächtiger, ebenfalls reinsortiger Einzellagen-Tempranillo Finca Valpiedra (**94 96**).

Mascaró, Antonio Pen; r rs w; sch ★★→★★★ **90 91 92 93 94 96** 97 – Hersteller einer der besten spanischen Brandys, von guter Cava, zitronenfrischem, trockenem weißem Viña Franca sowie Anima Cabernet Sauvignon.

Mas Martinet Pri; r ☆☆☆→☆☆☆☆ **99 00** – Erzeuger des Clos Martinet und ein Pionier von schicken, teuren Priorato-Weinen.

Mauro, Bodegas r ☆☆→☆☆☆ **94 95 96 97 98 99** – Junge Bodega in Tudela del Duero bei Valladolid mit sehr gutem, rundem, fruchtigem Rotwein Tinto del País (Tempranillo) und köstlicher Vendimia Seleccionada (**99**). Nicht als DO anerkannt, weil ein Teil der Ernte nicht aus Ribera del Duero stammt. Produziert jetzt auch hervorragenden Toro San Roman (01).

Milmanda ☆☆☆ Erstklassiger fassvergorener Chardonnay von Torres.

Montecillo, Bodegas R Alt; r (rs) w; Res ☆☆ **95 97 00** – Rioja-Bodega im Besitz von Osborne. Die alten Gran-Reserva-Weine sind exzellent.

Montsant Neue kleine DO (seit 2001) in einer Enklave von Priorato; auch die Weine ähneln sich.

Muga, Bodegas R Alt; r (w); (sch); Res ☆☆☆ **91 94 95 96 99 00** – Kleiner Familienbetrieb in Haro, erzeugt mit die besten roten Riojas, und zwar streng nach der traditionellen Methode. Leichte Weine, sehr würzig, mit langem, komplexem Nachgeschmack. Die besten sind Prado Enea und jetzt auch der konzentrierte, außergewöhnliche Torre Muga (**94' 95 96 98 00**). Die Weiß- und Schaumweine überzeugen weniger, aber es gibt einen frischen, fassvergorenen weißen Viura (**00**).

Navajas, Bodegas R Alt; r w; Res ★★→★★★ **95 96 98 99 00 01** 02 – Kleines Haus mit preiswerten Rotweinen, Crianzas und Reservas. Auch ausgezeichneter, in Eiche ausgebauter Viura-Weißwein (**00 02**).

Navarra r rs (w) ★★→★★★ **92 94 95 96 97 98 99 00** 01 02 – DO-Weinbaugebiet, dessen stilvolle Tempranillo- und Cabernet-Sauvignon-Rotweine qualitativ eine immer härtere Konkurrenz für Rioja-Gewächse werden und viele davon im Preis drücken. Siehe auch Chivite, Guelbenzu, Ochoa, Palacio de la Vega, Príncipe de Viana.

Nuestro Padre Jesús del Perdón, Coop. de La M; r w ★→★★ **94 96 98 99 00 01** – Preiswerter frischer weißer Lazarillo und überaus süffiger Yuntero, rein von Cencibel (Tempranillo), sowie Cencibel/Cabernet Sauvignon, eichenfassgereift.
Ochoa Nav; r rs w; Res ★★→★★★ **91 92' 93 94 96 97 99 00** – Kleine Familien-Bodega mit exzellentem Moscatel (**02**), jedoch bekannter durch gut gemachte Rot- und Roséweine, darunter reinsortiger Tempranillo und Merlot (**99**).

Die meisten größeren Kellereien in Spanien produzieren eine stattliche Anzahl verschiedener Rot-, Weiß- und Roséweine. Die Jahrgangsangaben, die sich am Anfang eines Eintrags befinden, beziehen sich auf die besten roten Crianzas und Reservas des jeweiligen Weinguts, sind aber nur als grober Anhaltspunkt zu verstehen, da Jahrgangsqualität und Reifegrad der verschiedenen Weine stark voneinander abweichen können. Empfohlene Jahrgänge einzelner, im Text genannter Weine sind in Klammern hinter dem Namen des Weins angegeben.

Ökowein Der renommierteste und älteste Erzeuger in Spanien ist Albet y Noya in Penedès.
Pago Weinberg oder kleines Gebiet mit außergewöhnlichen Weinen. Der Begriff ist jetzt gesetzlich anerkannt, z. B. für Dominio de Valdepusa (siehe Marqués de Griñon).
Pago de Carraovejas Rib del D; r; Res ☆☆→☆☆☆ **99 00 01** – Neues Weingut mit sehr stilvollen, fruchtigen Verschnitten von Tinto fino und Cabernet Sauvignon in winzigen Mengen.
Palacio, Bodegas R Ala; r rs w; Res ☆☆☆ **94' 95 96 97 98 99 00** – Die gute Bodega mit alter Tradition ist aus den Klauen von Seagram gerettet worden. Sehr saubere Reserva Privada (**94**) sowie Cosme Palacio (**95**).
Palacio de Fefiñanes Rías Baixas; w; tr ☆☆☆ BV – Älteste Bodega in Rías Baixas, jetzt mit exzellenten, modernen Albariño-Weinen.
Palacio de la Vega Nav; r rs w; Res ★★→★★★ **93 95 96 97 98 00** – Neue Bodega mit saftigem Tempranillo Joven, Cabernet Sauvignon und Merlot. Sehr vielversprechend. Guter Chardonnay (01).
Parxet Alella; w rs; sch ☆☆→☆☆☆ Erzeuger von vorzüglicher, frischfruchtiger, überschäumender Cava, der einzigen aus Alella; am besten ist Brut Nature. Eleganter Weißwein Marqués de Alella (BV).
Paternina, Bodegas R Alt; r (rs) w; tr s; Res ☆→☆☆ Bekannt durch ihren Standard-Rotwein Banda Azul. Die Marke Conde de los Andes war fein, doch der berühmte 78er ist nur etwas für Liebhaber von Eichenaroma und flüchtiger Säure. Jüngere Jahrgänge sind ebenso enttäuschend wie die anderen Rioja-Weine. Am beständigsten ist der Weißwein Banda Dorada (BV).
Pazo Ribeiro; r rs w ★★ BV – Markenname der Winzergenossenschaft Ribeiro, deren Weine dem Vinho verde ähneln. Lokalfavorit ist der raue Rotwein, doch die gefälligen spritzigen Pazo-Weißweine sind sicherer und der weiße Viña Costeira und Amadeus haben echte Qualität.
Pazo de Barrantes Rías Baixas; w ☆☆☆ BV – Neuer Albariño aus Rías Baixas aus einem Weingut des früheren Conde de Creixels von Murrieta. Delikat, exotisch, von untadeliger Qualität.
Pazo de Señorans Rías Baixas; w; tr ☆☆☆ BV – Außerordentlich duftige Weine von einer Bodega, an der sich ihre Kollegen in der DO messen lassen müssen.

Penedès r w; sch ☆→☆☆☆ **91 93 94 95 96 98 99 00 01** – DO-Anbaugebiet mit Vilafranca del Penedès und San Sadurní de Noya. Siehe auch Torres.

Pérez Pascuas Hermanos Rib del D; r; Res ☆☆☆ **91 92 94 95 96 97 99 00 01** – Winzige, mit Sorgfalt geführte Bodega. In Spanien gilt ihr fruchtiger und komplexer roter Viña Pedrosa als einer der besten des Landes.

Pesquera Rib del D; r ☆☆☆ **90 91 92 93 94 95' 97 99** 00 – Ribera-del-Duero-Rotwein, in kleinen Mengen erzeugt von Alejandro Fernández. Robert Parker beurteilte ihn als ebenbürtig mit den Feinsten aus Bordeaux, und das blieb im Gedächtnis haften. Janus Gran Reserva (**95**). Siehe auch Condado de Haza.

Pingus, Dominio de Rib del D; r ☆☆☆ Die spanische Antwort auf die »Garagenweine« aus Bordeaux. Besitzer Peter Sisseck, der selbst keltert, erzeugt nur 450 Kisten konzentrierte Weine auf Tempranillo-Basis. Allerdings völlig überteuert, wenn man bedenkt, dass über die Lagerfähigkeit der Weine nichts bekannt ist.

Piqueras, Bodegas Almansa; r (rs) (w); (tr) ☆☆→☆☆☆ **96 98 00** 02 – Kleine Familien-Bodega mit einigen der besten Rotweine von La Mancha, u. a. Castillo de Almansa Crianza und Marius Gran Reserva.

Pirineos, Bodega Som; r rs w ☆☆→☆☆☆ **96 97 98 99 00** 01 – Ehemalige Winzergenossenschaft und bahnbrechender Erzeuger in Somontano. Guter Gewürztraminer (**02**) und ausgezeichneter roter Marboré (**99**).

Príncipe de Viana, Bodegas Nav; r rs w ★★ **96 98 00 01** 02 – Großes Haus (vormals Cenalsa) für den Ausbau von Genossenschaftsweinen; vertreibt verschiedene Navarra-Gewächse, u. a. einen blumigen Weißen im neuen Stil und den fruchtigen roten Agramont.

Alte Jahrgänge

Eine lange Reihe alter Jahrgänge, die für saftige Preise gelegentlich immer noch zu haben sind, wird bei Weinen wie Vega Sicilia, Lopez de Heredia und Castillo de Ygay von Marqués de Murrieta angeboten. Bestenfalls sind diese Weine denkwürdig und von großer Komplexität, aber viel hängt von ihrer Herkunft und von den Lagerbedingungen ab, und sie müssen aus hundertprozentig verlässlichen Quellen stammen. Die Fälschung alter Jahrgänge, vor allem von Vega Sicilia, ist gang und gäbe.

Priorato/Priorat r (w) br ☆☆☆ **92 93 94 95 96 98 99 00 01** – DO-Enklave in Tarragona, traditionell bekannt für alkoholstarken Rancio und fast schwarze, sehr körperreiche Rotweine, dessen beste Vertreter mit ihrer brombeerhaften Art zur Spitze Spaniens zählen. Costers del Siurana, Mas Martinet und Rotllan Torra gelten ganz zu Recht als Stars in Spanien. Coma Blanca ist ein feiner, dichter Weißwein von Mas d'en Gil. Seit dem Jahrgang 02 eine DOQ.

Raïmat Cos del S; r rs w; sch ★★→★★★ Cabernet Sauvignon **94 95 96 97 98 99 00** – Saubere, feste Weine aus der DO Costers del Segre bei Lleida (Lérida), von Codorníu mit Cabernet Sauvignon, Chardonnay und anderen internationalen Rebsorten bepflanzt. Gute Cava reinsortig von Chardonnay. Günstig.

Raventós i Blanc Pen; w; sch ☆☆→☆☆☆ Exzellente Cava der höchsten Preisklasse; frischer Weißer El Preludi und sortenreiner Chardonnay.

Remelluri, La Granja R Ala; r w; tr; Res ☆☆☆ **95 96 99** 00' – Der kleine Betrieb erzeugt seit 1970 sehr guten traditionellen roten Rioja; seit dem

Weggang von Telmo Rodríguez sieht die Zukunft allerdings nicht sonderlich rosig aus. Der 97er war enttäuschend.

Reserva Über längere Zeiträume gereifter Wein guter Qualität. Rote Reservas müssen mindestens 1 Jahr im Fass und 2 Jahre in der Flasche gelagert sein; Gran Reserva 2 Jahre im Fass und 3 Jahre in der Flasche. Manche reifen danach noch jahrelang.

Rías Baixas w ☆☆→☆☆☆ **95 96 97 98 00 01** – DO-Bereich im Nordwesten mit den Unterbereichen Val do Salnés, O Rosal und Condado de Tea; hier entstehen mit die besten (und teuersten) kühl vergorenen Weißweine Spaniens, v.a. von der Albariño-Traube.

Ribera del Duero 91 94 95 96 98 99 00 01 – Modernes, aufstrebendes DO-Anbaugebiet östlich von Valladolid (der Duero heißt in Portugal Douro). Viele sehr gute Weine, u.a. ausgezeichnete Rote von Tinto fino (Tempranillo), jedoch teuer. Siehe Arzuaga, Pago de Carraovejas, Pérez Pascuas, Pesquera, Torremilanos, Vega Sicilia. Auch Mauro (ohne DO).

Rioja r rs w; sch ☆☆→☆☆☆☆ **64 70 75 78 81 82 85 89 91 92 94 95 96 98 99 00 01** – Aus dem Hochland am Ebro im Norden Spaniens kommen viele der besten spanischen Tischweine aus einer ganzen Reihe von *bodegas de exportación*. Tempranillo-Rotweine überwiegen. Der Bereich ist in die folgenden drei, getrennten Verwaltungen unterstehenden Gebiete unterteilt:

Rioja Alavesa Nördlich des Ebro. Aus diesem Teil kommen feine, zumeist helle und leichte, aber besonders würzige Rotweine.

Rioja Alta Südlich des Ebro und westlich von Logroño. Hier werden die meisten der feinsten und ausgewogensten Rot- und Weißweine und etwas Rosado erzeugt.

Rioja Baja Erstreckt sich östlich von Logroño und liefert stämmigere, alkoholreiche Rotweine, meist von Garnacha, die oft für Verschnitte verwendet werden.

Rioja Alta, Bodegas La R Alt; r (rs) w; tr (s); Res ★★★ **89 90 94 95 96 98 99** – Exzellente Rioja-Weine, v.a. rote Reserva Viña Alberdi, samtige Ardanza Reserva, leichtere Araña Reserva, großartige Reserva 904 und fantastische Reserva 890 (**82**) – aber die Weine halten sich nicht mehr so lange wie früher.

Riojanas, Bodegas R Alt; r (rs) (w); Res ☆☆→☆☆☆ **64 73 94 95 96 98** – Alte Bodega, produziert guten traditionellen Viña Albina sowie große, milde Monte Real Reserva (**96**).

Roda, Bodegas R Alt; r ☆☆☆ **92 94' 95' 96 98 99 00 01** – Ein Paar aus Katalonien entschied 1989, dass es nur in Haro den Wein seiner Träume erzeugen könne und gründete diese Bodega. Vorzüglicher, teurer Roda I (der Topwein) und Roda II; außerdem Cirsión (**98'**).

Rosado Rosé.

Rotllan Torra Pri; r (w); (s) ☆☆☆ **99 00** – Spitzen-Amadis, Balandra, süßer Amadis Dolç und der Priorato Moscatel Reserva Especial.

Rovellats Pen; r w; sch ☆☆→☆☆☆ Kleine Familienfirma; einziges Produkt sind gute (und teure) Cavas, die in einigen spanischen Spitzenrestaurants angeboten werden.

Rueda w br ★★→★★★ **96 97 98 99 00 01** – Kleines historisches DO-Anbaugebiet westlich von Valladolid mit traditionellen, Flor entwickelnden, Sherry-artigen Weinen, die bis zu 17% Alkoholgehalt erreichen. Rueda ist jetzt auch eine Quelle frischer Weißweine, v.a. von Marqués de Riscal. Seine Geheimwaffe ist die Verdejo-Traube, doch das Gebiet ist durch einen massiven Zustrom profitgieriger Außenseiter bedroht, die aus dem Erfolg Kapital schlagen wollen.

Ruíz, Santiago Rías Baixas; w ☆☆→☆☆☆ BV – Kleine, angesehene Bodega (jetzt im Besitz der Bodegas LAN) in der DO Rías Baixas, deren zitronenfrischer Albariño nicht das gewohnte Niveau erreicht.

Sangría Eine Art Rotwein-Cocktail mit Eis, Zitrusfrüchten, Brandy und Limonade. Leider sehr oft ein scheußlicher Sprudel.

San Sadurní de Noya Pen; w; sch ★★→★★★ Stadt südlich von Barcelona, unterhöhlt mit Kellern, in denen Dutzende von Firmen Schaumwein (Cava) produzieren. Der Qualitätsstandard kann sehr hoch sein, doch der Geschmack (der Parellada- und anderer Trauben) kommt an den von Champagner nicht heran.

Eine Auswahl spanischer Weine für 2005
Fino Jerez: Agustín Blázquez Carta Blanca
Palo Cortado Jerez: Emilio Hidalgo Privilegio 1860
Cava: Gramona Impérial '98 Brut Natur
Penedès: Torres Esmeralda Blanco '02
Ribeira: Viña Mein Blanco '02
Rioja Alavesa: Artadi Viña el Pisón '00
Priorato: Mas Martinet Clos Martinet '00
Toledo: Marqués de Griñon Valdepusa Syrah '99
Ribera del Duero: Alión '99
Toro: Bodegas Maurodos Viña San Román '99

Scala Dei, Cellers de Pri; r rs w; Res ★★→★★★ 99 00 01 – Eine der ursprünglichen Bodegas in der DO Priorato mit dunklen, kräftigen Garnacha-Weinen; jetzt teilweise im Besitz von Codorníu. Weine: Cartoixa Reserva sowie konzentrierter junger Negre mit Brombeergeschmack.

Schenk, Bodegas Valencia, U-R; r rs w; tr s ☆→☆☆ 99 **00 01** – Großer Konzern mit ordentlichem Estrella Moscatel und den guten Cavas Murviedro (Monastrell/Garnacha) und Los Monteros. Aus Utiel-Requena kommen außerdem verlässliche Las-Lomas-Rotweine und frischer Rosado Bobal.

Seco Trocken.

Segura Viudas, Cavas Pen; w; sch ★★→★★★ Cava aus San Sadurní (im Besitz von Freixenet). Empfehlenswert ist der Jahrgangs-Brut (99), Galimany (98) und v. a. Reserva Heredad (98).

Solís, Felix Valdepeñas; r rs w; tr ★★ 93 97 98 99 02 – Die große Bodega in Valdepeñas produziert robusten, eichenfassgereiften Rotwein, Viña Albali, Reserva und frischen Weißwein.

Somontano ☆☆→☆☆☆ **91 94 95 96 98 99 00 01** 02 – DO-Zone mit modischen Weinen in den Ausläufern der Pyrenäen. Angesichts des kühlen Klimas liegt seine Zukunft vielleicht bei Weißweinen und Pinot negro. Am bekanntesten sind die Bodegas Lalanne, eine alte französische Gründung (v. a. Viña San Marcos von Tempranillo, Moristel und Cabernet Sauvignon sowie Macabeo und Chardonnay), die Bodega Pirineos und Viñas del Vero. Auch Viñedos y Crianzas del Alto Aragón (hervorragendes Enate-Sortiment).

Tarragona r w br; tr s ☆→☆☆☆ **95 96 97 98 99 00 01** – Tafelweine aus dem gleichnamigen DO-Bereich; bis vor kurzem nicht weiter bemerkenswert, jetzt aber erheblich besser geworden.

Telmo Rodríguez, Compañía de Vinos r w ☆☆→☆☆☆ Der begabte Önologe Telmo Rodríguez (ehemals bei Remelluri) leitet die Firma mit Stammsitz in Logroño. Herrliche DO-Weine aus Toro, Rueda, Navarra (siehe Baso) und Alicante. Sein Bergwein Molina Real, reinsortig von Moscatel aus Málaga, ist umwerfend: die Wiederbelebung einer großen Tradition in einer abgeschwächten Version.

Teneriffa r w ☆→☆☆ BV – Es gibt hier mittlerweile 4 DO-Bereiche, aus denen manchmal sehr viel mehr als nur ordentliche junge Weine kommen. Mit dem alten »Kanarenwein« haben sie nichts mehr gemeinsam. Beste Bodegas: Flores, Monje und Insulares (Marke Viña Norte).

Tinto Rot.

Toro r ☆☆☆ **90 91 93 94' 95 96 98 99 00 01** 02 – Dieses zunehmend in Mode kommende DO-Anbaugebiet 200 km nordwestlich von Madrid erzeugt nach wie vor kräftige, bodenständige Rotweine. Vega Sicilia hat hier nun eine Bodega gebaut, und spektakuläre Weine wie der San Román von Mauro und der Numanthia von Vega de Toro zeigen, wozu die Region fähig ist.

Torremilanos Rib del D; r (rs); Res ☆→☆☆☆ **94 95 96 97 99** – Marke der Bodegas Peñalba López, eines aufstrebenden Familienbetriebs bei Aranda de Duero. Die roten Tinto-fino-Weine (Tempranillo) sind milder und ähneln einem Rioja mehr als üblicherweise.

Torres, Miguel Pen; r rs w; tr lbl; Res ★★→★★★★ **90 92 93 94 95 96 97 98 99 00** – Weltberühmtes Familienunternehmen, einer der Stars der internationalen Weinszene. Erzeuger hervorragender Weine aus Penedès und Bannerträger für ganz Spanien; u. a. blumiger weißer Viña Sol (**02**), Sauvignon blanc Fransola (**02**), Gran Viña Sol (**01**) Parellada, in Eiche vergorener Milmanda-Chardonnay (**00**), halbtrockener, würziger Esmeralda (**02**), Riesling Waltraud (**02**), die Roten Sangre de Toro und Gran Sangre de Toro (**96 97**), vorzügliche Cabernet Sauvignon Gran Coronas Mas la Plana Reserva (**89 93 94 96 98 99**), frischer, milder Atrium Merlot (**02**) und roter Viña Magdala Pinot. Mas Borràs (**98**) ist ein reiner Pinot negro. Der edle körperreiche Grans Muralles (**98**) stammt von einheimischen Reben (u. a. der wieder eingeführte Garot). Die Familie besitzt auch in Chile, Kalifornien und China Weinberge. Unter der DO Catalunya werden jetzt innovative Verschnitte von Mittelmeersorten mit dem Namen Nerola bereitet. Außerdem gibt es den großartigen neuen Praedium (**03**) von Trauben, die in Priorato wachsen.

Unión de Cosecheros de Labastida R Ala; r rs w; tr ☆→☆☆☆ **94 95 96 97 98 99 00** – Alteingesessene erstklassige Rioja-Genossenschaft. Junger saftiger Montebuna, gute Crianzas und Reservas der Marke Solagüen sowie die Spitzen-Reserva Manuel Quintano (**98**).

Utiel-Requena r rs (w) ☆→☆☆ **92 93 94 98 99 00 01** 02 – DO-Anbaugebiet westlich von Valencia. Kräftige Rotweine, feste, extrem tanninherbe Weine für Verschnitt und leichte, blumige Rosado-Weine.

Valbuena Rib del D; r ★★★ **89 90 91 92 95' 97 99** – Wurde bisher aus denselben Traubensorten gekeltert wie Vega Sicilia, kommt aber mit 5 Jahren zum Verkauf. Manche mögen ihn lieber als seinen »großen Bruder«; mit etwa 10 Jahren ist er am besten. Der 94er wurde wegen Korkgeschmack vom Markt genommen. Siehe auch Alión.

Valdeorras r w ★→★★★ **97 98 99 00** DO-Anbaugebiet östlich von Orense (Galicien), trockene und erfrischende Weine. Die besten Godello-Gewächse zählen zu den spanischen Spitzenweißen. Siehe Guitán Godello.

Valdepeñas La M; r (w) ★→★★ **90 91 95 96 98 99 00 01 02** – DO-Anbaugebiet nahe der andalusischen Grenze. Trotz hohem Alkoholgehalt sind die Weine (v. a. Rotweine) überraschend mild im Geschmack. Bessere Tropfen altern jetzt in Eichenfässern (z. B. Los Llanos, Felix Solís und Casa de la Viña).

Valduero, Bodegas Rib del D; r (rs) (w) ☆☆→☆☆☆ **90 91 95 96 98** – Nach nunmehr 10 Jahren hat diese Bodega eine wachsende Reputation für gut bereiteten Wein und sehr gute preiswerte Reserva.

Valencia r w ☆ **98 99 00 01** DO-Weinbaugebiet, exportiert saubere Tafelweine in großen Mengen; auch einige erfrischende Weißweine, v. a. Moscatel.

Vinos de Alta Expresión

In den letzten paar Jahren ist eine neue Generation von ausgesuchten, sehr teuren Weinen in Spanien aufgetaucht. Man holt das Optimum aus der Traube, indem man auf die Frucht alter Reben zurückgreift, die zum idealen Zeitpunkt geerntet, handverlesen und in kleinen Behältern vergoren wird. Einige Beispiele:

Rioja Aurus (Allende), El Pisón (Artadi), Barón de Chirel (Marqués de Riscal), Remírez de Ganuza, Cirsión, Torre Muga (Muga)
Conca de Barberà Grans Muralles (Torres)
Priorato Clos Mogador Reserva, Finca Dolfi (Alvaro Palacios)
Navarra Lautus (Guelbenzu)
Ribera del Duero Vega Sicilia Unico

Vega Sicilia Rib del D; r; Res ☆☆☆☆ **53 60 62 64 66 68 70 73 75 76 80 81 82 83 85 86 89 90 91** – Kellerei und einer der allerbesten spanischen Weine: körperreich, fruchtig, pikant, rar und faszinierend. Bis zu 16% Alkoholgehalt. Am besten nach 12 bis 15-jähriger Lagerung. Reserva Especial ist ein Verschnitt v. a. der Jahrgänge 62 und 79! Siehe auch Valbuena und Alión. Besitzt auch Oremus in Tokaji, Ungarn.

Vendimia Weinlese.

Viña Weinberg. Weine wie Tondonia (López de Heredia) bestehen jedoch nicht unbedingt nur aus Trauben vom genannten Weinberg.

Viñas del Vero Som; r rs w; Res ☆☆→☆☆☆ **92 93 94 95 96 97 99** 01' – Weingut in Somontano. Guter sortenreiner Chardonnay, Riesling, Gewürztraminer und v. a. roter Gran Vos (**97 98**).

Vinícola de Castilla La M; r rs w ★★ **92 96 97 98 00** 02 Einer der größten Betriebe in La Mancha. Schmackhafter roter und weißer Castillo de Alhambra. Spitzenweine: Cabernet Sauvignon und Cencibel (Tempranillo), Señorío de Guadianeja Gran Reserva.

Vinícola Navarra Nav; r rs w; tr; Res ★★ **97 98 99 00 01** – Alteingesessene Bodega (jetzt im Besitz von Bodegas y Bebidas), aber immer noch mit durch und durch traditionellen Navarra-Weinen. Am besten: Castillo de Javier Rosado (**02**) und Las Campañas Reserva (**97**).

Vino común/corriente Einfacher Wein.

Vino joven Siehe Joven.

Yecla r w ☆→☆☆ DO-Bereich nördlich von Murcia. Siehe auch Castaño.

Portugal

Neuere Jahrgänge

2003	Ein heißer Sommer brachte weiche, reife, früh trinkfertige Weine, v. a. im Süden. Der beste Bairrada seit zehn Jahren.
2002	Schwieriger Jahrgang mit starkem Regen während der Lese. Im Süden bessere Bedingungen.
2001	Allgemein große Ernte. Erzeuger, die sorgfältige Auslese betrieben, brachten sehr gute Weine zustande.
2000	Kleine Ernte bei schönem Wetter ergab ausgereifte, geschmackvolle Weine in allen Regionen.
1999	Erneut geringe Erträge, zudem trübte Regen während der Ernte die Aussichten. Weine im Süden besser als im Norden.
1998	Winzige Ernte mit der Chance auf exzellente Weine; nur im Norden durch Regen Ende September verwässert. Das Binnenland und Alentejo waren besser dran.
1997	Ein gutes Jahr im gesamten Land. Gesundes Lesegut ergab ausgewogene, reife Rotweine. Guter roter Bairrada.

Adega Keller, Weinkellerei.

Alenquer r w ★→★★★ Aromatische Weine aus einem IPR-Bereich unmittelbar nördlich von Lissabon. Empfehlenswerte Gutsweine von den Quintas de Pancas, do Carneiro und Monte d'Oiro (Syrah).

Alentejo r (w) ★→★★★ **97 98 99 00' 01** – Großes Gebiet in Südostportugal mit nur wenig Weinbau entlang des Tejo oberhalb von Lissabon; allerdings tritt das Potenzial für vorzüglichen Wein schnell hervor, und die Rebflächen werden ausgeweitet. Die meisten Weine werden bisher von Genossenschaftskellereien erzeugt. Gutsweine von Cartuxa, Cortes de Cima, Herdade de Mouchão, João Ramos, José da Sousa, Quinta do Carmo (jetzt teilweise Rothschild-Besitz), und Esporão zeigen Kraft und Stil. Die besten Genossenschaften befinden sich in Borba, Redondo und Reguengos. Jetzt als eigener DOC-Bereich eingestuft; die Orte Borba, Redondo, Reguengos, Portalegre, Evora, Granja-Amareleja, Vidigueira und Moura sind als eigene Unterappellationen anerkannt. Daneben gibt es den Vinho-regional-Bereich Alentejano.

Algarve r w ☆ Die Weine in dieser Touristengegend bestehen aus den DOC Lagos, Tavira, Lagoa und Portimão. Außer, dass Cliff Richard ein Gut bei Albufeira besitzt, gibt es ansonsten nicht viel zu sagen.

Aliança, Caves Bair; r w; sch; Res ★★ Große Firma mit Sitz in Bairrada; Schaumwein in Flaschengärung sowie verschiedene Rot- und Weißweine, u. a. gute Bairrada- und reife Dão-Weine. Hält auch Anteile in Alentejo und am Douro.

Alorna, Quinta de Rib; r w ☆→☆☆ BV – Unternehmungslustiges Weingut mit einer Reihe von guten sortenreinen Tropfen: Castelão, Trincadeira und Cabernet Sauvignon.

Altano Douro; r **00 01** – Guter neuer Rotwein von der Symington-Gruppe (Dow's usw.). Achten Sie darauf, was als Nächstes kommt.

Alvarinho Weißweintraube, die im äußersten Norden Portugals angebaut wird; erbringt duftige, attraktive Weine. Im benachbarten (spanischen) Galicien als Albariño bekannt.

Ameal, Quinta do VV; w ☆☆☆ BV – Vinho verde sortenrein von Loureiro; einer der besten Vinhos verdes überhaupt.

Aragonez Erfolgreiche Traube für reinsortige Rotweine aus Alentejo. Siehe Tinta Roriz.

Arinto Weiße Traube; am besten in Mittel- und Südportugal, wo sie ihre Säure bewahrt und duftige, frische trockene Weine ergibt.

Arruda r w ☆ DOC-Bereich in der Estremadura mit großer Genossenschaft.

Avaleda, Quinta da VV; w ☆→☆☆ BV – Zuverlässiger Vinho verde vom Gut Aveleda der Familie Guedes. Wird in Portugal trocken verkauft, für den Export aber leicht gesüßt. Auch gute sortenreine Weine von Loureiro, Alvarinho und Trajadura, daneben Rote vom Douro (Charamba) und aus der Estremadura (Aveleda).

Azevedo, Quinta do VV; w ☆☆ BV – Sehr guter Vinho verde von Sogrape, reinsortig von der Loureiro-Traube.

Eine Auswahl portugiesischer Weine für 2005
Douro-Rotweine: Batuta und Charme von Niepoort, Quinta Vale do Meão, Vinha do Ponte und Maria Theresia von der Quinta do Crasto, Chryseia von Prats/Symington
Alentejo-Rotweine: v. a. Weine von Trincadeira- und/oder Syrah-Trauben
Dão: Single-Quinta-Weine, v. a. Carvalhas, Roques, Pellada und Saes; Duque de Viseu (günstig)
Einheimische Rebsorten: Touriga nacional, Tinta Roriz (Aragonez), Trincadeira

Bacalhôa, Quinta da Set; r; Res ★★★ **98 99 00 01** – Weingut bei Setúbal; sein fruchtiger, mittelschwerer Cabernet Sauvignon wird von JP Vinhos erzeugt.

Bairrada r w; sch ★→★★★ **90' 94 97' 98 99** 00 01 – DOC-Bereich in Zentralportugal für feste (adstringierende) Rotweine von der kniffligen Baga-Traube. Die besten Weine von Casa da Saima, Luis Pato und Caves São João halten sich jahrelang. Die Mehrzahl der Weißweine wird von der regionalen Schaumweinindustrie verarbeitet.

Barca Velha Douro; r; Res ☆☆☆☆ **52 54 58 64 65 66' 78 81 82 85 91' 95** – Der renommierteste Rotwein Portugals, von der Port-Firma Ferreira (jetzt im Besitz von Sogrape) am oberen Douro in kleinen Mengen bereitet; kraftvoll und nachhaltig, mit tiefem Bukett; bekommt aber immer mehr Konkurrenz. Es gibt auch einen Zweitwein mit Namen Reserva Ferreirinha.

Beira Interior ☆ DOC, in der die früheren IPR-Bereiche Castelo Rodrigo, Pinhel und Cova da Beira aufgegangen sind. Alte Weinberge mit großem Potenzial.

Beiras ★→★★ Vinho regional zu dem auch Dão, Bairrada und die Granitgebirge Mittelportugals gehören.

Boavista, Quinta da Est ★★ BV – Großes Gut bei Alenquer mit immer besserer Auswahl an Rot- und Weißweinen: Palha Canas, Quinta das Sete Encostas, Espiga und ein Chardonnay, Casa Santos Lima. Der Kellermeister ist José Neiva.

Borba Alen; r ☆→☆☆ Kleine DOC im Herzen von Alentejo; gut geführte Genossenschaft; fruchtige Rotweine.

Branco Weiß.

Brejoeira, Palacio de VV (r) w ☆☆ Der bekannteste Alvarinho Portugals erfährt zunehmend scharfe Konkurrenz durch die benachbarten Vinho-verde-Güter um Monção.

Bright Brothers ★★ BV – Peter Bright, der *flying winemaker* aus Australien, hat seinen Hauptsitz in Portugal und hält Beteiligungen in Argentinien, Sizilien und Spanien. Gutes Angebot an Douro-, Ribatejo-, Estremadura- und Beiras-Weinen. Siehe auch Fuiza Bright.
Buçaco Dão; r (rs) w; Res ★★★★ r **53 59 62 63 70 78 82 85 89 92** w **91 92 93** – Legendäre Spezialität des Palace-Hotels in Buçaco bei Coimbra, anderswo nicht anzutreffen. Ein Erlebnis, das die Anreise lohnt; auch Schloss und Park sind sehenswert. Die jüngsten Jahrgänge allerdings enttäuschten.
Bucelas w ☆☆ Winziges Anbaugebiet nördlich von Lissabon, das von drei Winzern bewirtschaftet wird. Attraktive Weine aus der Arinto-Traube von Quinta da Romeira.
Cadaval, Casa Rib; r w ☆☆ **99 00 01** – Gute sortenreine Rotweine, v. a. von Trincadeira. Außerdem Pinot noir, Cabernet Sauvignon und Merlot.
Carcavelos br; s ☆☆☆ Normalerweise oJ – Sehr kleiner DOC-Bereich westlich von Lissabon; süße, seltene Aperitif- und Dessertweine, fast wie Madeira mit Honigsüße (durchschnittlicher Alkoholgehalt 19%). Einziger Erzeuger ist heute Quinta dos Pesos, Caparide.
Carmo, Quinta do Alen; r w; Res ★★ **97 98 99** 00' – Schöne kleine Adega im Alentejo, 1992 zum Teil durch die Rothschilds von Château Lafite übernommen. 50 ha sowie Korkeichenwälder. Frischer Weißwein, besser ist der Rotwein. Zweitwein: Dom Martinho.
Carneiro, Quinta do Alenquer ☆☆ r **99 00 01 02** w BV – Weingut im neuen Stil mit guten mittelschweren Roten aus den Traubensorten Periquita, Trincadeira preta, Tinta Roriz und Touriga nacional.
Cartaxo Rib; r w ★ Jetzt ein DOC-Bereich im Ribatejo, nördlich von Lissabon, mit einfachen, in der Hauptstadt beliebten Weinen.
Cartuxa, Herdade de Alen ☆☆→☆☆☆ r **97 00'** 01 w BV – Großes Weingut nahe Evora mit etwa 200 ha Anbaufläche. Große, reife, aromatische Rotweine, v. a. Pera Manca (**94 95 97 98**), einer der besten (und teuersten) Rotweine Alentejos, sowie weiche, sahnige Weißweine. Außerdem: Foral de Evora und Fundação Eugenio de Almeida.
Carvalhais, Quinta dos Dão ☆☆☆ r **99 00 01** w BV – Ausgezeichneter Einzellagenwein von Sogrape. Einige gute reinsortige Rotweine von Touriga nacional und Alfronchiero Preto sowie weißer Encruzado.
Casal Branco, Quinta de Rib; r w ☆☆ Großes Gut in Familienbesitz mit guten Rot- und Weißweinen. Spitzenwein ist der rote Falcoaria (**99 00 01**).
Casal García VV; w ☆☆ BV – Viel verkaufter Vinho verde von Aveleda.
Casal Mendes VV; w ☆ BV – Der Vinho verde von Caves Aliança.
Castelão Der offizielle Name für die Periquita-Traube, die im ganzen südlichen Portugal angebaut wird, insbesondere in Terras do Sado. Ergibt himbeerige Rotweine mit festen Geschmacksnoten, die im Alter Anklänge an Teer hinzugewinnen. Auch als João de Santarem bekannt.
Chryseia Douro; r ☆☆☆→☆☆☆☆ **00 01** – Bruno Prats aus Bordeaux bereitet diesen dichten und doch eleganten Wein von Port-Trauben in Zusammenarbeit mit der Familie Symington. Hier wird ein Star geboren.
Colares r ☆☆ Kleines DOC-Anbaugebiet an der Sandküste westlich von Lissabon. Die überaus tanninreichen, dunklen Rotweine im alten Stil stammen von nicht veredelten Reben. Die Weine müssen altern, aber das Motto »je älter desto besser« gilt hier nicht unbedingt. Siehe Silva.
Consumo (vinho) Einfacher Gebrauchswein.
Cortes de Cima r ☆☆☆ **98' 00 01 02** – Weingut bei Vidigueira (Alentejo) in dänischem Besitz. Gute Rotweine von Aragonez-, Trincadeira- und

Periquita-Trauben. Zweiter Markenname: Chamine. Unter dem Etikett Incognito auch Syrah.

Côtto, Quinta do Douro; r w; Res ☆☆☆ r **99 00 01** w BV – Bahnbrechende Tafelweine aus dem Portweinland; der sehr gute Grande Escolha (**90 94 95 00**) und der Quinta do Côtto sind dichte, fruchtige, gerbstoffreiche Rotweine, bei denen sich lange Lagerung lohnt. Auch Port.

Crasto, Quinta do Douro; r; tr s ★★→★★★★ **99 00 01 02** (03') – Spitzenweingut bei Pinhão, auf dem Port und hervorragende eichenfassgereifte Rote erzeugt werden. Exzellente reinsortige Weine (Touriga nacional, Tinta Roriz) und Reserva. Vinha do Ponte und María Theresa (**98 00'**) sind herausragende Weine aus Lagen mit ertragsarmen alten Rebstöcken.

Dão r w; Res ☆☆→☆☆☆ **97 00' 01** 02 Mit erdigen, stumpfen Weinen früher ein eher schwacher DOC-Bereich um die Stadt Viseu; holt jetzt aber relativ rasch auf. Ganz vorneweg die Privatgüter, die solide Rote mit Finesse im Alter sowie kräftige trockene Weiße produzieren. Die meisten werden unter Markennamen verkauft. Siehe aber auch Roques, Maias, Pellada, Terras Altas, São João (Porta dos Cavalheiros), Grão Vasco, Duque de Viseu usw.

DFJ Vinhos r w ☆→☆☆ BV – Erfolgreiches Joint Venture mit preisgünstigen Weinen v. a. in Ribatejo und Estremadura. Empfehlenswerte Marken sind: Ramada (rot und weiß), Segada (rot und weiß), Manta Preta (rot) und Grand'Arte (rot und weiß).

DOC (Denominação de Origem Controlada) Amtlich anerkannter Weinbaubereich. Es gibt in Portugal inzwischen insgesamt nur noch 27 DOC-Bereiche, da in der letzten Zeit etliche Gebiete zusammengefasst worden sind. Siehe auch IPR und Vinho regional.

Doce (vinho) Süß(wein).

Douro r w ☆☆→☆☆☆☆ **95 96 97 98 99 00' 01** 02 (03') – Fluss im Norden. Im Tal wachsen Reben für Port und überaus interessante Tafelweine. Am besten sind Barca Velha, Quinta do Côtto, Redoma und die neuen Weine von Symington (siehe Altano). Beobachtenswerter Bereich.

Duas Quintas Douro ☆☆☆ r **00 01** 02 (03') w BV – Vollmundiger Rotwein vom Portweinhändler Ramos Pinto. Sehr gute Reserva und herausragende Reserva Especial (**99**).

Duque de Viseu Dão ☆☆☆ r **00 01 02** w BV – Hochwertiger Rotwein von Sogrape.

Esporão, Herdade do Alen ☆☆→☆☆☆ r **99 00 01 02** w BV – Eindrucksvolles Gut im Besitz der Firma Finagra SA. Seit 1992 werden von dem Australier David Baverstock Weine erzeugt: voller, reifer Weißwein mit leichtem Eichenholzaroma, fruchtiger, junger roter Alandra sowie der hervorragende Esporão – einer der besten Rotweine aus Alentejo. Auch empfehlenswert: Monte-Velho-Rotweine mit leichtem Eichenfassaroma und fruchtige Weißweine. Guter sortenreiner Aragonez, Trincadeira, Touriga nacional, Alicante Bouchet und Syrah.

Espumante Schaumwein.

Esteva Douro; r ★ BV – Sehr süffiger junger Douro-Rotwein der Portweinfirma Ferreira.

Estremadura ★→★★★ Vinho regional an der Westküste Portugals, die manchmal »Oeste« genannt wird. Große Winzergenossenschaften. Alta Mesa, Ramada und Portada sind gute und günstige Weine von den lokalen Erzeugern und Genossenschaften. IPR-Bereiche: Encostas d'Aire und Alcobaca; DOCs: Alenquer, Arruda, Obidos, Torres Vedras.

Fernão Pires Weiße Traube für reif-aromatische, leicht würzige Weißweine in Ribatejo. (In Bairrada bekannt als Maria Gomes.)
Ferreira Douro; r ☆→☆☆☆☆ Port-Handelshaus, das auch eine Reihe von guten bis sehr guten Douro-Rotweinen im Angebot hat: Esteva, Vinha Grande, Callabriga, Quinta de Leda, Reserva Ferreirinha und Barca Velha.
Fonseca, José Maria da Est; r w; tr s; sch; Res ☆☆→☆☆☆ Altehrwürdige Firma in Azeitão bei Lissabon. Riesige Weinauswahl, u. a. Marken wie Periquita, Pasmados, Quinta de Camarate, Garrafeiras und der berühmte Setúbal-Dessertwein Alambre. Aus einer erst 2001 neu eröffneten Kellerei kommt eine eindrucksvolle Reihe von modernen Roten: Septimus, Vinya, Primum und die Auslese Domingos Soares Franco Seleccão Privado. Der Spitzenwein heißt Optimum. Besitzt auch Anteile in Dão (Terras Altas), Alentejo (José da Sousa und d'Avillez) sowie am Douro (Domini). Der Lancers Rosé ist weniger bemerkenswert, der Espumante Brut hingegen ein angenehmer Schaumwein, hergestellt nach dem in Russland erfundenen Durchlaufverfahren. Siehe auch Lancers.
Foz de Arouce, Quinta de Beiras; r ☆☆ **96 98 99 00 01** w BV – Großer, fassgereifter Rotwein aus dem Herzen von Beiras.
Franqueira, Quinta da VV; w ☆☆ BV – Typischer trockener und duftiger Vinho verde vom englischen Winzer Piers Gallie.
Fuiza Bright Rib; r w ★★ BV – Joint Venture mit Peter Bright (siehe Bright Brothers). Guter, preisgünstiger Chardonnay, Merlot und Cabernet Sauvignon.
Gaivosa, Quinta da Douro; r ☆ **95 97 99 00** – Bedeutendes Weingut bei Regua. Erzeugt tiefe, konzentrierte, fassgereifte Rotweine aus Port-Trauben. Die Zweitmarke Quinta do Vale da Raposa (BV) ist ein leichter, fruchtiger Rotwein vom gleichen Erzeuger. Drittmarke: Quinta do Estação (BV).
Garrafeira Etikettenbegriff. Die »Privat-Reserva« eines Händlers. Mindestausbauzeit 2 Jahre im Fass und 1 Jahr in der Flasche, oft aber viel länger. Meistens die Spitzensorte des Hauses, deren Herkunft früher oft unbestimmt war, jetzt aber auf dem Etikett angegeben werden muss.
Gatão VV; w ☆ BV – Zuverlässiger einfacher Vinho verde von Borges & Irmão, duftig, etwas gesüßt.
Gazela VV; w ☆☆ BV – Zuverlässiger Vinho verde von Sogrape in Barcelos.
Generoso Alkoholstarker Aperitif oder Dessertwein.
Grão Vasco Dão; r w ★★ BV – Eine der besten und größten Dão-Marken aus einer neuen Hightech-Adega in Viseu. Feiner roter Garrafeira; frischer junger Weißwein. Im Besitz von Sogrape.
IPR (Indicação de Proveniência Regulamentada) DOC-Vorstufe.
José da Sousa Alen; r; Res ☆☆→☆☆☆ **99 00** – Kleiner Betrieb im Besitz von José Maria da Fonseca; Erzeuger von höchst raffinierten, körperreichen Alentejo-Weinen (solide, mit den Füßen gekelterte Garrafeiras, jetzt im Stil etwas leichter), die in irdenen *anforas* vergoren werden und in Eiche reifen. Garrafeira Major (**94 97 98**).
JP Vinhos Set; r w; sch; Res ☆→☆☆☆ Bestens ausgerüsteter, dynamischer Weinbaubetrieb mit reicher Auswahl gut bereiteter Rotweine: u. a. der preisgünstige JP Tinto, Serras de Azeitão, Quinta da Bacalhôa, Tinto da Anfora, Só (100% Syrah) und JP Garrafeira. Auch Chardonnay Cova da Ursa und Setúbal-Dessertwein. Der Schaumwein Loridos stammt aus der Region Estremadura.

Lagoalva, Quinta da r w ☆☆ **99 00 01 02** – Wichtiges Weingut in Ribatejo mit guten Rotweinen aus regionalen Rebsorten sowie Syrah. Zweitetikett: Monte da Casta. Auch guter Chardonnay.
Lancers Est; rs w; sch ☆ Süßer, mit Kohlensäure versetzter Rosé und weißer Branco; wird von José Maria da Fonseca in großem Umfang nach den USA exportiert. Siehe auch Fonseca.
Lavadores de Feitoria Douro; r – Engagierter Zusammenschluss einiger kleiner qualitätsbewusster Weingüter. Hauptmarke: Três Bagos.
Loureiro Nach Alvarinho die beste Vinho-verde-Traube: ergibt frische, duftige Weißweine.
Madeira br; tr s ☆☆→☆☆☆☆ Portugals Atlantikinsel, von der die berühmten gespriteten Dessertweine und Aperitifs stammen. Siehe Kapitel »Sherry, Port und Madeira«.
Maias, Quinta das Dão ☆☆ r **00 01** w BV – Neuartige Quinta; solide, lagerfähige Rotweine.
Mateus Rosé Bair; rs (w) ☆ Der meistverkaufte, mit Kohlensäure versetzte Rosé der Welt, halbtrocken, wird von Sogrape jetzt bei Anadia in Bairrada produziert.
Messias r w ☆→☆☆ Große Firma mit Sitz in Bairrada; Anteile im Douro-Gebiet (auch Port). Rotweine alten Stils sind am besten.
Minho Nach dem Fluss, der die Nordwestgrenze zu Spanien bildet, ist eine Vinho-regional-Zone benannt.
Monte d'Oiro, Quinta do Est; r ☆☆☆→☆☆☆☆ **99' 00** – Erzeugt hervorragende Rotweine im Rhône-Stil von Syrah mit ein wenig Viognier. Der zweite Wein, Vinha da Nora, ist ebenfalls gut.
Morgadio de Torre VV; w ☆☆ BV – Vinho verde der Spitzenklasse von Sogrape. Weitgehend aus der Alvarinho-Traube.
Mouchão, Herdade de Alen; r; Res ☆☆☆ **96 98** 99 00 – Vielleicht das Spitzenweingut in Alentejo; während der Revolution von 1974 zerstört, inzwischen neu bestockt und völlig wiederhergestellt. Guter, kraftvoller Zweitwein unter dem Namen Dom Rafael.
Mouro, Quinta do Alen; r ☆☆☆→☆☆☆☆ **98 99** 00 – Fantastischer Rotwein im alten Stil, vorwiegend von der traditionellen Alentejo-Rebe. Keine Bewässerung, niedrige Erträge und sehr konzentrierte Weine aus der Nähe von Estremoz.
Murganheira, Caves ☆ Der größte Schaumweinhersteller; jetzt auch Besitzer von Raposeira.
Niepoort Douro; r w ☆☆☆→☆☆☆☆ Port-Handelshaus in Familienbesitz, das mit Douro-Weinen sogar noch mehr überzeugt: Redoma (r w rs; **99 00** 01), Batuta (r; 00 01'), Charme (r; **00 02**). Sehr gut haltbare Rotweine.
Palmela Set; r w ☆→☆☆☆ Der neue DOC-Bereich umfasst die Kalksteinhöhen der Serra d'Arrabida und die sandigen Ebenen um die gleichnamige Stadt. Rotweine von Periquita können langlebig sein. Sehr erfolgreich die Genossenschaft Cooperativa de Pegões mit ihrem Aushängeschild Colheita Seleccionada.
Pancas, Quinta das Est; r w; Res ☆☆→☆☆☆ **99 00' 01** w BV – Aufstrebendes Weingut bei Alenquer. Hervorragender roter Premium (00') und sortenreine Weine von Aragonez, Syrah, Cabernet Sauvignon und Castelão.
Pato, Luis Bair; r; sch ☆☆☆ **95' 97 99 00** 01 02 (03') – Spitzenweingut in Bairrada. Tanninstarke Rote, u.a. überragender Quinta do Ribeirinho und João Pato. Die 95er Rotweine, v.a. Quinta do Ribeirinho Pé Franco, sind bemerkenswert. Ein frischer, aromatischer trockener Weißer

ist Vinha Formal. Offiziell gehört das Gut zwar zur DOC Bairrada, doch Luis Pato hat sich mit den Behörden überworfen und alle seine Weine nur noch als Vinho regional Beiras klassifiziert. Er bereitet auch Schaumwein nach der klassischen Methode.

Pegos Claros r **97 98 99 00 01** – Kompakter, traditionell bereiteter Rotwein aus dem Bereich Palmela. Endlich der Beweis dafür, dass die Periquita-Traube einen ernst zu nehmenden Wein ergeben kann.

Pellada, Quinta de Dão; r **00'** 01 02 – Kleines Gut in den Bergen mit feinen, ausgefeilten Rotweinen. Pape ist einer der besten Dão-Weine in der Gegend. Die Quinta de Saes gehört zum selbem Besitz und erzeugt ebenfalls Weine mit hohem Qualitätsstandard.

Periquita Der Spitzname für die Castelão-Traube; aber auch der Markenname eines erfolgreichen Rotweins von José Maria da Fonseca (BV). Periquita Classico ist ein robuster Roter im alten Stil (**94 95**).

Eine allgemeine Regel für Portugal: Wählen Sie von den Weißweinen die jüngsten Jahrgänge.

Pires, João w BV – Duftiger, halbtrockener Wein auf Muskateller-Basis von JP Vinhos.

Planalto Douro; w ☆☆ BV – Guter Weißwein von Sogrape.

Ponte de Lima, Cooperativa de VV; r w ☆ Erzeugt einen der besten knochentrockenen Vinho-verde-Rotweine sowie einen erstklassigen, trockenen und fruchtigen Weißwein.

Portal, Quinta do Douro; r rs w ☆→☆☆☆ **99 00 01** – Das Gut, das früher zu Sandemann gehörte, erzeugt jetzt immer besseren Rotwein sowie Portwein.

Portalegre Alen; r w ☆→☆☆☆ DOC-Bereich an der spanischen Grenze. Kräftige, duftige granatrote Weine mit guter Haltbarkeit; alkoholstarke Weißweine. Der beste Rote ist José Maria da Fonsecas hocharomatischer d'Avillez. Auch die örtliche Genossenschaft produziert vielversprechende Weine.

Quinta Weingut.

Ramos, João Portugal Alen; r w; BV – Erzeuger der Weine Vila Santa (**00 01 02**) und Marqués de Borba. Die Reserva des Letzteren ist ziemlich teuer.

Raposeira Douro; w; sch ☆☆ Bekannter Schaumwein in Flaschengärung aus Lamego; der Bruto verdient den Vorzug.

Real Companhia Velha ☆☆→☆☆☆ r **00 01 02** w BV Gigant im Port-Handel (siehe Seite 269); produziert außerdem zunehmend bessere Douro-Weine: Evel, Quinta dos Aciprestes, Quinta do Cidro. Außerdem süßer Granjó von edelfaulen Sémillon-Trauben.

Redondo Alen; r w ☆ DOC im Herzen Alentejos mit einer gut geführten Genossenschaft.

Reguengos Alen; r (w); Res ☆→☆☆☆ Wichtige DOC an der Grenze zu Spanien; Sitz der Weingüter José da Sousa und Esporão, außerdem große Genossenschaften mit guten Rotweinen.

Ribatejo r w – Die zweitgrößte Weinregion Portugals ist nun auch zur DOC aufgestiegen; mit einer Anzahl von Orten, die ihre eigene lokale Appellation führen dürfen: Almeirim, Cartaxo, Coruche, Chamusca, Tomar, Santarém. Mittelschwere Rote, dazu einige Weine von internationalen Trauben wie Cabernet Sauvignon, Merlot, Pinot noir, Chardonnay und Sauvignon blanc.

Ribeirinho, Quinta do Siehe Pato, Luis.

Roques, Quinta dos Dão; ☆☆→☆☆☆ r **97 99 00 01** w BV – Vielversprechendes Weingut für große, solide Rotweine mit Eichenholzaroma. Gute reinsortige Weine von Touriga nacional, Tinta Roriz, Tinta Cão und Alfrocherio preto.

Roriz, Quinta de Douro; r ☆☆☆ **99 00'** 01 02 (03') – Eine der großartigen Quintas am Douro, die jetzt zusammen mit der Symington-Gruppe feine Rotweine und Vintage Port erzeugt.

Rosa, Quinta de la Douro; r ☆☆ **99 00 01 02** (03') – Fester, eichenfassgereifter Rotwein aus Portweinlagen; die Reserva ist besonders bemerkenswert. Amarela heißt die leichtere Zweitmarke.

Rosado Rosé.

Saima, Casa da Bair; ☆☆☆ r **99 00 01** 02 (03') w BV – Kleines traditionelles Weingut; große, tanninherbe Rotweine (v. a. Garrafeiras **90' 91 95' 97' 01**) und einige verblüffende Weiße.

Santar, Casa de Dão; r ☆☆☆ **98 00 01** 02 – Etabliertes Weingut, das ein hochwillkommenes Comeback feiert. Rotweine erheblich besser als die recht altmodischen Weißen.

São Domingos, Comp. dos Vinhos de Est; r w ☆ BV – Rotweine (Espiga, Palha-Canas) von einem von José Neiva geführten Weingut.

São João, Caves Bair ★★→★★★ r **95 98** 00 Res **95** w BV – Kleiner traditioneller Erzeuger, der Weine der Spitzenklasse auf die altmodische Art bereitet. Die Rotweine sind über Jahrzehnte lagerfähig. Sein Bairrada heißt Frei João, der Dão Porta dos Cavalheiros. Poço do Lobo ist ein gut strukturierter Cabernet Sauvignon.

Seco Trocken.

Serradayres ☆ BV – Roter Alltagswein; erlebt seit der Übernahme durch Caves Dom Teodósio eine Art Comeback.

Setúbal (r) (w) br; (tr) s ☆☆☆ Winziges Anbaugebiet südlich des Tejo mit vorwiegend von Moscatel (Muscat) bereiteten Dessertweinen, die jahrzehntelang reifen. Die beiden Haupterzeuger sind José Maria da Fonseca und JP Vinhos.

Sezim, Casa de VV; w ☆☆ BV – Schönes Weingut mit sehr gutem Vinho verde.

Silva, Antonio Bernardino Paulo da Colares; r (w); Res ☆☆ **89 90 92** – Colares Chitas ist noch einer der ganz wenigen Klassiker dieser Art.

Sogrape ☆→☆☆☆☆ Größte Weinfirma Portugals. Erzeugt werden Vinho verde, Dão, Bairrada, Alentejo, Mateus Rosé; jetzt auch Besitzer der Port-Firmen Ferreira, Sandeman und Offley. Siehe auch Barca Velha.

Tamariz, Quinta do VV; w ☆ Duftiger Vinho verde reinsortig aus der Loureiro-Traube.

Teodósio, Caves Dom Rib; r w ☆→☆☆ – Der große Erzeuger in Ribatejo meldet sich auf angenehme Weise zurück. Unter der Marke Serradayres werden Alltagsweine produziert, es ist aber auch ein hervorragender Trincadeira-Rotwein von der Quinta de Almargem im Angebot.

Terras Altas Dão; r w; Res ☆ BV – Markenbezeichnung für roten und weißen Dão von José Maria da Fonseca.

Terras do Sado Vinho regional von den sandigen Ebenen an der Sado-Mündung.

Tinta Roriz Wichtige (rote) Port-Traube – in Spanien Tempranillo –, aus der auch gute Douro-Tafelweine bereitet werden. Wird zunehmend auch andernorts für ähnlich körperreiche Weine angebaut. In Alentejo unter der Bezeichnung Aragonez bekannt.

Tinto Rot.

Tinto da Anfora Alen; r ★★ **00 01** – Der neue, wuchtig-schwere Rote heißt Tinto da Anfora Grande Escolha (**99 01**). Leichtere Exemplare unter dem Namen Montes das Anforas.

Torres Vedras Est; r w ☆ DOC-Gebiet nördlich von Lissabon, bedeutender Lieferant von Massenwein; berühmt für die Verteidigungslinien von Wellington.

Touriga nacional Rote Spitzentraube für Portweine und Douro-Tafelweine; jetzt auch v. a. in Dão, Alentejo und in der Estremadura.

Trás-os-Montes Vinho regional im bergigen Nordostportugal. Rot- und Weißweine von internationalen Rebsorten, die im Dourotal wachsen. Außerdem die IPR-Bereiche Chaves, Mirandês und Valpaços.

Trincadeira Sehr gute rote Traube in Alentejo für würzige unverschnittene Weine.

Tuella r w ☆☆ BV – Günstige rote Douro-Weine von Cockburn.

Vale D. Maria, Quinta do r ☆☆☆ **99 00 01** 02 – Von Cristiano van Zeller geführte hochangesehene kleine Quinta. Gute Rotweine, kompakt und duftig, sowie preiswerter Portwein.

Vale Meão, Quinta do Douro; r ☆☆☆☆ **99** 00 01′ – Einst Traubenlieferant für den legendären Barca Velha, jetzt Weinbereitung in eigener Regie. Zweiter Wein: Meandro.

Vallado ☆☆ r **98 99 00′ 01** 02 Reserva **01** w BV – Douro-Weingut in Familienbesitz; sehr gute Weine.

Van Zeller Der ehemalige Eigentümer der Quinta do Noval, Cristiano van Zeller, erzeugt exzellenten Port unter dem neuen Etikett Vale da Miña und, gemeinsam mit José Maria da Fonseca, den roten Domini.

Ventozello, Quinta do Douro; r **99 00 01** – Riesiges Gut in spanischem Besitz im Herzen des Douro-Gebiets mit guten Rot- und Portweinen.

Verde Grün (siehe Vinhos Verdes).

Vidigueira Alen; r w ☆→☆☆☆ DOC für traditionell bereitete ungereifte Weißweine sowie einige pflaumige Rotweine aus der heißesten Gegend in Portugal. Spitzenerzeuger: Cortes de Cima.

Vinho regional Größere Landweinregion mit demselben Status wie der französische Vin de pays; ausgewiesen sind die Regionen: Algarve, Alentejano, Beiras, Estremadura, Ribatejano, Minho, Trás-os-Montes, Terras do Sado. Siehe auch DOC und IPR.

Vinhos Verdes r ☆ w ☆→☆☆☆ DOC-Anbaugebiet zwischen dem Douro und der Nordgrenze zu Spanien. Von hier stammt der »grüne Wein« (rot oder weiß) aus sehr säurehaltigen Trauben. Ursprünglich entstand das leichte Perlen durch Zweitgärung; heute wird meist Kohlensäure zugesetzt. Vinho verde ist im Frühjahr nach der Ernte genussreif.

Sherry, Port und Madeira

Sherry, Port und Madeira sind die klassischen gespriteten Weine Spaniens und Portugals – und der ganzen Welt. Sie werden mit Alkohol angereichert und erreichen dadurch eine Stärke zwischen 15,5 % (für einen Fino) und 22 % (für Vintage Port).

Sherry, der berühmteste unter ihnen, genießt seit 1996 gesetzlichen Schutz: Weine, die nicht spanischen Ursprungs sind, dürfen seitdem nicht mehr als »Sherry« bezeichnet werden. Wie alle gespriteten Weine hat auch der Klassiker aus Jerez in den letzten Jahren einen Imageverlust hinnehmen müssen, doch bleibt er ein hervorragender Aperitif für ein gutes Essen und hat unter allen Weinen von Klasse sicherlich das beste Preis-Leistungs-Verhältnis. Die Anzahl derer, die Sherry nun auch als Begleiter zu einer Mahlzeit entdecken, wächst.

Der Portwein-Markt hat im Jahr 2001 große Verwerfungen erfahren, aus denen drei Häuser als Gewinner hervorgingen – Symington, Fladgate und Sogrape. Ihnen gehören jetzt die meisten bedeutenden Marken. Das Millenniumsjahr brachte für Portwein den dritten Jahrgang mit geringem Ertrag in Folge. Sowohl 1998 als auch 1999 wurden einige gute Einzellagen-Ports (Single Quinta) erzeugt – wobei 1998 ein besserer Jahrgang ist als 1999 –, und 2000 ist nun von den meisten Häusern als Jahrgang deklariert worden. 2001 brachte einige gute Single-Quinta-Weine hervor und 2003 ist ebenfalls vielversprechend.

In Madeira beginnt die relativ neue Kategorie Colheita (»Ernte«) auf den Markt zu kommen. Weine mit dieser Bezeichnung stammen aus einem einzigen Jahrgang und werden bereits nach sechs Jahren Reifung im Holzfass in Flaschen abgefüllt (zum Vergleich: ein Jahrgangs-Madeira muss mindestens 20 Jahre liegen). Damit soll ein besserer Absatz der Weine erreicht werden. Seit 2002 darf Madeira nicht mehr in Fässern oder Tanks exportiert werden, was das gesamte System der Madeira-Produktion erheblich verändert und den Schwerpunkt auf Weine besserer Qualität verlagert hat.

Neuere deklarierte Port-Jahrgänge

2000 Ein ausgezeichneter Jahrgang, durchweg deklariert. Reichhaltige, ausgewogene Weine für lange Lagerung. Ab 2015.

1997 Feine Weine mit gutem Tanninrückgrat und der Chance, sehr alt zu werden. Von den meisten Port-Firmen deklariert. Ab 2012 trinken.

1994 Herausragender Jahrgang mit reifer, fülliger Frucht, die im Moment noch die darunter liegende Struktur überlagert. Überall deklariert. Zwischen 2010 und 2030 trinken.

1992 Von einigen (z. B. Taylor's, Fonseca) dem 91er-Jahrgang vorgezogen. Reichhaltigere, konzentriertere Weine, ein besserer Jahrgang als 91. Von 2008 bis 2025 trinken.

1991 Von den meisten Firmen (z. B. Symington mit Dow, Graham und Warre) dem 92er vorgezogen. Klassisch und fest, aber ein wenig schlank im Stil. Jetzt bis 2020 trinken.

1987 Dichte Weine, über den Durchschnitt hinaus haltbar – aber nur von einer Hand voll Firmen deklariert. Jetzt bis 2015.
1985 Allgemein deklarierter Jahrgang, der sich zunächst sehr gut anließ, dann aber einige unliebsame Überraschungen in der Flasche entwickelte. Für die Besten jetzt bis 2020.
1983 Kraftvolle Weine mit sehnigen Tanninen. Von den meisten Firmen deklariert. Jetzt bis 2020.
1982 Recht einfache, früh reifende Weine, von einigen Firmen deklariert. Austrinken.
1980 Herrliche Weine voller Frucht, gerade richtig für jetzt oder in den nächsten 15 Jahren. Von den meisten Firmen deklariert.
1977 Volle, reife Weine, die von allen größeren Häusern ausgenommen Cockburn, Martinez und Noval deklariert wurden. Jetzt sehr schön, aber nicht mehr zu lange aufbewahren.
1975 Weich und früh gereift. Austrinken.
1970 Klassische, fest strukturierte Weine, die jetzt erst ihren Höhepunkt erreichen. Jetzt bis 2020+.
1966 Die Weine vereinen Kraft mit Eleganz. Die Besten können es mit den 63ern aufnehmen. Jetzt bis 2020+.
1963 Klassischer Jahrgang; einer der besten des 20. Jahrhunderts (mit entsprechenden Preisen). Gewisse Unterschiede zwischen einzelnen Flaschen, aber man sollte sie jetzt alle austrinken.

Almacenista Einzeln gereifter, unverschnittener Sherry; meist dunkle trockene Weine für Kenner. Oft superb und sehr preiswert; siehe Lustau.
Alvear – Größter Erzeuger von sehr guten Sherry-artigen Aperitif- und Dessertweinen in Montilla-Moriles.
Barbadillo, Antonio Weitaus die größte Firma in Sanlúcar mit einer großen Auswahl von Manzanilla-Weinen und Sherrys, u. a. Muy Fina Fino, Solear Manzanilla Pasada, herber Principe Amontillado, trockener Cuco Oloroso, Eva Cream sowie die vorzügliche, wenngleich astronomisch teure Reihe Reliquia mit Palo Cortado, Oloroso Seco und PX. Unerklärlicherweise auch junge Tafelweine mit dem Namen Castillo de San Diego.
Barbeito Das sehr engagierte, von Ricardo de Freitas geführte Unternehmen füllt herrliche Einzelfass-Colheitas ab, z. B. 95er Bual Cask 81a.
Barros Almeida Großes Portwein-Haus in Familienbesitz mit mehreren Marken (u. a. Feist, Feuerheerd, Kopke) und exzellentem 20-Year-Old-Tawny sowie vielen Colheita-Weinen.
Barros e Sousa Winziger Madeira-Erzeuger in Familienbesitz mit alten »Lodges« (Lagerhäusern) im Zentrum von Funchal. Außerordentlich feine, jetzt aber seltene Jahrgänge, außerdem gute 10 Jahre alte Weine.
Blandy Die Spitzenmarke der Madeira Wine Company. Berühmtestes Erzeugnis des Hauses: Duke of Clarence Rich Madeira. Die 10-Year-Old-Reserva (Verdelho, Bual, Malmsey, Sercial) ist gut. Viele herrliche alte Jahrgangsweine von Blandy (z. B. 78er Malmsey, 20er Bual, 40er Sercial und 58er Bual) sind mittlerweile überwiegend auf Auktionen zu finden. Erste Colheita-Weine seit dem Jahrgang 1995. Neu der 5 Jahre alte Verschnitt von Bual und Malvasia mit dem Namen Alvada.
Blázquez Bodega in Puerto de Santa Maria (im Besitz von Domecq) mit hervorragendem Fino, Carta Blanca, sehr altem Solera Oloroso Extra und Carta Oro Amontillado (ungesüßt).
Borges, H. M. Familienfirma mit großer Angebotspalette. Jahrgänge: 79er Sercial und 77er Boal.
Bual (manchmal auch **Boal**) Eine der besten Traubensorten von Madeira, erbringt einen weichen, rauchigen, süßen Wein, aber meist leichter und nicht so voll wie Malmsey (siehe Seite 267).

Burdon Von Engländern gegründete Sherry-Bodega, im Besitz von Caballero. Spitzenprodukte: Puerto Fino, Don Luis Amontillado und rosinensüßer Heavenly Cream.

Burmester Das Portwein-Haus, ehemals in Familienbesitz, gehört jetzt dem großen Korkproduzenten Amorim. Feiner, milder, süßer 20-Year-Old-Tawny; sehr gute Auswahl an Colheita-Weinen sowie ein Einzellagen-Port: Quinta Nossa Sra. do Carmo. Jahrgänge: **70 77 80 85 89 91 92** 94 95 97 00.

Caballero Bedeutende Sherry-Firma in Puerto de Santa María, am bekanntesten durch Pavón Fino, Mayoral Cream Oloroso, exzellente Burdon-Sherrys und Ponche. Auch Eigentümer von Lustau.

Cálem Alter portugiesischer Betrieb, der einen sehr guten Ruf hatte; die neueren Jahrgänge fallen jedoch ab. Jahrgänge: **63 66 70 75 77 80 83 91** 94 97 00'. Zuverlässiger, leichter Tawny und eine gute Auswahl an Colheita-Weinen. Wurde 1998 verkauft, die Quinta da Foz (**86 87**) bleibt jedoch in Familienbesitz.

Churchill 82 85 91 94 97 00 – Die 1981 gegründete Port-Firma genießt bereits hohes Ansehen. 1999/2000 wurde eine eigene Quinta erworben. Sehr guter, traditioneller LBV. Die Single-Quinta-Ports (**87** 90 92 01) heißen Quinta da Agua Alta und Quinta da Gricha. Auch sehr guter alter weißer Portwein.

Cockburn Port-Firma in englischem Besitz (Allied Domecq) mit einer Reihe von Weinen, u. a. sehr populärer, fruchtiger Special Reserve. Feiner Vintage Port v. a. aus dem oberen Douro-Tal. Kann in jungen Jahren schon zu weit entwickelt scheinen. Jahrgänge: **63 67 70 75 83** 91 94 97 00. Gute Einzellagenweine von der Quinta dos Canais.

Colheita Portwein mit Jahrgangsangabe, der mindestens sieben Winter im Fass gelegen hat, also eigentlich ein Vintage Tawny. Das Abfülldatum ist ebenfalls auf dem Etikett angegeben. Ausgezeichnete Beispiele von Cálem, Kopke, Krohn, Niepoort und C. da Silva (Dalva). Die Bezeichnung Colheita wird nun auch für Madeira-Weine aus einem einzelnen Jahrgang angewendet. Siehe auch die Einführung zu diesem Kapitel.

Cossart Gordon Früher ein führendes Madeira-Handelshaus (gegründet 1745), neben Blandy jetzt eine der beiden Spitzenmarken der Madeira Wine Company; nicht ganz so gehaltvoll wie Blandy. Am bekanntesten durch Good Company Finest Medium Rich; produziert außerdem 5-jährige Reserva, alte Jahrgänge (als letzter 1974) und Solera (v. a. Bual 1845). Daneben 1989er Malvasia Colheita, ältere Jahrgänge wie den 1958er Bual und den 1908er Boal sowie alte Weine aus Soleras aus dem 19. Jh.

Crasto, Quinta do Wohlhabendes Gut mit Portweinen, die an Qualität gewinnen, v. a. LBV. Jahrgänge: **85 87 91** 94 95 97 00.

Croft Eines der ältesten für Vintage Port bekannten Handelshäuser (seit 1678); jetzt zusammen mit Delaforce Teil der Fladgate Partnership. Gut ausgewogene Jahrgangsweine, meist früh reifend (seit 1966). Jahrgänge: **63' 66 67 70 75 77 82 85** 91 94 00. Unter dem Namen Quinta da Roeda finden sich leichtere Weine der Jahre **83 87**. Der populärste Verschnitt heißt Distinction. Morgan ist eine kleine eigenständige Firma (siehe auch Delaforce). Auch in der Produktion von Sherry und in Portugal beliebtem Brandy tätig.

Croft Jerez Das erst 1970 gegründete und jetzt zu Gonzáles Byass gehörende Haus ist eine der erfolgreichsten Sherry-Firmen. Wohlbekannt für den süßen Pale Cream Croft Original und den trockeneren Croft Particular. Außerdem trockener, eleganter Fino Delicado und ein erstklassiger Palo Cortado zum günstigen Preis.

Crusted Vintage-artiger, aber meist aus verschiedenen Jahrgängen verschnittener Port, der jung abgefüllt und in der Flasche gelagert wurde, sodass sich ein Depot, die »Kruste«, bildet. Muss dekantiert werden.
Cruz Größte Marke für Einzellagen-Portweine. Meist leichter, preisgünstiger Tawny, der nach Frankreich geht.
Delaforce Besonders in Deutschland bekannte Port-Firma, Teil der Fladgate Partnership. His Eminence's Choice ist ein sehr angenehmer 10-jähriger Tawny. Vintage Character ist ebenfalls gut. Die Qualität der Jahrgangsweine sackte in den 1980er-Jahren etwas ab, wird aber seit 1992 wieder stetig besser: **63 66 70′ 75 82 85** 92′ 94 00.
Delgado Zuleta Alteingesessene Firma in Sanlúcar, am bekanntesten durch vorzüglichen La Goya Manzanilla Pasada (ein gereifter Manzanilla).
Domecq Sehr große Sherry-Bodega in Jerez, Familienbetrieb, zu Allied Domecq verschmolzen; berühmt durch den Brandy Fundador und andere. Double Century Original Oloroso, die Hauptmarke, wurde ersetzt durch Pedro Cream Sherry. La Ina heißt der ausgezeichnete Fino. Weitere berühmte Weine: Celebration Cream, Botaina (alter Amontillado) und der hervorragende Rio Viejo (sehr trockener Oloroso) sowie Capuchino (Palo Cortado). Neu eingeführt: eine Serie wundervoller alter Solera-Sherrys (trockener Sibarita Oloroso, Amontillado 51-1a und altehrwürdiger PX). Auch in Rioja und Mexiko.
Don Zoilo Luxus-Sherry, u. a. tiefer, samtiger Fino; jetzt von den Bodegas Internacionales an die Medina-Gruppe verkauft.
Douro Der Fluss durch das Portwein-Land, in Spanien Duero genannt. Das Erzeugungsgebiet für Port teilt sich in drei Teile: Baixo Corgo, Cima Corgo und Douro Superior; die besten Weine stammen aus den zwei Letztgenannten, beide am Oberlauf des Flusses gelegen. Auch die Tafelweine haben einige Bedeutung; Douro ist eine DOC für ungespritete Weine von Portwein-Trauben.
Dow's Markenname der Port-Firma Silva & Cosens, die 1998 ihr 200-jähriges Bestehen feierte und ebenso wie Graham, Warre, Smith Woodhouse, Gould Campbell, Quarles Harris und Quinta do Vesuvio zur Symington-Gruppe gehören. Im Stil bewusst etwas trockener als die anderen genannten Häuser. Sehr gute Auswahl an Portweinen einschließlich dem Einzellagen-Port Bomfim (**86′ 87′ 88 89 90** 92 95 98) und der überragenden Jahrgänge: **63 66 70 72 75 77 80 83** 85 91 94 97 00′. Neues Gut: Quinta da Senhora da Ribeira (98 99 01).
Duff Gordon Durch El Cid Amontillado bekannt gewordene Sherry-Firma im Besitz von Osborne. Dieser Name wird auch als Zweitetikett für die Portweine von Osborne verwendet. Guter Fino Feria und Nina Medium Oloroso.
Ferreira Einer der größten Port-Erzeuger und -Händler in portugiesischem Besitz (seit 1751). In Portugal Marktführer. Bekannt für alten Tawny und saftig-süßen, relativ leichten Vintage Port: **63 66 70 75 77 78 80 82 85 87 91** 94 95 97 00. Auch Dona Antónia Personal Reserve, herrlich voller Duque de Bragança Tawny sowie gelegentlich Einzellagenweine von der Quinta do Seixo.
Fladgate Siehe Taylor.
Flor Eine Hefeschicht auf der Oberfläche von Fino Sherry und einigen ähnlichen Weinen; unter ihrem Einfluss verändert der Wein bei der Alterung allmählich seinen Geschmack auf erwünschte Weise.

Fonseca Guimaraens Hoch angesehene Port-Firma in englischem Besitz, verbunden mit Taylor. Robuste Jahrgangsweine von tiefer Farbe, allererste Klasse. Fonseca **63' 66' 70 75** 77 **80 83 85** 92 94' 97 00. Fonseca Guimaraens **76' 78 82 84 86 87 88 91** 95' 98'. Quinta do Panascal heißt ein Einzellagen-Port (**88** 91'). Auch köstlicher Vintage Character Bin 27.

Forrester Port-Firma und Eigentümerin der berühmten Quinta da Boa Vista, jetzt im Besitz von Sogrape. Ihre Jahrgangsweine sind oft rund, »dick« und süß, gut für relativ frühen Verbrauch. Baron de Forrester ist ein sehr guter Tawny. Jahrgänge (Offley Forrester): **63 66 67 70 72 75 77 80 82 83 85 87 89** 94 95 97 00'.

Garvey Berühmte alte Sherry-Firma in Jerez, jetzt im Besitz von José María Ruiz Mateos. Die feinsten Weine sind der tiefe Fino San Patricio, Tío Guillermo Dry Amontillado und Ochavico Dry Oloroso. Die populärste Marke ist San Angelo Medium Amontillado. Auch Bicentenary Pale Cream.

González Byass Sehr große Sherry-Firma in Familienbesitz, liefert den berühmtesten Fino der Welt, der zudem einer der besten ist: Tío Pepe. Weitere Marken: La Concha Medium Amontillado, Elegante Dry Fino, El Rocío Manzanilla Fina (neu), San Domingo Pale Cream, Nectar Cream und Alfonso Dry Oloroso. Der Amontillado del Duque steht auf höherer Stufe, ebenso der trockene Oloroso Matusalem und der besonders zu empfehlende Apostoles Palo Cortado. Der großartige Millennium ist aus den ausgesuchtesten Olorosos hergestellt worden. Produziert auch den Verkaufsschlager Soberano und erlesene Lepanto-Brandys.

Gould Campbell Port-Firma, Mitglied der Symington-Gruppe. Günstige Vintage Ports **70 77 80 83 85** 91 94 97 00.

Gracia Hermanos Mont-M – Diese Firma gehört wie Pérez Barquero zur Compañia Vinícola del Sur und erzeugt Montillas von guter Qualität. Markennamen u. a. María del Valle Fino, Montearruit Amontillado, Oloroso Cream und Dulce Viejo PX.

Graham's Port-Firma, berühmt durch einige der vollsten, süßesten und besten Jahrgangs-Ports, die größtenteils aus der eigenen Quinta dos Malvedos stammen (**86 87 88** 92 95'). Ausgezeichnete Marken sind außerdem Six Grapes Ruby, LBV sowie 10- und 20-Year-Old-Tawny. Jahrgänge: **63 66 70 75 77 80 83 85** 91 94 97 00'.

Guita, La Von Pérez Marín in Sanlúcar bereiteter besonders feiner Pasada (gereifter Manzanilla).

Hartley & Gibson Siehe Valdespino.

Harvey's Wichtige Sherry-Säule des Allied-Domecq-Imperiums, zu dem auch Domecq und Terry gehören. Weltberühmt durch die Sorten Bristol Cream (süß), Club Amontillado und Bristol Dry (beide Medium) sowie Luncheon Dry und Bristol Fino (nicht sehr trocken).

Henriques & Henriques Unabhängige Madeira-Firma mit großer Auswahl an gut strukturierten, vollen Weinen – die 10-jährigen haben schon Medaillen gewonnen, die 15-jährigen sind umwerfend. Ferner ein guter extra trockener Aperitif Monte Seco und sehr feine alte Reserva- und Jahrgangsweine, u. a. 1944er Sercial, 1934er Verdelho, 1957er Bual sowie Malmsey-Weine der Jahrgänge 1954, 1934 und 1900. Scherzhaft heißt es: »Es gibt nur zwei Namen in Madeira …«

Henriques, Justino Madeira-Firma. Die meisten Weine werden in Frankreich unter dem Namen Cruz verkauft. Guter 10-jähriger und Jahrgangs-Madeira, z. B. der 1934er Verdelho.

Hidalgo, Emilio Kleine Sherry-Bodega mit exquisitem Privilegio 1860 Palo Cortado und Santa Ana PX. Der Jerez Cortado ist preiswert.

Hidalgo-La Gitana Alte Familienfirma für Sherry in Sanlúcar de Barrameda. Exzellenter heller Manzanilla La Gitana, feiner Oloroso Seco, ein sehr schön weicher und tiefer Jerez Cortado sowie erstklassiger neuer Pastrana Manzanilla Pasada.

Jerez de la Frontera Zentrum der Sherry-Industrie zwischen Cádiz und Sevilla in Südspanien. Das Wort Sherry ist eine Verballhornung des Namens Jerez. Französisch: Xérès.

Jordões, Casal dos Einer der wenigen anerkannten Öko-Betriebe für Port mit ordentlichem LBV.

Kopke Das älteste Portwein-Haus, 1638 von einem Deutschen gegründet, jetzt im Besitz von Barros Almeida. Jahrgangsweine in anständiger Qualität; einige allerdings ausgezeichnet (**70 74 75 77 78 79 80 82 83 85 87 89 91** 94 97 00) sowie exzellente Colheita-Weine.

Krohn Kleine Port-Firma in Familienbesitz mit erstklassiger Auswahl an Colheita-Weinen, von denen einige aus dem 19. Jahrhundert stammen.

LBV (Late-Bottled Vintage) Portwein aus einem einzigen Jahrgang, der länger als Jahrgangs-Port (etwa 5 Jahre) in Holzfässern gelagert wird. Er ist dann beim Abfüllen heller und altert rascher. Man darf keine Wunder erwarten. Manche ungefiltert abgefüllten LBV-Weine können 10 Jahre oder mehr altern (Churchill, Ferreira, Niepoort, Noval, Smith Woodhouse und Warre).

Leacock Eine der ältesten Madeira-Firmen, heute Marke der Madeira Wine Company. Die einfache Serie St. John ist sehr anständig. Ausgezeichneter 10-Year-Old-Malmsey Special Reserve und 15-Year-Old-Bual. Auch ältere Jahrgänge sind erhältlich: Bual (34) und Verdelho (54).

Lustau Einer der größten Familienbetriebe im Sherry-Geschäft in Jerez (jetzt mehrheitlich im Besitz von Caballero), beliefert andere Firmen, hat aber selbst mit Dry Lustau (v. a. Fino und Oloroso) und mit Jerez Lustau Palo Cortado beispielhafte Sorten. Pionierleistungen mit ausgezeichnetem Almacenista und Landed Age; Amontillado und Oloroso vor dem Versand in eleganten Flaschen gereift.

Port und Madeira für 2005
White Port: Churchill
Günstige Single Quinta Ports: Fonseca Quinta do Pascal 91, Dow's Quinta do Bomfim 95, Taylor Quinta de Vargellas 92 und 95, Fonseca Guimarens 95, Graham's Malvedos 95
Herausragende Vintage Ports: Fonseca 63, Taylor 63, Fonseca 66, Graham 70, Taylor 70, Smith Woodhouse 77, Graham 80, Taylor 92, Quinta do Noval 94, Fonseca 94
Madeira: Blandy Alvada, Barbeito Single Cask Colheita 95, Henriques & Henriques Bual 15-Year-Old
Andere Portweine: Warre 94 LBV (ungefiltert), Ramos Pinto Tawny 20-Year-Old und 30-Year-Old, Dow Crusted (Abfüllung 99)
Vintage Madeira: Leacock Malvasia 78, Pereira d'Oliveira Verdelho 66, Cossart Gordon Bual 58, Justino Henriques Verdelho 34, Justino Henriques Malmsey 33, Pereira d'Oliveira Bual 22

Madeira Wine Company 1913 durch zwei Firmen als Madeira Wine Association gegründet, später schlossen sich alle weiteren britischen Madeira-Firmen (insgesamt 26) an, um in den harten Zeiten bestehen zu können. Bemerkenswert ist, dass drei Generationen später ihre Weine, die doch gemeinsam gelagert und gepflegt wurden, den jeweiligen Stil des Hauses bewahrt haben. Blandy und Cossart Gordon sind die Spitzenmarken. Heute ist die Firma im Besitz der Symington-Gruppe (siehe auch Dow's), die sie partnerschaftlich mit der Familie Blandy führt.

Seit 1993 müssen Madeira-Weine, die als Sercial, Verdelho, Bual oder Malmsey bezeichnet werden, zu 85 % aus der jeweils genannten Traubensorte bestehen. Die Mehrzahl aller Madeiras wird jedoch von der vielseitigen Tinta Negra Mole bereitet, die angeblich je nach Verarbeitung die oben genannten Traubensorten imitieren kann. Ihre Weine müssen jedoch die Bezeichnungen Seco (trocken), Meio Seco (halbtrocken), Meio Doce (mittelreich) oder Doce (reich) tragen. Inzwischen wird durch Neuanpflanzungen das Angebot an seltenen klassischen Rebsorten vermehrt.

Malmsey Die süßeste und vollste Form des Madeira; dunkel bernsteinfarben, voll und honigduftig, jedoch mit der für Madeira charakteristischen eigenartigen Schärfe. Der Begriff entstand im Englischen durch eine Verballhornung von »Malvasía« (oder dem griechischen »Monemvasia«). Siehe auch Kasten oben.

Martinez Gassiot Zweigfirma von Cockburn, bekannt v. a. durch den exzellenten, vollen und pikanten Portwein Directors 20-Year-Old-Tawny, Crusted und LBV. Jahrgänge: **63 67 70 75 82 85 87** 91 94 97 00. Auch sehr gute Einzellagen-Ports von der Quinta da Eira Velha.

Marqués del Real Tesoro Altes Sherry-Haus mit einer funkelnagelneuen Bodega – der ersten seit Jahren. Hat vor kurzem das geschichtsträchtige Familienunternehmen Valdespino gekauft. Tío Mateo ist ein sehr guter Fino (jetzt histaminfrei).

Medina, José Ursprünglich eine Familien-Bodega in Sanlúcar, jetzt einer der größten Exporteure, insbesondere nach den Niederlanden. Durch die Übernahme der ehemaligen Bodegas Internacionales und den Kauf von Williams & Humbert dürfte die Medina-Gruppe, zu der auch Pérez Megia und Luis Páez gehören, zum größten Sherry-Erzeuger und -Händler geworden sein (Marktanteil 25 %).

Miles Vormals Rutherford & Miles; Madeira-Handelshaus, berühmt durch Old Trinity House Medium Rich u. a. Jüngster Jahrgang ist der 1978er Malvasia. Heute eine Marke der Madeira Wine Company.

Montecristo Mont-M – Markenname für umsatzstarke Montillas, die von der Compañía Vinícola del Sur erzeugt werden.

Montilla-Moriles – DO-Region bei Córdoba. Die frischen, Sherry-artigen Finos, Amontillados und köstlichen PX-Weine haben einen natürlichen Alkoholgehalt von 14 bis 17,5 % und werden nicht gespritet. Die besten ergeben einen einzigartig süffigen Aperitif.

Niepoort Mittelgroße Port-Firma (holländischer Familienbetrieb) mit einer langen Reihe feiner Jahrgänge (**63 66 70' 75 77 78 80 82 83** 87 91 92 94 97 00') und ausnehmend guten Colheita-Weinen. Ebenfalls hervorragend: der Einzellagen-Port Quinta do Passadouro (**91** 99).

Noval, Quinta do Historisches Portwein-Haus, heute im Besitz des französischen AXA-Konzerns; mit intensiv fruchtigem, festem und elegantem Jahrgangs-Port; wenige noch auf der Quinta vorhandene ungepfropfte Reben liefern kleine Mengen Nacional – überaus dunkel, voll, samtig, langsam reifend. Sehr guter 20-Year-Old-Tawny. Jahrgänge: **63 66 67 70**

75 78 82 85 87 91 94′ 95 97′ 00′. Zweitetikett: Silval. Auch ungefilterter LBV.

Offley Forrester Siehe Forrester.

Osborne Sehr große spanische Firma für Sherry, Brandy, Gin usw. sowie für Qualitäts-Portwein. Sherry: u. a. Fino Quinta, Coquinero (trockener Amontillado), 10 RF Medium Oloroso und eine Reihe sehr feiner seltener Sherrys, z. B. süßer Oloroso Solera India. Hat vor kurzem Bobadilla mit Sherry und Brandy übernommen. Duff Gordon wird als Zweitetikett für Sherry und Portwein verwendet. 1995, 1997 und 2000 deklarierte gute Vintage Ports.

Paternina, Federico Als Marcos Eguizabel aus Rioja die Sherry-Firma Diez-Merito kaufte, hielt er drei Weine zurück, um sie unter dem Namen Paternina zu verkaufen: Fino Imperial, Oloroso Victoria Regina und Pedro Ximénez Vieja Solera.

Pereira d'Oliveira Vinhos 1850 gegründete Madeira-Firma in Familienbesitz. Sehr gute Standardserie sowie 5- und 10-Year-Old-Produkte; feine alte Reserva Verdelho 1890, Bual 1908, Malvasia 1895, dazu ein Colheita Malvasi von 1987. Vintage Ports: 1973er Verdelho, 1968er Boal, 1922er Boal, 1900er Moscatel.

Pérez Barquero Mont-M – Gehörte früher, wie auch Gracia Hermanos, zum RUMASA-Konzern. Exzellente Montillas, wie z. B. Gran Barquero Fino, Amontillado und Oloroso.

Pinhão Kleiner Ort im Herzen des Portwein-Landes, am oberen Douro.

Poças Familienfirma mit steigender Qualität, die sich auf Tawnies und Colheitas spezialisiert hat. Guter LBV und Vintage Port (97 00′). Einzellagenweine von der Quinta Sta. Barbera.

Ponche Ein würziger Magenbitter aus altem Sherry und Brandy, gewürzt mit Kräutern; in prächtig silbernen Flaschen angeboten. Siehe Caballero und Soto.

Puerto de Santa María Zweitwichtigste Stadt und früherer Hafen des Sherry-Bereichs mit einer Reihe von bedeutenden Bodegas.

PX Pedro Ximénez, die in Jerez zum Süßen von Verschnitten verwendete, teilweise sonnengetrocknete Traube.

Quarles Harris Eines der ältesten Portwein-Häuser, gegr. 1680, heute im Besitz der Symington-Gruppe (siehe Dow's). Kleine Mengen LBV, weich und ausgewogen. Jahrgänge: **63 66 70 75 77 80 83** 85 91 94 97 00′.

Quinta Portugiesisches Wort für »Weingut«. Auch üblicherweise Bezeichnung für meist – zumindest laut Gesetz – zu 100% aus den Weinbergen des betreffenden Guts stammenden und in guten, aber nicht außergewöhnlichen Jahren bereiteten Port. Heute erzeugen mehrere exzellente Quintas selbstständig Weine aus Spitzenjahrgängen, v. a. Vesuvio, La Rosa und Passadouro (siehe Niepoort).

Rainwater In den USA üblicher leichter, nicht allzu süßer Madeira-Verschnitt.

Ramos Pinto Dynamische kleine Port-Firma; Spezialität: Einzellagen-Tawnies mit Stil und Eleganz. Auch hervorragende alte Tawnies, v. a. Quinta do Bom Retiro 20-Year-Old. Jahrgangs-Port oft eher von der süßeren Sorte. Einige, etwa der 60er und der 83er, haben sich gut entwickelt. Im Besitz des Champagnerhauses Louis Roederer.

Real Companhia Vinícola do Norte de Portugal Auch bekannt als Royal Oporto Wine Company und Real Companhia Velha; großes Portwein-Haus mit langer politischer Geschichte. Viele Marken und mehrere Quintas, u. a. Quinta dos Carvalhas mit Tawny und Colheita. Vintage Port war bisher nicht empfehlenswert; 97er und 00er versprechen jedoch Besseres. Einige gute gereifte Tawnies.

Régua Wichtigste Stadt im Douro-Tal; Zentrum für Portwein-Erzeuger und Winzer.

Reserve Neue Bezeichnung für Vintage Character. Reserve Port ist ähnlich wie Ruby, wird aber von Trauben besserer Qualität erzeugt und reift 4 bis 7 Jahre im Fass, bevor er abgefüllt wird.

Rosa, Quinta de la Feiner Einzellagen-Port der Familie Bergqvist in Pinhão. Neuerdings Rückkehr zu althergebrachten Methoden und steinernen *lagares.* Besonders empfehlenswert sind die Jahrgänge **92 94 95** und die Weine von einer kleinen Lage mit alten Reben namens Vale do Inferno.

Royal Oporto Siehe Real Companhia Vinícola do Norte de Portugal.

Sherry hat Stil(e)

Fino Die leichtesten und feinsten Sherrys, völlig trocken, sehr blassfarben, delikat, doch pikant. Fino soll stets kühl und frisch getrunken werden, da er nach dem Öffnen der Flasche schnell an Qualität verliert. Deshalb sind »halbe Flaschen« sehr zu empfehlen. Beispiel: Tío Pepe von Gonzáles Byass.

Manzanilla Ein blasser trockener Wein (kein Sherry im engeren Sinn), meist zarter als ein Fino; reift im Gegensatz zum heißen Jerez, das im Landesinneren liegt, im gemäßigteren maritimen Klima von Sanlúcar de Barrameda. Beispiel: La Gitana von Hidalgo-La Gitana.

Amontillado Ein Fino, der zur Verstärkung seiner Farbe, seines Gehalts und seiner Ausdruckskraft im Fass gealtert ist. Von Natur aus trockene Weine. Beispiel: Almacenista von Lustau.

Oloroso In der Jugend schwerer und weniger brillant als Fino, reift aber zu Fülle und Würze heran. Von Natur aus trocken, wird aber für den Verkauf meist gesüßt. Beispiel: Rio Viejo von Domecq.

Palo Cortado Ein seltener Sherry-Stil, der Oloroso nahe kommt, mit einigen Anklängen an Amontillado. Trocken, jedoch voll und weich. Nicht leicht zu finden, aber lohnend. Beispiel: Sibarito von Domeq.

Cream Sherry Wird durch Süßen eines Oloroso bereitet. Beispiel: Bristol Cream von Harvey's.

Sherry mit Altersangabe Hier gibt es zwei neue Kategorien: VOS (Very Old Sherry), mindestens 20 Jahre alt, und VORS, bei dem wenigstens 30 Jahre verstrichen sein müssen. Beide sehr teuer.

Und außerdem Manzanilla Pasada – halb Fino, halb Amontillado; Pale Cream – gesüßter Fino; Amoroso, Brown Sherry, East India Sherry – Varianten von Cream Sherry.

Rozès Port-Firma im Besitz des Champagnerhauses Vranken. Ihr einfacher Ruby ist in Frankreich sehr beliebt; auch Tawny. Jahrgänge: **63 66 67 77 83 85 87 91** 94' 95 97 00.

Ruby Die jüngste (und billigste) Portwein-Sorte: einfach, süß und rot. Die besten dieser Art sind kräftig und bukettreich, andere jedoch nur stark und eher dünn.

Sanchez Romate 1781 gegründetes Familienunternehmen in Jerez. In der spanischsprachigen Welt am bekanntesten, besonders durch den Brandy Cardenal Mendoza. Guter Sherry: Oloroso La Sacristía de Romate, PX Duquesa, Amontillado NPU (»Non Plus Ultra«).

Sandeman Die riesige Firma wurde von dem Schotten George Sandeman mit Niederlassungen sowohl in Porto als auch in Jerez gegründet. Die aufs Sorgfältigste bereiteten Sherrys umfassen den beliebten Medium Amontillado, Don Fino sowie Armada Cream. Auch seltene und außergewöhnliche Sherrys sind im Angebot, etwa der Palo Cortado Royal Esmerelda oder die Olorosos Imperial Corregidor und Royal Ambrosante, beide in süß und trocken erhältlich. Auch eine große Portwein-Firma. Guter alter Tawny, v. a. 20-Year-Old. Die Jahrgangsweine fielen in der letzten Zeit recht unterschiedlich aus (**63 66 70 75 77 80 82 85** 94 97 00). Zweitetikett: Vau Vintage.

Sanlúcar de Barrameda Sherry-Stadt am Meer (siehe auch Kasten Seite 269).

Santa Eufemia, Quinta de Portein-Firma in Familienbesitz mit sehr guten alten Tawnies.

Sercial Die in Madeira für den trockensten Wein der Insel – feinster Aperitif – angebaute Traube. Siehe auch Kasten Seite 267.

Silva, C. da Port-Firma im Besitz von Ruiz Mateos (Garvey). Vorwiegend günstiger Ruby- und Tawny-Port, aber auch gute alte Tawnies und überragende Colheitas unter dem Etikett Dalva.

Smith Woodhouse 1784 gegründete Port-Firma, heute im Besitz der Symington-Gruppe (siehe Dow's). Gould Campbell ist eine Tochtergesellschaft. Relativ leichte, gefällige Weine, u. a. Old Lodge Tawny und der in den USA weit verbreitete Lodge Reserve (Ruby). Sehr feine Jahrgänge: **63 66 70 75 77′ 80 83** 85 91 94 97 00′. Single-Quinta-Wein: Madalena in zweitklassigen Jahren.

Solera Bei der Herstellung von Sherry angewandtes System. Es besteht darin, dass Fässer mit reiferem Wein nach und nach mit etwas jüngerem Wein derselben Sorte aufgefüllt werden. Auf diese Weise wird ein einheitliches Endprodukt angestrebt. Die meisten handelsüblichen Sherrys sind Verschnitte aus mehreren Solera-Weinen. Auch für Madeira wurde das Solera-System lange angewandt, und obwohl es heutzutage keine Verwendung mehr findet, gibt es noch viele alte Flaschen mit herrlichen Solera-Weinen.

Soto, José de Die durch die Erfindung von Ponche berühmt gewordene Familienfirma, die sich jetzt im Besitz von José María Ruiz Mateos, dem ehemaligen RUMASA-Eigentümer, befindet, erzeugt auch eine Reihe guter Sherrys, v. a. zarten Fino und einen körperreicheren Manzanilla.

Tawny Ein Portwein, der jahrelang in Holzfässern gelagert wurde (im Gegensatz zu Jahrgangs-Port, der in Flaschen reift), bis er eine bräunliche Farbe annimmt. Viele Spitzen-Tawnies sind »20-Year-Old«. Billiger Tawny ist nur abgemilderter Ruby, manchmal mit weißem Port gemischt.

Taylor, Fladgate & Yeatman (Taylor's) Von vielen als die beste Port-Firma bezeichnet, besonders bekannt durch volle, reichhaltige, langlebige Jahrgangsweine sowie Tawny mit Altersangabe (z. B. 40-Year-Old, 20-Year-Old usw.). Der charakteristische Veilchenduft soll bei Taylor's vom Gut Vargellas stammen. Jahrgänge: **63 66 70 75 77 80 83 85** 92′ 94 97 00′. Weniger gute Quinta-de-Vargellas-Jahrgänge gehen unverschnitten in den Handel (**86 87 88** 91′ 95′ 96 98). Jetzt auch Single Quinta Port Terra Feita (**82 86 87 88** 91′ 95 96).

Terry, SA Prächtige Sherry-Bodega in Puerto de Santa María, jetzt Teil von Allied Domecq. Erzeugen Maruja Manzanilla sowie eine Reihe beliebter Brandys. Alle Harvey's-Sherrys werden in der riesigen modernen Anlage El Pino verschnitten und abgefüllt.

Tío Pepe Der berühmteste Fino Sherry (siehe González Byass).

Toro Albalá, Bodegas Mont-M – Familienbetrieb, der in einem ehemaligen Elektrizitätswerk aus dem Jahr 1920 arbeitet. Dementsprechend werden unter dem Markennamen Eléctrico Finos, Amontillados und ein PX erzeugt, der zu den besten in Montilla und ganz Spanien zählt.
Valdespino Berühmte Bodega in Jerez, kürzlich von José Estévez (Marqués del Real Tesoro) aufgekauft. Besitzer der Einzellage Inocente, mit hervorragendem, gealtertem Fino dieses Namens. Tío Diego heißt der trockene Amontillado, Solera 1842 ist ein Oloroso und Don Tomás der Spitzen-Amontillado; Matador ist die populäre Marke. In den USA, wo ihre Sherrys den zweitgrößten Marktanteil besitzen, werden sie immer noch unter dem Namen Hartley & Gibson verkauft.
Vale D. Maria, Quinta do Gut im Torto-Tal mit günstigem Vintage Port.
Ventozelo, Quinta de Riesiges Gut in herrlicher Lage, das vor kurzem von einer spanischen Familie erworben wurde. Gute Single-Quinta-Weine: 00.
Verdelho Madeira-Traube für halbtrockene Weine; pikant, aber ohne die strenge Säure der Sercial-Traube. Angenehmer Aperitif und ein guter Madeira zu allen Gelegenheiten. Großartige alte Jahrgangsweine. Siehe auch Kasten Seite 267.
Vesuvio, Quinta do Sehr großes Ferreira-Gut aus dem 19. Jahrhundert am oberen Douro, jetzt im Besitz von Symington. 52 ha bestockt. Besonders empfehlenswert: **91 92** 94 95' 00' 01.
Vila Nova de Gaia Stadt am Südufer des Douro bei Porto, wo die größten Portwein-Firmen ihre Weine in alten, »Lodges« genannten Lagerhäusern reifen lassen.
Vintage Character Siehe Reserve.
Vintage Port Der beste Port aus herausragenden Jahrgängen wird nach nur 2-jähriger Fasslagerung abgefüllt und reift dann sehr langsam über 20 Jahre und mehr in der Flasche. Er bildet dabei starke Ablagerungen und muss dekantiert werden.
Warre Die älteste britische Port-Firma überhaupt (seit 1670), seit 1905 im Besitz der Familie Symington (siehe Dow's); feine, elegante, lang reifende Jahrgangsweine, guter Tawny, Vintage Character (Warrior) und exzellenter LBV; der 10 Jahre alte Otima war ein großer Erfolg. Außerdem der Einzellagen-Port Quinta da Cavadinha (**88 89 92** 95 98). Jahrgänge: **63 66 70' 75 77' 80 83** 85 91 94 97 00'.
White Port Mit weißen Trauben hergestellter Port, gelegentlich süß (lagrima), meist aber halbtrocken und als Aperitif getrunken. Empfehlenswert sind fassgereifte Weine: Niepoort, Churchill, Barros. Jüngere, hellere Weine werden oft mit Tonic Water getrunken.
Williams & Humbert Berühmte erstklassige Sherry-Bodega, jetzt im Besitz der Medina-Gruppe. Dry Sack (Medium Amontillado) ist der Bestseller, Pando ein ausgezeichneter Fino. Canasta Cream und Walnut Brown sind gut in ihrer jeweiligen Klasse. Dos Cortados ist der berühmte trockene alte Palo Cortado des Hauses. Empfehlenswert auch der berühmte Brandy Gran Duque de Alba, der von Diez-Merito erworben wurde.
Wisdom & Warter Alte Bodega mit gutem Sherry, v. a. Amontillado Tizón und sehr seltenem Solera. Auch Fino Olivar. Im Besitz von González Byass.

England

Der Weinbau im Vereinigten Königreich ist jung (der erste kommerzielle Jahrgang stammt von 1954) und klein: 300 Erzeuger produzieren auf 800 ha 2,2 Millionen Flaschen jährlich. Meist handelt es sich dabei um Weißweine von deutschen Kreuzungen wie Reichensteiner, Bacchus und Schönburger oder der französisch-amerikanischen Hybridrebe Seyval blanc, doch auch interessante Rote von Rondo, Dornfelder, Regent und Pinot noir sind im Angebot. Dazu versteht man sich auf die Herstellung einiger ausgezeichneter Schaumweine in Flaschengärung, deren beste mit den klassischen Champagnersorten bereitet werden. Die globale Erderwärmung scheint sich positiv auf dieses marginale Weinland auszuwirken. Seit 1994 existiert ein offizielles Appellationssystem im Vereinigten Königreich, an dessen Spitze die Bezeichnungen »Quality Wine« und »Regional Wine« stehen. Einfacher »UK Table Wine« ist in der Regel nicht zu empfehlen. Von »British Wine« sollte man ganz die Finger lassen, er wird aus importiertem Konzentrat hergestellt.

Bothy Abingdon Oxfordshire ☆☆ Neue Besitzer mit ersten Erfolgen bei Preisverleihungen. Ausgezeichnet der 02er Renaissance. Das Angebot ist begrenzt, wird qualitativ aber immer besser. 2003 dürfte ein guter Jahrgang werden.

Breaky Bottom East Sussex ☆☆ 99 01 – Erzeuger mit überzeugter Fangemeinde. Gute, sehr trockene Weine und eine sich steigernde Auswahl an Schaumweinen. Besonders der 01er Seyval Blanc und die schäumende Cuvée Remy Alexandre (Jahrgang 1999) sind einen Versuch wert. Mit zunehmendem Alter werden die Weine noch besser.

Camel Valley Cornwall ☆☆☆ 01 02 – Gute Qualität, v. a. der 99er Cornwall Brut, der Pinot-noir-Schaumwein von 2001 und der 02er Bacchus. Hervorragende Kellereianlagen und sehr zuvorkommend Besuchern gegenüber: auf jeden Fall einen Umweg wert.

Denbies Surrey ☆☆ 01 02 – Mit 106 ha der Betrieb mit der größten Rebfläche in England. Ein Besuch der imposanten Kellerei lohnt sich. Gut der 02er Surrey Gold und der 02er Rose Hill. Die Schaumweine werden besser.

New Wave Wines Ltd Kent ☆☆☆ 00 01 02 – Der größte Erzeugerbetrieb mit den Marken Chapel Down, Curious Grape, Lamberhurst und Tenterden. Große Auswahl an ausgezeichneten Weinen. Der 01er Pinot Blanc und der schäumende Rosé aus dem gleichen Jahr sind Goldmedalliengewinner. Als bester Roter ist der 2000er Pinot Noir zu nennen.

Nyetimber Sussex ☆☆☆ 95 96 – Der beste Schaumweinspezialist im Vereinigten Königreich; arbeitet mit den klassischen Champagnersorten. Sowohl die 95er Classic Cuvée als auch der 96er Blanc de Blancs haben Goldmedallien gewonnen.

Ridge View East Sussex ☆☆☆ 99 00 – Ebenfalls ein Schaumweinspezialist, der die klassischen Champgnersorten verwendet. Ist Nyetimber in puncto Qualität hart auf den Fersen.

Sharpham Devon ☆☆☆ 01 02 – Ein verlässlicher Erzeuger mit guter Qualität. Preisgekrönt sind der fassvergorene Barrel Fermented und der Dart Valley Reserve. Der Beenleigh aus (unter Folientunneln angebauten) Cabernet-Sauvignon- und Merlot-Trauben ist normalerweise Englands bester Roter.

Andere beachtenswerte Erzeuger

Barnsole Die gesamte Produktion ist auf der Stufe »Quality Wine« oder »Regional Wine«. Sehr gut der Pilgrim's Harvest.

Davenport Gutes Angebot, u. a. der Schaumwein Limney. Seit 2003 ökologischer Anbau.

Sandhurst Traubengroßlieferant für New Wave. Rote und Bacchus gut.

Shawsgate Im Jahr 2003 Besitzerwechsel. Der Bacchus hat eine Silbermedallie gewonnen.

Tiltridge Kleiner Erzeuger mit guter Weinpalette, darunter Elgar und Seyval Oaked.

Warden Abbey Gewinnt regelmäßig Preise. Besonders zu empfehlen der Bacchus und der Warden Abbot.

Wickham In der Regel gute Weine, v. a. der Oaked Red und der Special Release Fumé.

Three Choirs Gloucestershire ☆☆ 99 00 01 02 – Der zweitgrößte Erzeuger im Vereinigten Königreich. Nicht immer gleich zuverlässige Qualität, sehr gute Weine sind aber Estate Reserve Bacchus, Phoenix und Siegerrebe. Auch der English Nouveau und der Schaumwein sind einen Versuch wert.

Valley Berkshire ☆☆☆ 97 98 99 00 01 02 – Englands erfolgreichster Weinerzeuger mit einer respektablen Reihe von hochklassigen Weinen. Der in Eiche ausgebaute Fumé, der Stanlake und die Schaumweine Heritage Rosé und Ascot sind alle lohnend. Keltert auch für viele andere Winzer.

Mittel- und Südosteuropa

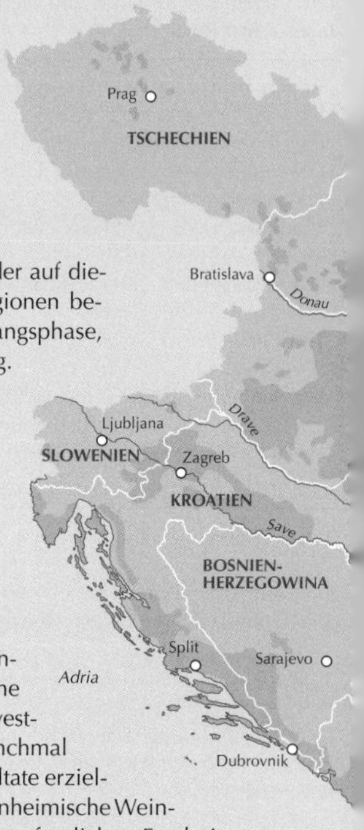

Zu behaupten, manche Teile der auf dieser Karte verzeichneten Regionen befänden sich noch in einer Übergangsphase, wäre eine kapitale Untertreibung. Der Bildung neuer regionaler Autonomien und Staaten folgen jedoch oft größere Anstrengungen im Weinbau. In einigen Fällen, über die viel berichtet wurde, nahm das derartige Formen an, dass international agierende *flying winemakers* ihre Zelte aufschlugen, wo gerade Erntezeit war, und für gewöhnlich aus gängigen Rebsorten Weine produzierten, die ins Sortiment westlicher Supermärkte passten – manchmal aber auch erheblich bessere Resultate erzielten. Dies wirkt sich auch auf die einheimische Weinerzeugung aus, und oft mit dem erfreulichen Ergebnis, dass frischere und fruchtigere Weine der verschiedensten Geschmacksrichtungen entstehen.

In den ehemaligen kommunistischen Ländern sind die alten Staatsbetriebe in den vergangenen 15 Jahren durch neue Erzeugerfirmen und Familienbetriebe ersetzt worden. Sie etablieren nun ihren eigenen Stil und treten mit frischen und fruchtigen bzw. mit komplexeren, ausgereiften Weinen in den Wettbewerb ein.

Bisher haben sich Ungarn und Bulgarien sowie Slowenien und die Tschechische Republik hierbei besonders hervorgetan. In anderen ehemals kommunistisch beherrschten Staaten ist das Potenzial noch entwicklungsfähig, wobei besonders Rumänien aufholt. Für Griechenland gibt es keinen Zweifel: Hier ist definitiv ein neues Weinzeitalter angebrochen.

Die Stichwörter in diesem Kapitel sind nach Ländern geordnet, die alle auf der nebenstehenden Karte verzeichnet sind. Aufgenommen wurden darüber hinaus im alphabetischen Verzeichnis Erzeuger, wichtige Begriffe und die bedeutendsten Traubensorten.

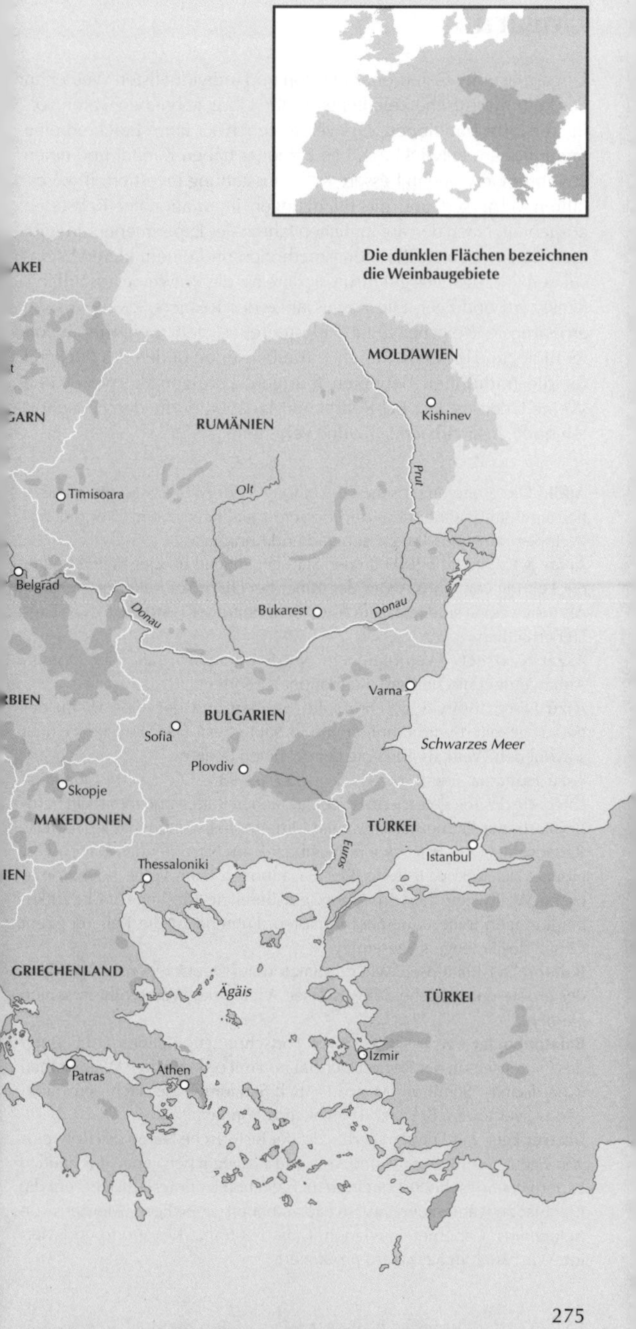

Die dunklen Flächen bezeichnen die Weinbaugebiete
AKEI
GARN
RUMÄNIEN
MOLDAWIEN
Kishinev
Prut
Olt
Timisoara
Belgrad
Donau
Bukarest
Donau
Varna
BIEN
BULGARIEN
Sofia
Plovdiv
Schwarzes Meer
Skopje
MAKEDONIEN
TÜRKEI
Euros
Istanbul
Thessaloniki
IEN
GRIECHENLAND
Ägäis
TÜRKEI
Izmir
Patras
Athen

Ungarn

Ungarn war mit Osteuropas feinsten und individuellsten Weinen in das kommunistische Zeitalter gestartet. Übrig geblieben waren völlig zerstörte Traditionen. Die vergangenen 15 Jahre brachten eine revolutionäre Entwicklung. Die Erzeuger haben Kapital und einen Teil ihrer Gewinne in bessere Kellerausstattung investiert, ihre Verfahren verbessert und die Pflanzungen internationaler Rebsorten ausgebaut. Nach den anfänglichen Jahren des Experimentierens gibt man nun erprobten Bereitungsmethoden und einem klaren Weinstil den Vorzug. Dies gilt insbesondere für die Rotweine aus Villány, Szekszárd und Eger. Die Renaissance des Tokajers, zweifellos die großartigste Weinspezialität Südosteuropas, steht weiterhin in voller Blüte, und die einheimischen Traubensorten bilden das Rückgrat für die traditionell beliebten feurigen, kräftigen, körperreichen Weine Ungarns. Der EU-Beitritt im Mai 2004 dürfte den Fortschritten noch zusätzlichen Schwung verleihen.

Alföld Die große ungarische Ebene, Quelle für Alltagswein (hauptsächlich internationale Sorten) und bessere Qualitäten, beinhaltet die drei Weinbezirke Hajós-Baja, Csongrád und Kunság.

Árvay & Co. Im Jahr 2003 an den Start gegangene Tokajer-Kellerei unter der Leitung von János Árvay, der früher bei Disznókő Kellermeister war. Als erste Weine sind jetzt sein Aszú (5–6 Puttonyos) und die Cuvée Edés Élet erhältlich.

Ászár-Neszmély Weinregion in Nordwestungarn nahe der Donau. Anbau einheimischer und internationaler Sorten.

Aszú Durch Botrytis geschrumpfte Trauben und der süße Wein, der daraus gekeltert wird (ähnlich wie in Sauternes). Das Wort bezeichnet sowohl den Wein als auch die getrockneten Beeren.

Aszú Eszencia Tokaji; br; s ☆☆☆☆ **57 63 93** – Die zweite Qualitätskategorie des Tokajers (siehe Eszencia): sieben Butten und mehr; ein bernsteinfarbener Zaubertrank, wie ein himmlischer, butterweicher Scotch.

Badacsony w; tr s ★★→★★★ Weinbezirk am Nordufer des Plattensees, Heimat der Kéknyelű-Rebe. Der Basaltboden kann volle, hocharomatische Weißweine hervorbringen, gut bereitete Rieslinge und Szürkebarát zeigen feine mineralische Noten. Führend ist die Kellerei Szent Orbán des Erzeugers Szeremley.

Balaton Der Plattensee, wie der Balaton auf Deutsch genannt wird, ist der größte europäische Süßwassersee. Viele gute Weine führen seinen Namen.

Balatonboglár r w; tr s ★★→★★★ Fortschrittliche Kellerei am Südufer des Plattensees in der Region Dél-Balaton mit ordentlichen Weißweinen (Chardonnay, Sémillon, Muscat). Auch Schaumweine nach dem Tankgärungsverfahren. Besitzer ist Henkell & Söhnlein.

Bikavér Eger; r ☆ Erlauer Stierblut ist der historische Name des Rotweins von Eger; gute Beispiele sind voll und ausgeglichen, aber die heutige Exportversion ist höchst uneinheitlich. Steht jetzt unter Aufsicht, um die Identität zu wahren und das Niveau zu heben (siehe Eger). Meistens von Kékfrankos, Cabernet Sauvignon, Cabernet franc, Kékoporto und Merlot. Wird auch in Szekszárd produziert.

Bock, József Familienbetrieb in Villány; erzeugt kräftige sortenreine und verschnittene Rotweine.
Bor Wein. Vörös Bor bedeutet Rotwein, Fehér Bor Weißwein, Asztali Bor Tafelwein und Táj Bor Landwein. Letzterer wird derzeit zunehmend produziert.
Butte Siehe Puttonyos.
Dégenfeld, Grof Großer Tokajer-Erzeuger mit Weinen im klassischen oxidativen Stil und trockenem Furmint.
Disznókő Bedeutendes, erstklassiges Tokajer-Weingut, seit 1992 im Besitz der französischen AXA-Gruppe. Weine in einem sehr modernen, von Sauternes inspirierten Stil mit großer Raffinesse und Kraft.
Édes Süßer Wein (jedoch nicht so köstlich wie Aszú).
Eger r w; tr s ☆→☆☆☆ Das bekannteste Rotweinzentrum Nordungarns: Schöne Barockstadt mit Kellern voll Bikavér. Außerdem frischer weißer Leányka (heute vielleicht der beste Wein dieser Gegend), Olaszrizling, Chardonnay und Cabernet Sauvignon. Spitzenerzeuger: Vilmos Thummerer (beständiger Bikavér), Tibor Gál, Pók Tamás, Ostoros Bor, Béla Vincze und der riesige Egervin.
Eszencia ☆☆☆☆ Sagenumwobene Quintessenz des Tokajers: intensiv süßer und aromatischer Wein von edelfaulen Trauben. So gut wie alkoholfreier Traubenmost, dem wundertätige Eigenschaften nachgesagt werden; sein Zuckergehalt kann mehr als 750 g/l betragen. Auf dem Markt nimmt seinen Platz jetzt Aszú Eszencia ein.
Etyek-Buda Weinregion bei Budapest, Quelle für Weine im modernen Stil, v.a. Chardonnay und Sauvignon blanc. Spitzenerzeuger: Hungarovin.
Ezerjó Wörtlich »tausendfacher Segen«. Weit verbreitete traditionelle Rebsorte, die in Mór einen der besten ungarischen Weißweine hervorbringt: mit eigener Note, duftig und mit leichtem Grapefruit-Aroma.
François President 1882 von Franzosen begründete Schaumweinmarke, die jetzt zu Hungarovin gehört. Kellerei in Budafok bei Budapest. Der Jahrgangs-Schaumwein President ist recht ordentlich.
Furmint Die klassische, feurige Tokajer-Traube mit großem Aroma und genug Säure wird am Plattensee (Balaton) und in Somló auch für Tafelwein angebaut.
Gál, Tibor Erzeuger in Eger für Bikavér mit Barrique-Ausbau, auch eichenholzwürziger Chardonnay unter dem Etikett GIA.
Gere, Attila Familienbetrieb in Villány mit guten, zukunftsträchtigen Rotweinen, v.a. Cabernet Sauvignon (00) mit Eichenausbau sowie Cuvée Phoenix (00).
Gundel Tokajer-Erzeuger in Mád, der den Wein für das berühmte Restaurant Gundel in Budapest bereitet. Besitzt auch Weingärten und eine Kellerei in Eger.
Hajós Pincék Alföld; r ★ Hübscher Ort in Südungarn mit 1500 Weinkellern; überwiegend traditionelle Familienbetriebe. Einige hochwertige Rotweine im leichteren Stil.
Hárslevelű »Lindenblättriger«; Traubensorte in Debrő für sanften, milden Wein mit Pfirsichnote sowie als zweite Sorte im Tokajer verwendet (vgl. Sémillon/Sauvignon blanc in Sauternes).
Helvécia (Kecskemét) Historische Kellerei im Alföld. Die Rebbestände sind ungepfropft, weil die Reblaus im Sandboden nicht vorankommt. Modernistische Weiß- und Roséweine; traditionelle Rote.

Hétszőlő Erstklassiges Weingut mit 46 ha in Tokaj, im Besitz von Grands Millésimes de France und der japanischen Firma Suntory. Zweitetikett (aus zugekauften Trauben bereitet): Dessewffy. Der Fordítás ist im Stil auf dem Weg zum Aszú.

Hilltop Neszmély Kellerei in Ászár-Neszmély; Weine im internationalen Stil mit dem preisgekrönten Woodcutters White von der vor Ort gezogenen Hybridrebe Cerszegi Fuszeres.

Hungarovin Große Firma mit Kellereien in Budafok bei Budapest; bietet vorwiegend sortenreine Tropfen von internationalen Rebsorten (Chardonnay, Cabernet Sauvignon, Merlot) sowie Schaumwein in Tank- und Flaschengärung und nach dem Transvasierverfahren. Jetzt im Besitz des deutschen Sektspezialisten Henkell.

Kadarka Die in Ungarn verbreitetste traditionelle Rotweintraube; im Süden in großen Mengen angebaut, kann aber (v. a. in Szekszárd und Villány) schöne Würze und Langlebigkeit entwickeln. Gilt vielen als wesentlicher Bestandteil von Bikavér.

Kecskemét Bedeutende Stadt im Alföld, Quelle für Alltags- und bessere Weine.

Kékburgundi Ungarisch für Spätburgunder bzw. Pinot noir.

Kékfrankos Ungarisch für Blaufränkisch, angeblich mit Gamay verwandt. Die am weitesten verbreitete Rotweintraube des Landes liefert v. a. in Sopron gute leichte oder körperreiche Rotweine und gehört in Eger zum Bikavér-Rezept.

Kéknyelű »Blaustängler«; hocharomatische, wenig ertragreiche Weißweintraube, ergibt den besten und kräftigsten Wein vom Badacsony, im Idealfall ein blumiger und würziger Tropfen. Spitzenerzeuger: Szeremley mit aromatischen, fruchtigen Weißen.

Királyleányka Siehe Leányka.

Királyudvar Bedeutende neue Tokajer-Kellerei unter der Leitung von István Szepsy, offiziell eröffnet im Jahr 2000. An Weinen sind u. a. ein trockener und ein Spätlese-Furmint zu nennen, dazu Cuvée Ilona (ein jung abgefüllter Aszú) und Jegbor (Eiswein)

Különleges Minőség Besondere Qualität: höchste offizielle Qualitätsstufe.

Kunság Größte Region im Alföld, der großen Ebene. Guten Kadarka liefert v. a. Kiskörös.

Leányka »Mädchentraube«; original ungarische Weißweintraube, die überaus würzigen, leichten, trockenen Wein erbringt. Királyleányka, »Königmädchentraube«, ist eine andere – und vermutlich bessere – Rebsorte.

Mád Altes Handelszentrum in der Region Tokaj. Erzeuger: u. a. Gundel, Royal Tokaji, Szepsy, József Monyok, Vince Gergely.

Mátraalja (r) w ★★ Weinbaugebiet in den Ausläufern des Mátra-Gebirges in Nordungarn, rund um die Stadt Gyöngyös. Vielversprechender, trockener weißer Szürkebarát, Chardonnay, Muskotály und Sauvignon blanc. Fremdkapital kommt aus Frankreich, Deutschland und Australien.

Mecsekalja Distrikt in Südungarn, bekannt durch die guten Weißweine aus Pécs, v. a. Schaumweine.

Megyer, Château 1998 von Jean-Louis Laborde, dem Besitzer von Ch. Clinet in Pomerol (Bordeaux), erworbenes Tokajer-Weingut. Auch Ch. Pajzos gehört ihm; auf Ch. Megyer wird der leichtere Wein erzeugt. Ansehnliche Qualität.

Mézes Mály Neben Szarvas historisch die beste Lage der Tokajer-Region. Beide liegen in Tarcal.
Minőségi Bor Qualitätswein. Ungarns Appellation Contrôlée.
Mór Nordungarn; w ☆☆→☆☆☆ Seit langem für frischen, trockenen Ezerjó bekanntes Gebiet. Jetzt auch Riesling und Sauvignon blanc. Die Weine werden inzwischen überwiegend exportiert.
Muskotály Traube aus der Muscat-Familie, in der Regel Ottonel. Der Muscat blanc à petits grains wird in Ungarn normalerweise Muscat Lunel genannt. Erbringt in Tokaj und Eger leichte, aber langlebige Weine. Zum Teil in Tokaji-Verschnitten (vgl. Muscadelle in Sauternes), gelegentlich auch zu wundervollem, reinsortigem Aszú-Wein verarbeitet.
Nagyburgundi Wörtlich »großer Burgunder«; eine einheimische Traube, die oft mit Kékfrankos verwechselt wird. Sie liefert saubere, feste Weine, besonders um Villány und Szekszárd.
Olaszrizling Ungarischer Name für italienischen oder Welschriesling. Bessere Sorten können ein Aroma von gebrannten Mandeln haben.
Oremus Altehrwürdiges Tokajer-Weingut der Gründerfamilie Rákóczi; gehört jetzt dem spanischen Erzeuger Vega Sicilia; der Firmensitz ist in Tolcsva. Erstklassiger Aszú. Auch eine mindere Tokajer-Rebsorte heißt so.
Pajzos, Château Weingut in Tokaj im Besitz eines Unternehmers aus Bordeaux mit teilweise exzellentem Aszú. Siehe auch Château Megyer.
Pécs Mecsek; (r) w ★→★★ Größerer Weinort in Südungarn. Gute Schaumweine, Olaszrizling, Pinot blanc usw.
Pincészet Kellerei.
Pinot noir Damit ist meist Kékburgundi gemeint (siehe dort).
Plattensee Siehe Balaton.
Puttonyos (Butten) Das Maß für den Süßegehalt des Tokajers. Eine Butte besteht aus 25 kg (traditionell eine Trage voll) Aszú-Trauben. Die Zahl der Butten (zwischen 3 und 7), die einem Fass (136 l) des trockenen Grundweins oder Mosts beigemischt werden, bestimmt den Süßegehalt des Endprodukts (3 Butten = 60 g Zucker/l, 4 = 90, 5 = 120, 6 = 150). Aszú Eszencia muss mindestens 180 g/l aufweisen. In der Praxis hat die Messung des Restzuckergehalts die Verwendung tatsächlicher Butten abgelöst. Siehe dazu auch Eszencia, ein wirklich klebriges Produkt.
Royal Tokaji Wine Co. Englisch-dänisch-ungarisches Gemeinschaftsunternehmen in Mád (Tokaj) mit Vorreiterfunktion, 81 ha Anbaufläche, vorwiegend erste und zweite Klasse. Der erste Wein (1990): eine Offenbarung; auch der 91er und v. a. der 93er Jahrgang haben eine Renaissance des Tokajers eingeläutet; der 95er, 99er und 2000er folgen. Als Mitbegründer kann ich nicht verschweigen, dass ich daran beteiligt bin.
Siklós Stadt und Teil des Villány-Siklós-Weindistrikts in Südungarn; vorwiegend kleine Erzeuger; besonders Hárslevelű, vielversprechend auch der reife, fruchtige Chardonnay, ferner Tramini und Olaszrizling.
Somló Nordungarn; w ☆☆ Kleines Weinbaugebiet in isolierter Lage nördlich vom Plattensee, liefert (ehemals hoch angesehene) Weißweine von Furmint und Juhfark (»Schafschwanz«); sowohl traditionell fassvergoren als auch in frischem fruchtigem Stil. Spitzenerzeuger sind u. a. Fekete, Inhauser.
Sopron Westungarn; r ☆☆→☆☆☆ Kleine ungarische Enklave im Burgenland, südlich vom Neusiedler See (siehe Österreich); bisher für leichtere Rotweine wie Kékfrankos und süße Weine nach österreichischer Art bekannt, vielversprechend aber auch für Weiße wie Sauvignon blanc.

Szamorodni Wörtlich »wie er geboren wurde«. Bezeichnung für Tokajer, bei dem im Weinberg keine Auslese erfolgt. Kann trocken oder (ziemlich) süß sein, je nachdem, wie viele Aszú-Trauben »zufällig« hineingeraten. Als Aperitif zu empfehlen. In Jahren, die Tokajer-Aszú-Jahrgangsweine hervorbringen, kann süßer Szamorodni durchaus Aszú-Charakter zu einem erheblich niedrigeren Preis bieten. Trockener Szamorodni ist Ungarns Sherry.
Száraz Trocken, insbesondere bei Tokaji Szamorodni.
Szarvas Tokaji-Weinberg in Tarcal; eine der klassischen Spitzenlagen. Alleinbesitz des Tokaj Trading House.
Szekszárd r ☆☆→☆☆☆ Bezirk im südlichen Mittelungarn, von dem einige der besten Roten des Landes aus Kékfrankos, Cabernet Sauvignon, Cabernet franc und Merlot kommen. Außerdem Kadarka, der 3 bis 4 Jahre Reifezeit braucht, auch mit Edelfäule (Nemes Kadar). Guter Bikavér aus ökologischem Anbau, guter Chardonnay und Olaszrizling. Die Qualitätsweine sind leichter und feiner als die aus Villány. Erzeuger: u. a. Vesztergombi, Peter Vida, Heimann.
Szent Orbán Siehe Szeremley.
Szepsy, István Legendärer Name, der mit einer makellosen kleinen Produktion von sehr alterungsfähigem Tokaji Aszú verknüpft ist. Siehe Királyudvar. Ein Mann mit dem gleichen Familennamen war an der Entwicklung der Aszú-Methode im 17. Jahrhundert beteiligt, eine Verwandtschaft besteht aber nicht.
Szeremley, Huba Führendes Weingut in Badacsony. Seine Riesling-, Szürkebarát-, Kéknyelű- und Zeusz-Weine sind Prototypen für den modernen Stil. Auch feiner Kékfrankos von der Tihany-Halbinsel. Eine weitere Marke heißt Szent Orbán.
Szürkebarát Wörtlich »grauer Klosterbruder«: ungarisch für Pinot gris, der vielfach für süße Touristenweine vom Plattensee herhalten muss. Dennoch ist er eine der besten Trauben Ungarns, man muss nur warten, bis große, trockene Weißweine erzeugt werden.
Tarcal Gemeinde in der Tokajer-Region mit zwei Spitzenlagen und etlichen guten Erzeugern.
Tiffán, Ede Winzer in Villány, der zusammen mit seinem Sohn Zsolt körperreiche, eichenholzwürzige Rotweine produziert.
Tokajbor-Bene Neue Tokajer-Kellerei in Bodrogkeresztúr. Im Auge behalten.
Tokaji (Tokajer) w; tr s ★★→★★★★ Der berühmte süße Likörwein Ungarns (seit ca. 1660), einem hocharomatischen, äußerst kräftigen Sauternes mit trockenem Abgang vergleichbar, stammt aus den Bergen an der Grenze zur Slowakei im Nordosten. Der Bereich umfasst 5400 ha in den Tokaj-Hegyalja-Hügeln. Siehe Aszú, Eszencia, Furmint, Puttonyos, Szamorodni. Auch trockener Tafelwein mit eigenem Charakter.
Tokaj Trading House Ehemals in Staatsbesitz befindliche Firma mit jetzt nur noch 72 ha Anbaufläche, einschließlich der überragenden Lage Szarvas. Wird auch Crown Estates genannt. Der Markenname für trockene Weine ist Castle Island. Die Qualitätskurve zeigt nach oben.
Tramini Gewürztraminer, besonders in Siklós.
Villány-Siklós Nach den zwei wichtigsten Städten benannte Weinbauregion im Süden. In Villány entstehen meist rote, oft gute im Bordeaux-Stil bereitete Weine. Die Weißen sind mehr in Siklós zuhause. Hohe Qualität u. a. von Bock, Csányi, Gere, Günzer, Malatinsky, Molnár, Polgar, Tiffán und Vylyan.

Wille-Baumkauff, Márta Heimkehrerin, die in Mád Tokajer erzeugt. Die Qualität steigt beständig.
Zemplen Ridge Auf Ungarisch Zemplén Hegyhát: Projekt von István Szepsy und Anthony Hwang (von Királyudvar), die mit weniger konzentriertem Tokajer einen neuen Markt für jüngere Weintrinker erschließen wollen. Erster Jahrgang war 2002. Sie hätten es testweise ja auch einmal mit Verdünnen probieren können.
Zéta Eine Kreuzung von Bouvier und Furmint, die von einigen Winzern bei der Herstellung von Aszú verwendet wird; auch reinsortig mit einem Bukett von Birnen und grünen Äpfeln. Schwindende Produktion.
Zeusz Neuere Rebsorte für aromatische süße Weißweine.

Bulgarien

2001 war der erste Jahrgang unter dem neuen Weingesetz nach französischem Vorbild, das genaue Vorschriften zur Weinerzeugung für die fünf Anbauregionen eingeführt hat. Die Tendenz zur Niveauverbesserung spiegelt sich in den Verkaufszahlen sowohl des heimischen wie auch des Exportmarktes wider, wo die Nachfrage nach Qualitätsprodukten rasant gestiegen ist.

In der Donauebene hat man sich auf fruchtige Weiß- und Rotweine spezialisiert (Svishtov), während Lyaskovets und Pavlikeni weiter im Süden gut ausgewogene Rote produzieren. Die Region am Schwarzen Meer eignet sich besonders für frische trockene und fruchtige Weiße von Targovishte, Shumen und Pomorie. Die größte und ertragreichste Region, die Thrakische Ebene mit ihren konstant hohen Temperaturen, erbringt reichhaltige, lagerfähige Rote, v.a. von Haskovo, Iambol, Sliven und Assenovgrad. Das Struma-Tal im Südwesten ist die heißeste Gegend, hier werden von Damianitza und Harsovo gehaltvolle, außerordentlich langlebige Rotweine gekeltert.

Die ausländischen Investitionen fließen weiterhin in die Modernisierung der etablierten Kellereien; gleichzeitig bringt eine Reihe von neuen Unternehmen eine willkommene Belebung und Abwechslung in die bulgarische Weinwelt.

Assenovgrad r ☆☆ **01** – Bedeutende Kellerei für Mavrud nahe Plovdiv. Gutes Alterungspotenzial, v.a. die hochklassige Boutique-Reihe, die nur in begrenzten Mengen produziert wird.

Blueridge r (w) ★★ Die größte Kellerei Bulgariens ist in der Stadt Sliven beheimatet. Der Besitzer, die Domaine Boyar, verwendet den Namen für die Exportproduktion; das erfolgreiche Kellermeisterteam Kapka Georgieva und Pavel Panov wird jetzt in den Dependancen Vini Sliven und Korten eingesetzt.

Burgas (r) rs w ☆→☆☆ Hafenstadt am Schwarzen Meer. Besondere Spezialität sind Roséweine, daneben gefällige Weiße und auch einige gute Rotweine.

Cabernet Sauvignon In Bulgarien erbringt die Traube dunkle, kräftige und fruchtige Weine, die bereits jung schön zu trinken sind. Spitzenqualitäten altern aber auch gut. Gute Beispiele sind Iambol, Sliven, Rousse und Svishtov.

Chardonnay Zunächst nicht so erfolgreich wie Cabernet Sauvignon, erzielt jetzt aber bessere Ergebnisse in den nördlichen und östlichen Regionen. Sehr trockener, aber vollmundiger Wein; neuere Beispiele versprechen Gutes; v.a. von Pomorie, Shumen und Sliven.

Controliran Qualitätskategorie, ähnlich wie DOCG und AOC. 2000 trat ein neues Weingesetz in Kraft.

Damianitza r ☆☆ Kellerei in Melnik, spezialisiert auf die einheimische Melnik-Traube. Auch ausgezeichneter Merlot, z.B. Redark (**01**).

Dimiat Die verbreitete einheimische Weißweintraube wird im Osten, zur Küste hin angebaut. Gute Beispiele von Blueridge (**01**), Black Sea Gold und Pomorie.

Domaine Boyar Große Firma, in Bulgarien allgegenwärtig. Exportiert unter dem Namen Blueridge. Siehe auch Korten, Shumen, Sliven.
Donau Grenzfluss zu Rumänien. Die Weinberge von Rousse und Svishtov profitieren von der Nähe zum Fluss, v. a. für Rotweine.
Gamza Rotweintraube, die ungarische Kadarka. V. a. die Weine aus der Donauebene im Norden besitzen ein gutes Potenzial. Spezialisten sind u. a. Pavlikeni, Novo Selo und Pleven.
Harsovo Region im Struma-Tal, v. a. mit Melnik.
Haskovo r (w) ☆☆ Vor kurzem privatisierter Betrieb mit eigenen Anbauflächen in der thrakischen Ebene, spezialisiert auf Merlot; die Kellereien Stambolovo und Sakar sind Zweigfirmen.
Iambol r w ★→★★ Weinbaubetrieb in der Thrakischen Ebene, spezialisiert auf Cabernet Sauvignon und Merlot. Neuer Besitzer: Vinprom Peshtera.
Karlovo Stadt im berühmten »Tal der Rosen«. Hauptsächlich Weißweine; v. a. Misket. Probieren Sie den Rose Valley Kabinett Reserve.
Khan Krum Zweigbetrieb der Kellerei Preslav mit Weißwein, v. a. Chardonnay Reserve.

Eine Auswahl bulgarischer Weine für 2005
Rotwein: Cabernet Sauvignon Tsar's Reserve 1998 Iambol, Domaine Boyar Merlot Thracian Plain 2001 Sliven, Stara Zagora Merlot 2003, Sungurlare Cabernet Sauvignon 2003
Weißwein: Targovishte Reserve Chardonnay 2001, Slaviantsi Reserve Chardonnay 1998, Vini Sliven Chardonnay 2002, Domaine Boyar Chardonnay 2003 Sliven, Vini Sliven Sauvignon blanc 2002
Weine von einheimischen Rebsorten: Assenovgrad Mavrud 2003, Blueridge Dimiat 2001

Korten Boutique-Kellerei von Sliven, v. a. mit im traditionellen Stil bereiteten Weinen.
Landwein Regionaler Wein (vgl. den französischen Vin de pays), oft Verschnitte von zwei Rebsorten.
Mavrud Traubensorte und ihr dunkler Rotwein mit Pflaumenaroma aus Südbulgarien, v. a. Assenovgrad. Über 20 Jahre lagerfähig. Gilt als beste einheimische rote Sorte Bulgariens.
Melnik Ort im äußersten Südwesten und seine viel gelobte Traubensorte. Der dortige Rotwein ist so dick, dass es heißt, man könne ihn in einem Taschentuch mitnehmen. Braucht mindestens 5 Jahre Reifezeit und hält sich 15 Jahre. Auch reifer, entwicklungsfähiger Cabernet Sauvignon.
Merlot Wird vor allem im Distrikt Haskovo angebaut. Die besten Erzeuger sind Stambolovo, Iambol, Lyubimets und Elhovo im Süden sowie Shumen und Svishtov im Norden.
Misket Einheimische bulgarische Traubensorte; erbringt mild-aromatischen Wein. Grundlage der meisten weißen Landweine.
Muskat-Ottonel Eine in Ostbulgarien angebaute Muskateller-Sorte. Sie liefert liebliche, fruchtige Weißweine.
Novo Selo Guter Gamza-Rotwein aus dem Norden.
Oriachovitza r ★★ Zweigbetrieb der Kellerei Stara Zagora. Bedeutender Bereich in der Thrakischen Ebene für Controliran-Weine von Cabernet Sauvignon und Merlot. Volle, würzige Rotweine, nach 4 bis 5 Jahren am besten. Neuerdings guter Cabernet Sauvignon Reserve.

Pamid Leichter Alltagsrotwein aus Südost- und Nordwestbulgarien.
Pavlikeni r – Auf Merlot und Cabernet Sauvignon spezialisierter Erzeuger.
Peruschtitza r – Kellerei nahe Plodiv. Nur Rotweine, v.a. von Mavrud, Cabernet Sauvignon und Rubin.
Pleven Kellerei im Norden mit Pamid, Gamza und Cabernet Sauvignon. Zugleich Bulgariens Weinforschungsanstalt.
Plovdiv Stadt im Süden mit gutem Cabernet Sauvignon und Mavrud. Die Weinbereitung erfolgt meist in Assenovgrad und Peruschtitza. Viele bulgarische Önologen studieren hier an der Universität im Fachbereich Lebensmitteltechnik.
Pomorie (r) w ★★ Kellerei im Osten an der Schwarzmeerküste; v.a. Chardonnay und Muskat.
Preslav w ☆☆ Bekannte Kellerei in der Schwarzmeerregion. Empfehlenswert der 03er Chardonnay Premium Oak. Auch guter Branntwein.
Riesling Gelegentlich Rheinriesling, meist jedoch Welschriesling (Italiansky Riesling) für halbtrockene und trockene Weißweine.
Rkatsiteli Die russische Rebsorte ist eine der am weitesten verbreiteten Trauben der Welt; in Bulgarien kennt man sie als Rikat. Im Nordosten wird sie vielfach zu weißen Verschnittweinen verarbeitet.
Rubin Bulgarische Kreuzung (Nebbiolo x Syrah); wird oft mit anderen Rebsorten verschnitten.
Sakar Weinbaubereich im Südosten mit Merlot, der zum besten Bulgariens zählt.
Sauvignon blanc Wird in Ost- und Nordbulgarien angebaut, v.a. von Shumen und Targovishte.
Shumen r w ★★ Region an der Schwarzmeerküste und Kellerei im Besitz von Domaine Boyar, v.a. Weißwein (Barrique Chardonnay **01**), aber auch Rotweine im Stil der Neuen Welt (Merlot (**00**).
Slaviantsi (r) w ☆☆ Verwendet vorwiegend Muskat, Chardonnay, Misket und Ugni blanc. Am besten ist der Ashton Estate Chardonnay (**01**).
Sliven, Vini r (w) ★★ Großer Erzeuger in der Stadt Sliven, im Besitz von Domaine Boyar, v.a. für Merlot und Pinot noir, oft zu einem Landwein verschnitten, sowie Misket und Chardonnay. Vielversprechender, in Barriques ausgebauter Cabernet Sauvignon, am besten der 02er Tweeda. Siehe auch Blueridge und Korten.
Stambolovo Weinbaubetrieb; Ableger von Haskovo, ein Spezialist für Merlot.
Stara Zagora r – Kellerei in der Thrakischen Ebene, v.a. mit Cabernet-Sauvignon- und Merlot-Reserve.
Sungurlare Zweigbetrieb der Kellerei Slaviantsi; delikater und duftiger Misket. Auch Chardonnay.
Svishtov r ★★ Region und Kellerei im Norden an der Donau. Nur Rotweine, insbesondere fein ausgewogener Cabernet Sauvignon. Auch guter Roséwein von dieser Traube (**01**).
Targovishte w ☆☆ Erzeugerbetrieb im Osten. Chardonnay (auch fassvergoren) und Sauvignon blanc von guter Qualität.
Traminer Im Nordosten Bulgariens zunehmend angebaut; ergibt schöne Weißweine mit feinen Gewürznoten.

Slowenien

Der traditionell konservative Weinbau Sloweniens, das im Mai 2004 Mitglied der EU geworden ist, beäugt argwöhnisch alle Neuerungen, aber die Qualitätserzeuger sollten eigentlich vom Zugang zum gemeinsamen Markt nur Vorteile haben. Jetzt ist ein guter Moment, um die ganze Vielfalt der slowenischen Weine kennen zu lernen, zumal viele, gemessen am internationalen Standard, echte Schnäppchen sind. Es gibt drei Weinregionen, die ihrerseits in einzelne Anbauzonen unterteilt sind. Die besseren von ihnen finden Sie in der folgenden Auflistung. In der Regel werden Weine sortenrein abgefüllt, viele Erzeuger bieten außerdem einen Verschnitt mit ihrem Namen an. Die einzelnen Jahrgänge unterscheiden sich nicht besonders; auf die jüngste Zeit bezogen werden allerdings die Jahre 1997 und 2000 als überragend angesehen. Das Jahr 2003 gibt ebenfalls zu großen Hoffnungen Anlass.

Barbara International ★→★★★ Schaumweine in allen Arten und Preislagen. Sehr günstig Barbara oJ und Miha; der Jahrgangssekt No. 1 ist meist Sloweniens bester Schaumwein.

Batič ☆☆ Erzeuger mit zunehmend ökologisch bewirtschaftetem Weinberg in Vipava. Spitzenwein ist der Chardonnay, aber auch alle anderen sind sehr gut.

Bjana ☆☆ Spitzenerzeuger von Schaumwein in Goriška Brda. Intensive, körperreiche Weine, sehr beliebt in der besseren Gastronomie Ljubljanas.

Cabernet Sauvignon Wird in der Region Primorski angebaut, die besten Ergebnisse kommen aus Koper. Praktisch jeder Winzer in Goriška Brda und Vipava kultiviert die Rebe. Ordentliche Qualität.

Chardonnay Wird überall angebaut und ist allgemein gut. Oft ohne Eichenholzwürze ausgebaut, v. a. in Podravski.

Cviček Traditioneller Roséverschnitt aus Posavski, alkoholarm und säurereich. Mittlere Qualität bei der Genossenschaft Krško, erstklassig bei Frelih (Cviček od fare).

Čurin Legendärer Vorreiter des privaten Weinbaus seit Anfang der 1970er-Jahre. Sortenreine Weiße und Predikat-Weine hoher Güte.

Gorice Name für Hügel, in denen Weinbau betrieben wird; in Verbindung mit verschiedenen Landschaftsnamen werden so die Bezirke der Region Podravski bezeichnet.

Goriška Brda Die Fortsetzung des italienischen Collio auf slowenischer Seite. Viele sehr gute Erzeuger, u. a. Blažič, Četrtič, Erzetič, Jakončič, Kabaj, Klinec, Movia, Simčič, Ščurek, Štekar usw. Die größte Genossenschaft Sloweniens, die denselben Namen trägt, führt mehrere Weinmarken: u. a. Bagueri ☆☆☆ (v. a. Chardonnay und Merlot), Quercus ☆☆ (Rebula, Tokaji).

Haloze ★→★★★ Kellerei in Ptuj mit einer Sammlung von Jahrgängen, die bis 1917 zurückreicht. Die letzten Jahre hatten wenig zu bieten, aber die 1980er waren fantastisch (und sind immer noch sehr preisgünstig!) – achten Sie vor allem auf Renski Rizling und Traminec.

Izbor Auslese.

Jagodni izbor Beerenauslese.

Joannes ☆☆ Guter Erzeuger bei Maribor mit frischen, charakteristischen Weißweinen.

Klinec ☆☆☆ Sehr guter Erzeuger in Goriška Brda. Sehr fein die Verschnitte Quela (rot) und Bela Quela (weiß).

Kogl ★★★★ Auf einem Hügel nahe Ormož gelegenes Weingut, dessen Ursprünge bis 1542 zurückreichen; 1984 neu bepflanzt. Die Weißweine gehören zu Sloweniens besten, sowohl die (seit 2001 Solo genannten) sortenreinen Tropfen, als auch die Verschnitte Duo, Trio und Quartet. Seit 2000 auch Rote (Modri Pinot und Sloweniens reinster Syrah). Neu seit 2002 die roten und weißen Verschnitte mit Eichenholzwürze namens Magna Domenica. Überragende Predikat-Weine.

Kristančič Dušan ☆☆ Spitzenproduzent in Goriška Brda, in letzter Zeit allerdings weniger aufregend. Erstklassiger Chardonnay und Sivi Pinot.

Koper Weinbaubezirk in der Küstenregion Primorski, bekannt für Refošk. Spitzenerzeuger: Santomas und Vinakoper.

Kras Bezirk in der Region Primorski. Einige gute Erzeuger von Teran, u. a. Čotar, Lisjak Boris, Renčel.

Kupljen Jože ★★→★★★ Pionier bei der Bereitung von trockenem Qualitätswein in der Nähe von Ormož. Der Pinot noir trägt den Namen Modri Burgundec, der in besseren Jahren auch als Pozna trgatev (Spätlese) bereitet wird.

Laški Rizling Welschriesling. Die meistangebaute Traube Sloweniens; heutzutage allerdings im Rückgang begriffen.

Ledeno vino Eiswein. Wird nur in außerordentlich guten Jahren erzeugt und kann ganz köstlich sein.

Ljutomer Zusammen mit dem benachbarten Ormož das traditionell beste Weingebiet Sloweniens. Der Genossenschaft Ljutomerčan wird es in Zukunft mit Sicherheit besser gehen, da die Weinberge, über die sie verfügt, zu den besten des Landes gehören.

Malvazija Unterschätzte Rebsorte in Koper; Wein mit leicht bitterem, aber reichhaltigem Geschmack, der ganz hervorragend zu Fischgerichten passt. Malvazija-Weine von Vinakoper sind unschlagbar günstig; sehr gut auch von Pucer, Rojac.

Merlot Mit Ausnahme des Bezirks Kras in der Region Primorski weit verbreitet. Die Weine sind recht gut, aber selten überragend.

Mlečnik ☆☆☆ Erzeuger in Vipava, ein Schüler des Collio-Winzers Joško Gravner und innerhalb des slowenischen Weinbaus derjenige, der ökologischer Weinerzeugung noch am nächsten kommt. Neben sehr langlebigem Chardonnay neuerdings auch für Rebula und Tokaji bekannt.

Modra frankinja Rebsorte, in Österreich Blaufränkisch; ergibt fruchtige Rote v. a. in der Region Posavski. Die besten Weine werden als Metliška črnina von der Genossenschaft Metlika im Bezirk Bela Krajina produziert.

Modri Pinot Pinot noir. Wird seit kurzem mit unterschiedlichem Erfolg in allen Regionen angebaut.

Movia ☆☆☆☆ Die bekannteste slowenische Kellerei. Bringt nur reife Jahrgänge seiner Spitzenweine auf den Markt: roten Veliko Rdeče nach 6, weißen Belo nach 4 Jahren. Baut für den weißen Verschnitt Turno verschiedene Rebsorten in einem Weinberg an. Sortenrein sind besonders der Rebula und der Modri Pinot (vielleicht Sloweniens feinster) zu empfehlen. Zweitwein: Villa Marija.

Ormož ☆→☆☆ Mit Ljutomer das beste Weingebiet des Landes. Die Genossenschaft Jeruzalem Ormož produziert die Premium-Marke Holermuos (02) und einem guten Muscat-Schaumwein.

Podravski Weinregion im Nordosten, traditionell mit dem besten Ruf. Meldet sich in letzter Zeit zurück mit aromatischen Weißen und zunehmend feineren Roten, meist von Modri Pinot.

Posavski Konservative Weinregion im Südosten, am bekanntesten ist der Cviček.

Pozna trgatev Spätlese.

Predikat Weine mit hohem Zuckergehalt, die aus botrytisierten Trauben erzeugt werden. Der Ausdruck geht auf das deutsche »Prädikat« zurück und wird vor allem in der Podravski-Region für Weine der Qualitätsstufen Pozna trgatev, Izbor, Jagodni izbor, Suhi jagodni izbor und Ledeno vino verwendet.

Primorski Im Südwesten gelegene Region, die sich von der Adria bis Goriška Brda erstreckt; sowohl Rot- als auch Weißwein. Die fortschrittlichste der slowenischen Weinregionen.

Radgonske gorice ★→★★★ Bezirk nahe der österreichischen Grenze und Heimat der Genossenschaft, die Sloweniens berühmtesten Schaumwein, Radgonska Penina, erzeugt. Der Jahrgangswein Zlata (golden) ist trockener und voller und altert gut, der Srebrna oJ (silbern) ist oft halbtrocken. Außerdem der sehr beliebte süße Traminec und der Verschnitt Janževec.

Rebula Traditionelle weiße Rebsorte in Goriška Brda. Kann hervorragend geraten.

Refošk Die italienische Refosco-Traube; lokal sehr beliebt, ergibt dunkle, säurereiche Rotweine mit und ohne Eichenholzwürze. Am besten von Santomas.

Renčel ☆☆☆☆ Herausragender Erzeuger von winzigen Mengen Teran und sehr guten Weißweinen.

Renski Rizling Echter Riesling (Rheinriesling) wird nur in Podravski angebaut; Erzeuger: u. a. Joannes, Jeruzalem Ormož, Kogl, Skaza Anton.

Santomas ☆☆☆ Produzent von reifem, hochklassigem Refošk sowie Cabernet Sauvignon im internationalen Stil. Spitzenmarken sind Antonius und Grande Cuvée.

Simičič Edi ☆☆☆ Sehr angesehener Erzeuger in Goriška Brda, v. a. mit Chardonnay, Rebula und Sivi Pinot. Alle Reserve-Abfüllungen sind außerordentlich verfeinert und harmonisch. Ein Verkaufsschlager ist der rote Verschnitt Duet.

Simičič Marjan ☆☆☆ Erzeuger in Goriška Brda auf höchstem Niveau, z. B. mit Chardonnay und Sivi Pinot. Der Verschnitt Teodor auf Rebula-Basis ist überragend, eine weitere Perle ist der Sauvignon blanc.

Sivi Pinot Der italiensche Pinot grigio. Nicht immer vom Allerfeinsten, kann bei einem Spitzenerzeuger aber auch sehr gut geraten.

Ščurek ★★→★★★ Sehr verlässlicher Erzeuger in Goriška Brda mit Chardonnay, Rebula, Tokaji, Sauvignon blanc und Cabernet franc. Sehr eigenwillige rote und weiße Verschnitte mit Namen Stara brajda sowie der klassische weiße Dugo.

Steyer ☆☆ Spitzenerzeuger im Bezirk Radgonske gorice. Bekannt v. a. für Traminec; seit kurzem auch sehr guter Chardonnay, Renski Rizling und Sivi Pinot.

Šturm ★★★ Alteingesessener Erzeuger; immer noch der einzige von Rang im Bezirk Bela Krajina (Posavski). Rote und weiße Predikat-Weine, außerdem gute sortenreine Tropfen.

Suhi jagodni izbor Trockenbeerenauslese, z. B. von Vinag. Außerordentlich selten.
Teran Im Bezirk Kras reinsortig von Refošk bereiteter Wein, neben dem Cviček der beliebteste in Slowenien.
Traminec Gewürztraminer, nur in der Region Podravski zu finden. In der Regel süß ausgebaut, auch als Predikat.
Valdhuber ☆☆☆ Erzeuger in Podravski; wegweisend bei der Einführung von trockenen Weinen. Spitzenprodukt ist der (trockene!) Traminec.
Vinag Eine der größten Genossenschaften Sloweniens mit Hauptsitz und riesigen Kellern in Maribor. Die reinsortigen Weine sind ordentlich, daneben finden sich viele ältere Jahrgangs-Predikat-Weine.
Vinakoper ★★★ Große Firma mit eigenen Weinbergen in Koper; erzeugt viele sehr gute reinsortige Tropfen: Malvazija, Cabernet Sauvignon, Refošk. Die Spitzenmarken sind Capo d'Istria (reinsortig) und Capris (Verschnitte). Außerdem süßer Muscat und sehr guter Muscat Tartini im Stil eines Vin doux naturel.
Vinakras ★→★★★ Genossenschaft mit großer Produktion von respektablem Teran. Gereift wird er Teranton genannt und unterscheidet sich erheblich von seinem jüngeren Bruder.
Vipava ★★→★★★ Bezirk in der Region Primorski mit vielen guten Erzeugern: Batič, Lisjak Radivoj, Mlečnik, Sutor, Tilia. Das Spitzenetikett der gleichnamigen Genossenschaft heißt Lanthieri ☆☆ (früher Vipava 1894). Außerdem gibt es den traditionellen Verschnitt Vrtovčan und seit kurzem einen weiteren Wein mit dem bezeichnenden Namen Kindermacher. Auch eine Reihe von ordentlichen sortenreinen Tropfen.

Kroatien

Kommunismus und Bürgerkrieg haben dem Weinbau in Kroatien schweren Schaden zugefügt. Die wirtschaftliche Lage bessert sich zwar, ist aber immer noch schwierig, und ausländische Investoren sind kaum zu finden. Es gibt zwei größere Weinbauregionen: Kontinentalna im Binnenland und Primorska an der Küste. Kroatien hat eine ganze Reihe von einheimischen Rebsorten, v. a. in Dalmatien. 2002 wurde bestätigt, dass die Zinfandel- bzw. Primitivo-Rebe auf die dalmatische Crljenak-Traube zurückgeht. Der Großteil der erzeugten Weine wird im Land selbst getrunken.

Agrolaguna ★→★★ Genossenschaft in Poreč (Istrien). Gute Rot- und Weißweine, v. a. Cabernet Sauvignon.
Babič Die einheimische Traube ergibt in der Gegend um Primošten (Dalmatien) dunkle, langlebige Rotweine, die hervorragend ausfallen können; am besten von Vinoplod. Weinberge von einzigartiger landschaftlicher Schönheit.
Badel ☆→☆☆☆ Großes Handelshaus und Winzergenossenschaft mit Weinen und angeschlossenen Erzeugerbetrieben aus ganz Kroatien, v. a. Ivan Dolac, Graševina Daruvar, Pošip Smokvica.
Chardonnay Wird in Kontinentalna Hrvatska und Istrien angebaut; in der Regel gute Weine.

Dalmacija-vino ☆ Winzergenossenschaft mit Sitz in Split, vertreibt eine Vielzahl von Weinen der dalmatinischen Küste und der Inseln. Sehr guter Faros.
Dalmacija Dalmatien. Die kroatische Küste von Zadar bis Dubrovnik einschließlich der vorgelagerten Inseln. Hat eine Vielfalt an autochthonen Rebsorten aufzuweisen, aus denen traditionell alkoholstarke Weine entstehen. Sehr gute Rote; die Weißen sind oft altmodisch, werden aber besser.
Dingač Name eines Weinbergs am steilen Südhang von Pelješac. Die traditionellen dunklen, körperreichen, süßlichen Weine werden von teilweise getrockneten Plavac-mali-Trauben bereitet; mehr und mehr erzeugt man aber auch robuste, trockene Rote, denen die Reifung in Eichenfässern oder in der Flasche gut bekommt. Sehr hoch geschätzt und entsprechend teuer. Erzeuger: v. a. Bura, Kiridžija, Matuško, Miličić, Skaramuča.
Enjingi, Ivan ☆☆☆ Erzeuger exzellenter Weißweine von den Sorten Požega, Sivi Pinot, Graševina und Gewürztraminer sowie von edelfaulen Trauben. Interessanter Zweigelt.
Graševina Lokale Bezeichnung für Welschriesling. Am besten aus Slawonien. Erzeuger: v. a. Adžič, Enjingi, Krauthaker, Vinarija Daruvar, Djakovačka vina, Kutjevo.
Grgić, Miljenko ☆☆☆ Kalifornischer Kellermeister (Grgich Hills), der zu seinen kroatischen Wurzeln zurückgekehrt ist. In der Kellerei im westlichen Stil auf der Halbinsel Pelješac entstehen Plavac und Pošip.
Grk Seltene autochthone Weißweintraube von der Insel Korčula, die älteste einheimische Sorte Kroatiens. Empfehlenswert: Cebalo Branimir.
Hvar Insel in Mitteldalmatien. Von den Steilhängen im Süden kommen einige exzellente Rotweine, gekeltert von Plavac mali; die Hochebene liefert interessante Weiß- und Rotweine. Weine: v. a. Zlatan Plavac, Ivan Dolac, Faros, Zadruga Svirče.
Istrien Halbinsel in der nördlichen Adria; Malvazija, Chardonnay und Muscat von guter Qualität. Erzeuger: v. a. Coronica, Degrassi, Kozlović, Matošević, Ravalico. Außerdem guter Merlot, Cabernet Sauvignon und Teran.
Istravino (Ivex) ☆ Genossenschaft mit Sitz in Rijeka; bekannt für Schaumwein.
Ivan Dolac Weinlage auf den Südhängen von Hvar. Sehr guter trockener Rotwein von Plavac mali.
Kontinentalna Hrvatska Der (nördliche) binnenländische Teil Kroatiens. Hauptsächlich Weißweine (Graševina, Riesling, Chardonnay), seit neuestem aber auch einige gute Rote (Pinot noir, Merlot).
Koslović ☆☆☆ Fortschrittlicher Weißweinerzeuger auf Istrien, v. a. mit Malvazija. Hat auch Rote im Angebot.
Krauthaker, Vlado ☆☆☆ Ausgezeichnete Weißweine aus Kutjevo, v. a. Chardonnay und Graševina. Rotweine ☆☆.
Kutjevo Name einer Stadt in Slawonien und der dort beheimateten Genossenschaft ☆☆→☆☆☆. Sehr guter Gewürztraminer, Graševina und Weine von edelfaulen Trauben.
Malvazija Malvasia; v. a. in Istrien angebaut. Eine Gruppe von privaten Winzern ist von den altmodischen oxidierten Weinen abgekommen und zu sehr guten lebhaften Tropfen hin umgeschwenkt.
Matošević, Ivica ☆☆☆ Kleiner Erzeuger in Istrien, besonders interessant sind seine Chardonnay-Weine.

Miloš, Frano ☆☆ Erzeuger in Pelješac mit der Kult-Marke Stagnum (Plavac mali).
Pelješac Wunderschöne Halbinsel und Qualitätsweingebiet in Süddalmatien. Einige sehr gute Weine von Plavac mali, vielfach aber überbewertet. Siehe Grgić, Miloš, Postup, Dingač.
Plančić ☆☆ Produzent auf Hvar mit guten Rot- und Weißweinen. Außerdem seltener roter Darnekuša.
Plavac mali Dalmatiens beste Rotweintraube; ergibt körperreiche, kraftvolle und langlebige Weine. Vielversprechend auf der Insel Brač (Murvica). Siehe Dingač, Grgić, Ivan Dolac, Miloš, Postup, Zlatan otok.
Polu Halb-. Polu-slatko bedeutet »halbsüß«, also lieblich, polu-suho »halbtrocken«.
Pošip Die beste Weißweinsorte Dalmatiens, v. a. auf der Insel Korčula.
Postup Weinlage auf Pelješac, nordwestlich von Dingač. Rotweine von mittlerem bis vollem Körper.
Primorska Die Region umfasst die gesamte Küste Kroatiens einschließlich Istrien und das dalmatinische Hinterland.
Prošek Dessertwein aus Istrien und Dalmatien; 15 % Alkohol (fast wie ein Portwein).
Slawonien Subregion in Nordkroatien für Weißweine. Erzeuger: Enjingi, Krauthaker, Kutjevo.
Stolno vino Tafelwein. Auch einige sehr gute Weine werden so bezeichnet.
Teran Kräftiger, säurereicher dunkler Rotwein aus Istrien, der aus der Refosco-Traube gekeltert wird.
Vinoplod ☆ Genossenschaft in Šibenik (Norddalmatien) mit ☆☆☆ Babič.
Vrhunsko vino Neue, auf der Herkunft beruhende Bezeichnung für Weine von Spitzenqualität.
Vugava Seltene weiße Traube von Vis (Mitteldalmatien); angeblich besteht eine Verwandtschaft zu Viognier. Empfehlenswert von Lipanović.
Zdjelarević ☆☆ Weißweinerzeuger in Slawonien, v. a. Chardonnay.
Zlatan otok ☆☆☆ Kellerei mit Sitz auf Hvar, die unter dem Markennamen Zlatan Plavac erstklassigen Rotwein von Plavac mali erzeugt. Auch gute Weiße und Rosés sowie sehr guter Prošek.
Žlahtina Autochthone Weißweintraube von der Insel Krk. Erzeuger: v. a. Katunar, Toljanić.

Serbien

Das Land hat mit der Prokupac eine autochthone Rebe, die reinsortig leichte, fruchtige Weine erbringt, oft aber mit Pinot noir oder Gamay verschnitten wird. Im Südosten gibt es auch etwas Cabernet Sauvignon und Merlot.

Bosnien und Herzegowina

Blatina Alte rote Rebsorte und Wein aus Mostar, vom kiesigen Westufer des Flusses Neretwa.
Kameno Vino Weißwein aus dem einzigartigen bewässerten Weinberg in der Wüste des Neretwa-Tals.

Mostar Bedeutet »alte Brücke«. War das islamisch geprägte Weinzentrum der Herzegowina, doch die Kellereien wurden im Bürgerkrieg zerstört. Ljubuski und Citluk befinden sich im Wiederaufbau. Standen einst für hervorragenden weißen Žilavka und roten Blatina.
Samotok Heller roter (ružica) Wein aus Vorlaufmost (ohne Pressung).
Žilavka Weiße Rebsorte aus Mostar. Ergibt eher neutrale Weine, mitunter jedoch trocken und pikant sowie von bemerkenswerter Fruchtigkeit mit leichtem Aprikosenaroma.

Mazedonien

Empfohlene Kellereien: Povardarie-Negotine, Bovin-Negotino (für Cabernet Sauvignon, Merlot, Pinot noir und Vranec) und Lozar-Veles (für Sauvignon blanc, Chardonnay und Zilavka).

Belan Weiße Grenache. Ergibt neutralen Verschnittwein.
Kadarka Bedeutende rote Rebsorte in Ungarn; hier ist sie ihrem Ursprungsland am Ohrid-See näher.
Kratosija Vor Ort sehr beliebte Rotweinsorte. Saubere Weine.
Plovdina Einheimische Traube, aus der milde Weine (rot und weiß) erzeugt werden. In der Regel Verschnitt mit dem aromatischeren Prokupac.
Prokupac Die wichtigste rote Rebsorte in Serbien und Mazedonien. Ergibt dunklen Rosé (Ružica) und körperreichen, charaktervollen Rotwein, v. a. in Župa. Plovdina wird oft der Geschmeidigkeit halber zugefügt.
Rkatsiteli Häufig verschnittene russische Rebsorte (weiß).
Temjanika Traube für würzige, liebliche Weißweine.
Teran Aus Istrien eingeführter Weinstil, aber die mazedonische Version hat nicht ganz so viel Charakter.
Tikves Beliebte Hügelregion mit einer Rebfläche von rund 8000 ha. Das Traubengut wird v. a. für gefälligen, dunkelroten Kratosija- und frischen trockenen Smederevka-Wein verwendet. Wird in seiner Heimat mit Mineralwasser gemischt.
Traminac Traminer; wird auch in der Woiwodina und in Slowenien angebaut.
Vardar-Tal Leitet die Klimaströme des Ägäischen Meers zu den Weinbergen im Landesinneren.
Vranec Örtlich verwendeter Name für die Vranac-Rebe aus Montenegro. Mäßige Qualität.
Vrvno Vino Kontrollierte Herkunftsbezeichnung für Qualitätsweine.

Montenegro

13. Juli Staatlich kontrollierte Winzergenossenschaft mit modernster Technik aus Italien außerhalb von Podgorica. Vranac erreicht Spitzenqualität.
Crmnica See- und Küstenweinberge, v. a. für Kadarka (vgl. Mazedonien).
Duklja Spät gelesene, liebliche Vranac-Variante.
Krstac Montenegros weiße Spitzenrebsorte und der davon erzeugte Wein; v. a. aus Crmnica.
Merlot Seit 1980 gute Ergebnisse mit Reifung in Holzfässern.
Vranac Weit verbreitete, kräftige örtliche Rebsorte und der davon erzeugte Rotwein. Preiswert.

Die Tschechische und die Slowakische Republik

Tschechien (mit Böhmen und Mähren) und die Slowakei haben so gut wie keine Tradition als Exportländer, doch seit 1989 tauchen auch hier schöne Weine auf. Das einfließende Kapital und die Beratung aus dem Ausland lassen auf eine gute Entwicklung für die Zukunft hoffen. Beide Staaten sind seit Mai 2004 Mitglieder der EU. Herausragende Jahrgänge: 1997, 1999, 2000.

Tschechien

Mähren

Die mährischen Weine sind in Prag wegen ihrer Vielfalt und Erschwinglichkeit besonders beliebt. Die Rebgärten liegen an den Nebenflüssen der Donau nahe der Grenze zu Österreich und sind mit denselben Sorten wie dort bestockt, z. B. Grüner Veltliner, Müller-Thurgau, Sauvignon blanc, Traminer, St. Laurent, Spätburgunder, Weißburgunder, Blauer Portugieser, Frankovka (Lemberger), Riesling und Welschriesling. Zu empfehlen sind z. B.: **Mikros** und **Tanzberg** von **Mikulov** (gute Weiße), **Znovín** in **Znojmo** (moderner Zuschnitt, international beachtet, meist Weißwein, auch von der Einzellage Šobes), **Vinné Sklepy Valtice** (historisches Weingut, jetzt eine Privatfirma mit schmackhaften Weißen und aromatischen Roten). Weitere Erzeuger: **Vinselekt** (Rakvice), **Baloun** (Velké Pavlovice), **Moravíno** und **Reisten** (Valtice), **Sonberk** (Pouzdřany), **Viniblat** (Blatnice), **Springer** (Bořetice), **Špalkovi** (Nový Šaldorf). Mähren produziert auch Schaumwein, z.B. Sekt Domaine Petrák (Kobylí) und Znovín DeLuxe (Znojmo).

Böhmen

Weinbau seit dem 9. Jahrhundert. Gleiche geographische Breite wie Ostdeutschland, daher ähnliche Weine. Die besten Bereiche liegen im Elbtal nördlich von Prag, am bekanntesten ist die Gegend um Mělník (Riesling, Ruländer, Traminer und interessanter Pinot noir). Vor allem rund um Prag wird eifrig eine Wiederkultivierung von Weinbergen betrieben; hier entstehen auch kleine Boutique-Kellereien. Spitzenerzeuger sind: **Karlštejn** (Forschungs- und Versuchszentrum), **Litoměřice, Lobkowicz-Mělník** (in Eiche ausgebaute Rote und fassvergorener Chardonnay), **Lobkowicz-Roudnice** (Sylvaner, Pinot noir), **Žernoseky** (Riesling, Pinor blanc, Muscat). Schaumwein wird meist mit Rebgut aus Österreich im Tankgärungsverfahren bereitet. Die Produktion von böhmischem Sekt in Starý Plzenec (Henkell-Söhnlein) und Soare steigert sich dank ausländischen Investitionen.

Slowakei

Die Rebfläche nimmt ab. Verwendet werden ungarische und internationale Sorten; die besten Weine stammen aus der Region Malo-Karpatská (in den Ausläufern der kleinen Karpaten) und in dem östlichen Landesteil, der an die Tokajer-Rebfläche in Ungarn angrenzt. Weitere wichtige Bereiche: Malá Trna, Nové Mesto, Skalice, Bratislava, Pezinok und Modra. Führende Erzeuger: Château Belá, Malík, Masaryk, Matyšák, Movino, Mrva & Stanko, J. J. Ostrožovič, Pavelka. Für Schaumwein: Hubert, JE, Pálffy Sekt.

Rumänien

Rumänien hat eine alte, möglicherweise bis zu 6000 Jahre zurückreichende Weinbautradition, aber ein gutes Qualitätspotenzial wurde jahrzehntelang damit verschwendet, die Sowjetunion mit billigem süßem Wein zu beliefern. Die politische Lage hat leider wenig Fortschritt erlaubt. Nach wie vor ist Masse das Hauptziel, aber mit moderner Ausstattung, ausländischem Know-how und einem wachsenden Bewusstsein für Weinbergpflege kann hier und da schon ein Bruchteil des enormen Potenzials Rumäniens realisiert werden. Die vollen, weichen Rotweine aus Dealul Mare (v. a. Pinot noir) sind bereits dabei, sich internationales Ansehen zu erwerben. Was jetzt gebraucht wird, sind weitere Investitionen und mehr Beständigkeit.

Alba Iulia Gebiet in der kühlen Târnave-Region in Siebenbürgen. Bekannt für aromatischen halbtrockenen Weißwein aus Riesling italien, Feteascǎ und Muskat-Ottonel; auch Schaumwein in Flaschengärung.
Aligoté Traube für angenehm frischen Weißwein von über 9500 ha Anbaufläche.
Bǎbeascǎ neagrǎ Wörtlich »(schwarze) Großmuttertraube«; traditionelle Rotweinsorte im Bereich Focsani, die helle Tropfen von geringem Körper erbringt.
Banat Ebene an der Grenze zu Serbien. Einfacher Riesling italien, Sauvignon blanc, Muskat-Ottonel und der lokale Riesling de Banat; außerdem leichter roter Cadarca, Cabernet Sauvignon sowie Merlot.
Burgund Mare Name einer Rebe, der auf das Burgenland (Österreich) verweist, wo die Sorte Blaufränkisch heißt (in Ungarn Kékfrankos).
Buzau-Höhen Gute Rotweine (Cabernet Sauvignon, Merlot, Burgund Mare) aus dem Gebiet hinter Dealul Mare.
Cabernet Sauvignon Wird vor allem in Dealul Mare zunehmend angebaut, liefert dunklen, intensiven Wein.
Carl Reh Kellerei mit deutschem Besitzer in Oprisor.
Carpathian Winery Dealul Mare. Hervorragender Pinot noir.
Chardonnay Einige süße Weine, inzwischen gibt es aber zunehmend moderne trockene und in Eiche gereifte Versionen, v. a. aus Murfatlar und Siebenbürgen.
Cotnari Weinbaugebiet an der nördlichen Grenze der Moldauregion. Das warme Mikroklima bietet beste Bedingungen für Edelfäule. Rumäniens berühmtester historischer Wein (selten geworden), ein leichter weißer Dessertwein von Lokalrebsorten (Grasǎ, Feteascǎ albǎ, Tǎmîioasǎ, Francusa). Schmeckt wie sehr zarter Tokajer.
Crisana Westliche Weinbauregion mit dem historischen Teil Minis (seit dem 15. Jahrhundert): v. a. roter Cadarca und lebhafter weißer Mustoasa. Weitere Gebiete: Silvania (v. a. Feteascǎ), Diosig und Valea lui Mihai.
Dealul Mare »Der große Berg«. Bedeutendes, modern arbeitendes und gut gelegenes Weinbaugebiet in den südöstlichen Ausläufern der Karpaten. Rotweine von Feteascǎ neagrǎ, Cabernet Sauvignon, Merlot, Pinot noir; Weißweine von der Tǎmîioasǎ-Traube. Hier gab es Investitionen aus Frankreich. Halten Sie Ausschau nach der Marke Dionis (feine Rotweine).

Dobrogea Sonnige, trockene Schwarzmeerregion einschließlich Murfatlar. Gute Qualität.
DOC Neue Klassifizierung für Weine höherer Qualität; ersetzt VS und VSO.
DOCG (früher VSOC). Weine der Spitzenklasse. CMD: Spätlese; CMI: Spätlese mit Edelfäule; CIB: Auslese von edelfaulen Trauben (wie Beerenauslese).
Drăgăşani Weinbaugebiet am Olt südlich der Karpaten; Weinerzeugung seit der Römerzeit. Hier werden traditionelle und »moderne« Traubensorten (besonders Sauvignon blanc) angebaut. Guter Muskat-Ottonel.
Fetească Rumänische Weißweintraube mit würzigem, Muscat-ähnlichem Aroma. Es gibt zwei Arten: Fetească albă (entspricht der ungarischen Leányka, alterungswürdig und mit höherem Potenzial, besonders bei sorgfältiger Behandlung; bildet die Grundlage für Schaumwein und süßen Cotnari) und Fetească regală (für Schaumwein geeignet).
Fetească neagră »Schwarze Mädchentraube«. Die rote Fetească. Schwierig zu handhaben, kann aber tiefe, körperreiche Rotweine mit viel Charakter und langer Haltbarkeit ergeben.
Focsani Hauptstadt der Region Vrancea in der Moldau-Region.
Grasă Eine Form der ungarischen Furmint-Traube, die in Rumänien angebaut und u. a. im Cotnari verwendet wird; anfällig für Edelfäule. Grasă bedeutet »fett«.
Iaşi Region mit frischen, säuerlichen Weißweinen (v. a. Fetească albă, aber auch Riesling italien, Aligoté und Muskat-Ottonel im Spumante-Stil), z. B. von Bucium, Copu, Tomeşti. Außerdem Rote: Merlot, Cabernet Sauvignon und einige der besten Băbească-Gewächse.
Jidvei Weinbaubetrieb in den Karpaten (Târnave) im nördlichsten Weinbaugebiet Rumäniens. Gute Weißweine: Fetească, Furmint, Riesling italien, Sauvignon blanc.
Lechinta Weinbaubereich in Siebenbürgen. Lokale Sorten, bekannt für ihr Bukett.
Merlot Der Ackergaul unter Rumäniens Trauben; hat von allen roten Sorten die weiteste Verbreitung.
Murfatlar Rebflächen nahe am Schwarzen Meer mit den zweitbesten Voraussetzungen für Edelfäule (vgl. Cotnari). Produziert werden v. a. süßer Chardonnay und Cabernet-Sauvignon-Spätlesen. Jetzt auch volle trockene Rot- und Weiß- sowie Schaumweine.
Muskat-Ottonel Der osteuropäische Muskateller ist in Rumänien eine Spezialität, v. a. im kühlen Siebenbürgen; trockene Weine in der Moldau.
Paulis Kleine Gutskellerei in der gleichnamigen Stadt. In Eiche gealterter Merlot ist einer ihrer Schätze.
Perla Spezialität von Târnave: ein lieblicher Verschnitt aus Riesling italien, Fetească und Muskat-Ottonel.
Pinot gris In Siebenbürgen und Murfatlar weit verbreitet. Volle, leicht aromatische Weine, erinnern im Stil eher ans Elsass als an den italienischen Pinot grigio.
Pinot noir Wird im Süden angebaut; überrascht oft durch Geschmacksfülle und Charakter.
Prahova Winecellars Vielversprechendes britisches Unternehmen mit sieben Kellereien in Dealul Mare, verwendet einheimische und internationale Rebsorten, u. a. Sangiovese. Versuchen Sie den 99er Pinot noir.
Premiat Zuverlässiges Programm an Qualitätsweinen für den Export.

Riesling italien (Welschriesling). Sehr verbreitet; meistens mangelhaft bereitet, aber das Potenzial ist vorhanden.

Sauvignon blanc Oft der schmackhafteste Weißwein Rumäniens, vor allem in Verschnitten mit Fetească.

Siebenbürgen Gebirgsregion in der Landesmitte. Siehe Alba Iulia, Lechinta, Târnave.

Tămîioasă romanească Traditionelle Weißweintraube, ihres exotischen Buketts und Geschmacks wegen auch »Frankincense« genannt. Würzige, liebliche Weine, oft aus edelfaulen Trauben.

Târnave (oder **Tírnave**) Bedeutendes Weinbaugebiet in Siebenbürgen, bekannt durch Perla und vor allem Fetească regală. Gute Gegend für trockene und aromatische Weine (v. a. Pinot gris, Gewürztraminer), z. B. von Jidvei. Auch Schaumwein in Flaschengärung.

Valea Călugărească »Das Tal der Mönche«; Teil des Weinbaugebiets Dealul Mare. Bewundernswert der Merlot, Cabernet Sauvignon und Pinot noir, nicht weniger der Riesling italien und der Pinot gris.

Vin de Masa Klassifikation für einfachsten Wein; wird ausschließlich lokal getrunken.

Vinexport 1990 gegründete, rasch expandierende Firma. Kontrolliert 80 % des rumänischen Weinexports.

Vinterra Niederländisch-rumänisches Unternehmen. Guter Merlot.

Vrancea Region im Osten mit den Gebieten Panciu, Odobești, Cotești und Nicorești.

Griechenland

Seit dem Eintritt Griechenlands in die EG 1981 hat sich seine veraltete Weinindustrie verändert. Ein Teil der griechischen Gewächse ist nach wie vor recht primitiv, aber inzwischen wurde ein neues Appellationssystem eingerichtet und in den letzten Jahren sind urplötzlich großen Mengen an exzellenten Tropfen auf den Weltmarkt gekommen. Die modernen, aber immer noch authentisch griechischen Weine sind gut bereitet und sehr wohl wert, auch außerhalb des Landes Abnehmer zu finden.

Aghiorghitiko In der Region Nemea verbreitet angebaute Rotweintraube. Außerordentlich entwicklungsfähig.

Agioritikos Halbtrockene Weiß- und Roséweine von Agios Oros bzw. dem Berg Athos, der Kloster-Halbinsel in Chalkidike. Markenname für Tsantalis.

Alpha Estate ☆☆ Modernes Weingut im relativ kühlen Amindeo. Erster Wein war 2002 der in Eiche ausgebaute Verschnitt von Merlot, Syrah und Xinomavro. Neu der lebhafte Sauvignon blanc (03).

Antonopoulos ☆☆→☆☆☆ Bedeutender Erzeuger von weißem Mantinia, Adoli Ghis, nussigem Chardonnay ohne Eichenholzwürze und Cabernet Sauvignon/Nea Dris (**97 98 00 01**). Neu ist der konzentrierte aromatische Gris de Noir (03). Im Auge behalten.

Arghyros ☆☆→☆☆☆ Spitzenerzeuger auf Santorin mit delikatem (und teurem) Vinsanto, der 20 Jahre im Fass reift. Aktueller Jahrgang: 1985. Außerdem der sehr trockene Ktima Arghyros (03).

Biblia Hora ☆☆→☆☆☆ Rebflächen und landhausartige Kellerei bei Kavala. Geschliffene Weine im Stil der Neuen Welt, etwa traubiger Sauvignon blanc/Assyrtiko (03) und Syrah Rosé (03) mit floralen Noten.

Boutari, J. & Sohn ☆→☆☆ Erzeuger und Handelshaus in Naoussa; Weinberge und Kellereien auch in Goumenissa, Mantinia, auf Santorin und auf Kreta. Neue sortenreine Weine: Moscofilero (03) und Aghiorghitiko (01).

Calliga ☆ Markenname, jetzt im Besitz von Kourtakis. Guter Montenero und Rubis von der Aghiorghitiko-Traube.

Cambas, Andrew ★ Marke im Besitz von Boutari. Sehr günstiger Chardonnay und Cabernet Sauvignon.

Carras, Domaine ☆☆ Weingut in Sithonia, Chalkidike, Nordgriechenland, mit eigener AC Côtes de Meliton. Der 98er Syrah stammt von alten Reben. Seit 2000 unter neuer Führung.

Cava Offizielle Bezeichnung für im Fass ausgebaute rote und weiße Stillweine, z. B. Cava Boutari (Naoussa/Nemea).

Creta-Olympias ☆→☆☆ Erzeuger auf Kreta mit zunehmender Bedeutung. Sehr günstiger fruchtiger weißer Xerolithia, sich entwickelnder saftiger roter Mirambelo sowie in Holz ausgebauter roter und weißer Creta Nobile (01).

Emery ☆→☆☆ Historischer Erzeuger auf Rhodos, spezialisiert auf lokale Rebsorten. Markennamen: Villare und Grand Rose. Auch guter Schaumwein nach der traditionellen Methode.

Gaia ☆☆☆ Spitzenerzeuger in Nemea; fruchtige Tropfen unter dem Etikett Notios; führend der Aghiorghitiko (03). Spitzenwein: Gaia Estate (**97**

98 99 00 01). Auch Thalassitis aus Santorin mit und ohne Eichenholzwürze. Erstaunlicher Retsina namens Ritinitis Nobilis.

Gentilini ☆☆→☆☆☆ Erfolgreicher Weißwein von der Robola-Traube aus Kefallenia. Neuer Syrah (01).

Gerovassiliou ☆☆☆ Perfektionistisches kleines Weingut bei Thessaloniki: der Assyrtiko/Malagousia (03) setzt Maßstäbe in puncto Fruchtigkeit; daneben weicher Syrah-Merlot-Verschnitt (02) und Viognier der Spitzenklasse (03).

Goumenissa AC ☆→☆☆ Appellation im Westen Makedoniens; eichenholzwürziger Rotwein. Erzeuger: v. a. Boutari, Ktima Tatsis.

Hatzimichalis, Domaine ☆ Kleines Weingut und Handelshaus in Atalanti; große Bandbreite mit griechischen und französischen Rebsorten. Spitzenwein: roter Cava.

Katsaros ☆☆→☆☆☆ Kleiner, ökologisch wirtschaftender Erzeuger am Olymp mit sehr hohem Niveau. Weine: gut haltbarer Ktima, Cabernet Sauvignon/Merlot (01), üppiger Chardonnay (03).

Kefallenia (Kephalonia) Ionische Insel im Westen mit gutem weißem Robola und Muscat..

Kir-Yanni ☆☆ Hochwertige Weinberge in Naoussa und Amindeo. Lebhafter weißer Samaropetra (03), guter Syrah (00). Spitzenwein ist der Naoussa, ein Xinomavro von einer Einzellage (00).

Kouros ☆ Zuverlässiger, viel verkaufter weißer Patras und roter Nemea von Kourtakis.

Kourtakis, D. ☆☆ Weinhandelshaus in Athen mit mildem Retsina und gutem dunklem Nemea.

Kreta Steigende Qualität. Führende Erzeuger: Alexakis, Ekonomou, Lyrarakis.

Ktima Gut, Hof. Nicht nur für Weingüter verwendet.

Lazaridis, Domaine Kostas ☆→☆☆ Nicht zu verwechseln mit Nico Lazaridis. Gute Qualität unter dem Etikett Amethystos. Spitzenwein: ungefilterter roter Cava (01).

Lazaridis, Nico ☆→☆☆ Familiengut in Drama, nordöstlich von Thessaloniki. Spektakuläre postmoderne Kellerei. Üppiger Merlot (02); Spitzenwein: Magiko Vouno weiß (03) und rot (00).

Lemnos AC – Appellation der Ägäisinsel mit Dessertweinen von der Genossenschaft und köstlichem gespritetem Muscat d'Alexandrie. Jetzt auch trockene Muscat-Weine von der Kellerei Kyathos-Honas.

Makedonien Qualitätsweinregion im Norden für Xinomavro.

Malagousia Wiederentdeckte duftige weiße Rebsorte.

Mantinia AC – Hoch gelegene Appellation im Zentrum des Peloponnes. Frischer, traubiger Moscofilero.

Matsa, Château ☆☆→☆☆☆ Kleiner Erzeuger in Attika, der das Potenzial der einheimischen Rebsorten optimal ausschöpft. Spitzenwein: Savatiano Vieilles Vignes. Auch stilvoller Laoutari und exzellenter Malagousia.

Mavrodaphne AC – Wörtlich »schwarzer Lorbeer«: Appellation und rote Rebsorte; fassgereifte Weine ähnlich wie Port oder Recioto (auf 15 bis 22 % angereichert); eine Spezialität der Region Patras.

Mercouri ☆☆→☆☆☆ Familienweingut auf dem Peloponnes; sehr feiner roter Refosco und delikater Roditis. Auch neuer Cava (00), schöner Refosco dal pedunculo rosso und trockener Mavrodaphne-Verschnitt.

Moscofilero Hochwertige hellrote Traube mit Rosenduft und guter Säure, die in der Regel zu Weißwein (Blanc de Gris) verkeltert wird.

Naoussa AC r – Region mit qualitativ hochwertigem Xinomavro. Eine der beiden Gegenden in Griechenland, wo sich bald eine »Cru«-Bezeichnung entwickeln könnte. Exzellente Jahrgänge: u. a. 00 01.

Nemea AC r – Region auf dem östlichen Peloponnes. Dunkle würzige Weine von der Aghiorghitiko-Traube, die oftmals das Rückgrat vieler (nicht immer griechischen) Verschnittweine bilden. Das obere Nemea verdient eine eigene Appellation; Koutsi ist erster Anwärter auf einen Cru-Status.

Oenoforos ☆☆→☆☆☆ Guter Erzeuger auf dem Peloponnes. Sein weißer Asprolithi von der Roditis-Traube ist Klassenprimus. Dazu eleganter weißer Lagorthi, frischer Chardonnay, subtiler Cabernet Sauvignon, frischer Riesling (03) und feiner Syrah (01).

Papaïoannou ☆☆→☆☆☆ Spitzenerzeuger in Nemea. Sehr klassische Rotweine, u. a. von Pinot noir; vollmundige eichenholzwürzige Weißweine. Spitzenwein: Ktima Papaïoannou Palea Klimata von alten Reben (97 98 00).

Patras AC – Weißwein auf Roditis-Basis. Die Stadt ist ein bedeutender Weinort am Ionischen Meer; Heimat des Mavrodaphne. Die AC Rio-Patras liefert süßen Muscat.

Peloponnes Die bergige Landmasse im Süden des griechischen Festlands, trägt die Hälfte der gesamten Rebfläche Griechenlands, u. a. Nemea, Mantinia und Patras.

Rapsani Interessanter, eichenfassgereifter Rotwein vom Berg Ossa. Etwas kratzig, bevor er von Tsantalis aufgemöbelt wurde.

Retsina Eine Spezialität aus Attika: Weißwein mit Zusatz von Harz der Aleppo-Kiefer, passt eigentümlich gut zu gewissen griechischen Speisen. Eigenkonsum im Land im Schwinden begriffen.

Rhodos Östlichste der griechischen Inseln; Heimat der weißen Athiri-Traube, die einen cremig-trockenen Wein ergibt. Spitzenweine: Rodos 2400 der Genossenschaft Caïr sowie Villare von Emery. Auch Schaumwein.

Roditis Weiße Traube, in unzähligen Klonen in ganz Griechenland verbreitet. Bei niedrigen Erträgen gute Ergebnisse.

Samos AC – Ägäisinsel, seit alters berühmt für ihren süßen, blassgoldenen Muskateller. Am besten sind der gespritete Anthemis (99) und der Nectar aus sonnengetrockneten Trauben. Seltene alte Abfüllungen können überragend sein.

Santorin Vulkaninsel nördlich von Kreta; hier wird saftiger, süßer Vinsanto aus sonnengetrockneten Trauben sowie ein sehr mineralischer, extrem trockener Weißwein von der ausgezeichneten Assyrtiko-Traube erzeugt. Gute Exemplare mit Eichenholzwürze. Spitzenerzeuger: Arghyros, Gaia, Sigalas.

Semeli, Château ☆☆ Weingut bei Athen mit gutem Weiß- und Rotwein, u. a. Nemea.

Sigalas ☆☆→☆☆☆ Spitzenerzeuger auf Santorin mit dem eichenholzwürzigen Santorini Oia Bareli (03) als Aushängeschild. Außerdem stilvoller goldener Vinsanto (01).

Skouras ☆☆ Innovative Weine vom Peloponnes, z. B. Viognier (Cuvée Eclectic). Bester Wein: roter Megas Oenos (00). Gut ist die Grande Cuvée (01) aus dem oberen Nemea.

Spiropoulos, Domaine ☆☆ Qualitätserzeuger in Mantinia mit ökologischem Anbau. Zunehmend besserer eichenholzwürziger roter Porfyros (Aghiorghitiko/Cabernet Sauvignon/Merlot). Der Schaumwein Odi Panos zeigt gutes Potenzial.

Strofilia-Katogi ☆ Erzeuger v. a. mit griechischen Rebsorten, aber auch Chardonnay, Cabernet Sauvignon und blumiger Traminer.

Tsantalis ☆→☆☆ Erzeuger und Handelshaus in Agios Pavlos; Weinberge in Naoussa, Maronia und Rapsani. Hat das volle Sortiment von Land- und Appellationsweinen im Angebot; neu sind die reinsortigen Weine aus ökologischem Anbau von Assyrtiko (03), Merlot (02) und Cabernet Sauvignon (01).

Tselepos ☆☆→☆☆☆ Spitzenerzeuger in Mantinia; Griechenlands bester Gewürztraminer (03). Außerdem frischer eichenholzwürziger Chardonnay, solider Nemea (01), sehr guter Cabernet Sauvignon/Merlot (00), stilvoller Merlot (00), Avlotolpi Cabernet Sauvignon von einer Einzellage (01) sowie der Top-Einzellagenwein Kokinomylos Merlot (01).

Voyatzi, Ktima ☆☆ Kleiner Erzeuger nahe Kozani. Fetter weißer Malvasia aromatica (03). Roter Spitzenwein: Ktima Voyatzi (01), ein Xinomavro-Cabernet-Sauvignon-Verschnitt.

Xinomavro Die süffigste der vielen einheimischen griechischen Rotweintrauben, obwohl der Name eigentlich »säuerlich schwarz« bedeutet. Wird im kühleren Norden angebaut und dient als Grundlage für Naoussa, Goumenissa und Amindeo. Hohes Potenzial.

Zitsa AC – Im gebirgigen Nord-Epirus. Delikater weißer Debina in stiller oder schäumender Version.

Zypern

Das feinste Produkt der Insel ist der historische Süßwein Commandaria. Jahrelang waren die Weine von bescheidener Qualität, inzwischen findet eine Aufwertung statt. Die Rebflächen befinden sich in den Ausläufern des Troodos-Gebirges und bis vor kurzem wurden nur zwei lokale Sorten angebaut. Mittlerweile sind zwölf weitere dazugekommen, einschließlich natürlich der internationalen Favoriten. Eine Besonderheit Zyperns ist, dass die Insel bisher von der Reblaus verschont geblieben ist. Das Gros der hiesigen Weine wird heute von vier Firmen produziert: KEO, ETKO, SODAP und Loel. Der griechische Teil Zyperns ist seit Mai 2004 Mitglied der EU.

Commandaria In den Hügeln im Norden von Limassol auf traditionelle Weise erzeugter brauner Dessertwein guter Qualität. Das Gebiet ist auf 14 Ortschaften begrenzt, deren wichtigste Kalo Khorio ist. Der Wein wird von sonnengetrockneten Xynisteri- und Mavro-Trauben bereitet. Die besten Vertreter (bis zu 100 Jahre alt) sind ganz vorzüglich. Eine begrenzte Menge von Jahrgangswein wird auch exportiert.

ETKO Sitz in Limassol. 16 verschiedene Weine, u. a. Nefel (weiß), Olympus, Cornaro Carignan, Cornaro Grenache und Semeli (alle rot). Am besten ist der rote Ino Cabernet Sauvignon.

KEO Größte und zielstrebigste Firma Zyperns; die Produktion ist inzwischen vollständig von Limassol auf regionale Kellereien verlagert worden. Weine: u. a. Aphrodite (Xynisteri), Bellapais (Schaumwein), Rosella (duftiger Rosé), Heritage (voller, eichenholzwürziger Maratheftiko), Othello (solider Roter) und Domaine d'Ahera (samtiger Roter). Auch

Commandaria St. John. Die Standardweine Dry White und Dry Red sind sehr preiswert.

Kokkineli Lieblicher dunkler Rosé; der Name ist verwandt mit Koschenille (roter Farbstoff).

Limassol Weinhafen im Süden. War lange Zeit Sitz aller großer Betriebe.

Loel Einer der großen Produzenten. Das Sortiment umfasst die Rotweine Orpho Negro und Hermes sowie die reinsortigen Weißen von Palomino und Riesling; außerdem Commandaria Alasia und Brandy.

Maratheftiko Die Traubensorte der Zukunft in Zypern: Rebstöcke von hoher Qualität bringen konzentrierte Rotweine hervor; in Farbe und Tannin dem Cabernet Sauvignon ähnlich.

Mavro Die schwarze Traube von Zypern. Rebgut von hoch gelegenen Weinbergen kann Qualität erbringen, andernfalls ordentliche, akzeptable Weine.

Ophtalmo Dunkle Traube für Rot- und Roséwein: leichter und säuerlicher als Mavron.

Palomino Milder, trockener Weißwein aus der gleichnamigen Traube, erzeugt von Loel und SODAP. Eiskalt sehr süffig.

Pitsilia Region südlich vom Olymp; einige der besten Weißen und Commandaria-Weine.

SODAP Die Winzergenossenschaft in Limassol gehört zu den vier Großproduzenten der Insel. Weißweine: u. a. Arsinoë (Xynisteri), Artemis und Danae; Rotweine: u. a. Afames sowie sortenreine Tropfen von Carignan und Grenache. Die neue Reihe namens Island Vines bietet moderne, frische, preiswerte Tropfen.

Xynisteri Die auf Zypern heimische aromatische Weißweintraube bringt delikate, fruchtige Weine hervor.

Die ehemalige Sowjetunion

Auf die 12 GUS-Republiken (Gemeinschaft Unabhängiger Staaten) der ehemaligen UdSSR entfallen nur noch 3 % der Weinproduktion weltweit. Seit der Umwälzung von 1991 hat es wenig Fortschritt gegeben, aber einige interessante Erzeuger gibt es dennoch.

Russland

Moskau und St. Petersburg beginnen sich, besonders in Restaurants, der Weinkultur zu öffnen. Doch es bringt keinen Fortschritt, wenn billige Massenweine importiert und als russische Erzeugnisse auf Flaschen gezogen werden. Hauptproduktionsgebiet ist Krasnodar an der Nordküste des Schwarzen Meers, wo 60 % des russischen Weins erzeugt wird. 2003 wurde hier eine Rekordernte eingefahren. Der Anteil an trockenen Weinen überwiegt mittlerweile die süßen. Ordentlich sind Cabernet Sauvignon, Merlot, Saperavi, Riesling und Rkatsiteli (Anapa, Temruk), die Kellerei Vityazevo (Anapa), Kagor (süß), Pontiskaja sowie der rote süße Schaumwein Tsimlanskaja Schampanskaja (Rostov). Abrau Durso Brut, einst von Prinz Golizyn aus der Taufe gehoben, ist ein klassischer Schaumwein (seit 1896), der in einem ähnlichen Klima wie in der Champagne aus Aligoté, Chardonnay und Cabernet franc entsteht; ferner Muskateller-Weine. Spitzenerzeuger ist Fanagoria (Temruk) mit Merlot und Cabernet Sauvignon aus 1998 gepflanzten französischen Reben. Der neue kleine Erzeuger Karakezidi (Anapa) exportiert den in kaukasischer Eiche ausgebauten roten Stretto.

Ukraine (einschließlich Krim)

Die Ukraine ist der zweitgrößte Erzeuger der GUS. Dass man auf der Krim erstklassige Dessertweine und gespritete Tropfen bereitet, wurde 1990 auf einer Auktion deutlich, bei der alte Weine aus der Sammlung des letzten Zaren in Massandra nahe Jalta (wo bis heute produziert wird) versteigert wurden. Novy Svet, 1890 von Prinz Golizyn gegründet, erzeugt einen klassischen herben Schaumwein, der 1896 bei der Krönung des Zaren serviert wurde. Beachtenswerte Erzeuger: Inkermann, Magarach. Die Rotweine zeigen gutes Potenzial, z. B. Alushta von Massandra. Die Ukraine erzeugt auch Aligoté- und Artjomovskaja-Schaumwein.

Moldova

Für die Weinproduktion hat das ehemalige Moldawien innerhalb der GUS-Staaten die größte Bedeutung, sowohl im Hinblick auf die erzeugte Menge als auch auf das vorhandene Potenzial. Ein Drittel des Landeseinkommens wird mit Weinbau erwirtschaftet. Weinbauregionen sind v. a. Bugeac, ferner Nistrean, Codrean und die Nordregion. In den Weinbergen finden sich Sorten wie Cabernet Sauvignon, Pinot noir, Merlot, Saperavi (fruchtig), Riesling, Chardonnay, Pinot gris, Aligoté und Rkatsiteli. Verschnitte von Cabernet Sauvignon und Saperavi können besonders gut sein – wie langlebiger Bordeaux im alten Stil. Spitzenerzeuger sind Purkar, Cahul, Kazayak und Hincesti. Gut ist auch Cricova, dessen Keller mit ihrem über 120 km langen Tunnelsystem eine beeindruckende Touristenattraktion aufzuweisen haben. Investitionen aus der Neuen Welt (Penfolds seit 1993) bei Hincesti sowie vor kurzem von der örtlichen Vininvest-Gesellschaft haben moderne Weinbereitungsmethoden ins Land gebracht. Moldovas wohl modernste Weine sind Rymans Hincesti Chardonnay, der weiße Abastrele und der rote Legenda. Die Mehrheit der Erzeugerbetriebe ist mittlerweile privatisiert; auch wenn nicht alles reibungslos vonstatten geht, sind die Fortschritte beachtlich. Das Klassifikationssystem, das Appellationen ausweist, ist jetzt in Kraft getreten.

Georgien

Wohl die älteste Weinregion der Welt – zum Teil sind uralte Methoden, wie etwa das Vergären des Weins in Tonkrügen *(kvevri)*, immer noch gebräuchlich. Im Prinzip stemmen sich die Georgier gegen jede Modernisierung, für den Export werden aber mit etwas moderneren Techniken Verschnittweine wie Mukuzani oder Tsinandali hervorgebracht. Kachetien (Ostgeorgien), wo zwei Drittel von Georgiens Wein produziert werden, ist seit jeher berühmt für lebendige, schmackhafte Rot- (Saperavi) und annehmbare Weißweine (Tibaani, Rkatsiteli, Gurjaani). An ausländischen Investoren treten Pernod-Ricard in Kachetien mit der Marke GWS auf, während die USA-basierte Firma Bagrationi billigen, süffigen Schaumwein erzeugt. Beide werden in großem Maßstab exportiert. In dem Maß, wie Ausrüstung, Techniken und Gepflogenheiten moderner werden (und die neue Regierung die Korruption eindämmt), kann Wein aus Georgien langfristig zum Exportschlager werden.

Asien

China

Die neue Weinbegeisterung in China hält unvermindert an, der Binnenverbrauch wächst mit jedem Jahr. Das Land ist jetzt der weltweit elftgrößte Weinproduzent mit über 300 verschiedenen Erzeugern, die sich über die ganze Nordhälfte verteilen. Die einzelnen Regionen gewinnen mehr und mehr an Profil. Ungefähr 50% der Erzeugung von Wein aus Trauben entfällt auf die Region um die Bohai-Bucht an der Ostküste, zu der die ausgezeichneten Gebiete der Shandong- (Shantung-) Halbinsel und die Küste bei Tianjin (Tientsin) gehören. Die besten Jahrgänge der Shandong-Halbinsel sind: w 93 97 98 00 02; r 93 97 00 02. In Nordwestchina, z. B. in Xinjiang und Gansu, macht sich der Zustrom von ausländischem Know-how bemerkbar. Auch im Bezirk Shacheng nördlich der Großen Mauer sowie längs des Gelben Flusses (Hwangho), in den Provinzen Anhui und Henan, breitet sich der Weinbau aus. Huadong, der in Shandong beheimatete Spitzenerzeuger, legt v. a. mit seinen Einzellagenweinen weiterhin die Messlatte hoch. Die kürzlich von den chinesischen Behörden eingeführten Standards, u. a. die Ausweisung von Einzellagen und Schutzbestimmungen zur Herkunftsbezeichnung, haben internationale Anerkennung gefunden. 80% der Produktion des Landes liegen in den Händen von drei Firmen: Changyu, Dynasty und Great Wines. Eine Auswahl der besten Weine: Einzellagen-Chardonnay und -Riesling von Huadong, Cabernet Sauvignon, Merlot und Chenin blanc von der Lou Lan Winery (Xinjiang) sowie Cabernet Sauvignon und Cabernet franc von der Grace Winery (Shanxi). Interessant auch die Kai Xuan Winery (Shandong) und Maotai, der Reisweinproduzent in Hebei.

Indien

Der sehr kleine Weinbau ist hauptsächlich in drei Gebieten beheimatet (Maharashtra, Punjab und Kamataka) und wird von drei Firmen dominiert. Chateau Indage, die größte, erzeugt u. a. den international geachteten Schaumwein Omar Khayyám (Chardonnay/Ugni blanc) mit der Unterstützung von Piper Heidsieck. Auch Grover Vineyards (Kamataka) profitiert mit Michel Rolland seit 1992 von ausländischer Beratung. Der Cabernet Sauvignon ist recht ordentlich. Seit 1999 tätig ist die Kellerei Sula (Maharashtra), die sieben Weine produziert. In Zukunft könnte vielleicht auch noch die McDonnel Winery (Bangalore) interessant werden.

Japan

Japans Weinindustrie konzentriert sich in der Präfektur Yamanashi (Honshu) westlich von Tokio. Weitere wichtige Regionen sind die Präfekturen Nagano und Yamagata nördlich von Tokio und die Nordinsel Hokkaido. Die Produktion von Qualitätswein wird von klimatischen Problemen, vor allem heftigen Regenfällen, stark behindert. Nur Hokkaido scheint vom schlimmsten Unbill verschont zu sein und bietet so etwas wie Zukunftsaussichten. Der Anbau stieg in den 1960er- und 1970er-Jahren stark an, basierend vor allem auf Hybridreben; am beliebtesten aber ist die seit 1186 bekannte robuste Vinifera-Traube Koshu, die große Beeren und leichte Weißweine hervorbringt. Zusammen mit neuen Weinbautechniken sind in den vergangenen 20 Jahren auch internationale Qualitätssorten nach Japan gekommen. Die Einführung von Chardonnay, Cabernet Sauvignon, Cabernet franc, Merlot und kürzlich auch Gewürztraminer, Viognier und Barbera hat einen kleinen neuen Markt für japanische Spitzenweine geschaffen, der hochkarätige Tropfen liefern kann – allerdings in winzigen Mengen. Um die schwierigen klimatischen Bedingungen wettzumachen, wird Rohmaterial – Konzentrat, Most und Tankwein – zur Weinbereitung oder zum Verschneiden aus dem Ausland eingeführt. Zweideutige Etikettierungsvorschriften sorgen dafür, dass kleinste Mengen ursprünglich japanischen Weins für viele Abfüllungen ausreichen; sogar Spitzenweine werden in irgendeiner Form gestreckt. Etwa zwei Drittel der Gesamtproduktion stammt von fünf Großproduzenten: Mercian, Suntory, Sapporo (Polaire), Manns und Kyowa Hakko Kogyo (Ste. Neige). Die interessantesten (und teuersten) Weine sind der Chardonnay von Manns aus Nagano, der Kikyogahara Merlot von Mercian und der Jyonohira Cabernet Sauvignon mit schöner Fülle und Qualität. Suntory erzeugt auch einen interessanten Bordeaux-Verschnitt und einen Tropfen im Sauternes-Stil. Andere, kleinere Unternehmen produzieren Weine von Koshu und/oder klassischen europäischen Rebsorten, u. a. Ch. Lumière, Marufuji, Grace, Asahi Yoshu, Kizan, Katsunuma Jozo, Alps, Takeda, Obuse Domaine Saga, Okuizumo und Kobe Wines.

Die Levante

Türkei

Der größte Teil der türkischen Rebfläche von 600 000 ha produziert Tafeltrauben, nur 2 % dient der Weinbereitung. Weine aus Thrakien, Anatolien und von der Ägäis können bemerkenswert süffig sein. 60 Rebsorten werden kommerziell angebaut, einheimische (Emir und Narince für Weißwein, Bogazkere und Oküzgözü für Rotwein) ebenso wie Riesling, Sémillon, Pinot noir, Grenache, Carignan und Gamay. Trakya- (thrakische) Weißweine und ostanatolische Buzbag-Rotweine sind die bekannten Standardsorten des staatlichen Erzeugers Tekel (21 Kellereien); Diren, Doluca, Kavaklidere und Taskobirlik sind Privatfirmen mit anständiger Qualität. Der Kav aus Südostanatolien und der Villa Doluca, beide von Doluca, sind ebenfalls gut. Kavaklidere produziert schönen, leichten Primeur aus lokalen Rebsorten (Cankaya ist weiß, Yakut rot). Der originellste und auffälligste Wein aber bleibt der Buzbag.

Libanon

Die kleine libanesische Weinproduktion hat ihr Zentrum im Bekaa-Tal östlich von Beirut. Neue Kellereien sind dabei, die alte Ordnung in Frage zu stellen. Es gibt einige rote Qualitätsweine, in denen französischer Einfluss zu spüren ist.

Clos St-Thomas r (w) – Kleiner Erzeuger. Der Ch. St-Thomas ist ein weicher, fruchtiger, abgerundeter Rotwein.

Kefraya r w ☆☆ Duftiger Ch. Kefraya Comte de M. (**97 98** 99), ein Verschnitt aus Cabernet Sauvignon, Mourvèdre und Syrah. Auch frischer Rosé und opulenter Dessertwein Lacrima d'Oro.

Kouroum r w – Petit Noir ist ein leichter, gleichwohl interessanter Verschnitt aus Cinsault und Grenache.

Ksara r w ☆→☆☆ Das 1857 von Jesuiten gegründete Gut produziert im Stil der Neuen Welt. Würzige Cuvée Millenaire Cabernet Sauvignon/Petit Verdot (00) mit Kräuternoten, leichter fruchtiger Réserve du Couvent (rot) und sauberer Chardonnay.

Massaya r w ☆ Französisch-libanesisches Gemeinschaftsunternehmen mit gutem Cabernet Sauvignon/Mourvèdre.

Musar, Château r (w) ☆☆☆ Der großartige, unverwechselbare Cabernet Sauvignon mit einem Schuss Cinsault (**91 94** 97 99) wird mit der Zeit immer besser. Die alten Jahrgänge sind außerordentlich, man fragt sich, ob die derzeitigen auch so langlebig sind. Leichter ist der rote Hochar Père et Fils, auch von Cabernet Sauvignon und Cinsault. Außerdem ein eichenholzwürziger Weißwein von der einheimischen Obaideh-Traube.

Wardy r w – Vielversprechendes Weingut mit gutem Chardonnay und Sauvignon blanc. Rotweine laufen unter dem Namen Ch. les Cèdres.

Israel

Das Land kommt weiter voran auf seinem Kurs der stetigen Qualitätsverbesserung. Viele Weine sind bereits recht aufregend, v. a. solche aus kühlen, höher gelegenen Regionen wie dem oberen Galiläa, den Golanhöhen und den Hügeln von Judäa.

Amphorae r w ☆ Kraftvoller, körperreicher Cabernet Sauvignon (01), günstiger roter Rhyton.

Barkan r w – Die Kellerei bietet verlässlichen Cabernet Sauvignon Reserve. Eigentümer von Segal Winery (Chardonnay).

Carmel r w; sch – Der wichtigste Erzeuger und Exporteur Israels, 1882 von einem Rothschild gegründet, erfährt derzeit eine fundamentale Wiederbelebung. Gute Weine auf jedem Niveau. Exzellent der Ramat Arad Cabernet Sauvignon von einer Einzellage (00′) und der Zarit Cabernet Sauvignon.

Castel r (w) ☆☆☆ Kleiner Familienbetrieb im Bergland westlich von Jerusalem mit charaktervollem, komplexem Cabernet Sauvignon/Merlot (**97 98 99′** 00′) und herausragendem Chardonnay (01). Sehr günstiges Zweitetikett: Petit Castel.

Chateau Golan r w – Vielversprechendes Weingut auf den Golanhöhen. Dunkler, gut ausgewogener Merlot

Dalton r w – Der Sauvignon blanc ist in gewisser Hinsicht der beste in Israel.

Flam r ☆☆ Feiner, konzentrierter Merlot (01) und günstiger junger Classico.

Galil Mountain r w – Der Bordeaux-Verschnitt Yiron ist derzeit der Renner.

Harel r w – Voller, buttriger Chardonnay Clos de Gat

Margalit r ☆→☆☆ Eichenholzwürziger, verführerischer Cabernet franc und intensiver Special Reserve Cabernet Sauvignon (01).

Recanati r w – Produziert Cabernet Sauvignon, Merlot und Chardonnay; Reserve Chardonnay ist am besten.

Saslove r w – Der Reserve Cabernet Sauvignon ist alterungsfähig, der süffige Aviv sehr geschmacksintensiv.

Tabor r w – Gute Weißweine, v. a. Sauvignon blanc, aus Galiläa.

Tishbi r w; sch – Familienbetrieb mit frischem Schaumwein nach der klassischen Methode.

Tzora r w – Kibbuz-Kellerei; die günstigste Wahl ist Stone Ridge. Außerdem der Bordeaux-Verschnitt Ilan Misty Hills.

Yarden r w; sch ☆☆→☆☆☆ Der Pionier im israelischen Weinbau. Neu Pinot noir, Syrah und ökologisch erzeugter Chardonnay. Von höchster Güte sind der vielschichtige Cabernet Sauvignon (**97 99** 00′) und der seltene Katzrin (**90′ 96** 00′).

Yatir r ☆☆ Herrlicher Cabernet Sauvignon/Merlot (01) mit samtigem Abgang.

Nordafrika

Algerien

Mit vereinten Kräften haben es der Islam und die EU fertig gebracht, dass die einst umfangreiche Rebfläche Algeriens weiter schrumpft. Zusätzliche Verunsicherung bringt eine neue Gesetzgebung (2004), die den Import von Alkohol verbietet. Ordentliche und zum Teil kraftvolle Rot-, Weiß- und v. a. Roséweine entstehen noch in den Küstenbergen von Tlemcen, Mascara (guter Ruf für Rot- und Weißwein), Haut-Dahra (starker Rotwein, Rosé), Zaccar, Thessalah, Médéa und Aïn-Bessem (Bouira besonders gut). Sidi Brahim ist ein süffiger Markenrotwein. Während der französischen Kolonialzeit hatten diese Weine VDQS-Status. Außerdem produziert Algerien auch Korken.

Marokko

Der beste nordafrikanische Wein kommt aus Weingärten um Meknès und Fès (die bekannteste Gegend) sowie entlang der Atlantikküste zwischen Rabat und Casablanca (leichte, fruchtige Tropfen, darunter der »Vin gris« von weiß gekelterten roten Trauben). Die Rebfläche ist von 77 000 auf 13 000 ha zurückgegangen, Großinvestitionen von französischen Unternehmen wie William Pitters oder der Castel-Gruppe leiten aber eine Umwandlung der Weinwirtschaft Marokkos in die Wege. Das erste Haus am Platze ist Celliers de Meknès, aber auch Cépages de Meknès, Cépages de Boulaouane und SADAY bereiten Weine von guter Qualität. Achten Sie auf sortenreine Rote und Sauvignon blanc, aber auch auf Weine wie L'Excellence de Bonassia (reifer Cabernet Sauvignon/Merlot), Domaine de Sahari, den preisgünstigen Atlas Vineyards sowie El Baraka.

Tunesien

Jüngste Regierungsinitiativen, zusammen mit dem Zustrom von ausländischem Kapital – aus der Schweiz (Ceptunis), Österreich (Dom Atlas), Frankreich (St-Augustine), Italien (Dom Neferis) – und dem Know-how von Kellermeistern aus der Neuen Welt, haben einen Schwung von neuen Produzenten und Weinmarken hervorgebracht. Dom Hannon erzeugt gute, körperreiche Rote, u. a. von Carignan (Tapsus heißt der Spitzenwein), Shiraz und Merlot. Ein Appellationssystem ist darum bemüht, die Qualität für den starken einheimischen und den wachsenden Exportmarkt zu sichern.

Malta

Mit dem Beitritt zur Europäischen Union im Mai 2004 ist eine Aufwertung bei Bereitungsmethoden und Etikettierungsstandards der maltesischen Erzeuger einhergegangen. Anreize wurden geschaffen, um Erzeugnisse aus einheimischen Trauben zu fördern. Andere Weine können auch von importiertem Rebgut stammen. Der führende Produzent Meridiana bereitet mit der Unterstützung von Antinori guten Isis Chardonnay, Melquart Cabernet Sauvignon/Merlot, Nexus Merlot, einen hervorragenden Bel Syrah und als Spitzenwein den Celsius Cabernet Sauvignon Reserve. Weitere Erzeuger sind Marsovin und Delicata.

Nordamerika

Kalifornien

In den 1990er-Jahren wurden in Kalifornien Tausende von Hektar neue Rebflächen angelegt. Die Wirtschaft boomte, den Verbrauchern saß der Dollar locker, und sie waren begierig darauf, den neuesten Kultwein zu probieren. Doch dann schwächelte die Konjunktur und man sah wieder mehr auf sein Geld. Als die neuen Weinberge an der Central Coast und im Central Valley zum ersten Mal Erträge abwarfen, entstand ein Überschuss an Wein, der Anfang 2003 seinen Höhepunkt erreichte.

Clevere Erzeuger gingen dazu über, Massenwein aufzukaufen und ihn über Wein- und Lebensmitteldiscounter zu Niedrigpreisen loszuschlagen. Verbraucher, die zuvor ohne weiteres 40 oder 50 Dollar für den ultimativen Merlot ausgegeben hatten, deckten sich nun kistenweise mit Charles Shaw für knapp zwei Dollar die Flasche ein.

Seit 2004 ist die Weinschwemme mehr oder weniger vorüber, aber die Verbraucher betätigen sich nach wie vor als Schnäppchenjäger. Die Winzer bringen eilig Weine für unter fünf Dollar auf den Markt, und zum ersten Mal seit zehn Jahren beginnt der Pro-Kopf-Verbrauch wieder zu steigen. Eine begrüßenswerte Folge sind einige Pinot-noir-Weine für rund zehn Dollar. Die großteils von jungen Reben aus den Counties Santa Barbara und San Luis Obispo erzeugten saftigen Gewächse bilden eine erfreuliche Alternative zu australischem Shiraz.

Vielleicht hat die Suche nach preisgünstigen Weinen den Horizont der Leute erweitert: Langsam merken sie, dass Kalifornien mehr ist als Napa und Sonoma. Früher links liegen gelassene Gewächse, etwa Zinfandel aus dem AVA-Bereich Lodi eine Autostunde östlich von San Francisco, locken eine neue Art von Weinkäufern an, die sich nach Geschmack und Preis richten anstatt nach Trends, die auf hohen Bewertungen beruhen; Trendjäger gibt es jedoch immer noch mehr als genug. Der Lake County nördlich von Napa bewährt sich als hervorragende Quelle für Cabernet Sauvignon mittlerer Preislage, während die Central Coast weiterhin als erstklassiges Chardonnay-Land bekannt ist. Insgesamt bleibt Kalifornien ein verlässlicher Lieferant von fruchtbetontem Rotwein und eichig-toastigem Chardonnay, auch wenn einige Erzeuger den Eichenholzmonstern der 1990er-Jahre den Rücken kehren. Napa und Sonoma bleiben im Hinblick auf Cabernet, Merlot und Pinot noir der Weltklasse voll im Rennen.

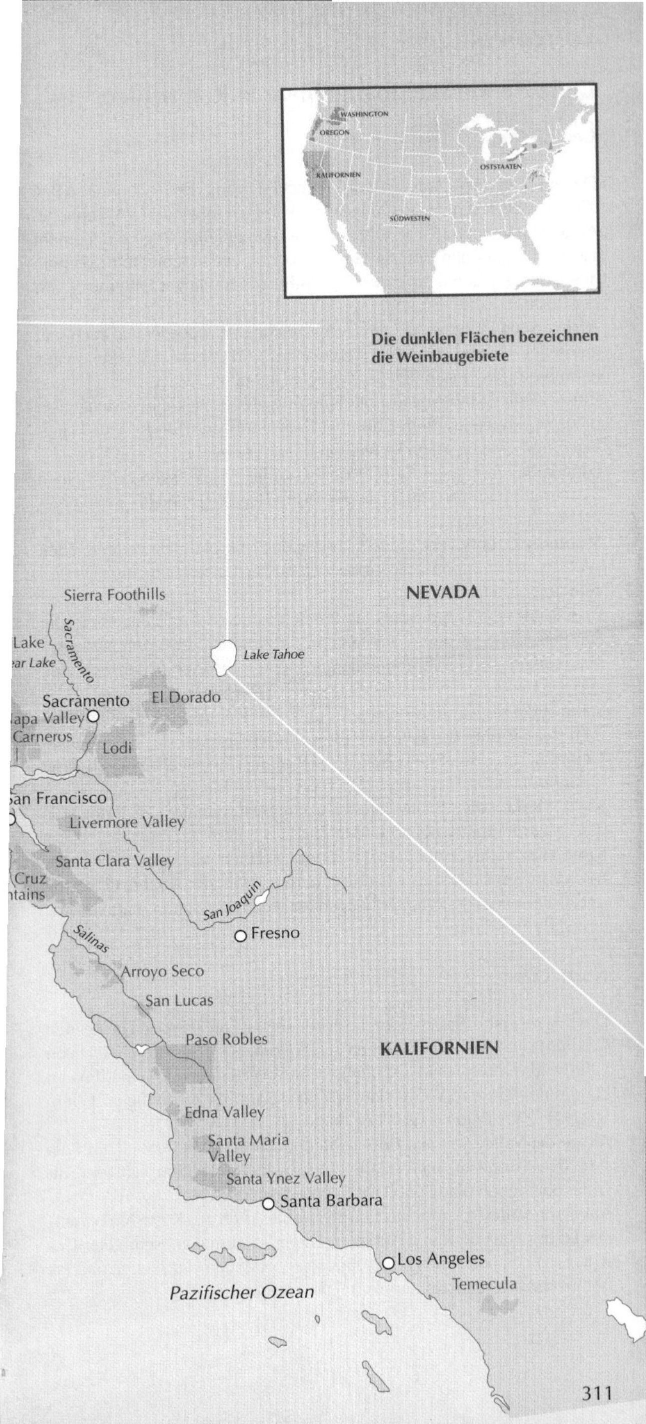

Die dunklen Flächen bezeichnen die Weinbaugebiete

Bedeutende Weinbaugebiete in Kalifornien

Central Coast

Die übergeordnete Anbauregion erstreckt sich von der San Francisco Bay südwärts bis fast nach Los Angeles und umfasst folgende AVA-Bereiche:

Arroyo Grande San Luis Obispo County. Recht kühle Region mit einem gewissen maritimen Einfluss. Guter Pinot noir und Viognier mit Zinfandel aus höher gelegenen, wärmeren Weinbergen in einiger Entfernung von der Küste.

Arroyo Seco Monterey County. Ausgezeichneter trockener wie auch spät gelesener Riesling, zitroniger Chardonnay und Cabernet Sauvignon aus wärmeren Canyons in den Santa Lucia Highlands.

Carmel Valley Monterey County. Erholungsgebiet mit kleinen Mengen an dichtem, konzentriertem Cabernet Sauvignon und Merlot von Hanglagen und einigen guten Sauvignon-blanc-Weinen.

Edna Valley San Luis Obispo County. Kühle Winde fegen durch einen Einschnitt im Küstengebirge an der Morro Bay. Ausgezeichneter mineralischer Chardonnay.

Monterey County Verschiedene Böden und Mikroklimata verleihen den Weinen aus Monterey eine große Vielfalt. Die besten Bereiche sind einzeln aufgelistet.

Paso Robles Großer, produktiver Bereich östlich des Küstengebirges im San Luis Obispo County. Seit langem für Zinfandel bekannt. Neue Anpflanzungen mit Syrah und anderen Rhône-Rebsorten lassen sich vielversprechend an.

Santa Lucia Highlands Monterey County. Recht neuer AVA-Bereich oberhalb der Talsohle des Salinas Valley auf der Ostseite des Santa-Lucia-Gebirges. Ausgezeichneter Syrah und Riesling sowie vielversprechender Pinot noir.

Santa Maria Valley Santa Barbara County. Hervorragender Pinot noir, guter Chardonnay, Viognier und Syrah.

Santa Ynez Valley Santa Barbara County. Ähnlich wie Santa Maria, aber mit wärmeren Gebieten im Landesinneren. Rhône-Rebsorten, Pinot noir und Chardonnay in kühleren Gegenden Auch Sauvignon blanc ist hier eine gute Empfehlung.

North Coast

Die Region erstreckt sich über die nördlich von San Francisco gelegenen Counties Lake, Mendocino, Napa und Sonoma. Das Spektrum reicht von kühlem Klima nahe der San Francisco Bay bis zu sehr warmem Klima im Landesinneren, und von vulkanischem Boden bis zu sandigem Lehm. Folgende AVA-Bereiche gehören dazu:

Alexander Valley Sonoma County. Recht warmer AVA-Bereich am Russian River. Ausgezeichneter Cabernet Sauvignon in reifem, saftigem Stil. Guter Sauvignon blanc von Lagen nahe dem Fluss.

Anderson Valley Mendocino County. Kühles, sich zur Küste hin öffnendes Tal des Navarro River. Hervorragender Schaumwein, sehr guter Gewürztraminer und Pinot noir. Hanglagen oberhalb der Nebelzone erbringen großartigen Zinfandel von alten Reben.

Carneros Napa und Sonoma County. Sehr kühler Bereich an der San Francisco Bay. Eine der besten Lagen für Pinot noir und Chardonnay. Merlot auf wärmeren Südhängen. Sehr guter Schaumwein.

Dry Creek Valley Sonoma County. Relativ warmer Bereich mit markantem Zinfandel und Sauvignon blanc sowie erstklassigem Cabernet von steinigen Hanglagen.

Lake County Warmer bis heißer gebirgiger Bereich um den Clear Lake, den größten natürlichen See in Kalifornien. Guter Zinfandel, Sauvignon blanc von Weinbergen nahe dem See und üppig fruchtiger Cabernet Sauvignon auf kühleren Hanglagen.

Mendocino County Großes Gebiet nördlich des Sonoma County mit vielen verschiedenen Anbauflächen, teils in heißen Tälern im Landesinneren, teils an der Küste. Die besten Bereiche sind einzeln aufgelistet.

Mount Veeder Napa County. Der hoch gelegene AVA-Bereich (Rebflächen auf bis zu 750 m) ist v. a. für konzentrierten Cabernet Sauvignon und reichhaltigen Chardonnay bekannt.

Napa Valley Das bekannteste Weinbaugebiet, unmittelbar nördlich der San Francisco Bay. Durch seine im Verhältnis zur Zahl der Weingüter geringe Größe ist das Rebland im Napa Valley zum teuersten außerhalb Europas geworden. Die Vielfalt an Böden, Mikroklimata und Geländeformationen auf so engem Raum fördert die Entstehung sehr unterschiedlicher Weine, v. a. von roten Bordeaux-Sorten und, in kühleren Gegenden, von Pinot noir. Die besten Bereiche sind einzeln aufgelistet. Die Weine genießen internationalen Ruhm und sind entsprechend teuer.

Oakville Napa County. Das Hauptgebiet für Cabernet Sauvignon in der Mitte des Tals.

Redwood Valley Mendocino County. Warmer Bereich im Landesinneren. Guter normaler Cabernet Sauvignon, ausgezeichneter Zinfandel, Chardonnay und Sauvignon blanc in Alltagsqualität. Auch guter Syrah.

Russian River Valley Sonoma County. Sehr kühler AVA-Bereich (oft bis mittags in Nebel gehüllt) am Russian River. Bemerkenswerter Chardonnay, vielleicht der beste Pinot noir Kaliforniens, Zinfandel und Cabernet Sauvignon auf Hanglagen oberhalb des Nebels. Green Valley ist ein kleiner, äußerst kühler Unterbereich.

Rutherford, Rutherford Bench Napa County. Macht Oakville den Ruf als Hauptanbaugebiet für Cabernet Sauvignon streitig. Langlebige Rotweine aus Hanglagen; überwältigend üppiger Merlot und andere Bordeaux-Rotweine näher am Napa River.

Sonoma Coast Sonoma County. Angesagter neuer Bereich am Pazifik. Sehr kühles Klima, sehr karger Boden. Neue Pinot-noir-Anpflanzungen lassen sich vielversprechend an.

Sonoma Mountain Sonoma County. Unterbereich der AVA Sonoma Valley. Die hoch gelegenen Flächen sind ideal für kraftvollen Cabernet Sauvignon.

Sonoma Valley Sehr unterschiedliche Bereiche erbringen alles von Cabernet Sauvignon bis Zinfandel. Durch die 730 m hohen Mayacamas Mountains vom Napa Valley getrennt. Die Bereiche sind einzeln aufgelistet.

Spring Mountain Napa County. Teil der Mayacamas Mountains. Sehr guter Cabernet Sauvignon und köstlicher Sauvignon blanc aus tiefer gelegenen kleinen Flächen; guter Riesling.

Stag's Leap Napa County. Östlich vom Napa River. Markanter Cabernet Sauvignon und Merlot.

Bay Area

Die meisten Weinberge an der Bay fielen der wuchernden Urbanisierung zum Opfer.

Contra Costa County Die historische Anbauregion östlich der San Francisco Bay wird mehr und mehr von Wohnhäusern und Einkaufszentren verdrängt. Die verbleibenden alten Rebstöcke erbringen schönen Zinfandel und Weine von Rhône-Sorten.

Livermore Kies- und Steinböden östlich und südlich der San Francisco Bay. Erstaunlich guter Cabernet Sauvignon; hervorragender Sauvignon blanc und Semillon.

Marin County Das alte Anbaugebiet (seit 1820) wird mit neuen Pinot-noir- und Chardonnay-Anpflanzungen an der Küste wiederbelebt.

Santa Clara Valley Das weite Tal südlich der Bucht, einst ein bedeutendes Weingebiet, ist jetzt zum Silicon Valley geworden. Übrig gebliebene Gebiete wie Hecker Pass können heute immer noch für eine Überraschung gut sein.

Santa Cruz County Die Pierce'sche Krankheit hat hier viele historische Weinberge ausgelöscht. Die wenigen übrig Gebliebenen erbringen guten Cabernet Sauvignon und etwas Pinot noir.

Central Valley

Rund 60% der kalifornischen Rebfläche liegen in diesem in Nord-Süd-Richtung verlaufenden großen Tal, das im Westen vom Küstengebirge und im Osten von den Ausläufern der Sierra Nevada begrenzt wird. Das Gebiet war früher als Erzeuger von Fasswein geringer Qualität bekannt, doch das ändert sich, weil die Winzer merken, dass sie nur mit Qualität auf dem internationalen Markt bestehen können.

Clarksburg Sacramento, Solano und Yola County. Das Gebiet erstreckt sich von den Grenzen der Stadt Sacramento entlang dem Sacramento River. Viognier, Syrah und Sauvignon blanc sind die Zugpferde.

Lodi San Joaquin und Sacramento County. Vor rund zehn Jahren startete dieser AVA-Bereich im Norden des Central Valley eine Qualitätsoffensive, die sich außerordentlich gelohnt hat. 1991 wiesen nur fünf Kellereien den Bereich auf ihren Etiketten aus, heute sind es mehr als 150. Die Stärken sind Zinfandel, Sauvignon blanc, Muscat-Dessertweine und fruchtbetonter Chardonnay aus Weinbergen am Sacramento River.

Sacramento Valley Der Nordteil des landwirtschaftlichen Herzstücks von Kalifornien produziert in der Dunnigan Hills AVA erschwingliche Weine von Rhône-Sorten.

San Joaquin Valley Das heiße Herz des Central Valley und das Ursprungsgebiet der meisten Konsum- und gespriteten Dessertweine Kaliforniens. Wie in anderen heißen Anbaugebieten, etwa La Mancha in Spanien, haben auch hier die Winzer begonnen, ihre Trauben selbst zu verarbeiten. Das Ergebnis sind fruchtige, süffige sortenreine Weine mit gutem Preis-Leistungs-Verhältnis.

Sierra Foothills

Trauben werden hier seit den Zeiten des Goldrauschs angebaut. Zu den besten Gebieten zählen:

Amador County Das warme Gebiet ist bekannt für die alten Zinfandel-Rebstöcke, die marmeladige, intensive Weine mit charakteristischem metallischem Nachgeschmack hervorbringen, aber auch für frischen Sauvignon blanc. Spitzenrotweine von Rhône-Varietäten und sortenreine Weine von italienischen Trauben machen zunehmend von sich reden.
Fiddletown Amador County. Hoch gelegene Rebflächen erbringen eleganteren Zinfandel als die meisten anderen Teile des Amador County.
Shenandoah Valley Amador County. Quelle für kraftvollen Zinfandel und immer angeseheneren Syrah.

Neuere Jahrgänge

Aufgrund der Größe und der unglaublichen Vielfalt an Mikroklimaten ist es nahezu unmöglich, mit einer einzigen Jahrgangsbeschreibung ganz Kalifornien abzudecken. Es gibt jedoch einige Konstanten. Das Klima in Kalifornien ist bei weitem nicht so beständig, wie sein Ruf als »land of sunshine« vermuten lässt. Zwar kommen alles in allem die Trauben mit Regelmäßigkeit zur Reife, doch gibt es in vielen Gegenden strenge Frühlingsfröste, manchmal auch eine verregnete Lese und nur allzu oft Dürre.
Die Weine aus dem Central Valley fallen von Jahr zu Jahr am gleichmäßigsten aus. Für die Weinberge im Bereich Central Coast gelten in Bezug auf die Jahrgänge andere Maßstäbe als für die North Coast oder die Sierra Foothills. Regen zur Ernte spielt hier kaum eine Rolle, da er meist nicht vor Mitte Dezember eintritt. Klimatisch sind die Weingärten der Central Coast vom kühlenden Meer geprägt. Die Trauben reifen langsamer und werden drei bis sechs Wochen später geerntet als in den Inlandsbereichen der North Coast wie etwa Napa.
Die folgende Aufstellung der Jahrgänge bezieht sich auf die Bedingungen, die an der North Coast für Cabernet Sauvignon und Zinfandel herrschten. Die Chardonnay-Jahrgänge, nach denen man 2005 Ausschau halten sollte, sind 97, 99, 01 und 03.

2003 Insgesamt ein schwieriges Jahr. Der Frühling war feucht und kühl, der Sommer zeitweise extrem heiß, und einige Regenfälle während der Lesezeit taten ein Übriges. Die Erntemenge war bescheiden; die Qualität war an der North Coast durchwachsen, an der Central Coast besser. Eine sorgfältige Auslese der Trauben könnte für einen überdurchschnittlichen Jahrgang in großen Teilen Kaliforniens sorgen.

2002 Der Winter brachte durchschnittliche Regenmengen und einen leicht verzögerten Blütebeginn mit ein paar Frostschäden. Heftigem Regen im Mai folgte eine kühle Wachstumsperiode, bis November blieb es dann aber trocken. Durchschnittlicher Ertrag mit allen Anzeichen von hoher Qualität.

2001 Wenig Regen im Winter, teilweise heiß im März, strenge Fröste im April, der heißeste Mai seit Menschengedenken und bis zum Oktober kein Regen mehr. Hervorragende Qualität.

2000 Ein fürchterlicher Südsturm Anfang September löste einigen Schrecken aus, verursachte aber nur minimale Schäden. Größter Ertrag in der Geschichte, ordentliche Qualität.

1999 Ein sehr kalter Frühling und Sommer sorgten für eine extrem späte Ernte. Da aber im Herbst Regen ausblieb, kam die Frucht schadlos davon. Ein hoher natürlicher Säuregehalt und der heiße Oktober begünstigten Weine von tiefer Farbe und intensivem Geschmack. Nur 10–40% der üblichen Erntemenge. Herausragende Qualität.

1998 Die ungleichmäßige Ernte zog sich bis in den November hin. Weine von angemessen bis furchtbar.

1997 Großer Ertrag, trotzdem sehr aromatische Weine, die sich gegenwärtig sehr schön präsentieren. Für die Erzeuger der beste Jahrgang in der Geschichte, auch von den Verbrauchern gut angenommen.

1996 Sehr kleiner Ertrag, äußerst strukturierte Weine, aber zu wenig Aroma, um charmant zu sein. Alterung hilft.

1995 Geringer Ertrag, große Vitalität, die sich langsam entwickelt. Guter Zinfandel, großartiger Cabernet Sauvignon. Seit 1990 der beste Jahrgang für den Keller.
1994 Mildes Wetter während des Wachstums, trocken während der späten Ernte. Wunderbarer Zinfandel (wenngleich jetzt schon etwas altersschwach); geschmeidiger, jetzt hervorragend zu trinkender Cabernet Sauvignon.
1993 Bescheidenes, unauffälliges aber ordentliches Jahr an der North Coast; spektakulär in den Sierra Foothills, wo konzentrierte Zinfandel-Weine mit erfrischender Säure gekeltert wurden. Austrinken.
1992 Seltsam unbeständig. Einige leer, andere hingegen aromatisch und lebendig.
1991 Sehr späte Lese, sehr großer Ertrag: 30 – 50 % über dem Durchschnitt und die doppelte Menge des winzigen 90er Jahrgangs. Schlanke, rassige Weine, die am meisten europäisch anmutenden seit Jahren.
1990 Ein kalifornischer Bilderbuchjahrgang mit kleiner Ernte. Die Entwicklung ist wunderbar verlaufen, für Sammler hat sich eine hervorragende Wertsteigerung ergeben. Cabernet Sauvignon großartig.
1989 Getrost zu vergessen.
1988 Kein gutes Jahr. Die Weine sind einfach, es fehlt ihnen an Prägnanz.
1987 Das erste Jahr einer langen Dürre. Cabernet Sauvignon und Zinfandel sehr dunkel und konzentriert. Nachdem sie sich ein Jahrzehnt lang hart und kompromisslos gaben, entfalten sie nun auch etwas Charme neben ihrer Stärke. Die Besten werden noch fünf Jahre halten.
1986 Langsame Wachstumsperiode. Einige hervorragende Weine. Jetzt trinken.
1985 Sehr kühler Jahrgang, der die Weine mit einem Stahlrohr als Rückgrat ausstattete. Heute sind diese Weine durch die Entwicklung ihres Buketts und ihre Ausgewogenheit sehr verlässlich geworden.
1984 Ein warmes Jahr. Schon früh ausdrucksvolle, inzwischen altersschwache Weine.
1983 Ein warmes Jahr. El Niño brachte Regen zur Lese. War nie richtig gut.
1982 Ein kühles Jahr mit El-Niño-Regen bei der Ernte. Vergeben und vergessen.
1981 Aufgebraucht.
1980 Sehr kühle Wachstumsperiode, gefolgt von einer heftigen Hitzewelle während der Lese. Die großen Kellereien hatten Schwierigkeiten; Weine von kleinen Erzeugern sind immer noch für Überraschungen gut.

Weinbaubetriebe in Kalifornien

Acacia Carneros ☆☆☆ Chardonnay **95 99** 00 **01** 02 Pinot noir **95 99 00** 01 02 – Pionier für Chardonnay und Pinot noir in Carneros mit Trend zu dunkleren Pinot-noir-Trauben und Schwerpunkt auf Einzellagenweinen.

Alban Edna Valley ☆☆→☆☆☆ Ein Pionier beim Anbau von Rhône-Sorten und (mit Calera) die Messlatte für Weine von Viognier in Kalifornien. Kleine Mengen hervorragender Grenache, Roussanne, Marsanne.

Alexander Valley Vineyards Sonoma ★★ Saftiger, zugänglicher Cabernet Sauvignon, der Zinfandel ein Genuss. Die Weißweine kann man vergessen.

Altamura Vineyards Napa ☆☆☆ Cabernet Sauvignon 01 – Eleganter, vollmundiger Cabernet Sauvignon. Mit der beste Sangiovese in Kalifornien.

Amador Foothills Winery Amador ☆☆ Reifer, köstlicher Zinfandel und glanzheller Sauvignon blanc, oft mit Semillon verschnitten.

Araujo Napa ☆☆☆☆ 95 97 **99** 01' – Kraftvoller, geschmeidiger Cabernet Sauvignon von der Lage Eisele, jahrelang von Joseph Phelps als Einzellagenwein abgefüllt.

Armida Sonoma ☆☆ Betrieb im Russian River Valley mit kompaktem Merlot, gutem Pinot noir und einem schwungvollen Zinfandel von Trauben aus dem Dry Creek Valley.

Arrowood Sonoma ☆☆→☆☆☆ Chardonnay **99 01** 02 Cabernet Sauvignon **85 87 90 91 94** 95 96 97 **99** 01 – Jetzt Teil von Mondavi, aber immer noch Spitzenqualität. Geschmeidiger Cabernet Sauvignon und ein vollmundiger Viognier.

Artesa Napa Carneros ☆☆ Die ehemalige Kellerei Codorníu Napa hat von Schaum- auf Stillweinproduktion umgestellt und wird stetig besser.

Bei Cabernet Sauvignon aus dem Napa Valley und anderen Bereichen der Nordküste kann man davon ausgehen, dass die Weine rund acht Jahre lagern können. Nur die bekanntermaßen Haltbaren bleiben länger als 15 Jahre frisch.

Atlas Peak Napa ☆☆ Kellerei im Besitz von Allied Domecq. Früher lag der Schwerpunkt auf Sangiovese und dem Verschnittwein Consenso (Sangiovese/Cabernet Sauvignon), heute mehr auf Cabernet Sauvignon von den Antinori-Besitzungen in den Bergen im Osten.

Au Bon Climat Santa Barbara ☆☆☆ Chardonnay **96 99 01** 02 Pinot noir **95** 99 **01'** – Jim Clendenen verfolgt eine eigene Linie: Chardonnay mit kräftiger Toastnote, aromatischer Pinot noir, spritziger Pinot blanc. Bordeaux-Sorten unter dem Etikett Vita Nova, italienische unter Podere de los Olivos. Siehe auch Qupé.

Babcock Vineyards Santa Barbara ☆☆☆ Sehr kühl gelegene Besitzung im westlichen Santa Ynez Valley. Gut für Pinot noir und Chardonnay; der Sauvignon blanc Eleven Oaks gehört zu den besseren Exemplaren in Kalifornien. Eindrucksvolles Debüt mit Syrah.

Beaulieu Vineyard Napa ☆☆☆☆ Cabernet Sauvignon **58 65 73 78 85 90** 91 **95 97** 99' 01' – In den 1940er- und 1950er-Jahren prägte der Betrieb unter André Tchelistcheff den Stil des Napa Cabernet Sauvignon. Jetzt im Besitz von Diageo Chateau and Estate Wines. Nicht mehr das Juwel, das er einst war, aber immer noch recht gut, v.a. der Georges de Latour Private Reserve Cabernet Sauvignon. Auch der Carneros Chardonnay verdient Beachtung.

Bell Cellars Napa ☆☆☆ Von dem Südafrikaner Tony Bell gegründet. Der Cabernet Sauvignon ist gleichmäßig gut. Betrieb 2002 verkauft.

Benessere Napa ☆☆ Der Sangiovese ist probierenswert, aber der Zinfandel gehört zu den Besten.

Benziger Family Winery Sonoma ☆☆→☆☆☆ In den 1990er-Jahren begann die Familie, auf biodynamischen Anbau umzustellen. Stetige Verbesserung bei den Weinen, v.a. Chardonnay und ein weicher, köstlicher Merlot.

Beringer-Blass Napa ☆☆☆☆ Chardonnay **99 00** 01 Cabernet Sauvignon 87 90 91 **94** 95 **97** 99' 01' – Ein klassischer Napa-Erzeugerbetrieb mit Weinen von der Central und der North Coast. Die Cabernet Sauvignon Reserves aus Einzellagen sind sehr teuer, aber überragend. Teil des Mildara-Blass-Imperiums. Zu empfehlen die preisgünstigen Weine der Reihe Founder's Estate. Beringer ist auch Eigentümer von Château St Jean, Château Souverain, Meridian und Stag's Leap Winery.

Bernardus Carmel Valley ☆☆☆ Kräftige Meritage-Weine von dicht bestockten, hoch über dem Talgrund gelegenen Flächen. Großartiger Sauvignon blanc.

Biale Napa ☆☆ Kleiner Spezialist für Zinfandel, der hauptsächlich Lesegut aus Napa verwendet.

Boeger El Dorado ☆☆ Die erste Kellerei in El Dorado nach der Prohibition. Vorwiegend Gutsweine. Attraktiv: Merlot, Barbera, Zinfandel und ein Meritage-Verschnitt von Cabernet Sauvignon, Cabernet franc und Petit Verdot. Die Weine sind verhaltener als viele andere in den Sierra Foothills.

Bogle Vineyards Yolo ☆ Die Familie Bogle, der bedeutendste Betrieb im Sacramento-Delta, erzeugt eine ansprechende Reihe von preisgünstigen sortenreinen Weinen sowie einen ausgezeichneten Zinfandel von alten Reben.

Bonny Doon Santa Cruz Mountains ☆☆→★★★ Randall Grahm, Rhône Ranger der ersten Stunde, hat nach Südfrankreich und Italien expandiert. Alle Weine jetzt mit Schraubverschluss. Am besten ist der Cigare Volant, seine Hommage an Châteauneuf-du-Pape. Big House Red und Big House White sind preisgünstige, süffige Weine. Großartiger Pacific Rim Riesling.

Bouchaine Vineyards Napa Carneros ☆☆→☆☆☆ Chardonnay 99 00 **01** Pinot noir **00 01** – Der Betrieb erlebte seit seiner Gründung 1980 einige Höhen und Tiefen. Jetzt ist er auf dem aufsteigenden Ast mit klassischem geschmeidigem Chardonnay und saftigem Pinot noir.

Bruce, David Santa Cruz Mountains ☆☆☆ Pinot noir 95 97 **99** 00 (01) – Wohlbekannte Quelle für exzentrischen, durchschlagskräftigen Chardonnay (hat sich inzwischen etwas gemäßigt); Pinot noir (aus eigenen und Sonoma-Trauben) ist eine besondere Stärke.

Buehler Napa ☆☆ Der unbeständige Cabernet Sauvignon schmälerte den Erfolg. Nach dem guten bis hervorragenden Zinfandel und dem Chardonnay von Russian-River-Trauben lohnt es sich Ausschau zu halten.

Buena Vista Napa Carneros ☆☆ Chardonnay **99** 00 – Ist von einem traubigen Stil übergegangen zu einem, der die Hand des Kellermeisters deutlich erkennen lässt; v. a. Chardonnay.

Burgess Cellars Napa ☆☆ Cabernet Sauvignon **90** 95 97 99′ (01) Der Nachdruck liegt auf dunklen, wuchtigen Cabernet-Sauvignon-Gutsweinen von Reben aus Hanglagen. Der kraftvolle Zinfandel ist bemerkenswert.

Bynum, Davis Sonoma ☆☆☆ Pinot noir 95 **99** 00 (01) – Herrlicher Einzellagen-Pinot-noir aus dem Russian River Valley. Der schlanke, mineralische Chardonnay ist ein Genuss.

Byron Vineyards Santa Barbara ☆☆☆ Chardonnay 96 **99** 00 **01′** Pinot noir 95 97 **99** 00 01 – Der Gründer Ken Brown ist jetzt Kellermeister unter dem Besitzer Mondavi. Brown ist Spezialist für Pinot noir und hat mit diesem Wein Außerordentliches vollbracht, vernachlässigt aber auch den Chardonnay nicht, der ebenfalls glänzend gerät.

Cafaro Napa ☆☆☆ Kellermeistermarke für stämmigen, festen Cabernet Sauvignon und Merlot.

Cain Cellars Napa ☆☆☆ Cain Five 85 87 90 94 **95** 97 99′ (01) – Stilvoller, geschmeidiger Cain Five, ein Verschnitt von Cabernet Sauvignon und vier anderen Bordeaux-Sorten aus eigenen Lagen am Spring Mountain. Cain Cuvée steht seinem großen Bruder Cain Five in nichts nach; der Sauvignon blanc Musqué aus den Weinbergen des Guts Ventana in Monterey ist ebenfalls gut.

Cakebread Napa ☆☆☆ Chardonnay 97 **99** 00 01 Cabernet Sauvignon **85 87 90 94** 95 97 99′ **00 01′** – Kraftvoller Cabernet Sauvignon mit gut eingepasstem, aber manchmal auffälligem Eichenaroma. Mit der beste Sauvignon blanc in Kalifornien. Chardonnay bisweilen zu eichig.

Calera San Benito ☆☆☆☆ Chardonnay 99 00 01 Pinot noir 95 96 97 **99 00** 01 – Der Yale- und Oxford-Absolvent Josh Jensen ging auf die Suche nach dem Heiligen Pinot-noir-Gral und fand ihn in den trockenen, heißen Hügeln von San Benito, östlich von Monterey. Jensen erzeugt drei Pinot-noir-Weine, die nach den jeweiligen Parzellen des Weinbergs benannt sind: Reed, Selleck und Jensen. Außerdem intensiver, blumiger Viognier.

Cambria Santa Barbara ☆☆ Gehört zu Kendall-Jacksons Gruppe Artisans and Estates. Chardonnay stets toastwürzig, der Pinot noir ist verlockender.

Campion Winery Napa – Der Pinot-noir-Guru Larry Brooks (früher bei Saintsbury) erzeugt nur Pinot noir und nur aus Einzellagen. Sehr vielversprechender Anfang.

Carmenet Sonoma ☆☆→☆☆☆ Cabernet-Sauvignon-Verschnitt 87 90 **94** 95 96 97 99′ 00 01 – Reifer, konzentrierter Cabernet Sauvignon von hohen Lagen. Im Besitz von Chalone.

Carneros Creek Napa Carneros ☆☆☆ Pinot noir 95 96 97 **99 00** 01 – Einer der Ersten, die das Potenzial von Pinot noir in Carneros testeten. Jedes Jahr mehrere verschiedene Abfüllungen, u. a. ein dunklerer, vollerer Signature Reserve. Auch ansprechender Chardonnay.

Carneros, Domaine Carneros ☆☆☆ Der spektakuläre Vorposten von Taittinger in Carneros orientiert sich am herben Stil des Haupthauses in der Champagne, aber mit einem köstlichen Touch von kalifornischer Frucht. Jahrgangs-Blanc-de-Blancs ist die Luxus-Cuvée, Stillwein von Pinot noir und Chardonnay ebenfalls eindrucksvoll.

Caymus Napa ☆☆☆→☆☆☆☆ Cabernet Sauvignon 87 **90 91 94** 95 96 **97 98 99′ 00 01 (02)** – Der Cabernet Sauvignon Special Selection ist regelmäßig einer der besten in Kalifornien: ein voller, intensiver Wein, der langsam reift. Außerdem eine recht gute ausgewogene, etwas leichtere Standardabfüllung.

Cedar Mountain Winery Livermore – Spitzennoten für kraftvollen, langlebigen Cabernet Sauvignon aus gutseigenen Weinbergen. Außerdem eine Auswahl köstlicher portweinähnlicher Dessertweine.

Ceja Vineyards Napa – Der 1999 gegründete Betrieb macht schon jetzt mit ausgewogenem, konzentriertem Cabernet Sauvignon und köstlichem Chardonnay auf sich aufmerksam.

Chalk Hill Sonoma ☆☆ Großes Weingut in stetem Auf und Ab. Meist verlässlicher, lagerfähiger Cabernet Sauvignon und ansprechender Chardon nay.

Chalone Monterey ☆☆☆→☆☆☆☆ Chardonnay 95 **99 00** 01 02 Pinot noir **99** 00 01 (02) – Einzigartiges Weingut hoch oben am östlichen Ende von Monterey. Herrlicher Chardonnay mit Feuersteinaroma und reichhaltiger, intensiver Pinot noir. Erzeugt wird auch ein guter Chenin blanc (in Kalifornien ungewöhnlich) und ein schmackhafter Pinot blanc. Zum Besitz gehören noch Acacia, Carmenet, Dynamite Vineyard, Edna Valley Vineyard, Echelon Gavilan, Jade Mountain, Moon Mountain, Provenance und Canoe Ridge (Washington). Die Rothschilds (von Lafite) sind Großaktionäre.

Chandon, Domaine Napa ☆☆→☆☆☆ Weinberge und Stil entwickeln sich allmählich. Wachsende Vielfalt, mit der der kalifornische Zweig von Moët & Chandon eine neue Ära einläutet. Besonders gut: Reserve oJ und Etoile Rosé. Unlängst sind erfreuliche Stillweine hinzugekommen.

Chappellet Napa ☆☆☆ Cabernet Sauvignon 87 90 **94** 95 **97 99** 00 01′ – Schöne Weinberge in Form eines Amphitheaters und Kaliforniens erstes modernes Kellereigebäude (1968). Cabernet Sauvignon (immer zum Lagern geeignet) mit neuer Grazie, v. a. unter dem Etikett Signature. Chenin blanc, ein klassischer Napa-Wein, jetzt mit einer (zu aufdringlichen) Eichennote. Ansprechender, verhaltener Chardonnay; leichter Sangiovese; guter Cabernet franc, Merlot, Tocai friulano und ein Moelleux-Dessertwein.

Chimney Rock Napa ☆☆☆→☆☆☆☆ Cabernet Sauvignon **90 94 95 97 99** 00 01 – Der elegante Stag's Leap District Cabernet Sauvignon legt unter Kellermeister Doug Fletcher einen steilen Aufstieg hin.

Christopher Creek Sonoma ☆☆☆ **97 99 00** 01 – Tiefer, intensiver Petite Sirah und Syrah ganz im Stil der südlichen Rhône aus gutseigenen Trauben.

Cline Cellars Carneros ☆☆ Ursprünglich Contra Costa (wichtige Weinberge noch vorhanden), jetzt in Sonoma/Carneros und immer noch vorwiegend den kräftigen Rhône-Ranger-Sortenweinen und -Verschnitten zugetan, z. B. Côtes d'Oakley und Mourvèdre.

Claiborne & Churchill San Luis Obispo – Die Besitzer sind ins Elsass verliebt. Hervorragender trockener Gewürztraminer und nicht ganz trockener Riesling.

Clos du Bois Sonoma ☆☆☆ Chardonnay **99 00 01** Cabernet Sauvignon **87 90 94** 95′ 97 **99′** 00 01 – Zu Allied Domecq gehörende Firma mit einer Jahresproduktion von 1,6 Mio. Kisten. Kellermeisterin ist Margaret Davenport. Die Einzellagenweine Cabernet Sauvignon Briarcrest und Chardonnay Calcaire sind immer noch sehr gut.

Clos La Chance Santa Cruz – Newcomer mit gutem Zinfandel und glanzhellem Chardonnay.

Clos du Val Napa ☆☆☆→☆☆☆☆ Cabernet Sauvignon **85 87 90 94** 95 97 **99′** 00 01 (02) – Bernard Portet und sein Team kreieren stets elegante Cabernet-Sauvignon-Gewächse, die in puncto Alterungsfähigkeit zu den Spitzenkandidaten Kaliforniens zählen. Der Chardonnay ist ein Genuss, der Verschnitt Ariadne von Semillon und Sauvignon blanc einer der besten Weißweine in Kalifornien.

Clos Pegase Napa ☆☆→☆☆☆ Chardonnay 00 01 02 Cabernet Sauvignon 90 91 **94** 95 **97 99′** 00 01 – Weingut und Museum in postmodernem Stil. Magerer, drahtiger Napa Carneros Chardonnay und ein geschmeidiger Cabernet Sauvignon von Rebgut aus dem nördlichen Napa.

Cohn, B. R. Sonoma ☆☆☆ Hauptsächlich Cabernet-Sauvignon-Gutsweine, in den 1990er-Jahren noch kantig und steif, jetzt mit einer schönen saftigen Grundlage und Alterungspotenzial.

Constellation Große New Yorker Firma (früherer Name Canandaigua), jetzt nach Gallo die zweitgrößte in Kalifornien und seit langem eine feste Größe im unteren Marktsegment (Richard's Wild Irish Rose, Taylor California Cellars u. a.). Zeigt neuerdings höhere Ambitionen, zunächst versuchsweise durch den Kauf von Dunnewood, dann, schon angriffslustiger, mit Simi und besitzt nun auch noch Franciscan Estates, Estancia, Mt. Veeder und Ravenswood.

Corison Napa ☆☆☆ Cabernet Sauvignon **90 94** 95 97 99′ 00 01 (02) – Die langjährige Kellermeisterin von Chappellet produziert einen geschmeidigen, geschmacksintensiven Cabernet Sauvignon, der sich lange zu halten verspricht.

Cosentino Napa ☆☆ Meritage 97 99′ – Unermüdlicher Erzeuger und Gutsbesitzer, immer in Bewegung. Die Ergebnisse sind manchmal sonderbar, manchmal brillant, jedoch niemals langweilig. Die im unteren Preissegment weit verbreitete Marke heißt Crystal Valley.

Coturri, H. & Sons Sonoma – Ungeschwefelte Weine aus ökologischem Anbau. Manchmal guter Zinfandel mit Charakter. Hat Kultstatus.

Cuvaison Napa ☆☆☆ Chardonnay 99 00 **01** 02 Merlot 95 **97** 98 99 00 – Gutswein Carneros Chardonnay ist beständig fein. Neuer Cabernet-Sauvignon-Gutswein schließt zum Merlot auf.

Dalla Valle Napa ☆☆☆☆ 95 97 99 91 – Das Gut in den Bergen ist etwas, das es selten gibt: Kult mit nachweisbaren Erfolgen. Der Maya ist eine schöner Kraftprotz auf Cabernet-Sauvignon-Basis, der Pietre Rosso von Sangiovese ein Aushängeschild für diese Rebsorte.

Dehlinger Sonoma ☆☆☆☆ Pinot noir **95** 97 **99 00 01** 02 – Tom Dehlinger verlagert seinen Schwerpunkt auf immer pflaumenduftigere Pinot-noir-Gutsweine aus dem Russian River Valley und tut gut daran. Auch Chardonnay und Syrah.

Delicato Vineyards San Joaquin ☆→☆☆ Der ehemalige Central-Valley-Massenweinerzeuger ist mit dem Erwerb von Weinbergen in Monterey und mehreren neuen Abfüllungen aus Lodi ein gutes Stück aufgestiegen.

De Loach Vineyards Sonoma ☆☆☆ Der vollfruchtige Chardonnay bildet noch immer den Grundstock dieser zuverlässigen Kellerei im Russian River Valley; auch die gewaltigen Einzellagen-Zinfandel-Weine mit Namen Papera bzw. Pelletti finden ihre Abnehmer. Jetzt im Besitz von Boisset.

Diamond Creek Napa ☆☆☆☆ Cabernet Sauvignon 85 87 **90 94 95** 97 99′ 00 01 (02) – Die herben, erstaunlich teuren Kult-Cabernet-Sauvignon-Weine aus Berglagen bei Calistoga tragen Einzellagennamen wie Gravelly Meadow, Volcanic Hill und Red Block Terrace. Die Weine entfalten sich im Alter wunderbar.

Dominus Napa ☆☆☆☆ **85 87 90 96 97** 98 99 00 01 (02) – Christian Moueix aus Pomerol erzeugt einen roten Bordeaux-Verschnitt, der sich nur langsam öffnet, sich aber im Alter wunderbar entfaltet: geballte Kraft in einem Handschuh aus Seide. Großer Qualitätsfortschritt in der Mitte der 1990er-Jahre.

Dry Creek Vineyard Sonoma ☆☆ Der Sauvignon blanc (bzw. Fumé blanc) setzte in Kalifornien jahrzehntelang Maßstäbe und ist immer noch eindrucksvoll. Ansprechender Chenin blanc von Trauben aus dem Sacramento Delta. Guter Zinfandel, darunter eine Abfüllung von Heritage-Reben.

Duckhorn Vineyards Napa ☆☆☆☆ Merlot **90 95 97 99′** 00 01 – Bekannt für dunklen, gerbstoffreichen, fast pflaumenhaft reifen Einzellagen-Merlot (v. a. Three Palms) und Howell Mountain, einen Verschnitt auf Cabernet-Sauvignon-Basis. Die neue Anlage im Anderson Valley für den Golden Eye Pinot noir hat einen eindrucksvollen Start hingelegt.

Dunn Vineyards Napa ★★★★ Cabernet Sauvignon **87 90 94 95** 97 99′ 00 01 – Randy Dunn, Besitzer und Kellermeister, produziert dunklen, Maßstäbe setzenden Cabernet Sauvignon vom Howell Mountain, der sich im Alter herrlich entfaltet, und etwas milderen von der Talsohle. 4000 Kisten Kultwein.

Dutton-Goldfield Sonoma ☆☆☆ Gekonnt bereitete Weine à la Burgund aus verschiedenen Spitzenlagen. Mit diesen Weinbergen könnten die Besitzer bald vier Sterne erreichen.

Duxoup Sonoma – Skurriler Erzeuger von ausgezeichnetem Syrah im Rhône-Stil (kein Shiraz hier) und tintendunklem Charbono von alten Reben. Vielversprechender Sangiovese namens Gennaio. Kleine Produktion, aber durchaus beachtenswert.

Earl Arthur Santa Barbara ☆☆ Kleiner Erzeuger mit Rhône- und südfranzösischen Sorten. Sehr guter Mourvèdre.

Eberle Winery San Luis Obispo ☆☆☆ Ein stämmiger Ex-Football-Star erzeugt hier eigenwilligen Cabernet Sauvignon und Zinfandel: Wucht, die einen umhaut, aber dahinter ein gutes Gleichgewicht und geschmeidige Konzentration.

Echelon Napa – Preiswerte Marke von Chalone, u. a. mit gutem Central Coast Chardonnay.

Edna Valley Vineyard San Luis Obispo ☆☆ Chardonnay 00 01 02 – Deutlich toastiger Chardonnay aus dem Gemeinschaftsunternehmen eines ansässigen Winzers mit Chalone. Der Pinot noir sollte bald nach dem Erntejahr getrunken werden. Der neue Syrah ist eindrucksvoll.

Edwards, Merry Russian River ☆☆☆☆ Die berühmte Weinberaterin hat ihren eigenen Weinberg im Bereich Russian River mit Pinot noir bestockt und kauft Trauben aus anderen Lagen zu. Sie hat die Marke schnell zu einem der besten Pinot-noir-Weine in Kalifornien ausgebaut.

Estancia Etikett von Franciscan Vineyard mit günstigem Chardonnay, Sauvignon blanc, Pinot noir und Cabernet Sauvignon aus Monterey.

Etude Napa ☆☆☆→☆☆☆☆ Pinot noir **99** **00** 01 02 – Berater und Kellermeister Tony Soter erzeugt einen unglaublich reichhaltigen und seidigen Pinot noir von Trauben aus Carneros und einen sehr guten Cabernet Sauvignon. Der Betrieb ist jetzt im Besitz von Beringer-Blass, aber Soter bleibt Kellermeister.

Far Niente Napa ☆☆☆ Chardonnay **99** 00 01 02 Cabernet Sauvignon **94** **95** 97 99' 00 01 – Üppigkeit ist das Ziel beim Cabernet Sauvignon und Chardonnay des Nobelguts in Napa.

Farrell, Gary Sonoma ☆☆☆☆ Nachdem er lange im Betrieb von Davis Bynum den legendären Pinot noir aus dem Russian River Valley erzeugte, hat Farrell jetzt einen eigenen Betrieb. Auch Zinfandel und Chardonnay sind empfehlenswert.

Ferrari-Carano Sonoma ☆☆☆ Die Spitzenkellerei bezieht von Anbauflächen in Napa und Sonoma Rebgut für eine Reihe überdurchschnittlicher Weine, von denen der Merlot der beste ist.

Fess Parker Santa Barbara ☆☆☆ Gehört einem in Amerika aus Fernsehserien bekannten Schauspieler; Kellermeister ist sein Sohn Eli. Guter Chardonnay mit Anklängen an tropische Früchte, eindrucksvoller Pinot noir und Syrah, erstaunlich guter Riesling. Neu auf dem Markt ist der Parker Station Pinot, ein hübsches vollmundiges Weinchen von jungen Reben.

Fetzer Mendocino ★★★ Fetzer, ein Vorreiter in Sachen ökologischer Anbau, erzeugt beständig guten Wein – von preiswerten (Sundial, Valley Oaks) bis hin zu großartigen Reserve-Abfüllungen. Zum Unternehmen gehört auch Bonterra Vineyards (ein reiner Ökobetrieb), wo Roussane und Marsanne die Stars sind.

Ficklin Vineyards Madera – Saftige, köstliche portweinähnliche Dessertweine von klassischen portugiesischen Rebsorten.

Fiddlehead ☆☆☆→☆☆☆☆ Die Kellermeisterin Kathy Joseph pendelt zwischen ihrer Wohnung (wo sie auch ihr Büro hat) bei Sacramento und zwei Kellereien, in denen sie Räume gemietet hat: eine in der AVA Arroyo Grande (San Luis Obispo) und eine in Oregon. Seit kurzem erzeugt sie zusammen mit Beringer-Blass geringe Mengen von Santa Maria Pinot noir. Ihr Pinot noir ist immer Spitze; daneben entstehen mehrere Sauvignon-blanc-Abfüllungen, eine davon im mineralischen Bordeaux-Stil.
Firestone Santa Barbara ☆☆ Chardonnay 00 **01** 02 Merlot **95 97** 99 00 – Feiner Chardonnay überstrahlt den köstlichen Riesling, ohne ihn in den Schatten zu stellen.
Fisher Sonoma ☆☆ Sonoma-Trauben vom Bergrücken für oftmals feinen Chardonnay; im beständigen Cabernet Sauvignon dominieren Trauben aus Napa.
Flora Springs Wine Co. Napa ☆☆☆ Chardonnay **00 01** 02 Trilogy **90 95** 97 **99** 00 01 (02) – Am besten sind hier die beiden Meritage-Weine, ein roter Verschnitt namens Trilogy und der weiße Verschnitt Soliloquy. Auch der saftige Merlot ist empfehlenswert. Der Chardonnay enthält manchmal zu viel Eiche.
Folie à Deux Napa ☆☆ Richard Peterson, der Doyen der Weinbereitung in Napa, und Kellermeister Scott Harvey erzeugen außerordentlichen Amador Zinfandel und unterschätzten Cabernet Sauvignon.
Foppiano Sonoma ☆☆ Die alteingesessene Winzerfamilie bringt Jahr für Jahr unter dem Familiennamen feine Rotweine hervor, v. a. Petite Sirah und Zinfandel, und war maßgeblich für die Mini-Renaissance des Petite Sirah verantwortlich. Weißweine unter dem Etikett Fox Mountain.
Forman Napa ☆☆☆ Der Kellermeister, der in den 1970er-Jahren den Ruhm von Sterling begründete, produziert nun exzellenten Cabernet Sauvignon und Chardonnay auf eigene Rechnung.
Foxen Santa Barbara ☆☆☆ Pinot noir 97 **99 00** 01 – Kleiner Erzeugerbetrieb zwischen den Tälern Santa Ynez und Santa Maria. Der immer kräftige, häufig brillante Pinot noir überstrahlt den stilvollen Chardonnay.
Franciscan Vineyard Napa ☆☆☆ Cabernet Sauvignon 85 87 90 **94** 95 97 **99'** 00 01 – Etablierter Erzeuger von verlässlichem Cabernet Sauvignon und Merlot sowie komplexem, aber geschmeidigem Chardonnay. Herber Cabernet Sauvignon und roter Meritage unter dem Etikett Mt. Veeder. Jetzt im Besitz von Constellation. Wird die Qualität auf hohem Niveau bleiben?
Franzia San Joaquin ☆ Preisgünstige Alltagsweine der Marken Franzia, Corbett Canyon und Napa Ridge sowie Charles Shaw (vgl. die Einleitung zu diesem Kapitel) und andere Marken. Größter Erzeuger von Schlauchwein in Pappkartons.
Freemark Abbey Napa ☆☆☆ Chardonnay **00 01** 02 Cabernet Sauvignon **85 87 90 91 92 94 95** 97 **99** 00 01 (02) – Unterbewerteter, jedoch beständiger Erzeuger von unverwüstlichem Cabernet Sauvignon (v. a. Einzellagen Sycamore und Bosche) mit viel Tiefe und Stil. Sehr gut der köstlich sortentypische Chardonnay.
Frog's Leap Napa ☆☆→☆☆☆ Cabernet Sauvignon 87 90 **94** 95 97 **99'** 00 01 (02) – Kleiner Weinbaubetrieb, so charmant wie sein Name (und die T-Shirts), darüber hinaus größtenteils mit biologischem Anbau. Schlanker, mineralischer Sauvignon blanc, toastiger Chardonnay, würziger Zinfandel. Der geschmeidige, köstliche Merlot toppt den nach wilden Rosen duftenden Cabernet Sauvignon.

Gallo, E. & J. San Joaquin ★★ Nun, da der riesige Familienbetrieb (nach Constellation der zweitgrößte der Welt) die Szene der Alltagsweine im Griff hat, kommt er mit einem ganzen Sortiment unverschnittener Regionalweine mit Namen wie Anapauma, Marcellina, Turning Leaf und Zabaco auf den Markt; einige von Modesto, andere über Gallo Sonoma, alle kaum beachtenswert.

Gallo Sonoma Sonoma ★★→☆☆☆ Chardonnay **00 01** 02 Cabernet Sauvignon **94 95 97 99** 00 01 – Der Betrieb im Dry Creek Valley füllt mehrere Weine aus Sonoma und von der North Coast ab. Der Cabernet Sauvignon ist manchmal sehr gut, v. a. die Einzellagenweine. Preiswerte Weine in der beeindruckenden Sonoma-Reihe.

Geyser Peak Sonoma ★★→☆☆☆ Im Besitz des Branntweinerzeugers Jim Beam, aber der australische Kellermeister Daryl Groom, der anlässlich der Partnerschaft mit Penfolds kam, hat freie Hand. Wuchtiger, toastiger Chardonnay, kraftvoller, geschmeidiger Cabernet Sauvignon und saftiger Shiraz sind die Spitzenreiter. Der Verschnitt von roten Bordeaux-Sorten kann sich mit den besten der Welt messen.

Gloria Ferrer Sonoma Carneros ☆☆☆ Von Freixenet aus Spanien für Schaumwein gegründet; inzwischen aber werden hier würziger Chardonnay und seidiger Pinot noir, sämtlich von Trauben aus Carneros, erzeugt. Die Qualität bei den Schaumweinen bleibt hoch, v. a. bei der Royal Cuvée, die ihren Namen anlässlich eines Besuchs des spanischen Königs Juan Carlos erhielt.

Goosecross Cellars Napa – Würziger, lebhafter Chardonnay. Die Rotweine halten mit.

Grace Family Vineyard Napa – Überwältigender Cabernet Sauvignon, für eine lange Lagerung gemacht. Einer der wenigen Kultweine, die ihren Preis wirklich wert sind.

Green & Red Vineyards Napa – Schwungvoller, langlebiger Zinfandel aus dem Pope Valley.

Greenwood Ridge Mendocino ☆☆☆ Der Betrieb hoch über der Talsohle des Anderson Valley machte sich als Erzeuger von lieblichem, duftigem Riesling einen Namen. Die Rotweine, v. a. Cabernet Sauvignon und Pinot noir, steigern sich rasch.

Grgich Hills Cellars Napa ☆☆☆☆ Chardonnay 95 96 97 98 **99′ 00** 01 02 – In hohem Maße unterschätzter Erzeuger von geschmeidigem Chardonnay (der Alterung verträgt), ausgewogenem, elegantem Cabernet Sauvignon und einem marmeladigen, reifen Zinfandel von Trauben aus Sonoma. Der Sauvignon blanc in mineralischem Stil ist gut.

Groth Vineyards Napa ☆☆☆☆ Cabernet Sauvignon 85 87 90 **94** 95 97 **99′** 00 01 (02) – Der Cabernet Sauvignon des Weinguts in Oakville mit vollem, den Gaumen einhüllendem Geschmack und Alterungspotenzial hat seit zehn Jahren beständig 4-Sterne-Qualität. Chardonnay ebenfalls ausgezeichnet.

Guenoc Vineyards Lake ☆☆ Ehrgeiziges Weinbauunternehmen (mit eigenem AVA-Bereich) unmittelbar nördlich vom Napa County, einst im Besitz der englischen Schauspielerin Lillie Langtry, einer engen Freundin von Edward VII. Geschmeidige, langlebige Rotweine von Bordeaux-Rebsorten, glanzheller, schlanker Sauvignon blanc, seriöser Petite Sirah.

Gundlach-Bundschu Sonoma ☆☆ Cabernet Sauvignon 95 97 99′ 00 01 – Ein in fünfter Generation mit Elan wieder erweckter Name aus der Pionierzeit. Die vielseitige gutseigene Lage Rhinefarm steht für denkwürdigen, individuellen Gewürztraminer, Merlot und Zinfandel. Neuerdings sehr viel besserer Cabernet Sauvignon aus Hanglagen.

Hagafen Napa ☆☆ Einer der ersten Erzeuger von seriösem koscherem Wein. V. a. Chardonnay und frischer Sauvignon blanc.

Hahn Estate Monterey ☆☆ Von Rebgut aus Lagen in den Santa Lucia Highlands und Arroyo Seco erzeugt Hahn beständig guten Cabernet Sauvignon und Chardonnay zu vernünftigen Preisen.

Handley Cellars Mendocino ★★→☆☆☆ Chardonnay **97** 99 **01'** 02 – Kellermeisterin Mila Handley erzeugt exzellente Anderson-Valley-Weine: Chardonnay, Gewürztraminer, Pinot noir sowie (kleinste Mengen) klassischen Schaumwein und Meunier. Auch sehr guter Sauvignon blanc und Chardonnay vom Weinberg der Familie im Dry Creek Valley.

Pierce'sche Krankheit

Diese durch eine bakterielle Infektion verursachte Rebenkrankheit wurde im Jahr 2000 zu einem ernsten Thema, als eine Heuschreckenart namens glassy-winged sharpshooter *(»glasflügeliger Scharfschütze«) in Schwärmen über landwirtschaftliche Flächen in Kalifornien herfiel. Einige Weinbaubereiche wurden besonders hart getroffen, doch die zum Teil hysterischen Medienberichte erwiesen sich als übertrieben. Selbst kleine Erzeuger konnten sich der Plage mit dem Versprühen von Insektengift und sorgfältiger Pflege des Weinbergs erwehren. Die Krankheit hat sich seitdem, v. a. dank strikter Quarantänemaßnamen und gewissenhafter Kontrolle des Rebmaterials aus Rebschulen, kaum weiter ausgebreitet. An der University of California in Davis und in anderen Institutionen wird weiterhin nach Kräften geforscht, doch eine Lösung des Problems ist noch nicht in Sicht.*

Hanzell Sonoma ☆☆☆→☆☆☆☆ Chardonnay **96 99 00** 01 02 – Kleiner Erzeuger von hervorragendem Chardonnay und Pinot noir mit Terroir-Charakter von gutseigenen Reben. Die von jeher gute Qualität hat sich in den letzten Jahren weiter gesteigert.

Harlan Estate Napa ☆☆☆☆ Cabernet Sauvignon 94 **95** 97 **99'** 00 01 (02) – Konzentrierter, geschmeidiger Cabernet Sauvignon von einem kleinen Weingut in den Bergen westlich von Oakville, das Spitzenpreise verlangt, aber auch verdient.

Harrison Napa ☆☆ **94 95** 96 97' 99' 01' – Hübsch gelegenes Weingut in der Nähe der Long Vineyards und der Rebflächen, wo die Familie Bryant ihren berühmten Cabernet Sauvignon anbaut. Ebenfalls auf Cabernet Sauvignon spezialisiert.

Hartford Court Sonoma ☆☆☆ Teil von Kendall-Jacksons Gruppe Artisans and Estates; vielversprechend mit Einzellagen-Pinot-noir, Chardonnay von nahe an der Küste gelegenen Weinbergen und wunderbarem Zinfandel von alten Reben am Russian River.

Hartwell Napa ☆☆☆ Kleiner Erzeuger mit Luxusklassen-Image. Gutes Potenzial für Cabernet Sauvignon.

HdV Chardonnay vom Gut des Winzers Larry Hyde in Zusammenarbeit mit Aubert de Villaine von der Domaine de la Romanée Conti. Die ersten Weine auf dem Markt sind vielversprechend.

Heitz Napa ☆☆☆☆ Cabernet Sauvignon **74 78 90 91 97** 99' 01 (02) – Reichhaltiger, aber geschmeidiger und vollmundiger, minziger Cabernet Sauvignon von Martha's Vineyard. Bella Oaks und der neuere Trailside Vineyard können sich mit Martha's Vineyard messen, übertreffen ihn jedoch nicht.

Heller Estate Carmel Valley ☆☆→☆☆☆ Cabernet Sauvignon 95 96 97 99 – Dunkle, kraftvolle Weine (v. a. in den letzten paar Jahren, weil die Reben das nötige Alter erreicht haben), die sich eine Art Kultstatus für ihre Langlebigkeit erwerben. Der Chenin blanc ist charmant.

Hess Collection, The Napa ★★★ Chardonnay **00 01** 02 Cabernet Sauvignon **94 95** 97 **99** 00 01 – Weinkellerei und Museum des Schweizer Kunstsammlers Donald Hess im ehemaligen Kellereigebäude von Mont La Salle. Der Cabernet Sauvignon wird oft unterschätzt, hat aber eine geschmeidige Ausgewogenheit und einen anhaltenden, mundfüllenden Geschmack. Frischer, glanzheller Chardonnay. Das Etikett Hess Select steht für preiswerte Weine.

Hill Winery, William Napa ☆☆ Teil von Allied Domecq; im Aufwärtstrend mit (für kalifornische Verhältnisse) subtilem Chardonnay und noch stärker mit aromatischem, seidigem Cabernet Sauvignon.

Hobbs, Paul Sonoma County ☆☆☆ Der hervorragende Kellermeister, bekannt auch für seine Zusammenarbeit mit Catena in Argentinien, kauft erstklassiges Chardonnay-Rebgut in Carneros, Cabernet Sauvignon in Napa und Pinot noir am Russian River für seine eigenen Weine. Die ersten Flaschen auf dem Markt sind vielversprechend.

Hop Kiln Sonoma ☆☆ Der tintige, volle Zinfandel vom Russian River und der stämmige Petite Sirah sind am besten.

Husch Vineyards Mendocino ☆☆ Anbauflächen im Anderson Valley für oft feinen Pinot noir. Aus dem Ukiah Valley kommen manchmal guter Sauvignon blanc und Cabernet Sauvignon.

Iron Horse Vineyards Sonoma ☆☆☆(☆) Chardonnay 99 **00 01** 02 – Der Familienbetrieb am Russian River erzeugt einige der besten Schaumweine Kaliforniens. Der Chardonnay aus dem kühlen Russian River Valley ist überragend. Außerdem überdurchschnittlicher Cabernet Sauvignon aus Weinbergen im Alexander Valley.

J Sonoma ☆☆☆ Entstanden als Teil von Jordan, jetzt eigenständig im Russian River Valley. Die Grundlage bildet der cremige Brut. Auch der stille Pinot noir ist beachtenswert.

Jade Mountain Napa ☆☆ – Verfolgt nach dem Verkauf an Chalone mit Rhône-Rebsorten (v. a. Syrah, Mourvèdre) hoch gesteckte Ziele.

Jekel Vineyards Arroyo Seco ☆☆ – Der reife, saftige Riesling genoss bisher das größte Ansehen. Er ist nach wie vor süffig, aber die Bordeaux-Verschnitte aus gutseigenen Lagen haben sich außerordentlich verbessert. Besitzer ist Brown Forman.

Jessie's Grove Lodi ☆☆ Alte Zinfandel-Reben liefern gute Ergebnisse für das neue Unternehmen der Farmerfamilie.

Jordan Sonoma ☆☆☆☆ Cabernet Sauvignon **87** 90 **94 95** 97 **99'** 00 01 (02) – Extravaganter Weinbaubetrieb im Alexander Valley, der geschmeidigsten Bordeaux zum Vorbild nimmt für seinen sehr lange haltbaren Cabernet Sauvignon. Der Chardonnay entwickelt sich weg vom eichig-toastigen Geschmack zu einem geschmeidigeren Burgunderstil.

Justin Paso Robles ☆☆ Der ehemalige Investmentbanker betreibt nicht nur ein kleines Hotel, sondern erzeugt auch eindrucksvolle rote Verschnittweine, v. a. einen Meritage namens Isoceles.

Karly Amador ☆☆ Gute Quelle für Zinfandel aus den Sierra Foothills.

Kautz-Ironstone Lodi und Calaveras County ☆☆ Das Vorzeigeunternehmen in den Sierra Foothills ist ein Magnet für Besucher aus ganz Kalifornien. Das breite Angebot mit anständigen Preisen wird von einem schönen Cabernet franc angeführt.

Keegan Cellars Napa ☆☆ Eugenia Keegan erzeugt kleine Mengen an vielversprechendem Pinot noir mit Einzellagenbezeichnungen.

Keenan Winery, Robert Napa ☆☆ Der Weinbaubetrieb am Spring Mountain erzeugt geschmeidigen, verhaltenen Cabernet Sauvignon und Merlot. Auch Chardonnay.

Kendall-Jackson Lake ☆☆→☆☆☆ Enormer Erfolg mit Weinen für ein möglichst breites Publikum, v. a. halbtrockenem toastigem Chardonnay aus Rebgut von verschiedenen Winzern. Noch beachtenswerter durch die Entwicklung einer Vielzahl von Kellereien im Rahmen des Projekts Artisans and Estates.

Kenwood Vineyards Sonoma ☆☆ Cabernet Sauvignon **87** **90** **95** 97 98 **99'** 00 01 – Der Einzellagen-Cabernet-Sauvignon Jack London und die verschiedenen Zinfandel-Weine werden hoch bewertet. Zuverlässig günstig der Sauvignon blanc. Im Besitz von Korbel.

Kistler Vineyards Sonoma ☆☆☆ Chardonnay 98 99' **00** 01' – Weiterhin bemüht um Einzellagen-Pinot-noir nach burgundischem Vorbild, vorwiegend vom Russian River – mit wechselndem Erfolg. Sehr toastiger, buttriger Chardonnay.

Konigsgaard Napa ☆☆☆ Der ehemalige Kellermeister von Newton erzeugt kleine Mengen an Chardonnay, Syrah und Rousanne.

Korbel Sonoma ★★ Alteingesessener Spezialist für Schaumwein, der besonderen Nachdruck auf starke Fruchtnoten und intensiven Schaum legt. Natural ist die Spitzenmarke. Vertrieb durch Brown Forman.

Krug, Charles Napa ☆☆ Historisch bedeutende Kellerei mit stets sauberen Weinen. An der Spitze steht Cabernet Sauvignon. CK-Mondavi ist ein stets süßer Alltagswein.

Kunde Estate Sonoma ☆☆☆ Seit langem ein großer Winzer, jetzt auch Weinerzeuger von buttrigem Chardonnay, aromatischem Sauvignon blanc, Viognier mit Pfirsichnote und seidigem Merlot.

La Jota Napa ☆☆ Wuchtiger, langlebiger Cabernet Sauvignon vom Howell Mountain. Im Besitz von Markham Vineyards.

Lambert Bridge Sonoma Dry Creek ☆☆☆ Verführerischer Merlot, schwungvoller Zinfandel und brillanter Sauvignon blanc im »Bordeaux-trifft-auf-Neuseeland«-Stil. Eine Kellerei auf dem Weg nach oben, so viel ist sicher.

Lamborn Howell Mountain, Napa ☆☆☆ Historische Lage aus dem 19. Jh. Voller, saftiger Zinfandel und Cabernet Sauvignon sind die Zugpferde in diesem Betrieb, der seinen Kultstatus verdient.

Landmark Sonoma ☆☆ Chardonnay **00** 01 02 – Die Hoffnung auf eleganten Chardonnay nach Burgunder-Art wurde in den 1990er-Jahren zeitweise durch eichig-toastige Geschmacksnoten getrübt. Neuere Abfüllungen weisen wieder in die richtige Richtung.

Lang & Reed Napa ☆☆☆ Spezialist für köstlichen Cabernet franc im Loire-Stil.

Laurel Glen Sonoma ☆☆☆☆ Cabernet Sauvignon **90** 91 **94** **95** 97 99' 00 01 (02) – Blumiger und eindeutig von der Region geprägter Cabernet Sauvignon aus steiler Hügellage im AVA-Unterbereich Sonoma Mountain. Arbeitete sich stetig auf 4-Sterne-Niveau vor.

Lava Cap El Dorado ☆☆ Gute Lage mit vulkanischem Boden. Geschmeidiger, schlanker Chardonnay, pfeffriger Zinfandel. Gutes Preis-Leistungs-Verhältnis.

Lipartia Cellars Howell Mountain, Napa ☆☆☆ Äußerst konzentrierter Cabernet Sauvignon, der eine lange Lebensdauer im Keller verheißt.

Livingston Moffett St Helena, Napa ☆☆☆ Beachtliche Cabernet-Sauvignon-Weine aus den Weinbergen der Rutherford Ranch. Vielsprechender neuer Syrah.

Lockwood Monterey ☆☆ Großer Weinberg im südlichen Salinas Valley mit preiswertem Chardonnay und Sauvignon blanc. Shale Creek ist die zweite Marke.

Lohr, J. Central Coast ☆→☆☆ Große, weit reichende Firma, die mit Cabernet Sauvignon Seven Oaks aus Paso Robles ganz oben steht. Die neue Reihe von Meritage-Rotweinen ist bisher das Beste. Die Gebrauchsweine laufen unter dem Namen Cypress.

Lolonis Mendocino ☆☆ Vor der Prohibition in Mendocino tätige Winzer gründeten 1982 diese Kellerei. Guter, solider Zinfandel, Merlot, würziger Chardonnay.

Long Meadow Napa ☆☆☆ Der elegante, seidige Cabernet Sauvignon wird mit jedem Jahrgang besser. Ökologischer Anbau. Weine mit Kultpotenzial von Cathy Corison.

Long Vineyards Napa ☆☆☆ Chardonnay **99** **00** 01 02 Cabernet Sauvignon **87 90 91 94 95** 97 **99'** 00 01 – Das kleine Gut im Besitz der legendären Kellermeister Robert und Zelma Long produziert geschmeidigen Chardonnay und samtigen Riesling zu Spitzenpreisen.

Longoria Winery Santa Barbara (☆☆→☆☆☆) Rick Longoria erzeugt brillanten Pinot noir aus Spitzenlagen in der Gegend.

MacRostie Sonoma Carneros ☆☆ Toastiger, reifer Chardonnay mit einiger Komplexität ist das Flaggschiff. Auch Merlot und Pinot noir mit kräftigem Eichenaroma.

Marcassin Sonoma Coast – Kultberaterin Helen Turleys eigene kleine Marke. Die Weine bringen auf Auktionen so viel ein, dass sie nur selten tatsächlich auch getrunken werden. Sehr konzentrierter Chardonnay und dichter Pinot noir. Wer den Stil mag, ergeht sich in Lobeshymnen, wer nicht, der nicht.

Markham Napa ☆☆☆ Merlot **94 95 97 98 99** 01' – Höchst unterschätzter Erzeuger von ausgewogenem, elegantem Merlot und kompaktem Cabernet Sauvignon.

Martinelli Russian River ☆☆☆ Familienunternehmen aus den nebligen Bergen im Westen. Berühmt ist v. a. der Jackass Hill Vineyard Zinfandel und die kleinen Mengen der begehrten Pinot-noir- und Chardonnay-Weine, an deren Bereitung Helen Turley beratend mitwirkt.

Martini, Louis M. Napa ☆☆☆ Lange Tradition mit erstaunlich alterungswürdigem Cabernet Sauvignon, Zinfandel und Barbera aus guten Lagen (Monte Rosso, Los Vinedos, Glen Oaks u. a.) in Napa und Sonoma. Seit einigen Jahren in schlechter Verfassung. Nach der Übernahme durch Gallo 2002 vielleicht wieder auf dem aufsteigenden Ast.

Matanzas Creek Sonoma. Chardonnay **99 00 01** Merlot **94 95 97 99 01'** – Der ausgezeichnete Sauvignon blanc ist in letzter Zeit etwas abgerutscht. Merlot hervorragend. Im Besitz von Kendall-Jackson.

Mayacamas Napa ☆☆☆ Erstklassiger kleiner Weinberg mit gehaltvollem Chardonnay und festem (aber nicht mehr stahlhartem) Cabernet Sauvignon, der sich lang hält. Etwas Sauvignon blanc und Pinot noir.

McDowell Valley Vineyards Mendocino ☆☆ Markenname einer Familie, deren Herz an Rhône-Rebsorten hängt; v. a. Syrah von alten Weinstöcken sowie Grenache.

Meridian San Luis Obispo ☆☆ Preiswerter Chardonnay aus Santa Barbara und Cabernet Sauvignon aus Paso Robles. Im Besitz von Beringer-Blass.

Merryvale Napa ☆☆☆ Am besten sind Cabernet Sauvignon und Merlot mit elegantem Gleichgewicht und geschmeidigem Abgang. Der Chardonnay wird unter dem neuen Kellermeister Stephen Test wiederbelebt, wobei der eichig-toastige Stil durch ein komplexeres burgundisches Modell ersetzt wird.

Mettler Familiy Vineyards Lodi ☆☆ Erfahrene Winzer erzeugen nun geschmeidigen, geschmacksintensiven Cabernet Sauvignon und kraftvollen Petite Sirah. Auf dem Weg nach oben.

Michael, Peter Sonoma ☆☆☆ Überwältigend komplexer Chardonnay vom Howell Mountain in kraftvollem Stil, und eine geschmeidigere Abfüllung aus dem Alexander Valley. Cabernet Sauvignon in Schwierigkeiten.

Michel-Schlumberger Sonoma ☆☆ Ausgezeichnetes Alterungspotenzial bei geschmeidigem Cabernet Sauvignon, der meist mit Merlot aus Hanglagen verschnitten wird.

Milano Mendocino ☆☆ Empfehlenswerter kleiner Erzeuger von Zinfandel und Cabernet Sauvignon.

Mirassou Central Coast ☆☆ Winzer in der sechsten Generation und Wegbereiter in Monterey (Salinas). Verkaufte die Marke an Gallo, behielt jedoch die Weinberge.

Mondavi, Robert Napa ★★→☆☆☆☆ Brillanter Erneuerer, der anderen Erzeugern jetzt bei reinsortigen Weinen für jeden Geldbeutel eine Lektion erteilt. Beste Weine in absteigender Reihenfolge: Napa Valley Reserve (kräftige Weine zu saftigen Preisen), eine Reihe Napa-Valley-Apellationen (u. a. Carneros Chardonnay, Oakville Cabernet Sauvignon), Napa Valley (Grundproduktion), Coastal Series (z. B. Central Coast Chardonnay, North Coast Zinfandel), RM-Woodbridge (kalifornische Appellation für die Grundproduktion, auch die etwas teurere Reihe Twin Oaks). Besitzt auch Opus One, Byron, Caliterra (Chile), Luce und Ornelia (Italien). Nach Meinung mancher Kritiker konzentriert sich die zweite Generation nicht mehr ausreichend auf Napa und hat durch die Ausbreitung an Tiefe verloren.

Montelena, Château Napa ☆☆☆ Chardonnay 96 97 **99** 00 01′ Cabernet Sauvignon 87 **90** 95 97 99′ 00 01 (02′) – Verhaltener, lagerfähiger Chardonnay und nach dem 1990er-Jahrgang veränderter, aber weiterhin gerbstoffreicher, unendlich haltbarer Cabernet Sauvignon vom Gut Calistoga.

Monteviña Amador ☆☆ Reifer, fruchtbetonter Sierra Zinfandel und mit der beste Barbera in Kalifornien. Im Besitz von Sutter Home. Der Spitzenwein heißt Terra d'Oro.

Monticello Cellars Napa ☆☆☆ Cabernet Sauvignon **87 90 94 95** 97 **99** 00 01 – Stets empfehlenswert. Die Hauptlinie unter dem Monticello-Etikett; Reserve-Weine unter Corley. Beide mit Chardonnay und Cabernet Sauvignon.

Morgan Monterey ☆☆☆ Kellermeistermarke – Erstklassiger Pinot noir und Chardonnay aus sehr guten Einzellagen in den Santa Lucia Highlands. V. a. ohne Eiche ausgebauter Chardonnay namens Metallico. Weinberge jetzt ökologisch bewirtschaftet.

Mumm Napa Valley Napa ☆☆☆ Das Gemeinschaftsunternehmen mit Seagram bietet stilvollen Schaumwein, v. a. köstlichen Blanc de Noirs und vollen, komplexen DVX von einer Einzellage.

Murphy-Goode Sonoma ☆☆ Großer Besitz im Alexander Valley. Sauvignon blanc und Zinfandel sind die Spitzenreiter. Überdurchschnittlicher

Merlot. Neue Reihe namens Tin Roof (mit Schraubverschluss) bietet erfrischenden Sauvignon blanc und Chardonnay ohne Eiche als Kontrastprogramm zu den Reserve-Weinen mit intensivem Eichenholzaroma.

Murray, Andrew Santa Barbara ☆☆☆ **99 00 01** – Kleiner Erzeuger mit dem Ziel, nur sortenreine Weine von Rhône-Trauben zu erzeugen. Am Hang angelegte Rebflächen, dadurch kleine Erträge. Guter Syrah, großartiger Roussanne und Viognier.

Nalle Sonoma ☆☆☆(☆) Doug Nalle erzeugt schönen Zinfandel von Trauben aus dem Dry Creek Valley, der in der Jugend saftig und köstlich ist und sich über Jahre hinaus gut entfaltet.

Navarro Vineyards Mendocino ★★→★★★ Aus dem Anderson Valley kommt hervorragend haltbarer Chardonnay und vielleicht der beste Gewürztraminer Kaliforniens. Noch ausgesuchter: Riesling- und Gewürztraminer-Auslese. Pinot noir in zwei Stilen: eine Hommage an Burgund von Anderson-Valley-Trauben und eine frische, saftige Abfüllung von zugekauftem Rebgut. Nur die niedrigen Preise halten die großen Weinsammler davon ab, hier ihren Favoriten zu finden.

Nevada City Sierra Foothills ☆☆ Breites Angebot an Touristenartikeln lenkt vom außergewöhnlichen Cabernet franc ab.

Newlan Yountville, Napa – Verlässlicher Erzeuger mit ebenso günstigem wie gutem Cabernet Sauvignon, der in guten Jahren das Einkellern lohnt.

Newton Vineyards Napa ☆☆☆☆ Cabernet Sauvignon **87 91 94 95 97** 99' 00 01 (02) Merlot **86 87 88 90 91 95** 97 99 00 01 (02) – Gut in den Bergen mit einigen der besten Merlot-Weine Kaliforniens in verschiedenen Varianten. Üppiger Chardonnay und ein geschmeidiger Cabernet Sauvignon.

Neyers Napa ☆☆☆ Rundum gute Qualität, großartiger Syrah und ein schöner Chardonnay.

Niebaum-Coppola Estate Napa ☆☆☆(☆) Rubicon **84 85 91 94 95 96 97'** 98 99' 00 01 (02) – Der »Pate« Coppola hat bewiesen, dass er es mit der Weinherstellung genauso ernst meint wie mit dem Filmedrehen. Ihm gehört jetzt das historische Gut Inglenook mit Kellerei (aber nicht die Marke). Der Spitzenwein Rubicon kann mit den besten roten Bordeaux-Verschnitten Kaliforniens mithalten. Die Edizione Pennino bietet hauptsächlich köstlich altmodischen Zinfandel; auch die preisgünstige Diamond-Serie ist empfehlenswert.

Ojai Ventura County ☆☆☆ Adam Tolmach, ehemals Teilhaber von Au Bon Climat, hat seit Anfang der 1990er-Jahre sein eigenes Gut und erzeugt eine breite Palette exzellenter Weine, v. a. Syrah.

Opus One Napa ☆☆☆☆ Cabernet Sauvignon 85 87 **90** 91 **94 95 97'** 99' 00 01 – Gemeinschaftsunternehmen von Mondavi und der Baronin Philippine de Rothschild. Manchmal hervorragend, aber auch die besten Weine erreichen nicht das Niveau der Mondavi-Reserve. Bordeaux braucht keine Angst zu haben.

Pacific Echo Anderson Valley ☆☆ Ehemals im Besitz von Scharffenberger, jetzt bei Pommery; Schaumwein. Die Qualität ist in den letzten Jahren etwas abgerutscht.

Pahlmeyer Napa ☆☆☆ Kulterzeuger von dichtem, gerbstoffreichem Cabernet Sauvignon und etwas geschmeidigerem fruchtigem Merlot.

Paradigm Napa ☆☆☆ Gut im westlichen Oakville mit eindrucksvollem Merlot und hellem, geschmeidigem Cabernet Sauvignon.

Paraiso Springs Monterey ☆☆ Aufstrebender Betrieb im Besitz eines großen Weinbauerns in Salinas mit vollmundigem Riesling und Pinot blanc.

Neuerdings auch heller, ausgewogener Pinot noir von Trauben aus den Santa Lucia Highlands.

Patz & Hall Napa ☆☆→☆☆☆ Carneros Chardonnay von individuellen Rebbergen, der mit seiner lebhaften Struktur und dank aufwendiger Bereitung seinem guten Ruf gerecht wird. Auch verlockender Pinot noir.

Peachy Canyon Paso Robles ☆☆ Der volle, kräftige Zinfandel ist bemerkenswert.

Pedroncelli Sonoma ☆☆ Alter Dry-Creek-Familienbetrieb mit ansprechendem Zinfandel, Cabernet Sauvignon und einem kompakten Chardonnay.

Perry Creek El Dorado ☆☆ Außergewöhnlicher Syrah aus hohen Lagen und überdurchschnittlicher Cabernet Sauvignon.

Phelps, Joseph Napa ☆☆☆☆ Cabernet Sauvignon **85 87 90** 91 **94 95** 97 **98** 99' – Luxusweinbaubetrieb mit schönen Weinbergen und makellosem Qualitätsstand. Sehr guter Chardonnay und Cabernet Sauvignon (v. a. Backus) sowie Insignia auf Cabernet-Sauvignon-Basis. Vielversprechende Weine von Rhône-Sorten unter dem Etikett Vin du Mistral.

Philips, R. H. Yolo, Dunnigan Hills ☆→☆☆ Der einzige Betrieb in der AVA Dunnigan Hills erzeugt eine breite Auswahl an Weinen. Ausgezeichnete Arbeit mit Rhône-Sorten unter dem Namen EXP und preiswerter Chardonnay Toasted Head. Außerdem exzellenter Zinfandel von alten Reben aus den Outskirts von Los Angeles.

Pine Ridge Napa ☆☆→☆☆☆ Der tanninreiche, konzentrierte Cabernet Sauvignon aus mehreren Napa-AVAs lohnt die Lagerung. Der Chenin blanc mit einem Hauch Süße ist ein Genuss.

Potelle, Château Napa ☆☆☆ Ein französisches Ehepaar produziert hier still und bescheiden eindrucksvollen Chardonnay (die Reserve-Version ist noch toastwürziger) und kräftigen Cabernet Sauvignon von Lagen am Mount Veeder. Überwältigender Zinfandel aus gutseigenen Lagen in Paso Robles.

Preston Dry Creek Valley ☆☆☆ Lou Preston ist ein anspruchsvoller »Terroirist«, der außergewöhnliche Dry-Creek-Valley-Weine wie Zinfandel und herrlichen, fruchtigen Barbera erzeugt. Sein Sauvignon blanc ist eine köstliche Verschmelzung von Neuseeland und Sonoma.

Pride Mountain Spring Mountain, Napa ☆☆☆ Die Spitzenlage an einem Hang tut das ihre, um in den schönen Weinen von Bordeaux-Sorten mit beträchtlichem Alterungspotenzial die Fruchtaromen hervortreten zu lassen.

Provenance Oakville Napa ☆☆☆ Schöner, eleganter, geschmeidiger Cabernet Sauvignon von einem Gut im Herzen von Napa. Im Besitz von Chalone.

Quady Winery San Joaquin ☆☆ Fantasievolle Muskateller-Dessertweine aus Madera, u. a. viel gepriesener Essencia mit Orangenaroma, Elysium mit Rosenblütenaroma und an Moscato d'Asti orientierter Electra.

Quintessa Napa ☆☆☆(☆) Wunderschönes neues Gut auf dem Silverado-Trail, mit Franciscan Vineyard verbunden. Die ersten Flaschen eines roten Meritage-Weins sind äußerst verheißungsvoll.

Quivira Sonoma ☆☆ Sauvignon blanc, Zinfandel und andere Weine vom Gut im Dry Creek Valley. Bei den jüngeren Jahrgängen kommt dem Eichenholz mehr Bedeutung zu als dem Weinberg.

Qupé Santa Barbara ☆☆→☆☆☆ Kapriziöser Kellergefährte von Au Bon Climat. Marsanne, Pinot blanc und Syrah – alle sehr probierenswert.

Rafanelli, A. Sonoma ★★★ Cabernet Sauvignon **90 94 95** 97′ 99 00 01 Zinfandel **97 99 00** 01′ – Herzhafter, verlockend rustikaler Zinfandel aus dem Dry Creek Valley; Cabernet Sauvignon mit auffallender Intensität.

Rasmussen, Kent Carneros, Napa ☆☆→☆☆☆ Nach dem frischen Chardonnay mit langem Abgang und dem köstlichen Pinot noir lohnt es sich Ausschau zu halten. Ramsay ist ein zweiter Name für kleine Posten.

Ravenswood Sonoma ☆☆☆ Zinfandel-Meister Joel Peterson überzeugt mit seinem Einzellagen-Zinfandel und einer erschwinglichen Reihe von Sonoma- und Vintners-Reserve-Weinen von Zinfandel und Merlot. Wird sich die Spitzenqualität unter dem neuen Besitzer Constellation halten? Für ein Urteil ist es noch zu früh.

Raymond Vineyards and Cellar Napa ☆☆☆ Cabernet Sauvignon **87 90 94 95 97** 99 00 01 – Stark unterbewerteter Cabernet Sauvignon von Weinbergen in Familienbesitz. Hat das Potenzial, sehr alt zu werden.

Renwood Amador ☆☆ Guter Zinfandel und Syrah aus Rebflächen in den Gebirgsausläufern. Das Potenzial ist noch nicht ganz ausgeschöpft.

Ridge Santa Cruz Mountains ☆☆☆☆ Cabernet Sauvignon **85 87 90 94 95 97** 99′ 00 01 – Bei Kennern hoch angesehener Weinbaubetrieb, verarbeitet Trauben aus Napa (York Creek) und eigenen Berglagen (Monte Bello) zu geschmeidigem, harmonischem Cabernet Sauvignon, der lange Flaschenreife verdient, und Trauben aus Sonoma, Napa und Paso Robles zu erstaunlichem Zinfandel. Der mit Wildhefen vergorene herausragende Chardonnay wird häufig übersehen.

Rios-Lovell Livermore ☆☆ Neuer Erzeuger mit hervorragendem Petite Sirah und überdurchschnittlichem Zinfandel.

Rochioli, J. Sonoma ☆☆☆(☆) Pinot noir **95 96 97 98 99** 00 01 – Der alteingesessener Winzer am Russian River verkauft einen Großteil seiner Trauben an Gary Farrell und andere Pinot-noir-Spitzenerzeuger, bereitet jedoch jedes Jahr auch selbst einige Tropfen von Pinot noir, die einfach großartig sind. Auch sehr guter Zinfandel.

Roederer Estate Mendocino ☆☆☆☆ Zweigniederlassung des Champagnerhauses im Anderson Valley (seit 1988). Geschmeidiger, eleganter Stil. Ohne Frage einer der drei besten Schaumweine in Kalifornien und der beste Rosé. Spitzenreiter ist die herrliche Luxus-Cuvée l'Ermitage.

Rosenblum Cellars San Francisco Bay ☆☆→☆☆☆ Produziert jedes Jahr sieben bis acht Zinfandel-Einzellagenweine aus Gebieten in ganz Kalifornien, viele von alten Reben. Die Qualität wechselt, liegt aber immer weit über dem Durchschnitt.

Rubissow-Sargent Mount Veeder, Napa ★★ Qualitäts-Cabernet, der sich lange hält.

Rutz Cellars Russian River Valley ☆☆→☆☆☆ Herausragender Chardonnay von ausgewählten Lagen am Russian River. Super Pinot noir mit mehr Schmackes als die meisten anderen. Im Auge behalten!

Saddleback Cellars Napa ☆☆☆ Der Kellermeister und Besitzer Nils Venge ist eine Legende in Napa. Üppiger Zinfandel und langlebiger Cabernet Sauvignon.

St Amant Lodi ☆☆ Der Erzeuger in Lodi könnte sich bald einen dritten Stern verdienen, v.a. mit dem Zinfandel von alten Reben und dem schwungvollen Syrah.

St Clement Napa ☆☆→☆☆☆ Cabernet Sauvignon **85 87 90 91 94 95 97** 98 99′ 00 01 (02) – Der geschmeidige, langlebige Oroppas, ein Verschnitt auf Cabernet-Sauvignon-Basis ist hier die erste Wahl. Merlot und Chardonnay ebenfalls hervorragend. Im Besitz von Beringer-Blass.

St Francis Sonoma ★★★ Merlot **95** **97** **99** 00 01′ Zinfandel **97** **99** 00′ 01 – Tieffarbiger, konzentrierter Cabernet Sauvignon, fruchtiger, lebhafter Merlot mit Unmengen von Eiche. Besonders zu empfehlen der Zinfandel von alten Reben.

St Jean, Château Sonoma ☆☆→☆☆☆ Erzeugte in den 1970er-Jahren unter Richard Arrowood als Erster in Kalifornien Einzellagen-Chardonnay, der immer noch hervorragend ist; auch guter Sauvignon blanc. Rotwein hat jetzt höhere Priorität. Der Cinq Cepage von den fünf Bordeaux-Sorten ist einer der besten in Kalifornien. Im Besitz von Beringer-Blass.

Saintsbury Carneros ☆☆☆ Chardonnay **97** **99** **00** 01′ (02) Pinot noir **97** **99** **00** 01′ – Hervorragender Pinot noir, dichter als die meisten anderen aus Carneros. Geschmacksintensiver Chardonnay mit zurückhaltendem Eichenton. Der Pinot noir Garnet von jüngeren Reben ist ein Genuss.

St Supéry Napa ☆☆☆ Schlanker, anmutiger Merlot; der Cabernet Sauvignon ist manchmal so überragend wie der rote Meritage es immer ist. Der Sauvignon blanc gehört zu den besten in Kalifornien. Einige Trauben kommen aus dem wärmeren Pope Valley östlich des Napa Valley. In französischem Besitz (Skalli).

Sanford Santa Barbara ☆☆☆ Pinot noir **96** **97** **98** **99** 00 01 – Pinot-noir-Pionier in Santa Barbara. Die Weine können zugänglich und intensiv ausfallen, entfalten aber nach einigen Jahren in der Flasche eine geschmeidige Fülle. Der Sauvignon blanc ist eine wahre Schönheit.

Sattui, V. Napa ☆☆ Führend als reiner Direktverkäufer (d. h. vom Gut oder per Versand). Die Weine werden in einem rustikalen Stil zum sofortigen Konsum bereitet. Die Rotweine sind am besten, v. a. Cabernet Sauvignon und Zinfandel.

Sausal Sonoma ☆☆ Das Gut im Alexander Valley ist für seinen Zinfandel und Cabernet Sauvignon bekannt. Der Century Vine Zinfandel ist ein überwältigendes Beispiel für Zinfandel von alten Reben.

Scherrer Sonoma ☆☆☆ Reifer Pinot noir und Chardonnay vom Russian River im kalifornischen Stil; außerdem vollmundiger Zinfandel von alten Reben aus dem Alexander Valley.

Schramsberg Napa ☆☆☆☆ Einer der besten Schaumweinproduzenten Kaliforniens und der erste, der ihn in größeren Mengen nach der klassischen Methode herstellte. Historische Keller. Reserve vorzüglich; Blanc de Noirs hervorragend (2 bis 10 Jahre Reifezeit). Die Luxus-Cuvée J. Schram ist Amerikas »Krug«.

Schug Cellars Carneros ☆☆☆ Der in Deutschland geborene und zum Kellermeister ausgebildete Eigentümer versucht sich an verschiedenen Sorten, aber sein größtes Interesse gilt Carneros Chardonnay und Pinot noir, die auch seine größten Weine ausmachen. Der Pinot noir ist der Spitze immer nahe.

Screaming Eagle Napa ☆☆☆☆ Man nehme einen Cabernet-Sauvignon-Erzeuger und einen Önologen als Berater – heraus kommen kleine Mengen Kultwein zu astronomischen Preisen.

Sebastiani Sonoma ☆ Der ehemalige Fasswein-König hat versucht, mit Einzellagenweinen Karriere zu machen.

Seghesio Sonoma ★★★ Konzentriert sich jetzt auf überragende, lange haltbare Zinfandel-Weine von eigenen Anbauflächen im Alexander und Dry Creek Valley. Nicht zu verachten sind aber auch die kleineren Mengen an Sangiovese Vitigno Toscano.

Selene Napa ☆☆☆ Das Keller-Ass Mia Klein erzeugt in ihrem neuen Betrieb reichhaltigen, konzentrierten Merlot und brillanten Sauvignon blanc.

Sequoia Grove Napa ☆☆☆ Der Cabernet Sauvignon des Guts ist intensiv und langlebig. Der Chardonnay ist einen Hauch besser und hält sich eine Weile.

Shafer Vineyards Napa ☆☆☆☆ Cabernet Sauvignon **90 91 94 95** 97' 99 00 01 Merlot **87 90** 91 95 97 99 01 – Mit dem Merlot immer an der Spitze; auch der Cabernet Sauvignon wird stetig besser, v.a. der Hillside Select aus Stag's Leap. Der Carneros Chardonnay (Red Shoulder Ranch) sprengt seine Eichenfesseln. Empfehlenswert auch der Firebreak, ein Einzellagen-Sangiovese.

Sierra Vista El Dorado ☆☆(☆) Ein überzeugter Anhänger von Rhône-Sorten auf hohen Lagen in den Sierra Foothills. Im Stil elegant, von mittlerem Körper und fruchtbetont, mit Schwerpunkt auf dem Sortencharakter.

Signorello Napa ☆☆☆ Cabernet Sauvignon und Chardonnay der Spitzenklasse; bemerkenswerter Pinot noir vom Russian River; am günstigsten ist der sehr gute Semillon/Sauvignon blanc. Alle würden mit etwas weniger Eiche auskommen.

Silverado Vineyards Napa ☆☆☆ Cabernet Sauvignon **90 94 95 97** 99 01 (02) – Stattlicher Weinbaubetrieb auf einem Berg in Stag's Leap District mit geschmeidigem Cabernet Sauvignon, schlankem, mineralischem Chardonnay und markantem Sangiovese.

Silver Oak Napa/Sonoma ☆☆☆ Getrennte Kellereien in Napa und im Alexander Valley erzeugen nur Cabernet Sauvignon; die Eigentümer werden von den Bewunderern solcher Weine für die extreme amerikanische Eichenholznote aufs Höchste gerühmt.

Simi Sonoma ☆☆ Wechselhafter historischer Weinbaubetrieb mit einer großen Auswahl reinsortiger Tropfen. Im Mittelpunkt stehen immer noch langlebiger Cabernet Sauvignon und sehr guter Chardonnay. Der Meritage-Weißwein Sendal ist super.

Sinskey Vineyards, Robert Napa ☆☆☆ Der ehemalige Teilhaber von Acacia hat seine eigene Kellerei gegründet. Chardonnay mit gutem Säure-Biss und vollmundiger Pinot noir sind die Highlights.

Smith-Madrone Napa – Hoch oben auf dem Spring Mountain bereiten die Smith-Brüder einen herrlichen halbtrockenen Riesling und einen schlanken Chardonnay.

Sonoma-Cutrer Vineyards Sonoma ☆☆ Chardonnay **97 99** 00 01' – Der Chardonnay-Spezialist im Eichentoastland ist gerade auf dem absteigenden Ast. Im Besitz von Brown-Forman.

Souverain, Château Sonoma ★★→★★★ Cabernet Sauvignon 87 **90** 95 97 99' Spitzen-Chardonnay aus Carneros, Cabernet Sauvignon aus dem Alexander Valley und Dry-Creek-Valley-Zinfandel, alle mit kräftigem Eichenaroma – manchmal vielleicht zu viel. Im Besitz von Beringer-Blass.

Spencer Roloson ☆☆ Händler und Erzeuger von stilvollem Zinfandel und Tempranillo. Sollte man im Auge behalten.

Spottswoode Napa ☆☆☆☆ Cabernet Sauvignon **87** 91 **94** 95 97 99 01 (02) – Fester, nachhaltiger Luxus-Cabernet-Sauvignon aus kleinen eigenen Lagen in St Helena. Geschmeidiger, ausgefeilter Sauvignon blanc.

Spring Mountain Napa ☆☆→☆☆☆ Das aus dem Fernsehen bekannte Gut in den Bergen konzentriert sich jetzt auf die Weinproduktion. Ausgezeichneter Cabernet Sauvignon und hervorragender Sauvignon blanc von gutseigenen Reben.

Staglin Napa ☆☆ Cabernet Sauvignon 90 94 95 97 99 – Seidiger, eleganter Cabernet Sauvignon aus Rutherford Bench, einem Weinberg, der ursprünglich für Beaulieu angelegt wurde, als André Tchelistcheff dort seine Zauberkräfte walten ließ.

Stag's Leap Wine Cellars Napa ☆☆→☆☆☆☆ Cask 23 **78 84 87 90** 91 **94** 95 97 99' – Viel gepriesene Weinberge mit seidigem, verführerischem Cabernet Sauvignon (SLV, Fay und Spitzenprodukt Cask 23) sowie Merlot. Der gute Chardonnay wird häufig links liegen gelassen. Hawk Crest heißt die Reihe preisgünstiger Weine, hauptsächlich von Trauben aus Mendocino.

Stag's Leap Winery ☆☆ Historisches Gut, das zurzeit von Beringer-Blass wiederbelebt wird. Bekannt für Petite Sirah.

Steele Wines Lake ☆☆→☆☆☆ Jed Steele hat ein Talent dafür, Rebberge für eine Reihe von Einzellagenweinen unter dem Hauptnamen und das Zweitetikett Shooting Star ausfindig zu machen. Der Chardonnay gerät manchmal etwas eichig, aber der Pinot noir und einige Spezialitäten, z. B. Washington State Lemberger, sind hervorragend.

Sterling Napa ☆☆→☆☆☆ Malerischer Weinbaubetrieb in Napa, heute im Besitz von Diageo Chateau and Estate Wines. Guter Standard-Chardonnay und verhaltener Cabernet Sauvignon aus Einzellagen. Doch das Potenzial wurde nie richtig ausgeschöpft.

Stony Hill Napa ☆☆☆ Chardonnay **93 96 97 99** 00 01' – In den vergangenen 30 Jahren sind viele der besten Chardonnays Kaliforniens in diesem Weinbaubetrieb im Hügelland entstanden.

Storybook Mountain Napa ★★★ Der einzige erklärte Zinfandel-Spezialist in Napa erzeugt straffe, tanninreiche Guts- und Reserve-Weine aus dem Calistoga-Weinberg.

Strong Vineyard, Rodney Sonoma ☆☆ Cabernet Sauvignon **90 94 95 97 99** 00 01 – Der Cabernet Sauvignon aus Einzellagen ist oft auch drei Sterne wert. Guter Pinot noir vom Russian River.

Sutter Home Napa ☆ Berühmt für weißen Zinfandel und rustikalen roten Amador-Zinfandel. Strebt mit der Signature-Reihe und der Marke M Trinchero nach höheren Weihen.

Swan, Joseph Sonoma ☆☆☆ Zinfandel **95 97 99** 00 01' – Alteingesessener Erzeuger von intensivem Zinfandel und Pinot noir mit Klasse am Russian River.

Tablas Creek Paso Robles ☆☆☆ Joint Venture zwischen den Besitzern des Château Beaucastel und dem Importeur Robert Hass. Weinberge mit Stecklingen aus Châteauneuf-du-Pape bepflanzt. Die ersten Ergebnisse sind vielversprechend.

Talbott, R. Monterey ☆☆→☆☆☆ Hier dreht sich alles um Chardonnay aus Einzellagen in Monterey. Der Ansatz ist burgundisch, und einige Abfüllungen bewegen sich auf 3-Sterne-Niveau.

Tanner, Lane Santa Barbara ☆☆☆ Pinot noir 93 94 **95 96 97** 98 99 – Besitzer und Kellermeister in einem, mit oft superben Einzellagen-Pinot-noir (Bien Nacido, Sierra Madre Plateau), die mit einer leisen, verhaltenen Eleganz das Terroir widerspiegeln.

The Terraces Napa ☆☆☆ Hoch über dem Silverado Trail entstehen hervorragender Zinfandel und Cabernet Sauvignon in geschmeidigem Stil.

Terre Rouge, Domaine de la Amador County ☆☆☆ Der frühere Weinhändler ist ein Spezialist für Rhône-Rebsorten mit einer Reihe ausgezeichneter Winzer, die ihm das Rebgut liefern. Syrah, Mourvèdre und Grenache sind fabelhaft. Erzeugt werden auch ein roter und ein weißer Verschnitt von Rhône-Sorten.

Torres Estate, Marimar Sonoma ☆☆☆ Chardonnay **97 99′** 00 01 Pinot noir **97** 99 00 01 – Die Schwester des großen Katalanen produziert ultrabuttrigen Chardonnay (hält sich hervorragend) und feinen Pinot noir vom Besitz im Russian River Valley. Die neuen Pinot-noir-Pflanzungen an der Küste werden sich wohl für vier Sterne qualifizieren. Weinberge jetzt ökologisch bewirtschaftet.
Trefethen Napa ★★★ Chardonnay **96 97 98 99** 00 01′ – Hoch angesehener Familienbetrieb. Guter halbtrockener Riesling und straffer Chardonnay für lange Lebensdauer (die spät freigegebenen Library-Weine beweisen es). Cabernet Sauvignon zeigt zunehmende Tiefe.

Aufstrebende kalifornische Anbaugebiete
Eine der spannendsten Entwicklungen der letzten Jahre in Kalifornien sind die erstklassigen Weine aus Regionen, die früher nur für Fass- und Massenwein gut zu sein schienen, und aus neueren Anbaugebieten. Im Central Valley steigerten Winzer aus Lodi und der Gegend um Fresno und Modesto die Qualität der Weine durch eine sorgfältigere Weinbergpflege und Investitionen in moderne Kellertechnik. Dies löste eine Welle preislich korrekter, fruchtbetonter Weine für den Alltagsverbrauch aus. An der Central Coast erbringen neue Chardonnay- und Pinot-noir-Anpflanzungen Trauben, die sich sowohl in der Qualität als auch im Preis mit billigeren Importen aus Australien und Chile messen können.

Truchard Carneros ☆☆→☆☆☆ Aus der wärmeren, zum Landesinneren gelegenen Seite von Carneros stammt der schmackhafte, fest strukturierte Merlot, der dem AVA-Bereich zu eigener Identität verhilft. Cabernet Sauvignon und Syrah sind sogar noch besser.
Turley Napa ☆☆☆ Früher Partner bei Frog's Leap, spezialisiert sich jetzt auf kernige, alkoholstarke Einzellagenweine: Zinfandel und Petite Sirah von alten Reben.
Ventana Monterey ☆☆ 1978 gegründeter Weinbaubetrieb. Das Aushängeschild der betriebseigenen Weinberge sind der Chardonnay und vor allem der Sauvignon blanc aus einem Musqué-Klon. Aufregender neuer Syrah und Tempranillo.
Viansa Sonoma ☆☆ Sam Sebastiani erzeugt im Andenken an seine Vorfahren italienische Sortenweine, darunter sogar (für Kalifornien) Raritäten wie Arneis, Dolcetto und Freisa.
Vino Noceto Amador ☆☆ Der Sangiovese ist einer der besten in Kalifornien. Das Weingut ist ein Paradebeispiel dafür, wie in Kalifornien Wein gemacht wird.
Wellington Sonoma ☆☆ Lebhafter Zinfandel von alten Reben und geschmeidiger, kraftvoller Cabernet Sauvignon aus ausgewählten Lagen.
Wente Vineyards Livermore und Monterey ☆☆ Historischer, auf Weißwein spezialisierter Betrieb, v. a. Livermore Sauvignon blanc und Semillon. Doch auch der Cabernet Sauvignon aus dem Gut in Livermore ist sehr gut. Der süße Riesling aus Monterey kann hervorragend ausfallen. Ferner etwas klassischer Schaumwein.
Wild Horse Winery San Luis Obispo ☆☆ Pinot noir **95 96 97 99 00** 01′ – Verlässlicher Erzeuger von Merlot und Pinot noir von Central-Coast-Trauben, inzwischen im Besitz von Geyser Peak.
Williams Selyem Sonoma ☆☆☆ Pinot noir **90 92 93 96 97** 99 00 01′ – Intensiver, rauchiger Pinot noir vom Russian River, v. a. aus Weinbergen

von Rochioli und Allen. Die Anbauflächen reichen jetzt auch bis an die Küste von Sonoma und nach Mendocino.

Young, Robert Sonoma ☆☆☆ Hervorragender Chardonnay und Cabernet Sauvignon aus berühmten Lagen; jahrelang die Quelle für den Chardonnay von Château St Jean.

York Creek Spring Mountain, Napa ☆☆☆ Ausgezeichneter Weinberg im Besitz des berühmten Bierbrauers Fritz Maytag. Verkauft seine Trauben an Ridge und bringt jetzt auch eigene Weine heraus.

Zaca Mesa Santa Barbara ☆☆ Wechsel von Chardonnay und Pinot noir hin zu Rhône-Rebsorten (v. a. Marsanne und Syrah) und Verschnitte aus gutseigenen Trauben (Cuvée Z).

ZD Napa ☆☆ Chardonnay 98 **99** 00 **01'** – Massiver Chardonnay mit kräftiger Würze von amerikanischer Eiche ist typisch für ZD.

Der pazifische Nordwesten

Das Weinland des pazifischen Nordwestens umfasst drei aneinander angrenzende Staaten. In Oregon sind gut 6000 ha mit Reben bepflanzt, v. a. im Willamette Valley südlich von Portland. Der Bundesstaat Washington beherbergt über 14 000 ha Weingärten, die sich in der wärmeren und trockeneren Hälfte östlich der Cascade Mountains konzentrieren. Das Rebland von Idaho liegt noch ein Stückchen weiter im Osten am Snake River.

In Oregon fährt man gut mit Rebsorten aus Burgund und dem Elsass; die Dijon-Klone von Chardonnay und Pinot noir, die jetzt allenthalben gepflanzt worden sind, versprechen frühere Reifung und potenziell komplexere Weine. Jenseits des Columbia River, im östlichen Washington, lässt das wärmere, trockenere Klima des Columbia Valley dickschaligere Sorten (Merlot, Cabernet Sauvignon, Cabernet franc und die neuerdings hoch gehandelte Syrah) gut reifen. Auch in den wärmeren südlichen Appellationen Oregons und in Idaho gedeihen diese Trauben.

Die größten Kellereien im pazifischen Nordwesten wirken klein im Vergleich zu jenen in Kalifornien. Die meisten der über 460 Betriebe – ihre Anzahl wächst von Jahr zu Jahr – erzeugen weniger als 30 000 Kisten jährlich, viele sogar nur 2000 bis 5000. Die Appellation mit dem größten Glanz und den stärksten Zuwächsen ist weiterhin Walla Walla Valley in Washington, wo die Zahl der Erzeuger von zehn im Jahr 1995 auf über 60 im Jahr 2003 stieg und die Rebfläche sich im gleichen Zeitraum mehr als verdoppelte.

Neuere Jahrgänge

2003 Ein wohl sehr gemischter Jahrgang nach einer Saison mit extremer Hitze und Wassermangel.
2002 Ausdrucksstarke und elegante Weine.
2001 Weniger säurehaltig und konzentriert als in den drei vorhergehenden Jahren.
2000 Solider Jahrgang mit hohen Erträgen und konzentrierten, gut strukturierten Weinen. Jetzt bis 2010.
1999 Exzellent. Eine ideale Wachstumsperiode resultierte in ausgewogene Weine. Jetzt bis 2008.
1998 Überall hervorragend. Reduzierte Erträge und stärkere Konzentration in Oregon – jetzt oder bald trinken. Größere Mengen bei guter Qualität in Washington – kann noch liegen.

Oregon

Abacela Vineyards Umpqua Valley ★★→☆☆☆ **97 98** 99′ 00 **02** – Neuer Erzeuger; herausragend Tempranillo, Dolcetto, Cabernet franc und Syrah. Im Auge behalten.

Adelsheim Vineyard Yamhill County ☆→☆☆ **91 92 93 94 95 96** 97 **98** 99′ 00′ – Sanft ausgewogener Pinot noir; Chardonnay von einem neuen Dijon-Klon. Riesling, Pinot gris und Pinot blanc der Spitzenklasse: sauber und ausdrucksstark. Auch fruchtiger Merlot.

Amity Willamette ☆ **97 98 99 00** – Exzellenter Gewürztraminer, Riesling und Pinot blanc. Pinot noir ungleichmäßig.

Andrew Rich (Tabula Rasa) Willamette ★ Kleiner Erzeuger mit großer Auswahl: Pinot noir, Cabernet Sauvignon aus Washington, Chenin blanc, Sauvignon blanc, Rosé und Gewürztraminer-Eiswein.

Archery Summit Yamhill County ☆☆☆ **93 94 95' 96** 97 **98'** 99' 00' – Auffälliger Schwesterbetrieb der Kellerei Pine Ridge im kalifornischen Napa Valley. Sehr eindrucksvoller Pinot noir mit Eichenton.

Argyle Yamhill County ★→★★ sch **89 91 93 94** 96 98 99' 00 01 02 – Der beste klassische Schaumwein im Nordwesten (auch oJ), zuverlässig gut bereitet. Auch feiner Riesling, Chardonnay und hochwertiger Pinot noir.

Beaux Frères Yamhill County ☆☆ **91 92 93 94 95** 96 97 98 99' 00' **02'** – Exzellenter, strukturierter Pinot noir, der in den letzten Jahren an Finesse gewonnen hat. Teilweise im Besitz von Robert Parker.

Bethel Heights Willamette ☆☆ **91 92 93 94 95 96 97 98** 99' 00' 02' – Feiner Pinot noir aus einem Gut bei Salem; auch bemerkenswerter Chardonnay, Pinot blanc und Pinot gris.

Brick House Yamhill County ☆☆☆ **93 94 95 96** 97 **98** 99' 00 – Dynamisches Gut mit ökologischem Anbau, betrieben von einem ehemaligen CBS-Reporter. Im Stil wie Burgunder. Kleine Mengen an sehr gutem Pinot noir, Gamay und fassvergorenem Chardonnay.

Cameron Yamhill County ★→★★ **93 94 95** 96 97 98' 99' – Anspruchsvoller Erzeuger von Pinot noir und Chardonnay; manche großartig. Auch sehr guter Pinot blanc.

Chehalem Yamhill County ☆→☆☆ **91 92 93 94 95 96** 97 **98** 99' **02'** (w 00') – Pinot noir, Chardonnay, Riesling und Pinot gris in Spitzenqualität. Auch Pinot noir Reserve.

Cooper Mountain Willamette ☆ Pinot noir, Chardonnay, Pinot gris und Pinot blanc in stetig steigender Qualität. Biologisch-dynamisch bewirtschaftete Weinberge mit Zertifikat.

Cristom Nordwillamette ★→★★ **92' 93 94 95** 96 97 98' 99' 00' **02'** – Köstlicher Pinot noir, buttriger Chardonnay und wunderbarer fassvergorener Viognier.

Domaine Drouhin Willamette ☆→☆☆☆ **91 92 93' 94 95 96 97 98' 99' 00'** – Superber Pinot-noir-Gutswein von einer der ersten Familien aus Burgund. Laurène Reserve ist seidig und elegant; ebenso fein der Chardonnay (**96 97 98 99' 00' 01' 02'**). Auch sehr feiner neuer Verschnitt namens Louise.

Domaine Serene Willamette ☆☆☆ **98'** 99' 00 – Sehr volle, marmeladige Weine. Kleine Mengen; empfehlenswert sind der Evenstead Reserve Pinot noir und der neue Rockblock Syrah.

Elk Cove Vineyards Willamette ☆ **98** 99' – Qualitätserzeuger mit einem Weinsortiment, das Pinot noir, Pinot gris, Chardonnay und Riesling umfasst. Exzellenter Dessertwein Ultima.

Erath Vineyards Yamhill County ☆ **93' 94 95 96** 97 **98** 99 00 – Sehr guter Chardonnay, Pinot gris, Gewürztraminer und Pinot blanc. Besonders schöne alte Pinot-noir-Weine (**76**), aber auch der Riesling (**76**). Neuer Kellermeister seit 2002.

Evesham Wood Bei Salem, Willamette ☆→☆☆ Kleiner Familienbetrieb, erfolgreich mit feinem Pinot noir (**91 92 93 94 95** 96 97 **98 99 00' 01'** 02), Pinot gris und trockenem Gewürztraminer. Große Nachfrage nach der begrenzten Auflage von Cuvée J. Seit neuestem ökologischer Weinbau.

Eyrie Vineyards, The Willamette ☆→☆☆ Pionierbetrieb (1965) mit burgundischen Überzeugungen. Die älteren Jahrgänge von Pinot noir sind wahre Schätze (**75' 76'** **80 83 86 89 90**); Chardonnay und Pinot gris sind reichhaltig und dennoch frisch. Alle Weine halten sich wunderbar.

Firesteed ☆ Erzeuger von günstigem Pinot noir und einem feinen DOC Barbera d'Asti, der in Italien bereitet wird. Große Mengen.

Ken Wright Cellars Yamhill County ☆☆ **93 94 95** **96** 97 **98'** 99 01 02' – Blumiger Pinot noir mit Kultstatus. Auch sehr guter Chardonnay und Melon de Bourgogne.

King Estate Südwillamette ☆ **98** 99' 01 02' – Großes, sehr schönes Napa-ähnliches Weingut. Sehr guter Pinot gris; Chardonnay und Pinot noir werden noch besser. Das Rebgut wird im weiten Umkreis angekauft, auch Cabernet Sauvignon, Merlot und Zinfandel. Die neuen Gutsweine sind Spitzenklasse.

Lange Winery Yamhill County ☆ **98** 99' **00 02'** – Kleiner Familienbetrieb; hervorragender Reserve Pinot noir; Pinot gris ist kompakt, aber der Reserve wird sehr stark mit Eiche behandelt.

Lemelson Yamhill County ★→★★ 99' **00' 01 02** – Neue, finanziell gut ausgestattete Unternehmung mit feinen, schön strukturierten Weinen.

Panther Creek Willamette ☆→☆☆ **94'** **95** 96 97 **98'** 99' 00' 01 02' – Konzentrierter, fleischiger Pinot noir von einer Einzellage; gefälliger Melon de Bourgogne. Kauft Lesegut von Spitzenlagen, u. a. Shea.

Patricia Green Cellars Yamhill County ★→★★ Die ehemalige Kellermeisterin von Torii Mor erzeugt schmissige Weine von großer Ausdruckskraft. Schöne Tropfen in allen Jahrgängen.

Ponzi Vineyards Willamette ☆→☆☆ **94** **95 96** 97 **98'** 99' 00' 02' – Kleiner Pionierbetrieb, fast in Portland; für Pinot gris, Chardonnay und Pinot noir bekannt. Gut gemachter Arneis und Dolcetto.

Rex Hill Willamette ☆→☆☆ **93 94** **95** 96 97 **98'** 99' 00' 02' – Exzellenter Pinot noir, Pinot gris und Chardonnay von verschiedenen Weinbergen in Nordwillamette. Die Reserve-Weine zählen zu den besten Oregons; die Marke Kings Ridge ist sehr preisgünstig. Neuer Kellermeister 2002.

Eine Auswahl von Weinen des pazifischen Nordwestens für 2005
Patricia Green Cellars Sauvignon blanc
Andrew Will Merlot Klipsun
Chehalem Riesling
Glen Fiona Cuvee Parallel 46
Woodward Canyon Gutsverschnitt
Adelsheim Vineyard Tocai friulano, Pinot gris

St-Innocent Willamette ☆→☆☆ **98 99 00 01 02** – Steigendes Ansehen für üppigen, köstlichen, geradlinigen Pinot noir; gefällige, aber leicht bittere Weiße.

Sokol Blosser Willamette ☆→☆☆ **93** **94** **95** **96** 97 **98' 99 00' 01 02'** – Erheblich verbessert. V. a. Pinot noir; bemerkenswert der Evolution OJ.

Torii Mor Yamhill County ☆☆→☆☆☆ **93 94 95** **96** 97 **98'** 99' 00' – Mehrere gute Einzellagenabfüllungen von Pinot noir. 2000 neuer Kellermeister. Der erste Wein Oregons für 100 Dollar die Flasche.

Tyee Südwillamette ☆ Kleiner Familienbetrieb; besonders gut sind der trockene Gewürztraminer, Riesling und Pinot blanc. Der Pinot noir steigert sich.

Spurensuche im Nordwesten
Portland Wildwood (1221 NW, 21st Avenue, Tel. 503-248-9663). Das Restaurant der Restaurants im Nordwesten; das Angebot an Weinen ist umwerfend.
Oregon Wines on Broadway (515 SW Broadway, Tel. 503-288-4655). Weingeschäft und Bar mit einer täglichen Auswahl an Pinot noir zur Verkostung.
Dundee Ponzi Wine Bar (100, 7th Street, Tel. 503-554-1500). Hauptsächlich Ponzi-Weine, aber auch eine große Auswahl seltener Jahrgänge von anderen Erzeugern.
Seattle McCarthy & Schiering Wine Merchants (2401-B Queen Anne Avenue N., Tel. 206-282-8500; 6500 Ravenna Avenue NE, Tel. 206-524-9500). Astronomische Auswahl an Weinen aus dem Nordwesten. Der Eigentümer Dan McCarthy ist auch Co-Autor eines Taschenführers durch die Weinlandschaft von Washington, Oregon und Idaho.
Walla Walla Whitehouse Crawford (55 West Cherry Street, Tel. 509-525-2222). Das In-Restaurant im hippen Walla Walla. Fabelhafte Speisen vom Holzfeuer und eine erschöpfende Weinkarte.
McMinnville The International Pinot Noir Celebration (Tel. 1-800-775-4762, info@ipnc.org) findet jeden Juli im Linfield College statt: teils Seminar, teils Spektakel zum Thema Essen und Wein, bei dem Pinot-noir-Spitzenerzeuger aus aller Welt mit Händlern und interessierten Besuchern zusammentreffen. Die ideale Gelegenheit, um viele verschiedene Pinot-noir-Weine eines Jahrgangs zu probieren.

Willakenzie Estate Yamhill County ☆→☆☆ **98′ 99′** 00 02′ – Erste Weine kamen 1996 auf den Markt; köstlicher Pinot gris und blanc, Chardonnay und Pinot noir. Finanziell gut ausgestatteter hochmoderner Betrieb; französischer Besitzer und neuer Kellermeister.
Willamette Valley Vineyards Willamette ☆→☆☆ **98′** 99′ 00 01 02 – Enorm große Kellerei bei Salem. Chardonnay, Riesling, Pinot noir von mittlerer bis sehr hoher Qualität. Erstaunliche Bandbreite von kommerziellen bis zu Spitzenklasseweinen. Besitzt jetzt auch Griffin Creek und Tualatin und produziert sie als eigene (sehr gute) Marken. Es gibt einen neuen Kellermeister, die weitere Entwicklung bleibt abzuwarten.

Washington / Idaho

Andrew Will Puget Sound ★★→★★★ **89 90 91 92 93 94 95 96 97 98′** 99′ **00′ 01 02** – Außergewöhnlicher Cabernet Sauvignon, Merlot und fassvergorener Chardonnay von den besten Trauben aus Ostwashington.
Arbor Crest Spokane ★→★★ 1999 zu neuem Leben erwachtes Gut, als die Tochter von ihrem Önologiestudium in den Betrieb zurückkehrte. Ihr enormes Talent macht sich bereits jetzt in den Weinen bemerkbar.
Barnard Griffin Pasco, Columbia Valley ☆→☆☆ Kleiner Erzeuger von gut bereitetem Merlot, Chardonnay (v. a. fassvergoren), Semillon sowie Sauvignon blanc. Syrah der Spitzenklasse.
Bookwalter Columbia Valley ☆ 00′ 01 02 – Schon älteres Weingut, dank der Beratung durch Zelma Long wieder auf der Höhe. Reichhaltige, ausgewogene Weine zu vernünftigen Preisen.

Canoe Ridge Walla Walla, Columbia Valley ☆ Chardonnay, Merlot **95 96 97 98** 99 00 – Im Besitz von Chalone (Kalifornien). Sehr guter Chardonnay und Merlot, auch feiner Gewürztraminer.

Cayuse Walla Walla ★★→★★★ **98′** 99′ 00′ 01′ 02′ – Beeindruckende Weine im Rhône-Stil, deren Ursprung man schmeckt. Kultstatus.

Chinook Wines Yakima Valley ★ Die Besitzer, die selbst keltern, kaufen vor Ort Trauben auf und produzieren daraus robusten Chardonnay, Sauvignon blanc, Merlot und Syrah. Herrlicher Cabernet franc.

Columbia Crest Columbia Valley ★→★★ Getrennt geführte Marke von Château Ste Michelle für gut bereitete, ansprechende und sehr preiswerte Weine. Cabernet Sauvignon, Merlot, Syrah und Sauvignon blanc sind am besten. Auch sehr gute Reserve-Weine.

Columbia Winery Woodinville ☆ Cabernet Sauvignon **79 83 85 87 88 89 90 91 92 93** 94 95 **96** 97 **98** 99 – Pionierbetrieb, und noch immer führend. Ausgewogene, stilvoll verhaltene Einzellagenweine, v. a. Syrah und Viognier.

DeLille Cellars Woodinville ☆☆→☆☆☆ **96′ 97 98′** 99 00 01 02 – Interessanter Weinbaubetrieb mit sehr guten roten Bordeaux-Verschnitten: lagerfähiger Chaleur Estate und ein Wein namens D2 (schon weiter gediehen, erschwinglich). Exzellenter, im Fass vergorener Weißwein (Sauvignon blanc/Semillon). Neuer Syrah Doyenne beachtenswert.

Dunham Cellars Walla Walla ☆☆ **95 96 97** 98′ 99 00 01′ 02 – Junge, aufregende Weine. Cabernet Sauvignon und Semillon-Chardonnay-Verschnitte sind sehr konzentriert und elegant geraten; hübscher Syrah.

Glen Fiona Walla Walla ☆→☆☆ **99 00 01′** – Gute Syrah-Weine und -Verschnitte, v. a. ein neuer Syrah/Cinsault/Counoise.

Gordon Brothers Columbia Valley ☆→☆☆ Kleine Kellerei für beständig guten, ausgewogenen Chardonnay (Reserve **91**), Merlot und Cabernet Sauvignon. Neuer junger Kellermeister. Wird besser.

Hedges Cellars Yakima Valley ☆→☆☆ Machte sich einen Namen als Weinexporteur für Europa und Skandinavien; jetzt mit eigenem gutem Rebberg (Red Mountain) und Kellerei im Château-Stil; delikater Cabernet Sauvignon, Merlot und Sauvignon blanc.

Hogue Cellars, The Yakima Valley ★ Alteingesessener großer Erzeuger, bekannt für exzellente Weine (v. a. Riesling, Chardonnay, Merlot und Cabernet Sauvignon) zu günstigen Preisen. Erzeugt für Washington mustergültigen Sauvignon blanc.

Indian Creek Idaho ☆ **98** – Pinot noir der Spitzenklasse.

Kiona Vineyards Yakima Valley ☆ Respektabler Erzeuger im Unterbereich Red Mountain (seit 1980). Lemberger, Syrah und Cabernet Sauvignon mit sehr gutem Preis-Leistungs-Verhältnis.

Leonetti Walla Walla ★★★ **93 94** 95 **96′** 97 98′ 99′ 00′ 01 02 – Die gefragteste Adresse in Washington – einer der wichtigsten Sammlerweine. Harmonischer, aber individualistischer Cabernet Sauvignon: fein und grobknochig zugleich. Der Merlot ist mächtig und langlebig.

L'Ecole No 41 Walla Walla ☆→☆☆ **91 92 93 94 95 96′** 97 98′ 99′ 00′ 01 02 – Die Rotweine sind echte Knüller (Merlot, Cabernet Sauvignon und super Meritage-Verschnitt) mit marmeladiger, lange haltbarer Frucht. Guter Semillon in Fassgärung.

Matthews Cellars Woodinville ☆→☆☆ **96′ 97** 98′ 99 – Kleinerer Erzeuger vollmundiger Bordeaux-Verschnitte. Gegründet 1993. Der neue Semillon ist empfehlenswert.

McCrea Puget Sound ★→★★ Kleiner Weinbaubetrieb mit gutem Viognier, Syrah und Grenache. Experimente mit Rhône-Verschnitten werden fortgesetzt.

Quilceda Creek Vintners Puget Sound ★★★ **87 88 89 90 91 92 93** 94 95 96' 97 98' **99 00 01 02** – Spezialität ist fachmännisch bereiteter, reifer, stark eichenholzwürziger Cabernet Sauvignon von Rebgut aus dem Columbia Valley. Von außergewöhnlicher Finesse und Lagerfähigkeit. Der Kellermeister ist der Neffe des legendären André Tchelistcheff.

Reininger Walla Walla ☆☆ 99' 00' 01 02 – Kleiner, auf Spitzenweine konzentrierter Erzeuger. Klasse Syrah.

Rose Creek Vineyards Südidaho ☆ Kleines Familienweingut; v. a. guter Chardonnay.

Ste Chapelle Caldwell, Idaho – Gefälliger, geradliniger Chardonnay, Riesling, Cabernet Sauvignon, Merlot und Syrah von lokalen Weinbergen und Anbauflächen in Ostwashington. Ansprechender, günstiger Schaumwein; steigende Qualität.

Ste Michelle, Château Woodinville ☆→☆☆☆ Der Gigant der Region ist allgegenwärtig und die größte Kellerei in Washington. Eigentümer von Columbia Crest, Northstar (Spitzen-Merlot), Domaine Ste Michelle und Snoqualmie. Große Anbauflächen in Ostwashington, erstklassiges Equipment und erfahrene Kellermeister sorgen dafür, dass das breite Angebot an verschiedenen Weinen an der Spitze bleibt. Cabernet-Sauvignon-, Merlot- und Chardonnay-Weine sind nach ihren Lagen benannt. Erfolgreiche Joint Ventures mit Antinori (Colsolare) und Ernst Loosen (Eroica).

Vickers Vineyard Idaho ☆ Schöner reichhaltiger Chardonnay mit Fassgärung.

Waterbrook Walla Walla ☆→☆☆ **93** 94 95 96 97 98 99 00 – Stilvoller, markanter Chardonnay, Sauvignon blanc, Cabernet Sauvignon und Merlot von einer jungen Kellerei, die ihren Weg gefunden hat.

Woodward Canyon Walla Walla ☆☆ **93 94 95 96** 97 98 99' 00' 01 02 – Qualitätsbewusster Erzeuger mit treuer Kundschaft für reifen, intensiven und dennoch eleganten Cabernet Sauvignon, Chardonnay und Verschnittweine. Der fabelhafte Gutsverschnitt ist sehr zu empfehlen.

Östlich der Rocky Mountains

Die Erzeuger in New York (jetzt 179 in 9 AVA-Bereichen) und anderen Staaten im Osten sowie in Ohio (90 in 5 AVA-Bereichen) produzierten früher Wein von den widerstandsfähigen einheimischen Trauben und franko-amerikanischen Hybridreben. Inzwischen aber gehen sowohl der Geschmack der Konsumenten als auch die Technik in Keller und Weinberg weitgehend über diese Züchtungen hinweg. Chardonnay, Riesling und Cabernet Sauvignon sind jetzt fest etabliert. Mit Pinot noir wurden einige beachtliche Ergebnisse erzielt und Cabernet franc sowie Merlot scheinen sich generell zu den vielversprechendsten Rotweintrauben des Nordostens zu entwickeln. Erste Versuche mit Gewürztraminer und Viognier lassen sich ganz ausgezeichnet an. Von Virginia bis Ohio werden rasche Fortschritte erzielt, und die Weine gewinnen an Ansehen.

Allegro Pennsylvania ☆☆ 02 03 – Bemerkenswerter Chardonnay und Bordeaux-Verschnitt auf Cabernet-Sauvignon-Basis.

Anthony Road Finger Lakes 01 02 03 – Feiner Riesling und hervorragende Vignoles-Spätlese.

Bedell Long Island ☆☆☆ **00 01** 02 – Ausgezeichneter Merlot und Cabernet Sauvignon.

Biltmore Estate ☆☆ **01** 02 03 – Größter der 38 Weinbaubetriebe in North Carolina mit dem größten Vanderbilt-Haus in diesem Bundesstaat. Chardonnay und Schaumwein.

Chaddsford Pennsylvania ☆☆☆ **00 01** 02 03 – Zuverlässiger Erzeugerbetrieb seit 1982; v.a. guter Pinot gris und ein roter Verschnitt im Bordeaux-Stil.

Chamard ☆☆ **00 01** 02 03 – Bester Weinbaubetrieb in Connecticut, im Besitz des Generaldirektors von Tiffany. Erstklassiger Chardonnay. AVA-Bereich ist Southeastern New England.

Clinton Vineyards Hudson River ☆☆ **02 03** – Sauberer trockener Seyval blanc und munterer Seyval-blanc-Schaumwein.

Constellation Der größte Weinerzeuger der Welt mit Sitz in New York. Besitzt und leitet Betriebe in Kalifornien, New York, Washington, Chile, Australien und Neuseeland. Produziert jährlich 160 Mio. Kisten alkoholische Getränke, darunter 75 Mio. Kisten Wein. 2003 betrug der Umsatz 3,2 Mrd. US-Dollar.

Eine Anbauregion mit Zukunft: Virginia

Mit 84 Erzeugerbetrieben und 6 AVA-Bereichen bringt Virginia einige der besten Weine im Osten der USA hervor. Die moderne Anbauregion, die Mitte der 1980er-Jahre entstand, erstreckt sich mittlerweile über den ganzen Bundesstaat bis hin zum Loudoun County nur wenige Meilen nördlich von Washington DC. Zu den Weinen zählen lobenswerter Cabernet franc, Chardonnay, Cabernet Sauvignon, Merlot und Viognier. Die Spitzenerzeuger sind u.a. Barboursville, Breaux, Chrysalis, Horton, Jefferson, Kluge, Linden, Veritas, Villa Appalaccia und Valhalla. Aufstrebende Betriebe: Blenheim, Keswick und King. Siehe auch Eintrag auf Seite 347.

Debonné Vineyards Lake Erie ☆☆ **02 03** Größter Betrieb in Ohio. Chardonnay, Riesling, Pinot gris und die Hybriden Chambourcin und Vidal.

Finger Lakes Schönes kühles historische Weinbaugebiet im Staat New York, Quelle der meisten Weine des Bundesstaats. Spitzenkellereien: Anthony Road, Ch. La Fayette Reneau, Fox Run, Dr. Frank, Glenora, Kings Ferry, Red Newt, Shalestone, Standing Stone, Swedish Hill und Hermann Wiemer.

Firelands Lake Erie ☆☆ 02 03 – Weingut in Ohio mit Chardonnay, Cabernet Sauvignon, Gewürztraminer, Pinot gris, Riesling-Schaumwein und Pinot noir.

Fox Run Finger Lakes ☆☆☆ **00 01** 02 – Weiterhin Trendsetter für Qualitätsweinerzeugung; einige der besten Gewächse des Gebiets: Chardonnay, Gewürztraminer, Riesling, Pinot noir und Rotweine im Bordeaux-Stil.

Frank, Dr. Konstantin (Vinifera Wine Cellars) Finger Lakes ☆☆☆ 98 **00 01** 02 03 – Einflussreicher Weinbaubetrieb. Der inzwischen verstorbene Dr. Frank leistete Pionierarbeit mit dem Anbau europäischer Reben im Finger-Lakes-Distrikt. Ausgezeichneter Riesling und Gewürztraminer; guter Chardonnay, Cabernet Sauvignon und Pinot noir. Der Schaumwein Chateau Frank ist sehr gut.

Glenora Wine Cellars Finger Lakes ☆☆ **01** 02 – Guter Schaumwein, Chardonnay und Riesling. Hotelrestaurant mit schönem Blick auf den See.

Hamptons, The (auch **South Fork**) AVA-Bereich auf Long Island. Bester und finanzstärkster Weinbaubetrieb: Wollfer Estate. Das Schmuckstück Duck Walk gehört zu Pindar Vineyards.

Hudson River Region Amerikas ältestes Weinbaugebiet (17 Erzeuger) und New Yorks erster AVA-Bereich; auf beiden Flussufern, zwei Autostunden von Manhattan entfernt.

LaFayette Reneau, Chateau Finger Lakes 00 **01** (02) 03 – Stilvoller Chardonnay, Riesling und Cabernet Sauvignon von alteingesessenem Erzeuger. Herrliche Lage am See.

Lake Erie Der größte Traubenanbau-Distrikt im Osten; 10 000 ha an der Küste des Erie-Sees, einschließlich Teilen von New York, Pennsylvania und Ohio. 90 % Concord (größtenteils für Saft und Gelee). Auch Bezeichnung für einen drei Staaten umfassenden AVA-Bereich: im New Yorker Teil liegen 8 Erzeugerbetriebe, in Pennsylvania 7 und in Ohio 26. Harpersfield in Ohio setzt Qualitätsmaßstäbe.

Lamoreaux Landing Finger Lakes ☆☆☆ **00 01** 02 – Vielversprechender Chardonnay, Riesling und Cabernet franc aus einer eindrucksvollen, wieder aufstrebenden griechischen Kellerei.

Lenz ☆☆☆ **01** 02 03 – Erstklassiger Weinbaubetrieb im AVA-Bereich North Fork. Feiner, erhabener Chardonnay in Chablis-Art sowie Gewürztraminer, Merlot und Schaumwein.

Long Island Interessante Weinbauregion östlich der Rocky Mountains und ein riesiges Versuchslabor; derzeit etwa 1220 ha nur *vinifera*-Reben (35 % Merlot) und 3 AVA-Bereiche (Long Island, North Fork und The Hamptons). Die meisten der 29 Weinbaubetriebe liegen in North Fork. Beste Rebsorten: Chardonnay, Cabernet Sauvignon, Merlot. Lange Wachstumsperiode, so gut wie frostfrei. Vielversprechende neue Kellereien, u. a. Martha Clara, Old Field (Debut 2002), Sherwood House (Chardonnay und Merlot), Raphael.

Michigan Zum Riesling, der in dem kühlen Klima gut gedeiht, gesellen sich jetzt auch eindrucksvoller Gewürztraminer, Pinot noir und Cabernet franc. 40 gewerbliche Kellereien und 4 AVA-Bereiche. Die besten sind: St-Julien Wine Co., Ch. Grand Traverse, Peninsula Cellars (v.a trockener Gewürztraminer) und Tabor Hill. Mawby Vineyards und Ch. Chantal sind bekannt für ihre Schaumweine von Chardonnay, Pinot noir und Pinot Meunier. Fenn Valley und Lemon Creek haben in der Gegend einen großen Kundenstamm. Die Black Star Farms sind eine echte Attraktion mit angeschlossenem Hotel, Molkerei und Schnapsbrennerei. Neu und vielversprechend Dom Berrien und Willow.

Millbrook Hudson River ☆☆☆ **01** 02 03 – Großes Engagement im Weinbau und ein geschicktes Marketing haben den Betrieb in der großen, alten, weiß getünchten Scheune zu einer Spitzenstellung im Staat New York verholfen. Chardonnay im Burgunder-Stil, oft köstlicher Cabernet franc.

North Fork Einer von 3 AVA-Bereichen auf Long Island. Beste Weinbaubetriebe: Bedell, Macari, Lenz, Lieb, Palmer, Paumanok, Pellegrini, Pindar. 2,5 Autostunden von Manhattan entfernt.

Ohio 90 Kellereien und 5 AVA-Bereiche; am bemerkenswertesten sind Lake Erie und Ohio Valley.

Palmer Long Island ☆☆☆ **01** 02 03 – Hervorragender Erzeuger in North Fork; in New York schon fast sprichwörtlich. Großes Ansehen durch unermüdliches Marketing. Süffiger Chardonnay, Sauvignon blanc und Cabernet franc, der einem Chinon von der Loire ähnelt.

Paumanok Long Island ☆☆☆ **01** 02 03 – Aufstrebender Betrieb in North Fork mit eindrucksvollem Cabernet Sauvignon, Merlot, Riesling, Chardonnay, überragendem Chenin blanc und würziger Sauvignon-blanc-Spätlese.

Der Geschmack von Eiche

Die Mode, Wein absichtlich mit Eichenholz zu würzen, kam in den 1960er-Jahren in Kalifornien auf und wird seitdem oft gewaltig übertrieben und missbraucht. Früher wurden Eichenfässer lediglich als robuste, transportable Behälter geschätzt, die dank ihrer Porosität eine überaus langsame Oxidation des Inhalts zuließen. Neue Fässer wurden für Transportzwecke gebraucht, für Lagerung von Wein wurden sie dagegen nur für die allerfeinsten, konzentriertesten Gewächse benutzt, deren Lebenserwartung sich nach Jahrzehnten bezifferte – bis dahin war dann jeder Eichenholzbeigeschmack verflogen. Je langsamer eine Eiche wächst, desto günstigere Eigenschaften besitzt ihr Holz und umso weniger scharf ist sein Eigenaroma. Amerikanische Eiche gibt im Gegensatz zu baltischer Eiche sehr kräftigen Geschmack ab. Von den berühmten Eichenwäldern Frankreichs liefern die im Westen (Limousin) relativ stark aromatisches, grobporiges Holz, das sich nur für Rotwein eignet; aus der Mitte stammt das delikateste, für Weiß- und Rotweine beste Fassholz (Allier, Nevers und als Spitzensorte Tronçais); im Osten (in Burgund, der Champagne und den Vogesen) wächst dazwischenliegende Qualität. Beim Fassbau wird das Holz über einem Feuer erhitzt, damit sich die Dauben biegen lassen. Wie stark dabei das Eichenholz angekohlt (»geröstet«) wird, hat ebenso sehr Einfluss auf den Wein wie die Herkunft. Gewiefte Winzer haben schon vor langer Zeit entdeckt, dass einige Eichenholzstücke im (Edelstahl-) Tank eine höchst profitable Angelegenheit sein können.

Pellegrini Long Island ☆☆☆ **99** 00 **01** 02 03 – Ein hübscher Weinbaubetrieb in North Fork. Opulenter Merlot, stilvoller Chardonnay und Bordeaux-ähnlicher Cabernet Sauvignon. Hier sind begabte Kellermeister am Werk. Außerordentlich aromatische Weine.

Pindar Vineyards Long Island ☆☆☆ 00 **01** 03 – Unternehmen mit rund 116 ha in North Fork; größter Erzeuger der Insel. Breite Auswahl an gefälligen Verschnitten und populären Sortenweinen, u. a. Chardonnay, Merlot, Schaumwein sowie ein besonders guter Verschnitt namens Mythology. Beliebtes Touristenziel.

Red Newt Finger Lakes ☆☆☆ **01** 02 03 – Produziert Chardonnay, Riesling, Cabernet franc und Merlot der Spitzenklasse. Ebenso gut der rote Verschnitt im Bordeaux-Stil. Angeschlossen ist auch ein beliebtes Bistro.

Sakonnet Southeastern New England ☆☆ **01** 02 03 – Der größte Weinbaubetrieb in Neuengland, mit Sitz in Little Compton, Rhode Island. Sehr gut zu trinkende Weine, u. a. Chardonnay, Vidal, trockener Gewürztraminer, Cabernet franc und Pinot noir. Köstlicher Schaumwein Brut Cuvée.

Standing Stone Finger Lakes ☆☆ 00 **01** 02 – Eine der feinsten Kellereien der Gegend mit sehr gutem Riesling und Gewürztraminer sowie einem Verschnitt im Bordeaux-Stil.

Tomasello New Jersey ☆☆ **00 01** 02 – Guter Chambourcin; auch Cabernet Sauvignon und Merlot.

Unionville Vineyards New Jersey ☆☆ **01** 02 03 – Vorzüglicher Riesling und guter Cabernet Sauvignon/Merlot.

Wagner Vineyards Finger Lakes ☆☆ **01** 02 03 – Fassvergorener Chardonnay, trockener und lieblicher Riesling sowie Eiswein. Anziehungspunkt für viele Besucher.

Westport Rivers Southeastern New England ☆☆ **01** 02 03 – Betrieb in Massachusetts, 1989 gegründet. Guter Chardonnay und eleganter Schaumwein.

Wiemer, Hermann J. Finger Lakes ☆☆→☆☆☆ **00 01** 02 03 – Der kreative Weinerzeuger ist gebürtiger Deutscher. Überragender Riesling, auch sehr gute Schaumweine und Spätlesen. Sehr guter Chardonnay.

Wolffer Estate Long Island ☆☆☆ **00 01** 02 – Modischer Chardonnay, Merlot und Schaumwein des deutschstämmigen Kellermeisters. Der beste Beweis, dass in South Fork guter Wein erzeugt werden kann.

Wollersheim ☆☆ Betrieb in Wisconsin, spezialisiert auf verschiedene Maréchal-Foch-Sorten. Prairie Fumé (Seyval blanc) ist ein großer kommerzieller Erfolg.

Sonstige Staaten im Osten

Virginia

Der Staat Virginia ist seit 1972 zu einem wichtigen Erzeugerland geworden. Es gibt 84 Weinbaubetriebe in 6 AVA-Bereichen. Weiße Spitzenweine: u. a. Chardonnay, Pinot gris und Viognier; die besten Roten sind Cabernet franc, Merlot und Cabernet Sauvignon. Bedeutendste Erzeuger: u. a. Barboursville, Breaux, Horton (mit Viognier und anderen Weinen im Rhône-Stil), Ingleside Plantation, Jefferson (bei Monticello), Linden, Piedmont, Prince Michel, Oakencroft, Rockbridge, Tarara, Whitehall, Williamsburg und Villa Appalaccia. Vielversprechende Neueinsteiger sind Chrysalis (eindrucksvoller Viognier) und Valhalla (Syrah und Sangiovese). Siehe auch Kasten auf Seite 344.

Missouri

Blühender Weinbau mit über 40 Betrieben in 3 AVA-Bereichen: Augusta (erster Bereich in den USA), Hermann und Ozark Highlands. Am besten sind Seyval blanc, Vidal, der süße und trockene Vignoles sowie Chambourcin. Die Spitze der Erzeuger bildet Stone Hill (gegründet 1847) in Hermann mit einem vollmundigen Rotwein von der Norton-Rebe, mit der auch der Hermannhof (gegründet 1852) Aufsehen erregt. Außerdem: St James mit Vignoles und Norton, Mount Pleasant in Augusta mit einem vollen Port-ähnlichen Wein und einem schönen Schaumwein, Adam Puchta mit gutem Riefenstahler, Augusta Winery mit gutem Chambourcin und Cynthia, Blumenhof mit ansprechenden Verschnitten, Les Bourgeois (mit Speiselokal), Montelle, Röbller.

Maryland

Hier gibt es 11 Weinbaubetriebe und 2 AVA-Bereiche. Basignani produziert guten Cabernet Sauvignon, Chardonnay und Seyval blanc. Der bekannteste Erzeuger, Boordy Vineyards, sammelt mit Seyval blanc, Chardonnay und Cabernet Sauvignon Pluspunkte. Fiore erzeugt einen interessanten Chambourcin. Catoctin ist der bedeutendste AVA-Bereich für Cabernet Sauvignon und Chardonnay. Der zweite AVA-Bereich ist Linganore.

Georgia

Bundesstaat mit den meisten Neuanpflanzungen (Hybriden und *vinifera*-Reben) im Osten der USA. Empfehlenswert sind Three Sisters (Dahlonega), Habersham Vineyards und Chateau Elan (Braselton), das mit Weinbergen, Wein und einer Freizeitanlage südlichen Flair verbreitet.

Der Südwesten

Texas

Der fünftgrößte Wein erzeugende Bundesstaat der USA hat einen Verband mit über 40 Erzeugern und 7 AVA-Bereiche. Die besten Tropfen können sich mit kalifornischen Weinen durchaus messen.

Becker Vineyards Stonewall ☆☆☆ Sehr guter Cabernet Sauvignon, Chardonnay, Riesling und Chenin blanc.
Buena Vida Vineyards, La ☆ Erzeuger von Tafelweinen unter den Marken Springtown, Walnut Creek Cellars (unter diesem Namen auch sehr gute Tropfen im Portwein-Stil) und La Buena Vida. Degustationsraum in Grapevine bei Dallas.
Cap Rock Bei Lubbock ☆☆☆ Zuverlässig gute Sortenweine: Cabernet Sauvignon, Chardonnay. Sauber bereitete Verschnitte, v. a. Cabernet Royale.
Cross Timbers Bei Dallas – Guter Cabernet Sauvignon und Merlot.
Delaney Vineyards Bei Dallas ☆☆ Sehr guter Sauvignon blanc; guter Chardonnay und Merlot.
Dry Comal Texas Hill Country – Guter Merlot und Chardonnay.
Haak Vineyards & Winery Galveston County ☆ *Vinifera*-Reben und Hybriden; sehr guter Blanc du Bois.

Llano Estacado Bei Lubbock ☆☆☆ Pionierbetrieb (seit 1976); weiterhin preisgekrönt mit Chardonnay (v. a. Cellar Select), Chenin blanc und Zinfandel. Sehr gute Verschnittweine, v. a. die Signature-Reihe und Viviano.
Messina Hof Wine Cellars Bei Bryan ☆☆☆ Die meisten preisgekrönten Weine in Texas. Exzellenter Riesling, Chardonnay (Private Reserve), Merlot und Cabernet Sauvignon. Sehr gute Weine im Port-Stil. Mit Restaurant und komfortablem Bed & Breakfast.
Pheasant Ridge Bei Lubbock – Sehr guter Chardonnay und Chenin blanc; vielversprechender Pinot noir.
Sister Creek Boerne – Boutique-Kellerei mit sehr gutem Pinot noir, Chardonnay und Muscat Canelli.
Sainte-Geneviève Fort Stockton ☆ Größte texanische Kellerei, verbunden mit Cordier (Frankreich). Gut gemachte Weine oJ, v. a. Sauvignon blanc. Seit neuestem gibt es auch eine Premium-Reihe mit Chardonnay, Cabernet Sauvignon und Syrah unter dem Namen Escondido Valley.
Spicewood Guter Semillon und Cabernet franc.

Weitere Staaten

New Mexico bleibt vielversprechend. *Vinifera*-Trauben gewinnen an Bedeutung, auch wenn immer noch einige französische Hybridreben angebaut werden (die Tularosa Winery verwendet die historische Mission-Traube). Über 30 Erzeuger und 3 AVA-Bereiche. Black Mesa (☆): sehr guter Cabernet Sauvignon, Pinot gris, Merlot und gute Verschnitte, v. a. der rote Coyote. Casa Rondeña (☆☆): sehr guter Cabernet franc und Sangiovese. Corrales (☆☆): gute Verschnittweine und sehr guter Cabernet Sauvignon. Gruet Winery (☆☆☆): exzellenter Schaumwein, sehr guter Chardonnay und Pinot noir. Jory: sehr guter Sauvignon blanc und Zinfandel. La Chiripada (☆☆): sehr gute Riesling- und Verschnittweine, einige mit Hybridreben, außerdem gute Tropfen im Port-Stil. La Querencia (☆→☆☆): 2002 gegründet und schon preisgekrönt für Lemberger, Cabernet franc und Chambourcin. Milagro Vineyards: sehr guter Chardonnay und Cabernet Sauvignon. Ponderosa Valley (☆☆): sehr guter Riesling, gut der Pinot noir, der Merlot und die Verschnitte, v. a. Summer Sage und Jemez Red. Santa Fe Vineyards (☆): sehr guter Sauvignon blanc und Merlot. La Viña (☆☆): sehr guter Chardonnay und Zinfandel, gute Verschnittweine, v. a. Rojo Loco. Eine gute Bandbreite an Weinen liefern auch St Clair, Blue Teal Vineyards, Mademoiselle Vineyards, D. H. Lescombes und Santa Rita Cellars, die alle vom Kellermeister Florent Lescombes bereitet werden.

Colorado konzentriert sich weiterhin auf *vinifera*-Trauben, die etwa 250 ha Rebfläche bedecken, zumeist auf den westlichen Hängen. Es gibt über 40 Erzeugerbetriebe und 2 AVAs. Carlson Cellars (☆☆☆): sehr guter Gewürztraminer und Riesling. Canyon Wind: guter Chardonnay und Merlot. Cottonwood Cellars: reichhaltiger Cabernet Sauvignon sowie guter Merlot und Chardonnay. Garfield Estates: vielversprechender Merlot und Cabernet franc, sehr guter Sauvignon blanc. Grande River (☆☆→☆☆☆): sehr guter Chardonnay, außerdem guter Merlot, Semillon, Syrah und Viognier. Plum

Creek (☆): guter Chardonnay und Merlot. Terror Creek (☆☆): kleine Kellerei mit sehr gutem Pinot noir, Riesling und Gewürztraminer. Trail Ridge: guter Gewürztraminer und Riesling.

Arizona steigert weiterhin das Niveau auf breiter Front, ebenso wie die Anzahl der Kellereien. Erfolgreich sind vor allem mediterrane und Rhône-Sorten: Sangiovese, Syrah und Petite Sirah. Callaghan Vineyards (☆☆) produziert den hervorragenden Padres auf Tempranillo-Basis, außerdem sehr guten Syrah, Cabernet Sauvignon und Verschnitte, v. a. Caitlin's Selection. Bei Dos Cabezas (☆) erhält man sehr guten Cabernet Sauvignon, Petite Sirah und Sangiovese. Kokopelli, der größte Erzeuger in Arizona, produziert saubere Weine zu vernünftigen Preisen.

Oklahoma ist auf über 15 Kellereien angewachsen; einheimische amerikanische Reben stehen im Vordergrund. Stone Bluff Cellars: guter Vignoles, Cynthiana und Verschnitte. Nuyaka Creek Winery: guter Chardonnay und Obstweine.

Utah hat die bundestaatlichen Weinvorschriften verbessert, was Kellereien und Winzern Auftrieb verleihen könnte. Spanish Valley (Moab): guter Riesling und Cabernet Sauvignon.

Nevadas Pahrump Valley in der Nähe von Las Vegas bringt sehr guten Chardonnay, Cabernet Sauvignon und Symphony hervor. Tahoe Ridge (Minden) ist vielversprechend.

Kanada

British Columbia

Der hiesige Weinbau, ein nicht unbedeutender Teil der kanadischen Weinwirtschaft, hat sich seit den 1970er-Jahren entwickelt. Die höchste Konzentration an Kellereien befindet sich im großartigen Okanagan Valley rund um einen großen See, etwa 230 km östlich von Vancouver, in einem Klima, das sich von dem im Osten des US-Staates Washington nicht sehr unterscheidet. 50 Kellereien verteilen sich auf 4 Appellationen: Okanagan Valley, Frasier Valley, Similkameen Valley und Vancouver Island.

Blue Mountain 98 00 01 02 03 – Hervorragender Pinot noir, gris und blanc sowie Schaumwein.
Burrowing Owl 00 01 02 03 – Ausgezeichneter Chardonnay und Pinot gris, vielversprechende Rote.
Calona Vineyards ☆☆ **00 01** 02 03 – Große Kellerei mit gutem Pinot blanc und Merlot.
Cedar Creek ☆☆☆ 00 01 02 03 – Überragender Chardonnay, Pinot blanc und Pinot noir. Restaurant im Stil einer Tapas-Bodega.
Mission Hill ☆→☆☆☆ **00 01** 02 03 – Gefeierter Chardonnay Reserve sowie Pinot blanc und Syrah. Beachtliche Antiquitäten- und Teppichsammlung.
Quails' Gate ☆☆ **00 01 02** 03 – Chardonnay, Pinot noir und Riesling-Spätlese Optima.
Sumac Ridge ☆☆ **00 01** 02 – Gewürztraminer, Sauvignon blanc und Schaumwein zählen zu den Besten der Region. Beachtlicher Meritage und Merlot. Im Besitz von Vincor.

Ontario

Wichtigste Weinbauregion in Ostkanada, auf der Niagara-Halbinsel, der Insel Pelee und am Nordufer des Erie-Sees. 80 Kellereien. Thirty Bench, Malivoire und Thirteenth Street sind drei kleine Boutique-Kellereien, die das Niveau der Region derzeit beträchtlich steigern. Riesling, Chardonnay, Cabernet franc und sogar Pinot noir zeigen bereits Potenzial für Langlebigkeit. Eisweine sind auf internationaler Ebene das Flaggschiff Ontarios; Gewürztraminer und Pinot gris vielversprechend. Der Jahrgang 2002 ist durchweg himmlisch ausgefallen.

Andres 00 01 **02** 03 – Zweitgrößte kanadische Kellerei. Eigentümer von Hillebrand Estates und Peller Estates.
Cave Spring Cellars ☆☆☆ 01 **02** 03 – Boutique-Kellerei mit ausgefeiltem Chardonnay, Riesling und Gamay. Beliebtes Touristenziel mit großem Restaurant und 28-Zimmer-Hotel.
Charmes, Château des ☆☆☆ 00 01 **02** 03 – Vorzeigebetrieb im Château-Stil. Feiner Chardonnay, Viognier, Cabernet Sauvignon und Schaumwein.

Henry of Pelham ☆☆☆ 00 01 **02** 03 – Eleganter Chardonnay und Riesling, außerdem Cabernet Sauvignon/Merlot, ausgeprägter Baco noir und Eiswein.

Hillebrand Estates ☆→☆☆☆ **00** 01 **02** 03 – Erregt Aufmerksamkeit mit Riesling, Schaumwein und einem Rotweinverschnitt im Bordeaux-Stil. Nettes Restaurant.

Inniskillin ☆☆☆☆ 00 01 **02** 03 – Bedeutender Betrieb (im Besitz von Vincor), Speerspitze des modernen Weinbaus in Ontario. Ausgefeilter Chardonnay und Pinot noir im Burgunder-Stil sowie Rotwein im Bordeaux-Stil. Ferner sehr guter Riesling, Eiswein (auch schäumend) und Pinot gris.

Konzelmann ☆☆☆ Spitzen-Riesling, -Chardonnay und -Eiswein.

Peninsula Ridge ☆☆☆ 00 01 **02** 03 – Die 2000 gegründete Kellerei macht sich mit gutem Chardonnay, Merlot und köstlichem Eiswein einen Namen. Restaurant mit Panoramablick über den Ontario-See.

Vincor International ☆→☆☆ Der viertgrößte Weinbaubetrieb in Nordamerika, zu dem auch der kalifornische Erzeuger R. H. Phillips und die Hogue Cellars im Staat Washington gehören. Weine der oberen Preisklassen, sowohl sortenrein als auch Verschnitte. Besitzt außerdem Jackson-Triggs, Inniskillin (Chardonnay und Cabernet Sauvignon) und Sumac Ridge sowie Goundrey (Australien) und Kim Crawford (Neuseeland).

Vineland Estates ☆☆☆ **00** 01 **02** 03 – Guter Erzeuger mit viel bewundertem trockenem und halbtrockenem Riesling und Gewürztraminer. Vidal Eiswein ist ebenfalls gut, auch Chardonnay, Cabernet Sauvignon, Sauvignon blanc und Rotwein im Bordeaux-Stil. Ausgezeichnetes Restaurant und Degustationsraum.

Vintners Quality Alliance, The Kanadas Institution für die Vergabe von Appellationen. Ursprünglich in Ontario gegründet, ist sie inzwischen auch für British Columbia zuständig. Die strengen Standards haben den kanadischen Weinen schnell viel Respekt und Beachtung verschafft. Ist seit 2000 eine gesetzliche Institution in Ontario.

Lateinamerika

Argentinien

Über einem großen Teil Argentiniens schwebt noch die düstere Wolke der Wirtschaftskrise, im Weinbau aber macht sich neuerdings Zuversicht breit. Der abgewertete Peso hat das Land sowohl für den Exportmarkt als auch für ausländische Investoren attraktiv gemacht, und verbunden mit weiteren qualitativen Fortschritten ergibt sich daraus eine erfolgversprechende Situation. Die gesunde Spannung, die zwischen dem einheimischem Talent zur Weinbereitung und dem aus dem Ausland einfließenden Know-how herrscht, ist der Garant für eine kontinuierliche Qualitätssteigerung. Das warme und trockene Klima, in dem die Schneeschmelze aus den Anden für die Bewässerung sorgt, machen den Traubenanbau zu einer relativ einfachen Angelegenheit, lediglich Hagel ist eine immer wiederkehrende Gefahr. Die Bedingungen werden mehr von der Höhenlage als vom Breitengrad diktiert.

Die mit Abstand wichtigste Provinz ist Mendoza, doch die Verhältnisse sind alles andere als einheitlich. Die erfolgreichste Traube ist weiterhin Malbec. Es gibt auch ordentliche Cabernet-Weine, wenngleich viele der unverschnittenen Tropfen einen hohlen Eindruck hinterlassen können. Daneben wird Syrah interessant, und einige Erzeuger reüssieren jetzt auch mit ihren Bonarda-, Tempranillo- und Sangiovese-Anpflanzungen, die mittlerweile ein gutes Alter erreicht haben. Bei den Weißen liefern Chardonnay und Sauvignon blanc gelegentlich schöne Ergebnisse, am ausgeprägtesten jedoch geraten Weine von der würzigen Torrontés-Traube, die allerdings nicht jedermanns Geschmack ist.

Neuere Jahrgänge

Weiße und billigere Rotweine sollten in der Regel so jung wie möglich getrunken werden.

2003 Frost und Hagel beeinträchtigten den Ertrag, ansonsten aber ein feiner, trockener Jahrgang, der ausgezeichnete Rot- und Weißweine verspricht.
2002 Ein meist trockener, nicht zu warmer Jahrgang ohne Hagel ergab die besten Weine seit mehr als zehn Jahren.
2001 Unterschiedliche Qualität, aber einige sehr gute Rotweine.
2000 Ernteregen und Hagelschlag verursachten ein paar Probleme; dennoch sind einige ausgezeichnete Rotweine entstanden.
1999 Ein trockenes Jahr. Einige vollmundige, körperreiche Rote.
1998 In diesem Jahr tobte sich El Niño aus. Rotweine dünn und zum Teil unreif; einige aber gut.

Achaval Ferrer ☆☆☆→☆☆☆☆ Erzeuger in Mendoza mit außerordentlich konzentriertem Finca Altamira Malbec und dem Verschnitt Quimera (Malbec/Cabernet Sauvignon/Merlot).

Agrícola, La ★ Dynamisches Mendoza-Weingut mit der günstigen Reihe Santa Julia, die von dem neuen Verschnitt Magna und dem hochwertigeren Etikett Q (eindrucksvoller Verschnitt von Malbec, Merlot und Tempranillo) angeführt wird. Die unter dem Namen Terra Organica erzeugten Bioweine sind gut, aber nicht überragend.

Alta Vista ☆☆☆ Mendoza-Weingut in französischem Besitz. Die Spezialität ist Malbec; der dichte, würzige Alto gehört zu den besten Weinen Argentiniens. Außerdem frischer, würziger Torrontés.

Altos las Hormigas ☆☆☆ Das Unternehmen in italienischem Besitz ist auf Malbec spezialisiert; die Weine bereitet der Önologe Alberto Antonini, ehemals bei Antinori in Italien. Spitzenwein: Viña las Hormigas.

Anita, Finca La ☆☆→☆☆☆ Weingut in Mendoza mit hochklassigen Roten, v. a. Syrah und Malbec, sowie verführerischen Weißen, darunter Sémillon und Tocai friulano.

Anubis ☆☆ Gemeinschaftsunternehmen von Alberto Antonini und Susana Balbo. Aufregende saftige Rote, v. a. Malbec.

Arizu, Leonico ☆☆ Kleiner Erzeuger in Mendoza (Maipú) mit drei Qualitätsstufen: Viña Paraiso, Luigi Bosca und Finca Los Nobles. Besonders gut sind der Los Nobles Malbec/Verdot und Cabernet/Bouchet.

Balbi, Bodegas ☆☆ Erzeuger in San Rafael im Besitz der Firma Allied Domecq; saftiger Malbec und Chardonnay sowie köstliche Rot- und Roséweine von Syrah. Auch sehr gut: der rote Verschnitt Barbaro.

Bianchi, Valentin ☆ Spezialist für Rotweine in San Rafael. Das exzellente Zugpferd ist Familia Bianchi (Cabernet Sauvignon); günstige Weine gibt es unter dem Etikett Elsa's Vineyard, u. a. einen fleischigen Barbera. Außerdem prägnanter Sauvignon blanc.

Bosca, Luigi Siehe Arizu.

Canale, Bodegas Humberto ☆☆ Ein erstklassiger Betrieb im Rio Negro, bekannt für seinen Sauvignon blanc und Pinot noir. Die eigentlichen Stars sind aber Merlot und Malbec, v. a. der Marke Black River.

Catena ☆→☆☆☆☆ Der Stil der Weine nähert sich zuweilen dem internationalen Geschmack an, die Qualität ist aber immer beispielhaft. Die Palette erstreckt sich von Marken wie Malambo über Argento, Alamos Ridge, Catena und Catena Alta bis zum Flaggschiff Nicolas Catena Zapata und dem neuen Trio feiner Malbec-Weine von Einzellagen. Neu (2000 war der erste Jahrgang) ist auch der Verschnittwein Caro (Cabernet Sauvignon/Malbec), der zusammen mit den Rothschilds von Lafite (Frankreich) produziert wird.

Clos de los Siete ☆☆ Sieben Rebparzellen im südlichen Mendoza, die einer französischen Investorengruppe gehören und von Michel Rolland gemanagt werden. Im Moment wird nur ein Wein produziert, ein saftiger Malbec, später einmal soll aber jede Parzelle ihren eigenen Tropfen hervorbringen.

Chandon, Bodegas ☆→☆☆ Erzeuger der Schaumweine Baron B. und M. Chandon in Lizenz von Moët & Chandon. Vielversprechender Verschnitt von Pinot noir und Chardonnay. Siehe auch Terrazas.

Colomé, Finca ★★★ Bodega in Salta, bekannt für einen Cabernet-Sauvignon-Merlot-Verschnitt, der einem Rhône-Wein erstaunlich ähnelt. Der neue Besitzer, die Hess Collection aus Kalifornien, ist noch mit der Bereitung seiner ersten Weine beschäftigt.

Dominio del Plata ☆→☆☆☆ Das Ehepaar Susana Balbo und Pedro Marchevsky (ehemals Catena) produzieren hochklassige Weine unter den Etiketten Crios, Susana Balbo und Ben Marco.

Doña Paula ☆ Unternehmen in Luján de Cuyo (Mendoza) im Besitz von Viña Santa Rita (siehe Chile) mit dichtem, gut strukturiertem Malbec.

Etchart ☆☆→☆☆☆ Im Besitz von Pernod-Ricard. Zwei Kellereien in Salta und Mendoza. Frischer, würziger Torrontés aus Cafayate in Salta; die Rotweine aus beiden Regionen sind gut, v. a. der pflaumenduftige Cafayate Cabernet Sauvignon.

Fabre Montmayou ☆☆ Bodega in Luján de Cuyo (Mendoza) in französischem Besitz. Feine Rotweine; Beratung durch Michel Rolland aus Bordeaux. Auch ordentlicher Chardonnay.

Flichman, Finca ☆☆ Altes Unternehmen in Mendoza mit zwei Kellereien, jetzt Eigentum von Sogrape aus Portugal. Verschiedene Sortenweine, Spitzenmarke ist der Cabernet Sauvignon Private Reserve. Auch günstiger Syrah. Topwein ist der Verschnitt Dedicato.

Lurton, Bodegas J. & F. ☆→☆☆ Die Niederlassung von Jacques und François Lurton in Mendoza. Spitzenwein ist der saftige, konzentrierte Piedra Negra Malbec; außerdem ordentlicher Pinot gris, Malbec und Cabernet Sauvignon.

Masi Tupungato ☆☆→☆☆☆ Ableger des bekannten Valpolicella-Produzenten in Mendoza. Passo Doble ist ein feiner Verschnitt von Malbec und Corvina im Ripasso-Stil, Corbec wird der sogar noch bessere Corvina/Malbec genannt, der sich wie ein Amarone gibt.

Mendoza Wichtigste Weinregion (über 70% der Anbaufläche Argentiniens). Beste Anbaugebiete: Agrelo, Tupungato, Luján de Cuyo, Maipú.

Navarro Correas ☆☆ Gute Rotweine, wenn auch manchmal mit zu starkem Eichenholzaroma, v. a. Cabernet Sauvignon Col Privada. Auch vernünftige Weißweine, z. B. der sehr eichenholzwürzige Chardonnay und der von Deutz inspirierte Schaumwein.

Nieto Senetiner, Bodegas ☆☆ Bodega mit Sitz in Luján de Cuyo. Günstige Weine unter dem Etikett Valle de Vistalba, außerdem die vor kurzem eingeführten Rotweine der Spitzenserie Cadus.

Norton, Bodegas ★★★ Alte Bodega, jetzt in österreichischem Besitz. Gute Weiß- und sehr gute Rotweine, v. a. robuster, fruchtiger Malbec und der Merlot/Cabernet Sauvignon/Malbec Privada.

O Fournier ☆→☆☆☆ Die in spanischem Besitz befindliche Bodega im Valle de Uco bereitet eindrucksvolle Weine auf Tempranillo-Basis. Besonders zu empfehlen sind die Verschnitte namens Crux (Tempranillo/Merlot/Malbec).

Patagonia, Viña ☆→☆☆ Erzeugerbetrieb im Besitz der chilenischen Firma Concha y Toro; produziert im Süden des Landes unter dem Namen Trivento Malbec, Syrah, Cabernet Sauvignon, Merlot und Chardonnay im internationalen Stil mit gutem Preis-Leistungs-Verhältnis.

Peñaflor ☆→☆☆☆ Das größte Weinunternehmen Argentiniens. Weine unter Namen wie Andean Vineyards oder – auf höherem Niveau – Trapiche.

Retiro, Finca El ☆☆ Bodega in Mendoza mit gutem Malbec, Bonarda und Tempranillo.

Rio Negro Zukunftsträchtige neue Gegend in Patagonien.

Salentein, Bodegas ☆☆ Ambitionierte neue Bodega im Valle de Uco (Mendoza), schon erfolgreich mit Cabernet Sauvignon, Malbec, Merlot und (in der Primus-Reihe) Pinot noir. Das Einsteiger-Level decken die Marken Finca El Portillo und La Pampa ab.

Salta Weinregion im Norden Argentiniens mit den höchstgelegenen Anbauflächen der Welt. Der Unterbezirk Cafayate ist berühmt für Torrontés.

San Pedro de Yacochuya ☆☆☆ In Salta ansässiges Gemeinschaftsunternehmen des Bordelaiser Weinberaters Michel Rolland mit der Familie Etchart. Reifer und dennoch duftiger Torrontés, dichter, erdiger Malbec und kraftvoller, fantastischer Yacochuya Malbec von sehr alten Reben.

Santa Ana, Bodegas ☆ Alteingesessener Mendoza-Familienbetrieb in Guaymallen. Die Malbec-Reserva ist der Höhepunkt einer zwar umfangreichen aber recht uninspirierten Angebotspalette.

San Telmo ☆☆ Moderner Weinbaubetrieb im Besitz von Seagram mit frischem, vollaromatischem Chardonnay, Chenin blanc und Merlot. Spitzenweine sind der Malbec und der Maipú-Cabernet-Sauvignon Cruz de Piedra.

Tacuil, Bodegas ☆☆☆ Raul Davalos, der ehemalige Besitzer der Finca Colomé, hat ein neues Unternehmen in Salta aufgezogen. Der hervorragende, würzige Cabernet/Malbec-Verschnitt nennt sich »33 de Davalos«.

Terrazas ☆☆→☆☆☆ Unternehmung von Chandon für stille Tafelweine von Malbec, Cabernet Sauvignon, Chardonnay und Syrah. In nach Qualität und Preis aufsteigender Reihenfolge heißen die drei Weinserien Alto (mit einem saftigen Cabernet Sauvignon als Star), Reserva und – das Spitzenprodukt – Gran Terrazas. In Gemeinschaft mit Château Cheval Blanc (Bordeaux) wird auch der köstliche Cheval des Andes (Cabernet Sauvignon/Malbec) erzeugt.

Torino, Michel ☆☆ Sich rasch steigerndes Unternehmen mit ökologischen Anbaumethoden in Cafayate; ausgesprochen guter Cabernet Sauvignon.

Trapiche ☆☆→☆☆☆ Spitzenmarke von Peñaflor. Produzierte Weine in aufsteigender Qualität: Astica, Trapiche (v. a. der eichenholzwürzige Oak Cask Syrah), Fond de Cave (gute Malbec-Reserva), Medalla (recht guter Cabernet Sauvignon mit Pflaumennote) und schließlich der feine, wenn auch teure rote Verschnitt Iscay.

Val de Flores ☆☆☆☆ Eine weitere Unternehmung von Michel Rolland in der Nähe von Clos de los Siete (Mendoza). Gleichermaßen bezwingender wie eleganter Malbec von alten Reben.

Viniterra ☆→☆☆ Saubere, moderne Weine unter den Namen Omnium, Bykos und Viniterra. Der Pinot gris könnte in der Zukunft Aufmerksamkeit erregen.

Weinert, Bodegas ★→★★ Die Rotweine, v. a. der Verschnitt Cavas de Weinert (Cabernet Sauvignon/Merlot/Malbec) haben an sich das Zeug zu wirklich hoher Qualität, werden aber oft zu lange in alter Eiche gelagert.

Chile

Chilenischer Wein kann recht fade sein, wenn er aus Trauben von jungen, übermäßig bewässerten und zu ertragreichen Rebstöcken, die auf fruchtbaren Böden wachsen, bereitet wird. Umgekehrt haben aber ein neuer Sinn für Terroir und eine sensiblere Weinbereitung den besten chilenischen Weinen eine Vielschichtigkeit und Geschmacksfülle beschert, die eher an den Süden Europas erinnern, als an andere Teile der Neuen Welt. Immerhin haben im Geist des Terroir-Gedankens erzeugte Spitzenweine von Viña Errázuriz drei der vier obersten Plätze in einer maßgeblichen Verkostung in Berlin 2004 belegt – gegen hochkarätige Konkurrenten aus Bordeaux und der Toskana. Carmenère, die alte Bordeaux-Sorte, die in Chile lange für Merlot gehalten wurde, wird als Verkaufsschlager angesehen. Für sich allein genommen liefert die Traube gewöhnlich eher eindimensionale Weine, die ölig-würzigen Noten, die sie einem Bordeaux-Verschnitt verleiht, können aber sehr attraktiv sein. Cabernet Sauvignon ist weiterhin die bedeutendste Traubensorte, aber auch Syrah erweist sich als erfolgreich, vor allem aus höheren Lagen. Weißweine behaupten sich weniger gut. Für sie ist es in dem 500 km langen Großen Längstal südlich von Santiago, in dem sich die meisten Weinberge befinden (praktisch alle bewässert und vielfach nicht veredelt), meistenteils einfach zu heiß. In Regionen, die näher an der Küste liegen, wie (von Norden nach Süden) Limari, Casablanca und Leyda, oder Gebieten ganz im Süden, wie Bío-Bío, findet sich aber inzwischen ordentlicher Chardonnay und Sauvignon blanc – wie auch Pinot noir.

Neuere Jahrgänge

Die meisten Weine sind trinkfertig, wenn sie auf den Markt kommen; bessere Rotweine profitieren aber von bis zu fünf Jahren Lagerung. Seltsamerweise sind die Roten in schwierigen Jahren bisher immer am besten geworden.

2003 Warmer Jahrgang, geringe Erträge. Rotweine von hoher Qualität, den Weißen fehlt vielfach Frische.

2002 In Maipo und Aconcagua gut, weiter im Süden wegen Regen durchwachsener.

2001 Beinahe perfekte Bedingungen. Im Allgemeinen geringe Erträge; sehr hohe Qualität.

2000 Kühler Jahrgang, große Ernte. Wer im Weinberg Acht gab, konnte hervorragende aromatische Weine erzeugen.

1999 Kleiner Ertrag und Trockenheit ergaben konzentrierte Rotweine (einige jedoch mit einem leicht »gebackenen« Geschmack).

1998 Kühles, von El Niño beeinträchtigtes Jahr. Ungleichmäßige Reifung; hoher Ertrag.

Aconcagua Das nördlichste Anbaugebiet für Qualitätsweine, u. a. Casablanca, Leyda und Panquehue.

Almaviva Siehe Rothschild, Baron Philippe de.

Antiyal ☆☆☆ Neues Unternehmen in Maipo von Alvaro Espinoza, der feine, komplexe Rote aus ökologisch angebauten Trauben erzeugt.
Apaltagua ☆☆→☆☆☆ Spezialist für Carmenère, der in Apalta (Colchagua) von alten Reben erntet. Der reichhaltige, kräuterwürzige Spitzenwein heißt Grial.
Bío-Bío Die südlichste Region für die Erzeugung von Qualitätswein. Potenzial vorhanden für gute Weißweine und Pinot noir.
Calina, Viña ☆☆ Unternehmen von Kendall-Jackson (siehe Kalifornien). Rotweine (v. a. Cabernet Sauvignon Selección de Las Lomas) besser als Weiße; Spitzenwein ist der seidige Cabernet Sauvignon Elite. Als Einsteigerwein gut geeignet ist die Marke El Caliz.
Caliterra ☆☆→☆☆☆ Schwesterfirma von Errázuriz. Chardonnay und Sauvignon blanc werden besser (höherer Traubenanteil aus Casablanca), die Rotweine vielschichtiger, v. a. das Reserva-Sortiment. Für die sehr gute Reihe Arboleda mit Cabernet Sauvignon, Syrah, Carmenère, Merlot und Chardonnay sowie den 1997 aus der Taufe gehobenen Verschnitt Seña (Cabernet Sauvignon/Merlot/Carmenère ☆☆☆☆) fungiert der kalifornische Erzeuger Mondavi als Partner.
Cánepa, José ☆☆ Wieder in Form nach internen Streitigkeiten Mitte der 1990er-Jahre. Zu den ungewöhnlicheren Weinen zählen der zitronige Sémillon und der würzige Zinfandel, die Spitze bilden der saftige, vollfruchtige Malbec und der duftige Syrah Reserve.
Carmen, Viña ☆☆→☆☆☆ Kellerei in Maipo; derselbe Eigentümer wie von Santa Rita. Erzeugt einen reifen, frischen Special Reserve aus Casablanca-Chardonnay sowie Spätlese aus Maipo-Sémillon, einen delikaten Weißwein der Spitzenklasse. Die Roten sind noch besser: v. a. Rapel-Merlot, Petite Sirah von Maipo-Trauben und die Weine von Cabernet Sauvignon (besonders Gold Reserve). Jetzt auch sehr guter Syrah/Cabernet Sauvignon aus Maipo und Ökoweine unter dem Etikett Nativa.
Carta Vieja ☆☆ Kellerei in Maule; seit sechs Generationen in Familienbesitz. Die Rotweine, v. a. Cabernet Sauvignon und Merlot, sind besser als die Weißen, obwohl auch der Chardonnay Antigua Selección gut ist.
Casablanca Region zwischen Santiago und der Küste mit kühlem Klima. Sehr wenig Wasser, Tröpfchenbewässerung daher unumgänglich. Chardonnay und Sauvignon blanc der Spitzenklasse; vielversprechender Merlot und Pinot noir.
Casablanca, Viña ★★★ Schwester-Bodega von Santa Carolina. Einige Rotweine werden mit Lesegut aus Rapel und Maipo bereitet, die besseren Tropfen aber – Merlot, Sauvignon blanc, Chardonnay und Gewürztraminer – kommen vom Gut Santa Isabel in Casablanca. Achten Sie auf die neue Spitzen-Cuvée Neblus.
Casa Lapostolle ☆☆☆ Geld von der Familie, der Grand Marnier gehört, und die önologische Beratung von Michel Rolland aus Bordeaux wirken hier zusammen. Schöne Weine auf der ganzen Linie. Schon der Sauvignon blanc im Bordeaux-Stil ist gut, doch die Rotweine, angeführt von dem fantastischen (aber teuren) Clos Apalta auf Merlot-Basis, übertreffen ihn noch.
Casa Silva ☆☆ Weingut in Colchagua mit markigem Classic Sémillon und würziger, stämmiger Merlot Reserva. Der Spitzenwein heißt Quinta Generación; er wird in Rot und Weiß angeboten. Vor allem der Weiße, ein Verschnitt von Chardonnay, Sauvignon gris und Viognier, ist sehr erfolgreich.

Concha y Toro ★→★★★ Gigantisches und doch auf Qualität ausgerichtetes Unternehmen mit gutem Preis-Leistungs-Verhältnis. Spitzenweine sind der zunehmend feiner werdende Chardonnay Amelia (Casablanca), der volle, schokoladige Merlot Marqués de Casa Concha (Rapel), der tiefschwarze Cabernet Sauvignon Don Melchor (Rapel) und der seidige Pinot noir Terrunyo (Casablanca). Die Reihen Copper Range, Trio, Explorer und Casillero del Diablo (u. a. mit einem schönen neuen Viognier) bieten gute Qualität fürs Geld. Siehe auch Rothschild, Baron Philippe de.
Cono Sur ★★→★★★ Kellerei in Chimbarongo im Besitz von Concha y Toro. Sehr gute Pinot-Weine von Trauben aus lokalem Anbau und aus Casablanca. Auch dichter, fruchtiger Cabernet Sauvignon, köstlicher Viognier und würziger Zinfandel. Neueinführungen rangieren unter dem Namen Visión, Spitzenweine tragen das Etikett 20 Barrels. Zweitwein ist Isla Negra.
Cousiño Macul ☆☆→☆☆☆ Alteingesessene Firma, die sich vor kurzem von ihrem traditionellen Sitz in Maipo getrennt hat, um weiter südlich in Buin neue Weinberge zu erschließen. Seit 2001 herrschte ein frischerer, modernerer Stil vor. Langlebiger Cabernet Sauvignon Antiguas Reserva; Spitzenwein ist der Bordeaux-Verschnitt Finis Terrae.
Domus ☆☆☆ Unternehmen in Maipo, in dem Patrick Valette (siehe El Principal) guten Chardonnay und sehr guten Cabernet Sauvignon von Einzellagen produziert.
Echeverría ☆☆ Boutique-Kellerei in Curicó (Maule); produziert verlässliche Cabernet Sauvignon Reserva, sehr guten Chardonnay mit und ohne Eichenton und Sauvignon blanc von steigender Qualität.
Edwards, Luis Felipe ☆☆ Kellerei in Colchagua (Rapel) mit zitrusduftigem Chardonnay und seidigem Cabernet Sauvignon Reserve. Weinbereitung jetzt durch einen ehemaligen Penfolds-Kellermeister.
Errázuriz ★★★ Wichtigste Kellerei im Panquehue-Bereich des Aconcagua-Tals nördlich von Santiago. Erstklassige Weine, u. a. komplexer, vollmundiger Chardonnay Wild Ferment (dem jetzt auch ein Pinot noir zur Seite gestellt wurde), tiefer Syrah, Chiles bester Sangiovese, erdiger, pflaumiger Merlot und feiner Cabernet Sauvignon mit dem Spitzenwein Don Maximiano Reserve. Die preisgekrönten Premium-Weine Viñedo Chadwick (00) und Seña (00 01) sind hervorragend, aber teuer (vgl. auch die Einführung zu diesem Kapitel). Siehe auch Caliterra.
Falernia, Viña Kellerei im Elqui-Tal ganz im Norden, wo sich die Fruchtaromen ganz besonders stark herausbilden. Sauvignon blanc und Merlot zeigen sich bislang sehr schmackhaft.
Fortuna, Viña La ☆☆ Alteingesessene Kellerei im Lontué-Tal. Sortiment attraktiver sortenreiner Weine, v. a. stämmiger Malbec.
Francisco de Aguirre, Viña ☆☆ Vielversprechender Cabernet Sauvignon und Cabernet franc sowie Chardonnay unter dem Namen Palo Alto aus dem nördlichen Teil des Valle de Limari.
Gracia de Chile ☆☆ Erzeuger mit Weinbergen von Aconcagua bis nach Bío-Bío. Am besten Cabernet Sauvignon Reserva R, auch guter Pinot noir und Chardonnay. Mourvèdre und Syrah sind geplant.
Haras de Pirque ☆☆ Neues Weingut in Pirque (Maipo). Rauchiger Sauvignon blanc, stilvoller Chardonnay und dichter Cabernet Sauvignon/Merlot. Gemeinschaftsunternehmen mit Antinori (Italien).
Larose, Viña de ☆ Betrieb in Rapel im Besitz des Médoc-Château Larose-Trintaudon. Marken: Las Casas del Toqui und Viña Alamosa. Vielversprechend der Spitzen-Chardonnay Leyenda und der rote Verschnitt.

Leyda, Viña ☆☆ Einzige Kellerei in Leyda (vgl. Einführung); sie bereitet eleganten Chardonnay und üppigen Pinot noir. Dazu ordentlicher Maipo-Cabernet-Sauvignon und Rapel-Merlot.

Maipo Berühmtes Weinbaugebiet nahe Santiago. Die besten Cabernet-Sauvignon-Weine Chiles kommen meist aus den höher gelegenen östlichen Subregionen wie Pirque und Puente Alto.

Maule Südlichstes Anbaugebiet des Großen Längstals. Umfasst die Täler Claro, Loncomilla und Tutuven.

Montes ☆☆→☆☆☆ Der Cabernet Sauvignon Alpha kann brillant sein; Merlot, Syrah und Malbec sind ebenfalls fein, Chardonnay ist sehr gut. Der Bordeaux-Verschnitt Montes Alpha M wird mit jedem Jahrgang besser, der überragende Folly Syrah ist schon der beste in Chile.

MontGras ☆☆→☆☆☆☆ Kellerei in Colchagua, technisch auf dem neuesten Stand. Schöne Weine in begrenzter Ausgabe, darunter Syrah und Zinfandel. Spitzenwein ist der hochklassige Cabernet Sauvignon Ninquen.

Morande ★★ Breites Angebot, u. a. César, Cinsault, Bouschet und Carignan. Spitzenweine wie der würzige Syrah/Cabernet Sauvignon und der tintendunkle Malbec werden unter dem Namen Limited Edition verkauft. Günstig.

Odfjell ☆→☆☆☆ Rotweinspezialist in Maipo, norwegischer Besitz. Spitzenwein ist der ebenso volle wie elegante Aliara Cabernet Sauvignon; sehr gut auch die Reihe Orzada mit duftigem Cabernet franc und einem Carignan mit Pflaumennote (beide aus Maule).

Paul Bruno ☆☆ Gemeinschaftsunternehmen in Maipo von Paul Pontallier und Bruno Prats aus Bordeaux mit dem Chilenen Felipe de Solminihac und Ghislain de Montgolfier vom Champagnerhaus Bollinger. Der Spitzenwein wird mit zunehmendem Rebenalter besser. Auch vielversprechender Chardonnay Sol de Sol aus Bío-Bío.

Pérez Cruz ☆☆☆ Neue Kellerei in Maipo, in der Alvaro Espinoza (siehe Antiyal) für die Weinbereitung zuständig ist. Beim Rotwein-Debut 2002 präsentierte sich u. a. der frische und gleichwohl würzige Syrah; ähnlich exzellent ist der stilvolle Liguai (Cabernet Sauvignon/Syrah/Carmenère).

Porta, Viña ☆☆ Kellerei in Maipo, im selben Besitz wie Gracia de Chile, mit einer zuverlässigen Reihe von Weinen, z. B. geschmeidiger, würziger Cabernet Sauvignon.

Principal, Viña El ☆☆☆ Ausgezeichnetes Weingut in Pirque (Maipo), das unter der Leitung von Patrick Valette vom Château Berliquet in St-Emilion komplexe Bordeaux-Verschnitte bereitet. El Principal ist der Spitzenwein, die eindrucksvolle zweite Cuvée heißt Memorias.

Rapel Weinbaugebiet im Zentrum mit Weinen guter Qualität. Unterteilt in die Täler Colchagua und Cachapoal. Quelle für großartigen Merlot. Die Subregion Marchihue könnte sich zu etwas Besonderem entwickeln.

Rosa, Viña La ★★ Verlässlicher, wenn auch selten umwerfender Chardonnay, Merlot und Cabernet-Sauvignon aus Rapel unter den Etiketten La Palmeria und Cornellana. Star ist der Don Reca Merlot.

Rothschild, Baron Philippe de ☆☆☆→☆☆☆☆ Die berühmte Bordeaux-Firma erzeugt gute sortenreine Weine namens Mapa, den besseren Rotweinverschnitt Escudo Rojo und den teuren, klassischen Almaviva im Bordeaux-Stil, Letzterer ein in Maipo angesiedeltes Gemeinschaftsunternehmen mit Concha y Toro.

San Pedro ★★→★★★ Großer Erzeuger mit Sitz in Curicó. Verlässliche Bestseller sind Gato und 35 South (in einigen Ländern 35 Sur genannt).

Beste Rotweine: Castillo de Molina und »1865« sowie Cabo de Hornas Cabernet Sauvignon.

Santa Carolina, Viña ☆☆→☆☆☆ Historische Bodega mit zunehmend eindrucksvollen und komplexen Weinen. Alle Maipo-Reserva-Weine sind gut, auch der volle, limonenfrische Sauvignon blanc. Sogar noch besser die Reihe Barrica Selection, u. a. mit erdigem Carmenère und süffigem Syrah. Der komplexe VSC von Cabernet Sauvignon, Merlot und Syrah ist äußerst günstig.

Santa Inés ☆☆ Erfolgreicher Familienbetrieb in Isla del Maipo mit reifem Cabernet Sauvignon Legado de Armida, der nach Schwarzen Johannisbeeren schmeckt. Auch unter der Marke De Martino im Handel.

Santa Mónica ☆→☆☆ Rapel-Weinbaubetrieb in Rancagua. Spitzenmarke: Tierra del Sol. Riesling, Sémillon und Merlot der Marke Santa Mónica ebenfalls gut.

Santa Rita ☆☆→☆☆☆☆ Qualitätsbewusste Bodega in Maipo mit langer Geschichte. Sortiment (in aufsteigender Qualität): 120, Reserva, Medalla Real, Floresta (u. a. feine rote Verschnitte und sehr guter Sauvignon blanc), Casa Real. Der beste Wein ist der Maipo-Cabernet-Sauvignon Casa Real, aber der Triple C (Cabernet Sauvignon/Cabernet franc/Carmenère) kommt ihm beinahe gleich.

Selentia ☆☆ Neues chilenisch-spanisches Unternehmen, das Chardonnay und Cabernet Sauvignon erzeugt. Der Reserve Special Cabernet Sauvignon ist ein feiner Verschnitt im Bordeaux-Stil.

Seña Siehe Caliterra.

Tarapacá, Viña ☆☆ Die Kellerei in Maipo hat sich nach Investitionen verbessert, ihr Gleichgewicht aber immer noch nicht gefunden.

Terramater ★★ Weine von Rebgut aus dem gesamten Großen Längstal, u. a. die sehr gute Reihe Altum.

Terranoble ☆☆→☆☆☆ Kellerei in Talca; auf grasigen Sauvignon blanc und leichten, pfeffrigen Merlot spezialisiert. Das Angebot enthält nun auch gute würzige Carmenère Gran Reserva.

Torreón de Paredes ☆☆ Rapel-Bodega mit attraktivem, frischem Chardonnay und Cabernet Sauvignon Reserva, die Lagerung lohnt. Der Don Amedo Cabernet Sauvignon, das Aushängeschild des Unternehmens, lässt allerdings zu wünschen übrig.

Torres, Miguel ☆☆☆ Ein Pionier in Curicó mit frischen Weißen und guten Roten. Der kräftige Manso del Velasco, ein Einzellagen-Cabernet-Sauvignon, und der Cordillera auf Cariñena-Basis sind führend. Siehe auch Spanien.

Undurraga ☆☆ Traditioneller Betrieb in Maipo, bekannt für seinen Pinot noir. Die Spitzenweine sind: Chardonnay Reserva, erfrischender Gewürztraminer mit Limonenaroma sowie pfirsichduftige Sémillon-Spätlese.

Valdivieso ☆☆ Großer Erzeuger mit neuer Kellerei in Lontué. Ganz oben im Programm stehen Einzellagenweine von Cabernet franc, Merlot, Malbec und der Verschnittwein Caballo Loco oJ. Gut auch die Reserve-Abfüllungen; auf den billigeren Plätzen ist die Qualität eher uneinheitlich.

Vascos, Los ☆☆→☆☆☆ Unternehmen im Besitz von Lafite Rothschild, das Cabernet Sauvignon im Bordeaux-Stil erzeugt. Die neueren Jahrgänge zeigen mehr Frucht als frühere Versuche. Spitzenweine: Le Dix und Grande Réserve.

Veramonte ☆☆ In Casablanca ansässiger Zweigbetrieb von Agustin Huneeus (ehemals von der kalifornischen Kellerei Franciscan). Weißweine von Trauben aus Casablanca, Rote aus dem Großen Längstal; alle gut. Spitzenwein ist der rote Verschnitt Primus.

Villard ☆☆ Der französischstämmige Thierry Villard produziert raffinierte Weine. Gute Rote aus Maipo, v. a. alkoholstarker Merlot, Equis Cabernet Sauvignon und Weiße aus Casablanca. Von dort auch ein sehr attraktiver Pinot noir.

Viñedos Orgánicos Emiliana ★★→★★★ Biologisch bzw. biodynamisch wirtschaftender Ableger von Santa Emiliana (Teil von Concha y Toro), der von Alvaro Espinoza (siehe Antiyal) beraten wird. Die reinsortigen Weine der Reihe Novas sind schmackhafte Tropfen für Einsteiger, während der komplexe, alkoholstarke rote Verschnitt Coyam ein enormes Schnäppchen darstellt.

Viu Manent ☆☆ Die Kellerei in Colchagua ist auf dem Weg nach oben. Insgesamt gutes Angebot, v. a. pflaumiger Cabernet Sauvignon, exotischer Merlot und dichter, duftender Viu 1 (Malbec/Cabernet Sauvignon). Der Syrah wird in Zukunft von sich reden machen.

Brasilien

Der brasilianische Wein erlebt durch die Anpflanzung besserer Rebsorten eine Verwandlung, sodass der wachsende Inlandsmarkt beliefert werden kann. Bedeutende internationale Investitionen, v. a. in Rio Grande do Sul und Santana do Liuramento, kommen insbesondere aus Frankreich (z. B. Moët & Chandon) und Italien (Martini & Rossi), was auf mögliche Exportgeschäfte deutet. Beachtenswert sind die neue Anbauregion Frontera auf Sandboden (an der Grenze zu Argentinien und Uruguay) und die Berge der Sierra Gaucha (Schaumweine im italienischen Stil). Der Export kommt in Gang. Einige Weinberge in Äquatornähe können jährlich über zwei Ernten liefern. Die Qualität dieser Weine war bisher bescheiden; interessant könnte allerdings ein neues Projekt werden, an dem sich der portugiesische Kellermeister Rui Reguinga beteiligt. 95 % der Weine, die das Land verlassen, stammen von der alles beherrschenden **Vinicola Aurora (Bento Gonçalves)**. Achten Sie auf das Etikett Amazon.

Mexiko

Der älteste Weinbau auf lateinamerikanischem Boden erholt sich wieder aufgrund ausländischer Investitionen (z. B. Freixenet, Martell, Domecq) und kalifornischer Hilfestellung über die Universität in Davis. Die besten Weine entstehen in Baja California (85 % der Gesamtproduktion), Querétaro und auf den Hochebenen von Aguascalientes und Zacatecas. Zu den besseren Erzeugern in Baja California gehören: **Casa de Piedra** (sehr eindrucksvoller Tempranillo/Cabernet Sauvignon), **L. A. Cetto** (im Valle de Guadeloupe, der größte Betrieb, v. a. Cabernet Sauvignon, Nebbiolo und Petite Sirah), **Bodegas Santo Tomás** (produziert zusammen mit den kalifornischen Wente Brothers aus Trauben von beiden Seiten der Grenze einen Wein namens Duetto), **Monte Xanic** (in Napa preisgekrönter Cabernet Sauvignon), **Bodegas San Antonio** und **Cavas de Valmar**. Premium Chardonnay und Cabernet Sauvignon der **Casa Madero** aus Monterrey sind ebenfalls gut. **Marqués de Aguayo** ist der älteste Betrieb (seit 1593), erzeugt aber nur noch Brandy.

Uruguay

Uruguays unverwechselbare Eigenart liegt in der Tannat-Traube begründet, jener widerstandsfähigen und tanninreichen Sorte, aus der man in ihrer Heimat in Südwestfrankreich den Madiran keltert. Reinsortig bereitet ergibt sie robuste Rotweine mit Pflaumenaroma, die durchaus ihre Qualität haben, am besten aber ist sie in Verschnitten mit geschmeidigeren Varietäten wie Cabernet Sauvignon oder Merlot. Derzeit gibt es wenig jenseits der Tannat-Weine aus Uruguay zu berichten, auch wenn ein paar Erzeuger ansprechenden Gewürztraminer und Chardonnay im Angebot haben; der vielversprechende De Lucca produziert sogar Roussanne- und Syrah-Weine. 1992 wurden fünf verschiedene Weinbaubereiche ausgewiesen, aber in diesem Land zählt der Name des Erzeugers immer noch am meisten. Zu den eindrucksvollsten Kellereien gehört die Firma **Carrau/Castel Pujol**. Ihre Weine Amat Gran Tradición 1752 und Las Violetas Reserva bringen die duftigen Nuancen der Tannat-Traube zu voller Entfaltung. Weitere empfehlenswerte Kellereien sind u. a. **Bruzzone & Sciutto**, **Casa Filguera** (mit dem Berater Patrick Valette, vgl. Viña El Principal in Chile), **Castillo Viejo** (v. a. die preisgünstige Reihe Catamayor), **Los Cerros de San Juan** (in Zusammenarbeit mit LVMH), **Dante Irurtia**, **Juanicó** (Gemeinschaftsunternehmen mit dem Bordeaux-Château Pape Clément), **Pisano**, **Carlos Pizzorno** sowie **Stagnari**.

Peru

Viña Tacama bei Ica (Spitzenregion) exportiert vielversprechende Weine, v. a. den weißen Gran Vino Blanco; ferner Cabernet Sauvignon und Schaumwein nach der klassischen Methode. Auch die Regionen Chincha, Moquegua und Tacha machen langsam Fortschritte. Schwere Reblausprobleme.

Bolivien

Mit seinem allgemein feucht-heißen Klima, einem Pro-Kopf-Verbrauch von gerade mal einer Flasche im Jahr, einer Gesamtrebfläche von 2000 ha (hauptsächlich für den feurigen Aguardiente-Schnaps) und nur zehn Kellereien ist Bolivien nicht gerade ein bedeutender Weinproduzent. Trotzdem kann man die sehr guten Weine von **Vinos y Viñedos La Concepción** empfehlen, besonders die von Cabernet Sauvignon bereiteten – sie zeigen, was möglich ist. Die Reben wachsen auf einer Höhe von bis zu 2800 m in den höchstgelegenen Weingärten der Welt, 1000 km südlich von La Paz.

Australien

Die folgenden Abkürzungen werden im Text verwendet:

NSW	New South Wales
N Ter	Northern Territory
Qld	Queensland
SA	Südaustralien
Tas	Tasmanien
Vic	Victoria
WA	Westaustralien

Die dunklen Flächen bezeichnen die Weinbaugebiete

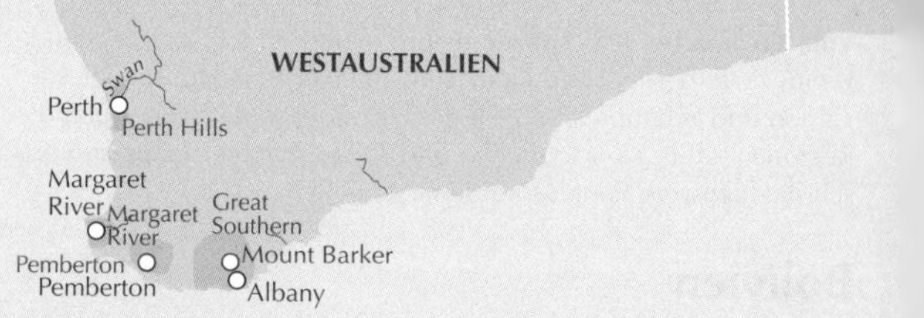

Der Einfluss Australiens in der Welt des Weins steht in keinem Verhältnis zur Größe seiner Anbauflächen. Der Wein vom fünften Kontinent erreicht kaum 4% der Weltproduktion, doch jedem Weinliebhaber sind heute die Konzepte und die Namen der australischen Winzer geläufig. In den vergangenen 17 Jahren stieg ihr Export von acht auf 508 Millionen Liter und die Zahl der Weinbaubetriebe wuchs auf über 1700 an. Sogar Weinbauern aus Südfrankreich schauen inzwischen wachen Auges nach Australien. Die Australier sind heute die Meister süffiger Tropfen und produzieren Weltklasseweine.

Shiraz, Semillon und Riesling sind die klassischen Rebsorten Australiens. In den 1970er-Jahren gesellten sich Cabernet Sauvignon, Merlot, Chardonnay und Pinot noir hinzu, und in den 1990er-Jahren entdeckte man Sauvignon blanc, Grenache und Mourvèdre neu. Jetzt scheinen Tempranillo und Pinot gris an der Reihe zu sein.

Zur selben Zeit führte der Übergang zur Kaltgärung und der Einsatz neuer Holzfässer zu einer Verlagerung des Weinbaus in kühlere Gegenden. Zu starker Eichengeschmack stellte eine Zeit lang ein allgemeines Problem australischer Weine dar. Mittlerweile geht man

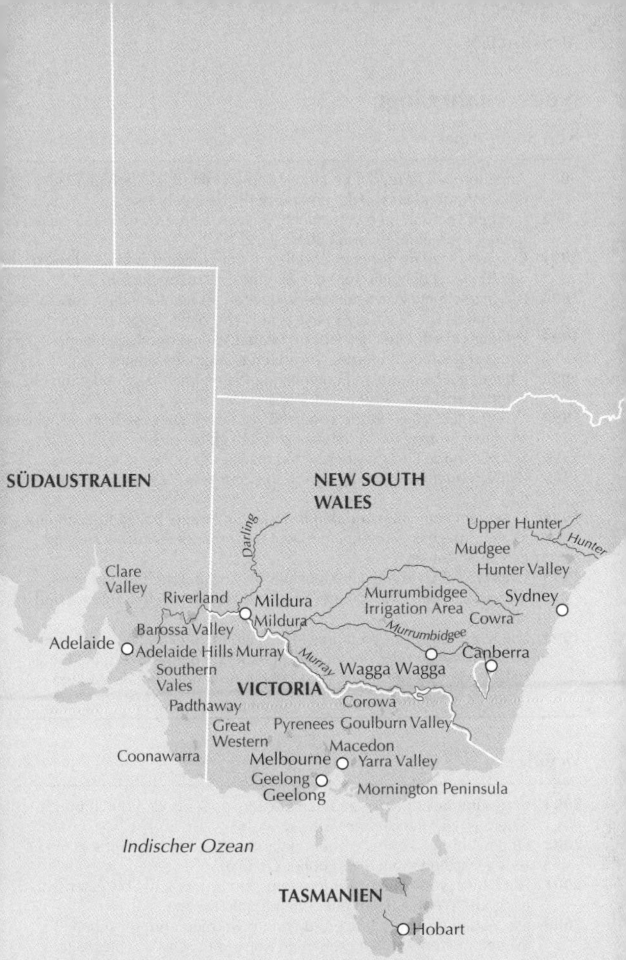

moderater vor – und hat als neue Errungenschaft zudem Schaumweine, deren Qualität in jeder Hinsicht überzeugt.

Sein chaotisches Wachstum unter Kontrolle zu bringen, ist eine Herausforderung, die Australien jetzt zu bewältigen hat. Übernahmeschlachten und Alleingänge großer Firmen sind dabei nicht hilfreich. Es muss Wege finden, den Export in den nächsten zehn Jahren zu verdoppeln, ohne das eigene Ansehen zu beschädigen. In den 1980er- und 1990er-Jahren war Chardonnay das Aushängeschild für »Down under«, für das laufende Jahrzehnt setzt man offensichtlich auf Shiraz. Zurzeit ist eine Debatte darüber im Gang, ob Marken für Supermärkte oder wirklich feine Weine der Schlüssel zur Zukunft sind.

Neuere Jahrgänge

New South Wales

2003 Andauernde Dürre, die im Januar und Februar durch heftige Regenfälle unterbrochen wurde; unterschiedliche Ergebnisse.
2002 Heftiger Februarregen verursachte mit Ausnahme von zwei Gebieten überall Probleme. Riverina überragend.
2001 Extreme Hitze im Sommer und Regen zur Unzeit gaben den Ton an. Semillon aus dem Hunter Valley konnte trotzdem glänzen.
2000 Ausgezeichnete Wachstumsbedingungen im Hunter Valley; miserabel im Rest des Staates. Auf extreme Hitze folgte Regen zur Ernte.
1999 Wieder ein erfolgreiches Jahr im Hunter Valley; der Regen kam, wenn er gebraucht wurde. Die anderen Regionen unterschiedlich.
1998 Überall gut bis ausgezeichnet; genug Regen im Winter und dann ein warmer trockener Sommer.
1997 Das Hunter Valley wurde von heftigem Regen zur Lese heimgesucht; Mudgee, Orange und Canberra konnten glänzen.
1996 Schwankende Erträge, aber in den meisten Gebieten gute Weine.
1995 Dürre ruinierte den Ertrag und strapazierte die Trauben; bestenfalls gut.
1994 Dass der Hitzewelle und den Bränden im Hunter Valley Regenfluten folgten, machte es um keinen Deut besser; anderswo, v. a. in Mudgee, gute Rotweine.
1993 Ungewöhnlich kühles und feuchtes Wetter im Frühling und Sommer drückte die Qualität; der herrliche Herbst rettete Canberra und Hilltops.
1992 Die Fortsetzung der Vorjahresdürre, gefolgt von kurzzeitigen Überschwemmungen der Weingärten, versauerte den Winzern in Hunter Valley, Mudgee und Cowra das Leben. Andere Gebiete schnitten deutlich besser ab.

Victoria

2003 Insgesamt besser als in anderen Staaten, außer in den durch Buschfeuer verwüsteten Alpine Valleys.
2002 Ungewöhnlich kühles Wetter im ganzen Bundesstaat führte zu meist sehr geringen Erträgen von hoher Qualität.
2001 Auch hier große Hitze. Für Rotweine ein ordentlicher bis guter Jahrgang, die Weißen fielen eher uneinheitlich aus.
2000 Der Süden und die Mitte erblühten im warmen und trockenen Wetter, hier entstanden großartige Rotweine. Schwach dagegen der Nordosten mit Regen zur Lese.
1999 Ein schizophrenes Jahr: grauenhaft (Ernteregen) in Yarra, einige andere Gebiete im Süden und der Mitte exzellent, im Nordosten mal so mal so.
1998 Weder Trockenheit noch Frost im Oktober konnten diesem in allen Gebieten herausragenden Jahr etwas anhaben; besonders gut Shiraz, Cabernet Sauvignon und Merlot.
1997 Wenige, aber ausgesprochen hochwertige Trauben, v. a. Pinot noir im Süden.
1996 Extrem unterschiedlich. Gut für den äußersten Südwesten, Grampians und Bendigo.
1995 Unbefriedigend; heißer Sommer, feuchter Herbst. Grampians und Geelong gut.
1994 Der herrliche Spätsommer rettete die Qualität; insgesamt gut bis ausgezeichnet.
1993 Die kühleren Rotweinregionen machten sich am besten.
1992 Hervorragend für Yarra; anderswo bei ähnlichen Bedingungen gut.

Südaustralien

2003 Durchwachsen. Gut: Limestone Coast und (einmal mehr) Clare Riesling. Schlecht: die durch den Regen aufgeplatzten Shiraz-Trauben.
2002 Sehr kühles Wetter verursachte im Süden stark reduzierte Erträge, in Riverland aber zu einem sowohl in Menge als auch in Qualität großartigen Jahrgang. Erneut feiner Riesling.
2001 Ein viel besseres Jahr als 2000. Erstaunlicherweise ein Erfolg für Clare-Valley-Riesling.
2000 Der Höhepunkt einer vierjährigen Trockenheit wirkte sich sowohl auf den Ertrag als auch auf die Qualität aus. Am besten ging es noch der Limestone Coast.
1999 Die anhaltende Trockenheit wurde absurderweise zur Unzeit durch Märzregen unterbrochen. Rotweine von der Limestone Coast und dem Clare Valley waren die wenigen erfreulichen Erscheinungen.
1998 Sehr trockenes Jahr. Geringe Erträge, aber allgemein erstklassige Rotweine, v. a. südlich von Adelaide.
1997 Die Wetterkapriolen setzten Winzern und Reben gleichermaßen zu, ausgenommen den Riesling-Weinen aus Eden und Clare Valley. Überall kleine Ernte.
1996 Ein klassischer Jahrgang für süffige, langlebige Weine.
1995 Reduzierte Erträge und eingeschränkte Qualität – Ersteres allerdings wendete die drohende Katastrophe ab.
1994 Eine lange, kühle und trockene Wachstumsperiode brachte in ganz Südaustralien ausgezeichnete Weißweine und elegante Rote in überdurchschnittlichen Mengen hervor.
1993 Die zweitnässeste Wachstumsperiode seit Beginn der Wetteraufzeichnungen ließ Schlimmes befürchten; der warme und trockene März und unterdurchschnittliche Erträge hielten den Schaden aber in Grenzen.
1992 Das kühle, trockene Wetter versprach einen guten Jahrgang, doch außer in McLaren Vale und Langhorne Creek machte der Ernteregen alle Hoffnungen zunichte.

Westaustralien

2003 Mittelprächtig; Regen zur Unzeit erstickte die Großartigkeit im Keim.
2002 Im Swan District der beste Jahrgang seit 1984. Im Süden war die Ernte bis zu vier Wochen verspätet; hier unterschiedliche Qualität.
2001 Der beste Jahrgang in Great Southern seit 1995; anderswo gut.
2000 Ausgezeichnet am Margaret River, in anderen Gegenden unterschiedlich, unauffällig im Swan Valley.
1999 Ein überragender Jahrgang für Rotweine vom Margaret River und Swan Valley, der beste des Jahrzehnts. Die anderen Gebiete recht ordentlich, außer Great Southern.
1998 Das Swan Valley erneut Spitze; überall sonst eine verregnete Lese.
1997 Feuchter Winter und Frühling, perfekter Sommer. Gute Rote vom Margaret River, guter Riesling aus Great Southern. Der Norden hatte im Januar und Februar eine Hitzewelle auszuhalten.
1996 Im Swan Valley war es glühend heiß, aber für Margaret River und Great Southern war das warme Jahr ein Segen. Schöner Cabernet Sauvignon.
1995 Die sehr niedrigen Erträge wurden teilweise von der hervorragenden Qualität im Süden und am Margaret River ausgeglichen.
1994 Ideale Bedingungen für Great Southern (großartig) und Margaret River.
1993 Feuchte Kühle im Frühling und Sommer ließ im Swan Valley die besten Weißweine seit Jahrzehnten entstehen; auch anderswo ausgezeichnete Weiße und brauchbare Rote.
1992 Eine milde Wachstumsperiode brachte im Süden gute Weine hervor.

Adelaide Hills SA – Unter der Führung von Petaluma; kühle Lagen auf 450 m Höhe im Mount Lofty.

Alkoomi Mount Barker; r w ☆☆☆ Riesling **94' 96' 99 01** 02 Cabernet Sauvignon **93' 94'** 97 99 01' – 25 Jahre alter Weinbaubetrieb; produziert feinen, stahligen Riesling und kraftvolle, langlebige Rotweine.

Allandale Hunter Valley; r w ☆☆ Kleine Kellerei ohne eigenen Anbau; kauft ausgewählte Trauben aus der Umgebung und aus Hilltops. Qualität kann gut sein, v. a. Chardonnay.

Alpine Valleys Vic – Ähnliche Topographie und Klima wie im King Valley, auch ähnlicher Einsatz der Rebsorten.

Amberley Estate Margaret River; r w ☆☆ Erfolgreicher Erzeuger einer ganzen Reihe von regionalen Stilrichtungen mit Chenin blanc als Antriebsmotor.

Angove's SA; r w (br) ☆→☆☆ Alteingesessener großer Familienbetrieb im Murray Valley. Preiswerte Weißweine, v. a. Chardonnay.

Ashbrook Estate Margaret River; r w ☆☆☆ Unspektakulär arbeitender Betrieb; erzeugt beständig 8000 Kisten mustergültigen Semillon, Chardonnay, Sauvignon blanc, Verdelho und Cabernet Sauvignon.

Ashton Hills Adelaide Hills; r w; (sch) ☆☆☆ Stephen George bereitet feinen, rassigen, langlebigen Riesling und überzeugenden Pinot noir von 20 Jahre alten Reben.

Bailey's NO-Vic; r w br ☆☆ Volle, altmodische Rotweine von großem Charakter, v. a. Shiraz, sowie vortreffliche Muskateller- (☆☆☆☆) und »Tokay«-Dessertweine. Im Besitz von Beringer Blass.

Balnaves of Coonawarra Coonawarra; r w ☆☆☆ Hier wird seit 1975 Wein angebaut und seit 1996 selbst vinifiziert. Sehr guter Chardonnay, ausgezeichneter Shiraz, Merlot und Cabernet Sauvignon.

Bannockburn Geelong; r w ☆☆☆ Chardonnay **96' 97' 98' 00** 02' 03' Pinot noir **94' 97 99' 00** 02' 03 – Erzeugt mit Burgunder-Technik intensiven und komplexen Chardonnay und Pinot noir.

Banrock Station Riverland, SA; r w ☆→☆☆ Gut 1600 ha Besitz am Murray River, davon 244 ha Rebland; im Besitz von BRL Hardy. Eindrucksvolle Weine zu günstigen Preisen.

Barossa SA – Der Bereich Australiens mit den bedeutendsten Kellereien, aber keinem eigenen Weinbau. Hier werden Trauben verschiedener Herkunft verarbeitet; dementsprechend fallen auch die Weine aus. Lokale Spezialitäten: Shiraz und Grenache von sehr alten Reben.

Barry, Jim Clare Valley; r w ☆☆→☆☆☆ Auf einigen hervorragenden Anbauflächen entsteht guter Riesling, McCrae Wood Shiraz und der überzeugende Grange-Herausforderer The Armagh.

Barwang Hilltops, NSW; r w ☆☆ Im Besitz von McWilliams. Stilvolle Gutsweine.

Bass Phillip Gippsland, Vic; r ☆☆☆→☆☆☆☆ Pinot noir **95 96'** 97' **98' 00'** 02' 03 – Kleiner Erzeuger von stilvollen, sehr gefragten Pinot-noir-Weinen in drei Qualitätsstufen, vor allem im burgundischen Stil.

Bay of Fires Tas; r w; sch ☆☆→☆☆☆ Der Außenposten von Hardys im Gebiet des Pipers River; stilvolle Tafelweine und wichtiger Lieferant für Hardys erstklassige Schaumwein-Cuvée Arras.

Bendigo Vic – Verstreute kleine Lagen, zum Teil bester Klasse. Betriebe u. a. Balgownie und Passing Clouds.

Beringer Blass Barossa; r w (br); (s); (sch) ☆☆☆ Cabernet-Sauvignon-Verschnitt **90' 91' 93 94 96' 97 98'** 00 02– Gegründet von dem umtriebigen Wolf Blass, jetzt von einem internationalen Multi geschluckt. Chefkellermeister Chris Hatch und seine Kollegin Caroline Dunn (verantwotlich für Rotweine) machen ihren Job gut.

Best's Grampians; r w ☆☆→☆☆☆ Shiraz **91 92′ 93 94′** 96 97′ 98′ 99′ 00′ 03′ – Konservativer alter Familienbetrieb mit sehr gutem, mittelschwerem Rotwein. Der Thomson Family Shiraz von 120-jährigen Rebstöcken ist überragend.

Big Rivers Zone NSW und Vic – Die Verlängerung des südaustralischen Gebiets Riverland. Zur Big Rivers Zone gehören auch die Regionen Murray Darling Perricoota und Swan Hill.

Botobolar Mudgee; r w ☆☆ Wundervoll exzentrischer kleiner Betrieb mit ökologischem Anbau.

Bowen Estate Coonawarra; r w ★★★ **90′ 91′ 94′ 96′ 98′** 99 01 02′ – Kleiner Betrieb; intensiver Cabernet Sauvignon und würziger Shiraz, nicht mehr übertrieben alkoholstark.

Australische Erzeuger und Regionen für 2005
Clare Valley (Südaustralien): Brillante 2002er Rieslinge.
Cullen (Margaret River): Chardonnay und Merlot.
De Bortoli (Yarra Valley): Große Beständigkeit.
Devil's Lair (Margaret River): Die erweiterten Rebflächen beginnen Erträge zu liefern.
Ferngrove (Great Southern): 400 ha Weinberge, enormes Potenzial.
O'Leary Walker (Clare Valley): Einiges Buhei, noch mehr Substanz.
Tasmanien (generell): Die Sonnenseite der globalen Erwärmung.
Taylors (Clare Valley): Hier haben umwerfende Verbesserungen stattgefunden.
Tower Estate (Hunter Valley): Das Ein und Alles von Len Evans.

Brand's of Coonawarra Coonawarra; r w ☆☆☆ **90′ 91′ 94′ 96′** 98′ 99 01 02 – Im Besitz von McWilliam's. Schreitet von Höhepunkt zu Höhepunkt, v.a. mit den hervorragenden Spitzenweinen Stentiford's Shiraz und Patron's Cabernet Sauvignon.

Brangayne of Orange Orange, NSW; r w ☆☆ Weingut, das das Potenzial dieser relativ neuen Weinregion widerspiegelt. Weine von großer Finesse, u. a. Chardonnay, Sauvignon blanc und Shiraz.

Bremerton Langhorne Creek; r w ☆☆ Erzeuger von seidigen, sanften Rotweinen mit großer Aromenfülle und regelmäßig günstigen Preisen.

Brokenwood Hunter Valley; r w ★★★ Shiraz **87′ 91′ 93′ 94′** 95′ 98′ 99 00′ – Aufregender Cabernet Sauvignon und Shiraz seit 1973; hervorragend der Graveyard Shiraz. Der Semillon und der Semillon/Sauvignonblanc Cricket Pitch treiben die Umsatzzahlen in die Höhe.

Brookland Valley Margaret River; r w ☆☆→☆☆☆ Wunderbar gelegene Kellerei mit Restaurant, die u. a. mit Sauvignon blanc Großes leistet. Gehört zur Hälfte Hardys.

Brown Brothers King Valley; r w br; tr s; sch ★→★★★ Noble Riesling **94′ 96′ 97** 98 99′ – Altes Familienunternehmen mit neuen Ideen; reiche Auswahl an delikaten reinsortigen Weinen, viele aus kühlen Berglagen. Chardonnay, Riesling und trockener weißer Muskateller ganz hervorragend. Cabernet-Sauvignon-Verschnitt ist der beste Rotwein.

Buring, Leo Barossa; w ☆☆→☆☆☆ Riesling **75′ 79′ 84′ 91′ 92 94′ 95 97 99′** 02′ 03 – Alter Riesling-Spezialist, im Besitz von Southcorp. Die

Weine sind im (auch noch hohen) Alter großartig, v. a. Exemplare unter dem Etikett Leonay.

Cabernet Sauvignon 29 573 ha, 257 223 Tonnen – Wird in allen Regionen angebaut, gedeiht am besten in Coonawarra. Die Varianten reichen von kräuterwürzig und grünem Pfeffer in den kühlsten Gebieten über Schwarze Johannisbeere und Maulbeere bis zu dunkler Schokolade und Roter Johannisbeere in den wärmeren Gegenden.

Campbells of Rutherglen NO-Vic; r (w) br ☆☆ Milde, reife Rotweine und gute, mit Ausnahme von Merchant Prince Muscat jugendlich fruchtige gespritete Weine.

Canberra District NSW – Sowohl qualitativ als auch mengenmäßig auf dem Weg nach oben; das Niveau der Weine hängt aber sehr vom Erzeuger ab.

Capel Vale Geographe, WA; r w ☆☆☆ Sehr erfolgreiches Unternehmen; gute Weißweine, u. a. Riesling. Auch Shiraz und Cabernet Sauvignon der Spitzenklasse.

Cape Mentelle Margaret River; r w ☆☆☆ Cabernet Sauvignon **83' 91' 93' 94' 95'** 96 99' 00 – Robuster Cabernet Sauvignon, kann großartig sein, Chardonnay sogar noch besser; ferner Zinfandel und sehr populärer Sauvignon blanc/Semillon. Im Besitz von LVMH Veuve Clicquot wie auch Mountadam und Cloudy Bay.

Jahrgangsempfehlungen gelten jeweils für den vorangestellten Wein. Rotgedruckte Jahrgänge sollten bevorzugt 2005 getrunken werden.

Casella Riverina; r w ★ Stellt mit dem Umsatz von mehreren Millionen Kisten in den USA alles zuvor Dagewesene in den Schatten. Wie Limo: weich und süß.

Central Ranges Zone NSW – Umfasst die Gebiete Mudgee, Orange und Cowra. Die hoch gelegenen Anbauflächen mit gemäßigt kühlem bis warmem Klima vergrößern sich immer noch.

Chain of Ponds Adelaide Hills; r w ☆☆ Tadellos bereitete, körperreiche und vollmundige Weine aus dem Hause Penfolds, v. a. Semillon, Sauvignon blanc und Chardonnay. Ebenfalls gut der elegante Cabernet Sauvignon Amadeus.

Chalkers Crossing Hilltops; r w ☆☆→☆☆☆ Neue Kellerei mit herrlich ausgewogenen Weinen aus kühlen Gebieten.

Chambers' Rosewood NO-Vic; (r) (w) br ★★→★★★ Gilt neben Morris als der beste Erzeuger von »Tokay« und Muskateller.

Chapel Hill McLaren Vale; r w ☆☆ Jetzt im Besitz der schweizerischen Schmidheiny-Gruppe, die in vielen Ländern, u. a. bei Cuvaison im kalifornischen Napa, Beteiligungen hält.

Chardonnay 21 724 ha, 256 328 Tonnen – Ist vor allem für schnell reifende Weine mit Butter-, Pfirsich-, manchmal auch Sirup-Aroma bekannt; in kühleren Regionen können aber auch elegante, fest strukturierte, alterungsfähige Weine entstehen. Den Eichengeschmack hat man jetzt auch besser im Griff.

Cheviot Bridge Central Vic High Country; r w ☆☆ In rascher Entwicklung begriffener Teil eines neuen Großunternehmens; erwarb die Marke Long Flat von Tyrrell's's (für 14 Mio. Dollar).

Clarendon Hills McLaren Vale; r (w) ☆☆☆ Monumentale – und teure – Rotweine aus Trauben von kleinen Vertragsparzellen um Adelaide.

Clare Valley SA – Kleiner Bereich mit guten Lagen, rund 150 km nördlich von Adelaide; am bekanntesten durch seinen (2002 glänzenden) Riesling, aber auch Anbau von Shiraz und Cabernet Sauvignon.

Clonakilla Canberra District; r w ☆☆☆ Zu Recht der Anführer der Shiraz-Viognier-Brigade. Auch Riesling und andere Weine sind sehr gut.

Coldstream Hills Yarra Valley; r w; (sch) ★★★ Chardonnay **88′ 92′ 96′ 97 98 00′** 02′ 03 Pinot noir **91′ 92′ 96′ 97** 00′ 02′ 03 Cabernet Sauvignon **91′ 92′** 94 97′ 98′ 00′ – 1985 von dem Weinpublizisten James Halliday aufgebauter Betrieb. Köstlicher Pinot noir, jung zu trinken, Reserve kann altern; führend in Australien. Außerdem sehr guter Chardonnay (v. a. Reserve), fruchtiger Cabernet Sauvignon und Cabernet Sauvignon/Merlot und (seit dem Jahrgang 1997) Merlot. 1996 von Southcorp übernommen.

Coonawarra SA – Südlichster und vielleicht großartigster Bereich von Südaustralien. Hier entsteht der größte Teil des besten australischen Cabernet Sauvignon. Erfolge auch mit Chardonnay, Riesling und Shiraz. Zu den neueren Kellereien zählen u. a. Murdock und Reschke.

Coriole McLaren Vale; r w ☆☆→☆☆☆ Shiraz **90′ 91′ 94′ 96′** 98′ 99′ 00 02′ – Beachtlich der Shiraz Lloyd Reserve von alten Reben.

Craiglee Macedon, Vic; r w ☆☆☆ Shiraz **86′ 88′ 90′ 91′ 92 93 94′** 97′ 98′ 00′ 02′ – Wieder aufgebautes berühmtes Weingut aus dem 19. Jahrhundert mit duftigen, pfeffrigen Shiraz-Weinen und Chardonnay.

Cranswick Estates Riverina; r w ☆ Großer Erzeuger mit Schwerpunkt auf dem Export; günstige Weine. 2002 von Evans & Tate erworben.

Croser Siehe Petaluma.

Cullen Wines Margaret River; r w ★★★★ Chardonnay **96′ 97 98 99′** 00′ 01 Cabernet Sauvignon/Merlot **76′ 84′ 86′ 87′ 90′ 91′ 94′** 95′ 96′ 99′ 01′ – Vanya Cullen bereitet kräftig strukturierten Cabernet Sauvignon/Merlot-Verschnitt (den besten Australiens), gehaltvollen, aber subtilen Semillon/Sauvignon blanc und ausdrucksvollen Chardonnay – alles echte Charaktere.

Dalwhinnie Pyrenees; r w ★★★ Chardonnay **99′ 00′** 02′ Rotweine **93 94′ 95′** 97 98′ 99′ 00′ 01 02 – Konzentrierter, voller Chardonnay, Shiraz und Cabernet Sauvignon, die besten in Pyrenees.

d'Arenberg McLaren Vale; r w (br); (s); (sch) ★★→★★★ Alter Betrieb, der einen neuen Aufschwung nimmt. Prachtvoller Shiraz, Grenache und feiner Chardonnay mit einer Unzahl verrückter Etiketten.

Deakin Estate Murray Darling; r w ☆ Teil der Katnook-Gruppe. Produziert rund 550 000 Kisten sehr ordentlicher sortenreiner Tafelweine.

De Bortoli Griffith, NSW; r w (br); tr s ☆→☆☆☆ Noble Semillon **82′ 87′ 91′ 94 95′ 96′ 97′ 99′ 00′** 02 – Weingut in einem Bewässerungsbereich. Einfache Rot- und Weißweine, aber herrlicher süßer botrytisierter Noble Semillon im Sauternes-Stil.

De Bortoli Yarra Valley; r w ★★→★★★ Chardonnay **96′ 97′ 98** 99 **00′** 01′ 02′ Cabernet Sauvignon **92′ 94′ 97 98′** 99 00′ 02′ – Der größte Erzeugerbetrieb in Yarra. Die Hauptmarke ist mehr als angemessen, das Zweitetikett Gulf Station sowie die Drittmarke Windy Peak sind sehr preiswert. 400 000 Kisten.

Delatite Central Vic; r w; (sch) ☆☆ Riesling **93′ 97′ 99 00** 01 **02′** – Rosalind Ritchie bringt aus einer sehr kühlen Berglage schön geschmeidigen und femininen Riesling, Gewürztraminer sowie Cabernet Sauvignon hervor.

Devil's Lair Margaret River; r w ☆☆☆ Opulenter, konzentrierter Chardonnay und Cabernet Sauvignon/Merlot. Sehr in Mode ist derzeit das Zweitetikett Fifth Leg. Im Besitz von Southcorp.

Diamond Valley Yarra Valley; r w ★★→★★★ Pinot noir **96′ 97 98′ 99′ 00** 02′ 03– Hervorragender Pinot noir in bedeutenden Mengen. Die übrigen Weine sind gut, v. a. Chardonnay.

Domaine Chandon Yarra Valley; (r) (w); sch ★★★ Klassische Schaumweine (von in kühlen Gegenden gewachsenen Trauben). Mit kräftiger Unterstützung der Besitzer Moët & Chandon. In Großbritannien Erfolg mit der Marke Green Point (die auch für Tafelweine verwendet wird).

Dromana Estate Mornington Peninsula; r w ☆☆→☆☆☆ Chardonnay **98′ 99 00′ 01′** 02′ 03 – Leichter, duftiger Cabernet Sauvignon, Pinot noir und Chardonnay. Ist jetzt sehr ernsthaft an italienischen Rebsorten interessiert (nicht aus eigenem Anbau).

Elderton Barossa; r w (br); (sch) ☆☆ Alte Weinberge bilden die Grundlage für fülligen, reichen, eichenholzwürzigen Cabernet Sauvignon und Shiraz.

Evans Family Hunter Valley; r w ☆☆☆ Chardonnay **98′ 99′ 00′** 01 02 – Exzellenter, in neuen Eichenfässern vergorener Chardonnay aus dem kleinen Weinberg der Familie von Len Evans. Lagerung macht sich bezahlt. Siehe auch Tower Estate.

Evans & Tate Margaret River; r w ☆☆☆ Cabernet Sauvignon **91′ 92′ 94 95′** 96′ 99′ 00 – Feiner, eleganter Semillon, Chardonnay, Cabernet Sauvignon und Merlot aus Margaret River, Redbrook. Der Börsengang unterstreicht das fortgesetzte Wachstum.

Ferngrove Vineyards Great Southern; r w ☆☆☆ Das Syndikat des Rinderzüchters Murray Burton hat seit 1997 über 400 ha mit Reben bestockt. Großartiger Riesling.

Fox Creek McLaren Vale; r (w) ☆☆→☆☆☆ 35 000 Kisten fülliger, vollmundiger Weine, die regelmäßig auf Weinmessen ausgezeichnet werden.

Freycinet Tas; r w; (sch) ☆☆☆ Pinot noir **91′ 94′ 97 98** 00′ 01′ 02′ 03 – Weinbaubetrieb an der Ostküste mit üppig-vollem Pinot noir und gutem Chardonnay.

Gapsted Wines Alpine Valleys, Vic; r w ☆☆ Handelsmarke einer großen Kellerei, die das Rebgut von 50 Winzern verarbeitet.

Geelong Vic – Einst ein berühmter Bereich, durch die Reblaus vernichtet und in den 1960er-Jahren neu aufgebaut. Ein sehr kühles, trockenes Klima bringt feste Tafelweine von erstklassigen Sorten hervor. Kellereien: u. a. Bannockburn, By Farr, Curlewis, Scotchman's Hill.

Giaconda Beechworth; r w ☆☆☆ Chardonnay **91 92′ 93 94′ 96′ 97′ 98 99′** 00′ 02′ – Die Antwort Australiens auf Kaliforniens Kistler. Viele halten den Chardonnay für den besten des fünften Kontinents, und sicherlich gehört der 96er auf den Olymp der größten Weine aller Zeiten. Der Pinot noir fällt sehr unterscheidlich aus.

Goulburn Valley Vic – Sehr alte (Tahbilk) und relativ neue (Mitchelton) Betriebe im gemäßigten Klima von Central Victoria erzeugen körperreiche Tafelweine.

Goundrey Wines Great Southern; r w ☆☆ Die kürzlich erfolgte Erweiterung hat schwankende Qualität hervorgebracht. 2003 von dem kanadischen Unternehmen Vincorp übernommen.

Grampians Vic – Früher als Great Western bezeichnete Region mit gemäßigtem Klima im mittleren Westen des Staates. Hohe Qualität.

Granite Belt Qld – Hoch gelegene und relativ kühle Weinbauregion an der Grenze zu NSW. Spezialitäten: v. a. würziger Shiraz und voller Semillon.

Granite Hills Macedon; r w ☆☆→☆☆☆ Der 30 Jahre alte Familienbetrieb ist mit feinem, elegantem Riesling und würzigem Shiraz zu seiner ursprünglichen Klasse zurückgekehrt.

Grant Burge Barossa; r w (br); (s); (sch) ☆☆→☆☆☆ 110 000 Kisten seidig-zarter Rot- und Weißweine vom besten Lesegut aus großem eigenem Weinbergbesitz.

Great Southern WA – Abgelegene kühle Gegend; Ferngrove, Goundrey und Plantagenet sind die größten Kellereien.

Greenock Creek Barossa; r ☆☆☆ Dank Robert Parker und den Konsumenten in den USA ist der Shiraz zu einer Ikone aufgestiegen und erzielt exorbitante Preise.

Grenache 2528 ha, 26 280 Tonnen – Ergibt bei zu hohem Ertrag dünne Weine, kann aber auch wesentlich bessere Resultate erzielen. Wachsendes Interesse an der Grenache-Traube in allen Anbaugebieten des Barossa Valley und McLaren Vale.

Wie stark ist er?

Der Alkoholgehalt von Wein schwankt zwischen 7 und 16 Vol. %, abhängig vom Zuckergehalt der Trauben (und eventueller Beigabe von Zucker – Chaptalisation – vor der Vergärung). Wenig Alkohol bedeutet nicht geringe Qualität und umgekehrt. Feinste Mosel-Rieslinge können geringen Alkoholgehalt mit brillanter und intensiver Fruchtsäure harmonisch vereinen. Andererseits wird ein überproduzierter Standardrotwein mit 10 oder 11 % Alkoholgehalt dünn schmecken. Die meisten Spitzenweine französischen Stils, rot oder weiß, enthalten zwischen 11,5 und 13 % Alkohol. Oberhalb dieser Grenze droht ein übertriebener Duft, wenn er nicht durch ein deutlich intensives Aroma oder eine starke Süße ausgeglichen wird. Gespritete Weine haben einen Alkoholgehalt von 17 oder 18 % (Fino Sherry) bis über 20 % (Jahrgangs-Port).

Grosset Clare Valley; r w ★★★→★★★★ Riesling **90′ 93′ 94′ 95′ 97′ 99′** 00′ 01 02′ Gaia **90′ 91 92′ 94′ 95** 96′ 98′ 99′ 01 02 – Anspruchsvoller Erzeuger; herausragender australischer Riesling, schöner Chardonnay, Pinot noir und außergewöhnlicher Gaia Cabernet Sauvignon/Merlot von Trauben aus hoch gelegenen, trockenen Weinbergen am Mount Horrocks.

Hanging Rock Macedon, Vic; r w; sch ☆→☆☆☆ Shiraz **90 91′ 92′** 97′ 98′ 99 00′ – Gut zusammengestelltes Programm, u. a. preiswerte sortenreine Weine, wuchtiger Heathcote Shiraz, komplexe Schaumweine.

Hardys r w; (s); sch ☆☆→☆☆☆☆ Eileen Chardonnay **97 98 99′ 00** 01 »Vintage Port« **46′ 51′ 54′ 56′ 58′ 75 77 82** 84′ 96′ – Historischer Betrieb mit Weinen aus verschiedenen Bereichen, auch in Verschnitten. Am besten sind die Serien Eileen Hardy und Thomas Hardy sowie die »Vintage-Port«-Weine (die großartigsten in ganz Australien). Unternehmenssitz sind die restaurierten Gebäude von Reynella. Seit der Fusion mit US Constellation 2003 der größte Weinbaukonzern der Welt. Siehe auch Bay of Fires.

Heathcote Nach der Abtrennung von Bendigo wurde dieses auf Shiraz spezialisierte Gebiet 2003 offiziell anerkannt. Spitzenerzeuger: Jasper Hill.

Heggies Eden Valley; r w; tr (s) ☆☆ Riesling **92** **95** **98** 99 00 01' – Lage in 500 m Höhe im Besitz von S. Smith & Sons; die Weine kommen getrennt auf den Markt.

Henschke Barossa; r w ☆☆☆☆ Shiraz **58' 61' 64' 67' 68' 80' 81' 84' 86' 90' 91' 93' 96'** 98' Cabernet Sauvignon **78' 80' 85 86' 88 90' 91' 92 93** 94 96' 98' 99 01 02' – 125 Jahre alter Familienbetrieb, vielleicht der beste Australiens, bekannt für köstlichen Hill of Grace (Shiraz), sehr guten Cabernet Sauvignon und Rotweinverschnitte sowie günstige Weiße, u. a. Riesling. Die hoch gelegenen Weinberge in Lenswood (Adelaide Hills) bringen zusätzliche Vielfalt. Vehementer Verfechter von Schraubverschlüssen auch für Rotweine.

Hollick Coonawarra; r w; (sch) ☆☆ Cabernet Sauvignon/Merlot **90 91' 92 93 96' 98'** 99 01 02 – Guter Chardonnay und Riesling sowie viel bewunderte Rotweine, besonders Ravenswood.

Houghton Swan Valley; r w ★→★★★ Der berühmteste alte Weinbaubetrieb in Westaustralien. Verkaufsschlager ist der weiche, reife, lagerfähige Weiße – ein nationaler Klassiker. Auch vorzüglicher Cabernet Sauvignon, Verdelho, Shiraz usw. aus den Bereichen Margaret River und Great Southern. Siehe Hardys.

Howard Park Mount Barker und Margaret River; r w ☆☆☆ Riesling **93 94' 95' 96' 97'** 98' **99'** 02 Cabernet Sauvignon **86' 88' 90' 92 94' 96'** 98' 99' 02 – Duftender Riesling, Chardonnay und würziger Cabernet Sauvignon. Zweitetikett: Madfish Bay, außerordentlich günstig.

Hunter Valley NSW – Der große Name in NSW. Ausladender, milder, erdiger Shiraz und vornehmer Semillon mit 30 Jahren Haltbarkeit. Cabernet Sauvignon hat kaum Bedeutung, Chardonnay sehr wohl.

Huntington Estate Mudgee; r w ★★★ Cabernet Sauvignon **91 93 94' 95' 96' 97'** 99' 02' – Kleines Weingut, das beste in Mudgee. Feiner Cabernet Sauvignon und sehr guter Shiraz. Die Preise liegen immer unter dem Wert.

Jasper Hill Heathcote; r w ☆☆☆→☆☆☆☆ Shiraz **83' 85' 86' 90' 91' 92'** 96' 97' 98' 99' 00 01' 02 – Emily Paddocks Shiraz/Cabernet franc und George Paddocks Shiraz aus trockenen Lagen sind intensiv, langlebig und sehr geschätzt.

Kaesler Barossa; r (w) ☆☆→☆☆☆ Der Old Bastard Shiraz (155 australische Dollar) sticht den Old Vine Shiraz (lächerliche 60 australische Dollar) aus. Auch der Fasswein ist recht gut.

Katnook Estate Coonawarra; r w; (s); (sch) ☆☆☆ Cabernet Sauvignon **86 90' 91' 92 93** 96' 98' 99 02' (03) – Vorzüglicher und teurer Cabernet Sauvignon sowie Chardonnay, ferner Riesling und Sauvignon blanc.

Killikanoon Clare Valley; r w ☆☆→☆☆☆ Riesling und Shiraz mit ausgeprägtem Regionalcharakter haben in den letzten Jahren auf Ausstellungen beachtliche Erfolge erzielt.

King Valley Vic – Bedeutende alpine Region, erzeugt 15 000 Tonnen hauptsächlich für Händler außerhalb der Region; wenige eigene Kellereien.

Knappstein Lenswood Vineyards r w ☆☆☆ Tim Knappstein produziert hier subtilen Sauvignon blanc und kraftvollen Chardonnay sowie Pinot noir.

Knappstein Wines Clare Valley; r w ☆☆→☆☆☆ Zuverlässiger Cabernet Sauvignon/Merlot und Cabernet Sauvignon; im Besitz von Lion Nathan.

Lake Breeze Langhorne Creek, SA; r (w) ☆☆ Lange Zeit nur Traubenproduzent, erzeugt das Gut mittlerweile selbst saftige, weiche Weine von Shiraz und Cabernet Sauvignon.

Lake's Folly Hunter Valley; r w ☆☆☆☆ Chardonnay **94 95 96 97' 98 99** 00' 01 Cabernet Sauvignon **69 81 89' 91 93'** 97' 98' 99 00' – Gegründet von Max Lake, dem Pionier des Hunter-Cabernet-Sauvignon; seit 2000 neue Besitzer. Sehr feiner und komplexer Cabernet Sauvignon sowie Chardonnay.

Lamont Swan Valley; r w ☆☆ Weinkellerei und erstklassiges Restaurant im Besitz von Corin Lamont (der Tochter des legendären Jack Mann) und ihrem Ehemann. Köstliche Weine.

Lark Hill Canberra District; r w ☆☆ Gleichmäßigster Erzeuger im Canberra-Gebiet mit besonders ansprechendem Riesling, angenehmem Chardonnay und überraschendem Pinot noir.

Leasingham Clare Valley; r w ☆☆→☆☆☆ Bedeutender, mittelgroßer Qualitätsweinbaubetrieb, 1987 von Hardys übernommen. Guter Riesling, Shiraz und Cabernet Sauvignon/Malbec unter verschiedenen Markennamen.

Leeuwin Estate Margaret River; r w ☆☆☆☆ Chardonnay **83' 85' 87' 89 90 92' 94 95' 96** 97' 98 **99'** 00 01' (02) – Hervorragend ausgestattetes Weingut, in Westaustralien führend. Vorzüglicher, lagernswerter (und teurer) Chardonnay, Sauvignon blanc und Cabernet Sauvignon. Die Weine der Reihe Artists' sind sehr fein. Auch guter Riesling.

Limestone Coast Zone SA – Wichtige Anbauzone, zu der auch Coonawarra, Padthaway, Wrattonbully, Mount Benson, Robe, Mount Gambier und Bordertown gehören.

Lindemans Ursprünglich Hunter Valley, jetzt überall; r w ★→★★★ Coonawarra Red **86' 90' 91' 96'** 98' 99 01 02' – Eine der ältesten Firmen, heute ein Gigant in Besitz von Southcorp. Sehr gute Chardonnay- und rote Coonawarra-Weine (v. a. Limestone Ridge, Pyrus).

Lion Nathan Neuseeländisches Brauereiunternehmen und großer Investor im australischen Weinbau. Besitzer von Petaluma, Stonier, Tatachilla und Knappstein.

Macedon and Sunbury Vic – Benachbarte Regionen. Macedon liegt höher als das nahe dem Melbourner Flughafen gelegene Sunbury. Kellereien u. a. Craiglee, Granite Hills, Hanging Rock und Virgin Hills.

Majella Coonawarra; r (w) ☆☆☆ Schwingt sich zur Spitze in Coonawarra auf. The Malleea ist ein hervorragender Cabernet Sauvignon/Shiraz. Auch Shiraz und Cabernet Sauvignon sind sehr gut.

Margan Family Winemakers Hunter Valley; r w ☆☆ Höchst erfolgreicher Erzeuger, u. a. mit faszinierenden Weinen der Marke House of Certain Views.

Margaret River WA – Anbaugebiet mit gemäßigtem Klima an der Küste, 280 km südlich von Perth, liefert elegante Weine. Australiens meistbesuchtes Touristenweingebiet (und Surferparadies).

McGuigan Simeon Hunter Valley ★→★★ Der offizielle Sitz des fünftgrößten Weinbaukonzerns Australiens im Hunter Valley, der sich vor kurzem auch Miranda einverleibt hat.

McLaren Vale SA – Historische Region am südlichen Stadtrand von Adelaide. Mächtige, alkoholstarke, geschmacksintensive Rotweine, wie geschaffen für den amerikanischen Markt.

McWilliam's Hunter Valley und Riverina; r w (br); (s) ★★→★★★ Elizabeth Semillon **84' 86' 87' 89' 93 94' 95 96** 98 99' 00' – Berühmter Familienbetrieb in Mount Pleasant (Shiraz und Semillon). Pioniere in Riverina, u. a. Cabernet Sauvignon und Riesling. Jüngste Ausstellungen stellten den hohen Standard unter Beweis. Die Semillon-Weine Elizabeth (wird nach

4 Jahren verkauft) und Lovedale (nach 6 Jahren) sind wirklich großartig. Hanwood (Riverina) ist äußerst preiswert.

Melton, Charles Barossa; r w; (sch) ★★★ Kleines Weingut mit kräftigen, üppigen Rotweinen, besonders Nine Popes, ein Verschnitt aus Grenache und Shiraz von alten Rebstöcken.

Merlot Hätschelkind des neuen Millenniums mit einem Zuwachs von 9000 Tonnen im Jahr 1996 auf 104 423 Tonnen 2003. Wird überall angebaut, was der Traube nicht unbedingt gut tut.

Merrill, Geoff McLaren Vale; r w ☆☆ Rühriger Erzeuger von Weinen namens Geoff Merrill, Mount Hurtle und Cockatoo Ridge. Ein unermüdlicher Enthusiast: Seine besten Weine sind exzellent, andere zielen als Massenware unverhohlen auf kommerziellen Erfolg. Zur Hälfte im Besitz von Tahbilk.

Miramar Mudgee; r w ☆☆ Mit die besten Weißweine der Gegend, v.a. Chardonnay; außerdem langlebiger Cabernet Sauvignon und Shiraz.

Miranda Riverina; r w; (s) ☆→☆☆ Die Weinberge und Kellereien in Riverina, King Valley und Barossa bilden die Grundlage dieses Großproduzenten, der jetzt zu McGuigan Simeon gehört.

Mitchell Clare Valley; r w ☆☆→☆☆☆ Riesling **90′ 92 94′ 95 00′** 01′ 02′ 03′ – Kleiner Familienbetrieb mit großartigem Cabernet Sauvignon und einem sehr stilvollen trockenen Riesling.

Mitchelton Goulburn Valley; r w; (s) ★★→★★★ Beachtlicher Betrieb, 1992 von Petaluma erworben. Reiche Auswahl, u.a. sehr guter fassgereifter Marsanne und Shiraz sowie klassischer Blackwood Park Riesling (einer der preiswertesten Australiens) aus dem Goulburn Valley.

Moorilla Estate Tas; r w; (sch) ☆☆☆ Riesling **93 94′ 95′ 97′ 99** 00′ 01′ 02 – Älterer Betrieb am Rand von Hobart am Derwent River, produziert sehr guten Riesling, Traminer und Chardonnay. Pinot noir jetzt im Aufwärtstrend.

Mooroodduc Estate Mornington Peninsula; r w ☆☆☆ Stilvoller, raffinierter (Wildhefen usw.) Erzeuger von erstklassigem Chardonnay und Pinot noir.

Mornington Peninsula Vic – Anspruchsvolle Weine aus einer kühlen Küstengegend 40 km südlich von Melbourne. Insgesamt 1000 ha; Kellereien: u.a. Dromana, Stonier, Ten Minutes by Tractor.

Morris NO-Vic; br (r) (w) ★★→★★★★ Alter Weinbaubetrieb in Rutherglen mit einigen der besten Muskateller- und »Tokay«-Dessertweinen Australiens. Auch gute, preiswerte Tafelweine.

Moss Wood Margaret River; r w ☆☆☆☆ Semillon **92′ 94′ 95′ 97′** 98′ 99 01 Cabernet Sauvignon **75′ 80′ 85′ 87 90′ 91′** 94 **95′** 96′ 98 99′ 01 – Für viele der beste Weinbaubetrieb dieser Gegend (mit nur 11,7 ha). Semillon, Cabernet Sauvignon, Pinot noir und Chardonnay mit reichem, fruchtigem Geschmack.

Mountadam Barossa; r w; (sch) ☆☆☆ – Weinbaubetrieb von Adam Wynn im Eden Valley. Üppiger, nachhaltiger Chardonnay. Weitere Marken: u.a. David Wynn und Eden Ridge. 2000 von Cape Mentelle gekauft.

Mount Horrocks Clare Valley; r w ☆☆☆→☆☆☆☆ Feinster trockener Riesling und süßer Cordon Cut in einer eigenen Reihe von Grosset.

Mount Langi Ghiran Grampians; r w ☆☆☆ Shiraz **88 90′ 91 92 93′** 95 96′ 98′ 99′ 01 (03) – Erzeuger von sehr feinem, pfeffrigem, Rhône-ähnlichem Shiraz, einem der besten aus Australiens kühleren Regionen. Jetzt im Besitz von Yering Station.

Mount Mary Yarra Valley; r w ☆☆☆☆ Pinot noir **94 95 96′ 97′ 98 99′** 00′ 02′ Cabernet Sauvignon/Cabernet franc/Merlot **84′ 85′ 86′ 88′ 90′**

92′ 93′ 94 95′ 96′ 97′ 98′ 99 00′ 02 – Dr. John Middleton ist Perfektionist; er bringt in sehr kleinen Mengen sanften Chardonnay, lebhaften Pinot noir und v. a. einen Cabernet-Sauvignon-Verschnitt hervor, der von allen australischen Weinen einem Bordeaux am nächsten kommt. Alle altern makellos.

Mudgee NSW – Kleines, ziemlich abgelegenes Gebiet 270 km nordwestlich von Sydney. Ausladende Rote, erstaunlich feine Semillon- und vollmundige Chardonnay-Weine.

Murdock Coonawarra; r ☆☆☆ Lange Zeit nur Traubenproduzent; jetzt mit eigenem Cabernet Sauvignon im klassischen Stil.

Murray Valley SA, Vic, NSW – Riesiges bewässertes Weinbaugebiet. Hauptsächlich »Fass«-Tafelweine. Liefert 40 % der Gesamterzeugung Australiens.

Geographische Bezeichnungen auf australischen Etiketten

Mehr und mehr werden die Weinregionen, Anbauzonen und Subzonen Australiens geographisch genau definiert. Diese so genannten Geographic Indications (GIs) sind als Parallele zu den US-amerikanischen AVAs oder dem französischen AC-System zu verstehen. Sie beinhalten, dass die Angaben auf dem Etikett eines australischen Weins genauen gesetzlichen Vorgaben entsprechen, die auch alle Anforderungen der EG vollständig erfüllen. Ein obligatorisches Analyse-Zertifikat und eine Expertenverkostung garantieren die Qualität eines jeden Weins, der aus Australien exportiert wird.

Nepenthe Adelaide Hills; r w ☆☆→☆☆☆ Einer der wenigen neuen Betriebe in diesem Gebiet. Kellertechnik nach dem neuesten Stand, hervorragende Weinberge und großes Know-how in der Weinbereitung ergeben raffinierte Weine, v. a. Sauvignon blanc, Chardonnay und Semillon.

Ninth Island Siehe Pipers Brook.

O'Leary Walker Wines Clare Valley; r w ☆☆☆ Zwei Karriereknaben haben in ihrer Midlife-Crisis Beringer Blass verlassen, um ihren eigenen Laden aufzuziehen – und schlagen sich prächtig.

Orange NSW – Weinregion mit kühlem Klima, in der lebendiger Chardonnay, Cabernet Sauvignon, Merlot und Shiraz erzeugt werden.

Orlando (Gramp's) Barossa; r w (br); (s); sch ★★→★★★ St Hugo Cabernet **86′ 88 90′** 96 98′ 99 01 02′ – Großer Pionierbetrieb, mittlerweile im Besitz von Pernod-Ricard. Reiche Auswahl, vom Bestseller Jacob's Creek bis zu ausgezeichnetem Jacaranda Ridge Cabernet Sauvignon aus Coonawarra. Siehe auch Wyndham Estate.

Padthaway SA – Großes Anbaugebiet, das als Ableger von Coonawarra entwickelt wurde. Kühles Klima; exzellenter Chardonnay, v. a. von Lindemans und Hardys, sowie Shiraz (Orlando).

Paringa Estate Mornington Peninsula; r w ★★★ Erzeuger von ziemlich spektakulärem Chardonnay, Pinot noir und Shiraz (Spätlese). Viele Male preisgekrönt.

Parker Estate Coonawarra; r ☆☆☆ Kleines Weingut mit sehr gutem Cabernet Sauvignon, v. a. Terra Rossa First Growth. Andrew Pivie ist hier seit kurzem Geschäftsführer.

Pemberton WA – Region zwischen Margaret River und Great Southern; die anfängliche Begeisterung für Pinot noir ist inzwischen auf Merlot und Shiraz übergegangen.

Penfolds Ursprünglich Adelaide, heute überall; r w (br); (sch) ☆☆→☆☆☆☆ Grange **52′ 53′ 55′ 62′ 63′ 66′ 67 71′ 75 76 80 83 85 86′ 88** 90′ 91′ 92 94′ 95 96′ 97 98′ Bin 707 **64 76′ 78 80 84′ 86′ 88′ 90′ 91** 92 94′ 96′ 98′ 99 – Weit verzweigte, ausgezeichnete Firma in Barossa, Clare, Coonawarra, Riverina usw. Beständig Australiens bester Rotweinerzeuger, wenn man es schafft, die Etiketten zu dechiffrieren. Sein Grange (früher: Hermitage) hat verdientermaßen ☆☆☆☆; Penfolds Yattarna Chardonnay (White Grange) kam 1998 heraus. Der Cabernet Sauvignon Bin 707 steht ihm nicht viel nach, und die übrigen Weine mit Bin-Nummern (z. B. Kalimna Bin 28 Shiraz) sind ebenfalls oft hervorragend.

Penley Estate Coonawarra; r w ☆☆☆ Anspruchsvolle, investitionsfreudige Kellerei; voller, strukturierter, fruchtiger, eichenholzwürziger Cabernet Sauvignon; auch ein Verschnitt von Shiraz und Cabernet Sauvignon sowie Chardonnay.

Perth Hills WA – Junges Weinbaugebiet 30 km östlich von Perth, mit einer größeren Anzahl Winzer in milden Berglagen. Am besten sind Millbrook und Western Range.

Petaluma Adelaide Hills; r w; sch ☆☆☆☆ Riesling **80′ 82 84′ 86′ 87** 94′ **96′** 97 99′ 00′ 01′ **02′** 03′ Chardonnay **94′ 95′ 96′ 00** 02′ Cabernet Sauvignon **79′ 86′ 88′ 90′ 91′ 93 95′ 97** 98′ 99 00′ 02 – In den 1980er-Jahren kometengleicher Aufstieg mit Cabernet Sauvignon aus Coonawarra, Chardonnay aus den Adelaide Hills und Riesling aus dem Clare Valley, verarbeitet in einer Kellerei in den Adelaide Hills. Schöpfer ist Brian Croser mit seinem brillanten Intellekt und seiner unbändigen Energie. Seit 1988 sind die Rotweine voller geworden. Besitzt auch Knappstein, Mitchelton, Smithbrook und Stonier Wines. Wurde 2002 zur Beute von Lion Nathan; der Qualität hat das bisher keinen Abbruch getan.

Peter Lehmann Wines Barossa; r w (br); (s); (sch) ★★→★★★ Hüter der Barossa-Tradition; wehrte Allied Domecq durch die Fusion mit Swiss Hess ab. Bedeutende Mengen Wein zu beständig guten Preisen. Empfehlenswert: Stonewell Shiraz und trockener Riesling, v. a. gereifter.

Pierro Margaret River; r w ☆☆☆ Chardonnay **90′ 94 95′ 96′** 99′ 00′ 01′ – Hoch angesehener Erzeuger von teurem, geschmacksintensivem Semillon/Sauvignon blanc und sehr gutem fassvergorenem Chardonnay.

Pinot noir 4414 ha, 21 341 Tonnen – Wird hauptsächlich für Schaumweine verwendet. Aufregend gute Tropfen stammen aus Südvictoria, Tasmanien und Adelaide Hills. Anbau wird ausgeweitet.

Pipers Brook Tas; r w; sch ☆☆☆ Riesling **84′ 85 89′ 93′ 94′ 95′ 96′ 98′** 99′ 00′ 01′ Chardonnay **92′ 93′ 94′ 95′** 97 **99′** 00′ (02′) – Pionier in einer kühlen Region mit sehr gutem Riesling und Pinot noir sowie zurückhaltendem Chardonnay und Schaumweinen aus dem Tamar Valley. Schöne Etiketten. Zweitmarke: Ninth Island. 1998 Kauf von Heemskerk, Rochecombe; besitzt 35 % der tasmanischen Weinindustrie. 2002 von der belgischen Familie Kreglinger erworben, der das Vieux Château Certan gehört.

Pirramimma McLaren Vale; r w ☆☆ Wenig beachtetes, jahrhundertealtes Familienunternehmen mit erstklassigen Lagen, das preislich sehr günstige Weine erzeugt, u. a. hervorragenden Petit Verdot.

Plantagenet Mount Barker; r w; (sch) ☆☆☆ Rotweine **92′ 93′ 94′ 95′** 98 99 – Altehrwürdiger Erzeuger der Region mit großer Sortenauswahl, v. a. vollem Chardonnay, Shiraz und lebendigem, kräftigem Cabernet Sauvignon.

Poet's Corner Mudgee; r w ★★ Zuverlässiger, doch unterbewerteter Erzeuger von Chardonnay, Shiraz und Cabernet Sauvignon. Weitere Marken: Montrose und Henry Lawson.

Portet, Dominique Yarra Valley; r w ☆☆ Nach einer 25-jährigen Karriere bei Taltarni betreibt Portet nun zum ersten Mal eine eigene Kellerei, an die hohe Erwartungen gestellt werden.

Primo Estate Adelaide Plains, SA; r w; tr (s) ☆☆☆ Joe Grilli muss ein Zauberer sein angesichts des Klimas. Erfolgreiche Weine: u.a. sehr guter Riesling mit Edelfäule, geschmacksintensiver Colombard und kräftiger Cabernet Sauvignon/Merlot Joseph.

Pyrenees Vic – Region in Central Victoria mit vollen, minzeduftigen Roten und einigen interessanten Weißweinen, v.a. Marsanne/Roussanne.

Red Hill Estate Mornington Peninsula; r w; sch ☆☆→☆☆☆ Eine der größeren und wichtigeren Kellereien; bemerkenswert elegante Weine.

Terroir in Australien

Das Terroir hat in Australien eine ebenso große Bedeutung wie überall auf der Welt. Man fasst unter diesem Begriff alle Aspekte zusammen, die die Qualität eines Weinbergs ausmachen: also Beschaffenheit von Boden und Unterboden, Neigung, Ausrichtung, Höhe über dem Meeresspiegel und alle anderen mikroklimatischen Eigenschaften. Als ganzer Kontinent bietet Australien eine Vielzahl von verschiedenen Terroirs, wie man sie in keinem anderen Land der Erde findet, ausgenommen den USA. Alle Weinstile, von feinsten Schaumweinen mit Flaschengärung bis hin zu reichhaltigen gespriteten Dessertweinen, werden hier erzeugt. In den letzten fünf Jahren hat es eine Bewegung von den warmen in die kühleren Regionen gegeben, und mehr und mehr achtet man auf die passenden Rebsorten für das gegebene Terroir – Semillon im Hunter Valley, Pinot noir im Yarra Valley, Cabernet Sauvignon in Coonawarra, Grenache in Barossa und dem McLaren Vale, Riesling im Clare Valley, Chardonnay am Margaret River.

Redman Coonawarra; r ☆→☆☆ Berühmter alter Name in Coonawarra; ein Rotweinspezialist mit Shiraz, Cabernet Sauvignon und Cabernet Sauvignon/Merlot. Die Weine werden der Güte ihrer Lagen immer noch nicht gerecht.

Reynell McLaren Vale; r w; (s) ☆☆→☆☆☆☆ Markenname, der seit 1982 in Besitz von Hardys ist. Der historische Weinbaubetrieb (Chateau Reynella) ist heute Hauptsitz von Hardys. Sehr gute rote Tafelweine, die mit einer Korbpresse gekeltert werden *(basket pressed)*, außerdem vorzüglicher »Vintage Port«.

Richmond Grove Barossa; r w ☆→☆☆☆ John Vickery ist ein Kellermeister im wahrsten Sinne des Wortes, sein großartiger Riesling wird zu Schleuderpreisen verkauft. Die anderen Weine sind ordentlich. Besitzer ist Orlando Wyndham.

Riesling 3962 ha, 27 838 Tonnen – Von besonderer Bedeutung in den Tälern von Barossa, Eden und Clare. Meist knochentrocken; kann nach bis zu 20 Jahren Flaschenreifung fantastisch werden. Inzwischen sind nur noch Schraubverschlüsse zugelassen.

Riverina NSW – Massenweinbauzone mit Bewässerung um Griffith; gute »Fass«-Weine, v.a. weiß, sowie großartiger süßer Semillon mit Edelfäule. Empfehlenswert sind Weine mit geringeren Erträgen und damit höherer Qualität, z.B. die herrlichen 2002er.

Robert Channon Wines Granite Belt, Queensland; r w ☆☆ Der ehemalige Anwalt erzeugt von makellos erzogenen Reben aus einem dauerhaft mit Netzen geschützten Weinberg von knapp 7 ha sehr guten Verdelho (neben den üblichen Verdächtigen).

Rockford Barossa; r w; sch ☆☆→☆☆☆☆ Kleiner Erzeuger mit einer Palette an Weinen individuellen Stils von Trauben aus alten, ertragsschwachen Weinbergen. Die Rotweine sind am besten. Außerdem hoch geschätzter Schaumwein Black Shiraz.

Rosemount Estate Upper Hunter, McLaren Vale, Coonawarra; r w; (sch) ☆☆→☆☆☆ Der volle Roxburgh Chardonnay steht mit dem McLaren-Vale-Syrah Balmoral, dem Mudgee Mountain Blue Cabernet Sauvignon/Shiraz und dem Coonawarra-Cabernet-Sauvignon an der Spitze des Programms. Seit März 2001 mit Southcorp fusioniert; auch Verbindungen zu Mondavi (Kalifornien).

Neue Rebsorten melden Ansprüche an

Ein merkwürdiges Trio aus Riesling, Sauvignon blanc und Merlot rüttelt am Thron der etablierten Rebsorten Chardonnay, Cabernet Sauvignon und Shiraz. Das immer wieder prophezeite Riesling-Revival ist Wirklichkeit geworden, Merlot strömt in rauen Mengen und Sauvignon blanc erweist sich jeder Logik (und der Konkurrenz aus Marlborough) zum Trotz als neuer Marktfavorit.

Rosevears Estate N Tas; r w ☆☆ Anlage mit Kellerei und Restaurant in spektakulärer Lage am Tamar River. Chardonnay, Pinot noir und Cabernet Sauvignon/Merlot unter den Namen Rosevears und Notley Gorge.

Rothbury Estate Hunter Valley; r w ☆☆ Ist 1996 Beringer Blass in die Hände gefallen trotz erbitterten Widerstands des ursprünglichen Gründers Len Evans, der daraufhin das Gut verließ. Bis dahin langlebiger Semillon und Shiraz sowie voller, buttriger und früh trinkreifer Cowra Chardonnay. Alte Evans-Fans sollten unter Evans Family bzw. Tower Estate nachschlagen.

Rutherglen and Glenrowan Vic – Zwei von fünf Regionen im Nordosten von Victoria; eine Zone, die zu Recht berühmt ist für ihre schweren Rotweine und die herrlichen gespriteten Dessertweine.

Rymill Coonawarra ☆☆ Die Nachkommen von John Riddoch führen das gute Werk des Gründers von Coonawarra fort. Besonders beachtenswert: starker, dichter Shiraz und Cabernet Sauvignon.

St Hallett Barossa; r w ★★★ Old Block **86′ 88′ 90′ 91′ 92′ 93′ 94′** 95 **96′** 98′ 99 02′ – Verjüngter Weinbaubetrieb; über 60 Jahre alte Reben liefern den prachtvollen Old Block Shiraz. Das übrige Programm zeichnet sich durch milde, stilvolle Art aus. Im Besitz von Lion Nathan.

Saltram Barossa; r w ☆☆→☆☆☆ Mamre Brook (Shiraz, Cabernet Sauvignon, Chardonnay) und No. 1 Shiraz sind die Spitzenweine. Metala ist die angeschlossene Stonyfell-Marke für Cabernet Sauvignon/Shiraz vom Langhorne Creek. Eine Marke von Beringer Blass.

Sandalford Swan Valley; r w (br) ☆→☆☆ Schönes altes Weingut mit kontrastreichen Stilrichtungen reinsortiger Rot- und Weißweine vom Swan und Margaret River. Der erstaunlich langlebige süße Weiße heißt Sandalera.

Sauvignon blanc 2914 ha, 25 567 Tonnen – Meist nicht so ausgeprägt wie in Neuseeland, aber erstaunlich beliebt. Wird in vielerlei Stilen verarbeitet – von mild bis pikant.

Scotchman's Hill Geelong; r w ★★ Relativ neu im Geschäft. Stilvoller Pinot noir und guter Chardonnay in großen Mengen.

Semillon 6610 ha, 100785 Tonnen – Bis zur Einführung des Chardonnay war Semillon die Antwort des Hunter Valley auf den südaustralischen Riesling. Wird traditionell nicht in Eiche ausgebaut und ist außerordentlich langlebig; die kurze Affäre mit Eichenholzfässern ist vorüber.

Seppelt Barossa, Grampians, Padthaway usw.; r w br; (s); sch ☆☆☆ Shiraz **56′ 71′ 85′ 86′ 90 91′ 92 93′ 96′** 97′ 98′ 99′ 03′ – Allgegenwärtiger Erzeuger bedeutender Weine unter verschiedenen Namen, u. a. Great Western, und eines neuen Programms von Tafelweinen aus Victoria. Der Spitzenschaumwein heißt Salinger. Ebenfalls Teil von Southcorp.

Sevenhill Clare Valley; r w (br) ☆☆ Seit 1851 im Besitz der Jesuitical Manresa Society, beständig guter Wein; Shiraz und Riesling können überragend sein.

Seville Estate Yarra Valley; r w ☆☆☆ Shiraz **76′ 85′ 88 91′ 94 97′** 00′ 02′ 03 – Winziger Betrieb im Besitz einiger Brokenwood-Anteilseigner. Chardonnay, Shiraz, Pinot noir und Cabernet Sauvignon.

Shadowfax Vineyard Geelong; r w ☆☆ Stilvolle neue Kellerei, Teil des historischen Werribee Parks, auch Hotel. Guter Pinot noir.

Shantell Yarra Valley; r w ☆☆→☆☆☆ Unterschätzter Erzeuger mit 30 Jahre altem Weinberg: Semillon, Chardonnay, Pinot noir, Cabernet Sauvignon.

Shaw & Smith McLaren Vale; (r) w ☆☆☆ Gegründet von Martin Shaw und dem ersten australischen Master of Wine, Michael Hill-Smith. Frischer Sauvignon blanc, sehr guter Chardonnay ohne Eichenholzwürze, komplexer, fassvergorener Chardonnay Reserve und neuer Merlot.

Shiraz 37 031 ha, 326 866 Tonnen – Sehr flexibel, reicht im Stil von samtig/erdig im Hunter Valley über würzig, pfeffrig und Rhône-ähnlich in Central und Südvictoria bis brombeerartig rumsüß und üppig in Barossa und Umgebung (v. a. Penfolds Grange).

Sirromet Queensland Coast; r w ☆☆ Beeindruckender 75 000-Kisten-Erzeugerbetrieb mit 100 ha Rebland und einem Restaurant mit 200 Plätzen. Von den zahlreichen neuen Unternehmen dieser Art das größte.

Smith & Sons, S. (alias **Yalumba**) Barossa; r w br; (s); sch ☆☆→☆☆☆ Großes altes Familienunternehmen mit beträchtlichem Schwung. Volles Spektrum an hochwertigen Weinen (v. a. Hill-Smith Estate). Am besten sind Heggies und Yalumba Signature Reserve. Der preiswerte Schaumwein Angas Brut und der Chardonnay Oxford Landing sind heute Weltmarken.

South Burnett Jetzt das zweite Anbaugebiet in Queensland mit 11 Kellereien und einigen unmittelbar bevorstehenden Neugründungen; beispielhaft für die gesamte Südostecke des Staates.

Southcorp Der ehemalige Gigant des australischen Weinbaus, allerdings auf dem absteigenden Ast an der Börse. Besitzt Lindemans, Penfolds, Rosemount, Seppelt, Seaview und Wynns.

Southern NSW Zone NSW – Der südliche Bereich von New South Wales umfasst u. a. Canberra, Gundagai, Hilltops und Tumbarumba.

Stanton & Killeen Rutherglen; r br ☆☆☆ Enkel Chris Killeen hat einen modernen Geschmack und bereitet einen großartigen trockenen Rotwein, hervorragenden »Vintage Port« und Muscat.

Stonehaven Padthaway; r w ☆☆ Erste große (20 Mio. australische Dollar schwere) Kellerei in der Region Padthaway, erbaut von Hardys, die die gesamte Produktion der Limestone Coast verkeltert.

Empfehlenswerte neue Kellereien
Adelaide Hills **Setanta** Originelle Künstleretiketten.
Barossa Valley **Hann Wines** Makelloser Viognier und Merlot. **Mitolo Wines** Cleveres Marketing, geschickte Weinbereitung.
Canberra District **Brindabella Hills** Ein Wissenschaftler erzeugt Weine aus kühlen Gegenden.
Clare Valley **Kirrihill Estate** Rasch expandierende 7000-Tonnen-Kellerei. **Wilson Vineyard** Herausragender Riesling.
Coonawarra **Punters Corner** Pfiffiger Name, sehr gute Weine. **Ladbroke Grove** Neuer Besitzer, ausgezeichnete Ergebnisse.
Geelong **Curlewis** Toller Pinot noir. **Farr Rising** Nick, der Sohn Gary Farrs von Bannockburn, erzeugt Pinot noir und Chardonnay. **Jindalee Estate** Großer Ausstoß von sortenreinen Riverland-Weinen und die Qualitätsmarke Geelong Fettlers Rest.
Geographe **Hackersley** Teils Traubenanbauer, teils Erzeuger mit geschmeidigen, milden Weinen. **Willow Bridge** Neue 1200-Tonnen-Kellerei mit 70 ha Rebland.
Great Southern **Garlands** 3500 Kisten und riesige Qualitätsfortschritte. **West Cape Howe Wines** Bedeutender Erzeuger, der eigene und fremde Trauben zu einer kompletten Palette sortenreiner Weine verarbeitet.
Heathcote **Wild Duck Creek Estate** Viel gerühmter Erzeuger von Duck Muck u.a. **Red Edge** Geringe Mengen äußerst konzentrierter Rotweine.
Henty **Crawford River** Glasklarer Riesling. **Tarrington Estate** Göttlicher Pinot noir.
Hunter Valley **Pepper Tree Vineyards** Hier und in Coonawarra entstehen großartige Rotweine. **Scarborough** Ausgezeichneter reichhaltiger Semillon und Chardonnay.

Stonier Wines Mornington Peninsula; r w ★★★ Chardonnay **97 98 00′ 01′** 02 03 Pinot noir **97 99 00′** 02′ 03 – Beständig sehr guter Chardonnay und Pinot noir; hervorragend sind Reserve-Abfüllungen. Seit 1988 zu 70% im Besitz von Petaluma.

Swan Valley WA – Die Wiege des Weinbaus im Westen Australiens, nördlich von Perth. Sehr warmes Klima bringt starken Wein mit wenig Säure hervor.

Tahbilk Goulburn Valley; r w ☆☆→☆☆☆ Marsanne **79′ 89′ 92′ 95 98′ 99** 00′ 01 03 Shiraz **81 84′ 86′ 88 91′** 95′ 97 98 99′ 00 – Schöner historischer Familienbesitz mit lagerfähigen Rotweinen; außerdem Riesling und Marsanne. Cabernet Sauvignon Reserve ist vorzüglich und preiswert. Auch seltener Shiraz von 1860 gepflanzten Reben.

Taltarni Grampians/Avoca; r w; (sch) ☆☆ Eine neue Geschäftsführung und ein neues Kellerteam erzeugen raffiniertere Rotweine, v. a. Cepahs.

Tapanappa Neues Gemeinschaftsprojekt von Brian Croser, Bollinger und J.-M. Cazes aus Pauillac in Coonawarra. Im Auge behalten.

Tarrawarra Yarra Valley; r w ☆☆☆ Chardonnay **97 98′ 00′** 02′ Pinot noir **96 98 00′** 02′– Investitionen in mehrfacher Millionenhöhe; erzeugt eigenwilligen, teuren Chardonnay und robusten, langlebigen Pinot noir. Zweitetikett: Tin Cows.

Macedon **Bindi** Legendärer Pinot noir. **Curly Flat** Ehrgeiziger Erzeuger von gutem Chardonnay und Pinot noir.
McLaren Vale **Gemtree Vineyards** Verfügt über großartige Weinberge. **Tapestry** Hier zaubern die ehemaligen Besitzer von Chapel Hill. **Ulithorne** Herausragender Shiraz.
Margaret River **Carbunup Crest** Fantastischer, günstiger Shiraz. **Flying Fish Cove** Außergewöhnliche Rotweine für eigene und fremde Marken. **Cape Grace** Großartiger Shiraz und Cabernet Sauvignon. **Gralyn** 30-jährige Reben; Spitzenrotweine. **Higher Plane** Fanatische Liebe zum Detail. **Suckfizzle** Die streitlustige Kellermeisterin Janice McDonald hat nichts mit Gargantua gemein; sehr guter Sauvignon blanc und Semillon-Sauvignon-blanc-Verschnitt.
Mornington Peninsula **Eldridge Estate** Sehr guter Chardonnay, Pinot noir und Gamay. **Montalto** Erstklassiger Riesling, Chardonnay und Pinot noir. **Kooyong** Kellermeister Sandro Mosele hat etwas von einem Genie.
Perth Hills **Millbrook Winery** Der Newcomer ist technisch auf dem allerneusten Stand. **Western Range Wines** Fünf Winzer haben eine Kellerei; preiswerte Qualitätsweine.
Rutherglen **All Saints** Großartiger gespriteter »Tokay« und Muscat. **Warrabilla** Gewaltige Rotweine, v.a. Durif.
Tasmanien **Apsley Gorge, Domaine A., Elsewhere Vineyard, Meadowbank, Tamar Ridge, Wellington** Sämtlich erstklassige Erzeuger von Chardonnay, Pinot noir und/oder Riesling.
Yarra Valley **Giant Steps** Phil Sexton, der ehemalige Besitzer von Devil's Lair, fängt noch einmal von vorn an. **Shelmerdine Vineyards** Großes neues Unternehmen des Industriemagnaten Stephen Shelmerdine. **Toolangi Vineyards** Chardonnay und Pinot noir der Spitzenklasse.

Tasmanien Die Produktion steigerte sich 2003 zwar erneut, ist aber immer noch sehr klein. Großes Potenzial v.a. bei Chardonnay, Pinot noir und Riesling aus kühlen Klimazonen.

Tatachilla McLaren Vale; r w ☆☆→☆☆☆ Beachtliche Produktion von 250000 Kisten hübscher Weißer und sehr guter Roter. 2002 von Lion Nathan gekauft.

Taylors Wines Clare Valley; r w ☆☆→☆☆☆ Produktion von 250 000 Kisten stark verbesserter Riesling-, Shiraz- und Cabernet-Sauvignon-Weine unter dem Etikett St Andrews.

Ten Minutes by Tractor Mornington Peninsula; r w ☆☆ Ein amüsanter Name und raffinierte Verpackungen verbinden drei Familien, deren Weinberge voneinander nur ... erraten! Gleichermaßen guter Sauvignon blanc, Chardonnay und Pinot noir.

T'Gallant Mornington Peninsula; (r) w ☆☆ Die Firma mit dem eigenartigen Namen und den avantgardistischen Etiketten ist der Spitzenproduzent von australischem Pinot gris (grigio); außerdem duftiger Chardonnay ohne Holzaroma. Von Beringer Blass übernommen.

Torbreck Barossa; r (w) ☆☆→☆☆☆ Die stilvollste der in den USA beliebten Kultkellereien mit Schwerpunkt auf alten Rhône-Reben.

Tower Estate r w ☆☆☆→☆☆☆☆ Das neueste Unternehmen von Len Evans und seinen Partnern ist luxuriös ausgestattet. Zehn Weine von Traubengut aus den besten Gegenden Australiens. Eindrucksvoll.

Trentham Estate Murray Darling; (r) w ☆☆ Boutique-Kellerei in Familienbesitz am Ufer des Murray mit 55 000 Kisten Wein zu guten Preisen; auch ein gutes Restaurant.

Tulloch, Keith Hunter Valley; r w ☆☆☆ Der ehemalige Kellermeister von Rothbury produziert penibel bereitete, elegante und doch komplexe Weine von Semillon, Shiraz u. a.

Turkey Flat Barossa; r rs ☆☆☆ Legendärer Erzeuger von Rosé, Grenache und Shiraz aus 150 Jahre alten Weinbergen. Edelste Tröpfchen.

Tyrrell's Hunter Valley; r w ★★★ Semillon Vat 1 **77′ 86′ 87′ 93′ 94′ 95′ 96′** 98 99′ 00′ Chardonnay Vat 47 **73′ 79′ 92′ 95′ 97′ 98′** 99′ 00′ 01 **02** Shiraz Vats **75′ 79′ 81′ 87 91′** 92′ **94′ 96′** 97 98′ 99′ 00′ 02 – Erzeugt mit die allerbesten traditionellen Hunter-Weine, Shiraz und Semillon. Leistete mit seinem großen, vollmundigen Vat 47 – immer noch ein Klassiker – Pionierarbeit für Chardonnay. Auch Pinot noir.

Upper Hunter NSW – Besteht seit Anfang der 1960er-Jahre. Die bewässerte Rebfläche liefert hauptsächlich Weißwein, der leichter ist und sich schneller entwickelt als der aus dem Lower Hunter Valley.

Vasse, Felix Margaret River; r w ☆☆☆ Cabernet Sauvignon **89 91 94 95′ 96′** 97 99′ 00′ 01 02 – Neben Cullen ein Pionier am Margaret River. Eleganter, mittelschwerer Cabernet Sauvignon.

Verdelho Alte Weißweinsorte, die in einigen leichten, aromatischen Tropfen und in Verschnitten mit Chardonnay ein Comeback feiert. Probierenswert.

Virgin Hills Macedon Ranges; r ☆☆☆ **73′ 74′ 76′ 81′ 82 88 91′ 92′** 98′ 00′ 01′ – Rotweinverschnitt (Cabernet Sauvignon/Shiraz/Malbec) in sehr kleinen Mengen, aber legendär. Kommt durch ständige Besitzerwechsel nicht zur Ruhe.

Voyager Estate Margaret River; r w ☆☆☆ 30 000 Kisten reichhaltiger, kräftiger Weine aus eigenem Anbau: Semillon, Sauvignon blanc, Chardonnay und Cabernet Sauvignon/Merlot.

Weaver, Geoff Adelaide Hills; r w ★★★ 8-ha-Gut in Lenswood. Ausgesprochen feine Weine von Sauvignon blanc, Chardonnay, Riesling und Cabernet Sauvignon/Merlot. Sehr schön gestaltete Etiketten.

Wendouree Clare Valley; r ☆☆☆☆ **78 79 83** 86 89′ 90′ 91′ 92 93 94′ 96′ 98′ 99′ 01 (02′) – Hoch geschätzter Erzeuger der kraftvollsten, konzentriertesten Rotweine Australiens (in kleinen Mengen) auf der Basis von Shiraz, Cabernet Sauvignon, Mourvèdre und Malbec; immens langlebig.

Westfield Swan Valley; r w ★→★★ Die Cabernet-Sauvignon-, Chardonnay- und Verdelho-Weine von John Kosovich zeichnen sich trotz des heißen Klimas durch besondere Finesse aus. Er hat jedoch auch einen neuen Weingarten in der wesentlich kühleren Gegend um Pemberton angelegt.

Wirra Wirra McLaren Vale; r w; (s); (sch) ☆☆☆ Cabernet Sauvignon **86 90′ 91′ 92 95** 96′ 98′ 99 02′ – Hochwertige, schön präsentierte und sehr erfolgreiche Weine. Der vorzügliche Angelus Cabernet Sauvignon gehört zur Spitze, ebenso RSW Shiraz.

Wyndham Estate Mudgee; r w; (sch) ★→★★ Rührige große Hunter- und Mudgee-Gruppe mit Craigmoor, Hunter Estate, Montrose und Richmond Grove als Marken. Orlando Wyndham ist im Besitz von Pernod-Ricard.

Wynns Coonawarra; r w ☆☆☆ Shiraz **55′ 63 86′ 88′ 90′ 91′ 93 94′ 96′** 98′ 99 (02′) Cabernet Sauvignon **57′ 60′ 82′ 85′ 86′ 90′ 91′ 94′** 96′ 97 98′ 99′ 00 (02′) – Coonawarra-Klassiker im Besitz von Southcorp. Riesling, Chardonnay, Shiraz und Cabernet Sauvignon alle sehr gut, v. a. John Riddoch Cabernet Sauvignon und Michael Shiraz.

Yalumba Siehe Smith & Sons.

Yarra Burn Yarra Valley; r w; sch ☆☆→☆☆☆ Weinbaubetrieb mit Semillon, Sauvignon blanc, Chardonnay, Pinot-noir-Schaum- und Stillwein sowie Cabernet Sauvignon. 1995 von Hardys übernommen. Mit Chardonnay und Pinot noir unter dem Etikett Bastard Hill hält man die Fahne hoch.

Empfehlenswerte Schaumweinhersteller
Clover Hill, Croser, Greenpoint/Domaine Chandon, Hardy Arras, Jansz, Yarrabank

Yarra Ridge Yarra Valley; r w ☆☆→☆☆☆ Chardonnay, Cabernet Sauvignon, Sauvignon blanc und Pinot noir – alle mit Aroma und Finesse zu ansprechenden Preisen. Im Besitz von Beringer Blass.

Yarra Valley Großartiges historisches Weinbaugebiet bei Melbourne. Wachsende Erfolge mit Pinot noir und Schaumweinen.

Yarra Yarra Yarra Valley; r w ☆☆☆ Neuerdings von 2 auf 7 ha gewachsen; Schwerpunkt jetzt mehr auf feinem Semillon/Sauvignon blanc und Cabernet Sauvignon, jeweils im klassischen Bordeaux-Stil.

Yarra Yering Yarra Valley; r w ☆☆☆→☆☆☆☆ Dry Red **81′ 82′ 83 84 85 90′ 91′ 93′ 94′** 95 96′ 97′ 98 99′ 00′ 01 02′ – Die bekannteste der Lilydale-Boutique-Kellereien; v. a. rassiger, kraftvoller Pinot noir, tiefgründiger, kräuterwürziger Cabernet Sauvignon (Dry Red No. 1) und Shiraz (Dry Red No. 2). Üppige, gewagte Aromen in Rot- und Weißweinen. Auch gespritetes »Port«-Sortiment von den richtigen Trauben.

Yellowglen Bendigo/Ballarat; sch ☆☆ Ehrgeiziger Schaumweinerzeuger, im Besitz von Beringer Blass. In jüngster Zeit Qualitätsverbesserung mit Spitzenmarken wie Vintage Brut, Cuvée Victoria und Y.

Yeringberg Yarra Valley; r w ★★★ Marsanne **91′ 92 94′ 95 97** 98 00′ 02′ 03 Cabernet Sauvignon **76′ 80′ 81′ 84 86 88′ 90 91′ 92 93** 94′ 97′ 98 99 00′ 02 – Traumhaftes historisches Weingut, noch immer im Besitz der Gründerfamilie; Marsanne, Roussanne, Chardonnay, Pinot noir und Cabernet Sauvignon in kleinen Mengen und bester Qualität.

Yering Station/Yarrabank Yarra Valley; r w; sch ☆☆☆ Neuanpflanzung an der Stelle, wo sich bis in die 1980er-Jahre der erste Weinberg Victorias befand. Ein außergewöhnliches Gemeinschaftsunternehmen: Yering Station steht v. a. für Reserve-Weine von Chardonnay, Pinot noir und Shiraz, Yarrabank v. a. für die feinen Champagne Devaux Schaumweine.

Zema Estate Coonawarra; r ☆☆→☆☆☆ Eine der letzten Bastionen in Coonawarra, in denen der Rebschnitt noch von Hand erfolgt. Seidig-kräftige, entwaffnend freimütige Rotweine.

Neuseeland

Die dunklen Flächen bezeichnen die Weinbaugebiete

Die folgenden Abkürzungen werden im Text verwendet:

Marlb Marlborough
Martinb Martinborough

Seit Mitte der Achtzigerjahre hat sich Neuseeland vor allem mit Weißweinen von einer kaum für möglich gehaltenen Qualität profilieren können – Weine, die vor australischen und kalifornischen, ja selbst französischen Erzeugnissen sehr wohl bestehen können. 1982 belief sich der Export Neuseelands auf 12 000 Kisten, 2003 waren es über 3 Millionen. Die für den Weinbau genutzte Fläche beträgt heute gut 20 500 ha.

Rote Rebsorten sind zwar im Kommen, aber immer noch herrschen die weißen vor. Die häufigsten sind Chardonnay und Sauvignon blanc, die zusammen mehr als 50 % der Anbaufläche belegen. Pinot noir, Merlot und Cabernet Sauvignon sind inzwischen gut etabliert; Riesling, Semillon, Pinot gris (seit kurzem in Mode), Gewürztraminer, Cabernet franc, Malbec und Syrah erreichen recht respektable Werte.

Intensive Frucht und frische Säure sind die Kennzeichen der neuseeländischen Weine. Nirgendwo auf der Welt wächst so pikanter Sauvignon blanc wie in Marlborough. Chardonnay hat sich überall im Land durchgesetzt, Riesling wird schwerpunktmäßig auf der Südinsel angebaut. Marlborough hat auch durch exzellente Schaumweine seine Qualität unter Beweis gestellt. Rotweine im Bordeaux-Stil (immer häufiger auf Merlot- als auf Cabernet-Sauvignon-Basis) aus dem relativ warmen Klima der Hawkes' Bay und aus Auckland werden stetig besser, manche sind schon jetzt hervorragend. Pinot noir kann wunderbare Weine im kühleren Martinborough und auf der Südinsel hervorbringen.

Neuere Jahrgänge

2003 Frost zog den Jahrgang in Mitleidenschaft und bewirkte den bisher geringsten Ernteertrag Neuseelands. Der kühle Sommer ging in einen wärmeren Herbst über, mit Regen im April. Manche Weine zeigen unreife Aromen, andere bestechen durch Intensität. Sauvignon blanc aus Marlborough ist kräftig im Geschmack bei hohem Säuregehalt.

2002 Rekordernte, 50 % größer als der bisherige Rekord. Der Sommer war wolkenverhangen und nass, der Herbst dafür warm, sonnig und trocken. Überragender Chardonnay und unterschiedliche Rote von der Hawkes Bay; einige Sauvignon blanc aus Marlborough leiden unter mangelnder Intensität der Aromen.

2001 Ein sehr trockenes Jahr im Süden, regnerisch im Norden. Winzige Erträge an der Hawkes Bay und in Gisborne. In Marlborough geriet der Sauvignon blanc unterschiedlich, meist aber gut. Hervorragender Pinot noir.

2000 Kühler, feuchter Frühling und Sommer; Rettung brachte der schöne Spätsommer. Geringe Erträge. Aromatische, intensive Weiße mit Biss. Pinot noir besser als Cabernet Sauvignon.

1999 Dem vielversprechenden trockenen und sonnigen Sommer folgte auf der Nordinsel ein warmer, feuchter Herbst. Durchschnitt in Gisborne und Hawkes Bay, trockener und besser in Marlborough.

1998 Dürre in den meisten Teilen des Landes, daher säurearme, alkoholstarke Weine. Sauvignon blanc aus Marlborough mit dem Duft tropischer Früchte; konzentrierte Rote von der Hawkes Bay.

Akarua Central Otago ☆☆ Der große Weinberg in Bannockburn erbringt klassische, überbordend fruchtige Weine von Pinot noir sowie Pinot gris und Chardonnay mit Feuersteinnote.

Allan Scott Marlb ☆☆ Attraktiver Riesling, Chardonnay und Sauvignon blanc. Die Spitzenmarke heißt Prestige.

Ata Rangi Martinb ☆☆☆ Kleiner, aber höchst renommierter Weinbaubetrieb. Hervorragender Pinot noir (**99 00 01** 02) und reichhaltiger, konzentrierter Craighall Chardonnay. Zunehmend eindrucksvoller Verschnitt Célèbre (Cabernet Sauvignon/Merlot/Syrah).

Auckland r **99 00'** 02 w **00' 02** – Größte Stadt Neuseelands. Einige von Neuseelands Spitzenweinen auf Cabernet-Sauvignon-Basis stammen aus der Umgebung, z. B. aus Clevedon, Henderson, Huapei, Kumeu, Matakana oder von der Insel Waiheke.

Babich Auckland ★★→★★★ Mittelgroßer Familienbetrieb, gegründet 1916, wegen Qualität und preiswertem Angebot hoch angesehen. Weinberge in Auckland, an der Hawkes Bay und in Marlborough. Sehr feiner, lamgsam reifender Irongate Chardonnay (**00'** 01) sowie ein Einzellagenverschnitt aus Cabernet Sauvignon und Merlot.

Black Ridge Central Otago ☆→☆☆ Eines der südlichsten Weingüter der Welt. Bekannt für vollen, weichen Pinot noir, aber auch guten Chardonnay, Riesling und Gewürztraminer.

Brancott Vineyards ☆☆→☆☆☆ Von Montana für den US-Markt verwendeter Markenname.

Brookfield Hawkes Bay ☆☆ Einer der besten Weinbaubetriebe der Region: hervorragender Cabernet Sauvignon/Merlot, reichhaltiger Chardonnay, Pinot gris und Gewürztraminer.

Cable Bay Waiheke Island ☆☆ Neuer Betrieb von beachtlicher Größe, erster Jahrgang 2002. Waiheke Chardonnay mit Klasse und subtiler, fein strukturierter Marlborough Sauvignon blanc.

Cairnbrae Marlb ☆☆ Kürzlich von Sacred Hill übernommen. Qualitätsweine von Sauvignon blanc und Riesling.

Canterbury r **01′ 02** 03 w **01′ 02** 03 – Siebtgrößte Weinbauregion Neuseelands. Anbauflächen vorwiegend in Waipara im Norden sowie um die Stadt Christchurch. Lange, trockene Sommer begünstigen vor allem Pinot noir, Chardonnay und Riesling.

Canterbury House Waipara ☆→☆☆ Ansehnliche Kellerei in North Canterbury; amerikanischer Besitz. Am bekanntesten für frischen, pikanten Sauvignon blanc und honigsüßen edelfaulen Riesling.

Carrick Central Otago ☆☆ Aufstrebende Kellerei in Bannockburn mit feuersteinwürzigen, geschmacksintensiven Weißen (Pinot gris, Sauvignon blanc, Chardonnay) und vollem, samtigem Pinot noir.

Cellier Le Brun Marlb ☆☆ Kleiner Weinbaubetrieb mit sehr gutem Schaumwein in Flaschengärung, v. a. Jahrgangsweine (97) und Blanc de Blancs (97). Die Tafelweine der Marke Terrace Road waren bisher reizlos, sind aber mittlerweile gut.

Central Otago r **01 02′** w **01′ 02′** – Schnell expandierende kühle Bergregion im Süden der Südinsel. Riesling und Pinot gris sind vielversprechend; der ausgeprägt duftende, seidige Pinot noir zeigt sich bemerkenswert intensiv im Charakter.

Chard Farm Central Otago ☆☆ Frischer, schwungvoller Riesling, Pinot gris und Pinot noir.

Church Road Hawkes Bay ★★→★★★ Gehört zu Montana. Unter anderem voller, reifer Chardonnay und eleganter Merlot/Cabernet Sauvignon. Die Spitzenweine laufen unter dem Etikett Reserve, ein weiteres Vorzeigeobjekt ist der rote Tom im Bordeaux-Stil.

Clearview Hawkes Bay ☆☆→☆☆☆ Sehr kleiner Erzeuger von stämmigem, aromareichem Chardonnay Reserve. Bemerkenswert dunkler, voller Cabernet franc Reserve, Merlot Reserve und Cabernet-Verschnitt Old Olive Block.

Cloudy Bay Marlb ☆☆☆ Im Besitz der riesigen LVMH-Gruppe. Sehr gut die in großen Mengen produzierten Weine von Sauvignon blanc, Chardonna und Pinot noir. Schaumwein Pelorus ebenfalls eindrucksvoll. Ganz an der Spitze stehen Gewürztraminer, Riesling Spätlese und Te Koko (in Eiche ausgebauter Sauvignon blanc), allerdings in erheblich geringeren Quantitäten.

Collard Brothers Auckland ★★ Alteingesessener kleiner Familienbetrieb. Am erfolgreichsten mit Weißweinen, v. a. Chardonnay vom Rothesay Vineyard.

Coopers Creek Auckland ★★ Mittelgroßer Erzeuger mit exzellentem Chardonnay Reserve Swamp und gutem Sauvignon blanc aus Marlborough.

Corbans Auckland ★→★★★ Der 1902 gegründete Weinbaubetrieb wurde 2000 von Montana geschluckt. Die führenden Marken sind u. a. Corbans (absolute Spitzenweine mit der Bezeichnung Cottage Block, gefolgt von Private Bin), Huntaway Reserve, Stoneleigh (Marlborough), Longridge und Robard & Butler. Insgesamt rangiert das Angebot von ordentlich bis überragend.

Craggy Range Hawkes Bay ☆☆→☆☆☆ Neue Kellerei mit großen Rebflächen an der Hawkes Bay und in Martinborough. Tadelloser Sauvignon blanc und Chardonnay, komplexer, konzentrierter Merlot.

Crossroads Hawkes Bay ☆→☆☆ Kleine Kellerei mir gutem Sauvignon blanc und dem Spitzenwein Talisman: ein roter Verschnitt, dessen Bestandteile nicht genannt werden.

Delegat's Auckland ★★ Mittelgroßer Familienbetrieb; Besitz an der Hawkes Bay und in Marlborough. Reserve-Weine von Chardonnay, Merlot und Cabernet Sauvignon/Merlot bieten sehr gute Qualität zu einem günstigen Preis. Oyster Bay ist eine Marke für exzellenten, hocharomatischen Chardonnay und Sauvignon blanc aus Marlborough.

Deutz Auckland ★★★ Der Name und die technische Unterstützung für feine Schaumweine, die in Marlborough von Montana produziert werden, kommt vom Champagnerhaus. Der lebhafte, hefige Wein mit Feuersteinaroma wird ohne Jahrgangsangabe verkauft; der Jahrgangs-Blanc-de-Blancs ist voll und cremig.

Domaine Georges Michel Marlb ☆ Französisch geführte Kellerei in den Räumen der ehemaligen Merlen Winery. Sauvignon blanc von wechselnder Qualität und lebhafter, Chablis-ähnlicher Chardonnay mit Apfelaroma.

Eine Auswahl neuseeländischer Weine für 2005

Merlot Villa Maria Reserve 01, C. J. Pask Reserve 00, Esk Valley Reserve Melot/Cabernet Sauvignon/Malbec 00

Pinot noir Ata Rangi 02, Felton Road Block 3 02, Akarua 02, Wither Hills 02

Chardonnay Morton Estate Black Lable 00, Te Mata Elston 02, Millton Clos de Ste Anne 02

Sauvignon blanc Saint Clair Reserve 03, Cloudy Bay 03, Palliser Estate 03

Riesling Pegasus Bay Waipara 03, Allan Scott Marlborough 03, Seifried Winemaker's Collection Nelson 03, Babich Marlborough 02

Schaumwein Nautilus Cuvée Marlborough oJ, Lindauer Grandeur, Pelorus 99

Süßweine Alpha Domus Noble Selection Semillon 00, Forrest Botrytised Riesling 02, Pegasus Bay Aria Late Picked Riesling 02

Dry River Martinb ☆☆☆ Winziger Betrieb, der eine Reihe durchdringend aromatischer, langlebiger Weine erzeugt: Chardonnay, Riesling, Pinot gris (der feinste in Neuseeland), Gewürztraminer (ebenfalls Landesbester) und ein bemerkenswert kraftvoller Pinot noir (**99 00 01** 02).

Esk Valley Hawkes Bay ★★→★★★ Großes ehemaliges Familienunternehmen, jetzt im Besitz von Villa Maria. Einige von Neuseelands sinnlichsten Rotweinen auf Merlot-Basis (v. a. Reserve **98' 99 00'** 01 02), sehr guter trockener Merlot Rosé und Chenin blanc sowie zufriedenstellende Chardonnay- und Sauvignon-blanc-Weine.

Fairhall Downs Marlb ☆☆ Reichhaltige, vollfruchtige Weiße, erstaunlich kräftiger Pinot gris mit Pfirsich- und Gewürznoten sowie duftiger, reiner Sauvignon blanc mit intensivem Geschmack.

Felton Road Central Otago ☆☆☆ Starkellerei in der warmen Region Bannockburn. Pinot noir Block 3 und Riesling überragend; exzellenter Chardonnay, ordentlicher Pinot noir.

Firstland Waikato ☆☆ Kellerei in amerikanischem Besitz, ehemals De Redcliffe. Ein »Hotel du Vin« ist angegliedert. Gut die Weißweine aus Marlborough und der Chardonnay von der Hawkes Bay. Die Roten von der Hawkes Bay machen sich.

Forrest Marlb ☆☆ Mittelgroße Kellerei mit duftigem, reif-aromatischem Chardonnay, dazu Sauvignon blanc und Riesling sowie stilvoller Cabernet Sauvignon/Merlot/Malbec der Marke Cornerstone Vineyard von der Hawkes Bay.

Framingham Marlb ☆☆ Aromatische Weißweine, v. a. Riesling. Der klassische Riesling ist leicht süß, intensiv im Geschmack und schwungvoll, der trockene noch feiner. Außerdem voller, sehr trockener Sauvignon blanc.

Fromm Marlb ☆☆☆ Kleiner, von Schweizer Einwanderern gegründeter Betrieb, der sich auf sehr kräftige Rotweine spezialisiert hat. Beständig köstlicher Pinot noir, v. a. unter den Etiketten Fromm Vineyard und Clayvin Vineyard.

Gibbston Valley Central Otago ☆☆ Pionierkellerei mit beliebtem Restaurant. Aushängeschild ist der Pinot noir, v. a. der füllige, feste Reserve (**99′ 00 01 02′**); ferner rassige Weißweine von Chardonnay, Riesling, Pinot gris und Sauvignon blanc.

Giesen Estate Canterbury ☆ Guter Riesling mit leichter Honignote; der größte Teil der Produktion besteht aber aus Marlborough-Sauvignon-blanc von durchschnittlicher Qualität.

Gisborne r **00′** w **00 02′** – Neuseelands drittgrößte Region, deren besondere Stärke Chardonnay ist – im typischen Fall herrlich duftige, reife und in der Jugend weiche Weine. Ausgiebiger Regen und fruchtbare Böden eignen sich ideal für ertragreiche Sorten, v. a. Müller-Thurgau. Die Rotweine sind zumeist leicht, der Merlot verspricht mehr.

Goldwater Waiheke Island ☆☆☆ Der erste Cabernet Sauvignon/Merlot (**99′ 00′**) mit seiner Médoc-artigen Finesse, Konzentration und Struktur zählt noch immer zu den feinsten Neuseelands. Ebenfalls gut der lebhafte, zitrusfruchtige Chardonnay und der pikante Sauvignon blanc, beide in Marlborough angebaut.

Gravitas Marlborough ☆☆ Hochinteressante neue Firma mit beachtlichem Weinbergbesitz, die Martyn Nicholls gehört, einem in den USA ansässigen Neuseeländer. Der erste Jahrgang 2002 erbrachte außerordentlich reichhaltigen Sauvignon blanc und Chardonnay.

Greenhough Nelson ☆☆→☆☆☆ Einer der Spitzenerzeuger der Region. Zuverlässig tadelloser Riesling, Sauvignon blanc, Chardonnay und Pinot noir voller Geschmackstiefe. Spitzenmarke: Hope Vineyard.

Grove Mill Marlb ☆☆→☆☆☆ Attraktive Weißweine, darunter der schwungvolle Marlborough Chardonnay, exzellenter Riesling, Sauvignon blanc und leicht süßlicher Pinot gris. Gute Tropfen der unteren Preisklasse tragen das Etikett Sanctuary.

Hawkes Bay r **98′ 99′ 00′** 01 02′ w **00′ 02′** – Die zweitgrößte Region Neuseelands mit langer Weinbautradition; sonniges Klima, kiesige und schwerere Böden. In guten Jahren entstehen hier volle, reiche Rotweine, entweder von Cabernet Sauvignon oder auf Merlot-Basis; Syrah könnte sich sogar zum Star entwickeln. Auch kraftvoller Chardonnay und abgerundeter Sauvignon blanc.

Highfield Marlb ☆☆ Hochwertiger Riesling, Chardonnay, Sauvignon blanc und Pinot noir, dazu hefiger Schaumwein Elstree mit durchdringendem Feuersteinaroma. In japanischem Besitz.
Huia Marlb ☆☆ Vollmundige, subtile Weine mit gutem Alterungspotenzial, z. B. der schmackhafte, runde Chardonnay und der duftende, würzige Gewürztraminer.
Hunter's Marlb ★★→★★★ Einer der großen Namen der Region, produziert intensiven, makellosen Sauvignon blanc. Der Chardonnay ist delikat und fein. Exzellenter Riesling- und Gewürztraminer-Schaumwein, leichter, eleganter Pinot noir.
Isabel Estate Marlb ☆☆☆ Kleines Familiengut; kalkiger Tonboden. Überragender Pinot noir, Sauvignon blanc und Chardonnay, alle mit beeindruckender Tiefe und Raffinesse.
Jackson Estate Marlb ☆☆→☆☆☆ Reichhaltiger Sauvignon blanc, guter Chardonnay (v. a. der gewichtige Reserve) und attraktiver trockener Riesling.
Kaituna Valley Canterbury ☆☆→☆☆☆ Kleiner Erzeuger mit Weingärten nahe Christchurch und in Marlborough. Dicht im Geschmack die beständig kraftvollen, mehrfach preisgekrönten Pinot-noir-Weine.
Kemblefield Hawkes Bay ☆→☆☆ Große Kellerei in US-Besitz. Solide Rotweine, in Eiche ausgebauter Sauvignon blanc mit Kräuternote und weicher, pfeffriger Gewürztraminer sowie voller, saftiger Chardonnay.
Kim Crawford Hawkes Bay ☆☆ 1996 von einem ehemaligen Kellermeisters von Coopers Creek gegründet und 2003 an die kanadische Vincor-Gruppe verkauft. Die Vielzahl von Marken umfasst auch reichhaltigen, eichenholzwürzigen Chardonnay aus Gisborne, festen Chardonnay ohne Holznote und vollmundigen Sauvignon blanc aus Marlborough sowie lebhaften, süffigen Cabernet franc von der Hawkes Bay.
Kumeu River Auckland ☆☆→☆☆☆ Hier werden ausschließlich Trauben aus Auckland verarbeitet. Berühmt für den sehr vollen, körperreichen Kumeu Chardonnay (**02'**); der Einzellagen-Chardonnay Mate's Vineyard ist noch üppiger. Die anderen Weine sind ordentlich, u. a. frischer, reiner Pinot gris und schmackhafter, eichenholzwürziger Pinot noir. Zweitetikett: Kumeu River Village.
Lake Chalice Marlb ☆☆ Kleiner Erzeuger mit fettem, cremigem, weich gefügtem Chardonnay und kraftvollen Cabernet-Sauvignon- sowie Merlot-Weinen. Guter Riesling und Sauvignon blanc. Spitzenetikett: Platinum.
Lawson's Dry Hills Marlb ☆☆→☆☆☆ Hier werden schwere Weine mit reichen, intensiven Aromen produziert. Bemerkenswert vor allem der Sauvignon blanc und der Gewürztraminer, gut der Pinot gris und der Riesling.
Lincoln Auckland ☆ Alteingesessener Familienbetrieb. Saubere, preiswerte sortenreine Weine; v. a. der buttrige Chardonnay aus Gisborne (Spitzenetikett ist Reserve).
Lindauer Siehe Montana.
Linden Hawkes Bay ☆→☆☆ Ziemlich kleiner Erzeuger von weichem, buttrigem Chardonnay, reifem, kräuterwürzigem Sauvignon blanc sowie sanftem beerenfruchtigem Merlot und Cabernet Sauvignon.
Longridge Ehemals Marke von Corbans, gehört jetzt Montana. Verlässliche, preisgünstige Weine, die in der Regel, aber nicht ausschließlich von der Hawkes Bay stammen, u. a. zitrusfruchtiger Chardonnay mit leichter Eichenholznote.

Margrain Martinb ☆☆ Kleine Kellerei mit festem, konzentriertem Chardonnay, Riesling, Pinot gris, Merlot und Pinot noir. Alle Weine profitieren von ein paar Jahren Flaschenlagerung.

Marlborough r **00 01' 02** w **01' 03** – Das größte Weinbaugebiet Neuseelands mit 50 % der gesamten Rebfläche. Warme Tage und kühle Nächte führen zu lebhaften Weißweinen mit intensivem Aroma. Außergewöhnlich intensiver Sauvignon blanc, dessen Geschmacksnoten von scharfer, grüner Paprika bis zu reifen Tropenfrüchten variieren können. Limonenfrischer Riesling, außerordentlich vielversprechender Pinot gris und Gewürztraminer sowie Schaumweine von hoher Güte. Der fruchtige Pinot noir ist im Idealfall reichhaltig und komplex.

Martinborough r **01** 03 w **01 02** 03 – Kleines Gebiet mit Spitzen-qualität im Süden Wairarapas (Nordinsel). Im Sommer warm, im Herbst trocken; kieshaltige Böden. Erfolg mit weißen Trauben (Chardonnay, Sauvignon blanc, Riesling, Gewürztraminer, Pinot gris); berühmt wurde das Gebiet jedoch durch seinen robusten, reichhaltigen Pinot noir.

Martinborough Vineyard Martinb ☆☆☆ Bemerkenswerte kleine Kellerei, deren Pinot noir (**00 01**) zu den Spitzenweinen Neuseelands zählt; außerdem voller, biskuitartiger Chardonnay. Auch eindringlicher Riesling.

Matakana Estate Auckland ☆→☆☆ Der größte Erzeuger im Bereich Matakana. Seit 1998 mittelprächtiger bis guter Chardonnay, Pinot gris, Semillon, Syrah und Merlot/Cabernet-Sauvignon. Unter dem Etikett Goldridge wird Massenwein verkauft.

Matariki Hawkes Bay ☆☆→☆☆☆ Stilvolle, konzentrierte Weiß- und Rotweine von den ausgedehnten Weinbergen im steinigen Gimblett Road. Voll und reif der Sauvignon blanc mit Eichennote, würzig und robust der Rotweinverschnitt Quintology.

Matawhero Gisborne ☆→☆☆ Ehemals Spezialist für Neuseelands beste Gewürztraminer. Neuerdings mit größerem Sortiment von wechselnder, aber meist guter Qualität, u. a. Chardonnay, Sauvignon blanc, Cabernet Sauvignon/Merlot.

Matua Valley Auckland ★★→★★★ Sehr renommierter, mittelgroßer Weinbaubetrieb mit Anbauflächen in vier Regionen, im Besitz von Beringer Blass. Erzeugt exzellenten, eichenholzwürzigen Matheson Sauvignon blanc. Spitzenweine unter der Marke Ararimu sind u. a. ein fetter, schmackhafter Chardonnay und ein dunkler, reicher Merlot/Cabernet Sauvignon. Viele attraktive Weine zu guten Preisen aus Gisborne (v. a. der Chardonnay Judd), von der Hawkes Bay und aus Marlborough, Letztere werden unter dem Etikett Shingle Peak vertrieben.

Mills Reef Bay of Plenty ☆☆→☆☆☆ Die Familie Preston erzeugt eindrucksvolle Weine aus Trauben von der Hawkes Bay. Das Spitzensortiment Elspeth umfasst saftigen, fassgereiften Chardonnay und dichte, reichhaltige Rotweine im Bordeaux-Stil. Die Reserve-Weine der mittleren Preislage sind ebenfalls beeindruckend.

Millton Gisborne ☆☆→☆☆☆ Der kleine Spitzenerzeuger in Gisborne produziert meist ökologisch. Bestes Produkt ist der liebliche Riesling Opou Vineyard. Weicher, saftiger Chardonnay Opou Vineyard und kräftiger, komplexer, trockener Chenin blanc.

Mission Hawkes Bay ★→★★ Ältester Weinbaubetrieb Neuseelands, 1851 von französischen Missionaren gegründet und noch immer unter der Leitung der Catholic Society of Mary. Ordentliche sortenreine Weine; der süßliche Riesling mit intensivem Duft ist besonders preiswert. Die

Reserve-Serie umfasst u. a. ausgezeichnete Rote im Bordeaux-Stil, Semillon, Riesling und (besonders feinen) Chardonnay.

Montana Auckland ★→★★★ Neuseelands Weingigant; seit der Übernahme von Corbans im Jahr 2000 über 50 % Marktanteil. Kellereien in Auckland, Gisborne und Marlborough sowie an der Hawkes Bay (siehe Church Road). Ausgedehnte Anbauflächen in Gemeinschaftsbesitz. Berühmt für Weißweine aus Marlborough, u. a. außerordentlich preiswerter Sauvignon blanc, Riesling und Chardonnay (besonders gut: die Reserve-Reihe). Stark bei Schaumweinen, u. a. Deutz sowie der stilvolle, feine und preiswerte Lindauer. Elegante Rotweine der Marke Church Road von der Hawkes Bay und hochwertiger Chardonnay. 2001 von der britischen Firma Allied-Domecq gekauft.

Morton Estate Bay of Plenty ★★ Angesehener, mittelgroßer Hersteller mit Anbauflächen an der Hawkes Bay und in Marlborough. Der edle, reichhaltige Black Label Chardonnay zählt zu den besten Neuseelands (**00'**), aber der Mittelklasse-Chardonnay White Label ist ebenfalls sehr gut. Mit dem herrlichen Coniglio Chardonnay erzeugt das Morton Estate den teuersten Wein der Doppelinsel.

Mount Difficulty Central Otago ☆☆ Qualitätserzeuger in dem relativ heißen Bannockburn-Gebiet. Kraftvoller, fester, toastwürziger Chardonnay, Riesling mit Feuersteinnote und raffinierter, eindringlicher Pinot noir.

Mount Riley Marlb ★→★★ Schnell wachsende Firma mit ausgedehntem Weinbergbesitz und neuer Kellerei. Wundervoll ausgewogener, ansprechender Chardonnay, pikanter Riesling, schwungvoller Sauvignon blanc und dunkler, voller Cabernet Sauvignon/Merlot. Alle preiswert.

Muddy Water Waipara ☆☆ Kleiner Erzeuger (seit 1996) auf hohem Niveau mit wunderbar intensivem, ausgewogenem Riesling, feinem, mineralischem Chardonnay und schmackhaftem, subtilem Pinot noir.

Nautilus Marlb ☆☆ Kleine Händlergruppe in Neuseeland im Besitz von S. Smith & Son (Eigentümer von Yalumba) aus Australien. Spitzengewächse sind u. a. der Sauvignon blanc und ein duftig hefiger, weicher Schaumwein. Weitere Weine unter dem Etikett Twin Islands.

Nelson r **01 02'** w **01' 02'** – Kleine Region westlich von Marlborough mit ähnlichem, aber etwas feuchterem Klima. Anbauflächen auf Lehmböden in den Upper-Moutere-Hügeln und der schlammigen Waimea-Ebene. Die Stärke liegt bei Weißweinen, v. a. Riesling, Sauvignon blanc und Chardonnay. Bester Rotwein: Pinot noir.

Neudorf Nelson ☆☆☆ Eine von Neuseelands Boutique-Kellereien mit Spitzenstatus. Neben dem stämmigen, cremig-vollen Chardonnay (**00 01 02'**), einem der großartigsten des Landes, gibt es hervorragenden Pinot noir, Sauvignon blanc und Riesling.

Ngatarawa Hawkes Bay ☆☆→☆☆☆ Mittelgroße Kellerei. Spitzensortiment Alwyn Reserve, u. a. mit kräftigem Chardonnay und Cabernet Sauvignon/Merlot. Der im mittleren Bereich rangierende Glazebroock ist ebenfalls ausgezeichnet.

Nga Waka Martinb ☆☆ Erzeuger von trockenen, stahligen Weißweinen hoher Qualität: überragender Sauvignon blanc, Riesling mit durchdringendem Aroma, kräftiger, saftiger Chardonnay.

Nobilo Auckland ★→★★ Die zweitgrößte Kellerei Neuseelands; erwarb 1998 Selaks und ist jetzt im Besitz von BRL Hardy. Der Sauvignon blanc aus Marlborough ist gut, hat aber seinen Preis. Spitzenmarke für sortenreine Weine: Icon. Sehr gut der Drylands Sauvignon blanc. In der unteren Preisklasse findet man die Etiketten Fernleaf und Fall Harvest.

Okahu Estate Northland ☆→☆☆ Neuseelands nördlichste Kellerei in Kaitaia. Feuchtwarmes Klima. Die fülligen Rotweine verfügen über ein warmes, reifes Aroma. Schmackhafter, komplexer Clifton Chardonnay Reserve, der aus Trauben verschiedener Regionen bereitet wird.
Omaka Springs Marlb ☆→☆☆ Kleiner Erzeuger mit schwungvollem, kräuterwürzigem Sauvignon blanc, solidem Riesling, Chardonnay und Merlot. Eindrucksvollere Reserve-Weine: Chardonnay und Pinot noir.
Oyster Bay Siehe Delegat's.

Die besten Pinot-noir-Weine aus Neuseeland
Pinot noir ist der neue Schlager von den Inseln im Südpazifik: verführerisch duftende, süffige, volle sortenreine Weine aus Martinborough, aber auch etlichen Gegenden der Südinsel, vor allem Central Otago und (seit kurzem) Marlborough. Bisher wurden nur geringe Mengen erzeugt, die Produktion wächst aber schnell an. Die Besten sind von verblüffender Qualität. Spitzenetiketten: Ata Rangi, Martinborough Vineyard, Dry River, Palliser (alle Martinborough), Fromm, Isabel, Seresin, Villa Maria Reserve, Wither Hills (Marlborough); Kaituna Valley (Marlborough und Canterbury); Neudorf und Greenhough Hope Vineyard (Nelson); Mountford, Pegasus Bay (Canterbury); Felton Road, Gibbston Valley Reserve, Peregrine und Quartz Reef (Central Otago).

Palliser Estate Martinb ☆☆→☆☆☆ Eine der größten und besten Kellereien der Gegend; überragender Sauvignon blanc mit dem Aroma von tropischen Früchten, exzellenter Chardonnay, Riesling und Pinot noir. Spitzenweine werden unter dem Etikett Palliser Estate verkauft, die anderen sind unter der Bezeichnung Pencarrow erhältlich.
Pask, C. J. Hawkes Bay ☆☆→☆☆☆ Mittelgroße Kellerei mit ausgedehnten Rebflächen. Guter, manchmal exzellenter Chardonnay (v. a. Reserve). Die Rotweine von Cabernet Sauvignon und auf Merlot-Basis werden rasch besser; als Reserve können sie reichhaltig und komplex sein.
Pegasus Bay Waipara ☆☆→☆☆☆ Kleines, edles Sortiment von bemerkenswert straffem Chardonnay aus kühleren Breiten, saftigem, komplexem Sauvignon blanc/Semillon mit Eichennote sowie schwungvollem, hocharomatischem Riesling. Die Rotweine auf Cabernet-Sauvignon-Basis zählen zu den feinsten der Region und der Pinot noir ist üppig und seidig.
Peregrine Central Otago ☆☆ Angehender Spitzenerzeuger mit stahligem, prägnantem Riesling, vollem, reichhaltigem Pinot gris und Gewürztraminer sowie vornehmem Pinot noir mit gutem Preis-Leistungs-Verhältnis.
Providence Auckland ☆☆☆ Seltener Rotwein auf Merlot-Basis aus dem Bereich Matakana: duftig, üppig, seidig und sehr teuer.
Quartz Reef Central Otago ☆☆ Qualitätsbewusster Erzeuger mit gewichtigem, feuersteinwürzigem Pinot gris, stattlichem, festem Pinot noir von großer Geschmacksfülle sowie dem hefigen, einem Champagner ähnelnden Schaumwein Chauvet mit langem Abgang.
Rippon Vineyard Central Otago ☆→☆☆ Verblüffender Weingarten, von dem feiner, äußerst duftiger, vollfruchtiger Pinot noir stammt. Außerdem Weißweine, die sich langsam entwickeln, u. a. stahliger Riesling mit Apfelaroma.
Robard & Butler Ehemals Marke von Corbans, gehört jetzt zu Montana. Sortenreine Weine der unteren Preisklasse, oft sehr günstig.
Sacred Hill Hawkes Bay ★★ Produziert unter der Marke Whitecliff saubere sortenreine Weine und gute, eichenfassgereifte Sauvignon blanc Re-

serve unter den Namen Barrel Fermented und Sauvage. Guter Basket Press Merlot und fassvergorener Chardonnay. Ein sehr vornehmer Wein ist der kraftvolle, cremige Rifleman's Reserve Chardonnay.

Saint Clair Marlb ☆☆→☆☆☆ Schnell wachsender, exportorientierter Erzeuger mit beträchtlichen Anbauflächen, sehr erfolgreich im Einheimsen von Preisen. Duftiger, voller Riesling und Sauvignon blanc, unkomplizierter Chardonnay sowie pflaumiger Merlot, der jung getrunken werden sollte. Reichhaltig und konzentriert die Reserve-Weine von Sauvignon blanc und Chardonnay sowie Merlot.

St Helena Canterbury ☆ Die älteste Kellerei der Region, 1978 in der Nähe von Christchurch gegründet. Leichter, geschmeidiger Pinot noir (der Reserve ist kräftiger). Der Chardonnay ist etwas ungleichmäßig, in besseren Jahren aber gut. Ein guter Kauf ist der günstige, erdige, saftige Pinot blanc.

Seifried Estate Nelson ☆☆ Die einzige mittelgroße Kellerei der Region, gegründet von einem Australier. Bekannt für preisgünstigen Riesling und Gewürztraminer, produziert sie jetzt auch preiswerten, oft exzellenten Sauvignon blanc und Chardonnay. Auch leichte Rotweine. Die besten Weine gibt es unter dem Namen Winemaker's Collection.

Selaks ★→★★ Mittelgroßer Familienbetrieb; 1998 von Nobilo gekauft. Seine Stärken sind Sauvignon blanc und Chardonnay, die Roten fallen dagegen recht einfach aus.

Seresin Marlb ☆☆→☆☆☆ Neugründung des im Ausland lebenden neuseeländischen Filmproduzenten Michael Seresin. Der erste Jahrgang war 1996. Stilvoller, makelloser Sauvignon blanc und Chardonnay (v. a. Reserve), Pinot gris, Pinot noir, Riesling und Noble Riesling.

Die besten Sauvignon-blanc-Weine aus Neuseeland

In Marlborough produziert man unnachahmlich beschwingten Sauvignon blanc mit enormer Geschmacksfülle, der am besten jung, zwischen sechs und 18 Monaten, getrunken wird. Weine von der Hawkes Bay sind kräftiger, kräuterwürziger und abgerundeter, weniger schwungvoll, dafür aber besser zur Fassreifung geeignet. Zu den Klassikern zählen Montana Brancott Estate, Cloudy Bay, Goldwater, Grove Mill, Hunter's, Isabel, Lawson's Dry Hills, Palliser, Vavasour, Villa Maria Reserve, Saint Clair Wairau Reserve, Seresin, Wither Hills und Whitehaven.

Sherwood Canterbury ☆→☆☆ Säurereicher, strenger Riesling und Chardonnay sowie zwei Pinot-noir-Varianten; vor allem der Reserve ist vorbildlich: bemerkenswert frisch mit Pflaumen- und Beerennoten. Außerdem ein markanter Reserve Chardonnay mit Anklängen an Pfirsich und Nüsse.

Shingle Peak Siehe Matua Valley.

Sileni Hawkes Bay ☆☆ Große neue Kellerei (seit 1998) mit ausgedehnten Weinbergen und erstklassigen Weinen von Merlot/Cabernet Sauvignon, Chardonnay und Semillon. Die meisten Spitzenweine tragen das Etikett Estate Selection, dann folgt Cellar Selection.

Soljans Auckland ☆ Alteingesessene kleine Familienkellerei; erzeugt guten, geschmeidigen Pinotage.

Spy Valley Marlb ☆☆ Schnell wachsende Firma mit großen Rebflächen; erster Jahrgang 2000. Riesling, Gewürztraminer und Pinot gris sind besonders zu empfehlen.

Stonecroft Hawkes Bay ☆☆→☆☆☆ Kleine Kellerei, am bekanntesten der dunkle, konzentrierte Shiraz, der eher an die Rhône als an Neuseeland erinnert. Auch exzellenter Cabernet Sauvignon/Syrah/Merlot-Verschnitt (Ruhanui), Chardonnay, Gewürztraminer.
Stoneleigh Ehemals Marke von Corbans, gehört jetzt zu Montana. Eindrucksvoll die Weißen aus Marlborough und der Pinot noir, v. a. Rapaura Reserve.
Stonyridge Waiheke Island ☆☆☆☆ Boutique-Kellerei, berühmt für ihren hervorragenden roten Larose im Bordeaux-Stil (**94 96 97** 99 00), ein dunkler, bukettreicher und herrlich konzentrierter Wein, der ohne weiteres ein Jahrzehnt reifen kann. Das Zweitetikett heißt Airfield.
Te Awa Farm Hawkes Bay ☆☆ Seit 2002 in amerikanischem Besitz befindliche Kellerei mit großen eigenen Anbauflächen. Erstklassig der Frontier Chardonnay und der Boundary (Verschnitt auf Merlot-Basis), gut die Weine der Marke Longlands (größere Mengen).
Te Kairanga Martinb ☆☆ Eine der größeren Kellereien in diesem Gebiet. Es gibt vollen Chardonnay mit Feuersteinaroma (der Reserve ist reichhaltiger) und geschmeidigen Pinot noir mit ansprechendem Duft (der Reserve ist kräftiger und komplexer).
Te Mata Hawkes Bay ☆☆☆→☆☆☆☆ Renommierter Erzeuger mit beständig feinem, kraftvollem Chardonnay Elston, sehr gutem, eichenfassgereiftem Sauvignon blanc Cape Crest und dem außerordentlich stilvollen Cabernet Sauvignon/Merlot Coleraine (**95'** 98' 00'). Ebenfalls sehr gut ist der Cabernet Sauvignon/Merlot unter der Zweitmarke Awatea mit geringerem Anteil neuer Eiche.
Te Motu Waiheke Island ☆☆ Spitzenwein von Rebflächen der Familien Dunleavy und Buffalora auf Waiheke Island. Dunkler, konzentrierter, brombeerfruchtiger Rotwein von sehr guter Qualität, erster Jahrgang 1993. Dunleavy Cabernet Sauvignon/Merlot ist die Zweitmarke.
Thornbury ☆☆ Weinberge an der Hawkes Bay und in Marlborough; am bekanntesten für gewichtigen, reichhaltigen Marlborough-Sauvignon-blanc mit einem Bukett von tropischen Früchten.
Torlesse Waipara ★→★★ Kleiner Erzeuger in Canterbury mit gutem Preis-Leistungs-Verhältnis. Gewichtiger, konzentrierter Sauvignon blanc, frischer Riesling mit Feuersteinnote und fester, toastwürziger Chardonnay mit Anklängen an Zitrusfrüchte.
Trinity Hill Hawkes Bay ☆☆ Teilweise in Besitz von John Hancock (ehemals Morton Estate). Seit 1996 feste, konzentrierte Rotweine sowie eleganter Chardonnay.
Unison Hawkes Bay ☆☆→☆☆☆ Rotweinspezialist mit dunklen, würzigen, überaus vollmundigen Verschnitten auf der Basis von Merlot, Cabernet Sauvignon und Syrah. Die eichenholzwürzigen Selection-Weine halten am längsten.
Vavasour Marlb ☆☆ Kellerei im Awatere Valley, die makellosen Chardonnay und Sauvignon blanc mit intensivem Aroma erzeugt. Außerdem äußerst vielversprechender Pinot noir. Dashwood ist die Zweitmarke.
Vidal Hawkes Bay ★★→★★★ Der Betrieb wurde 1905 von einem Spanier gegründet und gehört heute zum Villa-Maria-Imperium. Das Reserve-Sortiment (Chardonnay, Cabernet Sauvignon/Merlot) hat einen gleichmäßig hohen Qualitätsstandard. Andere sortenreine Weine sind ebenfalls gut.
Villa Maria Auckland ★★→★★★ Eine der drei größten Weinfirmen Neuseelands, der auch Vidal und Esk Valley gehören. Im Besitz von

George Fistonich. Die Spitzenweine laufen unter der Bezeichnung Reserve (Noble Riesling ist der mit den meisten Preisen ausgezeichnete süße Weißwein Neuseelands). Zur Mittelklasse gehört Cellar Sel, mit weniger Eichenholzeinfluss, und auch die Weine der dritten Marke Private Bin können exzellent und äußerst preisgünstig sein (v. a. Riesling, Sauvignon blanc und Gewürztraminer). Schneidet bei vergleichenden Verkostungen immer hervorragend ab.

Waipara Springs Canterbury ☆☆ Kleiner Erzeuger im Norden Canterburys mit lebendigem Riesling, Sauvignon blanc und Chardonnay aus kühlen Gebieten; auch konzentrierter Pinot noir Reserve.

Waipara West Canterbury ☆☆ Miteigentümer ist der aus Neuseeland stammende Weinhändler Paul Tutton mit Sitz in London. Fein duftender, lebhafter Riesling, frisch-säuerlicher, kräuterwürziger Sauvignon blanc, fester Chardonnay mit Zitrusaroma und zunehmend reifer, gehaltvoller Pinot noir.

Wairarapa Neuseelands fünftgrößte Weinregion. Siehe Martinborough.

Wairau River Marlb ☆☆ Eindringlicher Sauvignon blanc und toastwürziger Chardonnay mit Feuersteinnote.

Wellington Hauptstadt und offizieller Name der Region, zu der auch Wairarapa, Te Horo und Martinborough gehören.

West Brook Auckland ★★ Alteingesessener, unterbewerteter Erzeuger von hocharomatischem Chardonnay, Sauvignon blanc und Riesling. Spitzenweine unter dem Label Blue Ridge.

Whitehaven Marlb ★★ Betrieb mit exzellenten Weinen: rassiger Riesling, duftiger, feiner, lebendiger Sauvignon blanc und aromatischer, süffiger Chardonnay.

Wither Hills Marlb ☆☆☆ Von Brent Marris, dem ehemaligen Kellermeister von Delegat's, angelegter Weinberg, 2002 von Lion Nathan gekauft. Außergewöhnlicher Chardonnay und Sauvignon blanc sowie ernst zu nehmender, konzentrierter, würziger Pinot noir.

Südafrika

Es gibt einen Grund dafür, dass sich Südafrika inzwischen in den Reigen der Spitzenerzeuger der Neuen Welt einreihen kann. In den letzten zwei oder drei Jahren war ein spürbarer Sprung in der Qualitätsentwicklung zu verzeichnen. Die führenden Rotweine präsentieren sich stimmiger, ihre Tannine reifer und runder. Auch die Weißen sind (zumindest am oberen Ende der Leiter und vor allem beim Sauvignon blanc) frischer, wirken weniger hingeschludert – obwohl die meisten, einschließlich Chardonnay, jung getrunken am besten sind. Generell sollten Sie am Kap jungen Weinen den Vorzug geben. Selbst seriöse Rote zeigen ihre wahren Qualitäten meist deutlich vor ihrem zehnten Geburtstag, und bei den Scharen von neuen Erzeugern, die jedes Jahr wie Pilze aus dem Boden schießen, wird das nicht anders sein.

Zum Teil ist dies alles der Lohn für ein Jahrzehnt kontinuierlicher Verbesserungen in den Weinbergen. Fast noch entscheidender aber dürfte sein, dass in den Jahren seit dem Ende des Apartheid-Regimes eine Menge von neuen – einheimischen wie ausländischen – Investoren im Verein mit einer jungen Generation die Kontrolle über den Weinmarkt am Kap einem engstirnigen, chauvinistischen Establishment entwunden hat, das zu oft Tradition mit Qualität verwechselte und das durch das jahrelange Abgeschnittensein vom Weltmarkt und durch die Bequemlichkeit, die Subventionen, Festpreise und garantierte Produktionsquoten boten, träge bis zur Bewegungsunfähigkeit geworden war.

Südafrika war und ist der achtgrößte Weinerzeuger weltweit; allerdings war 95 % davon Massenware. Das ist anders geworden. Jetzt gibt es jene Art von intensiver Konkurrenz im Innern, die auch schon in Kalifornien und Australien den Fortschritt angeschoben hat. Durch moderne Laubpflege und Viruskontrolle im Weinberg haben sich Qualität und Auslese des Rebguts über alle Erwartung hinaus verbessert. Der Export hat sich seit 1994 verzehnfacht (und stieg 2002 allein in Großbritannien um 30 %). Die Debatte um Stilfragen – wie überall hat sich auch am Kap die Weinsprache entwickelt – dreht sich momentan darum, wie mehr Eleganz statt Großspurigkeit zu erreichen sei. Es gibt ernsthafte Versuche, den Kap-Shiraz (bzw. Syrah) weniger dick, mehr auf europäische Art zu bereiten. Die Winzer legen verstärkt Wert darauf, mehr von der Traube (statt z. B. von Eiche) in die Flasche zu bringen, sie arbeiten daran, ihre Rebsortenauswahl zu verbreitern, und sie probieren aus, wie sich andere klimatische Bedingungen und andere Böden auf ihre Trauben auswirken.

Internationale Experten und reisende Weingurus beginnen also tatsächlich, Südafrika als einen der aufregendsten Orte der Neuen Weinwelt zu feiern. Nun, die atemberaubenden Ausblicke auf Meer und Berge, die hübsche alte holländische Kap-Architektur und die jüngst sehr verbesserten kulinarischen Bedingungen spielen bei diesem Urteil sicherlich auch eine Rolle.

Neuere Jahrgänge

2003 Exzellentes Jahr, trocken und heiß, praktisch ohne Krankheiten. Die besten der konzentrierten, reichhaltigen Rotweine werden sich länger halten. Eine Hitzewelle während der Lese im trockeneren Binnenland verhinderte, dass die Weißen frische Noten von tropischen Früchten annehmen konnten. (Alle trockenen Weißen vom Kap, auch Chardonnay, sollten innerhalb von 2–3 Jahren getrunken werden).

2002 Die Saison begann feucht mit einigem Mehltau, später gab es in vielen Gebieten eine lange Hitzewelle. Den meisten Spitzenerzeugern gelangen gute, fruchtige Rotweine mit schöner Farbe und meist weniger Alkohol als 2001.

2001 Trockenheit im Sommer und Winter brachte unterdurchschnittliche Erträge und konzentrierte Frucht. Eines der besseren Jahre für Rote in jüngster Zeit. Die mächtigen, tieffarbigen Weine sollten lange halten.

2000 Ein schwieriges Jahr; zum dritten Mal in Folge sehr heiß. Feuer in vielen Weinbergen. Später vereinzelt Unwetter mit Hagel. Die allgemeinen Verbesserungen in der Pfllege der Rebfllächen tragen Frücht es sind vielversprechende Rotweine entstanden.

1999 Wetterkapriolen zu Beginn der Wachstumsperiode wirkten sich verheerend auf die Blüte aus und schädigten die Erträge der frühen Sorten erheblich. Die lange Hitzewelle vor der Lese erhöhte den Alkoholgehalt und brachte einige überaus massive Weine hervor.

1998 Von Anfang an sengend heiß und trocken; verkürzte Wachstumsperiode. Geringe Erträge hielten die Qualität hoch. Mächtige, alkoholstarke Rotweine.

1997 Die längste und kühlste Saison seit Jahrzehnten ermöglichte eine allmähliche Reifung der Trauben. Gutes Rotweinjahr.

African Terroir Wines ☆☆ Große Kellerei in Stellenbosch und Paarl. Von Lesegut, das man aus verschiedenen Gegenden bezieht, werden einige preisgünstige Weinreihen bereitet: Azania Syrah (**01 02**), Out of Africa Shiraz (**01 02** 03) und Winds of Change mit gutem Sauvignon blanc.

Allesverloren r ☆☆ Altes Familiengut in Swartland westlich von Kapstadt. Cabernet Sauvignon (**99** 00) und Shiraz (**00 01**) sind nicht mehr so schroff wie früher. Vor Ort beliebt ist der weiche, süße Wein im Port-Stil (**89 90 93 96 97**).

Anthony de Jager Wines r ☆☆☆ Die eigene Marke des Kellermeisters von Fairview Estate mit Sitz in Paarl. Verführerisch der komplexe Homtini (**00** 02), ein Verschnitt von Shiraz und Viognier.

Eine Auswahl südafrikanischer Weine für 2005

Cabernet franc Raats Family, Warwick

Cabernet Sauvignon und Bordeaux-Verschnitte Morgenster, Cordoba Crescendo, Rust en Vrede, Vergelegen, De Toren, Etienne Le Riche, Jordan Cobbler's Hill, Thelema, Rustenberg, Boekenhoutskloof, Rudera, Ruper & Rothschild, Morgenhof

Rote Verschnitte im Kap-Stil Flagstone, Beyerskloof, Kaapzicht, Warwick

Merlot Spice Route, Thelema, De Trafford, Steenberg, Morgenhof Reserve, Fleur du Cap (nicht filtriert)

Pinotage Spice Route, Newton Johnson, Beyerskloof, Kaapzicht, Uiterwyk, Nitida, Warwick, Kanonkop, L'Avenir

Pinot noir Flagstone (Poetry Collection), Paul Cluver, Domaines Paradyskloof, Bouchard Finlayson, Hamilton Russell

Ruby Cabernet Flagstone Ruby in the Dust

Shiraz/Syrah The Foundry, Fairview (Solitude, Beacon Rock), Anthony de Jager, Beaumont, Boekenhoutskloof, Hartenberg, Neil Ellis

Chardonnay Kumala (Journey's End), Glen Carlou, Bouchard Finlayson, L'Avenir, Neil Ellis, Jordan, Hamilton Russell, Thelema, Vergelegen

Chenin blanc Rudera, Beaumont, Kanu, Cederberg, Ken Forrester, De Trafford, L'Avenir

Trockene Weißweinverschnitte Fleur du Cap, Vergelegen, Dornier

Semillon Steenberg, Stellenzicht, Constantia Uitsig, Nitida, Boekenhoutskloof

Sauvignon blanc Neil Ellis, Cederberg, Durbanville Hills, Nitida, Klein Constantia, Steenberg, Vergelegen Reserve, Thelema, Zondernaam, Havana Hills, Fleur du Cap

Dessertweine Asara, Ken Forrester Chenin blanc T, Kanu, De Trafford

Schaumweine Desiderius (J. C. Le Roux), Villiera (Brut Natural Chardonnay), Graham Beck Brut, Blanc de Blancs

---

Asara Stellenbosch; r w ☆☆ Altes Weingut, das kürzlich den Namen gewechselt hat (ehemals Verdun). Gepflegte Rotweine, v. a. das Flaggschiff Bell Tower von Cabernet Sauvignon und Merlot (97 98'). Überragend auch der edelfaule Chenin-blanc-Dessertwein.

Avontuur Stellenbosch; r w; s ☆☆ Guter Ruf für vollen Chardonnay Reserve mit Zitronennote und fruchtigen, eichenholzwürzigen Pinotage Reserve (**99** 00 01). Daneben guter Brut-Schaumwein oJ von Pinot noir/ Chardonnay sowie in Eiche ausgebauter edelfauler Riesling namens Above Royalty.

Axe Hill r; s ☆☆☆ Exzellenter winziger Spezialist von Wein im Vintage-Port-Stil in Calitzdorp: Touriga Nacional und Tinta Barocca (**97** 98 99 00 01).

Backsberg r w; s ☆→☆☆ Großes Weingut in Paarl, das mit seinem 2002er-Jahrgang an alten Ruhm anknüpft. Ganz oben steht der neue Bordeaux-Verschnitt Babylonstoren (02); außerdem Chardonnay und Viognier. Günstige Weine unter anderen Etiketten. Dazu ein hervorragender fassgereifter Brandy von Chenin blanc mit Namen Sydney Back.

Beaumont Walker Bay; r w ☆☆ Kleiner Familienbetrieb mit gutem Ruf für Rotweine im Rhône-Stil: Shiraz (**00 01** 02) und dichter, dunkler Mourvèdre (**99 01** 02); daneben guter Pinotage Reserve (**99 00** 01), Chardonnay und Chenin blanc von alten Reben.

Bellingham r w ☆→☆☆ Tadellose Rotweine der Premium-Reihe Spitz: Cabernet franc (**99′**), Pinotage (**96 99**), Shiraz (**98 99 00** 02). Populäre Weißweine (alle BV): Chardonnay, Sauvignon blanc und Sauvenay, ein Verschnitt aus Chardonnay und Sauvignon blanc.

Beyerskloof Stellenbosch; r ☆☆→☆☆☆ Kleiner Erzeuger, spezialisiert auf Cabernet Sauvignon/Merlot (**97 98 99 00** 01) mit großer Geschmackstiefe, Pinotage (**98 99 00** 01) und Pinotage Reserve (02). Auch ein interessanter Kap-Verschnitt (Pinotage/Cabernet Sauvignon/Merlot) mit dem Namen Synergy (02)

Boekenhoutskloof Franschhoek; r w ★★★ Ein Star am Kap mit seinem würzigen Syrah (**97′ 98 99 00** 01′) und dem gefeierten Cabernet Sauvignon (**97 98** 99′ 00). Der neue, üppige, reich mit Aromen gesegnete Verschnitt Chocolate Block (02) vereint Grenache, Cabernet Sauvignon, Viognier und Cinsault in sich. Auch hervorragender Semillon. Günstige Zweitmarke: Porcupine Ridge.

Boplaas r w; s ☆→☆☆☆ Weingut im trockenen, heißen Bereich Karoo. Erdiger, tiefer Cape Vintage Reserve im Port-Stil (**86 91 94 96 97 99′**), gespriteter Muscadel sowie »Cape Tawny Port« oJ.

Boschendal r w; sch ☆☆ Das größte Weingut am Kap nahe Franschhoek, kürzlich an ein Joint Venture von ausländischen und einheimischen schwarzen Unternehmern übergegangen. Gute Weißweine, darunter muskulöser Chardonnay Reserve und Sauvignon blanc. Auch sehr guter Shiraz (**97 98 99** mit neuem Namen Syrah: 01), Bordeaux-Verschnitt Grand Reserve (**97 98 99** 00), Cabernet Sauvignon Reserve (00) und Merlot (**97 98 99 01**).

Bouchard Finlayson Walker Bay; r w ☆☆☆ Führender Erzeuger von Pinot-noir-Weinen: Galpin Peak (**97 99 00 01** 02) und Tête de Cuvée (**99 01′** 02). Dazu exzellente Schaumweine von Chardonnay, v. a. die Marken Missionvale und Kaaimansgat (**01 02 03**). Auch sehr guter Sauvignon blanc (BV).

Jahrgangsempfehlungen gelten jeweils für den vorangestellten Wein. Rotgedruckte Jahrgänge sollten bevorzugt 2005 getrunken werden.

Bredell, J. P. ☆☆ Weinbaubetrieb in Stellenbosch. Voller, dunkler, tiefer Vintage Reserve im Portweinstil von Tinta-Barocca- und Souzão-Trauben (**91 95 97** 98), außerdem Pinotage (**96 98 99**).

Buitenverwachting r w; sch ☆☆→☆☆☆ In deutschem Besitz befindliches historisches Weingut in Constantia, einem Vorort von Kapstadt. Hervorragender Sauvignon blanc (in der Regel BV), Chardonnay (**02 03**), Bordeaux-Verschnitt Christine (**96 98 99** 00′), Cabernet Sauvignon (**95 99** 00) und Merlot (**95 99** 01).

Cabrière Estate Franschhoek ☆☆ Guter Schaumwein oJ unter dem Etikett Pierre Jourdan (Brut Sauvage, Chardonnay/Pinot noir und Belle Rosé Pinot noir). In manchen Jahren auch feiner Pinot noir (**94 00**).
Cape Point Vineyards Cape Point; r w ☆☆ Der Atlantik ist auf beiden Seiten der Weingärten dieses Guts auf der Kaphalbinsel. Herausragender Sauvignon blanc (BV), Sauvignon blanc/Semillon und Semillon-Dessertwein.
Cederberg Wines Cederberg; r w ☆☆→☆☆☆ Kellerei mit hoch gelegenen Weinbergen. Funkelnde, fruchtig-knackige Weiße: Sauvignon blanc und Chenin blanc Reserve. Herrlicher roter Verschnitt auf Cabernet-Sauvignon-Basis namens V Generations (**00'** 01).
Chateau Libertas Viel verkaufter Verschnittwein der Firma SFW, vorwiegend von Cabernet Sauvignon.
Chenin blanc Weit verbreitete Weißweinrebe am Kap. Anpassungsfähig, manchmal vorzüglich; wird von führenden Erzeugern erheblich verbessert, auch mit Fassgärung zur Steigerung der Alterungsfähigkeit. Der trockene, fruchtige Stil sollte ansonsten jung genossen werden, süße Weine sind meist langlebiger.
Clos Malverne ☆☆ Kleines Gut in Stellenbosch mit gutem Ruf für Pinotage Reserve (**97 98 99 00** 01) und den Cabernet Sauvignon/Merlot/Pinotage Auret (**97 98 99 01**).
Constantia Der einst berühmteste süße Wein auf Muscat-Basis (rot und weiß) kommt vom Kap. Siehe Klein Constantia.
Constantia Uitsig r w ☆☆ Spezialisiert sich auf Chardonnay Reserve, Semillon Reserve sowie Cabernet Sauvignon/Merlot (00) von erstklassigen Rebflächen in Constantia; dort befindet sich auch das gleichnamige Spitzenrestaurant.
Cordoba r w ☆☆→☆☆☆ Hoch angesehenes Weingut im Helderberg-Hochland, Stellenbosch. Stilvoller Bordeaux-Verschnitt auf der Basis von Cabernet franc mit der Bezeichnung Crescendo (**97 98 99 00'**). Außerdem reifer, reichhaltiger Merlot (**96 97 98 01'**).
Darling Cellars r w; s ☆→☆☆ An der Atlantikküste westlich von Kapstadt gelegen. Die Reihe Onyx führt das breite Angebot mit Pinotage, Shiraz und Grenache an; auch guter Cabernet Sauvignon und Shiraz. Preisgünstig die DC-Reihe.
De Krans Estate ☆→☆☆ Weinbaubetrieb in der Karoo-Steppe mit gehaltvollem Vintage Reserve im Port-Stil (**91 94 95 97** 99). Außerdem traditionelle, gespritete süße rote und weiße Muscadel-Weine.
Delaire Winery r w ☆☆ Hoch gelegene Weinberge am Helshoogte Pass oberhalb von Stellenbosch. Voller Chardonnay (**01 02 03**), mächtiger Cabernet Sauvignon Botmaskop (98 **00** 02) und Merlot (**98 00**).
Delheim r w; tr s ☆→☆☆☆ Kellerei in Familienbesitz mit Weinbergen bei Stellenbosch. Gefeierter Vera Cruz Shiraz (**98** 00 **01**), Bordeaux-Verschnitt Grand Reserve mit Pflaumennoten (**96 97** 98 **99** 00) und guter Cabernet Sauvignon (**98 99** 00); auch Chardonnay, Sauvignon blanc und Süßweine, u. a. der hervorragende Steen Edelspatz mit Edelfäule.
De Toren Stellenbosch; r ★★★ Zu den feinsten neuen Marken Südafrikas gehört der Bordeaux-Verschnitt Fusion V (**99 00 01**). Intensive Arbeit im Weinberg und eine minutiöse Traubenauslese garantieren elegante, komplexe Weine.
De Trafford Winery Stellenbosch; r w ★★★ Kleiner, aber herausragender Kunsthandwerker, spezialisiert auf einen ungefilterten, mit natürlichen Hefen vergorenen Bordeaux-Verschnitt namens Elevation 393 (**98 99 00**

01); außerdem Cabernet Sauvignon (**97 98 99** 00 01), Shiraz (**98' 00** 01), Merlot (**00' 01** 02). Auch trockener, in Eiche ausgebauter Chenin blanc und der Dessertwein Vin de Paille von Chenin blanc mit guter Lagerfähigkeit.

De Wetshof Robertson; w; s ☆☆ Erzeuger, der große Mengen Chardonnay unterschiedlicher Stilrichtungen produziert. Spitzenprodukte sind die Fassauslese Bateleur (**01 02 03**) und Finesse (02 **03**). Ferner Sauvignon blanc, Gewürztraminer, der Rheinriesling Danie de Wet und der Botrytis-Desserwein Edeloes. Exportmarke für Chardonnay, der an Supermärkte geht.

Domaines Paradyskloof r w ☆☆☆ Hoch gehandelter Besitz in Stellenbosch, zu dem die Marken Vriesenhof, Talana Hill und Paradyskloof gehören. Besitzer ist Jan Boland Coetzee, eine Institution in der südafrikanischen Wein- (und Rugby-) Welt. Der Pinot noir (**00** 01) hat Anerkennung gefunden. Aushängeschild ist der feste Bordeaux-Verschnitt Kallista (**95 97 98 99** 00 01), ferner gibt es Cabernet Sauvignon (**95 97 98** 99 00) und guten Chardonnay. Dazu ein guter Bordeaux-Verschnitt in der Reihe Talana Hill (**99** 01') sowie ein Chardonnay.

Dornier Wines Stellenbosch; r w ☆☆ Kräftige ausländische Investition, die einen vielversprechenden Start mit einem Bordeaux-Verschnitt (02) und einem Cabernet Sauvignon/Merlot/Shiraz/Cabernet franc hingelegt hat. Außerdem ein exzellenter Chenin blanc/Semillon/Sauvignon blanc mit einer Aromenpalette von feuersteinartig bis fruchtig.

Durbanville Hills r w ☆☆ Von Weinbergen im kühleren Küstengebiet werden feine Rotweine erzeugt: Cabernet Sauvignon/Merlot von der Einzellage Caapman (**99**); außerdem die Premium-Reihe mit Cabernet Sauvignon, Merlot, Pinotage und Shiraz (alle **99 00 01**). Verschiedene gute Marken für Sauvignon blanc und Chardonnay (BV).

Edelkeur ☆☆☆ Ausgezeichneter, intensiv süßer Weißwein von Nederburg aus edelfaulen Chenin-blanc-Trauben. Wie alle voll entwickelten botrytisierten Dessertweine trägt er die offizielle Bezeichnung Noble Late Harvest.

Eikendal Vineyards r w; s ☆→☆☆ 40-ha-Weingut mit Kellerei in Helderberg (Stellenbosch), in Schweizer Besitz. Merlot (**98 99 00 01** 02), beständig guter Chardonnay (**01 02** 03) sowie Cabernet Sauvignon Reserve (**94 96 99** 00).

Ernie Els r ☆☆☆ Südafrikas Golfstar brilliert mit vollem, aromatischem Bordeaux-Verschnitt (**00** 01'), der bei Rust en Vrede von Rebgut aus Weinbergen in Helderberg (Stellenbosch) gekeltert wird.

Estate Wine Amtliche Bezeichnung für Weine, die ausschließlich auf registrierten Gütern angebaut und produziert (aber nicht unbedingt abgefüllt) werden müssen. Keine Qualitätsbezeichnung.

Fairview r w; tr s ☆☆→☆☆☆☆ Spitzenweingut am Kap mit großer Bandbreite an Etiketten (derzeit fünf mit steigender Tendez) und unterschiedlichen Rotweinen auf Shiraz-Basis. Ganz oben steht die Reihe Red Seal mit den hervorragenden Weinen Solitude, Beacon Rock, Cyril Back und Jackalsfontein (alle Shiraz, alle **01 02** 03), gefolgt von den beiden Pinotage-Weinen Primo und Amos (beide **00 01**), dem Pegleg Carignan (**01 02** 03), dem Akkerbos Chardonnay und dem Oom Pegel Semillon. Zum normalen Angebot gehört u. a. ein guter Viognier (**00 01 02** 03). Erfolgreich mit Verschnitten im Rhône-Stil (weiß, rot und rosé) mit den frechen Namen Goats do Roam und Goat-Roti.

Flagstone Kapstadt; r w ☆☆→☆☆☆ Ein rasant aufsteigender Stern am südafrikanischen Himmel. Die besten Weine sind bisher der individuelle Sauvignon blanc The Berrio (BV), Cabernet Sauvignon (**01**), Ruby in the Dust (**02'**), der Shiraz-Merlot-Pinotage-Verschnitt Longitude (**00** 02), der Cabernet Sauvignon/Merlot Bowwood (02) und der Pinot noir Poetry Collection (**00**).

Fleur du Cap r w; s ☆☆→☆☆☆ Seit einiger Zeit bessere Weine vom Großproduzenten Distell in Stellenbosch; u. a. die sehr gute Reihe Unfiltered Collection. Guter Cabernet Sauvignon (**96 98 00** 01), Merlot (**96 98 00** 01) und ein überragender trockener Weißweinverschnitt von Chardonnay, Sauvignon blanc, Semillon und Viognier zu gleichen Teilen (**02'**). Außerdem feiner Gewürztraminer, Chenin blanc mit Edelfäule, Chardonnay sowie Sauvignon blanc (BV).

Gilga Wines Stellenbosch; r ☆☆→☆☆☆ Große Klasse mit intensivem, würzigem Shiraz (**98 00 01** 02).

Glen Carlou r w ☆☆☆ Spitzenweingut am Kap mit Anbauflächen in Paarl, kürzlich von Donald Hess aus Napa, Kalifornien, aufgekauft. Herausragender Chardonnay Reserve (**00 01 02 03**), Bordeaux-Verschnitt Grand Classique (**95 97 98** 99' 00 01), voller Pinot noir (**96 98 00** 01) und würziger Shiraz (**00 01** 02). Guter Wein im Port-Stil (**98**).

Graceland Vineyards Stellenbosch; r ☆☆ Äußerst vielversprechender ungefilterter Cabernet Sauvignon (**00** 01) und Merlot (**99 00** 01).

Graham Beck Winery r w; sch ☆☆→☆☆☆ Avantgardistische Weingüter in Robertson, die erstklassige Schaumweine Méthode Cap Classique produzieren: Brut RD oJ, ein Blanc de Blancs reinsortig von Chardonnay (**93 96 97 98**) sowie ein angesehener Chardonnay (**00 01 02 03**). Der Shiraz The Ridge (**97 98 99 00** 01') hat schon Kultstatus. Außerdem Cornerstone Cabernet Sauvignon (**98 99** 01) und Old Road Pinotage (**98 99** 00') sowie der Gutsverschnitt The William (99 00) nach Bordeaux-Art.

Grangehurst r ☆☆→☆☆☆ Kleiner, auf Rotweine spezialisierter erstklassiger Betrieb in Stellenbosch, der Trauben ankauft. Hervorragender Verschnitt Nikela (**97 98 99**) im Kap-Stil (Cabernet Sauvignon/Pinotage/Merlot), aber auch guter Pinotage (**95 97 98** 00) und konzentrierter Cabernet Sauvignon/Merlot (**95 96 97 98** 00').

Groot Constantia r w ☆→☆☆ Historisches Gut nahe Kapstadt in Staatsbesitz. War Anfang des 19. Jahrhunderts der Herkunftsort überragender roter und weißer Muskateller-Dessertweine. Guter Cabernet-Sauvignon-Merlot-Verschnitt Gouverneur's Reserve (**97 99** 00 01), Pinotage (**97 99** 00), Merlot (**01**), Chardonnay Reserve (**00 01 02**) sowie süßer Weisser Riesling (**98 99 01**). Auch Weine im Port-Stil und Chardonnay-Schaumwein.

Hamilton Russell Vineyards Walker Bay; r w ☆☆☆ Der »Burgunder«-Spezialist in Hermanus. Feiner Pinot noir (**96 97 98 99 00 01'**) und erstklassiger Chardonnay (**97 98 99 00 01 02**). Kleine Erträge, französisch inspirierte Kellertechnik und sorgfältige Fassabfüllung.

Hartenberg Stellenbosch; r w ☆☆→☆☆☆ Angesehener Erzeuger von Shiraz (**96 97 00** 01); neuerdings auch mit Meriten für Merlot (**00 01**) und Cabernet Sauvignon (**00** 01). Außerdem Zinfandel (**97 99** 00 01), Chardonnay und süßer Weisser Riesling.

Havana Hills Durbanville; r w ☆☆→☆☆☆ Spitzenkellerei an der Küste hinter Kapstadt. Die besten Weine finden sich in den Reihen Bisweni und Reserve Du Plessis, beide mit Cabernet Sauvignon von großer Geschmackstiefe (**00 01**) und Merlot (**00 01** 02). Auch Shiraz (**00** 01 02) und ausgezeichneter Sauvignon blanc (BV).

Hazendal r w ☆→☆☆ Altes Weingut in Stellenbosch. Das Aushängeschild ist der Cabernet Sauvignon/Shiraz (**97 98 99 00** 01). Außerdem Schaumwein, Pinotage und Chenin blanc.
Hidden Valley r ☆☆☆ Kleiner Winzer im Devon Valley bei Stellenbosch, mit ausgezeichnetem Pinotage (**96 97 00**) und Cabernet Sauvignon im klassischen Stil (**99 00**).
Jordan Vineyards Stellenbosch; r w ★★★ Gary und Cathy Jordan, ein Ehepaar, das in Kalifornien gelernt hat, betreiben ein Spitzenweingut am Kap: exzellente Tropfen von Chardonnay (**00 01 02**) und Reserve (**02′**), Cobbler's Hill, ein Verschnitt auf Cabernet-Sauvignon-Basis (**97 98 99 00′**), Cabernet Sauvignon (**96 97 98 99 00**), Merlot (**99 00 01 02**), sehr guter Sauvignon blanc (BV) und fassvergorener Chenin blanc.
Kaapzicht Estate Stellenbosch; r w ☆☆→☆☆☆ Der Pinotage aus der Reihe Steytler (**98 99 00 01′**) und der Pinotage/Cabernet Sauvignon/ Merlot Vision (**98 00** 01′) stehen regelmäßig ganz oben auf der Liste der lokalen Weine. Außerdem gut bereiteter Cabernet Sauvignon (**96 97 98 99** 00 01′).
Kanonkop Stellenbosch; r ☆☆☆ Weingut mit großartigem regionalem Renommee, aber auch internationalem Beifall für in Eiche ausgebauten Pinotage (**91 94 97 98 99** 00 01). Ebenso charakterstark der eindringliche Paul Sauer (**89 91 94 95 97 98′ 99** 00 01), ein Verschnitt im Bordeaux-Stil. Außerdem Cabernet Sauvignon (**89 91 94 95 97 98 99′** 00 01).
Kanu Wines Stellenbosch; r w; s ☆☆ Feiner Cabernet Sauvignon Limited Release (**98** 99 01′), Merlot (**98 99 00 01**), Chenin blanc mit Fassausbau im neuen Stil, sehr gutem Chardonnay (**01 02 03**) und Sauvignon blanc (BV). Auch edelfauler Dessertwein Kia Ora (**99 01**).
Ken Forrester Vineyards Stellenbosch ☆☆→☆☆☆ Erzeuger in Helderberg (und Betreiber des Restaurants »96 Winery Road«). Hervorragende Chenin-blanc-Weine von über 30 Jahre alten Buschreben unter dem Etikett Family Reserve (**97 98 00 01 02**). Auch sehr guter Sauvignon blanc (BV) und edelfauler Chenin blanc mit dem Namen T (**00 01′**). Gehört jetzt auch zu den seriösen Syrah-Winzern und produziert anspruchsvolle Auslesen, angeführt vom eleganten Gypsy und dem fantastischen Family Reserve (beide **01** 02).
Klein Constantia Estate r w; s ☆☆→☆☆☆ Hervorragender Nachbar des eher historischen Guts Groot Constantia und Produzent einer südafrikanischen Ikone: Der Vin de Constance, ein Dessertwein aus der Muscat-de-Frontignan-Traube mit Aromen von Minze, Limone und Kaffee, lässt seit 1986 die Tradition des legendären Constantia aus dem 18. Jahrhundert wieder aufleben (**93 94 95 96 97 98 99** 00). Dazu muskulöser, frischer Sauvignon blanc (BV, hält aber ein paar Jahre aus), und solider Chardonnay (**99 00 01** 03). Straff zeigt sich der Bordeaux-Verschnitt Marlbrook (**95 96 97** 99 00), lagerfähig der halbtrockene Riesling (**01 03**).
Kleine Zalze Stellenbosch; r w ☆☆ Gute Rotweine, u. a. Cabernet Sauvignon (**99** 00) und Merlot (00). Auch fassvergorener Chenin blanc und Chardonnay (**01 02 03**).
Kumala r w; sch ☆→☆☆ Günstige Weine in verschiedenen Preislagen der englischen Firma Western Wines; mit 2 Mio. Kisten jährlich der größte Importeur südafrikanischer Tropfen ins Vereinigte Königreich. Tritt seit 2004 auch auf dem inländischen Markt auf. Der Cabernet Sauvignon Journey's End (**01**) und der Chardonnay (**02′**) führen die Palette an. Daneben gibt es die Reserve-Reihe Kumala mit sauberem Cabernet Sauvignon (03), Merlot, Pinotage, Shiraz, Chardonnay, Sauvignon blanc sowie Chardonnay Brut (Méthode Cap Classique).

KWV International Paarl; r w; s ☆→☆☆☆ Die Kooperatieve Wijnbouwers Vereniging, ehemals Südafrikas nationale Winzergenossenschaft, erzeugt heute eine Reihe guter bis exzellenter Weine, v. a. die Roten der Marke Cathedral Cellar: Cabernet Sauvignon (**95 96 97 99** 00), Merlot (**96 97 98 99 00**), Pinotage (**95 96 97 99**), Bordeaux-Verschnitt Triptych (**94 95 96 97 98 99** 00) und Shiraz (**97 98 99** 00), außerdem Chardonnay (**01 02**). Es gibt auch ein reguläres KWV-Angebot, u. a. einen traditionellen Verschnitt von Shiraz, Merlot und Cabernet Sauvignon mit dem in Südafrika legendären Namen Roodeberg (**97 98′ 99** 01) sowie eine große Anzahl trockener Weißweine. Auch der »Sherry«- und »Port«-Stil wird gepflegt: »Vintage Port« (**97′**), Millennium »Vintage Port« (**99**) und Full Ruby oJ. Der KWV-eigene Ableger La Borie Estate produziert Jean Taillefert Shiraz (**01**), Cabernet Sauvignon (**96 98 01**) und einen gespriteten Luxusdessertwein von Pinotage namens Pineau de Laborie. Dazu klassischer Schaumwein Méthode Cap Classique (**96 98**).

La Motte r w ☆☆ Verschwenderisch eingerichtetes Weingut der Familie Rupert bei Franschhoek mit guten Roten: Bordeaux-Verschnitt Millennium (**95 97** 98 **99**) und Shiraz (**95 96 97** 98 **99 00**).

Landskroon Estate r w ☆→☆☆ Solides altes Gut in Paarl, seit über acht Generationen im Besitz derselben Familie. Mit dem Cabernet Sauvignon Paul de Villiers (**99 01**) ist kürzlich ein weiterer Schritt nach oben auf der Qualitätsleiter gelungen, und auch die anderen Rotweine von Cabernet Sauvignon, Merlot und Shiraz (**00 01**) sind gut. Ausgezeichneter »Port« (**96 97 98** 99).

Lanzerac Stellenbosch; r w ☆☆ Großes Unternehmen, jetzt unter Leitung einer neu geschaffenen Gesellschaft von Christo Wiese, das einen alten Weinberg (und ein Grand Hotel) in Lanzerac und weite Flächen im nahe gelegenen Lourensford/Somerset West sein Eigen nennt. Die Marke Lanzerac umfasst Merlot (99 **00** 01) und Cabernet Sauvignon (**98 99**). Interessant für die Zukunft dürften Five Heirs und Eden Crest sein.

L'Avenir ☆☆→☆☆☆ Exzellentes Weingut in Stellenbosch; einer der führenden Erzeuger von Pinotage (**97 98 99 00 01** 02) und vollem, kräftigem Chenin blanc (**99 00 01 02**). Außerdem Cabernet Sauvignon (**95 97 99 00** 01), Chardonnay (**02 03**) und Sauvignon blanc (BV). Dazu edelfauler Dessertwein Vin de Meurveur.

Le Bonheur Estate Stellenbosch; r w ☆☆ Weingut mit mineralischem Bordeaux-Verschnitt Prima (**97 98 99**), Cabernet Sauvignon (**97 98** 99) und körperreichem Sauvignon blanc (BV).

Le Riche Wines Stellenbosch; r ☆☆→☆☆☆ Der angesehene Kellermeister Etienne Le Riche bereitet in dieser Boutique-Kellerei überragende Weine: Cabernet Sauvignon Reserve (**97 98 99 00** 01), Cabernet Sauvignon (**97 99** 00) und Cabernet Sauvignon/Merlot (**99 00 01**).

Linton Park Wellington; r w ☆☆ Britisch gesteuertes Unternehmen mit angenehmen, reichhaltigen Roten, die das sonnige, heiße Klima perfekt widerspiegeln. Am besten sind die Reserve-Weine: Shiraz (**01** 02), Cabernet Sauvignon (01) und Merlot (**01**).

Longridge Winery Stellenbosch; r w ☆☆ Früh trinkreife, kraftvolle Rote: Cabernet Sauvignon (01 02), Pinotage (**00 01**) und Merlot (**01**). Stets guter Chardonnay.

Long Mountain Wine ☆→☆☆ Marke von Pernod-Ricard; unter der Leitung des reisenden Australiers Robin Day und des Einheimischen Jacques Kruger. Traubenankauf bei Winzergenossenschaften am Kap. Günstiger Cabernet Sauvignon, Ruby Cabernet, Cabernet Sauvignon/Merlot-Reserve sowie Chardonnay und Chenin blanc. In britischen Supermärkten omnipräsent.

L'Ormarins Estate r w; s ☆☆ Eines von zwei schönen Weingütern der Familie Rupert bei Franschhoek. Am besten sind der Bordeaux-Verschnitt Optima (**96 97** 98 00') und der Cabernet Sauvignon (**91 94 99**).

Meerlust Estate Stellenbosch; r w ☆☆→☆☆☆ Renommierter alter Besitz; der gegenwärtige Eigentümer, Hannes Myburgh, verkörpert die achte Generation. Schöner, eher eleganter als wuchtiger Bordeaux-Verschnitt Rubicon (**91 92 95 97 98 99** 00), Merlot (**91 95 96 97 99** 00') und Pinot noir Reserve (**96 97 98 99** 00'). Reifer, gewichtiger Chardonnay (**99 00 01 02**). Außerdem herzhafter südafrikanischer Guts-»Grappa« von Cabernet Sauvignon.

Meinert Wines Stellenbosch; r ☆☆→☆☆☆ Zwei feine Verschnitte: Devon Crest im Bordeaux-Stil und Synchronicity (Cabernet Sauvignon/ Cabernet franc/Merlot/Pinotage) (**00** 01). Außerdem Merlot (**98 00** 01) aus Weingärten im Devon Valley. Besitzer ist der Berater Martin Meinert.

Méthode Cap Classique In Südafrika gebräuchlicher Ausdruck für das klassische Flaschengärungsverfahren zur Schaumweinherstellung.

Morgenhof Estate r w; s; sch ☆☆→☆☆☆ In französischer Hand befindliches Weingut in Stellenbosch mit anhaltendem Erfolg. Hervorragender Merlot Reserve (**98 00** 01'), Bordeaux-Verschnitt Premiere Sélection (**96 97 98 99** 00) und Cabernet Sauvignon Reserve (**98 01**). Auch sehr guter Chardonnay (**03**), Chenin blanc (**01 02**) und Sauvignon blanc (BV) sowie LBV (**95**) und Vintage (**98** 00), zwei Weine im Port-Stil. Brut Reserve (**90 00**) von Chardonnay und Pinot noir.

Morgenster Estate Stellenbosch; r ☆☆☆ Neues, seriöses Unternehmen mit italienischem Geldgeber; Pierre Lurton fungiert als Berater. Hausmarke ist ein feiner, süffiger Bordeaux-Verschnitt auf Cabernet-franc-Basis (erster Jahrgang 00), Zweitwein ein ebenfalls eleganter Merlot/Cabernet Sauvignon/Cabernet franc (**98 99 00** 01).

Mulderbosch Vineyards Stellenbosch; r w ☆☆☆ Eindringlicher Sauvignon blanc (BV, aber auch mit Lagerqualitäten), zwei Chardonnay-Weine, einer in Eiche vergoren (**00' 01 02**), andere frisch und weniger eichig (**98 00 01**). Auch sehr guter fassvergorener Chenin blanc Steen op Hout (**99 00** 01') sowie der einfache Bordeaux-Verschnitt Faithful Hound (**94 97 98 00** 01).

Muratie Estate r ☆☆ Altes Gut in Stellenbosch mit Bordeaux-Verschnitt Ansela (**96 97 98** 01), gutem Shiraz (**01** 02) und Cabernet Sauvignon (00 01). Der üppige »Vintage Port« (**98** 99) und der »Port« oJ im Ruby-Stil werden von portugiesischen Sorten bereitet; der gespritete Muskateller Amber hat seit 1925 einen festen Anhängerkreis. Guter Chardonnay Isabella.

Nederburg r rs w; tr lbl s; sch ☆→☆☆ Großer Weinbaubetrieb in Paarl (Jahresproduktion 1,1 Mio. Kisten von 50 verschiedenen Weinen). 1937 gegründet. Verarbeitet werden Trauben verschiedenster Lieferanten sowie aus eigenen Weinbergen. Die Übernahme durch den Rumänen Razvan Macici ist derzeit im Gange. Zunehmend besser werdende Rote in der neuen Reihe Classic, die das frühere Etikett Reserve abgelöst hat: u. a. Cabernet Sauvignon/Merlot Edelrood (**99 00 01**) und Cabernet Sauvignon (**00** 01); daneben Chardonnay, Sauvignon blanc, Riesling und Schaumwein. Die in kleinen Mengen für Versteigerungen erzeugten Weine Limited Vintage und Private Bin sind manchmal hervorragend – seit neuestem gibt es Private Bin Pinotage (**97 99** 00) und Shiraz (**00 01**) sowie edelfaule Dessertweine. War in den 1970er-Jahren ein Wegbereiter für botrytisierte Süßweine. Veranstalter des größten jährlichen Weinmarkts am Kap, der Nederburg Auction. Siehe auch Edelkeur.

Neethlingshof r w; s ☆☆ Großes Weingut in Stellenbosch mit vielen Marken. Lord Neethling umfasst Laurentius Shiraz/Cabernet Sauvignon (**97 98**), Cabernet Sauvignon (**97 98 99**), Pinotage (**99** 00′), Standard-Cabernet-Sauvignon (**94 96 97 98 99** 00), Kap-Verschnitt (01), Shiraz (**98 99 00** 01), Chardonnay, exzellenten Gewürztraminer und zartrosa Blanc de Noirs. Preisgekrönter edelfauler Weisser Riesling.

Neil Ellis Wines r w ★★★ Einer der renommiertesten Namen am Kap. Volle, geradlinige Weine aus Trauben von weit auseinander liegenden Weinbergen, produziert im Jonkershoek Valley, Stellenbosch. Hervorragendes Preis-Leistungs-Verhältnis bei der Spitzenreihe Reserve Vineyard Selection: Cabernet Sauvignon (**97 98 99** 00 01) und Shiraz (**97 98 99 00** 01′). In der Premium-Stellenbosch-Serie gibt es Cabernet Sauvignon (**94 96 97 99** 00 01′), Pinotage (**98 99 00** 01), Shiraz (**97 98 99** 00) und Cabernet Sauvignon/Merlot (97 98 99). Stets exzellenter Sauvignon blanc von verschiedenen Lagen, u. a. Groenkloof (BV) sowie zwei vollmundige, mächtige Chardonnay-Gewächse aus Stellenbosch und Elgin (**01′ 02**).

Newton-Johnson Wines r w ☆☆→☆☆☆ Familienunternehmen an der Walker Bay, das sein Rebgut aus der weiteren Umgebung bezieht, aber auch selbst erntet. Gehört jetzt zu den wenigen Winzern am Kap, die sehr guten Pinot noir (**00′ 01** 02) produzieren. Außerdem Cabernet Sauvignon (**98 99 00** 01), Pinotage (**98 00 01** 02), zitronenfrischer Chardonnay, intensiver Sauvignon blanc Sandstone sowie normaler Sauvignon blanc (BV). Günstige Weine der Marke Cape Bay.

Nitida Cellars Durbanville; r w ☆☆ Kleines, aber sehr gutes Angebot: Cabernet Sauvignon (**00** 01), Pinotage (**01** 02), Bordeaux-Verschnitt Calligraphy (**00 01**), Sauvignon blanc (BV) und hervorragender Semillon (**02 03**).

Overgaauw Estate r w ☆☆ Seit 1783 bestehendes Familiengut nahe Stellenbosch; exzellenter Merlot (**98 99 01**), Bordeaux-Verschnitt Tria Corda (**97 98 99 01**) und sehr guter Cabernet Sauvignon (**97 98 99 00** 01). Auch zwei hervorragende Weine im Port-Stil: Cape Vintage (**91 97 98′**) und Reserve (**97**). Guter Chardonnay (**02**).

Paarl Stadt, 50 km nordöstlich von Kapstadt, und das sie umgebende Weinbaugebiet.

Paul Cluver Estate r w ☆☆ Gute Weine von Pinot noir (**98 00 01 02′**) und Cabernet Sauvignon (00 01) aus der gerade sehr modischen Region Elgin östlich von Kapstadt. Auch eleganter Chardonnay, edelfauler Dessertwein sowie halbtrockener Weisser Riesling (**00 01 03′**). Stilvoller, aromatischer halbtrockener Gewürztraminer.

Pinotage Südafrikanische Rotweintraube aus einer 1926 erfolgten Kreuzung zwischen Pinot noir und Cinsaut. Der Wein ist oft köstlich, mit Noten von warmen Süßspeisen und Bananen, und hat bei sorgfältigem Ausbau in Eiche gutes Potenzial bewiesen. Nicht selten können aber auch grobe, aufdringliche Ester vorherrschen. Wird jetzt in einer wachsenden Menge von »Kap-Verschnitten« (Cape blend) eingesetzt, ein Terminus vor Ort, der manchmal verwendet wird, um den Unterschied zum Bordeaux-Verschnitt kenntlich zu machen, bei dem Pinotage für gewöhnlich fehlt. Eine gesetzliche Grundlage gibt es allerdings dafür noch nicht.

Plaisir de Merle r w ☆☆ Große Kellerei im Besitz von Distell mit Weinbergen bei Paarl. Zugänglicher Merlot (**99 00 01**) und gewichtigerer Bordeaux-Verschnitt Grand Plaisir (01).

Quoin Rock r w ☆☆☆ Luxuriöse Kellerei in Stellenbosch mit Weinlagen, die bald Kultstatus erreichen könnten. Einstand mit reichhaltigem, fast feudalem Merlot (**01**). Das Flaggschiff unter den Weißen ist der elegante trockene Oculus (**01 02**); außerdem sauberer, geradliniger Chardonnay und Sauvignon blanc von eigenen Weinbergen in der kühleren südlichen Region Cape Agulhas.

Raats Family Stellenbosch; r w ☆☆ Vielversprechende neue Marke mit vollduftigem, mineralischem Cabernet franc (**01**) und zwei ausgezeichneten Weinen von Chenin blanc (**02 03**).

Radfort-Dale r w ☆☆ Der Australier Ben Randford und der Brite Alex Dale haben sich zum Unternehmen The Winery zusammengetan, um mit zugekauften Trauben Premium-Exportweine in limitierten Mengen zu erzeugen. Die ersten Ausgaben der neuen Marke – Merlot (**00 01**), ungefilterter Shiraz (**01**) und Chardonnay (**00 01 02**) – sind gut angekommen. Außerdem Cabernet Sauvignon und Chardonnay in der Reihe Vinum.

Rickety Bridge r w ☆☆ In Franschhoek. Sehr guter Shiraz (**97 98 00** 01) und Paradeverschnitt Paulinas Reserve (**96** 00 01') von Cabernet Sauvignon und Merlot. Auch guter Chardonnay und Semillon.

Robertson District Bezirk landeinwärts vom Kap. Dessertweine (v. a. Muscat) und Weiße geben den Ton an; jetzt werden auch größere Anstrengungen unternommen, die Rebflächen mit roten Sorten auszuweiten.

R. & R. r w ☆☆→☆☆☆ Spitzenlagen in Fredericksburg, Keller in Simondium, Paarl. Joint Venture von Baron Edmond Rothschild (nicht vom Premier-cru-Gut) und Rupert, zwei alten Winzerfamilien aus Frankreich und Südafrika. Milder, weicher Verschnitt Baron Edmond (**97 98 99** 00 01) von Cabernet Sauvignon, Cabernet franc und Merlot seit 1998. Große Geschmackstiefe bekundet der klassische Chardonnay Baroness Nadine (**99 00 01**).

Roux, J. C. le sch ☆→☆☆ Großes, aber gutes Schaumweinhaus in Stellenbosch. Am besten ist der Desiderius (**96 97**); außerdem Pinot noir (**90 96**) und 5 bis 9 Jahre in der Flasche gereifter Blanc de Blancs von Chardonnay. Günstiger Pongràcz oJ von Pinot noir/Chardonnay, bereitet nach der Méthode Cap Classique.

Rudera Wines Stellenbosch; r w ☆☆→☆☆☆ Einer der besten Namen unter den neuen Erzeugern am Kap. Cabernet Sauvignon (**00**) und Syrah (**01**) mit Klasse sowie drei Weine von Chenin blanc: frisch, in Eiche vergoren und edelfaul, aber alle hervorragend (**01 02**).

Rustenberg Wines r w ☆☆☆→☆☆☆☆ Berühmtes altes Gut in Stellenbosch, gegründet vor 300 Jahren, erzeugt kontinuierlich Wein seit über 100 Jahren. Aushängeschild ist der Einzellagen-Cabernet-Sauvignon Peter Barlow (**97 98 99** 01 02). Sehr gut auch der Rustenberg-Bordeaux-Verschnitt John X. Merriman (**97 98 99 00** 01), überragend der Chardonnay Five Soldiers (**01 02 03**). Unter dem Zweitetikett Brampton ebenfalls Spitzenweine, v. a. Cabernet Sauvignon/Merlot (**98 99 00 01** 02), Chardonnay und Sauvignon blanc.

Rust en Vrede Estate r ☆☆☆ Gut östlich von Stellenbosch, am besten für seinen kräftigen, individuellen Verschnitt Rust en Vrede Estate Wine auf Cabernet-Sauvignon-Basis bekannt (**91 94 96 97 98 99** 00 01): Die letzten auf den Markt gekommenen Jahrgänge sind superb geraten. Ordentlicher Cabernet Sauvignon (**91 94 96 98 99**) und Shiraz (**94 96 97 98**).

Sadie Family Wines Swartland; r ☆☆☆ Der vom Star-Kellermeister Eben Sadie bereitete überragende Shiraz/Mourvèdre namens Columella (01) scheint zur Messlatte für Südafrika zu werden. Neu der verführerische Weißweinverschnitt von Viognier, Chardonnay und Chenin blanc (**02**).
Saxenburg Wines r w; tr s; sch ☆☆→☆☆☆ Weinbaubetrieb in Stellenbosch in Schweizer Besitz, gemeinsam geführt mit Ch. Capion (Frankreich). Spezialisiert auf Shiraz. Ausgeprägte, kraftvolle Rotweine vom Kap: Private Collection Shiraz (**95 96 97 98 99** 00') und Shiraz Saxonburg Select (**98 00 01**); robuster Pinotage (**96 98 99 00 01**) mit großer Geschmackstiefe, Cabernet Sauvignon (**94 95 97 99 00 01**) und Merlot (**97 98 00 01 02**). Dazu Chardonnay, Sauvignon blanc und süßer Gewürztraminer.
Seidelberg Estate Paarl; r w ☆☆ Das aus einer tief greifenden Umstrukturierung von herrlich gelegenem Weinbergbesitz (ehemals De Leuwen Jagt) hervorgegangene Gut bietet Reserve Merlot (**99 00 01**), Syrah (**01**), Chardonnay (**01 02**) und Chenin blanc (**01 02 03**).
SFW – Stellenbosch Farmers' Winery Der fünftgrößte Weinbaukonzern der Welt, Teil des riesigen Distell-Konsortiums, vertreibt jährlich 14 Mio. Kisten. Besitzt u. a. auch Nederburg; Spitzenmarke ist Zonnebloem. Große Auswahl an Weinen der unteren und mittleren Preisklasse.
Simonsig Estate r w; s; sch ☆☆ Kellerei der Familie Malan in Stellenbosch mit sehr großer Weinauswahl, u. a. Cabernet-Sauvignon-Merlot-Verschnitt Tiara (**94 95 97 98 99 00** 01), Frans Malan Reserve auf Pinotage-Basis mit Merlot und Cabernet Sauvignon (**98 99 00** 01), voller Pinotage Red Hill (**99 00 01**), Shiraz Reserve Merindol (**97 98 99 00**), sehr guter Chardonnay (**00 01 02**) und Gewürztraminer im Dessertweinstil. Hier wurde vor 30 Jahren der erste Schaumwein nach der Méthode Cap Classique bereitet, der immer noch erzeugte Kaapse Vonkel Brut von Pinot noir und Chardonnay.
Simonsvlei International r rs w; s; sch ☆ Eine der bekanntesten Genossenschaftskellereien Südafrikas nahe Paarl. Qualität auf allen Ebenen, von den Hercules-Paragon-Weinen (Merlot) bis zur Reihe Mount Marble.
Spice Route Wine Company r w ☆☆→☆☆☆ Kellerei in Malmesbury, an der im Trend liegenden Westküste. Der Spitzenwein ist der sehr intensive, dunkle Shiraz (**98 99 00 01**), dazu Merlot (**98 99 00 01'**), Pinotage (**98 99 00 01**) sowie der volle, fassvergorene Chenin blanc (**99 02 03**).
Spier Cellars Stellenbosch; r w ☆☆ Marke der Wine Corp. Erweitertes Angebot unter dem Premium-Etikett Private Collection: Cabernet Sauvignon (**98 00** 01) und Merlot (**98 99 00 01**). Auch vielversprechende neue trockene Weiße: u. a. Semillon, Viognier, Chenin blanc und frischer Sauvignon blanc sowie edelfauler Dessertwein.
Springfield Estate Robertson ☆☆→☆☆☆ Unverwechselbare Weine, die durch die Vergärung ganzer Beeren und die Verwendung von wilden Hefen entstehen. Zwei sehr gute ungefilterte, ungeschönte Tropfen von Cabernet Sauvignon in einem weicheren Stil: Whole Berry (**98 99 00** 01') und der mit natürlichen Hefen erzeugte in der Reihe Méthode Ancienne (**98**). Außerdem spritziger Sauvignon blanc (BV) und voller, mit wilden Hefen bereiteter Chardonnay der Marke Méthode Ancienne (**00 01 02 03**).
Steenberg Vineyards Constantia; r w ★★★ Seriöser, eleganter Merlot (**98 99 00 01** 02) und Verschnitt Catharina von Merlot, Cabernet Sauvignon und Shiraz (**97 99 00** 01); außerdem zwei regelmäßig hervorragende Sauvignon-blanc-Weine: Reserve mit Feuersteinnote (**00 01** 02 03) und die stachelbeerfruchtige einfache Version (**00 01 02** 03); Semillon mit

und ohne Eichenholzwürze (**00 01** 02). Dazu der gute Schaumwein 1682 oJ von Chardonnay und Pinot noir sowie Nebbiolo (**01 02**).

Stellenbosch Stadt und Weinbaugebiet rund 50 km östlich von Kapstadt. Die zweitälteste Stadt Südafrikas ist Sitz einer Universität und das Herz des Weinbaus am Kap – sozusagen das Napa Valley des Schwarzen Kontinents. Viele Spitzenweingüter, besonders für Rotwein, liegen in den zur Region gehörenden Vorgebirgen. Ausgedehnte Weinstraßen, zahlreiche Restaurants.

Stellenbosch Vineyards ☆→☆☆ Großes regionales Unternehmen in Stellenbosch, in dem rund 150 Erzeuger der ehemaligen Genossenschaften Welmoed, Eersterivier, Helderberg und Bottelary ihre Kräfte bündeln. Spitzenmarke ist Genesis: Cabernet Sauvignon (**00 01**), ausladender, saftiger Merlot (**99 00 01**), sehr guter Shiraz (**97 98 99 00'**) und Chardonnay. Unter dem Etikett Kumkani finden sich ein tropenfruchtiger Sauvignon blanc sowie preisgünstige Rote, u. a. etwa Shiraz (BV). Gutes Preis-Leistungs-Verhältnis, etwa bei dem trockenen Weißwein Versus auf Chenin-blanc-Basis.

Stellenzicht Stellenbosch ☆☆ Moderne Kellerei mit gepflegten Rebflächen in den Bergen. Sehr guter Syrah (**94 95 97 98 99 00** 01), angesehener Bordeaux-Verschnitt Stellenzicht (**94 95 97 98 99** 00 01), Pinotage (**98 99 01**) und Semillon Reserve (**00 01 02**). In der Reihe Golden Triangle guter Cabernet Sauvignon, Malbec, Pinotage und Shiraz.

The Foundry Stellenbosch; r ☆☆☆ Einer der neuen Namen, die gerade die Hackordnung in Südafrika neu aufstellen. Bezieht Traubengut aus Stellenbosch und Paarl. Überragender, voller, intensiver Syrah (**01' 02**).

Thelema Mountain Vineyards Stellenbosch; r w ☆☆☆→☆☆☆☆ Gyles Webb, der Kellermeister, und Thelema, das sind seit über einem Jahrzehnt Namen von internationalem Ruf. Herausragende, charaktervolle Rote mit Aromen von reifen Früchten und Minze und frisch-fruchtige Weiße sind hier zu finden: Cabernet Sauvignon (**91 92 93 94 95 97 98 99 00'** 01), Merlot (**97 98 99 00** 01), enorm reichhaltiger Merlot Reserve (99' **00**), eleganter Shiraz (**00 01'**), Chardonnay (**99 00 01 03**) und Sauvignon blanc (BV). Ed's Reserve ist ein individueller, würzig-reicher Chardonnay (**99 00 02**). Tadellose gepflegte Rebflächen.

Tokara Stellenbosch; r w – Neue, supermoderne Kellerei und neu angelegte Weinberge unter der Leitung von Gyles Webb (Thelema). Die ersten Gutsweine werden für 2004/2005 erwartet. Der Zweitwein heißt Zondernaam (siehe dort).

Uiterwyk Estate r w ☆☆ Altes Gut südwestlich von Stellenbosch. Die Spitzenmarke ist De Waal mit dem überzeugenden Einzellagen-Pinotage Top of the Hill (**96 97 00** 01). Außerdem sehr guter Estate Wine, ein Verschnitt auf Cabernet-Sauvignon-Basis mit einem Zusatz von Pinotage (**94 96 97 98 99** 00), und Shiraz (**01**). Auch Viognier, Chardonnay und Sauvignon blanc.

Veenwouden r ☆☆☆ Tadellos geführtes Familienunternehmen in Paarl; im Besitz des Genueser Opernsängers Deon van der Walt. Überragender Merlot (**97 98 99 00** 01) und Bordeaux-Verschnitt Veenwouden Classic (**96 97 98 99** 00); außerdem Chardonnay Special Reserve (**02**).

Vergelegen Stellenbosch, Helderberg; r w ★★★→★★★★ Eine der ältesten Weinbaufirmen (gegründet 1700) und dank des talentierten Kellermeisters André van Rensburg gegenwärtig einer der heißesten Tipps am Kap. Brillant und komplex wie van Rensburg selbst sind auch seine Weine: das neue Aushängeschild, der Cabernet Sauvignon V (01), ist ein dunkles, massives Kraftwerk, das Kultstatus anstrebt; dazu der ehemalige Anführer, der Bordeaux-Verschnitt Vergelegen (**98 99′ 00 01′**), der Cabernet Sauvignon (**97 98 99 00** 01′), der Merlot (**98 99 00 01**) und der außerordentlich würzige Shiraz (**01′**). Als Estate White firmiert ein fassvergorener straffer, eleganter Sauvignon blanc/Semillon (**01 02′**). Außerdem köstlicher zitronenfrischer Chardonnay Reserve (**99 00 01 02** 03) und rassiger Sauvignon blanc Reserve. Auch der Noble Late Harvest Semillon Dessertwein (**98 00**) ist ein echter Knüller.

Vergenoegd Stellenbosch; r w; s ☆☆ Alter Familienbesitz mit einem Bordeaux-Verschnitt (**95 97 98 99** 00 01), Cabernet Sauvignon (**95 98** 00) und Shiraz (**96 97 98 00 01**). Außerdem »Vintage Port« (**93 94 95 96 97** 00).

Villiera Wines r w; sch ☆☆→☆☆☆ Großer Familienbetrieb in Stellenbosch mit ausgezeichnetem Angebot, darunter fünf Schaumweine nach der Méthode Cap Classique: Brut Natural Chardonnay (**98 99 00′**), praktisch ein Ökowein, Vintage Brut (95), Tradition Brut und Tradition Brut Rosé (beide oJ) sowie Monro Brut Première Cuvée von Pinot noir/Chardonnay (**95 96**). Saubere Rotweine wie der Bordeaux-Verschnitt Cru Monro (**96 97 98 99 00**), ungewöhnlicher Merlot/Pinotage (**98 00 01**), Merlot Reserve (**98 99**) und der von einer Einzellage stammende würzige Shiraz (**99 00 01** 02). Dazu erstklassiger Sauvignon blanc Bush Vine (BV), beständig guter und günstiger trockener Chenin blanc, ein botrytisierter Dessertwein aus derselben Traube (00) sowie Wein im Port-Stil (95 97 **98′**).

Vredendal Cooperative r w; tr s ☆ Die größte Genossenschaftskellerei Südafrikas, in der warmen Region Olifants River. Die Rotweine machen gute Fortschritte, u. a. der Shiraz Mt. Maskam. Das enorm umfangreiche Angebot enthält allerdings meist Weiße. Großexporteur von verschiedenen Supermarktweinen.

Warwick Estate Stellenbosch; r w ☆☆→☆☆☆ Konstant guter Bordeaux-Verschnitt Trilogy (**95 97 98 99 00′** 01) und Three Ladies, ein Kap-Verschnitt von Pinotage, Cabernet Sauvignon und Cabernet franc (**97 98 99** 01′). Feiner, individueller Cabernet franc (**94 95 97 98 00** 01′), hervorragender Pinotage Old Bush Vine (**97 98 00 01**) von 25 Jahre alten Buschreben. Sehr guter Chardonnay.

Waterford Stellenbosch; r w ☆☆ Musterkellerei mit den Weinen Kevin Arnold Shiraz – seit neuestem auch mit Mourvèdre verschnitten – (**98 99 00** 01 02), Cabernet Sauvignon (**99 00** 01 **02′**), sehr guter Sauvignon blanc (BV) und Chardonnay (**02**).

Welgemeend Estate r ☆☆ Boutique-Weingut in Paarl mit einem Bordeaux-Verschnitt (**96 97 98 00**), dem Verschnitt Amadé (**98 00**) sowie Douelle (**96 97 98 00**), einem Verschnitt auf Malbec-Basis.

WhaleHaven Wines Walker Bay; r w ☆☆ Erzeuger mit lokaler Bedeutung für Pinot noir Oak Valley (**97 98 99 00 01**) und ausgezeichneten Chardonnay, dem die zitronige Frische des kühlen Klimas eignet.

Wine Corp Im Jahr 2000 gegründete neue Dachorganisation in Stellenbosch, zu der Spier Cellars, Longridge, Savanha und Capelands gehören.

Wine of Origin Das südafrikanische Gegenstück zur französischen AOC, jedoch ohne deren Ertragsbeschränkungen. Bescheinigt werden mit diesem Siegel der Jahrgang, die Rebsorte(n) und das Herkunftsgebiet des Weins.

Woolworths Bekannte Supermarktkette (mit Verbindungen zu Marks & Spencer in Großbritannien), die eine breite Auswahl anbietet: u. a. Signature Series, Reserve Range, Limited Release. Viele der besten Erzeuger

Südafrikas sind regelmäßige Lieferanten, darunter Warwick Estate, Neil Ellis, Villiera, Buitenverwachting, Ken Forrester, Morgenhof, De Wetshof, Meinert.

Worcester Amtlich abgegrenzter Weinbaubereich um die Flusstäler von Breede und Hex, östlich von Paarl. Viele Genossenschaftskellereien erzeugen hauptsächlich Dessertwein, Brandy und trockene Weißweine.

Zondernaam Preisgekrönter Zweitwein von Tokara. Der Name bedeutet in Afrikaans »ohne Namen«. Der ausgezeichnete Sauvignon blanc (**02 03**) wurde bei der Verkostung der Fluggesellschaft SAA 2002/2003 zum besten Weißwein gekürt. Auch guter Cabernet Sauvignon (**00** 01) und Pinotage (**01**).

Zonnebloem r w; s ☆☆ Die Spitzenweine der SFW. Die Reihe Fine Arts umfasst Shiraz/Malbec (**01**) und Cabernet Sauvignon/Shiraz (**01**). Im günstigen Standardangebot finden sich u. a. Merlot (**99 00** 02), Shiraz (**99 00 01** 02), Cabernet Sauvignon (**94 95 98 99** 01), der Bordeaux-Verschnitt Laureat (**94 96 97 98 00 01'**), Pinotage (**98 99 00 01**), Sauvignon blanc (BV) und Chardonnay (**02** 03). Beliebt ist der Blanc de Blancs (Sauvignon blanc/Chenin blanc).

[illegible] Ankel, Panter, Wolf [illegible] en bortaget [illegible] Woe [illegible]

[illegible] die Phrase von [illegible] die [illegible] Zeit [illegible] Der Name [illegible] 02.03. [illegible]

[illegible]

So finden Sie für sich das richtige Weinbuch

Die „Hallwag Weinbibliothek“ bietet Bücher für alle, die sich für Wein interessieren, beginnend mit Ratgebern für Einsteiger bis hin zu Fachbüchern für Profis.

Einsteiger erfahren, was sie schon immer über Wein wissen wollten. Fortgeschrittene und Profis können ihr Wissen erweitern, perfektionieren und laufend aktualisieren. Die unten stehende Einteilung verdeutlicht, welches Weinbuch für welche Leser gedacht ist. Richtet sich ein Titel an mehrere Zielgruppen, sind diese auch alle rot gekennzeichnet.

• Einsteiger
•• Fortgeschrittene
••• Profis
Bücher für Leser, die sich Grundwissen über Wein aneignen wollen

• Einsteiger
•• Fortgeschrittene
••• Profis
Bücher für Leser, die vorhandenes Grundwissen vertiefen wollen

• Einsteiger
•• Fortgeschrittene
••• Profis
Bücher für Leser, die ihr umfangreiches Weinwissen ergänzen wollen

Bücher für Einsteiger

Ausgezeichnet als „Best Wine Education Book" bei den Gourmand World Cookbook Awards 2003!

Beat Koelliker/Bernd Kreis

Die Hallwag Weinschule

Mit 13 Weinproben zum Weinkenner

160 Seiten, Hardcover
€ [D] 19,90/€ [A] 20,50/sFr 34,90
ISBN 3-7742-6139-3

Die Hallwag Weinschule hat einen revolutionären Ansatz: Sie stellt die Praxis, das Degustieren, den Weingenuss in den Mittelpunkt, während viele andere Weineinsteigerbücher nur trockene Theorie vermitteln. Wein sehen, schmecken, genießen – das ist die Grundidee des Buches.

In 13 Degustationsrunden lernt der Leser – alleine oder mit Freunden – 52 Weine und mit ihnen das für Einsteiger wichtigste Spektrum an Weinstilen, Rebsorten und Anbaugebieten kennen.

Jeder dieser 52 Weine wird auf einer Seite umfassend vorgestellt (Farbe, Geruch, Aroma uvm.), so dass der Leser beim Weingenuss gleich die Theorie mit der Praxis verbinden kann.

Zu jeder Degustationsrunde gibt es zudem eine Menüempfehlung. Einleitend erfährt der Leser natürlich alles, was zum richtigen Degustieren wichtig ist: der Weineinkauf, Lagerung, Öffnen und Dekantieren des Weins sowie alles über das richtige Verkosten.

Abgerundet wird dieses Einsteigerbuch durch einen dritten Teil mit geballtem Weinwissen: Hier gibt es Informationen darüber, wie Wein entsteht, welche Rebsorten und Weinländer es gibt, sowie ein umfangreiches Wein-Glossar.

„Der perfekte Startpunkt für Wissbegierige"

(GQ)

- Einsteiger
- •• Fortgeschrittene
- ••• Profis

Cornelius Lange/Fabian Lange

Keine Angst vor Wein

Die ultimativen Insidertipps für Ein-, Um- und Aussteiger

192 Seiten, Softcover mit Klappen
€ [D] 17,90/€ [A] 18,40/sFr 31,70
ISBN 3-7742-6366-3

Keine Angst vor Wein ist das Buch für alle Weineinsteiger, die sich auf undogmatische und unkomplizierte Weise dem Thema Wein nähern wollen. „Schmecken kann jeder!" ist das Motto der Brüder Lange. Diese Einsicht ist Ausgangspunkt für einen kurzweiligen und witzigen Trip durch die Weinwelt, bei dem die Autoren nicht mit ironischen Seitenhieben auf Modeweine und selbst ernannte Weingurus sparen. Praktische Übungen, die den Leser auffordern, eigene Erfahrungen im Umgang mit Wein zu sammeln, runden das Buch zu einer kurzweiligen und amüsanten Einführung ab.

Cornelius und Fabian Lange haben sich durch herausragende Beiträge einen Namen als kritische und unabhängige Autoren im Bereich Wein und Essen gemacht. Regelmäßig veröffentlichen sie im *Stern* und der *Welt am Sonntag*.
Zudem sind die Weinexperten für *Die Zeit* tätig und produzieren TV-Beiträge für das Fernsehen (ARD, Arte, SWR).

„Mit einfachen Übungen helfen die Autoren dem Leser beim Versuch, ein selbstsicherer, liebenswürdiger, kritischer Weinfreund zu werden."

(Die Zeit)

- • Einsteiger
- •• Fortgeschrittene
- ••• Profis

Bücher für Einsteiger und Fortgeschrittene

Beat Koelliker

Die große Hallwag Weinschule

Mit 100 Weinen um die Welt

240 Seiten, Hardcover mit Schutzumschlag
€ [D] 29,90/€ [A] 30,80/sFr 52,20
ISBN 3-7742-6696-4

Kann man Weine an ihrem Aroma erkennen? Warum schmeckt dieser Weißwein frisch und jener fruchtig? Haben Anbauregion und Geschmack eines Weines etwas miteinander zu tun? **Die große Hallwag Weinschule** widmet sich dem Zusammenhang zwischen dem Charakter eines Weines und seiner Herkunftsregion.

Beat Koelliker hat 27 ausgeklügelte Weinproben zusammengestellt, die den Leser – allein oder mit Freunden – durch die schönsten und wichtigsten Weinbauregionen der Welt führen. Der Weinliebhaber bekommt ein Gespür dafür, wie sich Lage, Mikroklima, Bodenqualität und die Kultur einer Region in den Eigenschaften eines Weines widerspiegeln und lernt, warum ein Rheinriesling völlig anders schmeckt als ein Riesling aus Niederösterreich.

- • Einsteiger
- •• Fortgeschrittene
- ••• Profis

Jancis Robinson

Der Degustationskurs

208 Seiten, Hardcover
€ [D] 19,90/€ [A] 20,50/sFr 34,90
ISBN 3-7742-0893-X

Jancis Robinsons **Degustationskurs** ist ein einzigartiger systematischer Praxiskurs, der Schritt für Schritt die Technik des Degustierens vorstellt. Im spannenden Wechsel zwischen theoretischen Abschnitten und kurzweiligen praktischen Übungen wird ein umfangreiches Basiswissen vermittelt. Man lernt, wie man einen Chardonnay von einem Riesling oder einen Pinot noir von einem Cabernet unterscheidet, welche Rolle Süße, Säure und Fruchtigkeit spielen und welcher Wein zu welchem Essen passt. Ein ideales Buch für all jene, die sich grundlegend mit dem Degustieren auseinandersetzen wollen.

- • Einsteiger
- •• Fortgeschrittene
- ••• Profis

Jancis Robinson

Der Weinkurs

352 Seiten, Hardcover mit Schutzumschlag
€ [D] 29,90/€ [A] 30,80/sFr 52,10
ISBN 3-7742-0892-1

Jancis Robinsons **Weinkurs** bietet eine großartige Einführung in alle Bereiche des Weins und ist in einer fachkundigen, aber dennoch leicht verständlichen, unterhaltsamen Sprache verfasst. Mit Hilfe dieses Buches können Leserinnen und Leser ihre Weinkenntnisse systematisch erweitern und ihren Genuss an jedem Glas Wein steigern. Gleichzeitig ist **Der Weinkurs** eine Pflichtlektüre für alle, die sich professionell oder semiprofessionell mit dem Thema Wein beschäftigen.

- • Einsteiger
- •• Fortgeschrittene
- ••• Profis

Till Ehrlich

Die besten Supermarktweine

100 Weine entdecken und genießen

128 Seiten, Softcover in PVC-Hülle
€ [D] 6,90/€ [A] 7,10/sFr 12,80
ISBN 3-7742-6488-0

90 Prozent der in Deutschland erhältlichen Weine werden in Supermärkten gekauft. Welche Weine sind davon empfehlenswert? Der Kompass **Die besten Supermarktweine** gibt hier Auskunft: Er stellt 100 Rot-, Rosé-, Weiß- und Schaumweine von guter Qualität vor, die in den großen deutschen Supermarktketten angeboten werden. Der Leser erfährt u.a., woher der Wein stammt, in welchen Supermärkten er erhältlich ist, in welchem Preissegment er sich bewegt, auf welcher Qualitätsstufe er sich befindet und zu welchem Anlass er sich am schönsten trinkt. Zusätzlich gibt eine kurze Weinbeschreibung Anhaltspunkte über Duft, Geschmack und Farbe.

• Einsteiger
•• Fortgeschrittene
••• Profis

Bernd Kreis

Essen und Wein

400 und mehr gelungene Kombinationen

128 Seiten, Softcover in PVC-Hülle
€ [D] 6,90/€ [A] 7,10/sFr 12,80
ISBN 3-7742-6489-9

Der HALLWAG Wein-Kompass **Essen und Wein**, geschrieben vom preisgekrönten Sommelier Bernd Kreis, verrät dem Leser, wie man Essen und Wein ideal aufeinander abgestimmt kombinieren kann. Ausgehend von Zutaten und Zubereitungsarten werden Grundrezepte und klassische Gerichte vorgestellt und wird ein dazu optimal harmonierender Wein empfohlen. Diese ideale Kombination wird ergänzt durch drei alternative Weinempfehlungen. Ein einführendes Kapitel über Sensorik erhellt die Methodik, die hinter der Auswahl der Weine steht, und ermöglicht es dem Leser, auch selbstständig Essen und Wein zu kombinieren.

• Einsteiger
•• Fortgeschrittene
••• Profis

Ulrich Sautter

Wein A-Z

Die 400 wichtigsten Fachbegiffe

128 Seiten, Softcover in PVC-Hülle
€ [D] 6,90/€ [A] 7,10/sFr 12,80
ISBN 3-7742-6490-2

Wein von A bis Z bietet dem interessierten Einsteiger auf 128 Seiten kompaktes Wissen zum Thema Wein. Die wichtigsten Fachbegriffe aus den Bereichen Sensorik, Reb- und Weinsorten, Anbaugebiete, Kellertechnik sowie Produktion und Herstellung werden erläutert. Viele Querverweise erleichtern die Orientierung zusätzlich und machen Zusammenhänge zwischen den einzelnen Bereichen deutlich. Wichtige Themen wie die fachkundige Auswahl der Gläser, das Entschlüsseln von Etiketten oder die Herstellung von Champagner werden in übersichtlichen Artikeln auf Sonderseiten dargestellt, die zudem teilweise bebildert sind.

• Einsteiger
•• Fortgeschrittene
••• Profis

Burton Anderson

Italiens Weine 2004/05

2 900 Weine und 1 500 Produzenten

292 Seiten, Hardcover
€ [D] 17,90/€ [A] 18,40/sFr 31,70
ISBN 3-7742-6365-5

Mit **Italiens Weine 2004/05** legt der ausgewiesene Weinexperte Burton Anderson sein straffes Kompendium der italienischen Weine nun bereits im 20. Jahr vor.
Übersichtlich nach den einzelnen Regionen geordnet werden die wichtigsten Informationen zu Weinsorten, Jahrgängen und empfehlenswerten Erzeugern vermittelt. Zusätzlich gibt der Taschenführer Auskunft über regionale Besonderheiten, lokale Spezialitäten und die ideale Kombination von Gerichten und Weinen. Das nach Produzenten und Weinsorten geordnete Register ist extrem benutzerfreundlich und macht den Taschenführer zum idealen Begleiter im Restaurant, auf Reisen oder in der Vinothek.

• Einsteiger
•• Fortgeschrittene
••• Profis

Bernd Kreis

500 Weine unter 10 € 2005

Mit Bezugsquellen und Speiseempfehlungen

336 Seiten, Softcover mit Flexihülle
€ [D] 14,90/€ [A] 15,40/sFr 26,80
ISBN 3-7742-6584-4
Erscheint im Oktober 2004

Seit mehr als 5 Jahren weist der praktische Einkaufsführer **500 Weine unter 10 €** den Weg durch das Dickicht des Weinangebots. Qualitäts- und preisbewusste Weinfreunde können sich dabei ganz auf das Urteil von Autor Bernd Kreis verlassen. Die 500 vorgestellten Weine aus Deutschland, Europa und Übersee müssen nicht nur die strengen Qualitätsanforderungen erfüllen, die ein Spitzensommelier an einen Wein stellt. Die Weine müssen sich zudem in einem Preisbereich von unter 10 Euro bewegen, um mit Bezugsquellen in den Einkaufsführer aufgenommen zu werden. Durch das neue, handlichere Format passt **500 Weine unter 10 €** bequem in jede Westentasche.

Bernd Kreis war zehn Jahre Chef-Sommelier bei Vincent Klink. 1992 wurde er als bester Sommelier Deutschlands und Europas ausgezeichnet, 1993 kürte ihn Gault Millau zum Sommelier des Jahres. Heute betreibt Bernd Kreis eine Weinhandlung in Stuttgart und ist als Weinjournalist und Berater für Sommeliers und Händler tätig.

„Dieses Buch verführt. Es flüstert beim Blättern ständig ‚Bestelle diesen, kaufe jenen...' So feine Weine, so preisgünstig, man könnte arm davon werden."

(Tagesspiegel Online Dienste)

„(...) ein zuverlässiger Ratgeber mit Entdeckungen auch aus noch unbekannten Weinregionen."

(WEIN GOURMET)

• Einsteiger
•• Fortgeschrittene
••• Profis

Kurt Gibel

Weine degustieren

leicht & spielend

72 Seiten, Softcover
€ [D] 9,90/€ [A] 10,20/sFr 18,10
ISBN 3-7742-6252-7

Das kleine Buch ist ein völlig neuer Ansatz zur Weinverkostung. Man büffelt keine graue Theorie, sondern aktiviert mit Hilfe der bildlichen Darstellungen auf den ausklappbaren Wine Maps beide Hirnhälften gleichzeitig. Diese ganzheitliche Methode hilft dem Gedächtnis auf die Sprünge und die Kunst des Degustierens wird mit Spaß und ohne Anstrengung angeeignet. Die 120 wichtigsten Verkostungsbegriffe und rund 120 Aromen werden dem Benutzer des Werks schnell geläufig. Wie es kommt, dass Weine so verschieden funkeln, riechen und schmecken, erfährt man im zweiten Kapitel. Weitere Buchteile befassen sich mit Essen und Wein sowie Weintemperaturen.

- • Einsteiger
- •• Fortgeschrittene
- ••• Profis

Michael Schuster

Der Weinkenner

Eine praktische Wein- und Degustationskunde

192 Seiten, Hardcover
€ [D] 29,90/€ [A] 30,80/sFr 52,10
ISBN 3-7742-0037-8

Die außerordentlich vielfältigen Geschmacksnoten des Weins wecken immer wieder neu das Interesse von Kennern und Laien. Dieses Einführungsbuch liefert einen Schlüssel zum fundierten Beschreiben, Vergleichen und Bewerten aller bedeutenden Weine. Schritt für Schritt kann man beim Lesen und Probieren sein Wissen ausbauen und typische Geschmacksmuster erkennen lernen. Das führt zu einem vertieften Verständnis von Wein. Zugleich ist **Der Weinkenner** ein klug konzipiertes Nachschlagewerk, in dem man sich gezielt informieren kann.

„Ein gar nicht trockenes Lehrbuch und Nachschlagewerk, das Lust auf's Entkorken macht."

(Diners Club Magazin)

- • Einsteiger
- •• Fortgeschrittene
- ••• Profis

Bücher für Einsteiger/Fortgeschrittene/Profis

Hugh Johnson/Stephen Brook

Der große Johnson

Die Enzyklopädie der Weine, Weinbaugebiete und Weinerzeuger der Welt

664 Seiten, Hardcover mit Schutzumschlag
€ [D] 49,90/€ [A] 51,30/sFr 85,50
ISBN 3-7742-6582-8

Der große Johnson ist berühmt für seinen unübertroffenen Reichtum an Informationen und Einsichten zu den weltweit wichtigsten Weinregionen, ihren Winzern und Weinen. Im Gegensatz zum Buch **Der kleine Johnson**, dem praktischen Jahreswerk, das Auskunft über Potenzial und Entwicklung einzelner Weine und Jahrgänge bietet, bildet **Der große Johnson** mit großer Detailfreude ganze Weinregionen mit ihren Besonderheiten ab. Dabei werden exakte Informationen zu Charakter und Beschaffenheit der jeweiligen Landschaft, zu Umfang, Geschichte und Produktion der ansässigen Winzer sowie zu Wesen und Eigenart ihrer Weine gegeben.

Aktualisierte und völlig überarbeitete Neuausgabe!

Hugh Johnson gilt als einer der führenden Weinbuchautoren der Welt. Für seine Bücher, u.a. **Der kleine Johnson**, **Der große Johnson** und **Der Weinatlas**, erhielt er zahlreiche Ehrungen. 1998 wurde ihm die höchste Auszeichnung der Gastronomischen Akademie Deutschlands (GAD), der Carl-Friedrich-von-Rumohr-Ring, als Anerkennung für sein Gesamtwerk verliehen.

„Es sind die Wissbegierigen, die den meisten Genuss am Wein haben. Das Schönste an der Sache ist ja die Abwechslung: Man könnte ein ganzes Leben lang jeden Tag einen anderen Wein probieren und würde doch immer noch dazulernen."

(Hugh Johnson)

- • Einsteiger
- •• Fortgeschrittene
- ••• Profis

Robert Joseph

Bordeaux und seine Weine

144 Seiten, Hardcover mit Schutzumschlag
€ [D] 24,90/€ [A] 25,60/sFr 43,70
ISBN 3-7742-0978-2

Das Bordeaux: Namen wie Médoc oder St. Émilion lassen Weinliebhabern auf der ganzen Welt die Herzen höher schlagen. Der renommierte Weinautor Robert Joseph führt in **Bordeaux und seine Weine** den Leser durch die wohl berühmteste Weinregion Frankreichs, von der Stadt Bordeaux bis ins Pomerol. Dieses großartig bebilderte Buch liefert reiches Hintergrundwissen zu Anbau, Erzeugung, Terroir und Marktposition der besten Bordeaux-Weine und berücksichtigt dabei auch den reichen geschichtlichen Hintergrund. Illustriert ist das Werk mit den hervorragenden und atmosphärischen Fotografien von Max Alexander.

- • Einsteiger
- •• Fortgeschrittene
- ••• Profis

Nicholas Faith

Burgund und seine Weine

144 Seiten, Hardcover mit Schutzumschlag
€ [D] 24,90/€ [A] 25,60/sFr 43,70
ISBN 3-7742-0778-X

Burgund ist mit seinen historischen Städten und Rebbergen eine einzigartige Weinregion. Aus dieser Region stammen einige der besten Weine Frankreichs. Von Nicholas Faith, einem der größten Weinkenner Frankreichs geschrieben, liefert **Burgund und seine Weine** reiches Hintergrundwissen zu den Weinen, ihren Erzeugern und Rebflächen. Ergänzt wird das Buch um persönliche Weintipps des Autors und Porträts der großen Winzer. Aus den großartigen Fotos von Andy Katz spricht eine besondere Liebe zu den Menschen, Landschaften und Städten Burgunds. Für alle, die Burgund, seine Weine und seine Kultur lieben!

- • Einsteiger
- •• Fortgeschrittene
- ••• Profis

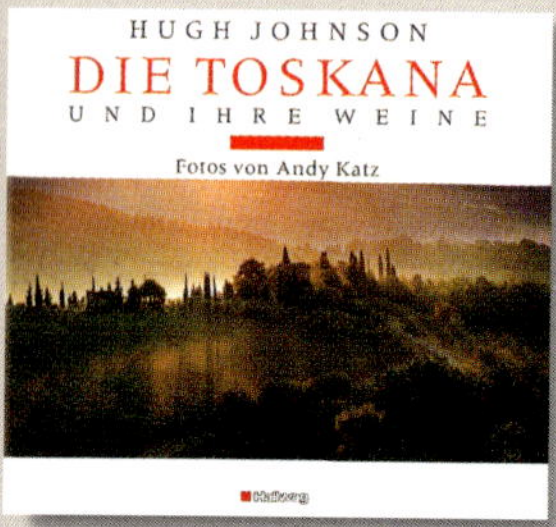

Hugh Johnson

Die Toskana und ihre Weine

144 Seiten, Hardcover mit Schutzumschlag
€ [D] 24,90/€ [A] 25,60/sFr 43,70
ISBN 3-7742-5277-7

Hugh Johnson vermittelt in **Die Toskana und ihre Weine** ein beschwingtes Porträt der toskanischen Landschaft. Dabei greift er auf einen offensichtlich unerschöpflichen Vorrat an historischem Wissen und erfrischenden Anekdoten zurück und zieht gekonnt alle Verbindungslinien zum toskanischen Wein. So trifft die Leserin, der Leser immer wieder auf die Spuren berühmter Vorfahren – von Vergil über Michelangelo bis zu Goethe und Dickens. Zudem gibt der Autor persönliche Weintipps und verrät, welche Weine heute die besten Empfehlungen verdienen. Auf stimmungsvollen Fotos sind die besuchten Landgüter, Sehenswürdigkeiten sowie Restaurants und Enoteche (Weinläden) zu sehen.

- • Einsteiger
- •• Fortgeschrittene
- ••• Profis

Michael Klonovsky/Uli Martin

Welcher Wein zu welcher Frau?

Ein politisch unkorrekter Ratgeber

120 Seiten, Hardcover mit Schutzumschlag
€ [D] 17,90/€ [A] 18,40/sFr 31,70
ISBN 3-7742-0044-0

Dieser Ratgeber der etwas anderen Art will ein bedauerliches Versäumnis beenden: die skandalöse Unterschätzung der Frau als ideale Weinbegleiterin. Er führt durch die Welt der Weine und die Welt der Frauen. Er untersucht, welche Gewächse sich mit bestimmten Nationalitäten und Berufsgruppen kombinieren lassen und liefert spezielle Weintipps zu ausgewählten weiblichen Prominenten, etwa zu Verona Feldbusch, Anastacia oder Alice Schwarzer. Ein Service-Teil mit Bezugsmöglichkeiten der aufgeführten Weine und Tipps zur Rendezvousgestaltung rundet dieses einzigartige Werk ab.

- • Einsteiger
- •• Fortgeschrittene
- ••• Profis

Enoteca Italiana

Lexikon der italienischen Weine

Sämtliche DOC- und DOCG-Weine

384 Seiten, Softcover/Integralbindung
€ [D] 29,90/€ [A] 30,80/sFr 52,10
ISBN 3-7742-0756-9

Das **Lexikon der italienischen Weine** gilt in Italien seit Jahren als offizielles Referenzwerk für alle jene, die in irgendeiner Weise, sei es beruflich oder privat, mit dem Wein zu tun haben. Die vorliegende, auf den neuesten Stand gebrachte und erstmals in deutscher Sprache erscheinende Ausgabe gibt, nach Regionen geordnet, einen lückenlosen, aktuellen Überblick über die gut 300 italienischen DOC- und DOCG-Bereiche und ihre mehr als 1 400 Weine, welche die qualitative Spitze der quantitativ beeindruckenden Weinproduktion Italiens darstellen.

- • Einsteiger
- •• Fortgeschrittene
- ••• Profis

Hachette

Lexikon der französischen Weine

Sämtliche Appellationen Frankreichs

384 Seiten, Softcover/Integralbindung
€ [D] 29,90/€ [A] 30,80/sFr 52,10
ISBN 3-7742-0776-3

Das **Lexikon der französischen Weine** vermittelt, nach Regionen und streng alphabetisch geordnet, einen lückenlosen aktuellen Überblick über den Weinanbau und die Qualitätsweine Frankreichs. Auf 384 Seiten werden die Regionen und Weine dargestellt und ihre wichtigsten Charaktermerkmale erläutert. Zu jeder Appellation erfährt der Benutzer Wissenswertes zu Rebfläche und Produktionsmenge, Eigenschaften des Bodens und die besonderen Verkostungsmerkmale der Weine. Ein „Muss" für alle, die französischen Wein lieben.

- • Einsteiger
- •• Fortgeschrittene
- ••• Profis

Bücher für Fortgeschrittene

Andrew Jefford

Weinlandschaft Frankreich

256 Seiten, Hardcover mit Schutzumschlag
€ [D] 39,90/€ [A] 41,10/sFr 69,40
ISBN 3-7742-0899-9

Weine wie Champagner und Bordeaux, Burgunder und Beaujolais haben Frankreich im Laufe der Jahrhunderte zur Weinnation par excellence gemacht. Wo aber steht das Weinland Frankreich am Beginn des dritten Jahrtausends? Wie hat es sich verändert und weiterentwickelt? Andrew Jefford zeichnet in diesem mitreißend geschriebenen Werk ein aktuelles Porträt der 14 französischen Anbaugebiete. Er widmet sich ausführlich dem Terroir und seinem Einfluss auf den Geschmack des Weins, er erläutert das französische Weinrecht und das undurchsichtige Appellationssystem und lässt jene Winzerpersönlichkeiten zu Wort kommen, die zum neuen Bild Frankreichs in der Welt des Weins entscheidend beigetragen haben.

Andrew Jefford zählt seit mehr als einem Jahrzehnt zu den führenden Weinautoren. Bei HALLWAG erschien von ihm bereits **Wege zum Wein** (2001). Er ist Weinkorrespondent des *Londoner Evening Standard* und präsentiert Sendungen bei BBC Radio 4. Neben seinen Weinbüchern schreibt er auch Beiträge für verschiedene Weinpublikationen und Websites. Er erhielt zahlreiche Auszeichnungen, u.a. Glenfiddich Wine Writer of the Year, International Wine & Spirit Communicator of the Year und Glenfiddich Radio Broadcast of the Year.

Illustriert wird dieses Buch durch die herausragenden Fotografien von Jason Lowe.

„Ein interessant geschriebenes Buch, das keine Schönfärberei betreibt, aber trotzdem unbändige Lust macht, in Frankreich auf Wein-Entdeckungsreise zu gehen."

(DER FEINSCHMECKER)

Bücher für Fortgeschrittene und Profis

Hugh Johnson/Jancis Robinson

Der Weinatlas

352 Seiten, Hardcover mit Schutzumschlag
€ [D] 69,90/€ [A] 71,90/sFr 118,–
ISBN 3-7742-0775-5
Silbermedaille GAD

Die 5. Ausgabe des Standardwerks **Der Weinatlas** erhielt von Weinexperten in aller Welt begeisterte Kritiken. Die berühmten und weltweit führenden Weinautoren Hugh Johnson und Jancis Robinson illustrieren und beschreiben alle Weinanbauge-biete der Welt – mit Lagenkarten, Informationen zu den Weinen, Winzern und zum Terroir. Der Weinatlas bietet zudem eine umfassende Einführung in die Welt des Weins mit Informationen zu Rebsorten, Degustation und Lagerung. Das Buch ist ein ideales Geschenk und unverzichtbar im Buchregal jedes Weinliebhabers und -kenners.

„Standardwerk der Weinliteratur"

(Welt am Sonntag)

- • Einsteiger
- •• Fortgeschrittene
- ••• Profis

Jancis Robinson

Das Oxford Weinlexikon

960 Seiten, Hardcover mit Schutzumschlag im Schmuckschuber
€ [D] 99,–/€ [A] 101,80/sFr 156,–
ISBN 3-7742-0914-6

Nach einer umfassenden Überarbeitung und Aktualisierung der bisherigen Beiträge und mit über 500 vollständig neuen Einträgen erscheint das **Oxford Weinlexikon** jetzt in neuer Aufmachung: einbändige Ausgabe, neues Format, Schutzumschlag und Schuber. Neben Jancis Robinson, die knapp die Hälfte der Beiträge selbst verfasste, wirkten zwölf Masters of Wine – renommierte Weinautoren wie Hugh Johnson oder Michael Broadbent sowie zahlreiche Experten aus Wissenschaft und Praxis – an diesem wohl umfassendsten enzyklopädischen Werk zum Thema Wein mit. Es ist das unverzichtbare Standardwerk, das alle Fragen zum Thema Wein beantwortet.

- • Einsteiger
- •• Fortgeschrittene
- ••• Profis

Robert M. Parker, Jr.

Parker Bordeaux

Vollständig überarbeitete und aktualisierte Neuausgabe

1300 Seiten, Hardcover mit Schutzumschlag
€ [D] 75,–/€ [A] 75,10/sFr 126,–
ISBN 3-7742-6580-1

Was lässt sich von einem Bordeaux 2001 erwarten? Wie hat sich ein Château Pétrus über die letzten 20 Jahre entwickelt? Robert M. Parker, der wohl profundeste Kenner des legendären Anbaugebietes im Südwesten von Frankreich, verrät in **Parker Bordeaux** die Antworten. Die Neuausgabe widmet sich neben der Analyse der verschiedenen Jahrgänge auch den einzelnen Produzenten und ihren Weinen. Mit Hilfe des ausgefeilten Bewertungssystems werden die Stärken und Schwächen der Weine abgebildet. **Parker Bordeaux** ist damit ein unersetzlicher Einkaufsführer, der einen zuverlässigen Pfad durch das Dickicht der mehr als 3 000 verschiedenen Bordeaux-Weine ebnet.

• Einsteiger
•• Fortgeschrittene
••• Profis

Michael Broadbent

Große Weine

Notizen aus 50 Jahren zu Weinen aus 3 Jahrhunderten

672 Seiten, Hardcover mit Schutzumschlag
€ [D] 75,–/€ [A] 75,10/sFr 126,–
ISBN 3-7742-6345-0

Michael Broadbent, Weinhändler und Christie's Auktionator, hat die edelsten Weine der Welt über Jahrzehnte hinweg immer wieder verkostet. Seine Eindrücke hielt er in insgesamt 133 roten Notizbüchern fest. Diese handschriftlichen Notizen bilden die Grundlage für **Große Weine** – ein Buch, das die Veränderungen einzelner Weine in Stil und Qualität über große Zeiträume hinweg dokumentiert.

Ausgezeichnet als „Best Wine Book in the World" bei den Gourmand World Cookbook Awards 2003!

„The world's most experienced taster"
(Gourmand World Cookbook)

• Einsteiger
•• Fortgeschrittene
••• Profis

Hugh Johnson

Der kleine Johnson 2005

Informationen zu über 15 000 Weinen der Welt, zu Produzenten, Jahrgängen und Trinkreife

448 Seiten, Hardcover
€ [D] 19,90/€ [A] 20,50/sFr 34,90
ISBN 3-7742-6583-6

Der kleine Johnson ist das weltweit meist verkaufte Weinbuch (über 7 Millionen verkaufte Exemplare, übersetzt in 12 Sprachen). Es bietet eine Übersicht über die international wichtigsten und besten Wein, ihre Erzeuger sowie ihre ideale Trinkreife. Zudem werden aktuelle Informationen über neueste Entwicklungen in der Weinwelt vorgestellt. Alle erwähnten Weine werden jedes Jahr neu verkostet und bewertet. Zusätzliche Tipps zur Kombination von Essen und Wein runden das Buch zu einem unersetzlichen Ratgeber für Weinliebhaber ab.

- • Einsteiger
- •• Fortgeschrittene
- ••• Profis

Gambero Rosso/Slow Food

Vini d'Italia 2004

1 937 Produzenten und 14 208 Weine

864 Seiten, Softcover
€ [D] 29,90/€ [A] 30,80/sFr 52,10
ISBN 3-7742-6356-6
Silbermedaille GAD

Vini d'Italia ist das unangefochtene Standardwerk zum italienischen Wein. Auf rund 800 Seiten werden mehr als 14 000 Weine von mehr als 1 900 Produzenten beschrieben und bewertet. Die strenge Auswahl der empfohlenen Weine bildet die Grundlage für den hervorragenden Ruf, den das Buch in der Weinszene genießt: vollständig, zuverlässig und immer auf dem neuesten Stand.

„Vollständig, objektiv, kompetent: Vini d'Italia ist das unangefochtene Standardwerk zum italienischen Wein unserer Zeit, die 'Bibel der Weinschmecker'."

(Süddeutsche Zeitung)

- • Einsteiger
- •• Fortgeschrittene
- ••• Profis

Bücher für Profis

Michael Broadbent

Weine prüfen, kennen, genießen

384 Seiten, Hardcover mit Schutzumschlag
€ [D] 24,90/€ [A] 25,60/sFr 43,70
3-7742-5110-X
Silbermedaille GAD

Andere Bücher zur Weinverkostung kommen und gehen. Broadbents Klassiker bleibt. Die Quintessenz eines Lebens mit Wein.

„Je mehr und je öfter man Wein probiert, desto mehr Eigenschaften und Nuancen bemerkt man. So gesehen ist Weinkennerschaft eine Sache, die sich mit der Zeit entwickelt."

(Michael Broadbent)

„Broadbent informiert, plaudert und gewährt Einblicke in seine reichen Erfahrungen, er wird nie langweilig, er vermeidet jedes überflüssige Geschwätz."

(FAZ)

• Einsteiger
•• Fortgeschrittene
••• Profis

Carlo Petrini (Hg.)

Barolo • Barbaresco

Atlas der Lagen, Weine, Produzenten

358 Seiten, Hardcover mit Schutzumschlag
€ [D] 39,90/€ [A] 41,10/sFr 69,40
ISBN 3-7742-5275-0

Wenn von Barolo und Barbaresco, jenen legendären Weinen aus den Langhe-Bergen im Piemont, die Rede ist, geraten Weinliebhaber ins Schwärmen. Dank Spitzenwinzern wie Angelo Gaja oder Giacomo Conterno sind diese Weine in den letzten 20 Jahren zu Weltruhm gelangt und gehören heute zum Besten, was Italien zu bieten hat. Der vorliegende Atlas dokumentiert Geschichte und Entwicklung einer einzigartigen Weinregion und stellt ihre besten Weinlagen und Erzeuger vor.

„Slow Food-Chef Carlo Petrini hat einen wirklich sensationellen Lagen-Atlas (...) herausgegeben."

(WEIN GOURMET)

• Einsteiger
•• Fortgeschrittene
••• Profis

Reisen/Weinreisen

Slow Food

Unterwegs zu Wein und Kultur Piemont: Barolo und Barbaresco

160 Seiten, Softcover
€ [D] 14,90/€ [A] 15,40/sFr 26,80
ISBN 3-7742-0762-3

Wer auf Weinreisen unterwegs ist, kann auf Tipps und Informationen nicht verzichten.
Der Band **Piemont** führt den reisenden Weinliebhaber auf vier Routen, illustriert durch umfangreiches Kartenmaterial, durch das Anbaugebiet zwei der bekanntesten italienischen Nebbiolo-Weine. Adressen zu Restaurants, Osterien, Weingütern, Enotechen, Museen und Sehenswürdigkeiten versprechen kulinarische und kulturelle Genüsse.

- • Einsteiger
- •• Fortgeschrittene
- ••• Profis

Slow Food

Unterwegs zu Wein und Kultur Südtoskana: Montalcino und Montepulciano

168 Seiten, Softcover
€ [D] 14,90/€ [A] 15,40/sFr 26,80
ISBN 3-7742-0763-1

Wer kennt sie nicht, die zwei berühmten italienischen Spitzenrotweine „Brunello di Montalcino" und „Vino Nobile di Montepulciano" aus der Südtoskana? Weinliebhaber auf der Suche nach Kunst, Wein, Natur und gutem Essen finden in diesem Wein-Reiseführer die besten Tipps und Adressen. Drei ausgewählte Routen, die das Team von Slow Food zusammengestellt hat, führen durch das Gebiet südlich von Siena. Die kurzweilig geschriebenen Texte weisen auf die wichtigsten Sehenswürdigkeiten hin und liefern die nötigen Hintergrundinformationen.

- • Einsteiger
- •• Fortgeschrittene
- ••• Profis

Slow Food

Osterie d' Italia 2004/05

Italiens schönste Gasthäuser

864 Seiten, Hardcover
€ [D] 29,90/€ [A] 30,80/sFr 52,10
ISBN 3-7742-6367-1

Der jährlich von Slow Food überarbeitete und aktualisierte Führer zu den schönsten Gasthäusern Italiens ist mittlerweile zum Inbegriff für die echte italienische Regionalküche geworden. Er enthält detaillierte und kenntnisreiche Beschreibungen von über 1700 Osterien, Trattorien und Restaurants, die eine für die Region ursprüngliche und typische Esskultur pflegen. Hinweise zu Einkaufs- und Übernachtungsmöglichkeiten, lokalen Sehenswürdigkeiten sowie Adressen ausgesuchter Vinotheken machen **Osterie d'Italia** zum unentbehrlichen Begleiter für alle reisefreudigen Genießer.

„(...) mit Osterie d´Italia im Reisegepäck steht kulinarischen Urlaubsfreuden nichts mehr im Wege."

(Die Weinlese)

Slow Food®

Die Slow Food-Bewegung wurde 1986 in den piemontesischen Langhe begründet, um dem unverfälschten Genuss wieder zu seinem Recht zu verhelfen. Mittlerweile ist Slow Food in allen Regionen Italiens und vielen anderen Ländern bekannt.

Das Slow Food-Symbol ist die Schnecke, ein Tier, das sich vorsichtig und geduldig durch die Welt bewegt.

Slow Food hat sich zum Ziel gesetzt, das Essen als Kulturgut zu bewahren und der Bedrohung durch die überall um sich greifende Standardisierung entgegenzuwirken sowie die Umwelt gegen Auswirkungen der chemischen Landwirtschaft zu schützen.

• Einsteiger
•• Fortgeschrittene
••• Profis

RELAIS & CHATEAUX.